Planungsrecht

Band 5

Städtebaurecht 2004

BauGB – BauNVO – UVPG – ROG – Plan-UP-RL

Textausgabe – Einführung – Grundbegriffe

herausgegeben von

Bernhard Stüer

D1718359

– Veröffentlichung des Universitätsverlags Osnabrück bei V&R unipress –

Planungsrecht
Band 5

Herausgeber und Schriftleiter
Rechtsanwalt und Notar Prof. Dr. Bernhard Stüer
Fachanwalt für Verwaltungsrecht
Honorarprofessor an der Universität Osnabrück
Richter am Anwaltsgerichtshof NRW
Lehrbeauftragter an der Westfälischen Verwaltungs- und
Wirtschaftsakademie in Münster

In dieser Schriftenreihe werden planungsrechtliche Themen behandelt. Dabei stehen das Bauplanungsrecht und die verschiedenen Fachplanungsrechte im Mittelpunkt. Aber auch die vielfältigen Bezüge des Planungsrechts zu verwandten Rechtsgebieten werden in dieser Schriftenreihe behandelt.

Städtebaurecht 2004
BauGB – BauNVO – UVPG – ROG – Plan-UP-RL

Textausgabe – Einführung – Grundbegriffe

herausgegeben von
Bernhard Stüer

V&R unipress

Sonderausgabe nur für Seminarzwecke
– Nicht im Buchhandel erhältlich –

[nur Buchhandelsausgabe:]

Bibliografische Information Der Deutschen Bibliothek

Die Deutsche Bibliothek verzeichnet diese Publikation in der
Deutschen Nationalbibliografie; detaillierte bibliografische
Daten sind im Internet über <http://dnb.ddb.de> abrufbar

3. veränd. Aufl. 2005
© 2005 Göttingen, V&R unipress GmbH
mit Universitätsverlag Osnabrück
Alle Rechte vorbehalten
Einbandgestaltung: Tevfik Göktepe
Druck: Hubert & Co., Göttingen

Gedruckt auf säurefreiem, total chlorfrei gebleichtem Werkdruckpapier. Alterungsbeständig.

Printed in Germany

ISBN 3-89971-176-9 [nur Buchhandelsausgabe]

Inhalt

Vorwort

Das Europarechtsanpassungsgesetz Bau hat die Umweltprüfung in die Bauleitplanung eingeführt. Nunmehr sind – abgesehen von bestandswahrenden Bauleitplänen – sowohl der Flächennutzungsplan als auch die Bebauungspläne umweltprüfungspflichtig. Daneben sind zahlreiche andere Vorschriften des BauGB geändert worden. Aber auch Einzelregelungen des ROG und des UVPG wurden geändert. Veranlasst wurden die Änderungen durch die Plan-UP-Richtlinie 2001, die im Anschluss an die auf Projekte bezogene UVP-Richtlinie 1985/1997 die Umweltprüfung auf Pläne und Programme erstreckt hat. Der hiermit vorgelegte Band 5 „Städtebaurecht 2004" enthält eine Textausgabe, eine Einführung und die Grundbegriffe des Planungsrechts und aktualisiert damit die Vorauflage „Städtebaurecht 2001", die im Jahre 2001 zum Artikelgesetz 2001 erschienen ist. Das Gesetz wurde am 30.5.2004 in zweiter und dritter Lesung im Bundestag einstimmig und am 11.6.2004 im Bundesrat verabschiedet und ist damit rechtzeitig am 20.7.2004 in Kraft getreten (v.24.6.2004, BGBl. I 1359). Inzwischen ist eine Neubekanntmachung erfolgt (v. 23.9.2004, BGBl. I 2415).

Dank schulde ich vor allem Herrn Ministerialdirektor Prof. Dr. Michael Krautzberger (Berlin/Bonn), mit dem ich auf Einladung des Deutschen Volksheimstättenwerks in allen alten und neuen Bundesländern zahlreiche Einführungsveranstaltungen zum Städtebaurecht 2001/2004 durchgeführt habe und dem ich auch wegen seiner reichhaltigen Erfahrung und profunden Kenntnis nicht nur des gesamten Städtebaurechts viel verdanke. Zu danken habe ich auch Frau Susanne Franzkeit vom Verlag V&R unipress für die schnelle Drucklegung. Meiner Frau, Rechtsanwältin Dr. Eva-Maria Stüer, gilt nicht nur für die Mitwirkung bei der Vorbereitung der Buchprojekte, Tagungen und Seminare stets mein besonderer Dank.

Band 5 ist Teil von planungsrechtlichen Veröffentlichungen in der Reihe „Planungsrecht". Band 1 behandelt Fragen der Verfahrensbeschleunigung, Band 2 die Planung von Großvorhaben. In Band 3 widmet sich Dr. Stefan Rude der Planreparatur im Städtebau. In Band 4 arbeitet Dr. Claudia Plogmann die naturschutzrechtliche Konfliktbewältigung in der Bau- und Fachplanung auf. In Band 6 stellt Dr. Dietmar Hönig das Verhältnis von Eigentumsgarantie und Fachplanung dar. In Band 7 widmet sich Dr. Caspar David Hermanns der Vereinheitlichung der öffentlich-rechtlichen Gerichtsbarkeiten. In Band 8 stellt Dr. Holger Spreen den Einfluss des Europarechts auf das deutsche Gesetzgebungs-Kompetenzgefüge vor. In Band 9 befasst sich Dr. Markus Rieder mit der Präklusion in der Fachplanung. Im Mittelpunkt der Reihe „Planungsrecht" stehen das Bauplanungsrecht und das Fachplanungsrecht. Aber auch die vielfältigen Bezüge des Planrechts zu verwandten Rechtsgebieten werden in dieser Schriftenreihe behandelt.

Die neuen Vorschriften des EAG Bau müssen sich nun in der Praxis erst einmal bewähren. Das wird gewiss nicht immer einfach und eine ganze Zeit in Anspruch nehmen, zumal sich das neue Recht in Fachkreisen erst einmal herumsprechen muss. Und die nächste Reform des BauGB, die sich auf den Hochwasserschutz bezieht, kommt bestimmt. Gewiss wird es in der Anwendung des neuen Städtebaurechts eine Reihe von ungeklärten Streitfragen geben, die erst in einigen Jahren auf dem Richtertisch des BVerwG in Leipzig landen und dort – wenn es gut geht – abschließend geklärt werden. Genug Arbeit also für Planer, Städtebauer aber auch für beratende Planungsbüros, für die Verwaltungsrechtler und für die Literaten, die ohne Ausnahme dem Gesetzgeber zu großem Dank verpflichtet sind und die sich einträchtig um die Erkenntnis versammeln: „Was wären wir eigentlich ohne den Gesetzgeber?"

Münster/Osnabrück, im November 2004 Prof. Dr. Bernhard Stüer

A. Städtebaurecht 2004: Was hat sich geändert?

Durch das Europarechtsanpassungsgesetz Bau (EAG Bau)[1] ist im Anschluss an das BauROG 1998 und das durch die UVP-ÄndRL 1997 veranlasste ArtG 2001[2] im Jahre 2004 eine erneute, in ihren Auswirkungen durchaus beachtliche Änderung des Städtebaurechts in Kraft getreten. Geändert wurden das BauGB, das ROG und das UVPG[3]. Veranlasst wurde die Novelle durch die Plan-UP-Richtlinie[4], die bis Mitte 2004 in nationales Recht umzusetzen war. Der danach unausweichliche Reformbedarf hat zugleich eine Reihe weiterer Änderungen nach sich gezogen, die quer durch das BauGB gehen[5]. Über diese Änderungen soll hier berichtet werden.

I. Umweltprüfung

Veranlasst durch die Plan-UP-Richtlinie ist das Städtebaurecht nach der Umsetzung der UVP-Änd-Richtlinie durch das Artikelgesetz 2001 nunmehr erneut durch das Europarechtsanpassungsgesetz Bau (EAG Bau) geändert worden. Künftig unterliegt mit Ausnahme der bestandswahrenden Bebauungspläne die Aufstellung aller Bauleitpläne einer Umweltprüfung, die in der Regel zugleich die UVP bisheriger Prägung mit umfasst. Mit der Umweltprüfung ist eine Reihe von Änderungen des Planaufstellungsverfahrens verbunden.

1. Ausgangslage

In den letzten Jahren ist das BauGB wiederholt geändert worden. Nach den Änderungen im Gefolge der Wiedervereinigung in der ersten Hälfte der 90er Jahre wurde das Gesetz durch das BauROG 1998 runderneuert und ein neues ROG erlassen. In den Jahren von 1990 bis 1998 wurde das Städtebaurecht insgesamt viermal umfassend novelliert und ergänzt[6]. Die Änderungen standen überwiegend mit den Veränderungen in Ost- und Mitteleuropa und damit mit der Herstellung der Einheit Deutschlands im Zusammenhang. Prägend und nachhaltend für die Rechtsentwicklung waren vor allem zwei Bereiche:

1 Bekanntmachung der Neufassung vom 23.9.2004 (BGBl. I 2415): Gesetzentwurf der Bundesregierung. Gesetz zur Anpassung des BauGB an EU-Richtlinien (EAG Bau) vom 15.10.2003, Drs. 15/2250; Beschlüsse des Ausschusses für Verkehr, Bau- und Wohnungswesen (14. Ausschuss) vom 29.4.2004, Drs. 15/2996; Bericht der Unabhängigen Expertenkommission, August 2002; Planspiel BauGB 2004, Bericht über die Planspielstädte und Planspiellandkreise, vorgestellt im Ausschuss für Verkehr, Bau- und Wohnungswesen am 1.3.2004 in Berlin. Materialien unter www.bmvbw.de, www.krautzberger.info, www.stüer.info und www.abwaegungsgebot.de (unter EAG Bau).

2 *Battis/Krautzberger/Löhr*, NVwZ 2001, 961; *Krautzberger/Stemmler*, UPR 2001, 241; *ders.*, UPR 2002, 121; *ders.*, DVBl. 2002, 285; *Bernhard Stüer*, BauR 2001, 1195; *ders.*, JURA 2002, 54.

3 Die UVPG-Änderung betrifft allerdings ausschließlich Folgeänderungen von BauGB und ROG. Die Umsetzung der Plan-UP-Richtlinie im UVPG sowie in den Fachplanungsgesetzen steht noch aus.

4 Richtlinie 2001/42/EG des Europäischen Parlamentes und des Rates vom 27.6.2001 über die Prüfung der Umweltauswirkungen bestimmter Pläne und Programme (ABl. EG vom 21.7.2001, Nr. L 197, Satz 30).

5 *Michael Krautzberger*, UPR 2004, 41; *ders.*, DWW 2003, 318; *Krautzberger/Stüer*, BauR 2003, 1301; *Stüer/Upmeier*, ZfBR 2003, 214.

6 *Michael Krautzberger*, DVBl. 2002, 285; *Stüer/Upmeier*, ZfBR 2003, 214.

– die Einführung vertraglicher Regelungen im Städtebaurecht (§§ 11 und 12 BauGB)[7] sowie

– die Öffnung des Bauplanungsrechts für die umwelt- und naturschutzrechtlichen Belange und deren Integration in die Verfahrens- und Entscheidungsmuster des räumlichen Planungsrechts.[8]

Dagegen hat sich der Bundesgesetzgeber in der Legislaturperiode 1998 – 2002 auf punktuelle Änderungen beschränkt. Rechtspolitisch bedeutsam waren die Änderungen im Zusammenhang mit der Umsetzung der UVP-Änderungsrichtlinie in das deutsche Recht: Die UVPG-Novelle 2001 vom 27.7.2001[9]. Die Projekt-UVP-Richtlinie und die dazu ergangene UVP-Änd-Richtlinie[10] machte eine erneute Änderung erforderlich, dem das UVP-Artikelgesetz[11] Rechnung trug. Für bestimmte, in der Anlage 1 zum UVPG aufgeführte Vorhaben wurden die Bebauungspläne UVP-pflichtig. Hier wurden die UVP-rechtlichen Anforderungen in das BauGB integriert - im Grunde schon im Vorgriff auf die damals kurz vor dem Erlass stehende „Richtlinie über die strategische Umweltprüfung von Plänen und Programmen" [12], die ihrerseits der eigentliche Anlass der jetzt durchgeführten Novellierung des Städtebaurechts ist. Während die Projekt-UP einzelne Projekte betrifft, bezieht sich die Plan-UP-Richtlinie auf Pläne und Programme mit rahmensetzenden Vorgaben für Zulassungsentscheidungen. Die Plan-UP erfasst daher unter bestimmten Voraussetzungen auch hochstufige Planungen mit rahmensetzenden Wirkungen für Folgeentscheidungen in Bereichen, die der UVP- oder der FFH-Richtlinie[13] unterfallen. Die Pläne und Programme werden einer Umweltprüfung unterzogen, die etwa hinsichtlich der Alternativenprüfung, der Abwägungserfordernisse und eines neu eingeführten Monitoring einen im Vergleich zur UVP in der Tendenz etwas weiter gehenden Inhalt hat.

2. Europarechtliche Vorgaben

Die auf Art 175 I EGV gestützte[14] Plan-UP-Richtlinie besteht aus 15 Artikeln und 2 Anhängen. Vorangestellt sind 20 Erwägungsgründe[15]. Artikel 1 „Ziele" enthält die Zielsetzung der Richtlinie, durch Einführung einer Umweltprüfung dazu beizutragen, dass Umwelterwägungen bei der Ausarbeitung und Annahme von Plänen und Programmen einbezogen werden. Artikel 2 „Begriffsbestimmungen" bezeichnet näher, was im Sinne der Richtlinie unter „Pläne und Programme", „Poli-

7 *Michael Krautzberger*, ZfBR 2003, 210; *Bernhard Stüer*, DVBl. 1995, 649; *Stüer/König*, ZfBR 2000, 528.

8 *Michael Krautzberger* in: Battis/Krautzberger/Löhr, BauGB, 8. Aufl. München, 2002, § 1a Rn. 1.

9 BGBl. I. S. 1950.

10 85/337/EWG über die Unweltprüfung bei bestimmten öffentlichen und privaten Projekten ABl. EG Nr. L 175/40, geändert durch RL 97/11/EG ABl. EG Nr. L 73/5.

11 Die ÄndRL ist durch das Gesetz zur Umsetzung der UVP-Änderungsrichtlinie, der IVU-Richtlinie und weiterer EG-Umweltrichtlinien zum Umweltschutz (BGBl. I vom 2.8.2001, S. 1950) in nationales Recht umgesetzt worden.

12 Richtlinie 2001/42/EG des Europäischen Parlamentes und des Rates vom 27.6.2001 über die Prüfung der Umweltauswirkungen bestimmter Pläne und Programme ABl. vom 21.7.2001, Nr. L 197, S. 30.

13 92/43/EWG zur Erhaltung der natürlichen Lebensräume sowie der wildlebenden Tiere und Pflanzen ABl. EG Nr. L 206/7.

14 Ob darin eine ausreichende Rechtsgrundlage liegt, ist allerdings gelegentlich bestritten worden, so Beschluss des Bundesrates vom 6.6.1997 (BR-Drs. 277/97, S. 3 f.), bestätigt durch Beschluss vom 9.12.1999 (BR-Drs. 693/99, S. 4); *Knieps/Stein*, UVP-Report 1998, S. 77; vgl. auch *Rudolf Steinberg*, in: FS Hoppe, S. 494; *Christian Kläne*, SUP in der Bauleitplanung, Diss. 2002.

15 Zur Einbindung des Umweltrechts der EG in das nationale Umweltrecht Hans-Werner Rengeling, in: Festgabe 50 Jahre BVerwG, 2003, 899.

tiken", „Umweltprüfung", „Umweltbericht" und „Öffentlichkeit" zu verstehen ist. Artikel 3 regelt den „Geltungsbereich" der Richtlinie. Abs. 2 legt fest, welche Pläne und Programme potentiell so umweltgefährdend sind, dass sie zwingend einer Umweltprüfung nach der Richtlinie zu unterziehen sind, während Abs. 3 und 4 „weichere" Screening-Bestimmungen für nur unter Umständen prüfungspflichtige Pläne und Programme enthalten. Art. 3 Abs. 5 regelt in Verbindung mit Anhang II die Frage, auf welche Weise die Mitgliedstaaten im nationalen Recht für die unter Abs. 3 und 4 fallenden Pläne und Programme festlegen bzw. ermitteln können, ob insofern erhebliche Umweltauswirkungen zu befürchten sind. Die Kriterien des Anhang II müssen hierbei in jedem Fall berücksichtigt werden. In den Artikeln 4 bis 9 ist das eigentliche Verfahren, die „Umweltprüfung", geregelt. Kern des Verfahrens ist die Erstellung eines „Umweltberichts" (Art. 5 Plan-UP-Richtlinie), in dem die Umweltauswirkungen ermittelt, beschrieben und bewertet werden müssen. Anhang I legt fest, welche Informationen zu diesem Zweck vorzulegen sind, u.a. die Nullvarianten- und Alternativenprüfung. Dem Anhang I der Plan-UP-Richtlinie kommt in inhaltlich-methodischer Hinsicht besondere Bedeutung zu, weil hier die Inhalte von Umweltberichten rahmensetzend vorgegeben werden.[16] Die Öffentlichkeits- und Behördenbeteiligung ist im wesentlichen in den Art. 6 „Konsultationen" und Art. 7 „Grenzüberschreitende Behördenbeteiligung" geregelt. Artikel 10 regelt die Überwachung („Monitoring") der Umweltauswirkungen bei der Durchführung der Programme und Pläne durch die Mitgliedstaaten und in Artikel 11 wird das Verhältnis der Richtlinie zu anderen Gemeinschaftsvorschriften, insbesondere zur UVP-Richtlinie, festgelegt. Deren Anforderungen müssen zwar gleichwohl erfüllt werden (Absatz 1), es wird aber die Möglichkeit eingeräumt, koordinierte oder gemeinsame Verfahren zur Erfüllung der einschlägigen Rechtsvorschriften vorzusehen, um Mehrfachprüfungen zu vermeiden (Absatz 2). Nach Art. 12 tauschen die Mitgliedstaaten und die Kommission Informationen über die Anwendung der Richtlinie aus. Art. 13 enthält Bestimmungen zur Umsetzung der Richtlinie[17] und ferner eine Bestimmung, gemäß der die Mitgliedstaaten der Kommission eine Liste von Typen von Plänen und Programmen übermitteln, die sie aufgrund der Richtlinie einer Umweltprüfung unterziehen.

Die Richtlinie des Europäischen Parlaments und des Rates vom 27.7.2001 über die Prüfung der Umweltauswirkungen bestimmter Pläne und Programme („Plan-UP-Richtlinie") war bis zum 20. Juli 2004 in das jeweilige nationale Recht umzusetzen. Die Plan-UP-Richtlinie zielt darauf ab, im Hinblick auf die Förderung einer nachhaltigen Entwicklung zu einem hohen Umweltschutzniveau beizutragen, in dem für bestimmte Pläne und Programme, die voraussichtlich erhebliche Umweltauswirkungen haben, eine Umweltprüfung durchgeführt wird[18]. Die Richtlinie betrifft das Verfahren der Aufstellung von Plänen und Programmen und soll dazu beitragen, dass die Umwelterwägungen bei deren Ausarbeitung einbezogen werden. Ziel ist eine Umweltprüfung mit umfassender Öffentlichkeitsbeteiligung schon auf der räumlichen Planungsebene und nicht erst bei der Projekt-Zulassung, bei der das Instrument der UVP für bestimmte Vorhaben bereits besteht. Nach Art. 3 der Plan-UP-Richtlinie unterliegen der Verpflichtung zur Durchführung einer Umweltprüfung

16 *Ulrich Jacoby*, UVP-Report 2001, S. 28.

17 Die Umsetzungsfrist ist auf Druck des Rates von 2 auf 3 Jahre erhöht worden, so dass bis zum 21.7.2004 das nationale Recht angepasst werden muss.

18 *Ulrich Battis*, NuR 1995, 448 (453); *Jörg Wagner*, UVP-Report 1996, S. 227 (229); *Hans-D. Jarass*, DÖV 1999, S. 661 (668); *Willy Spannowsky*, UPR 2000, S. 201; *Alexander Schink*, UPR 2000, S. 127 (129); *Harald Ginzky*, UPR 2002, S. 47; *Michael Krautzberger*, DVBl 2002, S. 285 (291), *Jost Pietzcker*, Gutachten zum Umsetzungsbedarf der Plan-UP-Richtlinie und *Pietzker/Fiedler*, DVBl 2002, 929. Zum Folgenden vor allem *Christian Kläne*, Strategische Umweltprüfung in der Bauleitplanung. Eine Untersuchung zur Umsetzung der Plan-UP-Richtlinie in das deutsche Recht, Diss. Osnabrück 2002.

grundsätzlich Pläne und Programme u.a. im Bereich der Bodennutzung und der Raumordnung, die einen Rahmen für die künftige Genehmigung von Projekten setzen, die in den Anhängen I und II der Projekt-UVP-Richtlinie aufgeführt sind[19] sowie Pläne und Programme, die gemäß der Fauna-Flora-Habitat-Richtlinie zu prüfen sind[20].

Zudem sind die Århus-Konvention[21] und die Öffentlichkeitsbeteiligungs-Richtlinie[22] in nationales Recht umzusetzen. Ziel der Öffentlichkeitsbeteiligungs-Richtlinie ist es, zur Erfüllung der Pflichten aus der Århus-Konvention zu einer verbesserten Öffentlichkeitsbeteiligung und erweiterten gerichtlichen Rechtsschutzmöglichkeiten der Öffentlichkeit beizutragen. Zu diesem Zweck stellen die Mitgliedstaaten sicher, dass die Öffentlichkeit frühzeitig und in effektiver Weise die Möglichkeit erhält, sich an der Vorbereitung und Änderung oder Überarbeitung der Pläne oder Programme zu beteiligen. Zu diesem Zweck stellen die Mitgliedstaaten sicher, dass die Öffentlichkeit durch öffentliche Bekanntmachung oder auf anderem geeignetem Wege, wie durch elektronische Medien, soweit diese zur Verfügung stehen, über Vorschläge für solche Pläne und Programme bzw. für deren Änderung oder Überarbeitung unterrichtet wird (Art. 2 der Öffentlichkeitsbeteiligungs-Richtlinie).

Zudem werden die Klagerechte erweitert. Die Mitgliedstaaten stellen nach Art. 10a der UVP-Richtlinie i.d.F. der Öffentlichkeitsbeteiligungs-Richtlinie sicher, dass Mitglieder der betroffenen Öffentlichkeit, die ein ausreichendes Interesse haben oder (alternativ) eine Rechtsverletzung geltend machen, Zugang zu einem Überprüfungsverfahren vor einem Gericht oder einer anderen auf gesetzlicher Grundlage geschaffenen unabhängigen und unparteiischen Stelle haben, um die materiellrechtliche und verfahrensrechtliche Rechtmäßigkeit von Entscheidungen, Handlungen oder Unterlassungen anzufechten. Die Mitgliedstaaten bestimmen zwar in diesem Rahmen, was als ausreichendes Interesse und als Rechtsverletzung gilt. Das Interesse der Nichtregierungsorganisationen wie der anerkannten Verbände ist jedoch als ausreichend für entsprechende Klagerechte anzusehen (Art. 10a Projekt-UVP-Richtlinie i.d.F. der Öffentlichkeitsbeteiligungs-Richtlinie)[23].

3. Umsetzungskonzept des EAG Bau

Das EAG Bau setzt die EU-rechtlichen Vorgaben der Pan-UP-Richtlinie für den Bereich des Städtebaurechts in das BauGB, das ROG und das UVPG um. Allerdings steht die Umsetzung der Plan-UP-Richtlinie in das Fachplanungsrecht und das UVPG mit Ausnahme der Bauleitplanung noch aus.

19 Anlage des UVPG.

20 Richtlinie 92/43/EWG des Rates vom 21.5.1992 zur Erhaltung der natürlichen Lebensräume sowie der wildlebenden Tiere und Pflanzen, ABl. EG Nr. L 206 S. 7, zuletzt geändert durch die Richtlinie 97/62/EG vom 27.10.1997, ABl. EG Nr. L 305 S. 42.

21 www.aarhus-konvention.de; www.stueer.de unter EAG Bau.

22 Richtlinie 2003/35/EG des Europäischen Parlamentes und des Rates vom 26.5.2003 die Beteiligung der Öffentlichkeit bei der Ausarbeitung bestimmter umweltbezogener Pläne und Programme und zur Änderung der Richtlinie 85/337/EWG und 96/61/EG des Rates in Bezug auf die Öffentlichkeitsbeteiligung und den Zugang zu Gerichten, ABl. vom 25.6.2003, Nr. L 156, S. 17

23 Die Öffentlichkeitsbeteiligungs-Richtlinie ist bis zum 25.6.2005 in nationales Recht umzusetzen.

a) UP wird in das Bauleitplanverfahren integriert

Die im EAG Bau verfolgte Konzeption setzt die vor allem mit dem Bau- und Raumordnungsgesetz (BauROG 1998)[24] eingeleitete programmatische Öffnung des Rechts der Bauleitplanung für die umweltrechtlichen Vorgaben des Gemeinschaftsrechts fort. Dabei ist – in Abkehr von einer ausschließlich am Wortlaut der Richtlinie haftenden Übernahme der gemeinschaftsrechtlichen Einzelvorgaben – eine europarechtskonforme Umsetzung der Richtlinie vorgenommen worden, die das Recht der Bauleitplanung mit den europäischen Vorgaben strukturell harmonisiert. Die Umweltprüfung ist in die bestehenden Verfahrensschritte der Bauleitplanung integriert worden, indem sie als Regelverfahren für grundsätzlich alle Bauleitpläne ausgestaltet worden ist und als einheitliches Trägerverfahren die bauplanungsrechtlich relevanten umwelt- und naturschutzrechtlichen Aspekte zusammenführt[25].

b) Grundsätzliche UP-Pflicht aller Bauleitpläne

Bisher waren nur solche Bebauungspläne UVP-pflichtig, die ein konkretes Vorhaben ausweisen, das nach der Anlage 1 zum UVPG UVP-pflichtig ist[26], wie beispielsweise Industriezonen sowie große Hotel-, Einzelhandels- oder Städtebauprojekte. Eine UVP-Pflicht für Flächennutzungspläne bestand bisher nicht.

Die Plan-UP-Richtlinie gibt vor, dass alle Pläne und Programme auf lokaler Ebene, die voraussichtlich erhebliche Umweltauswirkungen verursachen, einer Umweltprüfung unterzogen werden müssen. Ob erhebliche Umweltauswirkungen zu erwarten sind, konnte ggf. in einer Vorprüfung im Einzelfall (Screening) ermittelt werden. Das EAG Bau führt eine grundsätzliche Pflicht zur Umweltprüfung bei allen Bauleitplänen einschließlich ihrer Änderungen und Ergänzungen ein und geht damit durchaus über die Erfordernisse der Plan-UP-Richtlinie hinaus. Denn diese gewährt den Mitgliedstaaten bei Plänen und Programmen mit nur lokaler Bedeutung, zu der auch die Bebauungspläne rechnen könnten, einen Ermessensspielraum bei der Anordnung der UP-Pflicht (Art. 3 Abs. 3 Plan-UP-Richtlinie). Eine grundsätzliche UP-Pflicht aller Bebauungspläne hat den Vorteil, dass kein kompliziertes Vorprüfungs- und Auswahlverfahren stattfinden muss, wie es §§ 3 a bis 3 f UVPG vorsieht. Die Umweltprüfung soll das Bauleitplanverfahren nicht erschweren, sondern die ohnehin für die Abwägung nach § 1 Abs. 7 BauGB erforderlichen umweltschützenden Belange erfassen[27] und die Prüfung dadurch in der Tendenz eher optimieren.

Der Umfang des Umweltberichts ist an die jeweilige Bedeutung der Planung anzupassen. In weniger bedeutsamen Fällen könnten die Anforderungen an den Umweltbericht etwa mit einer Vorprüfung gleichgesetzt werden. Dies erscheint sinnvoller, als an dem bisherigen Screening-Verfahren festzuhalten, das für die Praxis zusätzliche Abgrenzungsschwierigkeiten zur Umweltprüfung bringt.

24 BauGB in der Fassung der Bekanntmachung vom 27.8.1997, BGBl. I S. 2081, 1998 BGBl. I S. 137; UVPG-Novelle 2001.

25 Zu den Vorarbeiten *Jost Pietzcker*, Gutachten zum Umsetzungsbedarf der Plan-UP-Richtlinie der EG im BauGB vom 30. 4. 2002 *Pietzcker/Fiedler*, DVBl. 2002, 929.

26 *Bernhard Stüer*, BauR 2001, 1195.

27 So auch *Ulrich Kuschnerus* über die UVP, die letztlich einer sachgerechten Bearbeitung der Anforderungen des bauleitplanerischen Abwägungsgebots dient, BauR 2001, 1211.

c) Abschichtung - Konflikttransfer

Bei Umweltprüfungen auf verschiedenen Ebenen der Bauleitplanung kann durch eine Abschichtung innerhalb der Umweltprüfung vermieden werden, dass Belange unnötig doppelt geprüft werden. So müssen Belange, die auf der Ebene der Raumordnung geprüft werden, beim Flächennutzungsplan nicht nochmals abgearbeitet werden. Der Flächennutzugsplan hat wiederum eine abschichtende Wirkung für die Bebauungspläne. Die Ergebnisse der Prüfung in den vorangehenden Planungsstufen können daher übernommen werden. Es besteht aber auch die Möglichkeit, Teile der Umweltprüfung in eine nachfolgende Ebene weiterzureichen, wenn dort die Abarbeitung der Umweltprüfung geleistet werden kann. Dies ist allerdings nur in dem Umfang zulässig, wie die nachfolgenden Planungs- oder Zulassungsstufen eine sachgerechte Prüfung gewährleisten. Die Grundsätze von Konfliktbewältigung und Konflikttransfer sind hier anwendbar[28].

d) UP-Pflicht der Raumordnungspläne

Die Umweltprüfungspflicht erfasst nach Art. 3 Abs. 2 der Plan-UP-Richtlinie alle Programme und Pläne u.a. auf den Gebieten Raumordnung und Bodennutzung mit entsprechenden Auswirkungen für nachfolgende Zulassungsentscheidungen. Darunter fallen vom Grundsatz her auch bestimmte Teile der Landesplanung und die Gebietsentwicklungsplanung. Wenn daher verschiedene Ebenen der Umweltprüfungspflicht unterliegen, dann ist die Umweltprüfung gestuft vorzunehmen. Die höheren Planungsstufen werden sich in der Regel mit einer Grobprüfung begnügen können, die mit dem Konkretisierungsgrad der weiteren Planungsstufen an Detailschärfe gewinnt. Bei der Verteilung der Umweltprüfung in der Bauleitplanung kann entsprechend verfahren werden. Im Flächennutzungsplan werden die Gesamtstrukturen der gemeindlichen Entwicklung dargestellt. Der Bebauungsplan enthält konkrete Festsetzungen für die einzelnen Grundstücke. Die Detailschärfe der Umweltprüfung kann dem unterschiedlichen Konkretisierungsgrad dieser städtebaulichen Pläne angepasst werden.

e) Gestufte Beteiligungsverfahren

Auch die Behörden- und Öffentlichkeitsbeteiligung ist entsprechend gestuft. Dies wird aus den unterschiedlichen Regelungen in Art. 6 Plan-UP-Richtlinie und Art. 6 Projekt-UVP-Richtlinie deutlich. Auf der hochstufigen Ebene der Landesplanung ist eine umfassende Behörden- und Öffentlichkeitsbeteiligung nicht erforderlich. Vielmehr kann die Beteiligung hier etwa auf Zivilgesellschaften[29] und damit auf eine Öffentlichkeit und Behörden beschränkt werden, die der hochstufigen Planung angemessen ist. Der Mitgliedstaat hat hier entsprechende Bestimmungs- und Konkretisierungsmöglichkeiten, die dem Charakter der hochstufigen Planung gerecht werden[30].

Bei der Regionalplanung ist durch § 7 Abs. 6 ROG eine allgemeine Öffentlichkeitsbeteiligung eingeführt worden. Der Projektbezug der Pläne ist auf dieser Ebene bereits größer. Zudem spricht

28 BVerwG, Beschluss vom 17.2.1984 – 4 B 191.83 –, BVerwGE 69, 30 = DVBl. 1984, 343; Beschluss vom 31.1.1997 – 4 NB 27.96 –, BVerwGE 104, 68 = DVBl. 1997, 1112; Beschluss vom 9.5.1997 – 4 N 1.96 –, BVerwGE 104, 353 = DVBl. 1997, 1121; Urteil vom 19.9.2002 - 4 CN 1.02 -, BVerwGE 117, 58 = DVBl. 2003, 204.

29 Auch bei der Erarbeitung der Europäischen Grundrechtscharta und der Europäischen Verfassung sind die Zivilgesellschaften beteiligt worden, dazu *Stüer/von Arnim*, DVBl. 2003, 245.

30 *Bernhard Stüer*, UPR 2003, 97.

auch das aus der Eigentumsgarantie folgende Gebot, den betroffenen Eigentümern vor einer bindenden Wirkung des Darstellungsprivilegs in § 35 Abs. 3 BauGB Gelegenheit zur Stellungnahme zu gewähren[31], für eine Ausweitung der allgemeinen Öffentlichkeitsbeteiligung im Sinne einer Bürgerbeteiligung auf die Ebene der Regionalplanung. Die Beteiligung kann durch Offenlage der Pläne in den einzelnen Gemeinden durchgeführt werden.

f) Plan-UP und Projekt-UVP

Die Projekt-UVP der UVP-Richtlinie wird durch die Plan-UP-Richtlinie um eine Umweltprüfung für Pläne und Programme ergänzt, die rahmensetzende Wirkungen für nachfolgende Zulassungsentscheidungen haben. Die bisherige UVP wird in der gesetzlichen Neuregelung zu einer Umweltprüfung umgestaltet. Nunmehr ist die Aufstellung von Bauleitplänen – abgesehen von den bestandswahrenden Bebauungsplänen - grundsätzlich UP-pflichtig.

Mit der Umsetzung der Plan-UP-Richtlinie konnte an die bereits erfolgte Umsetzung der Projekt-UVP-Richtlinie angeknüpft werden. Zwar sind die Vorgaben der beiden Richtlinien nicht ganz deckungsgleich. Das EAG Bau verknüpft aber beide Richtlinien zu einer einheitlichen Umweltprüfung. In diese Umweltprüfung sind auch andere naturschutzrechtliche Vorgaben einzustellen, so weit sie sich auf das Bauleitverfahren beziehen, wie beispielsweise Vorgaben der FFH-Richtlinie, der Vogelschutz-Richtlinie [32] und der Seveso-II-Richtlinie [33]. Durch diese Verknüpfung kann vermieden werden, dass einzelne Umweltbelange an verschiedenen Stellen und gegebenenfalls doppelt geprüft oder gar neue zusätzliche Prüfverfahren erfolgen müssen, was die Bauleitplanung entsprechend belastet hätte. Vielmehr trägt eine einheitliche Umweltprüfung zur Vereinfachung der Bauleitplanung bei.

g) Ergänzende Vorschriften zum Umweltschutz

Die allgemeine Aufzählung der abwägungserheblichen Belange wird durch Vorschriften zum Umweltschutz ergänzt. § 1a BauGB ist ganz auf Umweltbelange zugeschnitten, wobei zwischen der abwägungsdirigierten Eingriffsregelung nach dem BNatSchG in der Bauleitplanung einerseits und der strikt bindenden Sonderregelung für Gebiete mit gemeinschaftlicher Bedeutung und Vogelschutzgebiete in §§ 32 – 37 BNatSchG andererseits unterschieden wird. Die bisherigen Regelungen in § 1a Abs. 3 BauGB sind dabei in das neue Recht übernommen worden. Der Naturschutz in der Bauleitplanung, der auf dem Abarbeiten der Eingriffsregelung in §§ 18 – 20 BNatSchG einerseits und den Abwägungsmöglichkeiten andererseits besteht, ist hierdurch unverändert in das neue Recht übernommen worden und hat in § 1a Abs. 3 BauGB seinen Standort.

Die Belange des Umweltschutzes, einschließlich des Naturschutzes und der Landschaftspflege (§ 1 Abs. 6 Nr. 7 BauGB), sind Gegenstand einer Umweltprüfung, in der die voraussichtlichen erheblichen Umweltauswirkungen ermittelt, beschrieben und bewertet werden (§ 2 Abs. 4 BauGB). Nach wie vor bildet der Umweltbericht als Bestandteil der Begründung das zentrale

31 BVerwG, Urteil vom 19.7.2001 – 4 C 4.00 –, BVerwGE 115, 17 = DVBl. 2001, 1855, einerseits und Urteil vom 13.3.2003 – 4 C 4.02 –, BVerwGE 118, 33 = DVBl. 2003, 1064, andererseits; *Bernhard Stüer*, NuR 6/2004.

32 79/409/EWG über die Erhaltung der wildlebenden Vogelarten ABl. EG Nr. L 103/1.

33 96/82/EG zur Beherrschung der Gefahren bei schweren Unfällen mit gefährlichen Stoffen ABl. EG Nr. L 10/13.

Dokument, das Auskunft über die Umweltbelange und deren Bewertung gibt. Die bisher in § 2a BauGB enthaltenen EU-rechtliche vorgegebenen Prüfungsmaßstäbe werden - allerdings ohne inhaltliche Änderungen - in einer Anlage zum BauGB aufgeführt. Der Detaillierungsgrad der Prüfung bestimmt sich nach den betroffenen Umweltbelangen (§ 2 Abs. 4 Satz 2 BauGB). Diesen hat die Gemeinde jeweils festzulegen.

Die Neuaufstellung des Flächennutzungsplans und eines Bebauungsplans ist grundsätzlich UP-pflichtig, selbst wenn Projekte der Anlage 1 Nr. 18 des UVPG dort nicht ausgewiesen werden. Ausgenommen sind lediglich Bebauungspläne für bisherige Innenbereichslagen, in denen die Planung die Eigenart der näheren Umgebung planerisch nicht wesentlich verändert wird (§ 13 Abs. 1 BauGB). Bei einer Änderung des Flächennutzungsplans oder Bebauungsplans kann die Gemeinde das vereinfachte Verfahren nach § 13 BauGB anwenden, wenn die Grundzüge der Planung nicht beeinträchtigt werden, kein UVP-pflichtiges Vorhaben nach Anlage 1 Nr. 18 des UVPG ausgewiesen werden soll und auch die Schutzgüter der FFH- und Vogelschutzgebiete nicht betroffen sind. Es kann dann auf eine Umweltprüfung nach § 2 Abs. 4 BauGB und auch auf eine vorgezogene Öffentlichkeitsbeteiligung (§ 3 Abs. 1 BauGB) verzichtet werden. Allerdings ist der betroffenen Öffentlichkeit Gelegenheit zur Stellungnahme innerhalb angemessener Frist zu geben oder eine Auslegung nach § 3 Abs. 2 BauGB durchzuführen. Dasselbe gilt für die Behördenbeteiligung. Das vereinfachte Verfahren nach § 13 BauGB wird daher hinsichtlich einer vereinfachten Beteiligung an Bedeutung verlieren, da auch in diesen Fällen eine Öffentlichkeits- und Behördenbeteiligung erforderlich ist. Auch kleinere Änderungen eines Bauleitplans auch innerhalb eines Aufstellungs- oder Änderungsverfahrens werden daher in Zukunft regelmäßig zu einer erneuten Offenlage nach § 3 Abs. 2 BauGB und einer Behördenbeteiligung nach § 4 Abs. 2 BauGB führen.

Der Umweltbericht muss bereits vor Durchführung der förmlichen Öffentlichkeitsbeteiligung fertig gestellt sein. Eine Änderung des Umweltberichts während des Planaufstellungsverfahrens ruft daher das Erfordernis einer erneuten Offenlage nach § 3 Abs. 2 BauGB oder einer vergleichbaren Öffentlichkeits- und Behördenbeteiligung nach § 13 Abs. 2 Nr. 2 und 3 BauGB (§ 4a Abs. 3 BauGB) hervor[34].

h) Ausnahmen von der generellen UP-Pflicht

Auf eine Umweltprüfung kann bei Änderungen oder Ergänzungen eines Bauleitplans verzichtet werden, wenn die Grundzüge der Planung nicht berührt werden oder die Planaufstellung in bisherigen nicht beplanten Innenbereichen nach § 34 BauGB die Eigenart der näheren Umgebung nicht verändert (§ 13 BauGB). Dies gilt allerdings nur unter der Voraussetzung, dass keine Vorhaben ausgewiesen werden, für die nach der Anlage 1 zum UVPG eine UVP oder eine Vorprüfung durchzuführen ist, keine Beeinträchtigungen gemeinschaftsrechtlicher Schutzgebiete bestehen und offensichtlich keine erheblichen Umweltauswirkungen zu erwarten sind (§ 13 BauGB). Ein Beispiel für solche bestandswahrenden Pläne wäre etwa eine Planänderung, mit der ein Ausschluss von Vergnügungsstätten beabsichtigt ist.

Eine Umweltprüfung entfällt auch bei Innenbereichs- oder Außenbereichssatzungen. Allerdings dürfen diese Satzungen keine Vorhaben zulassen, für die eine Pflicht zur UVP oder zur Vorprüfung nach Anlage 1 des UVPG besteht.

34 Zum Erfordernis einer erneuten Offenlage im Fachplanungsrecht Urteil v.om29.1.1991 – 4 C 51.89 –, BVerwGE 87, 332 = DVBl. 1991, 1143 – München II.

Auch die Entwicklungsbereichssatzung nach § 165 BauGB[35] und die Sanierungssatzung nach § 142 BauGB sind nicht umweltprüfungspflichtig, weil sie keine Baurechte schaffen, sondern diese lediglich vorbereiten oder sichern.

4. Planaufstellungsverfahren

Kernpunkte des Aufstellungsverfahrens sind die frühzeitige und förmliche Beteiligung der Öffentlichkeit (§ 3 BauGB) und die (neu eingeführte) frühzeitige und die förmliche Behördenbeteiligung (§ 4 BauGB).

a) Öffentlichkeitsbeteiligung auf dem Wege zu einer „gläsernen Verwaltung"?

Die bisherige Bürgerbeteiligung ist vom Ansatz her in das neue Recht als Öffentlichkeitsbeteiligung übernommen worden. Dabei wird wie bisher zwischen der vorgezogenen (§ 3 Abs. 1 BauGB) und der förmlichen Öffentlichkeitsbeteiligung (§ 3 Abs. 2 BauGB) unterschieden. Die vorgezogene Öffentlichkeitsbeteiligung ist im Gegensatz zu den im RegE enthaltenen Vorstellungen nicht mit einem Scoping-Verfahren angereichert worden. Es ist auch künftig nicht erforderlich, bereits bei der vorgezogenen Bürgerbeteiligung Informationen im Hinblick auf den erforderlichen Umfang und den Detaillierungsgrad der Umweltprüfung zu geben[36]. Wie bisher kann von einer vorgezogenen Öffentlichkeitsbeteiligung abgesehen werden, wenn sich die beabsichtigte Planung nicht oder nur unwesentlich auf städtebauliche Belange auswirkt oder die Unterrichtung und Erörterung bereits auf anderer Grundlage erfolgt sind.

Bei der förmlichen Öffentlichkeitsbeteiligung nach § 3 Abs. 2 BauGB sind auch wesentliche, bereits vorliegende umweltbezogene Stellungnahmen auszulegen. Dazu gehören insbesondere auch umweltrelevante Stellungnahmen von Behörden, die von diesen im Rahmen der vorgezogenen Behördenbeteiligung abgegeben worden sind. Auf die Art der verfügbaren Informationen ist bereits in der Bekanntmachung hinzuweisen. Die Gemeinde muss daher grundsätzlich alle verfügbaren umweltrelevanten Informationen der Öffentlichkeit zur Verfügung stellen. Damit ist die planende Gemeinde auf dem Weg zu einer gläsernen Verwaltung, wie dies im angloamerikanischen Rechtskreis bereits in größerem Umfang verwirklicht ist.

b) Behördenbeteiligung

§ 4 BauGB führt als zusätzlichen Verfahrensschritt eine vorgezogene Behördenbeteiligung ein (§ 4 Abs. 1 BauGB). Entsprechend den Vorgaben der Plan-UP-Richtlinie erhalten die Behörden

35 BVerwG, Beschluss vom 19.4.1999 – 4 BN 10.99 –, NVwZ-RR 1999, 624 = ZfBR 1999, 277 – Entwicklungsbereich; Beschluss vom 5.8.2002 – 4 BN 32.02 –, BB 2002, Heft 12, 65; Zur Abgrenzung zwischen Sanierungs- und Entwicklungsmaßnahmen BVerwG, Beschluss vom 8.7.1998 – 4 BN 22.98 –, NVwZ 1998, 1298 = UPR 1998, 454; Urteil vom 3.7.1998 – 4 CN 2.97 –, DVBl. 1998, 1293 = UPR 1998, 453 – Teilbarkeit von Entwicklungsmaßnahmen; BVerfG, Beschluss vom 4.7.2002 – 1 BvR 390/01 -, DVBl.2002, 1467; zum Entwicklungsbereich Battis/Krautzberger/Löhr § 165 Rdn. 12; *Christoph Degenhart*, DVBl. 1994, 1041; *Günter Gaentzsch*, NVwZ 1991, 921; *Walter Leisner*, NVwZ 1993, 935; *Michael Krautzberger*, LKV 1992, 84; *ders.*, DÖV 1992, 92; *ders.*, WuV 1993, 85; *Müller/Wollmann*, Erhaltung der städtebaulichen Gestalt eines Gebietes durch Erhaltungssatzung, S. 183; *Peter Runkel*, ZfBR 1991, 19; *Gerd Schmidt-Eichstaedt*, BauR 1993, 38; *Rudolf Stich*, WuV 1993, 104.

36 Art. 5 Abs. 4 UP-Richtlinie sieht vor, dass die Behörden bei der Festlegung des Umfangs und Detaillierungsgrades der in den Umweltbericht aufzunehmenden Informationen zu konsultieren sind. Für die Öffentlichkeit ist dies nicht angeordnet.

auch Gelegenheit zur Äußerung im Hinblick auf den Umfang und Detaillierungsgrad der Umweltprüfung. Die vorgezogene Behördenbeteiligung geht insoweit weiter als die vorgezogene Öffentlichkeitsbeteiligung, die sich nicht auf den Untersuchungsrahmen und den DBetaillierungsgrad der Umweltprüfung beziehen muss. Auch nicht unter den Behördenbegriff fallende Träger öffentlicher Belange können wie bisher in der Behördenbeteiligung mitwirken. Dies betrifft etwa die Kirchen, Kammern oder eigenständige kommunale Wirtschaftsbetriebe oder andere öffentliche Versorgungsträger. Die Naturschutzverbände erhalten wie bisher im Rahmen der Öffentlichkeitsbeteiligung Gelegenheit zur Stellungnahme. Bei umfangreicheren Planvorhaben könnte es sich empfehlen, zunächst in der vorgezogenen Behördenbeteiligung den Untersuchungsrahmen und Detaillierungsgrad der Umweltprüfung abzustimmen (§ 4 Abs. 1 BauGB) und im Anschluss daran die vorgezogene Bürgerbeteiligung (§ 3 Abs. 1 BauGB) durchzuführen.

Die förmliche Behördenbeteiligung erfolgt zu dem ausgearbeiteten Planentwurf. Hier ergeben sich gegenüber den bisherigen Regelungen keine Änderungen.

c) Parallelverfahren für Öffentlichkeits- und Behördenbeteiligung

Die beiden Stufen der Öffentlichkeits- und Behördenbeteiligung können jeweils parallel durchgeführt werden (§ 4a Abs. 2 BauGB). Hierdurch soll eine Verfahrensstraffung ermöglicht werden.

d) Vereinfachte Änderung im Aufstellungsverfahren

§ 4a Abs. 3 BauGB gestattet eine vereinfachte Änderung der Bauleitplanung im Planverfahren. Werden die Grundzüge geändert, so muss eine erneute Offenlage erfolgen. Allerdings kann die Auslegung auf die geänderten Teile und auf eine angemessene Frist verkürzt werden. Werden durch die Änderung oder Ergänzung des Entwurfs die Grundzüge der Planung nicht berührt, kann die Einholung der Stellungnahmen auf die von der Änderung oder Ergänzung betroffene Öffentlichkeit sowie die berührten Behörden und sonstigen Träger öffentlicher Belange beschränkt werden. Diese kommt indes nur in Betracht, wenn die Bürger und Träger, deren Belange durch die Änderung betroffen werden, individuell ermittelt werden können. Anderenfalls ist eine erneute Öffentlichkeits- und Behördenbeteiligung nach §§ 3 Abs. 2, 4 Abs. 2 BauGB durchzuführen. Dies gilt insbesondere dann, wenn sich der Umweltbericht mehr als nur unerheblich ändert. Das vereinfachte Verfahren der Planänderung während des Aufstellungsverfahrens entsprechend § 13 BauGB, auf den § 4a Abs. 3 BauGB nicht mehr verweist, hat daher im Hinblick auf die erforderlichen Beteiligungen der Öffentlichkeit und der Behörden an Bedeutung verloren.

e) Vereinfachte Änderung verbindlicher Pläne

§ 13 BauGB gestattet eine vereinfachte Änderung von Bauleitplänen. Werden durch die Änderung oder Ergänzung eines Bauleitplans dessen Grundzüge geändert, so muss eine erneute Offenlage für einen Monat erfolgen. Werden die Grundzüge der Planung nicht berührt oder wird durch die Aufstellung eines Bebauungsplans im nicht beplanten Innenbereich der sich aus der vorhandenen Umgebung ergebende Zulässigkeitsmaßstab nicht wesentlich verändert, kann die Gemeinde das vereinfachte Verfahren nach § 13 BauGB anwenden. Die geplanten Vorhaben dürfen nicht einer Pflicht zur UVP oder Vorprüfung unterliegen (Anlage 1 zum UVPG). Auch Belange des Habitat- oder Vogelschutzes dürfen nicht beeinträchtigt sein. Im vereinfachten Verfahren kann von einer frühzeitigen Unterrichtung der Öffentlichkeit und der Behörden (§§ 3, 4 BauGB) abgesehen werden. Der betroffenen Öffentlichkeit sowie den Behörden muss innerhalb angemessener Frist die Möglichkeit der Stellungnahme gegeben werden. Ein vereinfachtes Verfahren setzt daher

voraus, dass die Betroffenen individuell zu ermitteln sind. Anderenfalls ist eine erneute Öffentlichkeits- und Behördenbeteiligung nach §§ 3 Abs. 2, 4 Abs. 2 BauGB durchzuführen. Das vereinfachte Verfahren entsprechend § 13 BauGB hat daher im Hinblick auf eine vereinfachte Beteiligung an Bedeutung verloren. Allerdings kann in diesen Fällen auf eine Umweltprüfung verzichtet werden (§ 13 Abs. 3 BauGB).

Das vereinfachte Verfahren kann unter Wahrung dieser Voraussetzungen in folgenden Fällen angewendet werden:

- Änderung oder Ergänzung von Flächennutzungsplänen ohne Änderung der Grundzüge (§ 13 BauGB),

- Änderung oder Ergänzung von Bebauungsplänen ohne Änderung der Grundzüge (§ 13 BauGB),

- Aufhebung vorhabenbezogener Bebauungspläne (§ 12 Abs. 6 BauGB),

- Entwicklungs- und Ergänzungssatzung (§ 34 Abs. 4 Satz 1 Nr. 2, 3 BauGB).

- Außenbereeichssatzung (§ 35 VI BauGB).

Der Anwendungsbereich des vereinfachten Verfahrens ist allerdings gegenüber den früheren Regelungen aus zwei Gründen erheblich eingeschränkt: Die Planung darf kein Vorhaben betreffen, für das eine Pflicht zur UVP oder zur Vorprüfung nach der Anlage 1 des UVPG besteht. Zudem muss der betroffenen Öffentlichkeit Gelegenheit zur Stellungnahme innerhalb angemessener Frist gegeben werden. Das vereinfachte Verfahren des § 13 BauGB befreit daher unter den dort genannten Voraussetzungen zwar von einer Umweltprüfung und einem Umweltbericht, in der Regel jedoch nicht von einer Öffentlichkeits- und Behördenbeteiligung.

f) Grenzüberschreitende Beteiligung

In die grenzüberschreitende Beteiligung nach § 4a Abs. 5 BauGB werden neben den Bebauungsplänen auch die Flächennutzungspläne einbezogen. Die vormals etwas breit angelegten Regelungen sind ohne inhaltliche Änderung gestrafft worden.

g) Eingeschränkte Präklusion

Die Beteiligungsregelungen werden mit einer eingeschränkten Präklusion verbunden. Nicht fristgerecht abgegebene Stellungnahmen können unberücksichtigt bleiben, wenn die Gemeinde sie nicht kannte und auch nicht hätte kennen müssen. Dies gilt sowohl für die Öffentlichkeitsbeteiligung als auch für die Behördenbeteiligung (§ 4a Abs. 6 BauGB). Darauf ist bei der Offenlage hinzuweisen (§ 4a Abs. 6 Satz 2 BauGB).

h) Elektronische Informationstechnologien und erweiterte Klagerechte

Für die Behörden und sonstigen Träger öffentlicher Belange kann die elektronische Übermittlung an die Stelle traditioneller Papierfassungen treten. Die Mitteilung kann im Wege der elektronischen Kommunikation erfolgen, soweit der Empfänger hierfür einen Zugang eröffnet hat (§ 4a Abs. 4 BauGB).

Dies ist allerdings nur ein erster Schritt. Im Rahmen der Umsetzung der Århus-Konvention[37] und der Öffentlichkeitsbeteiligungs-Richtlinie[38] wird der Internet-Auftritt für die Gemeinden verpflichtend.

i) Zusammenfassende Erklärung (Umwelterklärung)

Bauleitpläne enthalten eine zusammenfassende Erklärung (Umwelterklärung), in der das Gewicht der Umweltbelange und das Ergebnis der Beteiligung berücksichtigt und dokumentiert wird, aus welchen Gründen der beschlossene Plan nach Abwägung mit den geprüften, vernünftigen anderweitigen Planungsmöglichkeiten gewählt worden ist (§§ 6 Abs. 5 Satz 3, 10 Abs. 4 BauGB). Die Umwelterklärung, die wie eine Presseerklärung gestaltet sein kann, wird im Zusammenhang mit der abschließenden Abwägung und Beschlussfassung über den Bauleitplan erstellt und unterliegt nicht der Öffentlichkeits- oder Behördenbeteiligung.

j) Monitoring

In Verfolg europarechtlicher Vorgaben werden die Gemeinden zudem verpflichtet, die erheblichen Umweltauswirkungen zu überwachen, um insbesondere frühzeitig unvorhergesehene nachteilige Auswirkungen zu ermitteln, um in der Lage zu sein, geeignete Abhilfe zu ergreifen (§ 4c BauGB). Die Gemeinden werden es begrüßen, dass sie selbst und nicht andere Behörden mit dem Monitoring betraut worden sind. Die Gemeinden sind auch für planerische Folgeentscheidungen zuständig. Zur Entlastung der Gemeinden sollen die beteiligten Behörden verpflichtet werden, die Gemeinden auf unvorhergesehene Auswirkungen des Plans hinzuweisen. Auch bietet offenbar weder das Europarecht noch das deutsche Recht einen Anspruch einzelner Planbetroffener darauf, dass ein Monitoring durchgeführt wird oder die dort gewonnenen Erkenntnisse in Maßnahmen der Bauleitplanung umgesetzt werden. Ganz sicher ist das allerdings inzwischen auch nicht mehr[39].

Die Plan-UP-Richtlinie fordert eine Überwachung der erheblichen Auswirkungen der Pläne und Programme auf die Umwelt. Dieses Monitoring soll unter anderem dazu dienen, möglichst frühzeitig unvorhergesehene negative Auswirkungen zu ermitteln, und die zuständigen Behörden in die Lage zu versetzen, geeignete Abhilfemaßnahmen zu ergreifen. Bereits im Zusammenhang mit der Aufstellung des jeweiligen Bauleitplans sind die Maßnahmen darzustellen und zu beschließen, die zur Überwachung der Umweltauswirkungen geplant sind (Art. 9 Abs. 1 c) Plan-UP-Richtlinie).

Die Ergebnisse des Monitoring können zum einen im Zulassungsverfahren für ein konkretes Vorhaben im Rahmen des § 15 BauNVO als zu beachtende Einschränkung im Einzelfall berücksichtigt werden. Zum anderen können die Gemeinden nach §§ 1 Abs. 3, 2 Abs. 4 BauGB den Plan ändern, ergänzen oder aufheben. Allerdings schreibt die Plan-UP-Richtlinie nicht vor, unter welchen Voraussetzungen eine Planänderung erforderlich ist. Insoweit gilt auch weiterhin das Abwä-

37 www.aarhus-konvention.de; www.stueer.de unter EAG Bau.

38 Richtlinie 2003/35/EG des Europäischen Parlamentes und des Rates vom 26.5.2003 die Beteiligung der Öffentlichkeit bei der Ausarbeitung bestimmter umweltbezogener Pläne und Programme und zur Änderung der Richtlinie 85/337/EWG und 96/61/EG des Rates in Bezug auf die Öffentlichkeitsbeteiligung und den Zugang zu Gerichten, ABl. vom 25.6.2003, Nr. L 156, S. 17

39 EuGH, E. vom 7.1.2004 – C-201/02 -, DVBl. 2004, 370 = EurUP 2004, 57 - Delena Wells; *Stüer/Hönig*, DVBl. 2004, 481.

gungsgebot. Behörden und Öffentlichkeit haben auch weiterhin keine Ansprüche auf Planänderung.

5. Bestandteile der Umweltprüfung

Die Umweltprüfung ist ein unselbstständiger Teil des Bauleitplanverfahrens. Das Prüfprogramm wird in § 2 Abs. 4 BauGB festgelegt. Gegenstand der Umweltprüfung, in der die voraussichtlichen erheblichen Umweltauswirkungen ermittelt werden und in einem Umweltbericht beschrieben und bewertet werden, sind die Umweltbelange (§§ 1 Abs. 6 Nr. 7, 1a BauGB). Die Gemeinde legt dazu für jeden Bauleitplan fest, in welchem Umfang und Detaillierungsgrad die Ermittlung der Belange für die Abwägung erforderlich ist. Die Umweltprüfung bezieht sich auf das, was nach gegenwärtigem Wissensstand und allgemein anerkannten Prüfmethoden sowie nach Inhalt und Detaillierungsgrad des Bauleitplans angemessenerweise verlangt werden kann. Das Ergebnis der Umweltprüfung ist in der Abwägung zu berücksichtigen. Liegen Landschaftspläne oder sonstige Pläne (§ 1 Abs. 6 Nr. 7 g BauGB) vor, sind deren Bestandsaufnahmen und Bewertungen in der Umweltprüfung heranzuziehen.

a) Natur- und Landschaft

Teil der Umweltprüfung ist auch die Ermittlung des Eingriffs in Natur und Landschaft. Im Umweltbericht sind diese Eingriffe zu ermitteln, darzustellen und zu bewerten. Der Umweltbericht ist Gegenstand der Öffentlichkeits- und Behördenbeteiligung. Die naturschutzrechtliche Eingriffsregelung in der Bauleitplanung ist im Übrigen gegenüber der bisherigen Regelung unverändert geblieben. Das Prüfsystem der naturschutzrechtlichen Eingriffsregelungen in §§ 18 – 20 BNatSchG ist auch in der Bauleitplanung abzuarbeiten. Die zugelassenen Eingriffe sind allerdings in der Bauleitplanung nicht auf einen vollen Ausgleich verpflichtet, sondern in der gemeindlichen Abwägung verfügbar[40].

b) Habitat- und Vogelschutz

In die Umweltprüfung kann die Prüfung der FFH-Verträglichkeit[41] der Planung nicht vollständig integriert werden, weil die FFH-Prüfung im Falle der Unverträglichkeit des geplanten Vorhabens zu dessen grundsätzlicher Unzulässigkeit führt und an seine Verwirklichung erhöhte Anforderun-

40 Beschluss vom 31.1.1997 – 4 NB 27.96 –, BVerwGE 104, 68 = DVBl. 1997, 1112; Beschluss vom 9.5.1997 – 4 N 1.96 –, BVerwGE 104, 353 = DVBl. 1997, 1121.

41 BVerwG, Urteil vom 19.1.1998 – 4 A 9.97 –, BVerwGE 107, 1 = DVBl. 1998, 900 = NVwZ 1998, 961 – A 20; Urteil vom 31.1.2002 – 4 A 15.01, 21.01, 24.01, 47.01, 77.01 –, DVBl. 2002, 990 - A 20. Zur neueren Rechtsprechung des EuGH, E. vom 6.4.2000 – Rs. C-256/98 –, EuGHE 2000, 2487 = NuR 2000, 565 = ZUR 2000, 343 – Frankreich; E. vom 19.9.2000 – Rs. C-287/98 –, DVBl. 2000, 1838 = NVwZ 2001, 421; E. vom 7.11.2000 – Rs. C-371/98 –, DVBl. 2000, 1841 – WWF; E. vom 7.12.2000 – Rs. C-38/99 –, NuR 2001, 207 – Frankreich; E. vom 7.12.2000 – Rs. C-374/98 –, DVBl. 2001, 359 – Basses Corbiéres; E. vom 17.5.2001 – Rs. C 159/99 - Italien; E. vom 14.6.2001 – Rs. C 230/00 –, ABl. EG 2001, Nr. C 212, 5 – Belgien; E. vom 11.9.2001 – Rs. C-220/99 –, ABl. EG Nr. C 289, 2 – Frankreich; E. vom 11.9.2001 – Rs. C-67/99 –, ABl. EG 2001, Nr. C 289, 1 –, Irland; E. vom 11.9.2001 – Rs. C-71/99 –, DVBl. 2001, 1826 – Deutschland; *Martin Gellermann*, NdsVBl. 2000, 157; *ders.*, NVwZ 2001, 500; *ders.*, NVwZ 2002, 1025; *ders.*, NuR 2003, 285; *Gellermann/Schreiber*, NuR 2003, 205; *Christian Maaß*, ZUR 2001, 80; zur Rechtsprechung des EuGH auch *Astrid Epiney*, UPR 1997, 303; *Andreas Fisahn*, NuR 1997, 268; *Bernhard Stüer*, DVBl. 2002, 940.

gen stellt[42], während die Umweltprüfung die Folgen der Planung aufzeigt, die in der Abwägung berücksichtigt werden müssen. Es empfiehlt sich aber, die zusätzlichen Anforderungen der FFH- und Vogelschutz-Richtlinie[43] auf der Grundlage der Umweltprüfung abzuarbeiten. Die Umweltprüfung liefert daher für die Erheblichkeits- und Verträglichkeitsprüfung sowie die im Anschluss daran ggf. vorzunehmenden Abwägungsentscheidungen nach § 34 BNatSchG eine gute Grundlage.

c) Umweltbericht

Die Offenlegung des Plan-Entwurfs erfolgt im Anschluss an die öffentliche Bekanntmachung. Dem Plan ist ein Begründungs-Entwurf beizufügen, der bereits einen Umweltbericht enthalten muss. Der Umweltbericht nach § 2a Abs. 4 BauGB ist Bestandteil der Bebauungsplanbegründung. Er muss eine Darstellung der voraussichtlichen erheblichen Umweltauswirkungen sowie sich anbietende vernünftige Planalternativen enthalten. Damit ist ein objektiver Prüfungsmaßstab vorgegeben. Die Gemeinde darf sich also nicht auf eine eher willkürlich erscheinende Prüfung einiger Alternativen beschränken. Die Planungsalternativen müssen allerdings vernünftigerweise in Betracht kommen[44]. In den Umweltbericht sind auch Informationen über planrelevante, förmlich festgelegte Ziele des Umweltschutzes einzustellen.

Bei der endgültigen Planentscheidung sind der Umweltbericht sowie die Stellungnahmen der beteiligten Behörden und der Öffentlichkeit im Rahmen der Abwägung zu berücksichtigen (§ 2 Abs. 4 Satz 4 BauGB).

d) Qualität des Umweltberichts

Nach Art. 12 Abs. 2 Plan-UP-Richtlinie stellen die Mitgliedstaaten eine ausreichende Qualität der Umweltberichte sicher und unterrichten die Kommission über hierzu getroffene Maßnahmen. Dafür ist in Deutschland keine gesonderte Regelung erforderlich. Die geforderte Sicherung ergibt sich indirekt durch ein Bündel von Einzelregelungen wie beispielsweise die Genehmigung von Flächennutzungsplänen (§ 6 BauGB), bei der für die Rechtmäßigkeit der Planung ein guter Umweltbericht mitentscheidend ist. Auch die Regeln über die öffentliche Auslegung des Plans nach § 3 Abs. 2 BauGB, die Behördenbeteiligung nach § 4 BauGB und die Normenkontrolle nach § 47 VwGO tragen zur Qualitätssicherung bei.

6. Fortentwicklung des UVPG

Die UVP bisheriger Prägung und die Umweltprüfung sind durch § 17 UVPG zu einer Umweltprüfung zusammengeführt worden. Eine Vorprüfung nach § 3 a bis § 3 f UVPG ist nicht mehr erforderlich, wenn eine Umweltprüfung durchgeführt wird. Doppelprüfungen werden auch durch die Abschichtungsklausel in § 17 Abs. 3 UVPG vermieden, wonach bei durchgeführter Umweltprü-

42 *Olaf Reidt*, in: Gelzer/Bracher/Reidt, „Bauplanungsrecht", Rn. 766.

43 Erhebliche Eingriffe in faktische Vogelschutzgebiete, die nicht ausreichend in das nationale Schutzsystem umgesetzt worden sind, sind nach Auffassung des BVerwG nur zur Wahrung von Leib und Leben und im Interesse des Gebietes selbst zulässig, aus wirtschaftlichen Interessen demgegenüber unzulässig, so BVerwG, Urteil vom 1.4.2004 – 4 C 2.03 - Hochmoselbrücke.

44 Zu einer in gewisser Weise vergleichbaren Prüfung im Fachplanungsrecht BVerwG, Urteil vom 14.2.1975 – 4 C 21.74 –, BVerwGE 48, 56 – B 42.

fung in der Bauleitplanung die UVP im nachfolgenden Zulassungsverfahren auf zusätzliche oder andere erhebliche Umweltauswirkungen beschränkt werden soll. Dieselben Grundsätze gelten auch im Verhältnis zwischen Raumordnung, Flächennutzungsplan und Bebauungsplan (§ 2 Abs. 4 Satz 5 BauGB). Landschaftspläne, Grünordnungspläne und vergleichbare Pläne sind bei der Umweltprüfung zu berücksichtigen (§ 2 Abs. 4 Satz 6 BauGB).

Nach § 17 Abs. 1 Satz 1 UVPG ist eine UVP für Vorhaben nach den Nrn. 18.1 - 18.8 der Anlage 1 zum UVPG wie beispielsweise Feriendörfer, Freizeitparks oder Industriezonen nur im Bebauungsplanverfahren durchzuführen. Wird im Rahmen der Bauleitplanung eine Umweltprüfung durchgeführt, so entfällt im Planaufstellungsverfahren eine Vorprüfung oder UVP. Eine ergänzende UVP im Zulassungsverfahren ist nur dort erforderlich, wo bisher nicht abgeprüfte Umweltbelange dies erfordern.

Die Umweltprüfung im Zulassungsverfahren ist vor allem bei Vorhaben im nicht beplanten Innenbereich oder im Außenbereich wichtig, weil hier der Bebauungsplan und teilweise auch der Flächennutzungsplan ausfällt. Aber auch bei Vorhaben in beplanten Gebieten ist ggf. eine ergänzende UVP im Zulassungsverfahren sinnvoll, etwa wenn ein längerer Zeitraum zwischen Bebauungsplanverfahren und Zulassungsverfahren vergangen ist. Auch könnte ein Teil der Umweltprüfung nach den Grundsätzen des Konflikttransfers von der Bauleitplanung in das Zulassungsverfahren verschoben werden und dort in Gestalt einer UVP durchgeführt werden.

Das setzt allerdings voraus, dass die Bauordnungen der Länder im Rahmen des Baugenehmigungsverfahrens eine UVP vorsehen. Für Vorhaben der Nrn. 18.1 - 18.8 der Anlage 1 zum UVPG ist daher im Zulassungsverfahren ein Trägerverfahren für die UVP erforderlich, das den Anforderungen der Projekt-UVP-Richtlinie entspricht. Entsprechende Vorschriften sind in die Regelungen des Baugenehmigungsverfahrens durch die Länder aufzunehmen. Um Mehrfachprüfungen zu vermeiden, kann sich die UVP im Zulassungsverfahren auf zusätzliche oder andere Umweltauswirkungen des Vorhabens beschränken.

Die Ergebnisse der UVP können für Vorhaben im Geltungsbereich eines Bebauungsplans über § 15 BauNVO berücksichtigt werden. Bei Vorhaben nach § 34 BauGB können die Ergebnisse im Rahmen des Merkmals "einfügen", bei Vorhaben nach § 35 BauGB über die "öffentlichen Belange" eingebracht werden.

7. Abwägungsgebot

Kernelement der Planaufstellung bleibt weiterhin das Abwägungsgebot, das sich auf die Zusammenstellung des Abwägungsmaterials, die Einstellung der ermittelten Belange, die Bewertung der Belange und die Ausgleichsentscheidung im Sinne des Vor- und Zurückstellens von Belangen bezieht[45].

a) Bedeutung der Umweltprüfung für die Abwägung

Die Umweltprüfung steht mit dem Abwägungsgebot in engem Zusammenhang. Das wird bereits an mehreren Stellen des BauGB deutlich (§§ 1 Abs. 7, 1a Abs. 2 und 3, 2 Abs. 3 und 4, 4 Abs. 2, 6 Abs. 5, 10 Abs. 4 BauGB).

Die Umweltprüfung dient der Ermittlung, Beschreibung und Bewertung der Umweltbelange als Bestandteile der Abwägung (§ 2 Abs. 4 Satz 1 BauGB). Die Maßstäbe der Prüfung ergeben sich

45 BVerwG, Urteil vom 12.12.1969 – 4 C 105.66 – BVerwGE 34, 301 = DVBl. 1970, 414; Beschluss vom 9.11.1979 – 4 N 1.78 –, BVerwGE 59, 87 = DVBl. 1980, 233; *Werner Hoppe*, DVBl. 1964, 165.

hinsichtlich der Umweltbelange aus der Anlage zum BauGB. Das Ergebnis der Umweltprüfung ist in der Abwägung zu berücksichtigen (§ 2 Abs. 4 Satz 4 BauGB). In die Ermittlung sind die in § 1 Abs. 6 Nr. 7, § 1a BauGB benannten Umweltbelange einzubeziehen. Die Umweltbelange, die im Umweltbericht zusammengefasst werden, treten dabei neben die anderen abwägungserheblichen Belange, die in der Begründung darzustellen sind (§ 2a BauGB).

b) Materielle Vorgaben für die Abwägung

Die Bauleitpläne sollen eine nachhaltige städtebauliche Entwicklung, welche die sozialen, wirtschaftlichen und umweltschützenden Anforderungen miteinander in Einklang bringt, und eine dem Wohl der Allgemeinheit dienende sozialgerechte Bodennutzung gewährleisten. Sie sollen dazu beitragen, eine menschenwürdige Umwelt zu sichern und die natürlichen Lebensgrundlagen zu schützen und zu entwickeln, sowie den Orts- und Landschaftsraum auch in Verantwortung gegenüber künftigen Generationen baukulturell zu gestalten (§ 1 Abs. 6 BauGB). Diese Programmsätze werden in einzelne Gruppen von Belangen aufgegliedert, die bisher in § 1 Abs. 5 BauGB enthalten waren und neu gruppiert werden. Die Aufzählung bleibt allerdings weiterhin beispielhaft und hat keinen abschließenden Charakter.

Unter diesen Belangen bilden die im Umweltbericht zusammengefassten Belange des Umweltschutzes eine besondere Gruppe, die allerdings in der Abwägung keinen qualitativ hervorgehobenen Stellenwert hat.

c) Beachtens-, Berücksichtigungs-, Optimierungs- und Kompensationsgebote

Allerdings gibt es Belange, die sich der einfachen Abwägung entziehen und strikt zu beachten sind. Hierzu gehören beispielsweise die Belange des Habitat- und Vogelschutzes, die nur bei Einhaltung der europarechtlichen Vorgaben in Art. 6 FFH-Richtlinie, Art. 4 Vogelschutz-Richtlinie [46] und §§ 32 – 37 BNatSchG überwunden werden können. Durch einfache Abwägung sind derartige Belange nicht außer Kraft zu setzen. Vielmehr wandeln sich die Berücksichtigungsgebote zu Beachtensgeboten in dem Sinne, dass die Belange nach Maßgabe der jeweiligen gesetzlichen Regelungen Beachtung für sich verlangen. Derartige Belange können nur unter Einhaltung der gesetzlichen Vorgaben überwunden werden.

In einer gewissen Mittellage können sich Belange wieder finden, denen der Gesetzgeber unter dem Begriff der Optimierungsgebote [47] besonderen Nachdruck verleiht. Die Belange sind damit gegenüber den einfachen Belangen in der Abwägung mit einem hervorgehobenen Stellenwert versehen, bleiben jedoch in der Abwägung überwindbar. Zudem kann sich bei nachteiligen Eingriffen in Belange das Prüfungserfordernis einer Vermeidung, Minderung oder eines Ausgleichs ergeben. Nach den Zielsetzungen der UP-Richtlinie könnte einiges dafür sprechen, dass auch die Umweltbelange in der Vorstellung des europäischen Gesetzgebers zu diesen die Prüfung eines Kompensationsbedarfs auslösenden Belangen gehören. Denn nach Art. 1 der Plan-UP-Richtlinie ist es deren Ziel, im Hinblick auf die Förderung einer nachhaltigen Entwicklung ein hohes Umweltschutzniveau sicherzustellen und dazu beizutragen, dass Umwelterwägungen bei der Ausar-

46 BVerwG, Urteil vom 1.4.2004 – 4 C 2.03 -, Hochmoselbrücke; zur Vorinstanz OVG Koblenz, Urteil vom 9.1.2003 – 1 C 10392/01 - NuR 2003, 438 - B 50n – Abschnitt 1; Urteil vom 9.1.2003 – 1 C 10187/01 -, NuR 2003, 441 - B 50n Abschnitt 2 Hochmoselbrücke.

47 *Werner Hoppe* DVBl. 1992, 853; *ders.* DVBl. 1993, 573; *Richard Bartlsperger,* DVBl. 1996, 1; *Bernhard Stüer,* Handbuch des Bau- und Fachplanungsrechts (HBFPR), 1998, Rdn. 612.

beitung und Annahme von Plänen und Programmen einbezogen werden, indem dafür gesorgt wird, dass bestimmte Pläne und Programme, die voraussichtlich erhebliche Umweltauswirkungen haben, entsprechend dieser Richtlinie einer Umweltprüfung unterzogen werden. In diesem Sinne ist die Umweltprüfung strategisch[48]. Die einfachen Umweltbelange werden über den Begriff der nachhaltigen Entwicklung zu Belangen, welche die zusätzliche Prüfung einer Kompensationsmöglichkeit auslösen.

d) Grundsatz der nachhaltigen Trauerarbeit

Die Bedeutung dieser europarechtlichen Zielvorstellungen darf allerdings auch nicht überschätzt werden. Die Umweltbelange werden durch ihre Verbindung mit dem Nachhaltigkeitsgrundsatz nicht zu unüberwindbaren Belangen. Sie bleiben vielmehr abwägungsdirigiert. Allerdings wird man daraus schließen, dass entsprechende Anforderungen an die Ermittlung und Verarbeitung der Umweltbelange in der Abwägung gestellt werden müssen. Die wesentlichen Umweltbelange sind im Rahmen der Zusammenstellung des Abwägungsmaterials zu ermitteln und zu bewerten und sodann mit dem ihnen zukommenden Gewicht in die Abwägung einzustellen. Verfahrensmäßige Sicherungen hierzu werden durch die Öffentlichkeits- und Behördenbeteiligung gewährt. Fehler im Beteiligungsverfahren sind allerdings dann unbeachtlich, wenn sie sich auf das Ergebnis der Abwägung nicht ausgewirkt haben[50]. Das ist auch europarechtlicher Erkenntnisstand[51].

In der Abwägung selbst erfüllt sodann vor allem die Ausgleichsentscheidung, in der die Belange vor- oder zurückgestellt werden, eine wichtige Funktion. Die Umweltbelange nehmen an dieser Ausgleichsentscheidung in dem Sinne teil, dass sie dort auch weiterhin verfügbar bleiben. Allerdings ist in der zusammenfassenden Erklärung zu erläutern, wie die Umweltbelange und die Ergebnisse der Öffentlichkeits- und Behördenbeteiligung im Flächennutzungsplan und im Bebauungsplan berücksichtigt wurden, und aus welchen Gründen der Plan nach Abwägung mit den geprüften, in Betracht kommenden anderweitigen Planungsmöglichkeiten gewählt wurde (§§ 6 Abs. 5 Satz 2, 10 Abs. 4 BauGB). Ein schlichtes Wegwägen von Umweltbelangen ist daher nicht (mehr) möglich. Vielmehr ist im Rahmen der Ausgleichsentscheidung entweder ein „win-win"-Ergebnis[52] zu erzielen, wie es auch in Mediationsverfahren angestrebt wird[53], oder es ist bei der Überwindung von Umweltbelangen eine nachhaltige Trauerarbeit angesagt. Wer dies vor dem Hintergrund des Nachhaltigkeitsgrundsatzes erst einmal richtig eingeübt hat, dem wird es nicht schwer fallen, nach dieser Methode in Zukunft auch mit anderen abwägungserheblichen Belangen

48 Der Begriff der „strategischen" Umweltprüfung wird im BauGB nicht erwähnt, wohl aber in § 17 Abs. 2 UVPG.

49 *Werner Hoppe* DVBl. 1992, 853; *ders.* DVBl. 1993, 573; *Richard Bartlsperger,* DVBl. 1996, 1; *Bernhard Stüer*, Handbuch des Bau- und Fachplanungsrechts (HBFPR), 1998, Rdn. 612.

50 BVerwG, Urteil vom 8.6.1995 – 4 C 4.94 –, BVerwGE 98, 339 = DVBl. 1995, 1012 – Bernhardswald; Urteil vom 25.1.1996 – 4 C 5.95 –, BVerwGE 100, 238 = DVBl. 1996, 677 – Eifelautobahn A 60.

51 EuGH, Urteil vom 21.11.1991 – Rs. C-269/90 (TU München/HZA München-Mitte) – E 1991, I-5469 = EuZW 1992, 90 = NVwZ 1992, 358 – Zollbefreiung für wissenschaftliche Geräte; EuG, Urteil vom 6.7.2000 – Rs. T-62/98 (Volkswagen AG/Kom.) – E 2000, II-2707 = ELR 2000, 306 (T. Bergau) – Reexportbehinderung; EuGH, Urteil vom 18.09.2003 – Rs. C-338/00 P (Volkswagen AG/Kom.) – WuW 2003, 1207 – Reexportbehinderung. Grundlegend bereits *Dieter Grimm*, Verfahrensfehler als Grundrechtsverstöße, NVwZ 1985, 865 ff. m.w.N.; *Rengeling/Szczekalla*, Grundrechte in der Europäischen Gemeinschaft, Charta der Grundrechte und allgemeine Rechtsgrundsätze, Köln 2004, Art. 41 GRC, Rdn. 1096.

52 Michael Krautzberger, UPR 2001, 130.

53 Stüer/Hermanns, DVBl. 12/2004.

zu verfahren. Die Abwägung wird damit nicht prinzipiell anders, wird aber durch die Prüfung eines Kompensationsbedarfs für nachteilig betroffene Belange ergänzt.

II. Weitere Änderungen

Neben die Umweltprüfung hat das EAG Bau zu einer Reihe weiterer Änderungen des Städtebaurechts geführt.

1. Entwicklungstendenzen

Das Baugeschehen ist ein Spiegel seiner Zeit. Neue Herausforderungen von Staat, Wirtschaft, gesellschaftlichen Gruppen und Umwelt schlagen sich auch in entsprechenden Rechtsnormen nieder. Wer heute unter den Planungs- und Umweltrechtlern etwas auf sich hält, tritt in den Club der Nachhaltigkeit ein. Aber auch die Baukultur oder das den Gleichbehandlungsgedanken in der Gesetzessprache verwirklichende Gender Mainstreaming haben Konjunktur. Daneben treten Forderungen der kommunalen Seite auf eine stärkere interkommunale Abstimmung und der Berücksichtigung von Zielen der Raumordnung im Sinne einer interkommunalen Wehrfähigkeit. Aber auch das Baurecht auf Zeit bereichert das Planungsrecht.

a) Nachhaltigkeitsbegriff

In § 1 Abs. 5 Satz 1 BauGB wird das schon im BauROG 1998 verankerte Prinzip der Nachhaltigkeit inhaltlich ausgestaltet, indem die Ausgleichsfunktion der Bauleitplanung für die sozialen, wirtschaftlichen und umweltschützenden Anforderungen an die Bodennutzung auch in Verantwortung gegenüber künftigen Generationen hervorgehoben wird. Anlass für diese Änderung ist die Betonung des Stellenwerts der Nachhaltigkeitspolitik. Dabei ist der Nachhaltigkeitsgedanke nicht ohne Charme. Wem es gelingt, die eigenen Anliegen als nachhaltig zu bezeichnen, der hat die Chance, in eine Optimierungsebene[54] einzutreten und sich über die einfachen Berücksichtigungsgebote zu erheben. Im Kern zielt der Grundsatz der Nachhaltigkeit nicht so sehr auf eine „Abwägung" konfligierender Belange, als auf die Herstellung eines Mehrwerts für die Zieltrias Ökonomie, Soziales und Ökologie, also auf eine „win-win-Situation"[55]. Allerdings besteht die Gefahr, dass bei einer Inflation des Nachhaltigkeitsgedankens sich (nur) auf einer höheren Ebene die konfligierenden Belange wieder finden, die sich bereits auf der Ebene der einfachen Belange gegenüber gestanden haben[56]. Die Regelung wird aber wohl auch dazu beitragen, dass neben den wirtschaftlichen und sozialen Belangen auch die umweltschützenden Belange sowie die Verantwortung gegenüber künftigen Generationen stärker in den Blickpunkt geraten. So gesehen transportiert der Nachhaltigkeitsgrundsatz zugleich ein städtebauliches Leitbild und Programm.

54 Zu den Optimierungsgeboten *Werner Hoppe* DVBl. 1992, 853; *ders.* DVBl. 1993, 573; *Richard Bartlsperger,* DVBl. 1996, 1; *Bernhard Stüer*, Handbuch des Bau- und Fachplanungsrechts (HBFPR), 1998, Rdn. 612.

55 *Michael Krautzberger*, UPR 2001, 130; *Stüer/Hermanns*, DVBl. 12/2004.

56 „I´m still confused, but on a mutch higher level", ist die klassische Antwort eines wissbegierigen Globetrotters, der an einer Fortbildungsreise in die USA teilgenommen hat („Ich verstehe immer noch nichts von der Sache, aber auf einem wesentlich höheren Niveau").

b) Baukultur

Städtebauliche Planungen und Maßnahmen nehmen wohl am unmittelbarsten auf die baukulturelle Entwicklung Einfluss. Diese Aufgabe des Städtebaus ist bislang in dem wahrlich wortreichen Belangekatalog unberücksichtigt geblieben. Die Planungsleitlinien des bisherigen § 1 Abs. 5 Satz 1 BauGB 1998 sowie der Belangekatalog des neu gestalteten § 1 Abs. 6 BauGB 2004 wurden dazu um eine Regelung ergänzt, die den gestalterischen Auftrag der Bauleitplanung für den Innen- und Außenbereich hervorhebt und dadurch die Bedeutung der allgemeinen Baukultur für eine nachhaltige Entwicklung verdeutlicht. Dem liegt die Erwägung zu Grunde, dass die Qualität der gebauten Umwelt als Spiegelbild der Gesellschaft in direktem Zusammenhang mit der Lebens- und Stadtqualität, aber auch mit der Wirtschaftlichkeit und den Standortqualitäten steht.

c) Gender Mainstreaming

Im Katalog der Belange sieht das Gesetz vor, dass auch „unterschiedliche Auswirkungen auf Frauen und Männer" als bei der Bauleitplanung zu berücksichtigende Belange aufgenommen werden. Dadurch wird dem Anliegen des Gender Mainstreaming Nachdruck verliehen, durch die Berücksichtigung unterschiedlicher Auswirkungen auf Frauen und Männer auch bei der Bauleitplanung auf das Ziel der tatsächlichen Gleichstellung von Frauen und Männern hinzuwirken – ein Gedanke, der bereits in Artikel 3 Abs. 2 Satz 2 GG angelegt ist. Und dies hat auch sprachliche Auswirkungen. Die Bürgerbeteiligung wird zur Öffentlichkeitsbeteiligung, die Trägerbeteiligung zur Behördenbeteiligung[57].

d) Gemeindenachbarliche Abstimmung

Das gemeindenachbarliche Abstimmungsgebot wird um eine Bestimmung ergänzt, wonach die der Gemeinde durch die Raumordnung zugewiesenen Funktionen von ihr auch gerichtlich geltend gemacht werden können. Nach § 2 Abs. 2 BauGB 1998 sind die Bauleitpläne benachbarter Gemeinden aufeinander abzustimmen. Die Regelung ist Ausdruck des Gebots der gegenseitigen gemeindenachbarlichen Rücksichtnahme. Sie verpflichtet zur Beteiligung der Nachbargemeinde und Berücksichtigung ihrer Belange bei der planerischen Entscheidung. Die Standortgemeinde hat dabei die Belange der Nachbargemeinde wie eigene Belange in die Abwägung einzustellen[58]. Das Gebot der interkommunalen Abstimmung geht daher über die Anforderungen hinaus, denen die Fachplanung unterliegt, deren Belange sich unter den Voraussetzungen des § 38 BauGB gegenüber den kommunalen Belangen durchsetzen[59]. Eine übergangene Nachbargemeinde kann sich daher gerichtlich mit einem Normenkontrollantrag wehren. Dieses interkommunale Abstimmungsgebot bezieht sich aber traditionell – weil Bestandteil der kommunalen Planungshoheit – auf städtebauliche Belange. Es wird durch den neuen § 2 Abs. 2 Satz 2 BauGB auf raumordnerische Belange erweitert. Die Regelung geht bereits zurück auf Überlegungen der Unabhängigen Expertenkommission zur Novellierung des BauGB. Soweit Ziele der Raumordnung einer Ge-

57 Zugleich wurde mit dieser Umbenennung den europarechtlichen Vorgaben in Art. 6 Plan-UP-Richtlinie entsprochen.

58 BVerwG, Urteil vom 8.9.1972 – 4 C 17.71 –, BVerwGE 40, 323 = DVBl. 1973, 34 - Krabbenkamp; Urteil vom 15.12.1989 – 4 C 36.86 –, BVerwGE 84, 209 = DVBl. 1990, 427 – immissionsschutzrechtliche Genehmigung; *Bernhard Stüer*, NVwZ 7/2004.

59 BVerwG, Urteil vom 4.5.1988 – 4 C 22.87 –, BVerwGE 79, 318 = DVBl. 1988, 960.

meinde eine bestimmte, den Standortwettbewerb mit anderen Gemeinden begünstigende Funktion zuweisen[60], soll diese Funktion der gemeindlichen Planungshoheit zugerechnet werden und damit verteidigungsfähig sein. Die Ziele der Raumordnung haben belastende und begünstigende Wirkungen, zum einen für die einzelne Gemeinde, zum anderen aber auch im Verhältnis der Gemeinden untereinander. Dies legt es nahe, neben den verpflichtenden § 1 Abs. 4 BauGB, nach dem die Bauleitpläne den Zielen der Raumordnung anzupassen sind, auch eine berechtigende Vorschrift zu stellen. Aus der Bindung der Bauleitplanung an ein zentralörtliches Ziel der Raumordnung[61] folgt auf diese Weise auch, dass die Gemeinde berechtigt ist, ihre so ausgerichtete Planung gegen eine die zentralörtliche Funktion störende raumordnungswidrige Planung einer anderen Gemeinde zu verteidigen. Neben den Zielen der Raumordnung werden in der Regelung die Auswirkungen auf die zentralen Versorgungsbereiche – auch in ihren unterschiedlichen Stufen – der Gemeinden genannt. Hierdurch werden diese bereits für § 11 Abs. 3 BauNVO maßgeblichen Kriterien ebenfalls in die interkommunale Abstimmung einbezogen.

Parallel zu den gesetzlichen Neuregelungen stellt auch die höchstrichterliche Rechtsprechung den traditionellen Bahnen der interkommunalen Abstimmung neue Rechtsschutzmöglichkeiten sowie gemeindliche Rechtspflichten an die Seite[62]. Die privilegierte Fachplanung kann bei Wahrung der Voraussetzungen des § 38 BauGB einen Vorrang für sich in Anspruch nehmen. Gemeindliche Betroffenheiten lösen gegenüber Planungen anderer Gemeinden aber auch gegenüber Fachplanungen ein Beteiligungserfordernis aus (Stufe 1). Bei Auswirkungen gewichtiger Art im nachbargemeindlichen Bereich wird nach § 2 Abs. 2 BauGB eine interkommunale Abstimmung erforderlich (Stufe 2). Werden konkrete gemeindliche Planungen betroffen oder entziehen sich weite Teile des Gemeindegebietes einer durchsetzbaren Planung (Stufe 3), ergeben sich wegen des Eintritts in verfassungsrechtliche Garantiebereiche gesteigerte Berücksichtigungserfordernisse und erhöhte Überwindungslasten in der Bau- und Fachplanung gleichermaßen. Bei gravierenden nachteiligen Folgen gemeindlicher Nichtplanungen vor allem für Nachbargemeinden aber auch bei Verletzung raumordnerischer Ziele können sich aus § 1 Abs. 3 und 4 BauGB gemeindliche Planungspflichten ergeben, deren Einhaltung durch die Kommunalaufsicht und auf der Grundlage der Landesplanungsgesetze sichergestellt werden kann[63].

e) Flexibilisierung der Bauleitplanung – Baurecht auf Zeit

Das EAG Bau enthält mehrere Regelungen, die schlagwortartig unter dem Begriff der „Flexibilisierung" von Baurechten zusammengefasst werden können und die eine rechtliche Antwort auf Rückgänge im Siedlungswachstum, der Notwendigkeit einer verstärkten Wiedernutzung von Flächen zur Vermeidung von Außenentwicklungen und neuen, kurzlebigeren Nutzungsformen z.B. in den Bereichen Handel, Logistik, Freizeit Rechnung tragen sollen. Auch soll durch eine zeitliche Staffelung die Nachnutzung einer absehbar befristeten Nutzung ermöglicht werden. Beispiele hierfür sind etwa eine Freizeit-, Hotel- und Wohnnutzung nach Abschluss einer zu-

60 BVerwG, Urteil vom 15.5.2003 – 4 CN 9.01 -, UPR 2003, 358 = NVwZ 2003, 1263 - Stuttgarter Landesmesse.

61 BVerwG, Urteil vom 19.7.2001 – 4 C 4.00 -, BVerwGE 115, 17 = DVBl. 2001, 1855, einerseits und Urteil vom 13.3.2003 – 4 C 4.02 –, NuR 2003, 493 = BVerwGE 118, 33, andererseits.

62 BVerwG, Urteil vom 1.8.2002 – 4 C 5.01 –, BVerwGE 117, 25 = DVBl. 2003, 62 - FOC Zweibrücken; Urteil vom 17.9.2003 – 4 C 14.01 –, DVBl. 2004, 239 = NVwZ 2004, 220 - Mühlheim-Kärlich; zur Vorinstanz OVG Koblenz, Beschluss vom 20.1.1998 – 1 B 10056/98 – JURIS; Urteil vom 5.7.2001 – 1 A 10168/01.OVG – (unveröffentlicht).

63 *Günter Halama*, DVBl. 2004, *Bernhard Stüer*, NVwZ 7/2004.

nächst festgesetzten Auskiesung oder das Paradebeispiel der Expo Hannover. Das bisherige Baurecht war statisch angelegt. Es konnte nur eine Nutzung sozusagen auf Dauer festgesetzt werden, die zeitlich nicht befristet werden konnte. Das neue Recht will hier dem Gedanken Rechnung tragen, dass auch das Baurecht einem ständigen Wandel unterworfen ist. Der geradezu philosophische Grundsatz „Nichts bleibt ewig", ist das hinter den Neuregelungen stehende Leitmotiv[64].

Zum einen ist – einem sogar weitergehenden skandinavischen Beispiel folgend - eine regelmäßige Überprüfung von Flächennutzungsplänen eingeführt worden. Diese gelten zwar wie bisher unbefristet, sollen aber spätestens alle 15 Jahre nach ihrer Aufstellung überprüft und wenn notwendig an neue städtebauliche Entwicklungen angepasst werden (§ 5 Abs. 1 Satz 3 BauGB). Durch die Neuregelung, die sich auch in entsprechenden Klauseln in den Raumordnungsgesetzen der Länder findet, soll die Bedeutung einer zeitgemäßen städtebaulichen Gesamtplanung hervorgehoben und dadurch das Instrument der Flächennutzungsplanung insgesamt in seiner Funktion gestärkt werden.

Mit der Revisionsklausel wird auch angeregt, dass die Gemeinden sich regelmäßig darüber Rechenschaft ablegen müssen, was aus der bisherigen Flächennutzungsplanung für das Gemeindegebiet geworden ist, insbesondere welche Planungen zwischenzeitlich verwirklicht worden sind und wie diese sich auf die städtebauliche Gesamtordnung ausgewirkt haben. Es ist dabei z.B. zu fragen, welche Rahmenbedingungen sich geändert haben und vor welchen neuen Herausforderungen die städtebauliche Entwicklung und damit auch die städtebauliche Gesamtplanung auf der Ebene der Flächennutzungsplanung stehen. Die Vorschrift ist auch im Hinblick auf die für Flächennutzungspläne eingeführte Umweltprüfung von Bedeutung. Eine hinreichend zeitgemäße Flächennutzungsplanung kann die Abschichtungsregelung bei der Umweltprüfung nach § 2 Abs. 4 Satz 4 BauGB weitgehend nutzen und die Umweltprüfung auf der Ebene der Bebauungsplanung auf andere oder zusätzliche Auswirkungen beschränken.

Eine regelmäßige Überprüfung des Standes der Umsetzung des ursprünglichen Planungskonzepts kann im Übrigen – darauf weist die Amtliche Begründung ausdrücklich hin – auch zur Durchführung des nach § 4c BauGB erforderlichen Monitoring beitragen. Sie erleichtert die Überwachung der erheblichen nachteiligen Umweltauswirkungen auf der Ebene der Flächennutzungsplanung und bietet zugleich einen Anknüpfungspunkt für die planerische Berücksichtigung der Ergebnisse des Monitoring. Die Regelung stellt zudem im Hinblick auf die Nachhaltigkeit einer städtebaulichen Gesamtplanung klar, dass die Bilanzierung der städtebaulichen Auswirkungen des Planungskonzepts sich nicht auf die durch die Plan-UP-Richtlinie hervorgehobenen Umweltauswirkungen beschränken muss.

Von einem automatischen Außerkrafttreten des Flächennutzungsplans nach einer bestimmten Zeit und einer Verpflichtung zur Neuaufstellung wurde hingegen abgesehen, auch um unnötigen finanziellen, personellen und zeitlichen Aufwand zu vermeiden. Die Regelung bezieht sich ausdrücklich nur auf die erstmalige oder erneute Aufstellung von Flächennutzungsplänen. Änderungen und Ergänzungen von Plänen unterliegen somit im Interesse der Verwaltungseffizienz keiner eigenständigen Überprüfung nach Ablauf von 15 Jahren, sondern werden in die regelmäßige Überprüfung nach Neuaufstellung des Plans einbezogen. Für Flächennutzungspläne ist diese Regelung erstmals mit Beginn des Jahres 2010 anzuwenden (§ 244 Abs. 5 BauGB).

Die andere Änderung im Recht der Bauleitplanung, die auf eine „Dynamisierung" planerischer Festsetzungen zielt, betrifft § 9 BauGB: In den Katalog der planerischen Festsetzungsmöglichkei-

64 So auch die Verhandlungen beim 14. Verwaltungsrichtertag, vgl. *Stüer/Hermanns*, DVBl. 12/2004.

ten nach § 9 BauGB wurde für besondere städtebauliche Situationen die Möglichkeit zur Festsetzung befristeter oder auflösend bedingter Nutzungen eingeführt. Hiermit soll einem Bedürfnis in der Planungspraxis Rechnung getragen werden, in Anbetracht der zunehmenden Dynamik im Wirtschaftsleben und den damit verbundenen kürzeren Nutzungszyklen von Vorhaben die zeitliche Nutzungsfolge berücksichtigen zu können. Auch dieser Vorschlag geht auf eine Empfehlung der Unabhängigen Expertenkommission zur Novellierung des BauGB zurück.

Für den städtebaulichen Vertrag[65] wird in § 11 Abs. 1 Satz 2 Nr. 2 BauGB die Möglichkeit von Befristungen und Bedingungen eingefügt. Das Gesetz greift diese städtebauliche Thematik im Übrigen auch mit einer Rückbauverpflichtung bei bestimmten Außenbereichsvorhaben (§ 35 Abs. 5 Satz 2 BauGB) und mit der Neuregelung zum Stadtumbau (§§ 171a bis 171 d BauGB) auf. Der Hauptanwendungsbereich von Befristungen und Bedingungen wird allerdings im Bereich des vorhabenbezogenen Bebauungsplans und der städtebaulichen Verträge liegen.

Der vorhabenbezogene Bebauungsplan, der nach der Wiedererlangung der Deutschen Einheit nicht nur in den neuen Bundesländern einen Siegeszug angetreten hat, ist auf ein konkretes Vorhaben gerichtet und muss daher nach Auffassung des BVerwG entsprechende Festsetzungen enthalten. Er ist zwar nicht an den Festsetzungskatalog des § 9 BauGB und den der BauNVO gebunden[66]. Es reicht aber nicht aus, dass der Plan selbst allgemein gehalten ist und sich das konkrete Vorhaben erst aus der Begründung oder dem Durchführungsvertrag ergibt[67]. Zudem schränkt der Grundsatz der Angemessenheit der Leistungen die Regelungsmöglichkeiten in städtebaulichen Verträgen ein[68].

Das Baurecht auf Zeit hat zudem auch einen verfassungsrechtlichen Hintergrund[69]. Auf die planerischen Ausweisungen muss sich der Planbetroffene grundsätzlich für einen überschaubaren Zeitraum verlassen können. Wer sich auf den Fortbestand des Baurechts einstellt, der ist bei einem berechtigten Vertrauen in den Fortbestand der Planung schutzwürdig[70]. Die Änderung der planerischen Ausweisung kann daher bei einem berechtigten Vertrauen in den Fortbestand der Planungskonzeption nur unter den Voraussetzungen des qualifizierten Abwägungsgebotes geändert werden[71].

f) Veränderungssperre, Zurückstellung von Vorhaben

Im Zusammenhang mit zunehmenden Problemen bei der außenbereichsverträglichen Zulassung privilegierter Vorhaben (außer landwirtschaftlichen oder atomrechtlichen Vorhaben) wird den Gemeinden die Möglichkeit der Plansicherung durch Zurückstellung von Vorhaben im Hinblick

65 *Michael Krautzberger*, ZfBR 2003, 210; *Stüer/König*, ZfBR 2000, 528.

66 BVerwG, Urteil vom 6.6.2002 – 4 CN 4.01 -, BVerwGE 116, 296 = DVBl. 2002, 1494 – Aachen.

67 BVerwG, Urteil vom 18.9.2003 - 4 CN 3.02 -, BauR 2004, 286 = DVBl 2004, 247 - vorhabenbezogener Bebauungsplan; so auch BVerwG, Beschluss vom 12.3.1999 – 4 B 112.98 -, NJW 1999, 3573.

68 BVerwG, Urteil vom 11.2.1993 – 4 C 18.91 –, BVerwGE 92, 56 = DVBl. 1993, 654 – Weilheimer Einheimischenmodell; Urteil vom 16.5.2000 – 4 C 4.99 –, BVerwGE 111, 162 = DVBl. 2000, 1853; BGH, Urteil vom 29.11.2002 – V ZR 105/02 –, BGHZ 153, 93 = DVBl. 2003, 519.

69 BVerfG, Beschluss vom 2.3.1999 – 1 BvL 7/91 –, NJW 1999, 2877 -, BVerfGE 100, 226 = DVBl. 1999, 1498 – Direktorenvilla; Beschluss vom 16.2.2000 – 1 BvR 242/92 -, BVerfGE 102, 1 = DVBl. 2000, 1275 – Altlastensanierung; *Stüer/Thorand*, NJW 2000, 3232.

70 BVerfG, Urteil vom 10.7.1990 – 2 BvR 470/90 u. a. –, BVerfGE 82, 310 = DVBl. 1990, 930; Beschluss vom 12.5.1992 – 2 BvR 470/90 –, BVerfGE 86, 90 = DVBl. 1992, 1141 – Papenburg.

71 *Bernhard Stüer*, DVBl. 1977, 1.

auf planerische Darstellungen im Sinne des § 35 Abs. 3 Satz 3 BauGB eingeräumt (§ 15 Abs. 3 BauGB). Die Gemeinde hat danach die Möglichkeit, für einen Zeitraum von bis zu einem Jahr die Aussetzung der Bearbeitung des Baugesuchs zu beantragen, wenn die Änderung eines dem Vorhaben entgegenstehenden Flächennutzungsplans eingeleitet worden ist. Die ordnungsgemäße Bearbeitungszeit wird der Jahresfrist hinzu gerechnet.

Weiterhin ist die nach § 17 Abs. 2 BauGB früher vorgesehene Zustimmung der nach Landesrecht zuständigen Landesbehörde bei der weiteren Verlängerung der Veränderungssperre entfallen. Die Gemeinden können daher eine Veränderungssperre in das vierte Sperrjahr auch ohne Zustimmung der nach Landesrecht zuständigen Behörde verlängern oder eine außer Kraft getretene Veränderungssperre erneut beschließen (§ 17 Abs. 3 BauGB). Allerdings muss für die Veränderungssperre ein konkretes städtebauliches Konzept vorhanden sein.

Die Planungsabsichten eines Bebauungsplanentwurfs können danach weiterhin auch für bisherige privilegierte Außenbereichsvorhaben mit einer Veränderungssperre gesichert werden (§§ 14, 16 BauGB). So ist eine Veränderungssperre für ein 560 ha großes Vorranggebiet Windenergie gerechtfertigt, wenn der Regionalplan wegen Verfahrensfehlern bei der gemeindlichen Beteiligung oder wegen fehlender Aussageschärfe keine Zielbindung entfaltet[72]. Eine Veränderungssperre, die der Gemeinde allerdings erst Zeit für die Entwicklung eines bestimmten Planungskonzepts geben soll, ist nach Auffassung des BVerwG mangels eines beachtlichen Sicherungsbedürfnisses unwirksam[73]. Die Gemeinde wollte für den Bereich eines im Regionalplan ausgewiesenen Windfeldes prüfen, ob und in welchem Umfang sich die Windenergieanlagen mit den Interessen eines benachbarter Reiterhofes vertragen, der auf die Dressur hochsensibler Reitpferde der amerikanischen Olympiamannschaft spezialisiert war[74], und die Entscheidung von einzuholenden Sachverständigengutachten abhängig machen. Durch die Eingrenzung werden die Sicherungsmöglichkeiten der gemeindlichen Bauleitplanung allerdings dort eingeschränkt, wo sich aus der Sicht der planenden Gemeinde noch Ermittlungsbedarf ergibt und eine abschließende Aussage zu dem genauen Umfang der Ausweisungen am Anfang der Bauleitplanung redlicherweise noch nicht getroffen werden kann[75].

g) Teilungsgenehmigung

Die bisherige Teilungsgenehmigung nach § 19 BauGB ist durch das EAG Bau mit der Begründung gestrichen worden, dass hierfür kein Bedürfnis (mehr) besteht. Damit haben sich diejenigen Kräfte durchgesetzt, die schon im Vorfeld des BauROG 1998 eine Abschaffung der Teilungsgenehmigung gefordert haben[76]. Übrigens verfolgte auch der RegE BauROG 1998 dieses Konzept. Erst im Vermittlungsverfahren kam es damals zu der Regelung des § 19 BauGB: Teilungsgenehmigung in Bebauungsplangebieten nach Maßgabe einer gemeindlichen Satzung, soweit die Lan-

72 VGH Kassel, Urteil vom 20.2.2003 - 3 N 1557/02 - Vorranggebiet Windenergie.

73 BVerwG, Urteil vom 19.2.2004 – 4 C 16.03 -, Rosendahl; Urteil vom 19.4.2004 – 4 CN 13.03 – Steinau.

74 Zum Konflikt zwischen Windenergieanlagen und Pferdehaltung VG Minden, Urteil vom 10.2.2004 – 1 K 4137/02 , das von einer Verträglichkeit beider Nutzungen ausgeht.

75 Folgerichtig daher OVG Münster, Urteil vom 5.5.2003 – 7a D 1/02.NE; vgl. auch *Bernhard Stüer*, NuR 6/2004; zu Schadensersatz- oder Entschädigungsansprüchen bei fehlerhafter Anwendung des Planungsrechts für privilegierte Vorhaben *ders.*, ZfBR 2004, 338.

76 So schon die sog. „Schlichter-Kommission" zur Vorbereitung des BauROG 1998 (Hrsg. Bundesministerium für Raumordnung, Bauwesen und Städtebau, Bonn 1996) und erneut die sog. „Gaentzsch-Kommission" zur Vorbereitung des EAG Bau 2004.

desregierungen diese Möglichkeit nicht durch Rechtsverordnung ausschließen. § 19 Abs. 2 BauGB sieht weiterhin eine Regelung vor, durch die sichergestellt werden soll, dass auch ohne Genehmigung durchgeführte Grundstücksteilungen mit den Festsetzungen des Bebauungsplans vereinbar sein müssen. Das Planungsrecht soll daher nicht durch eine geschickte Teilung umgangen werden können.

2. Zulässigkeit von Vorhaben

Die planungsrechtliche Zulässigkeit von Vorhaben ist vor allem bei Innenbereichs- und Außenbereichsvorhaben geändert bzw. ergänzt worden. Zu nennen sind hier etwa die stärkere Betonung raumordnerischer Belange bei Innenbereichsvorhaben, die Wiedereinführung des § 34 Abs. 3 BauGB 1986 als neuer § 34 Abs. 3a BauGB und die Erweiterung des Zulässigkeitskatalogs von privilegierten Außenbereichsvorhaben. Die Innenbereichs- und Außenbereichssatzungen haben sich dabei – wenn auch teilweise äußerst knapp – über die parlamentarischen Hürden gerettet.

a) Bauen im Innenbereich

Für Vorhaben im nicht beplanten Innenbereich sind drei Änderungen zu verzeichnen: Auch Fernwirkungen von Vorhaben im Innenbereich können zu deren planungsrechtlicher Unzulässigkeit führen (§ 34 Abs. 3 BauGB). Bei einer städtebaulichen Vertretbarkeit und bei einer Berücksichtigung nachbarlicher Belange kann im Einzelfall auch eine Gemengelage im Innenbereich zugelassen werden (§ 34 Abs. 3 a BauGB). Die Innenbereichssatzungen sind von einer Umweltprüfung freigestellt, wenn sie keine UVP-pflichtigen Vorhaben ausweisen (§ 34 Abs. 5 BauGB).

(1) Fernwirkung von Vorhaben

Vor dem Hintergrund von städtebaulichen Fehlentwicklungen vornehmlich bei großflächigen Einzelhandelsprojekten wird die zu § 2 Abs. 2 Satz 2 BauGB 2004 vorgenommene Regelung zum Schutz zentraler Versorgungsbereiche in der gemeindenachbarliche Abstimmung um eine in der Zielsetzung korrespondierende Regelung zu § 34 BauGB ergänzt: § 34 BauGB knüpft die Zulässigkeit von Vorhaben innerhalb der im Zusammenhang bebauten Ortsteile im Wesentlichen daran, dass sich das Vorhaben in die Eigenart der näheren Umgebung einfügen muss[77]. Diese Regelung hat sich, insbesondere was größere Vorhaben wie großflächige Einzelhandelsbetriebe angeht, insofern in der Praxis als unzureichend erwiesen, als die Berücksichtigung der über die nähere Umgebung hinausgehenden sog. Fernwirkungen[78] keine Zulässigkeitsvoraussetzung ist. Denn die Wahrung der öffentlichen Belange, die vormals neben dem Einfügensgebot Voraussetzung der planungsrechtlichen Zulässigkeit eines Innenbereichsvorhabens war, ist mit dem Inkrafttreten des BauGB 1987 gestrichen worden. Belange der Raumordnung wurden daher vom BVerwG bei Innenbereichsvorhaben nicht mehr geprüft[79]. Die Berücksichtung der städtebaulichen Auswirkungen, die über die maßgebliche Umgebung hinausgehen und sich auch in Nachbargemeinden zeigen können, wurde deshalb nunmehr wieder – auch insoweit Vorschlägen der

77 BVerwG, Urteil vom 26.5.1978 – 4 C 9.77 –, BVerwGE 55, 369 = DVBl. 1978, 815 - Harmonieurteil.

78 BVerwG, Urteil vom 3.2.1984 – 4 C 17.82 –, BVerwGE 68, 369 = DVBl. 1984, 632 – Verbrauchermarkt SB-Warenhaus.

79 BVerwG, Urteil vom 11.2.1993 – 4 C 15.92 –, DVBl. 1993, 914.

Unabhängigen Expertenkommission folgend - in § 34 Abs. 3 BauGB aufgenommen. Dies betrifft Auswirkungen auf zentrale Versorgungsbereiche in der Gemeinde und anderen Gemeinden.

(2) Gemengelagen

In § 34 Abs. 3 a BauGB wurde – auf Vorschlag des Bundesrates[80] - eine an § 34 Abs. 3 BauGB 1987 orientierte Regelung eingeführt, die im Einzelfall eine Befreiung von den nach § 34 Abs. 1 BauGB erforderlichen Zulässigkeiten erlaubt § 34 Abs. 3 BauGB 1987 war mit dem BauROG 1998 aufgehoben worden. Die Abweichung von § 34 Abs.1 BauGB kommt nur bei der Errichtung, Änderung, Nutzungsänderung oder Erneuerung eines in zulässiger Weise errichteten Gewerbe- oder Handwerksbetriebs in Betracht, sofern die Abweichung städtebaulich vertretbar[81] und auch unter Würdigung nachbarlicher Interessen mit den öffentlichen Interessen vereinbar ist. Die Befreiung ist nach § 34 Abs. 3 a Satz 2 BauGB auf Einzelhandelbetriebe, welche die verbrauchernahe Versorgung der Bevölkerung beeinträchtigen oder schädliche Auswirkungen auf zentrale Versorgungsbereiche in der Gemeinde oder in anderen Gemeinden haben können, nicht anzuwenden[82].

Mit § 34 Abs. 3 a BauGB findet auch die Rechtsprechung des BVerwG zu § 34 Abs. 3 BauGB 1987 wieder ein Anwendungsfeld. Das BVerwG hatte für die Möglichkeit der städtebaulichen Eingliederung von Fremdkörpern in eine andersartige Umgebung auf die Planungsleitlinien des § 1 Abs. 6 BauGB und das Abwägungsgebot des § 1 Abs. 7 BauGB[83] verwiesen. Was nicht durch Bauleitplanung planbar ist und was den städtebaulichen Grundsätzen des § 1 BauGB nicht entspricht, ist auch nicht städtebaulich vertretbar. Eine Vereinbarkeit mit städtebaulichen Belangen kann demgegenüber gegeben sein, wenn die mit der Erweiterung des Betriebes verbundenen Spannungen zugleich gemindert oder wenigstens ausgeglichen werden. Das Tatbestandsmerkmal der städtebaulichen Vertretbarkeit ermöglicht, Vor- und Nachteile des Vorhabens in einer dem Baugenehmigungsverfahren sonst fremden[84] kompensatorischen Weise gegeneinander abzuwägen. Damit wird ein planerisches Element in die Entscheidung über ein einzelnes Vorhaben einbezogen[85].

(3) Innenbereichssatzungen

Die Innenbereichssatzungen sind von der Genehmigungspflicht insgesamt freigestellt worden. Auch unterliegen sie nicht den Bestimmungen über die Umweltprüfung, wobei jedoch ihr Anwendungsbereich demgemäß – und entsprechend der bereits erwähnten Ausnahmeregelung der UP-Richtlinie – so eingegrenzt wird, dass durch die Satzungen keine Zulässigkeit UVP-pflichtiger Vorhaben begründet und keine Schutzgüter im Sinne der FFH-Richtlinie beeinträchtigt werden dürfen. Die Länder haben nach § 246 Abs. 1 a BauGB die Möglichkeit, für die Satzungen das Anzeigeverfahren einzuführen. Die Innenbereichssatzungen sind damit auch unter Geltung des neuen EG-Rechts von der Umweltprüfung freigestellt, wenn sie keine UP-pflichtigen und

80 BTDrucks. 15/2250.

81 BVerwG, Urteil vom 15.2.1990 – 4 C 47.89 –, BVerwGE 84, 322 = DVBl. 1990, 585 - Unikat.

82 Vgl. hierzu auch die gleichfalls mit dem EAG Bau neu eingefügte Vorschrift des § 34 Abs. 3 BauGB.

83 So der jetzige Standort der Vorschriften.

84 BVerwG, Urteil vom 26.5.1978 – 4 C 9.77 –, BVerwGE 55, 369 = DVBl. 1978, 815 – Harmonieurteil.

85 *Bernhard Stüer*, HBFPR 1998, Rdn. 530.

vorprüfungspflichtigen Projekte der Anlage 1 zum UVPG betreffen. Das ist europarechtlich zulässig, weil Art. 3 Abs. 3 Plan-UP-Richtlinie ausdrücklich die Umweltprüfung für die Nutzung kleiner Gebiete auf lokaler Ebene in die Entscheidungskompetenz der Mitgliedstaaten stellt.

b) Bauen im Außenbereich

Das Bauen im Außenbereich ist in fast jeder der inzwischen neun Änderungen des BauGB erweitert worden. In den Gesetzesberatungen standen dabei die Intensivtierhaltung, die Erweiterung des Begriffs der Landwirtschaft, die Biogasanlagen, das Darstellungsprivileg, erweiterte Zurückstellungsmöglichkeiten, die Rückbauverpflichtungen, die teilprivilegierten Vorhaben und die Außenbereichssatzungen auf dem Programm.

(1) Intensivtierhaltung

Die Aufzucht und das Halten von Nutztieren in großen Stallanlagen (Intensivtierhaltung), insbesondere von Geflügel und Schweinen, haben in einigen Regionen Deutschlands in einem erheblichen Umfang zugenommen. Hierdurch können in einzelnen Gemeinden die Entwicklungsmöglichkeiten für Siedlungszwecke und die Funktion des Außenbereichs nachhaltig gestört werden. Die Vorhaben sind unzulässig, wenn ihnen öffentliche Belange entgegenstehen. Dabei kommt den öffentlichen Belangen im Sinne des § 35 Abs. 3 BauGB in Bezug auf schädliche Umwelteinwirkungen zumeist kein weiter gehender Umgebungsschutz als den entsprechenden Vorschriften des Immissionsschutzrechts zu.

Der RegE sah hierzu korrespondierende Änderungen im Recht des Flächennutzungsplans sowie in § 35 BauGB vor: Durch die Einführung weiterer Steuerungsmöglichkeiten im Rahmen der Flächennutzungsplanung sollten Fehlentwicklungen besser vermieden werden können. Hierdurch soll auch der Schutz des Interesses der Gemeinde, bestimmte Flächen (z. B. in Ortsrandlagen) im Außenbereich für künftige Siedlungsentwicklungen freizuhalten, gestärkt werden. Für die Flächennutzungsplanung sollten hierzu zwei neue Darstellungsmöglichkeiten vorgesehen werden: die Eignungsfläche und die Belastungsfläche. Weist die Gemeinde in einem Flächennutzungsplan eine Eignungsfläche für „Intensivtierhaltung" aus, sollte darin die Aussage enthalten sein, dass diese Fläche grundsätzlich für ein solches Vorhaben geeignet ist. Zugleich sollte diese Darstellung im Außenbereich in der Regel den Ausschluss von Vorhaben der Intensivtierhaltung außerhalb der Eignungsfläche zur Folge haben. Stellt die Gemeinde im Flächennutzungsplan eine Belastungsfläche „Intensivtierhaltung" dar, so sollte dies nach der vorgeschlagenen Neufassung des § 35 Abs. 3 Satz 3 BauGB einem entsprechenden Vorhaben auf dieser Fläche als öffentlicher Belang in der Regel entgegenstehen. Gleiche Rechtswirkungen wie durch die Darstellungen im Flächennutzungsplan sollten auch erzielt werden können, wenn entsprechende Festlegungen als Ziele der Raumordnung erfolgt sind.

Der Deutsche Bundestag hat diese Regelungsvorschläge zu §§ 5, 35 Abs. 3 BauGB nicht übernommen. Insoweit verbleibt es daher bei der bisherigen Rechtslage[86]. Den Gemeinden bleibt jedoch die Ausweisung entsprechender „Konzentrationszonen" – wie nach dem bereits geltenden Recht – unbenommen. § 35 Abs. 3 Satz 3 BauGB setzt diese Möglichkeit voraus. Für die Inten-

86 Grundlegend BVerwG, Urteil vom 22.5.1987 – 4 C 57.84 -, BVerwGE 77, 300 = DVBl. 1987, 1008 – Kölner Auskiesungskonzentrationszone. Zur Regionalplanung *Werner Hoppe*, BayVBl. 2002, 129; *ders.*, BayVBl. 2002, 754; *ders.*, NVwZ 2004, 282; *ders.*, DVBl. 2004, 478; zum Darstellungsprivileg *Bernhard Stüer*, NuR 6/2004.

sivtierhaltung im Sinne des § 35 Abs. 1 Nr. 4 BauGB besteht dann zur Sicherung entsprechender Planungsvorhaben die durch das EAG Bau eingeführte Möglichkeit der Zurückstellung von Vorhaben.

Neu eingeführt wurde die Möglichkeit, sachliche Teilflächennutzungspläne für Darstellungen mit den Rechtswirkungen des § 35 Abs. 3 Satz 3 BauGB aufzustellen (§ 5 Abs. 2b BauGB). Teilflächennutzungspläne können somit auch unbeschadet eines bestehenden Flächennutzungsplans erlassen werden und sind daher nicht von dem Bestand des Ursprungsflächennutzungsplans abhängig. Versteht man die Vorschrift dahin, dass dies weiterhin in räumlicher Hinsicht ein Gesamtkonzept voraussetzt, so wird die Gemeinde auch künftig nicht davon befreit, in eine räumlich umfassende Abwägung einzutreten. Denn nach Auffassung des BVerwG[87] lassen Fehler in der Abwägung die Ausschlusswirkung des Flächennutzungsplans entfallen. Die planerische Steuerung von privilegierten Außenbereichsvorhaben gerät damit bildlich in die Nähe eines Luftballons, der bereits dann platzt, wenn er sich auch nur an einer einzigen Stelle irgendwie als löchrig erweist[88]. Fehler in der Abwägung führen allerdings zur Unwirksamkeit von Darstellungen und Festlegungen nach § 35 Abs. 3 Satz 3 BauGB nur in dem Umfang, wie sie sich auf das Planungskonzept der Gemeinde oder des Trägers der Regionalplanung auswirken[89]. Die übrigen Planaussagen, in denen ein vernünftiges und nachvollziehbares Planungskonzept zum Ausdruck kommt, bleiben daher von einzelnen Abwägungsfehlern unberührt und bewirken nur eine Teilunwirksamkeit des Plans. Im Übrigen können Fehler in der Abwägung nach § 214 Abs. 4 BauGB auch rückwirkend geheilt werden, wodurch etwaigen Amtshaftungsansprüchen in der Reichweite dieser Reparaturmöglichkeiten im Nachhinein die Grundlage entzogen werden kann. Die Gemeinde muss dabei auch in der Lage sein, einzelne Teile von der Rückwirkung auszunehmen, die etwa im Hinblick auf Abwägungsfehler geändert werden müssen und denen aus diesen Gründen keine Rückwirkung beigelegt werden kann.

(2) Privilegierung von Anlagen zur Herstellung und Nutzung von Biogas

Zur Förderung des Strukturwandels in der Landwirtschaft soll die Herstellung und Nutzung von aus Biomasse erzeugtem Gas im Zusammenhang mit landwirtschaftlichen Betrieben durch die Aufnahme eines entsprechenden Privilegierungstatbestandes in § 35 Abs. 1 Nr. 6 BauGB erleichtert werden. Die Privilegierung kommt Betrieben im Sinne des § 35 Abs. 1 Nr. 1, Nr. 2 und Nr. 4 BauGB zugute, soweit diese Tierhaltung betreiben. Die elektrische Leistung darf 0,5 MW nicht überschreiten.

(3) Zurückstellung von Baugesuchen

Die Steuerungsmöglichkeiten der Gemeinden für privilegierte Vorhaben im Außenbereich (§ 35 Abs. 1 BauGB) wird zusätzlich durch eine Regelung in § 15 BauGB ergänzt, die den Gemeinden die Möglichkeit einräumt, Baugesuche bezüglich Vorhaben nach § 35 Abs. 1 Nr. 2 bis 6 BauGB für eine Frist von bis zu einem Jahr zurückzustellen, wenn im Zusammenhang mit der Aufstellung, Änderung oder Ergänzung eines Flächennutzungsplans entsprechende Darstellungen geprüft werden. Hierdurch soll die Wirksamkeit des Steuerungsinstruments gegen eventuelle gegenläufi-

87 BVerwG, Urteil vom 13.3.2003 – 4 C 4.02 -, BVerwGE 118, 33 = BauR 2003, 1172.

88 *Bernhard Stüer*, NuR 6/2004.

89 OVG Lüneburg, Urteil vom 28.1.2004 – 9 LB 10/02 -, Teilunwirksamkeit.

ge faktische Entwicklungen in dem betreffenden Gebiet während der Planungsphase abgesichert werden. Eine solche Sicherung entspricht dem tragenden Grundsatz des Baurechts, nach dem während eines Planungsverfahrens dieses vor gegenläufigen baulichen Entwicklungen geschützt wird (vgl. insbesondere §§ 14, 15 BauGB). Diese Ergänzung, die der seinerzeit in § 245b BauGB 1997 für Planungen im Zusammenhang mit der Privilegierung von Windenergieanlagen getroffenen Regelung entspricht, greift eine Empfehlung der Unabhängigen Expertenkommission zur Novellierung des BauGB auf. Die im RegE noch vorgesehene Sonderregelung für Windkraftanlagen im Sinne einer nur „einmaligen" Zurückstellungsmöglichkeit von einem Jahr ab Inkrafttreten des EAG Bau ist im Gesetzesbeschluss entfallen, d.h. auch Windkraftanlagen können wie sonstige Vorhaben - entsprechend den planerischen Absichten – für ein Jahr zurückgestellt werden.

(4) Begünstigte Vorhaben

Für die nach § 35 Abs. 4 Satz 1 Nr.1 BauGB sog. „begünstigten" Vorhaben sieht das Gesetz zum einen vor, dass die Frist für den Zeitpunkt der Errichtung des für die bauliche Maßnahme in Betracht kommenden Gebäudes auf zurückliegende sieben Jahre bestimmt wurde[90]. Weiterhin wurden die Länder ermächtigt, § 245 Abs. 2 BauGB weiterhin anzuwenden: Die Frist des § 35 Abs. 4 Satz 1 Nr.1 c BauGB, wonach die Begünstigung voraussetzt, dass die Nutzung nicht länger als sieben Jahre aufgegeben wurde, kann von den Ländern über den Zeitpunkt 31.12.2004[91] bis zum 31.12.2008 ausgesetzt werden.

(5) Rückbauverpflichtung

Die Grundgedanken der „Flexibilisierung" von Baurechten wird im EAG Bau auch für bestimmte Außenbereichsvorhaben nutzbar gemacht: Der Schutz des Außenbereichs soll dadurch gestärkt werden, dass in § 35 Abs. 5 BauGB als weitere Zulässigkeitsvoraussetzung für Vorhaben nach § 35 Abs. 1 Nr. 2 bis 6 BauGB eine Verpflichtung zu übernehmen ist, das Vorhaben nach dauerhafter Aufgabe der zulässigen Nutzung zu beseitigen und den Boden zu entsiegeln. Hierdurch soll die bisherige Rechtslage fortentwickelt und insbesondere einer Beeinträchtigung der Landschaft durch aufgegebene Anlagen erheblichen Umfangs mit einer zeitlich nur begrenzten Nutzungsdauer entgegengewirkt werden.

(6) Außenbereichssatzung

Der RegE hatte die Streichung der Außenbereichssatzung nach § 35 Abs. 6 BauGB vorgesehen. Das vom Deutschen Bundestag beschlossene Gesetz hält demgegenüber an der Außenbereichssatzung fest, stellte sie von der Genehmigungspflicht frei, begrenzte aber ihren Anwendungsbereich entsprechend der Regelung bei den Innenbereichssatzungen. Die Länder haben nach § 246 Abs. 1 a BauGB die Möglichkeit, für die Satzung das Anzeigeverfahren einzuführen.

90 Nach dem BauROG 1998; Vorhaben vor dem 27.8.1996 – Beschluss der Bundesregierung über den RegE BauROG.

91 So BauROG 1998.

3. Besonderes Städtebaurecht

Die bisherigen Instrumente des besonderen Städtebaurechts waren in Zeiten des „goldenen Zügels" durchaus wirkungsvoll. In Zeiten leerer Kassen werden neue Ideen gebraucht. Auch die massiven Leerstände nicht nur in den neuen Bundesländern führen zu einer anderen Problemlage. Das BauGB 2004 setzt auf die Mitwirkungsbereitschaft der Betroffenen und will dazu ein vor allem flexibles Instrument an die Hand stellen, das nicht ausschließlich auf eine strikte Bindung an gesetzlich vorgeschriebene Modelle setzt.

a) Stadtumbau und Soziale Stadt

Das EAG Bau regelt erstmals den Stadtumbau und die Soziale Stadt. Durch die gesetzlichen Neuregelungen sind die bisherigen eher starren Regelungen um ein flexibles Instrument erweitert worden. Allerdings ist auch klar, dass ohne eine angemessene Finanzierung von Stadtumbaumaßnahmen die neuen Regelungen nur Stückwerk bleiben.

(1) Stadtumbau

Mit der Einfügung von Regelungen zum Stadtumbau in einem eigenen Dritten Teil des Zweiten Kapitels (§§ 171 a – 171 d BauGB) wendet sich das Gesetz einer neuen städtebauliche Aufgabe zu, nämlich der besonderen und in Zukunft zunehmenden Bedeutung von Stadtumbaumaßnahmen in Reaktion auf die Strukturveränderungen vor allem in Demografie und Wirtschaft und den damit einhergehenden Auswirkungen auf die städtebauliche Entwicklung. Hierzu steht den Gemeinden zwar neben den allgemeinen Instrumenten des Städtebaurechts, wie Bauleitplanung und ihre Sicherung, insbesondere im Besonderen Städtebaurecht, vor allem mit den städtebaulichen Sanierungs- und Entwicklungsmaßnahmen[92], ein umfangreiches Instrumentarium zur Verfügung. Oftmals bedarf es des Einsatzes dieser Instrumente jedoch nicht bzw. nicht in vollem Umfang.

Die neuen Vorschriften bezwecken deshalb, den Gemeinden die rechtlichen Grundlagen für die Durchführung von Stadtumbaumaßnahmen auch in solchen Gebieten zu geben, in denen es des Einsatzes der bisherigen städtebaurechtlichen Instrumente nicht oder nicht flächendeckend bedarf und der Stadtumbau besonders auch auf Grund konsensualer Regelungen – vor allem mit den betroffenen Eigentümern – durchgeführt werden kann. Demgemäß schaffen die neuen Vorschriften vor allem einen rechtlichen Rahmen für die durchzuführenden Stadtumbaumaßnahmen einschließlich der dafür erforderlichen Gebietsfestlegung, für die Städtebauförderung sowie für die Regelungsgegenstände städtebaulicher Verträge. Die Möglichkeit, durch städtebauliche Satzung ergänzend die Durchführung von Stadtumbaumaßnahmen vor gegenläufigen Entwicklungen zu sichern, ist dabei auf das unbedingt Erforderliche begrenzt. Dazu wurde in § 171 d BauGB eine Satzung zur Steuerung von Vorhaben und Rückbau entsprechend dem städtebaulichen Entwicklungskonzept oder eines Sozialplans eingeführt.

92 BVerfG, Beschluss vom 4.7.2002 - 1 BvR 30/01 -, DVBl. 2002, 1467 = NVwZ 2003, 71; BVerwG, BVerwG, Beschluss vom 30.1.2001 - 4 BN 72.00 -, DVBl. 2001, 670 = NVwZ 2001, 558 = BauR 2001, 931; Beschluss vom 16.2.2001 - 4 BN 56.00 -, DVBl. 2001, 1444 = NVwZ 2001, 1053; Urteil vom 12.12.2002 - 4 CN 7.01 -. Zur gerichtlichen Kontrolldichte bei der Überprüfung, ob die Voraussetzungen für die förmliche Festlegung eines städtebaulichen Entwicklungsbereichs (§ 165 BauGB) gegeben sind BVerwG, Beschluss vom 5.8.2002 - 4 BN 32.02 -, NVwZ-RR 2003, 7 = BauR 2003, 73; Urteil vom 18.5.2001 - 4 CN 4.00 -, DVBl. 2001, 1455 = BauR 2001, 1692 - Böhmisches Dorf in Berlin-Neukölln.

§ 245 Abs. 1 BauGB enthält die Überleitung für bereits vor Inkrafttreten des EAG Bau nach den einschlägigen Verwaltungsvereinbarungen zur Städtebauförderung bereits beschlossene Gebiete für den Stadtumbau und die bereits aufgestellten städtebaulichen Entwicklungskonzepte. Diese sollen als Stadtumbaugebiete und als städtebauliche Entwicklungskonzepte im Sinne des neuen § 171b BauGB gelten, so dass laufende Maßnahmen ohne Umstellungsschwierigkeiten auch nach dem neu eingeführten Dritten Teil des Zweiten Kapitels fortgeführt werden können, soweit dies erforderlich ist und sie nicht bereits im Rahmen der städtebaulichen Sanierung bzw. Entwicklung durchgeführt werden.

(2) Soziale Stadt

Das im Jahr 1999 eingeleitete Bund-Länder-Programm „Soziale Stadt" soll Städten, Orts- und Stadtteilen helfen, in denen sich soziale, wirtschaftliche und städtebauliche Probleme verschärfen. Diese Stadtteile sind durch hohe Arbeitslosigkeit, wirtschaftliche Probleme des mittelständischen Gewerbes, Defizite bei der Integration ausländischer Mitbürger, Vernachlässigung von Gebäuden und der öffentlichen Räume, Vandalismus und ähnlichen Erscheinungen belastet. Die Programmziele der Sozialen Stadt werden durch § 171 e BauGB unterstützt. Ziel ist dabei insbesondere die Verankerung geeigneter Beteiligungs- und vor allem Mitwirkungsmöglichkeiten und eine bessere Bündelung des Mitteleinsatzes. § 245 Abs. 2 BauGB enthält eine Überleitung für Gebietsfestlegungen und Entwicklungskonzepte für die bereits nach dem Bund-Länder-Programm „Soziale Stadt" festgelegten Fördergebiete auf Gebiete im Sinne des § 171 e BauGB.

b) Weitere Änderungen im Besonderen Städtebaurecht

In § 145 Abs. 1 Satz 2 BauGB wurde bestimmt, dass im Falle einer baurechtlichen Genehmigung oder an ihrer Stelle einer baurechtlichen Zustimmung die Sanierungsgenehmigung nicht von der Gemeinde, sondern von der Baugenehmigungsbehörde in Einvernehmen mit der Gemeinde erteilt wird. Die (landesbehördliche) Bestätigung der Eignung eines Unternehmens als Sanierungsträger entfällt, d.h. die Gemeinde prüft die Geeignetheit selbst abschließend. Städtebauliche Entwicklungsmaßnahmen bedürfen künftig keiner Genehmigung mehr durch die höhere Verwaltungsbehörde. Die Länder können allerdings gemäß § 246 Abs. 1 a BauGB bestimmen, dass die Satzungen dem Anzeigeverfahren unterliegen.

4. Fortentwicklung des Rechts der Bodenordnung

Die Bodenordnung hat für die Baulandbereitstellung hohe Bedeutung. Das bestehende Instrumentarium, vor allem das Umlegungsrecht (§§ 45 ff. BauGB), hat sich nach Einschätzung der Praxis grundsätzlich bewährt. Allerdings besteht ein Bedarf an Vereinfachung, der vor allem von Seiten der Kommunalen Spitzenverbände geltend gemacht worden ist, für solche Fälle, in denen nicht im stärkeren Maße in vorhandene Strukturen und Bestände eingegriffen werden soll. In diesen Fällen kann die Neuordnung in einem weniger aufwändigen Verfahren als dem umfassenden, „klassischen" Umlegungsverfahren erfolgen. Die hierzu – wie auch zu weiteren Bereichen des Bodenordnungsrechts – getroffenen Regelungen folgen im Wesentlichen dem Bericht des Sachverständigengremiums zur Fortentwicklung des Rechts der Bodenordnung nach dem BauGB[93]

93 *Johannes Stemmle*r, DVBl. 2003, 135.

Dem genannten Anliegen wird durch die Fortentwicklung der Grenzregelung zu einer vereinfachten Umlegung entsprochen. Die Grenzregelung weist zwar bereits gegenüber der Umlegung ein stark vereinfachtes Verfahren auf, hat nach geltendem Recht indes zugleich einen zu engen Anwendungsbereich, um in dem erforderlichen Umfang zu einer Beschleunigung und Erleichterung der Grundstücksneuordnung beizutragen.

Die Neuregelung sieht daher vor, Zweck und Reichweite der vereinfachten Umlegung, wie im normalen Umlegungsverfahren, zu Gunsten der Ermöglichung einer wirtschaftlichen und zweckmäßigen Bebauung durch Neuordnung der Grundstücksgrenzen auszugestalten und hierzu nicht nur einen Tausch von Grundstücksteilen bzw. Grundstücken unter unmittelbar aneinander grenzenden Grundstücken (wie im geltenden Grenzregelungsrecht), sondern auch unter Einbeziehung weiterer Grundstücke zu ermöglichen, die in enger Nachbarschaft liegen. Diese Verfahrenserleichterung bei der Bodenordnung mit dem Ziel einer wirtschaftlichen Ausnutzung von Grundstücken soll insbesondere auch einer Verringerung der Flächeninanspruchnahme zugute kommen. Da die Grenzregelung in ihrer bisherigen gesetzlichen Ausgestaltung von der vereinfachten Umlegung mit umfasst ist, kann auf eigenständige Vorschriften zur Grenzregelung verzichtet werden.

5. Unbeachtlichkeits- und Heilungsvorschriften

Das bestehende deutsche Rechtssystem wird für den Bereich der Bauleitplanung mit dem Konzept der gemeinschaftsrechtlichen Vorgaben strukturell harmonisiert. Zugleich wird die europarechtlich vorgegebene Stärkung des Verfahrensrechts mit entsprechenden Regelungen zur Bestandssicherheit der städtebaulichen Pläne und Satzungen verbunden. Dies entspricht den Empfehlungen der Unabhängigen Expertenkommission zur Novellierung des BauGB. Der bisherige § 214 Abs. 3 BauGB wird im neuen § 214 Abs. 1 BauGB an die Betonung des Verfahrens in den neuen Regelungen zur Bauleitplanung angeglichen, indem anstelle der bisherigen Überprüfung des Abwägungsvorgangs an die Überprüfung der verfahrensbezogenen Elemente des Ermittelns und Bewertens der von der Planung berührten Belange angeknüpft wird.

Dementsprechend soll der Sinn und Zweck von Öffentlichkeits- und Behördenbeteiligung, nämlich die Gewährleistung einer materiell richtigen Entscheidung, durch sorgfältige Ermittlung und Bewertung der von der Planung berührten Belange im Verfahren der Öffentlichkeits- und Behördenbeteiligung, stärker berücksichtigt werden. In der Rechtsprechung ist bereits anerkannt, dass die Einhaltung bestimmter Verfahren indizielle Bedeutung für die mit der Verfahrensanforderung zu gewährleistende materielle Rechtmäßigkeit der Entscheidung haben kann[94].

Die bisher nur für Behörden normierte Pflicht, Stellungnahmen rechtzeitig im Verfahren vorzubringen, wurde mit dem EAG Bau auch für die Öffentlichkeit erstmals im BauGB verankert. Nach der neu gefassten Präklusionsregelung[95] müssen nicht fristgerecht vorgebrachte Stellungnahmen nur berücksichtigt werden, soweit die Gemeinde sie kannte oder hätte kennen müssen (§ 214 Abs. 1 Nr. 1, Abs. 3 BauGB). Hierauf soll die Öffentlichkeit bei der Bekanntmachung hingewiesen werden. Es gilt im Übrigen eine einheitliche Frist von zwei Jahr für die Geltendmachung von Verfahrens- und Formfehlern, Fehlern beim Entwicklungsgebot und beachtlichen Mängeln des Abwägungsvorgangs gegenüber der Gemeinde. Die Frist für die Rüge derartiger Mängel fällt

94 BVerwG, Urteil vom 25.1.1996 – 4 C 5.95 –, BVerwGE 100, 238 = DVBl. 1996, 677 – Eifelautobahn A 60; EuGH, E. v. 7.1.2004 – C-201/02 -, DVBl. 2004, 370 = EurUP 2004, 57 - Delena Wells; *Stüer/Hönig*, DVBl. 2004, 481.

95 Zu materiellen Präklusionsregelungen *Markus Rieder*, Fachplanung und Präklusion in: Bernhard Stüer (Hrsg.), Planungsrecht Bd. 9, Osnabrück 2004.

daher mit der Zweijahresfrist für die Erhebung eines Normenkontrollantrags (§ 47 Abs. 2 VwGO) zusammen. Nach Fristablauf können nur noch materielle Abwägungsfehler gerügt werden.

Während bisher nur Form- und Verfahrensfehler rückwirkend geheilt werden konnten (§ 215a Abs. 2 BauGB 1998), können der Flächennutzungsplan und der Bebauungsplan nunmehr in einem gewissen Umfang auch rückwirkend in Kraft gesetzt werden (§ 214 Abs. 4 BauGB). Die Grenze dieser rückwirkenden Heilungsmöglichkeiten wird allerdings durch den Planinhalt und das Abwägungsgebot gezogen. Materielle Fehler, die zu einem anderen Planinhalt führen oder den damaligen Plan inhaltlich in einem völlig anderen Lichte erscheinen lassen, können nicht rückwirkend geheilt, sondern nur – wenn es gut geht – für die Zukunft repariert werden. Allerdings könnten diejenigen Teile von der Rückwirkung ausgenommen werden, in denen sich ein Änderungsbedarf ergibt, sodass die übrigen Teile des Plans rückwirkend in Kraft gesetzt werden können, wenn sie von den zu ändernden Teilen getrennt werden können und wenn sich insoweit keine untrennbaren Zusammenhänge ergeben.

6.　Überleitung

Die Überleitung für das EAG Bau ist vor allem in § 244 BauGB geregelt. Die Überleitungsregelung des § 245c BauGB 2001 für Bebauungspläne, die einer Umweltverträglichkeitsprüfung nach der Projekt-UVP-Richtlinie unterlagen, wurde durch eine neue Überleitungsregelung ersetzt. Sie bildet für Bauleitpläne und Satzungen eine Spezialregelung zur Generalnorm des § 233 Abs. 1 BauGB. Die neue Überleitungsregelung wird allerdings eingeschränkt, um eine europarechtskonforme Umsetzung der Plan-UP-Richtlinie und der Projekt-UVP-Richtlinie zu gewährleisten. Im Übrigen ergeben sich für einzelne Vorschriften weitere Überleitungsregelungen.

Nach § 244 Abs. 1 BauGB gilt § 233 Abs. 1 Satz 1 BauGB nur für Verfahren für Bauleitpläne und Satzungen nach § 34 Abs. 4 Satz 1 BauGB, die vor dem 21.7.2004 eingeleitet und vor dem 21.7.2006 abgeschlossen worden sind. Damit wird die von Artikel 13 Abs. 3 der Plan-UP-Richtlinie vorgegebene Übergangsfrist für die Anwendung der Bestimmungen der Richtlinie umgesetzt. Auf die von der genannten Richtlinienbestimmung außerdem eröffnete Möglichkeit, nach dem 20.7.2006 angenommene Pläne und Programme ebenfalls von der Anwendung der Richtlinienbestimmungen auszunehmen, wenn die Mitgliedstaaten im Einzelfall entscheiden, dass die Anwendung der Richtlinie nicht durchführbar ist, wurde im Interesse der Rechtssicherheit abgesehen. Eine solche Ausnahmebestimmung ist auch nicht erforderlich, da mit der vorgesehenen Übergangsfrist eine ausreichend bemessene Frist für die Kommunen zur Verfügung steht, sich auf die neuen Bestimmungen einzustellen.

§ 244 Abs. 2 Satz 1 BauGB stellt sicher, dass Bebauungsplanverfahren, die nach der unmittelbaren Geltung der Projekt-UVP-Änderungsrichtlinie am 14.3.1999 eingeleitet worden sind und die nicht von der Plan-UP-Richtlinie erfasst werden, nach den Bestimmungen des Artikelgesetzes vom 27.7.2001 zu Ende geführt werden, soweit sie von diesen erfasst werden. Die Vorschrift bildet eine Spezialregelung zur Generalregel des § 233 Abs. 1 Satz 1 BauGB, da dieser an das Inkrafttreten einer Gesetzesänderung anknüpft, für die vom Artikelgesetz erfassten Fälle jedoch bereits der Zeitpunkt des Ablaufs der Umsetzungsfrist der Projekt-UVP-Änderungsrichtlinie maßgeblich ist.

Die Vorschrift entspricht dem Regelungsgehalt des bisherigen § 245c Abs. 1 BauGB 2001.Für die von dem bisherigen § 245c Abs. 2 und 3 BauGB 2001 erfassten Fälle bedurfte es keiner ausdrücklichen Regelung, da insofern § 233 Abs. 1 BauGB greift. Danach werden Bebauungsplanverfahren, die vor dem 14.3.1999 eingeleitet worden sind und vor dem 20.7.2006 abgeschlossen werden, nach den bisher für sie geltenden Rechtsvorschriften abgeschlossen.

§ 244 Abs. 2 Satz 2 BauGB nimmt klarstellend die auch in dem bisherigen § 245c Abs. 2 Halbsatz 2 BauGB enthaltene Regelung des § 233 Abs. 1 Satz 1 BauGB auf.

§ 244 Abs. 3 BauGB stellt sicher, dass die Verpflichtung zur Überwachung von Bauleitplänen und Satzungen nach § 34 Abs. 4 Satz 1 BauGB nach § 4c BauGB und die durch § 4 Abs. 3 BauGB unterstützend angeordnete Informationsbeschaffung durch die Fachbehörden im Wesentlichen nur für solche Bauleitpläne und Satzungen nach § 34 Abs. 4 Satz 1 BauGB gelten, die in den zeitlichen Geltungsbereich der Plan-UP-Richtlinie fallen. Für bereits rechtsverbindliche Bebauungspläne auf der Grundlage des alten Rechts gilt die Monitoring-Pflicht daher nicht.

§ 244 Abs. 4 BauGB leitet die Neuregelung zum Flächennutzungsplan - Überprüfungspflicht nach 15 Jahren – über.

§ 244 Abs. 5 BauGB vervollständigt die Umgestaltung der Vorschriften über die Teilung von Grundstücken (vgl. Artikel 1 Nr. 18 und 19), indem er eine spezielle Überleitungsvorschrift für Teilungsgenehmigungssatzungen nach § 19 Abs. 1 BauGB vorsieht, die vor dem Inkrafttreten dieses Gesetzes wirksam beschlossen und bekannt gemacht worden sind. Ohne eine entsprechende Regelung würden die Teilungsgenehmigungssatzungen fortgelten, jedoch keine den bisherigen §§ 19 und 20 BauGB entsprechenden Verfahrensregelungen mehr bestehen. Die Gemeinden sind auch ohne nähere gesetzliche Regelung nicht ermächtigt, zur Lösung der sich ergebenden Anwendungsprobleme eigene Verfahrensvorschriften für die Teilungsgenehmigung zu erlassen.

Die Gemeinden werden daher in Satz 1 ermächtigt, ihre Teilungsgenehmigungssatzungen, die vor dem Inkrafttreten des EAG Bau wirksam beschlossen und bekannt gemacht worden sind, durch Satzung aufzuheben und dies ortsüblich bekannt zu machen. Wahlweise können sie auch – wie im § 19 Abs. 1 Satz 3 BauGB des bisherigen Rechts – die Ersatzverkündung nach § 10 Abs. 3 Satz 2 bis 5 BauGB vornehmen. Soweit Gemeinden die Teilungsgenehmigungssatzungen noch nicht aufgehoben haben, ordnet Satz 3 die Nichtanwendbarkeit der Satzungen an. Die Hinweispflicht in Satz 4 soll zur erhöhten Transparenz in der Rechtsanwendungspraxis beitragen. Für die Gemeinden dürfte es sich jedoch anbieten, anstelle der ortsüblichen Bekanntgabe des Hinweises direkt die Möglichkeit zur Aufhebung der Satzungen zu nutzen. Da auf Grund der Umgestaltung der Vorschriften über die Teilung von Grundstücken die Rechtsgrundlage für einen auf Antrag der Gemeinde nach § 20 Abs. 3 BauGB in der bisherigen Fassung des BauGB im Grundbuch eingetragenen Widerspruch entfällt, sieht Satz 5 vor, dass der Widerspruch auf Ersuchen der Gemeinde zu löschen ist.

Mit § 244 Abs. 6 BauGB wird sichergestellt, dass den Gemeinden, die von § 22 BauGB vor Inkrafttreten des EAG Bau Gebrauch gemacht haben, ein ausreichender Zeitraum zur Umstellung, insbesondere für die nach neuem Recht vorgesehene Mitteilung an das Grundbuchamt, verbleibt. Satz 1 erklärt daher die bisherige Fassung des § 22 BauGB auf schon bestehende Satzungen in dem Übergangszeitraum bis zum 30.6.2005 für weiterhin anwendbar. Satz 2 sieht vor, dass die Gemeinde eine den Anforderungen des neuen Rechts genügende Mitteilung an das Grundbuchamt bis zum Ende des Übergangszeitraums nachholen kann, damit der Genehmigungsvorbehalt auch nach neuem Recht weiterhin wirksam bleibt. Macht die Gemeinde hiervon keinen fristgerechten Gebrauch, soll nach Satz 3 die nach der Satzung bestehende Genehmigungspflicht ab dem 30. 6.2005 nicht mehr anwendbar sein. Satz 4 enthält die erforderliche Überleitungsregelung für vor Inkrafttreten des EAG Bau ausgesprochene Aussetzungen der Zeugniserteilung (§ 22 Abs. 6 Satz 3 BauGB), die, soweit sie nicht schon früher durch Fristablauf unwirksam geworden sind, längstens bis zum 30.6.2005 wirksam sein sollen. Mit der Festlegung eines einheitlichen Stichtags für die Satzungen wie für das Aussetzungsverfahren wird erreicht, dass spätestens ab dem 30.6.2005 keine Negativatteste für entsprechende Grundbucheintragungen mehr erforderlich sind. Da auf Grund der vorgenannten Regelungen die Rechtsgrundlage für einen gegebenenfalls auf Antrag der Baugenehmigungsbehörde im Grundbuch eingetragenen Widerspruch entfällt, wenn die Gemeinde die vorgesehene Mitteilung unterlässt oder die Aussetzung unwirksam wird, ist in

Satz 5 vorgesehen, dass die Baugenehmigungsbehörde in diesen Fällen das Grundbuchamt um die Löschung des Widerspruchs zu ersuchen hat.

§ 244 Abs. 6 BauGB stellt sicher, dass Verfahren zur Aufstellung von Außenbereichssatzungen nach § 35 Abs. 6 BauGB in der bisher geltenden Fassung, die noch vor Inkrafttreten des EAG Bau förmlich eingeleitet worden sind, auch nach Inkrafttreten des EAG Bau noch bis zum 20.7.2006 nach bisherigem Recht abgeschlossen werden können. Die Satzungen gelten nach § 233 Abs. 3 fort und entfalten entsprechend ihren Bestimmungen unter anderem die Rechtsfolge, dass Wohnzwecken dienenden Vorhaben im Sinne des § 35 Abs. 2 BauGB nicht entgegengehalten werden kann, sie würden einer Darstellung im Flächennutzungsplan über Flächen für die Landwirtschaft oder Wald widersprechen oder die Entstehung oder Verfestigung einer Splittersiedlung befürchten lassen.

B. Bauleitplanung

Städtebauliche Planung verwirklicht sich vor allem in der rahmensetzenden Flächennutzungsplanung und in den Bebauungsplänen, die von den Städten und Gemeinden im Rahmen der Gesetze in eigener Verantwortung aufgestellt werden. Als bindenden Rahmen haben die planenden Gemeinden die verfassungsrechtlichen Vorgaben zu beachten, die sich aus der Garantie der kommunalen Selbstverwaltung in Art. 28 Abs. 2 GG ergeben. Außerdem müssen sich die gemeindlichen Planungsvorstellungen in die Raumordnung und Landesplanung einfügen und deren bindende Zielvorgaben beachten (§ 1 Abs. 4 BauGB). Das Planaufstellungsverfahren muss durch die Ermittlung und Bewertung der Belange den Boden für die Zusammenstellung des Abwägungsmaterials bereiten, auf dem sich die autonome Planungsentscheidung in der eigentlichen Ausgleichsentscheidung entwickelt. Den dabei auftretenden Abwägungsfehlern ist besondere Aufmerksamkeit zu widmen. Mit dem Abwägungsgebot ist eng verknüpft das Gebot der Konfliktbewältigung, das zugleich auch einen sachgerechten Konflikttransfer in Nachfolgeverfahren oder planbegleitende Verfahren ermöglicht. Eine besondere Bedeutung hat auch der vorhabenbezogene Bebauungsplan als maßnahmenorientiertes städtebauliches Handlungsinstrumentarium gewonnen. Die planende Gemeinde kann ihre Vorstellungen aber nicht nur durch verbindliche Bauleitpläne äußern, sondern ist auch im Außenbereich durch konkrete standortbezogene Darstellungen im Flächennutzungsplan in der Lage, auf die bauliche Nutzung einzuwirken. Neuartige Herausforderungen stellen sich auch im Bereich der naturschutzrechtlichen Ausgleichsmaßnahmen. Hier gewinnen auch europarechtliche Anforderungen an Bedeutung, die sich aus der Vogelschutz-Richtlinie und der FFH-Richtlinie ergeben sowie aus §§ 32 – 37 BNatSchG ergeben.

I. Kommunale Planungshoheit nach Art. 28 Abs. 2 GG

Nach Art. 28 Abs. 2 GG muss den Gemeinden das Recht gewährleistet sein, alle Angelegenheiten der örtlichen Gemeinschaft im Rahmen der Gesetze zu regeln[1]. Auch die Gemeindeverbände haben im Rahmen ihres gesetzlichen Aufgabenbereichs nach Maßgabe der Gesetze das Recht der Selbstverwaltung.

1. Verfassungsrechtliche Ausgangspunkte

Der Begriff der Selbstverwaltung umfasst die eigenverantwortliche Erfüllung gemeinschaftlicher öffentlicher Aufgaben im eigenen Namen durch in den Staat einbezogene rechtsfähige öffentliche Verbände mit eigenen Organen unter der Aufsicht des Staates und mit eigenen Finanzmitteln. Die Selbstverwaltungsträger sind in den ihnen von der Rechtsordnung zugestandenen Bereichen selbstständig und führen als Rechtssubjekte, als Vermögensträger und als Verwaltungskörper in gewissem Umfang ein Eigenleben. Art. 28 Abs. 2 GG enthält dabei eine dreifache Garantie: Der Gesetzgeber darf die Gemeinden und Gemeindeverbände nicht institutionell beseitigen. Die Gemeinden haben für die Angelegenheiten der örtlichen Gemeinschaft eine Allzuständigkeit und

1 Vgl. zum folgenden *Stüer*, Der Bebauungsplan, 2. Aufl. 2001. Zur aktuellen Entwicklung des Städtebaurechts *Stüer/Rude*, DVBl. 1999, 210; *dies.*, DVBl. 1999, 299; zum Fachplanungsrecht *Stüer/Hermanns*, DVBl. 1999, 513.

erfüllen diese Aufgaben in Eigenverantwortung. Bei staatlichen Eingriffen in den Kernbereich der kommunalen Selbstverwaltung entwickeln sich entsprechende Abwehrkräfte.

Die Gemeinden sind Teil des demokratischen Staatsaufbaus und nehmen wichtige demokratische, integrative, gewaltenteilende, machtneutralisierende konfliktverarbeitende, freiheitssichernde, legitimierende, rechtsstaatliche und sozialstaatliche Funktionen wahr. Die kommunale Selbstverwaltung ist eine Einrichtungsgarantie in dem Sinne, dass sie in ihrem Wesensgehalt gegen staatliche Eingriffe geschützt ist. Neben der Personalhoheit, der Finanzhoheit, der Organisationshoheit, der Steuerhoheit und der Rechtsetzungshoheit findet die kommunale Selbstverwaltung auf Gemeindeebene auch ihren Ausdruck in der gemeindlichen Planungshoheit. Darunter wird die Kompetenz verstanden, ohne durchgängige und strikte Bindung an staatliche Vorgaben auf Grund eigenen politisch-administrativen Gestaltungs- und Entscheidungsspielraums über die bauliche und sonstige Verwendung und Nutzung des Grund und Bodens des Gemeindegebietes zu disponieren und die zur Verwirklichung des eigenverantwortlich wahrnehmbaren Gestaltungspotenzials erforderlichen planerischen Leitlinien ohne imperative staatliche Beeinflussung zu entwickeln.[2] Die Gemeinden stehen dabei in einem umfangreichen Geflecht zu Raumordnung, Fachplanung, Kommunalaufsicht und gemeindenachbarlichen Interessen.

Zur Planungshoheit und damit zum Bestandteil der kommunalen Selbstverwaltung gehört die Kompetenz zur eigenverantwortlichen Aufstellung der Bebauungspläne. Auch die Flächennutzungsplanung wird man zur gemeindlichen Planungshoheit rechnen dürfen.[3] Eingriffe in die kommunale Selbstverwaltung müssen deren Kernbereich achten und sind auch im Übrigen nur unter Wahrung allgemeiner verfassungsrechtlicher Grundmaßstäbe der Verhältnismäßigkeit, der Gemeinwohlbezogenheit und des Abwägungsgebotes zulässig. Aus diesen drei Grundprinzipien, die untereinander in Wechselbeziehung stehen, lassen sich verschiedene Einzelmaßstäbe ableiten, an denen Eingriffe in die kommunale Planungshoheit zu messen sind. Hierzu gehören etwa gemeindliche Anhörungs- und Mitwirkungsgebote, Begründungspflichten, Verbesserungsgebote und Schaden-Nutzen-Bilanz, Geeignetheit, Erforderlichkeit und Verhältnismäßigkeit, Willkürfreiheit und ggf. Systemgerechtigkeit einer staatlichen Eingriffsmaßnahme in die Selbstverwaltung. Bei Maßnahmen der Gesetzgebung ist die kommunale Eigenverantwortlichkeit als abwägungserheblicher Belang zu berücksichtigen. Die Gemeinwohlanforderungen steigen dabei mit zunehmendem Eingriff in die eigenverantwortliche Aufgabenerledigung. Einzelne gesetzgeberische Regelungen sind nach den Geboten der Kumulation und Kompensation in eine Gesamtbetrachtung einzustellen. Eingriffe in die kommunale Selbstverwaltung können ggf. - je nach ihrer Schwere - durch Übertragung anderer Aufgaben oder durch die Einräumung von Beteiligungsrechten kompensiert werden. Nach dem Verhältnismäßigkeitsprinzip ist der Gesetzgeber zu einem stufenweisen Vorgehen verpflichtet. Das Prinzip der Freiwilligkeit hat dabei gegenüber staatlichen Eingriffen den Vorrang.[4]

2. Privilegierte Fachplanung

Bei der Erteilung einer Baugenehmigung oder eines Bauvorbescheides zur planungsrechtlichen Zulässigkeit eines Vorhabens ist nach Maßgabe des § 36 Abs. 1 BauGB das gemeindliche Einvernehmen erforderlich. Dies gilt insbesondere bei einer Genehmigung nach §§ 31, 33, 34 und 35

2 *BVerwG*, Urt. v. 12. 12. 1969 - 4 C 105.66 - BVerwGE 34, 301 = *Hoppe/Stüer* RzB Rdn. 23; *Hoppe* DVBl. 1964, 165.

3 VerfGH *Saarland*, Urt. v. 11. 10. 1974 - Lv 7/74 - AS 14, Seite 145; *Blümel* VVDStRL Bd. 36 (1978), 171 (265).

4 *Stüer* Funktionalreform und kommunale Selbstverwaltung 1980, 62 ff., 165 ff.

BauGB. Nur die plankonforme Genehmigung nach § 30 Abs. 1 und 2 BauGB ist von dem Erfordernis des gemeindlichen Einvernehmens freigestellt.[5] Das Einvernehmen der Gemeinde ist nach § 36 Abs. 1 Satz 2 BauGB abgesehen von der plankonformen Genehmigung nach § 30 BauGB grundsätzlich auch dann erforderlich, wenn in einem anderen Verfahren über die planungsrechtliche Zulässigkeit des Vorhabens entschieden wird.[6] Auch in diesen anderen Verwaltungsverfahren sind die Vorschriften der §§ 29 bis 37 BauGB grundsätzlich anwendbar.

Vom Erfordernis des gemeindlichen Einvernehmens macht § 38 BauGB für die privilegierten Fachplanungen eine wichtige Ausnahme. Danach sind auf Planfeststellungsverfahren und sonstige Verfahren mit den Rechtswirkungen einer Planfeststellung für Vorhaben von überörtlicher Bedeutung sowie auf die auf Grund des BImSchG für die Errichtung und den Betrieb öffentlich zugänglicher Abfallbeseitigungsanlagen geltenden Verfahren die §§ 29 bis 37 BauGB nicht anzuwenden, wenn die Gemeinde beteiligt wird. Städtebauliche Belange sind zu berücksichtigen. Eine Bindung nach § 7 BauGB bleibt unberührt. In Fällen der Abweichung der Fachplanung von der Bauleitplanung ist gegebenenfalls nach § 37 Abs. 3 BauGB an die Gemeinde eine Entschädigung zu leisten. Das Gesetz unterscheidet daher die einfache und die privilegierte Fachplanung. Während die einfache Fachplanung an die Vorschriften über die planungsrechtliche Zulässigkeit von Vorhaben nach §§ 29 bis 37 BauGB gebunden ist, wird die privilegierte Fachplanung hiervon freigestellt mit der Folge, dass auch ein gemeindliches Einvernehmen nach § 36 BauGB in solchen Fällen nicht erforderlich ist. Im Anwendungsbereich des § 38 BauGB bestimmt vielmehr das jeweilige Fachplanungsrecht, welche Bedeutung dem Bauplanungsrecht als Teil des materiellen Entscheidungsprogramms zukommt.[7] Der Vorbehalt zu Gunsten von Fachplanungen nach § 38 BauGB betrifft daher nicht nur die Anwendbarkeit der §§ 29 ff. BauGB, sondern schränkt auch die Gemeinde im Gebrauch ihrer Planungshoheit in Bezug auf die vorhandene Anlage der Fachplanung ein.[8]

Die Zulassung im Fachplanungsrecht hat dann neben einer formellen auch eine materielle Konzentrationswirkung. Die Fachplanungsentscheidung ersetzt nicht nur nach anderen Gesetzen erforderliche Genehmigungen, Erlaubnisse oder Zulassungen (§ 75 Abs. 1 Satz 1 HS 2 VwVfG) (formelle Konzentration). Durch § 38 BauGB wird der Fachplanungsentscheidung auch eine materielle Konzentrationswirkung in dem Sinne beigemessen, dass die Regelungen des Fachplanungsrechts einen materiellen Vorrang vor den planungsrechtlichen Zulässigkeitsregelungen in §§ 29 bis 37 BauGB haben. Unter die Privilegierung fallen dabei nicht nur Fachplanungsverfahren auf bundesrechtlicher, sondern auch auf landesrechtlicher Grundlage wie etwa wasserrechtliche oder abgrabungsrechtliche Vorhaben. Dies hat eine nicht zu unterschätzende Bedeutung: Privilegierte Fachplanungsgesetze bestimmen die Reichweite ihres Geltungsbereichs selbst und setzen daher auch die planungsrechtlichen Zulässigkeitsregelungen in §§ 29 bis 37 BauGB ganz oder teilweise außer Kraft. § 38 BauGB unterscheidet nicht zwischen der gemeinnützigen und der privatnützigen Planfeststellung. Auch Vorhaben, die sich als privatnützig darstellen, nehmen an

5 *Stüer* in FS Gelzer, 1991, 155.

6 Zu den Ausnahmen § 36 I 3 BauGB.

7 BVerwG, Urt. v. 10. 2. 1978 - 4 C 25.75 BVerwGE 55, 220 = *Hoppe/Stüer* RzB Rdn. 466 - Kiesweiher; Urt. v. 4. 5. 1988 - 4 C 22.87 - BVerwGE 79, 318 = NJW 1989, 242 = *Hoppe/Stüer* RzB Rdn. 575 - Kiesabbau; B. v. 8. 3. 1989 - 7 B 173.88 - NVwZ 1989, 966 = DVBl. 1989, 834 = *Hoppe/Stüer* RzB Rdn. 577 - Autowrackplatz; Urt. v. 15. 12. 1989 - 4 C 36.86 - DVBl. 1990, 427 = NVwZ 1990, 464 *Hoppe/Stüer* RzB Rdn. 136 - gemeindenachbarlicher Immissionsschutz; Urt. v. 20. 7. 1990 - 4 C 30.87 - BVerwGE 85, 251 = *Hoppe/Stüer* RzB Rdn. 582 - Aeroclubheim.

8 BVerwG, v. B. 10. 5. 1990 - 4 B 22.90 - Buchholz 406.11 § 38 BauGB Nr. 8 = *Hoppe/Stüer* RzB Rdn. 581; B. v. 31. 3. 1992 - 4 B 210.91 - München II.

der Privilegierung teil. Dies gilt auch für Planfeststellungs- oder Plangenehmigungsverfahren auf landesrechtlicher Grundlage.

Nach § 38 BauGB privilegiert sind Vorhaben von überörtlicher Bedeutung[9], was zumeist eine gemeindeübergreifende Wirkung voraussetzt. Vorhaben mit lediglich örtlich begrenzter Wirkung nehmen demgegenüber an der Privilegierung nicht teil [10]. § 38 BauGB macht allerdings den Vorrang des Fachplanungsrechts von einer entsprechenden Beteiligung der Standortgemeinde abhängig und verlangt darüber hinaus, dass städtebauliche Belange zu berücksichtigen sind. Bei den abwägungsdirigierten Entscheidungen des Fachplanungsrechts bereitet dies über die Grundsätze des Abwägungsgebotes keine Schwierigkeiten. In dem Sonderfall der aus dem Abfallrecht in das Immissionsschutzrecht überführten Abfallbeseitigungsanlage [11], die ebenfalls an der Privilegierung teilnimmt, muss dies durch eine entsprechende Berücksichtigung gemeindlicher Belange in der (ansonsten gebundenen) immissionsschutzrechtlichen Zulassungsentscheidung erfolgen. Die Abwägung städtebaulicher Belange kann allerdings auch bereits auf der regionalplanerischen Ebene im Rahmen eines Gebietsentwicklungsplanverfahrens erfolgen. Dann bedarf es im immissionsschutzrechtlichen Zulassungsverfahren einer Abwägung von städtebaulichen Belangen nur noch insoweit, als diese etwa in die höherstufige Planungsentscheidung nicht eingegangen sind.

3. Planaufstellungsverfahren

Nach § 1 Abs. 3 BauGB haben die Gemeinden die Bauleitpläne aufzustellen, sobald und so weit es für die städtebauliche Entwicklung und Ordnung erforderlich ist.

a) Verfahrensgang

Der Flächennutzungsplan und der Bebauungsplan werden nach einem weitgehend gleichen Verfahren aufgestellt. Auf die Aufstellung von Bauleitplänen und städtebaulichen Satzungen besteht allerdings kein Anspruch (§ 2 Abs. 3 BauGB). Er kann auch nicht durch Vertrag begründet werden.[12] Ebenso wenig besteht ein Anspruch auf Fortführung eines eingeleiteten Bauleitplanverfahrens oder ein Anspruch auf Bestand i. S. einer Nichtänderung oder einer Aufhebung eines rechtswirksamen Flächennutzungs- oder Bebauungsplans.[13] Auch ein allgemeiner Plangewährleistungsanspruch auf Bestand oder Fortbestand eines Bauleitplans ist nicht anerkannt.[14] Die Aufstellung der Bauleitpläne liegt vielmehr im pflichtgemäßen Ermessen der Ge-

9 *BVerfG*, B. v. 7.10.1980 - 1 BvR 584/76 - BVerfGE 56, 298 = NJW 1981, 1659 = DVBl. 1981, 535 = *Hoppe/Stüer* RzB Rdn. 1157 - Memmingen; *BVerwG*, Urt. v. 20.11.1987 - 4 C 39.84 - DVBl. 1988, 532; Urt. v. 18.2.1994 - 4 C 4.93 - BVerwGE 95, 123 = *Hoppe/Stüer* RzB Rdn. 934.

10 Eine überörtliche Planung im Sinne des § 38 2 BauGB ist regelmäßig dann gegeben, wenn das planfestzustellende Vorhaben das Gebiet von zumindest zwei Gemeinden tatsächlich berührt, so *BVerwG*, Urt. v. 4.5.1988 - 4 C 22.87 - BVerwGE 79, 318 = NJW 1989, 242 = *Hoppe/Stüer* RzB Rdn. 575 - ortsgebundener Kiesabbau; Urt. v. 9.11.1984 - 7 C 15.83 - BVerwGE 70, 242.

11 Zu dieser gesetzlichen Änderung *Engel*, UPR 1993, 209; *Fluck*, DB 1993, 2011; *Gaßner/Schmidt*, NVwZ 1993, 946; *Klett/Gerhold*, NuR 1993, 421; *Kracht*, UPR 1993, 369; *Moormann*, UPR 1993, 286; *Müllmann*, DVBl. 1993, 637; *Rahner*, ZUR 1993, 200; *Reidt*, NVwZ 1993, 861; *Schink*, DöV 1993, 725; *Weidemann*, DVBl. 1994, 263.

12 *BVerwG*, Urt. v. 11. 3. 1977 - 4 C 45.75 - DVBl. 1977, 529; B. v. 3. 8. 1992 - 4 B 145.82 - DVBl. 1982, 1096 = ZfBR 1992, 226.

13 So ausdrücklich § 2 III BauGB, wonach ein Anspruch auf Aufstellung von Bauleitplänen und städtebaulichen Satzungen nicht besteht und auch durch Vertrag nicht begründet werden kann.

14 *BVerwG*, B. v. 9.10.1996 – 4 B 180.96 – DöV 1997, 251 = UPR 1997, 102 - Plangewährleistung.

meinde.[15] Auch auf die Aufstellung eines vorhabenbezogenen Bebauungsplans besteht kein Rechtsanspruch. Die Gemeinde hat allerdings auf Antrag des Vorhabenträgers über die Einleitung des Bebauungsplanverfahrens nach pflichtgemäßem Ermessen zu entscheiden (§ 12 Abs. 2 BauGB). Einklagbare Rechtsansprüche ergeben sich daraus jedoch nicht. Die Bauleitplanung kann auch dazu genutzt werden, bisher zulässige Nutzungen durch Negativplanungen zu verhindern.[16]

Das Aufstellungsverfahren von Flächennutzungsplan und Bebauungsplan als den beiden Handlungsformen kommunaler Bauleitplanung ist weitgehend identisch und gilt auch für ihre Änderung, Ergänzung und Aufhebung. Wesentliche Elemente des Planverfahrens sind die Öffentlichkeitsbeteiligung in § 3 BauGB und die Behördenbeteiligung nach § 4 BauGB, der Beschluss über den Plan sowie gegebenenfalls das Genehmigungsverfahren und die Bekanntmachung. Die Vorschriften der Öffentlichkeits- und Behördenbeteiligung in §§ 3, 4, 4a BauGB sind neben der Bauleitplanung vom Grundsatz her auch für andere städtebauliche Satzungen anwendbar.[17] Das Verfahren gliedert sich in die vorgezogene und förmliche Öffentlichkeitsbeteiligung sowie die Beteiligung der Träger öffentlicher Belange.[18]

b) Vereinfachte Planänderung

§ 13 BauGB sieht für die Änderung oder Ergänzung eines Bauleitplans oder anderer städtebaulicher Satzungen unter den in der Vorschrift genannten Voraussetzungen ein vereinfachtes Verfahren vor. Werden durch Änderungen oder Ergänzungen eines Bauleitplans die Grundzüge der Planung nicht berührt, kann (1) von der frühzeitigen Unterrichtung und Erörterung nach § 3 Abs. 1 Satz 1 BauGB abgesehen werden, (2) der betroffenen Öffentlichkeit Gelegenheit zur Stellungnahme innerhalb angemessener Frist gegeben oder wahlweise die Auslegung nach § 3 Abs. 2 BauGB durchgeführt werden, (3) den berührten Trägern öffentlicher Belange Gelegenheit zur Stellungnahme innerhalb angemessener Frist gegeben werden oder wahlweise die Behörenbeteiligung § 4 Abs. 2 BauGB durchgeführt werden. Im Gegensatz zu der früheren Unterscheidung zwischen der Änderung oder Ergänzung eines Flächennutzungsplans einerseits und eines Bebauungsplans andererseits ist das vereinfachte Verfahren bei der Änderung oder Ergänzung für Flächennutzungsplan und Bebauungsplan einheitlich geregelt. § 13 BauGB sieht dazu ein vereinfachtes Verfahren vor, wenn die Änderung oder Ergänzung des Bauleitplans dessen Grundzüge nicht betrifft. Zudem darf die Planung kein Vorhaben betreffen, für die nach der Anlage 1 zum UVPG eine Umweltprüfung in Betracht kommt. Zudem dürfen keine Belange betroffen sein, die nach der FFH- oder Vogelschutzrichtlinie geschützt sind. Das vereinfachte Änderungsverfahren scheidet daher bereits dann aus, wenn ein Vorhaben ausgewiesen werden soll, dass nach der Anlage 1 zum UVPG vorprüfungspflichtig ist. Das vereinfachte Verfahren kann unter Wahrung dieser Voraussetzungen in folgenden Fällen angewendet werden:

– Änderung oder Ergänzung von Flächennutzungsplänen ohne Änderung der Grundzüge (§ 13 BauGB),

15 *BVerwG*, B. v. 26. 1. 1994 - 4 NB 42.93 - Buchholz 406.12 § 17 BauNVO Nr. 5; *Berg* JuS 1980, 418.

16 So für eine Negativplanung zur Verhinderung einer Restmülldeponie VG Gießen, Urt. v. 2.3.1998 - 1 E 228/96 -.

17 Fachkommission „Städtebau" der ARGEBAU, Muster-Einführungserlass zum BauROG, Seite 10.

18 Battis in Battis/Krautzberger/Löhr § 2 Rdn. 2; Hoppe in Hoppe/Grotefels § 5 Rdn. 65.

- Änderung oder Ergänzung von Bebauungsplänen ohne Änderung der Grundzüge (§ 13 BauGB),

- Aufhebung vorhabenbezogener Bebauungspläne (§ 12 Abs. 6 BauGB),

- Entwicklungs- und Ergänzungssatzung (§ 34 Abs. 4 1 Nr. 2, 3 BauGB) und

- Außenbereichssatzung (§ 35 VI BauGB).

Der Anwendungsbereich des vereinfachten Verfahrens ist allerdings gegenüber den früheren Regelungen aus zwei Gründen erheblich eingeschränkt: Die Planung darf kein Vorhaben betreffen, für das eine Umweltprüfungspflicht oder eine Vorprüfungspflicht nach der Anlage 1 des UVPG besteht. Zudem muss der betroffenen Öffentlichkeit Gelegenheit zur Stellungnahme innerhalb angemessener Frist gegeben werden. Gegenüber der wahlweise bestehenden Möglichkeit einer Auslegung nach § 3 Abs. 2 BauGB besteht daher in der Regel kein entscheidender Vorteil, sodass die Bedeutung des vereinfachten Verfahrens zurückgehen wird. Allerdings kann unter den Voraussetzungen des § 13 BauGB auf eine Umweltprüfung und einen Umweltbericht verzichtet werden.

4. Abwägungsgebot

Nach § 1 Abs. 7 BauGB sind bei der Aufstellung der Bauleitpläne die öffentlichen und privaten Belange gegeneinander und untereinander gerecht abzuwägen. Das Abwägungsgebot steuert dabei die Bauleitplanung sowohl verfahrensrechtlich als auch inhaltlich und gibt der im Übrigen autonomen planerischen Entscheidung der Gemeinde zugleich die erforderliche verfassungsrechtliche Grundlage.

a) Verfassungsrechtliche Grundlagen

Die Beachtung der Grundsätze des Abwägungsgebotes ist das Kennzeichen jeder rechtsstaatlichen Planung. Sie sind daher als Ausfluss des Rechtsstaatsgebotes in Art. 20 Abs. 3 GG nicht nur für die Bauleitplanung, sondern auch für jede andere staatliche Planung verbindlich.[19] Die Planung als öffentlich-rechtliche Handlungsform ist durch Besonderheiten gekennzeichnet, die sich von anderen Formen des Verwaltungshandelns unterscheiden. Planung setzt einen Gestaltungs- und Bewertungsfreiraum voraus, ohne den die autonome Entscheidung nicht auskommen kann.[20] Zugleich greifen staatliche Planungsmaßnahmen in vielfältiger Hinsicht in private und öffentliche Interessen und Belange ein. Vor allem hat die rechtsstaatlichen Grundsätzen genügende Bauleitplanung auch die Kraft, auf der Grundlage entsprechender Gesetze privates Eigentum neu zu bewerten und ggf. auch in verfassungsrechtlich geschützte Rechte einzugreifen. In der Bauleitplanung konkretisiert sich daher die dem Gesetzgeber zukommende Inhalts- und Schrankenbestimmung in Art. 14 Abs. 1 Satz 2 GG, die in der gemeindlichen Planungsentscheidung ihre Umsetzung findet. Bauleitplanung kann auch die Grundlage für eine Enteignung nach Art. 14 Abs. 3 GG sein. Wegen dieser Eingriffs-, Gestaltungs- und Bewertungsbefugnisse bedarf die Bauleitplanung wie jede andere staatliche Planung einer besonderen verfassungsrechtlichen Legitimation, die durch das Abwägungsgebot vermittelt wird. Nur bei Beachtung der Grundsätze, die sich aus dem Abwägungsgebot ergeben, hat die Planungsentscheidung der Gemeinde die Kraft zu

19 *BVerwG*, Urt. v. 12. 12. 1969 - 4 C 105.66 - BVerwGE 34, 301 = *Hoppe/Stüer* RzB Rdn. 23 - Abwägung; Urt. v. 14. 2. 1975 - 4 C 21.74 - BVerwGE 48, 56 = *Hoppe/Stüer* RzB Rdn. 50 - B 42; Urt. v. 22. 3. 1985 - 4 C 63.80 - BVerwGE 71, 150 = *Hoppe/Stüer* RzB Rdn. 145 - Roter Hang.

20 *Stüer* DVBl. 1974, 314.

dieser Neugestaltung. Werden die sich aus dem Abwägungsgebot ergebenden Grundsätze nicht beachtet, ist die Gemeinde auch nicht legitimiert, durch die Bauleitplanung in konkrete Eigentumspositionen einzugreifen und eine ihren Vorstellungen entsprechende Neubewertung vorzunehmen. Das Eigentum hat daher in der Abwägung eine herausgehobene Stellung. Die Planung trägt dabei ihre Rechtfertigung nicht in sich selbst, sondern bedarf zu ihrer Legitimation besonderer Gründe, die es rechtfertigen, andere Belange zurücktreten zu lassen.[21]

b) Abwägungsfehler

Das *BVerwG* prüft die Bauleitplanung in der gerichtlichen Kontrolle auf folgende Abwägungsfehler:[22]

– Das Gebot gerechter Abwägung ist verletzt, wenn eine sachgerechte Abwägung überhaupt nicht stattfindet (Abwägungsausfall).

– Es ist verletzt, wenn in die Abwägung an Belangen nicht eingestellt wird, was nach Lage der Dinge in sie eingestellt werden muss (Abwägungsdefizit - Einstellungsfehler).

– Es ist ferner verletzt, wenn die Bedeutung der betroffenen privaten Belange verkannt (Abwägungsfehleinschätzung - Bewertungsfehler)

– oder wenn der Ausgleich zwischen den von der Planung betroffenen öffentlichen Belangen in einer Weise vorgenommen wird, der zur objektiven Gewichtigkeit einzelner Belange außer Verhältnis steht (Abwägungsdisproportionalität - fehlerhafte Ausgleichsentscheidung).

– Die Abwägung ist fehlerhaft auch bei unzulässigen Bindungen und einseitigen Festlegungen, die ein ordnungsgemäßes Abwägungsverfahren nicht mehr gestatten (subjektive Abwägungssperre),23 oder

– bei einem rechtserheblichen Abweichen von Planregelungen und Abwägung (Abwägungsdivergenz - Abwägungsinkongruenz).

Das Gebot gerechter Abwägung ist verletzt,[24] wenn eine sachgerechte Abwägung überhaupt nicht stattgefunden hat. Es ist verletzt, wenn in die Abwägung nicht eingestellt wird, was nach Lage der Dinge in sie eingestellt werden muss. Es ist ferner verletzt, wenn die Bedeutung der betroffenen privaten Belange verkannt oder wenn der Ausgleich zwischen den von der Planung berührten öffentlichen Belangen in einer Weise vorgenommen wird, der zur objektiven Gewichtigkeit einzelner Belange außer Verhältnis steht. Innerhalb des so gezogenen Rahmens wird das Abwägungsgebot jedoch nicht verletzt, wenn sich die zur Planung berufene Gemeinde in der Kollision zwischen verschiedenen Belangen für die Bevorzugung des einen und damit notwendig für die Zurückstellung eines anderen Belangs entscheidet.[25]

Die Gemeinde hat dabei einen Bewertungs- und Abwägungsspielraum. Ihr ist es in erster Linie aufgetragen, eine planerische Abwägung vorzunehmen und die Vor- und Nachteile der jeweiligen

21 *BVerwG*, Urt. v. 14. 2. 1975 - 4 C 21.74 - BVerwGE 48, 56 = *Hoppe/Stüer* RzB Rdn. 50; Urt. v. 20. 8. 1982 - 4 C 81.79 - BVerwGE 66, 133 = *Hoppe/Stüer* RzB Rdn. 51 - Trinkwasserversorgung.

22 *BVerwG*, Urt. v. 12. 12. 1969 - 4 C 105.66 - BVerwGE 34, 301 = *Hoppe/Stüer* RzB Rdn. 23.

23 *Stüer* DVBl. 1995, 649.

24 *BVerwG*, Urt. v. 12. 12. 1969 - 4 C 105.66 - BVerwGE 34, 301 = *Hoppe/Stüer* RzB Rdn. 23.

25 *BVerwG*, Urt. v. 5. 12. 1986 - 4 C 13.85 - BVerwGE 75, 214 = *Hoppe/Stüer* RzB Rdn. 191 - Erdinger Moos; Urt. v. 26. 7. 1993 - 4 A 5.93 -.

Lösungen gegeneinander und untereinander abzuwägen. Die getroffene Entscheidung ist nicht bereits deshalb fehlerhaft, weil die Gemeinde dabei den einen Belang dem anderen vorzieht.[26] Denn es ist nicht Aufgabe der Verwaltungsgerichte, durch eigene Ermittlungen ersatzweise zu planen und sich hierbei von den Erwägungen einer besseren Planung leiten zu lassen.[27]

c) Konfliktbewältigung - Konflikttransfer

Die Bauleitplanung hat im Spannungsfeld raumrelevanter städtebaulicher Nutzungskonflikte einen am Abwägungsgebot orientierten Interessenausgleich vorzunehmen. Das Gebot der Konfliktbewältigung[28] verlangt von der Bauleitplanung im Idealfall, dass alle der Planung zuzurechnenden Konflikte in der Bauleitplanung möglichst einer Lösung zugeführt werden.[29]. Derartige Konflikte können etwa aus immissionsschutzrechtlichen Gemengelagen entstehen, in denen sich verschiedene Nutzungen auf engem Raum gegenseitig beeinträchtigen[30]. Baumaßnahmen können auch mit Eingriffen in Natur und Landschaft verbunden sein, die eine naturschutzrechtliche Konfliktbewältigung verlangen[31]. Konflikte können sich aber auch jenseits des Immissionsschutzrechts und des Naturschutzrechts aus den vielfältigen Formen des nachbarschaftlichen Gemeinschaftsverhältnisses ergeben, das durch das Gebot der nachbarlichen Rücksichtnahme geprägt ist, oder schlicht auf unterschiedlichen städtebaulichen Konzepten, Nutzungen oder Nutzungswünschen beruhen. Das Gebot der Konfliktbewältigung hat seine rechtlichen Wurzeln im Abwägungsgebot des § 1 Abs. 7 BauGB und besagt, dass die von der Planung berührten Belange zu einem gerechten Ausgleich gebracht werden müssen. Die Planung darf nicht dazu führen, dass Konflikte, die durch sie hervorgerufen werden, zulasten Betroffener letztlich ungelöst bleiben. Das Konfliktbewältigungsgebot gilt nicht nur für das Fachplanungsrecht, für das es ursprünglich entwickelt worden ist,[32] sondern auch für die Bauleitplanung, allerdings mit der Besonderheit, dass dem Bebauungsplan - anders als regelmäßig im Fachplanungsverfahren - ein Baugenehmigungs- oder immissionsschutzrechtliches Genehmigungsverfahren nachfolgt, in dem sozusagen eine Feinsteuerung[33] geleistet werden kann. Mit dieser verfahrensrechtlichen Besonderheit hängt zusammen, dass das Gebot der Konfliktbewältigung im Bereich der Bauleitplanung nicht über-

26 *BVerwG*, Urt. v. 12. 12. 1969 - 4 C 105.66 - BVerwGE 34, 301 = *Hoppe/Stüer* RzB Rdn. 23; Urt. v. 5. 7. 1974 - 4 C 50.72 - BVerwGE 45, 309 = *Hoppe/Stüer* Rdn. 24; Urt. v. 5. 12. 1986 - 4 C 13.85 - BVerwGE 74, 214.

27 *BVerwG*, Urt. v. 31. 3. 1995 - 4 A 1.93 - BVerwGE 98, 126 = DVBl. 1995, 1007 = NVwZ 1995, 901.

28 Grundlegend *Weyreuther* BauR 1975, 1; *Sendler* UPR 1985, 211; *Krautzberger* in *Battis/Krautzberger/Löhr* § 1 Rdn. 115; *Schink* NJW 1990, 351; *Schlichter* JuS 1985, 898; *Sendler* WiVerw. 1985, 211; *Stüer* StuGR 1989, 6; *BVerwG*, B. v. 13. 7. 1989 - 4 B 140.88 - NVwZ 1990, 459 = BauR 1989, 703 = *Hoppe/Stüer* RzB Rdn. 67 - Schefenacker; Urt. v. 20. 10. 1989 - 4 C 12.87 - BVerwGE 84, 31 = NJW 1990, 925 = *Hoppe/Stüer* RzB Rdn. 216 - Eichenwäldchen; B. v. 18. 12. 1990 - 4 N 6.88 - DVBl. 1991, 442 = *Hoppe/Stüer* RzB Rdn. 179 - Gewerbegebiet-Nord; B. v. 12. 12. 1990 - 4 NB 13.90 - BauR 1991, 169 = *Hoppe/Stüer* RzB Rdn. 882; B. v. 30. 11. 1992 - 4 NB 41.92 -.

29 *BVerwG*, Urt. v. 5.7.1974 - 4 C 50.72 - BVerwGE 45, 309 = *Hoppe/Stüer* RzB Rdn. 24 - Delog-Detag; Urt. v. 14.2.1975 - 4 C 21.74 - BVerwGE 48, 56 = *Hoppe/Stüer* RzB Rdn. 50 - B 42; vgl. auch *OVG Berlin*, Urt. v. 29.8.1983 - OVG 2 A 3.81 - DVBl. 1984, 147 (148).

30 Vgl. allgemein zur Typologie der Nutzungskonflikte *Müller*, BauR 1994, 191.

31 *BVerwG*, B. v. 31.1.1997 - 4 NB 27.96 - BVerwGE 104, 68 = NVwZ 1997, 1213 = DVBl. 1997, 1112.

32 *BVerwG*, Urt. v. 5. 7. 1974 - 4 C 50.72 - BVerwGE 45, 309 = *Hoppe/Stüer* RzB Rdn. 24 - Delog-Detag; vgl. auch B. v. 5. 1. 1989 - 4 NB 31.88 - Buchholz 310 § 47 VwGO Nr. 32 = *Hoppe/Stüer* RzB Rdn. 10.

33 *BVerwG*, B. v. 13. 7. 1989 - 4 B 140.88 - BauR 1989, 703 = DVBl. 1989, 1065 = *Hoppe/Stüer* RzB Rdn. 67 - Schefenacker.

spannt werden darf. Die Zusammenstellung des Abwägungsmaterials erfordert nur die Berücksichtigung der mehr als geringfügigen, schutzwürdigen und erkennbaren Belange.[34] Belange, die in diesem Filter hängen bleiben, brauchen in die Abwägung nicht eingestellt zu werden und fallen auch bei der Konfliktbewältigung aus.

Der städtebauliche Vertrag kann als Instrument der Lastenverteilung eigenständige Funktionen der Konfliktbewältigung übernehmen.[35] Nach dem Grundsatz der Konfliktbewältigung sind die der Planung zuzurechnenden Konflikte durch Planung zu bewältigen. Dieser Grundsatz gilt allerdings nicht grenzenlos. Vielmehr kann die Lösung der aufgeworfenen Fragen im Sinne der Lastenverteilung auf andere Teile, vor allem auch Nachfolgeverfahren, verschoben werden. In diesem Konzept kann auch der städtebauliche Vertrag eigenständige Funktionen erfüllen, die neben die Bauleitplanung und verschiedene Formen von Nachfolgeverfahren treten. So kann etwa der städtebauliche Vertrag planbegleitend sicherstellen, dass die planerische Konzeption umgesetzt wird. Denn die Bauleitplanung hat von Natur aus eine Schwäche: Sie unterbreitet zwar ein städtebauliches Angebot, verpflichtet aber nicht zu dessen Umsetzung. Bauleitplanung ist daher auf Umsetzung angewiesen. So kann auch vom Prinzip her nicht ausgeschlossen werden, dass lediglich einzelne Teile des Bebauungsplans realisiert werden, während andere Teile nicht verwirklicht werden. Hier kann stärker noch als eine Auflage in der Baugenehmigung der städtebauliche Vertrag Abhilfe schaffen. Er ermöglicht nicht nur, die zeitnahe Realisierung eines Vorhabens zu gewährleisten, sondern auch, zwischen verschiedenen Teilen eines als Einheit begriffenen Vorhabens eine verbindliche Klammer herzustellen. Dies ist nicht nur für naturschutzrechtliche Ausgleichsmaßnahmen, die an anderer Stelle als der des Eingriffs verwirklicht werden sollen, von unschätzbarem Wert.[36] Die vertraglichen Regelungen können daher die satzungsrechtlichen Festsetzungen entlasten, wie der vorhabenbezogene Bebauungsplan deutlich macht. Hier wird durch den Durchführungsvertrag die Umsetzung der Planung sichergestellt (§ 12 Abs. 1 BauGB). Die vertraglichen Regelungen müssen allerdings nach § 11 Abs. 2 Satz 1 BauGB angemessen in dem Sinne sein, dass sie bei einer Gesamtbetrachtung vor dem Hintergrund des Städtebaurechts und der jeweils übernommenen Verpflichtungen sachgerecht erscheinen. Auf dieser Grundlage der Angemessenheit kann sich daher der städtebauliche Vertrag als eigenständige Legitimationsquelle des Städtebaus und der Konfliktbewältigung entwickeln, der neben die gesetzlichen Regelungen tritt, ja diese durchaus auch modifizieren kann.

5. Vorhabenbezogener Bebauungsplan

Der planungsrechtlichen Zulassung von Vorhaben dient der vorhabenbezogene Bebauungsplan, der auf der Grundlage eines Vorhaben- und Erschließungsplans von der Gemeinde als Satzung beschlossen wird (§ 10 BauGB). Ursprünglich war der Vorhaben- und Erschließungsplan nur im Gebiet der ehemaligen DDR und sodann in den fünf neuen Bundesländern verfügbar (vgl. Bauplanungs- und Zulassungsverordnung - BauZVO[37]). Durch das InvWoBaulG 1993 [38] ist der Vorhaben- und Erschließungsplan neu gefasst und in seinem Anwendungsbereich auf das gesamte Bundesgebiet ausgedehnt worden.[39] Nach § 10 Abs. 1 BauGB kann die Gemeinde durch einen

34 *BVerwG*, B. v. 9. 11. 1979 - 4 N 1.78 - BVerwGE 59, 87 = *Hoppe/Stüer* RzB Rdn. 26.

35 *Stüer*, DVBl. 1995, 649.

36 BVerwGE 104, 68; Urt. v. 9.5.1997 - 4 N 1.96 - BVerwGE 104, 363 = DVBl. 1997, 1121.

37 V. 20. 7. 1990, GBl. DDR I, 739.

38 Investitionserleichterungs- und Wohnbaulandgesetz v. 22. 4. 1993, BGBl. I, 466; *Busse* BayVBl. 1993, 193; *Lüers* ZfBR 1993, 106.

39 *Stüer* DVBl. 1995, 121.

vorhabenbezogenen Bebauungsplan die Zulässigkeit von Vorhaben bestimmen, wenn der Vorhabenträger auf der Grundlage eines mit der Gemeinde abgestimmten Plans zur Durchführung der Vorhaben und der Erschließungsmaßnahmen (Vorhaben- und Erschließungsplan) bereit und in der Lage ist und sich zur Durchführung innerhalb einer bestimmten Frist und zur Tragung der Planungs- und Erschließungskosten ganz oder teilweise vor dem Satzungsbeschluss verpflichtet (Durchführungsvertrag). Der vorhabenbezogene Bebauungsplan wird nach dem Verfahren zur Aufstellung eines Bebauungsplans erstellt, hat allerdings einige verfahrensrechtliche und inhaltliche Besonderheiten, die sich aus § 12 Abs. 2 bis 6 BauGB ergeben. Der Vorhaben- und Erschließungsplan ist nicht auf bestimmte Vorhaben etwa des Wohnungsbaus oder der Gewerbeansiedlung begrenzt, sondern kann nach § 12 BauGB auch auf alle anderen städtebaulichen Vorhaben gerichtet sein. Der Durchführungsvertrag unterliegt als städtebaulicher Vertrag den Regelungen in § 11 BauGB. Die Hauptvorteile des vorhabenbezogenen Bebauungsplans ergeben sich aus dem konkreten Vorhabenbezug und der dadurch möglichen Eingrenzung des Abwägungsmaterials sowie der vollzugsorientierten Mitverantwortung des Vorhabenträgers. Durch das BauROG ist der Vorhaben- und Erschließungsplan in seinem Kern in das Dauerrecht übernommen worden, aber im Sinne einer Klarstellung als Unterfall eines Bebauungsplans ausgestaltet worden. Der vorhabenbezogene Bebauungsplan wird auf der Grundlage eines mit der Gemeinde abgestimmten Vorhaben- und Erschließungsplans und auf der Grundlage eines Durchführungsvertrages aufgestellt. Vorhaben- und Erschließungsplan einerseits und Durchführungsvertrag andererseits sind daher notwendige Bestandteile des vorhabenbezogenen Bebauungsplans, die bereits im Zeitpunkt des Beschlusses über die Satzung vorliegen müssen. Fehlt etwa der Vorhaben- oder Erschließungsplan oder aber auch der Durchführungsvertrag, so ist der Satzungsbeschluss fehlerhaft. Derartige Fehler können allerdings unter den Voraussetzungen des § 214 Abs. 4 BauGB durch ein ergänzendes Verfahren ggf. auch rückwirkend geheilt werden.

6. Städtebaulicher Vertrag

Für die städtebaulichen Verträge gelten neben § 11 BauGB ergänzend §§ 54 ff VwVfG bzw. der VwVfG der Länder. Ein Vertrag scheidet daher aus, so weit auf die Leistung der Behörde bereits ein Anspruch besteht (§ 11 Abs. 2 BauGB, § 56 Abs. 2 VwVfG). Dies wird auch aus dem Koppelungsverbot abgeleitet. Voraussetzung für den Abschluss eines öffentlich-rechtlichen Vertrages ist nach § 56 Abs. 1 Satz 1 VwVfG weiter, dass die Gegenleistung für einen bestimmten Zweck vereinbart wird und der Behörde zur Erfüllung ihrer öffentlichen Aufgaben dient. Vor allem aber müssen die vereinbarten Leistungen den gesamten Umständen entsprechend angemessen sein. Diese Angemessenheitsklausel in § 11 Abs. 2 1 BauGB bringt eine wichtige inhaltliche Begrenzung:[40] Die Vereinbarung einer vom Bauwilligen zu erbringenden Leistung ist unzulässig, wenn er auch ohne sie einen Anspruch auf Erteilung der Genehmigung hätte und sie auch nicht als Nebenbestimmung gefordert werden könnte. Damit können allerdings nur solche Ansprüche gemeint sein, die auch ohne den Abschluss des Vertrages nach dem geltenden Planungsrecht bestehen. Hat der Investor etwa bereits auf Grund eines rechtsverbindlichen Bebauungsplans nach § 30 Abs. 1 BauGB oder im nichtbeplanten Innenbereich nach § 34 BauGB einen Genehmigungsanspruch, darf die Baugenehmigungsbehörde die Erteilung der Baugenehmigung nicht von der Übernahme zusätzlicher vertraglicher Verpflichtungen in einem städtebaulichen Vertrag abhängig machen. Werden Genehmigungsansprüche erst durch den Abschluss des Folgekostenvertrages begründet, gelten diese Einschränkungen nicht. Anderenfalls könnten Infrastruktureinrichtungen nicht zum Gegenstand städtebaulicher Folgekostenverträge gemacht werden, da die Gemeinde auf

40 *BGH*, Urt. v. 13. 6. 1991 - III ZR 143/90 - BayVBl. 1991, 700 = BRS 53 Nr. 70 - Folgekostenvertrag.

eine Kostenübernahme für solche Einrichtungen außerhalb vertraglicher Vereinbarungen keinen Rechtsanspruch begründen kann.

Die Angemessenheit muss sich nach Inhalt und Zweck des gesamten Regelungspaketes bestimmen. Dafür können die Wertungen herangezogen werden, wie sie in verschiedenen vom Gesetzgeber angebotenen städtebaulichen Modellen niedergelegt sind. Im förmlich festgelegten Sanierungsgebiet etwa hat der Eigentümer nach Maßgabe der §§ 152 ff BauGB an die Gemeinde einen Ausgleichsbetrag zu leisten, der der durch die Sanierung bedingten Bodenwertsteigerung entspricht (§ 154 Abs. 1 BauGB). Die durch die Sanierung bedingte Erhöhung des Bodenwerts des Grundstücks besteht nach § 154 Abs. 2 BauGB aus dem Unterschied zwischen dem Bodenwert, der sich für das Grundstück ergeben würde, wenn eine Sanierung weder beabsichtigt noch durchgeführt worden wäre (Anfangswert), und dem Bodenwert, der sich für das Grundstück durch die rechtliche und tatsächliche Neuordnung des förmlich festgelegten Sanierungsgebiets ergibt (Endwert). Der Ausgleichsbetrag ist nach Abschluss der Sanierung zu entrichten (§ 154 Abs. 3 BauGB). Die Erhebung des Ausgleichsbetrags dient der Finanzierung der Sanierung. Überschüsse sind nach § 156a BauGB auf die Eigentümer zu verteilen. Bei einem besonderen Gemeinwohlinteresse kann nach § 165 BauGB ein städtebaulicher Entwicklungsbereich festgelegt werden, in dem ebenfalls die durch die Planung eintretenden Bodenwertsteigerungen der Gemeinde zur Finanzierung der Maßnahme verbleiben. Die Gemeinde soll dabei die Grundstücke zu dem Anfangswert erwerben und sie nach Durchführung der Entwicklungsmaßnahme an Bauwillige veräußern (§ 169 BauGB). Einnahmen, die bei der Vorbereitung und Durchführung der Entwicklungsmaßnahme entstehen, sind zur Finanzierung der Entwicklungsmaßnahme zu verwenden (§ 171 BauGB). Ergibt sich nach der Durchführung der städtebaulichen Entwicklungsmaßnahme ein Überschuss der bei der Vorbereitung und Durchführung der städtebaulichen Entwicklungsmaßnahme erzielten Einnahmen über die hierfür getätigten Ausgaben, so ist dieser Überschuss wie bei der Sanierung zu verteilen. Wertsteigerungen, die sich bei der Veräußerung von Grundstücken realisieren, fließen daher nicht dem bisherigen Eigentümer zu, sondern können in vollem Umfang zur Finanzierung der Entwicklungsmaßnahme eingesetzt werden. Die volle Abschöpfung der Wertsteigerung im Bereich einer Entwicklungsmaßnahme verbunden mit der Enteignungsmöglichkeit ist allerdings an qualifizierte Gemeinwohlerfordernisse gebunden. Die Durchführung der Entwicklungsmaßnahme muss im Besonderen öffentlichen Interesse geboten sein. Die im Umlegungsgebiet gelegenen Grundstücke werden nach ihren Flächen rechnerisch zu einer Umlegungsmasse verbunden (§ 55 Abs. 1 BauGB). Nach Abzug der für die Verwirklichung der Planung benötigten öffentlichen Flächen (§ 55 Abs. 2 BauGB) wird die Verteilungsmasse nach dem Verhältnis der eingebrachten Flächen oder Werte verteilt (§ 56 BauGB). Bei der Wertumlegung ist der jeweilige Einwurfswert für die Zuteilung maßgeblich. Wertsteigerungen, die das zugeteilte Grundstück durch die Umlegung erfahren hat, verbleiben der Gemeinde zur Finanzierung der entstandenen Kosten. Bei der Flächenumlegung wird neben dem Flächenabzug des § 55 Abs. 2 BauGB ein entsprechender Flächenbeitrag festgesetzt oder ein Geldbeitrag erhoben (§ 58 BauGB).

Diese gesetzlichen Modelle können auch für städtebauliche Verträge herangezogen werden. Eine obere Begrenzung dürften Kostenbelastungen des Investors auch bei einem städtebaulichen Vertrag durch die Abschöpfung der (vollen) Wertsteigerung oder der mit der Maßnahme verbunden Aufwendungen erfahren. Vertragliche Vereinbarungen, die im Ergebnis zu einer darüber hinausgehenden Belastung des Investors führen, sind unzulässig. Vor allem darf die Gemeinde den städtebaulichen Vertrag nicht als willkommene Gelegenheit nutzen, von dem Investor Leistungen zu verlangen, die nicht durch das Vorhaben verursacht werden. Auch wird eine volle Abschöpfung der durch die Planung eintretenden Wertsteigerungen nur in Sondersituationen zulässig sein. Denn bei der Entwicklungsmaßnahme etwa ist eine volle Wertabschöpfung an das Vorliegen besonderer Gemeinwohlgründe gebunden.

Im Gegensatz dazu können die naturschutzrechtlichen Ausgleichs- und Ersatzmaßnahmen in vollem Umfang auf den Vertragspartner umgelegt werden. Hier geht das Gesetz von einer vollen Kostenübernahme durch den Investor aus. Festgesetzte Ausgleichsmaßnahmen sind nach § 135a Abs. 1 BauGB vom Vorhabenträger durchzuführen. So weit Ausgleichsmaßnahmen an anderer Stelle den Grundstücken nach § 9 Ia BauGB zugeordnet sind, soll die Gemeinde diese anstelle und auf Kosten der Vorhabenträger oder der Grundstückseigentümer durchführen und auch die hierfür erforderlichen Flächen bereitstellen (§ 135a Abs. 2 BauGB). Die Verteilung der Kosten ist dem Erschließungsbeitragsrecht nachgebildet, so weit keine anderen Regelungen getroffen werden (§§ 135b, 135c BauGB). Allerdings besteht diese Verpflichtung zur Durchführung und Finanzierung der Ausgleichsmaßnahmen nur nach Maßgabe des Ergebnisses der gemeindlichen Abwägung. Denn § 1a Abs. 3 BauGB verpflichtet im Gegensatz zur Eingriffsregelung in § 18 BNatSchG nicht zu einem vollständigen Ausgleich, stellt Art und Umfang der Ausgleichsmaßnahmen in die abwägende Entscheidung der gemeindlichen Planung. Die Ergebnisse dieser naturschutzrechtlichen Ausgleichsentscheidung sind allerdings nach der gesetzlichen Regelung von den Begünstigten voll zu tragen. Auch so weit die Gemeinde naturschutzrechtliche Maßnahmen durchführt, erfüllt sie damit nicht eigene Primärverpflichtungen, sondern wird im Interesse der Investoren oder sonst Begünstigten tätig. An diesem Modell der naturschutzrechtlichen Vollkostenübernahme kann sich auch der städtebauliche Vertrag orientieren. Allerdings wäre es unzulässig, wenn der Vertragspartner nach dem Vertrag mehr als den durch die Maßnahme verursachten Ausgleichsbedarf übernehmen würde.

Bei der Bestimmung der Angemessenheit sollte allerdings nicht kleinlich verfahren werden.[41] Es darf auch berücksichtigt werden, dass der Investor vielfach ein erhebliches wirtschaftliches Interesse an einer schnellen Durchführung des Projektes hat. Dies gilt vor allem im Hinblick auf die erheblichen Vorlaufkosten und die Gefahr, dass sich solche Kosten im Falle des Scheiterns als Fehlinvestitionen erweisen könnten. Hinzu kommt vielfach die nicht unerhebliche Zinsbelastung, die mit der Länge der Planungsverfahren und der Bauausführung steigt. Eine schnelle Projektabwicklung ist daher ein erheblicher wirtschaftlicher Faktor, der durchaus bei der Berechnung der Angemessenheit berücksichtigt werden kann. Auch das Interesse des Vorhabenträgers, sein Vorhaben in eine gute Infrastruktur und in eine ansprechende Umgebung eingebettet zu sehen, kann bei der vertraglichen Gestaltung eine Rolle spielen. Auf der anderen Seite entstehen den Gemeinden durch neue Bauvorhaben Folgelasten, die sie berechtigterweise zumindest zu einem Teil abwälzen können. Die Angemessenheitsklausel muss hier Spielräume für sachgerechte Ausgleichsregelungen eröffnen. Eine strikte Bindung an die gesetzlichen Abrechnungsmodelle war vom Gesetzgeber nicht gewollt und würde auch den geänderten städtebaulichen und wirtschaftlichen Ausgangslagen nicht gerecht. Auch muss vermieden werden, dass der Investor zunächst die gemeindlichen Leistungen in Anspruch nimmt und etwa das von der Gemeinde geschaffene Baurecht ausnutzt, sich aber später mit Hinweis auf die Nichtigkeit der Vereinbarungen seinen im städtebaulichen Vertrag übernommenen Verpflichtungen zu entziehen sucht. In den Vertrag könnte dazu etwa folgende Regelung aufgenommen werden: Der Investor kann sich auf die Nichtigkeit des städtebaulichen Vertrages (Durchführungsvertrages) nicht mehr berufen, wenn mit der Verwirklichung des Vorhabens begonnen worden ist.

41 Zu eng daher zur früheren Rechtslage *VG Köln*, Urt. v. 4. 8. 1983 - 7 K 5047/78 - KStZ 1983, 234: Nur ein atypischer Verlauf der Entwicklung, z. B. ein besonderer sprunghafter Anstieg der Bevölkerungszahl, rechtfertige eine Abwälzung der Folgekosten auf den dafür ursächlichen Bauträger. Ähnlich auch *VGH München*, Urt. v. 2. 4. 1980 - 290 IV 76 - BayVBl. 1980, 719 = KStZ 1981, 93 - Ansiedlungsprojekt.

7. Darstellungsprivileg (§ 35 Abs. 3 Satz 3 BauGB)

Ist ein Vorhaben nach § 35 Abs. 1 Nr. 2 bis 7 BauGB durch Darstellung im Flächennutzungsplan oder als Ziel der Raumordnung an eine andere Stelle ausgewiesen, ist dies nach § 35 Abs. 3 Satz 3 BauGB ein entgegenstehender öffentlicher Belang. Mit dem Darstellungsprivileg sollen Gemeinden durch positive Standortvorgaben die Zulässigkeit von privilegierten Vorhaben steuern können. Dies setzt konkrete Standort- oder Flächenausweisungen voraus. So können bestimmte privilegierte Vorhaben konzentriert werden und der übrige Planungsraum von diesen Anlagen freigehalten werden. In der Praxis wird dies oft bei der Konzentrierung von Gewächshäusern und der Zusammenfassung von Windenergieanlagen zu Windenergieparks angewandt.

8. Naturschutz

Weitere Anforderungen stellen sich im Hinblick auf die Berücksichtigung naturschutzrechtlicher Belange in der Abwägung. Die naturschutzrechtliche Eingriffsregelung muss in der Bauleitplanung abgearbeitet werden (§ 1a Abs. 3 BauGB). Zugleich ergeben sich erhöhte Anforderungen in Bereichen, die der Vogelschutz-Richtlinie oder der FFH-Richtlinie unterfallen (§ 1a Abs. 4 BauGB).

a) Naturschutzrechtliche Eingriffsregelung

Die naturschutzrechtliche Eingriffsregelung findet in § 1a Abs. 3 BauGB eine neue rechtliche Grundlage, die durch weitere Vorschriften in §§ 135a bis 135c, 200a BauGB und § 21 BNatSchG ergänzt wird[42]. Durch § 21 BNatSchG ist ebenso wie durch § 1a Abs. 3 BauGB Klarheit in zwei Bereichen geschaffen worden: (1) Über Ausgleichs- und Ersatzmaßnahmen für Eingriffe in Natur und Landschaft ist bereits im Bebauungsplan, also nicht erst im Baugenehmigungsverfahren zu entscheiden. (2) Eine Verpflichtung zu Ausgleichs- und Ersatzmaßnahmen über die im Bebauungsplan getroffenen Festsetzungen hinaus besteht nicht. Der Bebauungsplan trifft dazu eine abschließende Regelung. In einem weiteren Schritt wies das *BVerwG* der naturschutzrechtlichen Eingriffsregelung ihren Platz in der Bauleitplanung zu. Dieser befindet sich im Rahmen der bauplanerischen Abwägung. Ein abstrakter Vorrang der Belange des Naturschutzes und der Landschaftspflege vor den in der Bauleitplanung zu berücksichtigenden anderen Belangen kommt im Gesetz nicht zum Ausdruck. § 1a BauGB ist Ausdruck des Baurechtskompromisses[43], der auf einen Ausgleich zwischen Bauleitplanung und Naturschutz abzielt. Eine materielle Änderung des bereits bisher bestehenden Abwägungsmodells naturschutzrechtlicher Belange in der Bauleitplanung sollte mit diesem Regelungstransfer in das Bauplanungsrecht nicht verbunden sein.[44] Es

42 Zum Verhältnis von Bauleitplanung und Naturschutz *Benz/Berkemann*, Natur- und Umweltschutz, 1989; *Berkemann*, NuR 1993, 97; *Bunzel*, UPR 1991, 297; *Dürr*, UPR 1991, 81; *Gaentzsch*, NuR 1990, 1; *Gassner*, NVwZ 1991, 26; *Krautzberger/Runkel* DVBl. 1993, 456; *Mitschang*, Naturschutzrechtliche Eingriffsregelung und Bauplanungsrecht, 1989; *Ramsauer* (Hrsg.), Die naturschutzrechtliche Eingriffsregelung, 1995; *Reinhardt*, NuR 1994, 417; *Schulze* in *Stüer* (Hrsg.) Verfahrensbeschleunigung, Seite 85; *Schulze/Stüer*, ZfW 1986, 269; *dies.* in *Stüer* (Hrsg.) Verfahrensbeschleunigung, Seite 62; *Stüer*, DVBl. 1992, 1147; *ders.*, DVBl. 1995, 1345; *ders.* in *Stüer* (Hrsg.) Verfahrensbeschleunigung, 120..

43 Vgl. *Koch*, in: Ramsauer (Hrsg.), Die naturschutzrechtliche Eingriffsregelung, 1995, 199; sowie ebenda *Runkel* (S. 56 ff.); *Peine* (S. 39 ff.), *Berkemann* (S. 65 ff.); *Schink* UPR 1995, 281; *ders.* NuR 1993, 365; *Schmidt-Aßmann*, in: UGB-BT, 1994, 394 ff. zu § 179 bis 183 UGB-BT; *Steinfort*, VerwArch 1995, 107; *Stollmann* UPR 1994, 170; *Carlsen* (Hrsg.), Naturschutz und Bauen, Eingriffe in Natur und Landschaft und ihr Ausgleich, insbesondere in der Bauleitplanung, 1995; *Schink*, UPR 1995, 281 ff.

44 *Bundesregierung*, Gesetzentwurf zum BauROG 1998, 43.

bleibt daher bei dem gewohnten Unterschied zwischen der vom Grundsatz strikt bindenden Eingriffsregelung in § 18 BNatSchG einerseits und der von Abwägung geprägten Bewältigung der naturschutzrechtlichen Eingriffe in der Bauleitplanung andererseits[45]. Die Gemeinden sind einerseits verpflichtet, nach dem Prüfungsschema des § 18 BNatSchG vorzugehen und danach zu prüfen, ob ein Eingriff vorliegt, ob er vermieden oder minimiert werden kann, ob ein Ausgleich erforderlich ist und ob das Vorhaben bei nicht ausgleichbaren Eingriffen an den umweltschützenden Belangen scheitert. Die Prüfung ist andererseits nicht strikt in dem Sinne, dass die in §§ 18, 19 BNatSchG enthaltenen Vorgaben unmittelbar bindend sind, sondern abwägungsdirigiert.

Den Belangen des Naturschutzes und der Landschaftspflege kommt gegenüber den anderen öffentlichen Belangen kein absoluter Vorrang, wohl eine herausgehobene Bedeutung zu. [46] In der Bauleitplanung ist nicht nur darüber zu entscheiden, ob sich die Eingriffe in Natur und Landschaft im Planbereich überhaupt rechtfertigen lassen, sondern auch darüber, ob und in welchem Umfang für - angesichts vorrangiger städtebaulicher Erfordernisse - unvermeidbare Beeinträchtigungen Ausgleich, zu leisten ist.[47] Das Gesetz verpflichtet die Gemeinde, bei planerischen Eingriffen in Natur und Landschaft ein gesetzlich vorgeprägtes Entscheidungsprogramm abzuarbeiten und über ein Folgenbewältigungsprogramm abwägend zu entscheiden.[48] Gleichwohl sei es – so das *BVerwG* - zumindest missverständlich, § 8a Abs. 1 Satz 1 BNatSchG 1993 (§ 1a Abs. 3 BauGB 2004) als ein Optimierungsgebot zu bezeichnen. Es werde nicht vorgeschrieben, dass die Belange von Natur- und Landschaftsschutz unabhängig von ihrem Gewicht in der konkreten Situation und dem (Gegen-)Gewicht der anderen Belange zu optimieren seien. Die naturschutzrechtlichen Ermittlungen müssen eine sachgerechte Planungsentscheidung ermöglichen. Eine vollständige Erfassung der betroffenen Tier- und Pflanzenarten ist dazu regelmäßig nicht erforderlich.[49] Vor allem lässt das *BVerwG* eine abgeschichtete Bewältigung der naturschutzrechtlichen Ausgleichserfordernisse in verschiedenen Rechtsakten zu. Ein „naturschutzrechtlicher Konflikttransfer"[50] ermöglicht einerseits einen Transfer in Nachfolgentscheidungen zu, stößt jedoch dort auf seine Grenzen, wo die Bewältigung der Kompensationserfordernisse in den Nachfolgeverfahren nicht mehr sichergestellt werden kann.

Rechtsgrundlage der naturschutzrechtlichen Eingriffsregelung sind §§ 18 – 20 BNatSchG und die entsprechenden naturschutzrechtlichen Regelungen der Naturschutzgesetze der Länder. Das BNatSchG ist ein Rahmenrecht des Bundes nach Art. 75 Abs. 1 Satz 1 Nr. 3 GG. Es enthält Rahmenvorschriften, die durch das Landesrecht näher auszufüllen ist.[51] Im Gegensatz dazu ist § 21 BNatSchG unmittelbar geltendes Recht, weil es in den Katalog der unmittelbar geltenden Rechtsvorschriften des § 11 BNatSchG aufgenommen worden ist. § 21 BNatSchG gilt daher

45 Aus dem bisher geltenden Recht übernommen ist die Bodenschutzklausel und die Bodenversiegelungsklausel in § 1a I BauGB. Danach soll mit Grund und Boden sparsam umgegangen werden. Bodenversiegelungen sind auf das notwendige Maß zu begrenzen.

46 *BVerwG*, B. v. 31.1.1997 - 4 NB 27.96 - DVBl. 1997, 1112 = BVerwGE 104, 68 = NVwZ 1997, 1213.

47 Integritätsinteresse erweitert um das Kompensationsinteresse.

48 Die Gemeinde ist an die Ergebnisse eines standardisierten Verfahrens zur Eingriffsbewertung nicht gebunden, so *BVerwG*, B. v. 23.4.1997 - 4 NB 13.97 - NVwZ 1997, 1215.

49 *BVerwG*, B. v. 21.2.1997 - 4 B 177.96 - BauR 1997, 459 = NVwZ-RR 1997, 607. Es kann vielmehr ausreichen, wenn für den Untersuchungsrahmen besonders bedeutsame Repräsentanten an Tier- und Pflanzengruppen festgestellt werden und wenn für die Bewertung des Eingriffs auf bestimmte Indikationsgruppen abgestellt wird.

50 Vgl. Zur Konfliktbewältigung in der Bauleitplanung *BVerwG*, Beschluss 17.2.1984 - 4 B 191.83 - DVBl. 1984, 343 = BVerwGE 69, 30.

51 Fachkommission „Städtebau" der ARGEBAU, Muster-Einführungserlass zum BauROG, Seite 25.

unmittelbar und geht den landesrechtlichen Vorschriften vor. §§ 18, 19 BNatSchG bedürfen demgegenüber der Umsetzung in dem jeweiligen Landesrecht. Der Gesetzgeber darf allerdings nicht hinter den Vorgaben des §§ 18 - 20 BNatSchG zurückbleiben.[52]

Das Verhältnis der Bauleitplanung zum Naturschutz findet in § 1a Abs. 3 BauGB seine Grundlage, so weit es den eigentlichen städtebaulichen Planungsteil angeht. Die Bestimmung des naturschutzrechtlichen Eingriffs bleibt weiter dem BNatSchG als dem naturschutzrechtlichen Fachrecht vorbehalten. Das BauGB geht dabei davon aus, dass die planerischen Entscheidungen nicht strikt bindend, sondern abwägungsdirigiert sind (§ 1a Abs. 3 Satz 1 BauGB). Dies gilt in voller Breite der naturschutzrechtlichen Belange. Die Gemeinde ist allerdings bei der Abwägung nicht gänzlich frei, sondern unterliegt dabei Bindungen, die sich aus § 1a Abs. 2 und 3 BauGB und vergleichbaren Belangen ergeben. Die umweltschützenden Belange haben danach in der Bauleitplanung keinen absoluten oder relativen Vorrang, sondern sind abwägungsdirigiert in dem Sinne, dass sie aus der Sicht der planenden Gemeinde durch andere überwiegende Belange überwunden werden können. Natur- und umweltschützende Belange sind keine „roten Ampeln", die unter allen Umständen beachtet werden müssen, sondern in der Abwägung verfügbar, wenn nur die Krokodilstränen groß genug sind, die bei ihrer Überwindung vergossen werden. Durch § 1a Abs. 3 BauGB wird die naturschutzrechtliche Eingriffsregelung in die Bauleitplanung vorverlegt und im Gegensatz zur Rechtslage vor Inkrafttreten des InvWoBaulG 1993 nicht auf den tatsächlichen Eingriff bezogen. Die Vorverlagerung der Prüfung der naturschutzrechtlichen Eingriffsregelung erfolgt unter zwei Zielsetzungen: Die Prüfung der naturschutzrechtlichen Belange soll auf der Ebene der Bauleitplanung konzentriert werden. Die konzentrierte Prüfung naturschutzrechtlicher Belange in der Bauleitplanung soll dazu genutzt werden, die Anliegen der naturschutzrechtlichen Eingriffsregelung effektiver zu verwirklichen als im Rahmen der nachgeordneten einzelnen Zulassungsentscheidung.

b) Naturschutz und planungsrechtliche Zulässigkeit von Vorhaben

Das Verhältnis zum Baurecht ist in § 21 BNatSchG geregelt. Vor allem wird in § 21 BNatSchG die Berücksichtigung des Natur- und Landschaftsschutzes bei der planungsrechtlichen Zulässigkeit von Vorhaben sowie die Beteiligung der für Naturschutz und Landschaftspflege zuständigen Behörden geregelt. § 21 Abs. 1 BNatSchG regelt das Verhältnis der naturschutzrechtlichen Eingriffsregelung zur Bauleitplanung. § 21 Abs. 2 BNatSchG betrifft das Verhältnis der naturschutzrechtlichen Eingriffsregelung zu den Vorschriften über die planungsrechtliche Zulässigkeit von Vorhaben. § 21 Abs. 3 BNatSchG regelt die Beteiligung der Naturschutzbehörden im Vorhaben-Genehmigungsverfahren. Das BNatSchG unterscheidet die Aufstellung von Bauleitplänen oder von Ergänzungssatzungen nach § 34 Abs. 4 1 Nr. 3 BauGB (§ 21 Abs. 1 BNatSchG), für die § 1a Abs. 3 BauGB gilt, und die planungsrechtliche Zulässigkeit von Einzelvorhaben, mit denen naturschutzrechtliche Eingriffe verbunden sind (§ 21 Abs. 2 und 3 BNatSchG). Für Vorhaben im Geltungsbereich eines Bebauungsplanes (§ 30 BauGB), während der Planaufstellung (§ 33 BauGB) und im nicht beplanten Innenbereich (§ 34 BauGB) sind die naturschutzrechtlichen Eingriffsregelungen des BNatSchG nicht anzuwenden (§ 21 Abs. 2 BNatSchG). Für anwendbar erklärt § 21 Abs. 2 Satz 2 BNatSchG demgegenüber die naturschutzrechtlichen Eingriffsregelungen bei Vorhaben im Außenbereich nach § 35 BauGB sowie für Bebauungspläne, die eine Planfeststellung ersetzen. Außerdem ergehen Entscheidungen über Vorhaben im Innenbereich nach § 34 BauGB und im Außenbereich nach § 35 Abs. 1 und 4 BauGB im Benehmen mit den für Naturschutz und

52 Fachkommission „Städtebau" der ARGEBAU, Muster-Einführungserlass zum BauROG, Seite 26.

Landschaftspflege zuständigen Behörden (§ 21 Abs. 3 BNatSchG). Ein die Baugenehmigungsbehörde im Falle der Verweigerung bindendes Einvernehmenserfordernis der für Naturschutz und Landschaftspflege zuständigen Behörden besteht daher nicht. Äußert sich in den Fällen des § 34 BauGB die naturschutzrechtliche Fachbehörde nicht binnen eines Monats, kann die Baugenehmigungsbehörde davon ausgehen, dass Belange des Naturschutzes und der Landschaftspflege von dem Vorhaben nicht berührt werden. Das Benehmen ist nicht erforderlich bei Vorhaben in Gebieten mit Bebauungsplänen und während der Planaufstellung nach §§ 30 und 33 BauGB und in Gebieten mit einer Ergänzungssatzung nach § 34 Abs. 4 1 Nr. 3 BauGB.

Bei Vorhaben im Geltungsbereich eines qualifizierten Bebauungsplans wird der naturschutzrechtliche Ausgleichsbedarf im Bebauungsplan abgearbeitet. Die Einzelgenehmigung hat die Festsetzungen des Bebauungsplans entsprechend zu vollziehen. So weit der Bebauungsplan in der Begründung auf naturschutzrechtliche Maßnahmen verweist, sind diese ebenfalls in der Baugenehmigung gegebenenfalls durch Auflagen oder andere Nebenbestimmungen umzusetzen. Unklar ist, ob der Bebauungsplan Einzelfragen in der Umsetzung der Baugenehmigung überlassen darf. Nach den Grundsätzen der Konfliktbewältigung hat der Bebauungsplan zwar die ihm zuzurechnenden Konflikte im Grundsatz auch durch planerische Festsetzungen zu bewältigen. Es besteht allerdings auch die Möglichkeit des Konflikttransfers in Nachfolgeverfahren, wenn diese die Nachsteuerung der Konfliktlage leisten können. Ob derartige Möglichkeiten des Konflikttransfers auch im Bereich der naturschutzrechtlichen Ausgleichsmaßnahmen bestehen, erscheint nach dem Wortlaut des § 21 Abs. 2 Satz 1 BNatSchG zweifelhaft. Denn danach sind auf Vorhaben in Gebieten mit Bebauungsplänen nach § 30 BauGB die Vorschriften über die Eingriffsregelung nicht anzuwenden. Damit sollte erreicht werden, dass der planerische Ausgleich umweltschützender Belange nach § 1a Abs. 3 BauGB der strengeren Eingriffs- und Ausgleichsregelung in §§ 18 - 20 BNatSchG vorgeht. Die Möglichkeiten einer naturschutzrechtlichen Nachsteuerung etwa durch die Baugenehmigung dürfen damit jedoch dann nicht ausgeschlossen sein, wenn der Bebauungsplan einen derartigen Verweis auf das Baugenehmigungsverfahren enthält. Es kann sich dabei allerdings nur um einzelne Vollzugsregelungen handeln, die innerhalb des planerischen Gesamtkonzeptes des Bebauungsplanes liegen.

Vorhaben im Geltungsbereich eines einfachen Bebauungsplans nach § 30 Abs. 3 BauGB beurteilen sich hinsichtlich der naturschutzrechtlichen Anforderungen nach den Festsetzungen des Bebauungsplans, so weit der Plan hierzu Aussagen enthält. Im Übrigen scheidet die Anwendung der naturschutzrechtlichen Eingriffsregelung aus, wenn das Vorhaben im nicht beplanten Innenbereich liegt (§ 21 Abs. 2 Satz 1 BauGB), oder findet Anwendung, wenn es sich um eine Außenbereichslage handelt (§ 21 Abs. 2 Satz 2 BauGB).

Die naturschutzrechtlichen Eingriffs- und Ausgleichsregelungen in § 1a BauGB gelten zwar nicht für Vorhaben im nichtbeplanten Innenbereich (§ 21 Abs. 2 BNatSchG). Gleichwohl können sich auch bei derartigen Vorhaben naturschutzrechtliche Anforderungen auf landesrechtlicher Grundlage ergeben. Denn § 21 Abs. 2 BNatSchG, wonach Vorhaben innerhalb der im Zusammenhang bebauten Ortsteile die Eingriffsregelung des §§ 18 – 21 BNatSchG nicht anzuwenden ist, verdrängt nicht einen nach Maßgabe des § 30 BNatSchG landesrechtlich angeordneten Schutz bestimmter Biotope.[53] Neben dem Schutz des Naturhaushalts, den die §§ 18 - 20 BNatSchG objektbezogen regulieren wollen, stehen der förmliche Gebietsschutz und der Artenschutz als selbstständig normierte Schutzverfahren. Ein Vorhaben im nichtbeplanten Innenbereich kann daher an entsprechenden naturschutzrechtlichen Festsetzungen, die ihre Grundlage im Landesrecht finden, trotz der Nichtanwendung der Eingriffsregelung in § 21 Abs. 2 BNatSchG scheitern.

53 *BVerwG*, B. v. 21. 12. 1994 - 4 B 266.94 - ZfBR 1995, 102 = BauR 1995, 229 - Trockenbiotop.

Dabei ist allerdings möglichst eine Auslegung des Landschaftsschutzrechts zu wählen, welche die grundsätzliche bauplanungsrechtliche Zulässigkeit von Vorhaben wahrt. Für Vorhaben im Geltungsbereich einer Innenbereichssatzung nach § 34 Abs. 4 Nr. 1 und 2 BauGB ist die naturschutzrechtliche Eingriffsregelung nicht anzuwenden (§ 21 Abs. 2 Satz 1 BNatSchG). Bei Vorhaben im Geltungsbereich einer Ergänzungssatzung nach § 34 Abs. 4 Nr. 3 BauGB ist über Eingriff und Ausgleich im Rahmen der planerischen Abwägung zu entscheiden (§ 1a Abs. 3 BauGB, § 21 Abs. 1 BNatSchG).

c) FFH und Vogelschutz

Höhere Anforderungen an die Bauleitplanung können sich auch etwa aus der Vogelschutz-RL oder der Fauna-Flora-Habitat-Richtlinie[54] ergeben, die für besondere Schutzgebiete mit prioritären Lebensgemeinschaften eine qualifizierte Abwägung verlangt (Art. 6 Abs. 2 UA 2 FFH-Richtlinie).[55] Die Regelungen in § 1a Abs. 4 BauGB setzen für den Bereich der Bauleitplanung die FFH-Richtlinie um. Soweit die Erhaltungsziele und der Schutzzweck der Gebiete von gemeinschaftlicher Bedeutung und der Europäischen Vogelschutzgebiete i.S. des BNatSchG[56] erheblich beeinträchtigt werden können, sind die Vorschriften des BNatSchG über die Zulässigkeit und Durchführung von derartigen Eingriffen sowie die Einholung der Stellungnahme der Kommission anzuwenden (Prüfung nach der FFH-Richtlinie). So weit sich Bauleitplanverfahren (regelmäßig nur Flächennutzungsplanverfahren) unmittelbar auf den räumlichen Geltungsbereich der Schutzgebiete nach der FFH-RL erstrecken sollen, ist schon durch die Schutzgebietsausweisung ein der bauplanerischen Abwägung entzogener Vorrang gegeben. Darüber ist der Schutzzweck oder die Erhaltungsziele von nach der Vogelschutzrichtlinie oder der FFH-Richtlinie geschützten oder zu schützenden Gebieten Gegenstand der Abwägung nach §§ 1 VII, 1a Abs. 4 BauGB. Dies gilt etwa für die Überplanung eines zwar noch nicht national unter Schutz gestellten, aber bereits in die sog. Gemeinschaftsliste (vgl. Art. 4 Abs. 5 FFH-Richtlinie) aufgenommenen Gebietes oder für Beeinträchtigungen auf Grund eines angrenzenden Bebauungsplans. Eine unterlassene Berücksichtigung derartiger Auswirkungen würde daher zu einem Abwägungsfehler des entsprechenden Plans führen. Dies trägt der in § 6 Abs. 3 FFH-Richtlinie gebotenen „Verträglichkeitsprüfung" Rechnung.[57] Besondere Abweichensgründe, die gleichwohl eine Beeinträchtigung der geschützten Gebiete zulassen, enthält § 6 Abs. 4 FFH-Richtlinie. Sind solche Gebiete ausgewiesen, kann bei einer nachhaltigen Beeinträchtigung prioritärer Gebiete oder Lebensgemeinschaften ein Konsultationsverfahren erforderlich sein. Auch sind an die Abwägung dann erhöhte Voraussetzungen zu stellen (§ 6 Abs. 4 UA 2 FFH-Richtlinie). Die Regelung in § 1a Abs. 4 BauGB stellt klar, dass bei der bauleitplanerischen Abwägung im Rahmen von Flächennutzungs- und Bebauungsplanverfahren die Erhaltungsziele oder der Schutzzweck von Gebieten mit gemeinschaftlicher Bedeutung und der europäischen Vogelschutzgebiete zu berücksichtigen sind. Das kann etwa dadurch geschehen, dass Ausgleichsmaßnahmen, die auf der Grundlage der Bauleitplanung getroffen werden, zu einem europäischen Biotopverbundsystem beitragen. Dabei können verschiedene einzelne Ausgleichsflächen zu einem „Trittsteinsystem" verbunden werden.

54 Richtlinie 92/43/EWG des Rates vom 21.5.1992 zur Erhaltung der natürlichen Lebensräume sowie der wildlebenden Tiere und Pflanzen, ABlEG Nr. L 206/7 v. 22.7.1992, abgedruckt bei *Stüer*, Bau- und Fachplanungsgesetze 1999, 823.

55 *Stüer*, Bau- und Fachplanungsrecht, 2. Aufl. 1998, Rdn. 2065.

56 Vgl. auch die EG-Vogelschutz-RL abgedruckt bei *Stüer*, Bau- und Fachplanungsgesetze 1999, 881.

57 *Bundesregierung.*, Gesetzentwurf zum BauROG, Seite 43.

Ebenso können Ausgleichsflächen als unmittelbar angrenzende „Pufferflächen" für die besonderen Schutzgebiete dargestellt werden. [58]

9. Raumordnung

Die Bauleitpläne sind nach § 1 Abs. 4 BauGB den Zielen der Raumordnung anzupassen. Die Anpassungspflicht bezieht sich auf die Flächennutzungspläne und die Bebauungspläne und erfasst neben der erstmaligen Aufstellung auch ggf. die nachträgliche Anpassung an zeitlich später verabschiedete Ziele der Raumordnung. Eine Parallelvorschrift zu § 1 Abs. 4 BauGB enthält § 4 Abs. 1 ROG, wonach öffentliche Stellen bei ihren raumbedeutsamen Planungen und Maßnahmen[59] verpflichtet sind, die Ziele der Raumordnung zu beachten. Die sich hieraus ergebende Beachtenspflicht deckt sich inhaltlich mit der Anpassungspflicht an die Ziele der Raumordnung in § 1 Abs. 4 BauGB.[60]

a) Konzeption des ROG

Das Verhältnis der Bauleitplanung zur Raumordnung ist im ROG geregelt, das sich in vier Abschnitte gliedert:

- Abschnitt 1 enthält die allgemeinen Vorschriften, die neben der Aufgabe, der Leitvorstellung und den Grundsätzen der Raumordnung wichtige Begriffsbestimmungen sowie die Bindungswirkungen der Erfordernisse der Raumordnung beinhalten.

- Abschnitt 2 befasst sich mit der Raumordnung der Länder und ist als „Richtliniengesetz" an die Landesgesetzgeber ausgelegt. Zudem enthält der Abschnitt eine Ermächtigung zum Erlass von Rechtsverordnungen.

- Abschnitt 3 enthält Vorschriften über die Raumordnung im Bund einschließlich der gegenseitigen Unterrichtung und gemeinsamen Beratung im Bund-Länder-Verhältnis.

- Abschnitt 4 regelt Überleitungs- und Schlussvorschriften.

b) Schwerpunkte

Nach dem ROG liegt der Schwerpunkt der raumordnerischen Aufgaben bei den Ländern. Der Abschnitt 2 enthält daher für die Länderregelungen das entsprechende Rahmenrecht, während die Regelungen in den übrigen Abschnitten unmittelbar gelten. Die Rechtsgrundlagen für die Landesplanung waren bis Ende 2001 umzusetzen (§ 22 ROG). Die wesentlichen Kernelemente dieses Verhältnisses, die durch das Gegenstromprinzip markiert werden [61], sind dabei erhalten geblieben. Die Entwicklung, Ordnung und Sicherung der Teilräume soll sich in die Gegebenheiten und Erfordernisse des Gesamtraums einfügen; die Entwicklung, Ordnung und Sicherung des Gesamtraumes soll die Gegebenheiten und Erfordernisse seiner Teilräume berücksichtigen (§ 1 Abs. 3 ROG). Die Aufgabe der Raumordnung wird in § 1 Abs. 1 ROG beschrieben. Danach sind der Gesamtraum der Bundesrepublik Deutschland und seine Teilräume durch zusammenfassende,

58 Fachkommission „Städtebau" der ARGEBAU, Muster-Einführungserlass zum BauROG, Seite 23.

59 Zu diesem Begriff § 3 Nr. 6 ROG, *BVerwG*, B. v. 7.11.1996 – 4 B 170/96 – DVBl. 1997, 434 = UPR 1997, 106 – Sonderlandeplatz.

60 Hoppe in Hoppe/Grotefels § 5 Rdn. 7.

61 *Löwer*, JuS 1975, 779; *Depenbrock*, DVBl. 1977, 14.

übergeordnete Raumordnungspläne und durch Abstimmung raumbedeutsamer Planungen und Maßnahmen zu entwickeln, zu ordnen und zu sichern. Dabei sind (1) unterschiedliche Anforderungen an den Raum aufeinander abzustimmen und die auf der jeweiligen Planungsebene auftretenden Konflikte auszugleichen sowie (2) Vorsorge für einzelne Raumfunktionen und Raumnutzungen zu treffen.

(1) Leitvorstellungen. Die Leitvorstellungen der Raumordnung werden in § 1 Abs. 2 ROG beschrieben. Sie bestehen in einer nachhaltigen Raumentwicklung, welche die sozialen und wirtschaftlichen Ansprüche an den Raum mit seinen ökologischen Funktionen in Einklang bringt und zu einer dauerhaften, großräumig ausgewogenen Ordnung führt. Das ROG stellt dabei klar, dass die verschiedenen Belange nicht in einem Verhältnis der Vor- und Nachrangigkeit zueinander bestehen, sondern im Prinzip gleichgewichtig sind. Die Leitvorstellungen sind zwar an einer nachhaltigen Raumentwicklung ausgerichtet. Ein Vorrangverhältnis bestimmter Belange ist damit aber nicht grundgelegt. Der Begriff der nachhaltigen Raumentwicklung dürfte in der täglichen Planungspraxis mehr versprechen, als er zu halten im Stande ist. Dies gilt vor allem deshalb, weil sich nach dem Prinzip der nachhaltigen umweltgerechten Entwicklung („sustainable development") nunmehr auch im Bau- und Raumordnungsrecht Prinzipien der nachhaltigen städtebaulichen Entwicklung (§ 1 Art. 4 Abs. 5 Satz 1 BauGB) und der nachhaltigen Raumentwicklung (§ 1 Abs. 2 Satz 1 ROG) herausgebildet haben.

§ 3 ROG enthält einen Katalog von Begriffsbestimmungen über Erfordernisse der Raumordnung[62], Ziele der Raumordnung,[63] Grundsätze der Raumordnung,[64] sonstige Erfordernisse der Raumordnung,[65] öffentliche Stellen,[66] raumbedeutsame Planungen und Maßnahmen[67] sowie Raumordnungspläne.[68]

(2) Raumbedeutsame Maßnahmen. Die Raumordnung kann ihre Wirkungen nur für raumbedeutsame Planungen und Maßnahmen entfalten. Darunter sind nach § 3 Nr. 6 ROG Planungen einschließlich der Raumordnungspläne, Vorhaben und sonstige Maßnahmen zu verstehen, durch die Raum in Anspruch genommen oder die räumliche Entwicklung oder Funktion eines Gebietes beeinflusst wird, einschließlich des Einsatzes der hierfür vorgesehenen öffentlichen Finanzmittel. Die Raumbedeutsamkeit von Planungen und Maßnahmen ist jeweils bereichsspezifisch festzulegen. Für Schutzgebiete beginnt die Raumbedeutsamkeit in der Regel erst bei einer Flächenausdehnung von 10 ha; bei Eignungsgebieten für Windenergieanlagen ist demgegenüber im Einzelfall zu entscheiden.

62 Ziele der Raumordnung, Grundsätze der Raumordnung und sonstige Erfordernisse der Raumordnung.

63 Verbindliche Vorgaben in Form von räumlich und sachlich bestimmten oder bestimmbaren, vom Träger der Landes- oder Regionalplanung abschließend abgewogenen textlichen oder zeichnerischen Festlegungen in Raumordnungsplänen zur Entwicklung, Ordnung und Sicherung des Raumes.

64 Allgemeine Aussagen zur Entwicklung, Ordnung und Sicherung des Raums in oder auf Grund von § 2 ROG als Vorgabe für nachfolgende Abwägungs- oder Ermessensentscheidungen.

65 In Aufstellung befindliche Ziele der Raumordnung, Ergebnisse förmlicher landesplanerischer Verfahren wie des Raumordnungsverfahrens und landesplanerischer Stellungnahmen

66 Behörden des Bundes und der Länder, kommunale Gebietskörperschaften, bundesunmittelbare und die der Aufsicht eines Landes unterstehenden Körperschaften, Anstalten und Stiftungen des öffentlichen Rechts.

67 Planungen einschließlich der Raumordnungspläne, Vorhaben und sonstigen Maßnahmen, durch die Raum in Anspruch genommen oder die räumliche Entwicklung oder Funktion eines Gebietes beeinflusst wird, einschließlich des Einsatzes der hierfür vorgesehenen öffentlichen Finanzmittel; vgl. auch *BVerwG*, B. v. 7.11.1996 – 4 B 170/96 – DVBl. 1997, 434 = UPR 1997, 106 – Sonderlandeplatz.

68 Der Raumordnungsplan für das Landesgebiet nach § 8 ROG und die Pläne für Teilräume der Länder (Regionalpläne) nach § 9 ROG.

(3) Ziele und Grundsätze der Raumordnung. Stärker als das bisherige Recht unterscheidet das neue ROG zwischen Zielen und Grundsätzen der Raumordnung. Die bindenden Ziele der Raumordnung [69] enthalten verbindliche Vorgaben in Form von räumlich und sachlich bestimmten oder bestimmbaren, vom Träger der Landes- und Regionalplanung abschließend abgewogenen textliche oder zeichnerische Festlegungen in Raumordnungsplänen zur Entwicklung, Ordnung und Sicherung des Raums (§ 3 Nr. 2 ROG). Die der gemeindlichen Abwägung zugänglichen Grundsätze der Raumordnung beinhalten demgegenüber allgemeine Aussagen zur Entwicklung, Ordnung und Sicherung des Raums in oder auf Grund von § 2 ROG als Vorgaben für nachfolgende Abwägungs- oder Ermessensentscheidungen (§ 3 Nr. 3 BROG). Ziele der Raumordnung sind von öffentlichen Stellen bei ihren raumbedeutsamen Planungen und Maßnahmen zu beachten (§ 4 ROG). Dieser Zielbindungsgrundsatz [70] ist auch in dem Anpassungsgebot des § 1 Abs. 4 BauGB niedergelegt [71]. Die Grundsätze und sonstigen Erfordernisse der Raumordnung sind demgegenüber von öffentlichen Stellen bei raumbedeutsamen Planungen und Maßnahmen in die Abwägung einzustellen und daher durch Abwägung überwindbar (§ 4 Abs. 2 ROG).

Ziele der Raumordnung entfalten nach § 4 Abs. 1 ROG bei folgenden raumbedeutsamen Planungen und Maßnahmen (§ 3 Nr. 6 ROG) eine strikte Bindungswirkung. In welchem Umfang die Raumordnung allerdings Ziele festlegen darf, ist im ROG nicht abschließend geregelt. Die Festlegung von Zielen muss zunächst dem Gegenstromprinzip des § 1 Abs. 3 ROG genügen. Zu den zu berücksichtigenden Belangen zählen auch städtebauliche Belange und andere Interessen der kommunalen Selbstverwaltung, wie sie als Angelegenheiten der örtlichen Gemeinschaft in Art. 28 Abs. 2 Satz 1 GG verfassungsrechtlich geschützt sind. Die Festlegung von Zielen der Raumordnung muss die verfassungsrechtlichen Vorgaben vor allem der Selbstverwaltungsgarantie in Art. 28 Abs. 2 Satz 2 GG wahren. Formal ist die Zielbindung an eine abschließende Abwägung in der Landes- oder Regionalplanung geknüpft. Denn nach § 3 Nr. 2 ROG entfalten Ziele der Raumordnung nur Bindungswirkung, so weit sie von den Trägern der Landes- oder Regionalplanung abschließend abgewogen worden sind. Dies setzt formal eine entsprechende Ermittlung, Bewertung und Einstellung der Belange sowie eine Ausgleichsentscheidung voraus. Nur über diesen verfahrensmäßigen Weg kann eine abschließende Abwägung der betroffenen Belange erfolgen. Das Erfordernis einer abschließenden Abwägung hat aber auch inhaltliche Elemente. Die Abwägung muss die betroffenen Belange auch entsprechend ihrer Wertigkeit erfassen und berücksichtigen.

Das ROG bestimmt Aufgabe, Leitvorstellung und Grundsätze der Raumordnung neu und verbindet sie untereinander zu einem System, in dessen Mittelpunkt eine einheitliche Leitvorstellung der nachhaltigen Raumentwicklung steht. Sie soll Handlungsmaxime bei der Aufgabenerfüllung und Auslegungsmaxime bei der Anwendung der Grundsätze der Raumordnung sein. Öffentliche Stellen haben nach § 4 Abs. 1 ROG bei raumbedeutsamen Planungen und Maßnahmen die Ziele der Raumordnung zu beachten, die Grundsätze und sonstigen Erfordernisse der Raumordnung zu berücksichtigen. Die Beachtenspflichten schließen es aus, Ziele der Raumordnung im Wege der Abwägung oder Ermessensentscheidung zu überwinden.[72]

§ 4 Abs. 4 ROG behandelt die Bindungswirkungen der Erfordernisse der Raumordnung bei raumbedeutsamen Planungen und Maßnahmen einzelner, wie z.B. bei einer Kiesgewinnung.

69 *BVerwG*, Urt. v. 11.2.1993 - 4 C 15.92 - DVBl. 1993, 914 = *Hoppe/Stüer* RzB Rdn. 128.

70 *Hoppe*, in: Hoppe/Grotefels, ÖffBauR § 8 Rdn. 84; *Dyong*, in: Ernst/Zinkahn/Bielenberg, Rdn. 98 zu § 35 BauGB.

71 Hoppe in Hoppe/Grotefels § 5 Rdn. 7.

72 *Bundesregierung*, Gesetzentwurf zum BauROG, Seite 81.

Gegenüber raumbedeutsamen Planungen und Maßnahmen Privater sind die Erfordernisse der Raumordnung einschließlich der Ziele der Raumordnung zu berücksichtigen, so weit die anzuwendenden Fachgesetze dafür Raum lassen. Grundsätzlich haben die Erfordernisse der Raumordnung gegenüber einzelnen keine unmittelbare Bindungswirkung. In den Fällen des § 4 Abs. 4 ROG sind die Erfordernisse der Raumordnung einschließlich der Ziele der Raumordnung nach Maßgabe der für diese Entscheidungen geltenden Rechtsvorschriften aber mittelbar zu berücksichtigen, wenn diese Vorschriften z.B. die Berücksichtigung öffentlicher Belange vorsehen oder eine spezielle Raumordnungsklausel enthalten. Dies gilt etwa für die Raumordnungsklausel in § 35 Abs. 4 Satz 1 BauGB für Außenbereichsvorhaben.[73]

In § 5 Abs. 1 ROG ist ein Widerspruchsverfahren des Bundes gegen Ziele der Raumordnung geregelt. In diesem Fall ist nach § 5 Abs. 2 ROG ein Konsensfindungsverfahren vorgesehen. Macht eine Stelle des Bundes oder eine Person des Privatrechts, die öffentliche Aufgaben wahrnimmt, öffentliche Belange gegen ein in Aufstellung befindliches Ziel der Raumordnung geltend, die nach § 5 Abs. 3 ROG zum Widerspruch berechtigen würden, sollen sich die Beteiligten innerhalb einer Frist von drei Monaten um eine einvernehmliche Lösung bemühen.[74]

(4) Öffentlichkeits- und Behördenbeteiligung. § 7 Art. 4 Abs. 5 - 8 ROG enthält in Umsetzung der Plan-UP-Richtlinie eine Öffentlichkeitsbeteiligung auf der Ebene der Regionalplanung. Es ist danach vorzusehen, dass bei der Aufstellung und Änderung von Raumordnungsplänen eine Umweltprüfung im Sinne der Richtlinie 2001/42/EG des Europäischen Parlaments und des Rates vom 27. Juni über die Prüfung der Umweltauswirkungen bestimmter Pläne und Programme (ABl. EG Nr. L 197 Satz 30) durchgeführt wird. Die Ergebnisse der Umweltprüfung sind im Umweltbericht darzustellen. Darin sind die voraussichtlichen erheblichen Auswirkungen, die die Durchführung des Raumordnungsplans auf die Umwelt hat, sowie anderweitige Planungsmöglichkeiten unter Berücksichtigung der wesentlichen Zwecke des Raumordnungsplans zu ermitteln, zu beschreiben und zu bewerten. Der Umweltbericht kann als gesonderter Teil in die Begründung des Raumordnungsplans nach § 7 Abs. 8 ROG aufgenommen werden. Die öffentlichen Stellen, deren Aufgabenbereich von den Umweltauswirkungen berührt werden kann, sind bei der Festlegung des Umfangs und Detaillierungsgrads des Umweltberichts zu beteiligen. Bei Planänderungen sind Vereinfachungen bei der Beteiligung und der Umweltprüfung vorgesehen. Auch die öffentlichen Stellen sind entsprechend zu beteiligen (§ 7 Abs. 6 ROG). Auch das Abwägungserfordernis im Hinblick auf private Belange wird betont (§ 7 Abs. 7 ROG). Zugleich ist auch auf der Ebene der Regionalplanung bereits bei entsprechender Veranlassung eine Prüfung nach der FFH-Richtlinie durchzuführen. Der Umweltbericht und die Behördenstellungnahmen sind in der Abwägung zu berücksichtigen (§ 7 Abs. 7 ROG). Dem Raumordnungsplan ist eine Begründung beizufügen, deren gesonderter Bestandteil der Umweltbericht ist. Der Raumordnungsplan mit seiner Umweltprüfung ist öffentlich bekannt zu machen (§ 7 Abs. 9 ROG). Zudem ist ein Monitoring vorzusehen (§ 7 Abs. 10 ROG).

73 *Bundesregierung*, Gesetzentwurf zum BauROG, Seite 82.
74 *BVerwG*, B. v. 7.11.1996 – 4 B 170/96 – DVBl. 1997, 434 = UPR 1997, 106 – Sonderlandeplatz.

C. Planungsrechtliche Zulässigkeit von Vorhaben

Neben die Aufstellung von Bauleitplänen tritt als zweiter Schwerpunkt des Bauplanungsrechts die planungsrechtliche Zulässigkeit von Vorhaben, die in §§ 29 bis 37 BauGB geregelt ist. Das Gesetz gilt nur für Vorhaben nach § 29 BauGB und unterscheidet zwischen Vorhaben im Geltungsbereich eines qualifizierten Bebauungsplans § 30 BauGB), im nicht beplanten Innenbereich (§ 34 BauGB) und im Außenbereich (§ 35 BauGB). Vorhaben, die städtebaulich bedeutsam sind, müssen die Anforderungen dieser Vorschriften erfüllen.

Die Regelungen über die planungsrechtliche Zulässigkeit von Vorhaben nach §§ 29 bis 37 BauGB sind Teil der öffentlich-rechtlichen Vorschriften, die bei der Verwirklichung von Vorhaben zu berücksichtigen sind. Daneben treten die bauordnungsrechtlichen Anforderungen, wie sie sich aus der LBauO ergeben. Außerdem muss das jeweilige Vorhaben dem verbindlichen Baunebenrecht entsprechen. Schließlich können andere Vorschriften vor allem des jeweiligen Fachrechts bei der Prüfung der Zulässigkeit eines Vorhabens zu berücksichtigen sein. Die Frage der planungsrechtlichen Zulässigkeit des Vorhabens bildet also einen Ausschnitt aus der Gesamtprüfung, die im Rahmen der Erteilung einer Baugenehmigung vorzunehmen ist. Aber auch ein nicht genehmigungsbedürftiges Vorhaben muss den öffentlich-rechtlichen Vorschriften entsprechen.

Zu prüfen sind in diesem Zusammenhang aus dem Bereich der bauplanungsrechtlichen Zulässigkeit des Vorhabens etwa die Lage im Geltungsbereich eines qualifizierten Bebauungsplans (§ 30 Abs. 1 BauGB), im nicht beplanten Innenbereich (§ 34 BauGB) oder im Außenbereich (§ 35 BauGB). Bauordnungsrechtliche Fragen treten sodann hinzu. Hier geht es etwa um die Einhaltung der erforderlichen Abstände zur Nachbarbebauung, gestalterische Anforderungen an die Gebäude oder Fragen der Standsicherheit, die durch die Prüfung des Baunebenrechts ergänzt werden. Hierbei treten etwa technische Regelwerke über die Bauausführung, den erforderlichen Brandschutz oder Anforderungen an die Einrichtung und Überwachung der Baustelle in den Vordergrund. Zudem können andere Bestimmungen des Fachrechts wie etwa das Denkmalrecht oder das Forstrechts auf die Zulässigkeit von Vorhaben einwirken. Die Regelungen können dabei überwindbar in dem Sinne sein, dass sie (lediglich) bei der Beurteilung zu berücksichtigen sind, oder bindende Wirkungen dahingehend erzeugen, dass sie nicht überwindbare Beachtlichkeiten darstellen. Ob das Fachrecht strikte Bindungen erzeugt oder lediglich abwägungsdirigierte Belange enthält, ist den jeweiligen Vorschriften zu entnehmen. Wird dort keine konkrete Aussage getroffen, sind die Belange des Fachrechts (lediglich) zu berücksichtigen und daher in der Bauleitplanung aber auch in der einzelnen Genehmigungsentscheidung überwindbar, wenn dies aus der Sicht höherrangiger anderer Belangen sachgerecht erscheint. Das jeweilige Fachrecht muss daher jeweils darauf befragt werden, ob es im Sinne von "roten Ampeln", vor denen unbedingt angehalten werden muss, strikte, unüberwindbare Bindungen erzeugt oder lediglich abwägungsdirigierte Belange beinhaltet, die in der jeweiligen Einzelentscheidung bei dem Vergießen entsprechend großer Krokodilstränen durch andere Belange überwunden werden können.

I. Anwendungsvoraussetzungen der §§ 30 bis 37 BauGB (§ 29 BauGB)

Die Prüfung der planungsrechtlichen Zulässigkeit von Vorhaben als Teilausschnitt der öffentlich-rechtlichen Gesamtbewertung steht allerdings nur dann an, wenn die Voraussetzungen des § 29 Abs. 1 BauGB gegeben sind. Vorhaben im planungsrechtlichen Sinne müssen einen Bezug zu

Grund und Boden haben oder - anders ausgedrückt - bodenrechtlich relevant sein. Vorhaben ohne bodenrechtliche Relevanz unterfallen den planungsrechtlichen Zulässigkeitsanforderungen der §§ 30 bis 37 BauGB nicht. Diese Einschränkung ergibt sich aus dem beschränkten Regelungskompetenzen des Bundesgesetzgebers, der nach Art. 74 Abs. 1 Nr. 18 BauGB nur für das Bodenrecht in der Auslegung des Gutachtens des *BVerfG* [1] die Gesetzgebungskompetenz hat.

II. Genehmigung im beplanten Bereich (§§ 30 – 33 BauGB)

Die Zulässigkeit von Vorhaben richtet sich im Bereich eines qualifizierten Bebauungsplans nach § 30 Abs. 1 BauGB. Für vorhabenbezogene Bebauungspläne gilt § 30 Abs. 2 BauGB i.V. mit § 12 BauGB. § 31 BauGB regelt die Abweichungen vom Bebauungsplan durch Ausnahmen (§ 31 Abs. 1 BauGB) und Befreiungen (§ 31 Abs. 2 BauGB). Bei formeller oder materieller Planreife können die Vorhaben nach § 33 BauGB genehmigt werden.

1. Begriff des Vorhabens (§ 29 BauGB)

Nach § 29 BauGB gelten für Vorhaben, die die Errichtung, Änderung oder Nutzungsänderung von baulichen Anlagen[2] zum Inhalt haben[3] die §§ 30 bis 37 BauGB. Eine präventive Kontrolle durch ein Genehmigungs- oder sonstiges Verfahren ist nicht mehr, wie noch im BauGB 1987, Voraussetzung für die Anwendbarkeit der §§ 30 bis 37 BauGB.

Vorhaben im Innenbereich nach § 34 BauGB sind nicht als naturschutzrechtliche Eingriffe zu qualifizieren[4]. Damit wird der erfahrungsgemäß geringen Auswirkung von Vorhaben im Innenbereich auf die Natur, i.S. der naturschutzrechtlichen Eingriffsregelung, Rechnung getragen[5]. Bedeutsam wird der Begriff des „sich Einfügens" in die Eigenart der näheren Umgebung, da dies auch die Berücksichtigung von Freiflächen umfassen kann[6].

2. Zulässigkeit von Vorhaben im Geltungsbereich eines Bebauungsplans (§ 30 BauGB)

Für Vorhaben im Geltungsbereich eines rechtsverbindlichen qualifizierten Bebauungsplans richtet sich die Zulässigkeit nach § 30 Abs. 1 BauGB. Ein Vorhaben ist dann zulässig, wenn es den Festsetzungen des Bebauungsplans nicht widerspricht und die Erschließung gesichert ist. Der Bebauungsplan muss mindestens Festsetzung über Art und Maß der baulichen Nutzung, die überbaubare Grundstücksfläche und die örtliche Verkehrsfläche enthalten[7]. Liegt ein qualifizierter Bebauungsplan, vor ist die Anwendung der §§ 34 und 35 BauGB ausgeschlossen[8]. Die planungsrechtliche Zulässigkeit des Vorhabens bestimmt sich dann ausschließlich nach §§ 30, 31 und 33 BauGB. Art und Maß der baulichen Nutzung werden durch § 9 Abs. 1 Nr. 1 BauGB i.V.m. der

1 BVerfGE 3, 407.

2 Eine bauliche Anlage ist eine auf in Dauer gedachter Weise künstlich mit dem Erdboden verbundene Anlage, so *BVerwG*, Urt. v. 31.8.1973 – 4 C 33.71 – BVerwGE 44, 56 = BauR 1973, 366.

3 Begriff nach: *BVerwG*, Urt. v. 10.12.1971 – 4 C 33 – 35.69 – BVerwGE 39, 154 = DVBl. 1972, 221.

4 § 8 a II 1 BNatSchG.

5 Söfker in: Bielenberg/Krautzberger/Söfker BauGB und BauNVO Rdn. 331.

6 Söfker in: Bielenberg/Krautzberger/Söfker BauGB Rdn. 331.

7 *Dürr* in: *Brügelmann* BauGB II § 30 Rdn. 2; *Söfker* in: *Ernst/Zinkahn/Bielenberg* § 30 Rdn. 1.

8 *Stüer*, Handbuch des Bau– und Fachplanungsrechts, 2. Aufl. 1998, Rdn. 1387.

BauNVO bestimmt.[9] Die überbaubare Grundstücksfläche regelt sich nach § 23 BauNVO[10]. Die örtlichen Verkehrsflächen werden nach § 9 Abs. 1 Nr. 11 BauGB festgesetzt[11]. Die gesicherte Erschließung muss mindestens den Anschluss des Grundstücks an das öffentliche Straßennetz, die Versorgung mit Wasser und Strom sowie die Abwasserbeseitigung umfassen[12].

Die Zulässigkeit von Vorhaben im Geltungsbereich eines vorhabenbezogenen Bebauungsplans nach § 12 BauGB regelt sich nach § 30 Abs. 2 BauGB, der durch das BauROG eingefügt worden ist und vom Grundsatz her dem früheren § 7 Abs. 4 Satz 1 BauGB-MaßnG entspricht. Im Gegensatz zu § 7 Abs. 4 BauGB-MaßnG, dessen Vorhaben- und Erschließungsplan als Bebauungsplan galt, tatsächlich aber weder ein Bebauungsplan noch ein Bauleitplan war[13], stellt die vorhabenbezogene Plansatzung des § 30 Abs. 2 BauGB einen Bebauungsplan dar[14]. Der vorhabenbezogene Bebauungsplan ist daher ein Bebauungsplan und wird in dem für Bebauungspläne üblichen Verfahren aufgestellt. Bestandteil der Satzung ist der mit der Gemeinde abgestimmte Vorhaben- und Erschließungsplan. Grundlage des vorhabenbezogenen Bebauungsplans ist der Durchführungsvertrag, der als städtebaulicher Vertrag nach § 11 BauGB abgeschlossen wird. Ein Vorhaben ist nach § 30 Abs. 2 BauGB zulässig, wenn es dem Bebauungsplan nicht widerspricht und die Erschließung gesichert ist. Es gelten die allgemeinen Regeln über den Widerspruch zum Bebauungsplan und zum Erfordernis der gesicherten Erschließung. Der vorhabenbezogene und der qualifizierte Bebauungsplan werden demnach hinsichtlich ihrer Rechtswirkung gleichgestellt. Der vorhabenbezogene Bebauungsplan muss allerdings das Vorhaben konkret bezeichnen. Es reicht nicht aus, dass sich das konkrete Vorhaben aus der Begründung des Bebauungsplans oder aus dem Durchführungsvertrag ergibt[15].

Weist ein Bebauungsplan nicht die Mindestfestsetzung eines qualifizierten Bebauungsplans auf, so handelt es sich um einen einfachen Bebauungsplan. Die Zulässigkeit von Vorhaben in einem solchen Gebiet bestimmt sich nach § 30 Abs. 3 BauGB. Ein Vorhaben ist zulässig, wenn es der Festsetzung des Plans nicht widerspricht. Im Übrigen sind die Zulässigkeitsregeln des § 34 BauGB (Innenbereich) oder des § 35 BauGB (Außenbereich) anzuwenden. Die Gemeinden können daher nicht nur von qualifizierten Bebauungsplänen Gebrauch machen, sondern in Ergänzung zu den §§ 34 und 35 BauGB auch die Form eines einfachen Bebauungsplans wählen, wenn er ausreicht, eine geordnete städtebauliche Entwicklung zu gewährleisten[16]. Ein qualifizierter Bebauungsplan ist daher nach der Einschätzung des Gesetzgebers nicht stets erforderlich ist, sondern nur dann, wenn dies aus der Sicht der planerischen Konzeption der Gemeinde sowie der übrigen Grundsätze des § 1 BauGB erforderlich erscheint.

3. Ausnahmen und Befreiungen (§ 31 BauGB)

Entspricht ein Vorhaben nicht den Festsetzungen des Bebauungsplans, so kann sich dessen planungsrechtliche Zulässigkeit aus § 31 BauGB ergeben. Es wird zwischen Ausnahmen (§ 31 Abs.

9 *Söfker* in: Ernst/Zinkahn/Bielenberg § 30 Rdn. 16.

10 *Söfker* in: Ernst/Zinkahn/Bielenberg § 30 Rdn. 17.

11 *Söfker* in:Ernst/ Zinkahn/ Bielenberg § 30 Rdn. 19.

12 *Löhr* in: Battis/Krautzberger/Löhr, § 30 Rdn. 16.

13 *Brohm*, Öffentliches Baurecht § 7 Rdn. 25.

14 *Winkler*, NVwZ 1997, 1193.

15 BVerwG, Urteil vom 18.9.2003 - 4 CN 3.02 -, BauR 2004, 286 = DVBl 2004, 247 - vorhabenbezogener Bebauungsplan; so auch BVerwG, Beschluss vom 12.3.1999 – 4 B 112.98 -, NJW 1999, 3573.

16 *Söfker* in: Bielenberg/Krautzberger/Söfker Rdn. 334.

1 BauGB) und Befreiungen (§ 31 Abs. 2 BauGB) unterschieden. Beide können für die Festsetzungen von einfachen und qualifizierten Bebauungsplänen[17], nicht aber für die sonstigen Voraussetzungen i.S. des § 30 BauGB [18] erteilt werden.

a) Ausnahmen (§ 31 Abs. 1 BauGB)

Ausnahmen können zugelassen werden, die im Bebauungsplan nach Art und Umfang ausdrücklich vorgesehen sind. Der Ausnahmevorbehalt kann sich aber auch durch Bezugnahme auf die Regelung der BauNVO ergeben, die gemäß § 1 Abs. 3 Satz 2 BauNVO mit der Festsetzung von Baugebieten Gegenstand des Bebauungsplans werden. Soll dies nicht der Fall sein, muss die Gemeinde gemäß § 1 Abs. 6 BauNVO die Bezugnahme auf die Regelungen der BauNVO ausschließen. Die in der BauNVO genannten Ausnahmen werden daher durch die Bezugnahme auf die jeweiligen Baugebiete Bestandteil des Bebauungsplans. Die Ausnahme ist zwar danach nicht regelmäßig zulässig, kann jedoch nach Maßgabe der Einzelfallumstände zugelassen werden. Dabei ist eine wertende Betrachtung der betroffenen Belange vor dem Hintergrund des jeweiligen Gebietscharakters vorzunehmen. Störungen, die den Gebietscharakter nicht wahren oder gegen das Gebot der nachbarlichen Rücksichtnahme verstoßen, sind danach unzulässig. Auch scheitert eine ausnahmsweise zulässige Nutzung, wenn bodenrechtlich relevante Spannungen begründet oder erhöht werden. Ausnahmen sind auch dann unzulässig, wenn die Zweckbestimmung und der Typ des jeweiligen Baugebietes auch im Hinblick auf durch das Vorhaben erzeugte Vorbilder grundlegend verändert würden.

b) Befreiungen (§ 31 Abs. 2 BauGB)

Von den Festsetzungen des Bebauungsplans kann unter den Voraussetzungen des § 31 Abs. 2 BauGB 1998 befreit werden.[19] Das Gesetz sieht einen solchen Dispens vor, wenn die Grundzüge der Planung nicht berührt werden und (1) Gründe des Wohls der Allgemeinheit die Befreiung erfordern, (2) die Abweichung städtebaulich vertretbar ist oder (3) die Durchführung des Bebauungsplans zu einer offenbar nicht beabsichtigten Härte führen würde. Die Abweichung muss auch unter Würdigung nachbarlicher Belange mit den öffentlichen Belangen vereinbar sein. Der Gesetzgeber wollte mit § 31 Abs. 2 BauGB die Möglichkeit eines praktischen Kompromisses eröffnen. Der Bebauungsplan hat den Charakter einer verbindlichen Rechtsnorm.[20] Auf Grund der vorhandenen bauplanerischen Festsetzungen besteht daher für das Baugenehmigungsverfahren im Grundsatz eine strikte Rechtsbindung. Diese Bindung entfällt in aller Regel erst dann, wenn der Plan in einem mit spezifischen Garantien versehenen Verfahren geändert worden ist. Die Befreiung setzt zunächst voraus, dass die Grundzüge der Planung nicht berührt werden. Führt die Be-

17 *BVerwG*, Urt. v. 18.8. 1964 – I C 63.62 – BVerwGE 19, 164 = DVBl. 1964, 918 = DöV 1964, 740 = NJW 1964, 2442.

18 *BVerwG*, Urt. v. 21.2. 1986 – 4 B 10.83 – BauR 1986, 305 = DVBl. 1986, 685 = NJW 1986, 646.

19 Krautzberger in Battis/Krautzberger/Löhr § 33 Rdn. 1 ff.; Brügelmann § 33 Rdn. 1 ff.; Cholewa/David/Dyong/von der Heide § 33 Rdn. 1 ff.; Zinkahn in Ernst/Zinkahn/Bielenberg § 33 BauGB Rdn. 1 ff.; Gaentzsch § 33 Rdn. 1 ff.; Hoppe DVBl. 1983, 1077; ders. in FS Lukes, 1989, 687; Schlichter/Stich BK § 33 Rdn. 1 ff.; Schrödter § 33 Rdn. 1 ff.; Schütz/Frohberg § 33 Rdn. 1 ff.

20 *BVerfG*, B. v. 14. 5. 1985 – 2 BvR 397/82–399/82 – BVerfGE 70, 35 = UPR 1985, 330 = DöV 1985, 972 = *Hoppe/Stüer* RzB Rdn. 1291 – Bebauungsplan Gesetzesform.

freiung oder die von ihr ausgehende Vorbildwirkung zu einer Änderung der Grundzüge der Planung, kann dies nur durch eine förmliche Planänderung bewirkt werden (§ 1 Abs. 3 BauGB).

(1) Wohl der Allgemeinheit. Eine Befreiung nach § 31 Abs. 2 Nr. 1 BauGB ist möglich, wenn dies Gründe des Wohls der Allgemeinheit erfordern, wobei die Befreiung nicht das einzig mögliche Mittel sein muss. Dazu muss die Befreiung zur Erfüllung oder Wahrnehmung öffentlicher Interessen oder Aufgaben vernünftigerweise geboten sein, um mit ihrer Hilfe das Vorhaben zu verwirklichen[21]. Die Gründe des Wohls der Allgemeinheit können alles umfassen, was unter den öffentlichen Belangen oder Interessen zu verstehen ist, so auch die Förderung sozialer oder kultureller Einrichtungen. Die Befreiung darf die Grundzüge der Planung nicht berühren, denn sie dient nicht dazu planerische Festsetzungen geänderten Auffassungen anzupassen[22]. Außerdem darf durch die Befreiung die gemeindliche Planungshoheit nicht generalisierend beiseite geschoben werden, da der Wegfall des Einzelfallerfordernis nicht dazu führen darf, das Merkmal der „Erforderlichkeit" derart einzuschränken.

(2) Städtebauliche Vertretbarkeit. Diese Fallgruppe der Befreiungen ist durch das BauROG inhaltlich nicht geändert worden, da das Erfordernis, dass die Grundzüge der Planung nicht berührt werden dürfen, als allgemeine Voraussetzung für alle drei Fallgruppen aus § 31 Abs. 1 Nr. 2 BauGB herausgenommen und vorangestellt wurde. Eine Befreiung ist „städtebaulich vertretbar", wenn sie mit einer geordneten städtebaulichen Entwicklung vereinbar ist, insbesondere gemäß den Anforderungen des § 1 BauGB. Eine Abweichung von den Festsetzungen des Bebauungsplans kann dann zulässig sein, wenn sie mit den Grundsätzen des § 1 BauGB, insbesondere der Abwägung, vereinbar ist[23]. Da die Abweichung aber die Grundzüge der Planung wahren muss, ist nicht jede Abweichung, die auch zulässiger Inhalt eines Bebauungsplans sein könnte, zulässig.

(3) Nicht beabsichtigte Härte. Von den Festsetzungen des Bebauungsplans kann auch befreit werden, wenn seine Durchführung zu einer offenbar nicht beabsichtigten Härte führen würde. An diese Befreiungsmöglichkeit sind strenge Voraussetzungen geknüpft. Eine offenbar nicht beabsichtigte Härte setzt eine Besonderheit voraus, die im Verhältnis zu den Festsetzungen im Bebauungsplan den Fall in bodenrechtlicher Beziehung als Sonderfall erscheinen lassen. Eine gewollte Festsetzung kann keine unbeabsichtigte Härte begründen, vielmehr müssen die Folgen der Festsetzung planerisch nicht gewollt sein[24]. Die zusätzliche Voraussetzung, des Nichtberührens der Grundzüge der Planung, hat angesichts des oben genannten Erfordernis wenig Bedeutung, da eine Befreiung nicht möglich ist, wenn die Festsetzung, von der abgewichen werden soll, gewollt war.

4. Zulässigkeit während der Planaufstellung (§ 33 BauGB)

Ein Vorhaben ist während der Aufstellung eines Bebauungsplans zulässig, wenn die formelle (§ 33 Abs. 1 BauGB) oder die materielle (§ 33 Abs. 2 BauGB) Planreife erreicht ist.

21 *BVerwG*, Urt. v. 9.6.1978 – 4 C 54.75 – BVerwGE 56, 71.

22 *BVerwG*, B. v. 12.2.1996 – 4 B 199.95 – Buchholz 406.11 § 31 BauGB Nr. 34.

23 *BVerwG*, B. v. 20.11.89 – 4 B 163.89 – ZfBR 1990, 148 = NVwZ 1990, 56 = DöV 1990, 746 = DVBl. 1990, 338.

24 *BVerwG* Urt. v. 20.6. 1975 – 4 C 5.74 – BauR 1975, 313 = DVBl. 1975, 895; B. v. 27.11.1978 – 4 B 120.78 – ZfBR 1979, 37.

a) Formelle Planreife (§ 33 Abs. 1 BauGB)

§ 33 Abs. 1 BauGB regelt die Zulässigkeit von Vorhaben während der Aufstellung von Bebauungsplänen. Voraussetzung sind ein Planaufstellungsbeschluss und die in Nr. 1 bis 4 genannten Voraussetzungen. § 33 Abs. 1 Nr. 1 BauGB setzt die Durchführung der Öffentlichkeitsbeteiligung nach § 3 Abs. 2 BauGB und die Beteiligung der Träger öffentlicher Belange nach § 4 Abs. 2 BauGB nach Maßgabe des § 4a Abs. 2 – 5 BauGB voraus. Dies knüpft an die frühere Rechtsprechung[25] an, definiert jedoch die formelle Planreife ausnahmslos durch die Verfahren der förmlichen Öffentlichkeits- und Trägerbeteiligung.

Nach § 33 Abs. 1 Nr. 2 BauGB muss anzunehmen sein, dass das Vorhaben den künftigen Festsetzungen des Bebauungsplans nicht entgegensteht. Dazu muss der Inhalt des Planentwurfs den in den §§ 1 und 1a BauGB gestellten Anforderungen entsprechen. Es dürfen zum Zeitpunkt der Genehmigung keine Bedenken gegen die zukünftigen Festsetzungen des Bebauungsplans bestehen. Diese Festsetzungen muss der Antragsteller, der nicht notwendiger Weise der Eigentümer sein muss[26], nach § 33 Abs. 1 Nr. 3 BauGB für sich und seine Rechtsnachfolger schriftlich anerkennen. Schließlich setzt §§ 33 Abs. 1 Nr. 4 BauGB die gesicherte Erschließung voraus[27]. § 33 BauGB gilt bei erstmaliger Aufstellung und bei Änderung eines Bebauungsplans. Er ist auf kein bestimmtes Gebiet zugeschnitten, sondern modifiziert die §§ 30, 34 und 35 BauGB. Dies gilt auch für einfache Bebauungspläne (§ 30 Abs. 3 BauGB) und auch für vorhabenbezogene Bebauungspläne (§ 30 Abs. 2 BauGB).

b) Materielle Planreife

Eine Zulassung eines Vorhabens vor einer formellen Planreife ist im Vergleich zur früheren Rechtslage nur noch bei Planänderungen und damit nur noch eingeschränkt möglich. Ändert sich die Planung, so ist grundsätzlich eine erneute Öffentlichkeits- und Behördenbeteiligung durchzuführen (§§ 3 II, 4 Abs. 2 BauGB). Eine Zulassung ohne vorherige erneute Öffentlichkeits- und Behördenbeteiligung ist nur zulässig, wenn sich die vorgenommenen Änderungen nicht auf das Vorhaben auswirken und die übrigen Voraussetzungen einer Zulassung des Vorhabens bei formelle Planreife vorliegen (§ 33 Abs. 1 Nr. 2 – 4 BauGB).

c) Planreife bei vereinfachten Änderungen

Auch bei einer vereinfachten Änderung des Bebauungsplans kann ein Vorhaben vor Durchführung der Öffentlichkeits- und Behördenbeteiligung zugelassen werden (§ 33 Abs. 3 BauGB). Dann ist allerdings der Betroffenen Öffentlichkeit und den berührten Behörden und sonstigen Trägern öffentlicher Belange vor Erteilung der Genehmigung Gelegenheit zur Stellungnahme innerhalb angemessener Frist zu geben. Auch hierdurch wird eine Vorabgenehmigung bei Planänderungen im vereinfachten Verfahren sehr eingeschränkt.

25 *BVerwG*, B .v. 2.3.1978 – 4 B 26.78 – Buchholz § 33 Nr. 5 = BRS 33, 79.

26 *BVerwG*, Urt. v. 23.3. 1973 – IV C 49.71 – BVerwGE 42, 115 = NJW 73, 1518.

27 Vergleich zur gesicherten Erschließung Stüer, Handbuch des Bau- und Fachplanungsrechts, 2. Aufl. 1998, Rdn. 1730.

III. Zulässigkeit von Vorhaben im nicht beplanten Innenbereich (§ 34 BauGB)

Innerhalb der im Zusammenhang bebauten Ortsteile ist ein Vorhaben zulässig, wenn es sich nach Art und Maß der baulichen Nutzung, der Bauweise und der Grundstücksfläche, die überbaut werden soll, in die Eigenart der näheren Umgebung einfügt und die Erschließung gesichert ist. Die Anforderung an gesunde Wohn- und Arbeitsverhältnisse müssen gewahrt bleiben und das Ortsbild darf nicht beeinträchtigt werden. Die Voraussetzung, dass das Vorhaben den Festsetzungen eines einfachen Bebauungsplans nicht widersprechen darf, ist seit dem BauGB 1987 entfallen. Dies ergibt sich nun aus § 30 Abs. 3 BauGB. § 34 BauGB findet hingegen keine Anwendung bei vorliegen eines qualifizierten (§ 30 Abs. 1 BauGB) oder eines vorhabenbezogenen Bebauungsplans (§ 30 Abs. 2 BauGB). Auch ist § 34 Abs. 1 BauGB nicht anwendbar auf die Zulässigkeit von Einkaufszentren bis zum 31.12 2004, wenn dies die Länder nach § 246 Abs. 7 Satz 1 BauGB bestimmen.

1. Anwendungsvoraussetzungen des § 34 BauGB

Die Anwendung des § 34 BauGB setzt ein Vorhaben i.S. des § 29 BauGB das Nichtvorliegen eines qualifizierten oder vorhabenbezogenen Bebauungsplans und den im Zusammenhang bebauter Ortsteile voraus. Letzteres setzt sich aus dem Vorhandensein eines Ortsteils und der Zugehörigkeit des Grundstücks zu diesem Ortsteil zusammen.

a) Vorhaben i.S. des § 29 BauGB

Ein Vorhaben nach § 29 BauGB ist die Errichtung, Änderung oder Nutzungsänderung von baulichen Anlagen.

b) Vorhandensein eines Ortsteils

Ein Ortsteil liegt dann vor, wenn die vorhandene Bebauung ein städtebauliches Gewicht aufweist. Die Bebauung muss das Bild einer organischen Siedlungsstruktur darstellen[28]. Dazu muss die Bebauung über Infrastruktureinrichtungen verfügen und dem ständigen Aufenthalt von Menschen dienen.

c) Zugehörigkeit zum Ortsteil

Das Grundstück, auf dem das künftige Vorhaben verwirklicht werden soll muss sich zu dem Bebauungszusammenhang des Ortsteils rechnen lassen. Der Bebauungszusammenhang setzt eine aufeinander folgende Bebauung voraus, die auch bei Vorliegen von Baulücken den Eindruck der Zusammengehörigkeit vermittelt[29].

Die Grenze zwischen Innen- und Außenbereich muss durch eine Betrachtungsweise bestimmt werden, die die gesamten örtlichen Gegebenheiten ausreichend erschöpft[30]. So können Freiflächen

28 *BVerwG*, Urt. v. 6.11.1968 – 4 C 31.66 – BVerwGE 31, 22 = DVBl. 1970, 72 = DöV 1969, 645.

29 BGH, Urt. v. 14.10.1982 – III ZR 65/82 – WM IV 82, 1315 – Bebauungszusammenhang.

30 *BVerwG*, Urt. v. 6.12.1967 – 4 C 94.66 – BVerwGE 28, 268 = DVBl. 1968, 65 = DöV 1968, 322; Urt. v. 6.11.1968 – 4 C 2.66 – BVerwGE 31, 20 = DVBl. 1969, 262 = DöV 1969, 645; B. v. 27.5. 1988 – 4 B

und Baulücken die Grenze bilden, wobei die Größe der Baulücke nicht rein numerisch betrachtet werden darf, sondern im Verhältnis zu der Größe der Einzelnen bebauten Grundstücke gesehen werden muss[31]. So trennt zum Beispiel in einer Siedlung mit relativ kleinen Grundstücken bereits eine kleine Baulücke, die den Zusammenhang bei einer großflächigen Nutzung, etwa in einem Gebiet mit großen Gewerbebetrieben, nicht aufheben würde. Dass eine Einzelfallbetrachtung geboten ist, zeigt eine Straße, die zum einen die Grenze bilden kann[32], zum anderen bei beidseitiger Bebauung aber gerade den Zusammenhang herstellen kann.

Der Bebauungszusammenhang kann durch topografische Gegebenheiten (Erhebungen, Täler oder Flüsse) unterbrochen werden. Bauliche Anlagen, die den Zusammenhang herstellen sollen, müssen geeignet sein den Charakter des Ortsteils zu prägen. Dazu müssen sie so beschaffen sein, dass sie zum Eindruck der Geschlossenheit beitragen. Ein mit Schotter befestigter Stellplatz am Rande der Ortslage etwa vermittelt diesen Eindruck nicht[33]. Auch unbebaute Flächen können am Bebauungszusammenhang teilhaben, wenn sie den Eindruck der Geschlossenheit nicht zerstören. Hier ist, wie schon bei der Beurteilung der Grenzen zwischen Innen- und Außenbereich, der Zusammenhang am konkreten Sachverhalt zu bewerten[34]. Der Bebauungszusammenhang endet grundsätzlich mit dem letzten bebauten Grundstück[35].

2. Zulässigkeitsvoraussetzungen gemäß § 34 Abs. 1 BauGB

Die Zulässigkeitsvoraussetzungen des § 34 Abs. 1 BauGB beschränken sich seit dem BauGB 1987 im Wesentlichen auf das „Einfügen in die Eigenart der näheren Umgebung". Das BauGB 1987 enthielt nicht mehr „unter Berücksichtigung der für die Landschaft charakteristischen Siedlungsstruktur", da dieser in dem Begriff „der Eigenart der näheren Umgebung" aufgeht[36]. Ebenfalls verzichtet wurde auf das Erfordernis, dass „sonstige öffentliche Belange nicht entgegenstehen", weil das Einfügungserfordernis dieses Merkmal mit einschließt[37]. Das BauGB 1998 hat an diesen Zulässigkeitsvoraussetzungen nichts geändert. Nach § 34 Abs. 1 BauGB ist ein Vorhaben innerhalb der im Zusammenhang bebauten Ortsteile daher zulässig, wenn es sich nach Art und Maß der baulichen Nutzung, der Bauweise und der Grundstücksfläche, die überbaut werden soll, in die Eigenart der näheren Umgebung einfügt und die Erschließung gesichert ist.[38] Die Anforde-

71.88 – Buchholz 406.11 § 34 BauGB Nr. 127 = DöV 1988, 840; Urt. v. 22.6.1990 – 4 C 6.87 – Buchholz 406.11 § 35 BauGB Nr. 261 = NJW 91, 1969 = NVwZ 1991, 64 = ZfBR 1990, 293.

31 *BVerwG*, Urt. v. 1.12.1972 – 4 C 6.71 – BVerwGE 41, 227 = BauR 1973, 99 = DVBl. 1973, 641 = NJW 1973, 1014 = DöV 1973, 347.

32 *BVerwG*, Urt. v. 26.5.1989 – 8 C 6.88 – BVerwGE 82, 102 = DVBl. 1982, 1205 = NVwZ 1990, 165.

33 *BVerwG*, Urt. v. 14.9.1992 – 4 C 15.90 – Buchholz 406.11 § 34 BauGB Nr. 152 = DVBl. 1993, 111 = UPR 1993, 56 = BauR 1993, 300 = NVwZ 1993, 37.

34 *BVerwG*, Urt. v. 6.11.1968 – 4 C 2.66 – BVerwGE 31, 20; Urt. v. 1.12.1972 – 4 C 6.71 – BVerwGE 41, 227 = BauR 1973, 99 = DVBl. 1973, 641; B. v. 16.2. 1988 – 4 B 19.88 – Buchholz 406.11 § 34 BBauG Nr. 123; B. v. 27.5.1988 – 4 B 71.88 – Buchholz 406.11 § 34 BBauG/BauGB Nr. 127 = DöV 1988, 840 = BauR 1988, 444.

35 *BVerwG*, Urt. v. 13.2.1976 – 4 C 72.74 – Buchholz 406.11 § 35 BBauG Nr. 123 = NJW 1976, 1855 = DöV 1976, 562 = BauR 1976, 188.

36 *BVerwG*, Urt. v. 29.5.1981 – 4 C 34.78 – BVerfGE 62, 250 = BauR 1981, 547 = NJW 1982, 196 = ZfBR 1981, 243 = DVBl. 1981, 931 = DöV 1981, 876.

37 *BVerwG*, Urt. v. 26.5.1978 – 4 C 9.77 – BVerwGE 55, 369 = DVBl. 1978, 815 = NJW 1978, 2564 = ZfBR 1978, 28 = BauR 1978, 278.

38 *Upmeier* Zulässigkeit von Vorhaben HdBöffBauR Kap. A Rdn. 490.

rungen an gesunde Wohn- und Arbeitsverhältnisse müssen gewahrt bleiben; das Ortsbild darf nicht beeinträchtigt werden.[39]

a) Nähere Umgebung

Das „sich Einfügen" in die Eigenart der näheren Umgebung setzt zunächst eine nähere Umgebung voraus. Die nähere Umgebung umfasst nicht nur die unmittelbaren Nachbargrundstücke[40], vielmehr muss die nähere Umgebung so weit gezogen werden, wie das Vorhaben sich auf sie auswirken kann und so weit die Umgebung selbst den bodenrechtlichen Charakter des zu bebauenden Grundstücks prägt oder zumindest beeinflusst[41]. Der Größe des Rahmens der Umgebung wird durch die Einheitlichkeit der Umgebung bestimmt, je einheitlicher die Umgebung desto enger kann der Rahmen gesteckt werden, je unterschiedlicher, desto weiter muss der Rahmen gezogen werden.

b) Eigenart der näheren Umgebung

Die „Eigenart" der näheren Umgebung wird vor allem durch die vorhandene Bebauung geprägt[42]; was die vorhandene Bebauung nicht prägt, muss außer Acht gelassen werden. Die Bebauung in der direkten Umgebung hat grundsätzlich eine stärkere Wirkung für die Eigenart, doch darf die weitere Umgebung nicht vernachlässigt werden, wenn sie sich auf das Grundstück noch prägend auswirkt[43]. Die prägende Wirkung eines beseitigten Altbestands entfällt erst, wenn sich die Neubebauung nach der Verkehrsauffassung nicht mehr aufdrängt[44]. Wann eine die Eigenart der näheren Umgebung prägende Bebauung entstanden ist und ob sich ihre Zulässigkeit ebenfalls nach § 34 BauGB oder nach § 31 Abs. 1 BauGB beurteilt hat, bleibt für die Frage der Eigenart unberücksichtigt[45].

c) Einfügen

Aus dieser Eigenart der näheren Umgebung müssen sich die Maßstäbe dafür ergeben, ob sich ein Vorhaben einfügt und damit planungsrechtlich zulässig sein kann. Die Maßstäbe enthalten die Art und das Maß der baulichen Nutzung sowie die Bauweise und die überbaute Grundstücksfläche[46].

39 Krautzberger in Battis/Krautzberger/Löhr § 34 Rdn. 1 ff.; Brügelmann § 34 Rdn. 1 ff.; Cholewa/David/Dyong/von der Heide § 34 Rdn. 1 ff.; Dyong in Ernst/Zinkahn/Bielenberg § 34 BauGB Rdn. 1 ff.; Fickert BauR 1985, 1; Gaentzsch § 34 Rdn. 1 ff.; von der Heide der landkris 1988, 220; Hoppe BauR 1973, 79; ders. Zur baurechtlichen Beurteilung von großen Freiflächen im unbeplanten Innenbereich gem. § 34 BBauG 1983; Lenz ZfBR 1986, 14; Scharmer Das Bebauungsrecht im unbeplanten Innenbereich 1992; Schlichter/Stich BK § 34 Rdn. 1 ff.; Schrödter § 34 Rdn. 1 ff.; Stüer StuGR 1985, 192.

40 *BVerwG*, Urt. v. 18.10.1974 – 4 C 77.73 – NJW 1975, 460 = DöV 1975, 103 = BayVBl. 1975, 370 = BauR 1975, 29.

41 *BVerwG*, Urt. v. 26.5.1978 – 4 C 9.77 – BVerwGE 55, 369 = DVBl. 1978, 815 = NJW 1978, 2564 = ZfBR 1978, 28.

42 *BVerwG*, Urt. v. 26.5.1978 – 4 C 9.77 – BVerwGE 55, 369.

43 *BVerwG*, Urt. v. 26.5.1978 – 4 C 9.77 – BVerwGE 55, 369.

44 *BVerwG*, B. v. 24.5.1988 – 4 CB 12.88 = ZfBR 1987, 44 = BauR 1988, 574.

45 *BVerwG*, Urt. v. 31.10.1975 – 4 C 16.73 = DöV 1976, 381 = BauR 1976, 185.

46 Krautzberger in: Battis/Krautzberger/Löhr § 34 Rdn. 15.

Ein Vorhaben das sich in jeder Hinsicht innerhalb des aus seiner Umgebung hervorgehenden Rahmens hält, fügt sich in der Regel in die Umgebung ein[47].

Das Vorhaben muss aber zudem das Rücksichtnahmegebot wahren, denn ein Vorhaben fügt sich dann nicht ein, auch wenn es sich in jeder Hinsicht innerhalb des aus seiner Umgebung hervorgehenden Rahmens hält, wenn es an der gebotenen Rücksichtnahme auf die sonstige, d.h. vor allem auf die in seiner unmittelbaren Nähe vorhandene Bebauung, fehlen lässt[48]. Mit diesem Tatbestandsmerkmal wird vor allem dem Umstand Rechnung getragen, dass der Rahmen in der näheren Umgebung und nicht nur in der unmittelbaren Nähe des Vorhabens gezogen wird. In der näheren Umgebung sind die den Rahmen prägenden Nutzungen meist nicht gleichmäßig verteilt, so dass ein Vorhaben, das sich in diesem Rahmen hält, in bestimmten Teilen dieses Gebiets die Rücksichtnahme nicht verletzt, in anderen dies gleichwohl bewirkt.

d) Gesicherte Erschließung

Ein Vorhaben kann nach § 34 Abs. 1 BauGB nur zugelassen werden, wenn die Erschließung gesichert ist. Vorhaben im unbeplanten Innenbereich müssen sich grundsätzlich mit dem Erschließungszustand abfinden, den der jeweilige Innenbereich aufweist[49]. Es ist ausreichend, wenn die Erschließung spätestens zum Zeitpunkt der Fertigstellung oder Ingebrauchnahme vorhanden ist.

e) Anforderungen des § 34 Abs. 1 Satz 2 BauGB

Neben den Erfordernissen des § 34 Abs. 1 Satz 1 BauGB müssen die Anforderungen an gesunde Wohn- und Arbeitsverhältnisse gewahrt bleiben und das Ortsbild darf nicht beeinträchtigt werden. Diese beiden Anforderungen ergeben sich bereits aus § 34 Abs. 1 Satz 2 BauGB. Zudem sind in der Regel die Anforderungen an gesunde Wohn- und Arbeitsverhältnisse bereits gewahrt, wenn sich das Vorhaben nach § 34 Abs. 1 Satz 1 BauGB einfügt. Da beim Einfügen keine bodenrechtlichen Spannungen auftreten dürfen, ist in der Regel das Ortsbild nicht beeinträchtigt. Diese Merkmale werden vom Gesetzgeber nur klarstellend hervorgehoben, da sie städtebaulich von großer Bedeutung sind[50].

3. Anwendung der BauNVO (§ 34 Abs. 2 BauGB)

§ 34 Abs. 2 BauGB regelt die Anwendung der BauNVO, wenn die Eigenart der näheren Umgebung einem der Baugebiete der BauNVO entspricht. Die Vorschrift ist aber nur anzuwenden, wenn sich die Eigenart der näheren Umgebung eindeutig einer Gebietskategorie der BauNVO zuordnen lässt. Kann die Umgebung keinem der Baugebiete der BauNVO zugeordnet werden, regelt sich die Zulässigkeit ausschließlich nach § 34 Abs. 1 BauGB. Die Anwendung der BauNVO gilt nur in Bezug auf die Art der Nutzung; das Maß beurteilt sich weiter nach § 34 Abs. 1 BauGB. Für die Art der Nutzung ist allein die BauNVO maßgeblich. Das Erfordernis des Einfü-

47 *BVerwG*, Urt. v. 26.5.1978 – 4 C 9.77 – BVerwGE 55, 369.

48 *BVerwG*, Urt. v. 18.10.1974 – 4 C 77.73 – NJW 1975, 460 = DöV 1975, 103.

49 *BVerwG*, Urt. v. 26.5.1978 – 4 C 9.77 – BVerwGE 55, 369.

50 Krautzberger in: Battis/Krautzberger/Löhr § 34 Rdn. 23.

gens ist nicht zusätzlich zu prüfen[51]. Durch die Bezugnahme des § 34 Abs. 2 BauGB auf die BauNVO ist das in § 15 Abs. 1 BauNVO enthaltene Gebot der gegenseitigen Rücksichtnahme anzuwenden[52].

Die nach der BauNVO allgemein zulässigen Vorhaben sind nach § 34 Abs. 2 HS 1 BauGB zulässig. Für die ausnahmsweise zulässigen Vorhaben (jeweils die 3. Absätze der §§ 2 – 4 a, 6 – 9 BauNVO) ist § 31 Abs. 1 BauGB anzuwenden (§ 34 Abs. 2 HS 2 BauGB). Solche Vorhaben können auch bei § 34 Abs. 2 BauGB nur ausnahmsweise zugelassen werden. Dadurch wird, wenn die Umgebung einem der Baugebiete der BauNVO entspricht, der unbeplante Innenbereich dem beplanten Innenbereich gleichgestellt.

4. Zentrale Versorgungsbereiche (§ 34 Abs. 3 BauGB)

Von den Innenbereichsvorhaben dürfen keine schädlichen Auswirkungen auf zentrale Versorgungsbereiche in der Gemeinde oder in anderen Gemeinden zu erwarten sein (§ 34 Abs. 3 BauGB). Die Vorschrift will sicherstellen, dass gemeindliche Versorgungsstrukturen aber auch interkommunale Belange bei der planungsrechtlichen Zulässigkeit von Innenbereichsvorhaben zu berücksichtigen sind. Zugleich soll hierdurch die Abwehrkraft nachbargemeindlicher Belange gegenüber Innenbereichsvorhaben gestärkt werden.

5. Gemengelagen im Innenbereich (§ 34 Abs. 3a BauGB)

Mit § 34 Abs. 2a BauGB wird eine Vorschrift wieder neu belebt, die durch das BauGB 1987 eingeführt und vom BauROG 1998 gestrichen worden ist. Auch Vorhaben, die sich nicht in die Eigenart der näheren Umgebung einfügen, können danach im Einzelfall zugelassen werden, wenn die Abweichung (1) der Erweiterung, Änderung, Nutzungsänderung oder Erneuerung eines zulässigerweise errichteten Gewerbe- oder Handwerksbetriebes dient, (2) städtebaulich vertretbar ist und (3) auch unter Würdigung nachbarlicher Interessen mit den öffentlichen Belangen vereinbar ist. Auf Einzelhandelsbetriebe mit schädlichen Auswirkungen auf Städtebau oder Infrastruktur ist die Vorschrift nicht anzuwenden. Städtebaulich vertretbar ist dabei, was planbar ist und den planungsrechtlichen Grundsätzen des § 1 Abs. 6 BauGB und dem Abwägungsgebot des Abs. 7 BauGB entspricht[53].

6. Innenbereichssatzungen nach § 34 Abs. 4 BauGB

Die Abgrenzung von Innen- und Außenbereich führt in der Praxis oft zu Schwierigkeiten, ist aber von erheblicher Bedeutung. Die Zuordnung zum Innenbereich begründet grundsätzlich die Bebaubarkeit eines Grundstücks, während der Außenbereich von der Bebauung grundsätzlich freizuhalten ist. Um es der Gemeinde zu erleichtern, den Innenbereich vom Außenbereich abzugrenzen, gibt es in § 34 Abs. 4 BauGB die Möglichkeit für die Gemeinde, im Sinne einer Klarstellung den Innenbereich vom Außenbereich abzugrenzen (Satz 1 Nr. 1). Auch kann sie bebaute Bereiche im Außenbereich als im Zusammenhang bebaute Ortsteile festlegen (Entwicklungssatzung Satz 1

51 *Dürr* in: *Ernst/Zinkahn/Bielenberg* § 34 Rdn. 51; so auch *BVerwG*, B. v. 12.2.1990 – 4 B 240.89 – BauR 1990, 326 = NVwZ 1990, 557 = ZfBR 90, 157, entgegen noch *BVerwG*, Urt. v. 4.5.1979 – 4 C 23.76 – ZfBR 1979, 168 = NJW 1980, 605 = DöV 1979, 676; Urt. v. 18.10.1985 – 4 C 19.82 – ZfBR 1986,44 = DVBl. 1986, 187 = NJW 1986, 1703, welches dem Einfügen aber schon weniger Bedeutung beimaß.

52 *BVerwG*, Urt. v. 5.8.1983 – 4 C 96.79 – BVerwGE 67, 334 = BauR 1983, 543 = DöV 1986, 571 = ZfBR 1983, 243; Urt. v. 7.2. 1986 – 4 C 49.82 – BauR 1986, 414 = ZfBR 1986, 148 = NJW 1986, 642.

53 BVerwG, Urteil vom 15.2.1990 – 4 C 47.89 –, BVerwGE 84, 322 = DVBl. 1990, 585 - Unikat.

Nr. 2) und einzelne Außenbereichsflächen in die im Zusammenhang bebauten Ortsteile einbeziehen (Einbeziehungs- oder Ergänzungssatzung Satz 1 Nr. 3).

Das Gesetz kennt drei verschiedene Innenbereichssatzungen, die in § 34 Abs. 4 BauGB geregelt sind: Die Klarstellungs-, Entwicklungs- und Ergänzungssatzung .[54] Die Ergänzungssatzung ist durch das BauROG aus der vormaligen Abrundungssatzung des § 34 Abs. 4 Satz 1 Nr. 3 BauGB 1986 und der erweiterten Abrundungssatzung des § 4 Abs. 2a BauGB-MaßnG gebildet worden. Die letztgenannten Regelungen sind zum 1.1.1998 außer Kraft getreten.

a) Klarstellungssatzung (§ 34 Abs. 4 Satz 1 Nr. 1 BauGB)

Mit der Klarstellungssatzung kann die Gemeinde die Grenzen für die im Zusammenhang bebauten Ortsteile oder Teile davon festlegen. Diese Satzung hat nur deklaratorische Bedeutung, das heißt für jedes Grundstück muss die Innenbereichsqualität bestehen. Die Gemeinde hat kein planerisches Ermessen, durch die Klarstellungssatzung bestimmte Grundstücke dem Innenbereich zuzuordnen oder Innenbereichsgrundstücke von der Anwendung des § 34 BauGB auszuschließen. In der Satzung wird lediglich die Rechtsfrage entschieden, ob ein Grundstück zum Innenbereich gehört oder nicht.

b) Entwicklungssatzung (§ 34 Abs. 4 Satz 1 Nr. 2 BauGB)

Die Gemeinde kann durch die Satzung nach § 34 Abs. 4 Satz 1 Nr. 2 BauGB Außenbereichsflächen zum Ortsteil i.S. des § 34 Abs. 1 BauGB festlegen. In diesem Außenbereich müssen Siedlungsansätze vorhanden sein, die geeignet sind, die Eigenart der näheren Umgebung i.S. des § 34 Abs. 1 BauGB in hinreichender Weise zu prägen[55]. Stimmt das Gebiet mit einem der Baugebiete der BauNVO überein, findet § 34 Abs. 2 BauGB Anwendung. Die Flächen müssen im Flächennutzungsplan als Bauflächen dargestellt sein, etwa als Wohnbauflächen oder gemischte Bauflächen[56]. Ist die Satzung nach Nr. 2 in Kraft getreten, gehören die Grundstücke zum im Zusammenhang bebauten Ortsteil. Die Zulässigkeit der Vorhaben richtet sich dann nach § 34 BauGB.

c) Einbeziehungs- oder Ergänzungssatzung (§ 34 Abs. 4 Satz 1 Nr. 3 BauGB)

Die Satzung nach § 34 Abs. 4 Satz 1 Nr. 3 BauGB ermöglicht die Einbeziehung einzelner Außenbereichsflächen in die im Zusammenhang bebauten Ortsteile, wenn die einbezogene Fläche durch die bauliche Nutzung des angrenzenden Bereichs entsprechend geprägt wird. Die durch das BauROG eingeführte Satzung geht über die bisher geltende „Abrundungssatzung" hinaus. Sie führt die bis zum 31.12.1997 gültige Möglichkeit aus § 4 Abs.2a BauGB-MaßnG fort, Flächen des Außenbereichs in den im Zusammenhang bebauten Ortsteil einzubeziehen, wenn eine entsprechende Prägung dieser Flächen durch den angrenzenden Innenbereich gegeben ist. Allerdings war bei § 4 Abs. 2a BauGB-MaßnG Voraussetzung, dass die einzubeziehenden Vorhaben

54 Die erweitere Abrundungssatzung nach § 4 II a BauGB–MaßnG und die Vergnügungsstättensatzung als einfacher Bebauungsplan im nicht beplanten Innenbereich sind durch das BauROG 1998 aufgehoben worden; *Gerhards* BauR 1990, 667.

55 *BVerwG*, Urt. v. 1.12.1972 – 4 C 6.71 – BVerwGE 41, 227 = BauR 1973, 99 = DVBl. 1973, 641; Urt. v. 26.5. 1978 – 4 C 9.77 – BVerwGE 56, 71 = NJW 1979, 939 = BauR 1978, 387; *Söfker* in: *Ernst/Zinkahn/Bielenberg* § 34 Rdn. 103.

56 Vgl. dazu § 1 I BauNVO, nicht erforderlich ist dagegen die Darstellung von Baugebieten i.S. des § 1 II BauNVO.

bei § 4 Abs. 2a BauGB-MaßnG Voraussetzung, dass die einzubeziehenden Vorhaben ausschließlich Wohnzwecken dienten. Diese Einengung wurde bei der Neufassung weggelassen. Wie schon bei § 4 Abs. 2a BauGB-MaßnG sind Gegenstand der Satzung in § 34 Abs. 4 Satz 1 Nr. 3 BauGB einzelne Außenbereichsflächen im Gegensatz zur Abrundungssatzung.

d) Kumulation der Satzungen (§ 34 Abs. 4 Satz 2 BauGB)

Die Satzungen nach § 34 Abs. 4 Satz 1 BauGB können miteinander verbunden werden. Dies entspricht der Regelung in § 34 Abs. 4 Satz 1 Nr. 3 BauGB 1998 mit der Ausnahme, dass eine Satzung nach Nr. 3 auch ohne die Verbindung mit einer Satzung nach Nrn. 1 oder 2 erlassen werden kann.

e) Weitere Voraussetzungen für die Entwicklungs- oder Ergänzungssatzung

Voraussetzung für die Aufstellung von Satzungen nach § 34 Abs. 4 Satz 1 Nr. 2 und 3 BauGB ist, dass

1. sie mit einer geordneten städtebaulichen Entwicklung vereinbar sind,

2. die Zulässigkeit von Vorhaben, die einer Pflicht zur Durchführung einer Umweltverträglichkeitsprüfung nach Anlage 1 zum Gesetz über die Umweltverträglichkeitsprüfung oder nach Landesrecht unterliegen, nicht begründet wird und

3. keine Anhaltspunkte für eine Beeinträchtigung der in § 1 Abs. 6 Nr. 7 Buchstabe b BauGB genannten Schutzgüter bestehen.

Die Satzungen nach § 34 Abs. 4 Satz 1 Nrn. 2 und 3 BauGB müssen mit einer geordneten städtebaulichen Entwicklung vereinbar sein. Denn diese Satzungen verleihen den bezeichneten Flächen Innenbereichsqualität. Dies setzt die Vereinbarkeit mit einer geordneten städtebaulichen Entwicklung voraus. Die Satzung muss demnach den Anforderungen der §§ 1, 1a BauGB genügen. Dies soll sicherstellen, dass die Vorschriften über die planerische Eingriffsregelung beachtet werden, da durch die Nr. 3 Außenbereichsflächen der baulichen Entwicklung zugeführt werden. Die Verweisung auf § 1a BauGB ist nur von klarstellender Art und soll dazu führen, dass umweltschützende Belange bei der Abwägung berücksichtigt werden.

Innenbereichssatzungen sind nur für Vorhaben zulässig, die nicht umweltprüfungspflichtig oder vorprüfungspflichtig sind. Anderenfalls muss ein Bebauungsplan-Aufstellungsverfahren durchgeführt werden. Der Innenbereichssatzung ist eine Begründung beizufügen, die allerdings keinen Umweltbericht enthalten muss.

f) Ergänzende Festsetzungen (§ 34 Abs. 4 Satz 2 BauGB)

§ 34 Art. 4 Abs. 5 Satz 2 BauGB ermöglicht es, Festsetzungen nach § 9 Abs. 1, 3 Satz 1 und Abs. 4 BauGB in die Satzungen aufzunehmen. Die Aufnahme dieser Festsetzungen ist auf „einzelne" Festsetzungen beschränkt. Mehr als nur einige Festsetzungen sind unzulässig; sie sind der Aufstellung eines Bebauungsplans vorbehalten[57]. Nach § 34 Abs. 4 Satz 4 BauGB können landesrechtliche Festsetzungen (nach § 9 Abs. 6 BauGB) in die Satzungen übernommen werden.

57 Söfker in: Ernst/Zinkahn/Bielenberg § 34 Rdn. 194.

g) Verfahrensrechtliche Voraussetzungen (§ 34 Abs. 6 BauGB)

§ 34 Abs. 6 BauGB regelt das Satzungsverfahren für die drei Satzungstypen. Die Klarstellungssatzung nach Nr. 1 ist von verfahrensmäßigen Anforderungen des BauGB freigestellt. Bei den Satzungen nach Nrn. 2 und 3 ist das vereinfachte Verfahren über die Öffentlichkeits- und Behördenbeteiligung nach § 13 Abs. 2 BauGB anzuwenden. Der betroffenen Öffentlichkeit und den Behörden ist innerhalb einer angemessenen Frist Gelegenheit zur Stellungnahme zu gegeben. Wahlweise kann auch eine förmliche Offenlegung nach § 3 Abs. 2 BauGB (für die betroffene Öffentlichkeit) und eine Behördenbeteiligung nach § 4 BauGB durchgeführt werden. Die Innenbereichssatzungen sind nicht mehr genehmigungsbedürftig.

IV. Bauen im Außenbereich (§ 35 BauGB)

Die Zulässigkeit von Vorhaben im Außenbereich richtet sich nach § 35 BauGB. Es wird zwischen privilegierten Vorhaben (§ 35 Abs. 1 BauGB), nicht privilegierten Vorhaben (§ 35 Abs. 2 BauGB) und teilprivilegierten Vorhaben (§ 35 Abs. 4 BauGB) unterschieden. Hinzu treten die Außenbereichssatzungen nach § 35 Abs. 6 BauGB.

1. Privilegierte Vorhaben nach § 35 Abs. 1 BauGB

Die privilegierten Außenbereichsvorhaben teilen sich in sechs Gruppen auf: Vorhaben die einem land- oder forstwirtschaftlichen Betrieb dienen (Nr. 1), der gartenbaulichen Erzeugung dienen (Nr. 2), dem Fernmeldewesen, der öffentlichen Versorgung mit Elektrizität, Gas, Wärme und Wasser, der Abwasserwirtschaft oder einem ortsgebundenen gewerblichen Betrieb dienen (Nr. 3), wegen ihrer besonderen Anforderung an die Umgebung nur im Außenbereich ausgeführt werden sollen (Nr. 4), der Erforschung, Entwicklung oder Nutzung der Kernenergie oder der Entsorgung radioaktiver Abfälle dienen (Nr. 5) oder der Erforschung, Entwicklung oder Nutzung der Wind- oder Wasserenergie dienen. Bei allen Vorhaben dürfen keine öffentlichen Belange entgegenstehen[58]. Die ausreichende Erschließung muss gesichert sein.

a) Land- oder forstwirtschaftliche Betriebe (§ 35 Abs. 1 Nr. 1 BauGB)

Ein Vorhaben ist zulässig, wenn es einem land- oder forstwirtschaftlichen Betrieb dient und einen untergeordneten Teil der Betriebsfläche einnimmt. Nach § 201 BauGB fällt unter den Begriff der Landwirtschaft insbesondere der Ackerbau, die Wiesen- und Weidewirtschaft einschließlich Tierhaltung, so weit das Futter überwiegend auf den zum landwirtschaftlichen Betrieb gehörenden, landwirtschaftlich genutzten Flächen erzeugt werden kann, die gartenbauliche Erzeugung, der Erwerbsobstbau, der Weinbau, die berufsmäßige Imkerei und die berufsmäßige Binnenfischerei. Die Landwirtschaft setzt eine unmittelbare Bodenertragsnutzung voraus, bei der der Boden zur Nutzung seines Ertrags planmäßig und eigenverantwortlich bewirtschaftet wird[59].

58 Zu den Zielen der Raumordnung als öffentlicher Belang siehe unter E: II. 8..

59 *BVerwG*, Urt. v. 13.12.1974 – 4 C 22.73 – BauR 1975, 104 = Buchholz 406.11 § 35 BBauG Nr. 115 = DVBl. 1975, 504.

b) Betriebe der gartenbaulichen Erzeugung (§ 35 Abs. 1 Nr. 2 BauGB)

Das BauROG hat in § 35 Abs. 1 Nr. 2 BauGB die Privilegierung von Vorhaben, die einem Betrieb der gartenbaulichen Erzeugung dienen, eingeführt. Zweck dieser Privilegierung, die als Teil der Landwirtschaft bereits von § 35 Abs. 1 Nr. 1 BauGB umfasst wird, ist der Wegfall des Erfordernisses, dass das Vorhaben nur einen untergeordneten Teil der Betriebsfläche einnehmen durfte. Gerade bei gartenbaulichen Betrieben steht die Bodennutzung nicht im Vordergrund. Vielmehr werden große Teile des Betriebsgeländes mit Häusern aus Folie oder Glas bebaut. Um aber der möglicherweise dadurch entstehenden Massierung solcher Anlagen entgegen wirken zu können, regelt § 35 Abs. 3 Satz 3 BauGB ein Darstellungsprivileg, das den Gemeinden und der Regionalplanung die Möglichkeit einer planerischen Steuerung von derartigen Vorhaben gibt.

c) Ver- und Entsorgungseinrichtungen und ortsgebundene gewerbliche Betriebe (§ 35 Abs. 1 Nr. 3 BauGB)

Das BauROG hat die bisher in Nr. 4 privilegierten Vorhaben unverändert in Nr. 3 übernommen. Durch die Berichtigung vom 16.1.1998[60] wurde das „Fernmeldewesen" durch „Telekommunikationsdienstleistungen" ersetzt. Die Privilegierung nach Nr. 3 umfasst Vorhaben, die der öffentlichen Versorgung mit Elektrizität, Gas, Telekommunikationsdienstleistungen, Wärme und Wasser, der Abwasserwirtschaft oder einem ortsgebundenen gewerblichen Betrieb dienen. Zu den Ver- und Entsorgungseinrichtungen rechnen etwa Leitungs- und Hochspannungsmasten, Kraftwerke, Gasleitungen, Rundfunk- und Fernsehtürme, Fernmeldetürme, Telefonleitungen, Wärme- und Wasserleitungen, Kläranlagen und Teiche oder Rückhaltebecken[61]. Wie die gewerblichen Betriebe müssen auch die Ver- und Entsorgungseinrichtungen zu dem vorgesehenen Standort eine ortsgebundene Beziehung haben[62].

d) Im Außenbereich auszuführende Vorhaben (§ 35 Abs. 1 Nr. 4 BauGB)

In § 35 Abs. 1 Nr. 4 BauGB werden Vorhaben privilegiert, die wegen ihrer besonderen Anforderungen an die Umgebung, ihrer nachteiligen Wirkung auf die Umgebung oder wegen ihrer besonderen Zweckbestimmung nur im Außenbereich ausgeführt werden sollen. Im Verhältnis zu den übrigen Privilegierungstatbeständen ist die Nr. 4 recht weit gefasst, daher ist eine dreifache Prüfung angezeigt. Zuerst wird geprüft, ob die genannten Kriterien eine gewisse Zuordnung des Vorhabens zum Außenbereich nahe legen, dann, ob es wegen dieser Merkmale nur im Außenbereich ausgeführt werden soll und ob die Bevorzugung des Außenbereichs billigenswert ist[63]. Ein Vorhaben soll nur dann im Außenbereich errichtet werden, wenn es nach Art, Umfang und Gestaltung für seine konkrete Zweckbestimmung erforderlich ist[64].

60 BGBl. I Seite 137.

61 Stüer, Handbuch des Bau– und Fachplanungsrechts Rdn. 1520.

62 BVerwG, Urt. v. 21.1.1977 – 4 C 28.75 – Buchholz 406.11 § 35 BBauG Nr. 38 = DVBl. 1977, 526 = DöV 1977, 328.

63 Stüer, Handbuch des Bau– und Fachplanungsrechts, 2. Aufl. 1998, Rdn. 1524.

64 OVG Münster, Urt. v. 22.5.1991 – 7 A 822/89 – AgrarR 1992, 146 = NuR 1992, 137.

e) Anlagen der Wind- und Wasserenergie (§ 35 Abs. 1 Nr. 5 BauGB)

Seit dem BauGB-Änderungsgesetz vom 30.7. 1996[65] ist der Katalog der privilegierten Vorhaben um Vorhaben, die der Erforschung, Entwicklung oder Nutzung der Wind- oder Wasserenergie dienen erweitert worden (bis zum 31.12.1997 Nr. 7). Diese Ergänzung des Katalogs war notwendig, da eine Privilegierung nach Nrn. 3 und 4 n.F. nicht allgemein gegeben war[66]. Unberührt von der Privilegierung in Nr. 5 bleibt eine mögliche Privilegierung als untergeordnete Anlage nach Nrn. 1 bis 6[67]. Die Privilegierung in Nr. 5 kommt Anlagen zugute, die die gewonnene Elektrizität überwiegend in das öffentliche Netz einspeisen wollen. Den Gemeinden bleibt aber das Darstellungsprivileg als öffentlicher Belang nach § 35 Abs. 3 Satz 3 BauGB, mit dem sie die Vorhaben im Flächennutzungsplan an bestimmte Orte ausweisen kann. Dies kann auch als Ziel der Raumordnung geschehen. So können die regenerativen Energien gefördert werden, ohne dass sich die Windkraftanlagen über die ganze Breite der Landschaft verteilen und diese zerklüften. Nebenanlagen von landwirtschaftlichen Betrieben, die durch § 35 Abs. 1 Nr. 1 BauGB privilegiert sind, kann das Darstellungsprivileg aus § 35 Abs. 3 Satz 3 BauGB allerdings nicht entgegengehalten werden.

f) Biogasanlagen (§ 35 Abs. 1 Nr. 6 BauGB)

Privilegiert sind auch die Biogasanlagen im Rahmen eines landwirtschaftlichen, gartenbaulichen oder ortsgebundenen Betriebes, der Tierhaltung betreibt. Neben den weiteren in § 35 Abs. 1 Nr. 6 BauGB genannten einschränkenden Voraussetzungen darf die installierte elektrische Leistung der Anlage 0,5 MW nicht überschreiten. Die Privilegierung der Biogasanlagen ist daher gegenüber den Windenergieanlagen, die an derartige Beschränkungen nicht gebunden sind, deutlich eingeschränkt.

g) Kerntechnische Anlagen (§ 35 Abs. 1 Nr. 7 BauGB)

Nach § 35 Abs. 1 Nr. 7 BauGB sind Vorhaben, die der Erforschung, Entwicklung oder Nutzung der Kernenergie zu friedlichen Zwecken oder der Entsorgung radioaktiver Abfälle dienen. Die Begriffe der Erforschung, Entwicklung und Nutzung entsprechen denen des § 1 Nr. 1 AtG. Darunter fallen z.B. Kernkraftwerke, Forschungsreaktoren oder Wiederaufbereitungsanlagen. Der beabsichtigte Ausstieg aus der Nutzung der Kernenergie wird auch die bisher bestehende Privilegierung entfallen lassen. Bedeutsam sind allerdings gegenwärtig noch die Zwischenlager für abgebrannte Kernbrennstoffe, die nach dieser Vorschrift privilegiert sind.

2. Sonstige Vorhaben (§ 35 Abs. 2 BauGB)

Sonstige nicht privilegierte Vorhaben können nach § 35 Abs. 2 BauGB im Einzelfall zugelassen werden, wenn ihre Ausführung oder Benutzung öffentliche Belange nicht beeinträchtigt und die Erschließung gesichert ist. Die Voraussetzung der gesicherten Erschließung ist eine klarstellende

65 BGBl. I 1189.

66 *BVerwG*, Urt. v. 16.6.1994 – 4 C 20.93 – BVerwGE 96, 95 = DVBl. 1994, 1141 = NVwZ 1995, 64 = ZfBR 1994, 290.

67 Privilegierung bejaht durch *BVerwG*, Urt. v. 18.2.1983 – 4 C 18.81 – BVerwGE 67, 23 = DVBl. 1983, 886 = NJW 1983, 2713 = ZfBR 1983, 193.

Ergänzung, da die Erschließung, auch wenn sie nicht ausdrücklich genannt wird, zu den allgemeinen Zulässigkeitsvoraussetzungen des Bauplanungsrechts gehört[68]. Trotz der Formulierung „können im Einzelfall" ist § 35 Abs. 2 BauGB keine Ermessensvorschrift. Wenn die Zulässigkeitsvoraussetzungen erfüllt sind, ist das Vorhaben planungsrechtlich zulässig[69].

Im Gegensatz zu den privilegierten Vorhaben der Nr. 1 bei denen öffentliche Belange nicht entgegenstehen durften, sind die sonstigen Vorhaben bereits unzulässig, wenn sie öffentliche Belange beeinträchtigen. Dies hebt die besondere Stellung der privilegierten Vorhaben hervor. Die beachtlichen Belange sind in § 35 Abs. 3 BauGB beispielhaft aufgezählt, durch das BauROG sind diese Belange neu gegliedert worden, zum Teil aber auch inhaltlich ergänzt worden. Weitere Anforderungen sind in § 35 Abs. 3 Satz 2, Abs. 3 BauGB geregelt.

a) Ziele der Raumordnung (§ 35 Abs. 3 Satz 2 BauGB)

§ 35 Abs. 3 Satz 2 BauGB regelt die Bedeutung der Ziele der Raumordnung als öffentlicher Belang. Durch das BauROG ist lediglich der Begriff „Ziele der Raumordnung und Landesplanung", in Anlehnung an die neue Begriffsbestimmung in § 2 Abs. 2 Nr. 2 ROG, durch „Ziele der Raumordnung" ersetzt worden. Nach HS 1 dürfen raumbedeutsame Vorhaben nach den § 35 Abs. 1 und 2 BauGB den Zielen der Raumordnung nicht widersprechen. Raumbedeutsam ist ein Vorhaben nach § 3 Nr. 6 ROG, wenn es im Sinne der Raumordnung Raum in Anspruch nimmt oder die räumliche Entwicklung und Funktion eines Gebiets beeinflusst. Die Ziele der Raumordnung müssen hinreichend sachlich und räumlich konkret für die Beurteilung eines Einzelvorhabens sein. Mit § 35 Abs. 3 2 HS 1 BauGB soll erreicht werden, dass die Vorhaben im Außenbereich der übergeordneten Planung nicht entgegenstehen.

Raumbedeutsamen privilegierten Vorhaben (§ 35 Abs. 1 BauGB) können nach § 35 Abs. 3 Satz 2 HS 2 BauGB öffentliche Belange nicht entgegengehalten werden, so weit sie bereits bei der Darstellung des Vorhabens als Ziele der Raumordnung abgewogen worden sind (Abwägungsabschichtungsklausel). Dadurch kann das Ergebnis einer landesplanerischen Prüfung über die Abwägung überörtlich bedeutsamer Standortfragen übernommen werden. Sind diese überörtlichen Belange bei einer vorgelagerten Abwägung abgeschichtet worden, können sie dem Vorhaben nicht entgegengehalten werden.

b) Darstellungsprivileg (§ 35 Abs. 3 Satz 3 BauGB)

Ist ein Vorhaben nach § 35 Abs. 1 Nr. 2 bis 6 BauGB durch Darstellung im Flächennutzungsplan oder als Ziel der Raumordnung an eine andere Stelle ausgewiesen, ist dies nach § 35 Abs. 3 Satz 3 BauGB ein entgegenstehender öffentlicher Belang. Mit dem Darstellungsprivileg können Gemeinden durch positive Standortvorgaben die Zulässigkeit von privilegierten Vorhaben steuern. Dies setzt konkrete Standort- oder Flächenausweisungen voraus. So können bestimmte privilegierte Vorhaben konzentriert werden und der übrige Planungsraum von diesen Anlagen freigehalten werden. In der Praxis wird dies oft bei Gewächshäusern oder der Zusammenfassung von Windenergieanlagen zu Windenergieparks angewandt.

68 *BVerwG*, Urt. v. 7.2.1986 – 4 C 30.84 – BauR 1986, 421 = DöV 1986, 699 = DVBl. 1986, 682.

69 *BVerwG*, Urt. v. 29.4.1964 – 1 C 30.62 – BVerwGE 18, 247 = DVBl. 1964, 527 = NJW 1964, 1973; BGH, Urt. v. 5.2.81 – III A 146/79 – BauR 1981, 357 = ZfBR 1981, 200; *Söfker*, ZfBR 89, 91; *Stüer*, Handbuch des Bau– und Fachplanungsrechts Rdn. 1553; ablehnend dazu *Fislake*, ZfBR 1988, 166; *Ortloff*, NVwZ 1988, 320.

3. Teilprivilegierte Außenbereichsvorhaben (§ 35 Abs. 4 BauGB)

Nach § 35 Abs. 4 BauGB sind bestimmte Vorhaben im Außenbereich insoweit begünstigt, als dass ihnen einzelne öffentliche Belange nicht entgegengehalten werden können. Dies gilt allerdings nur für den Widerspruch zu den Darstellungen eines Flächennutzungsplans oder eines Landschaftsplans, die Beeinträchtigung der natürlichen Eigenart der Landschaft und der Befürchtung der Entstehung, Verfestigung oder Erweiterung einer Splittersiedlung. Die Beeinträchtigung aller übrigen, insbesondere der sonstigen in § 35 Abs. 3 BauGB genannten Belange bleibt weiterhin relevant. Dies wird durch den Zusatz „so weit sie im Übrigen außenbereichsverträglich i.S. des § 35 Abs. 3 BauGB sind" klargestellt. Die Begünstigungen sind in § 35 Abs. 4 Satz 1 BauGB in sechs Fallgruppen untergliedert.

a) Nutzungsänderung landwirtschaftlicher Gebäude (§ 35 Abs. 4 Nr. 1 BauGB)

Begünstigt sind Änderungen der Nutzung eines Gebäudes i.S. des § 35 Abs. 1 Nr. 1 BauGB (land- oder forstwirtschaftlicher Betrieb). Nach § 35 Abs. 4 1 Nr. 1 BauGB sind nicht mehr begünstigt die früheren unechten Altenteiler und Landarbeiterstellen (§ 35 Abs. 1 Nrn. 2 und 3 BauGB 1986), da sie auf Grund des BauROG entfallen sind. Zudem wurde auf das Erfordernis „ohne wesentliche Änderung einer baulichen Anlage" verzichtet[70]. Dadurch sind Nutzungsänderungen erweitert planungsrechtlich zulässig geworden.

Für die Änderung in Wohnzwecke dürfen, neben den bereits nach § 35 Abs. 1 Nr. 1 BauGB zulässigen Wohnungen, höchstens drei Wohnungen je Hofstelle errichtet werden. Auch muss ein Verzicht erklärt werden, keine Neubebauung als Ersatz für die aufgegebene Nutzung vorzunehmen, außer sie wird im Interesse der Entwicklung des Betriebs i.S. des § 35 Abs. 1 Nr. 1 BauGB erforderlich. Hiermit soll vermieden werden, dass zunächst durch die Nutzungsänderung die Vorteile der Teilprivilegierung genutzt werden und später ein Bedarf an Vorhaben geltend gemacht wird der, hinsichtlich des verblieben Voll- oder Nebenerwerbsbetriebs, nach § 35 Abs. 1 Nr. 1 BauGB zu beurteilen wäre und somit zulässig wäre. Das Gebäude muss vor mehr als 7 Jahren zulässigerweise errichtet worden sein.

b) Ersatzbau (§ 35 Abs. 4 Nr. 2 BauGB)

Nach § 35 Abs. 4 Nr. 2 BauGB ist die Neuerrichtung eines gleichartigen Wohngebäudes an gleicher Stelle unter bestimmten Voraussetzungen teilprivilegiert. Die Neuerrichtung kann nur Wohngebäude umfassen, die im Bauvolumen, Nutzung und Funktion dem bisherigen Gebäude gleichartig sind[71]. Geringfügige Abweichungen zum bisherigen Gebäude sind nach § 35 Abs. 4 Satz 2 BauGB ebenso zulässig wie eine geringe Abweichung vom bisherigen Standort. Das vorhandene Gebäude muss zulässigerweise errichtet worden sein (a). Dies setzt in der Regel eine Baugenehmigung voraus.

Zur Neuerrichtung muss das vorhandene Gebäude Missstände oder Mängel aufweisen (b). Missstände liegen nach § 177 Abs. 2 BauGB insbesondere vor, wenn die bauliche Anlage nicht den allgemeinen Anforderungen an gesunde Wohn- und Arbeitsverhältnisse entspricht. Nach § 177

70 So schon für Wohnzwecke § 4 III BauGB–MaßnG.

71 *BVerwG*, Urt. v. 8.6.1979 – 4 C 23.77 – BVerwGE 58, 124 = DVBl. 1979, 626 = ZfBR 1979, 211;

Abs. 3 BauGB liegen Mängel vor, wenn durch Abnutzung, Alterung, Witterungseinflüssen oder Einwirkung Dritter die Nutzung der Anlage beeinträchtigt wird, sie das Straßen- oder Ortsbild beeinträchtigt oder die Anlage erhaltenswert ist. Es kommt nicht mehr auf die wirtschaftliche Vertretbarkeit an, sodass bei mehr als nur leichten Mängel eine Ersatzbaumaßnahme in Frage kommt. Das Gebäude muss vom Eigentümer längerer Zeit genutzt werden (c). Die Rechtsprechung setzt die Dauer auf etwa vier Jahre an[72].

Auch muss das neu errichtete Gebäude für den Eigenbedarf des bisherigen Eigentümers oder seiner Familie genutzt werden (d)Das Gebäude darf auch von einem Erben zum Eigenbedarf neu errichtet werden, wenn er es im Wege der Erbfolge von einem Voreigentümer erworben hat, der dies selbst seit längerer Zeit bewohnt hat.

c) Wiederaufbau zerstörter Gebäude (§ 35 Abs. 4 Nr. 3 BauGB)

Teilprivilegiert ist nach § 35 Abs. 4 1 Nr. 3 BauGB eine alsbaldige Neuerrichtung eines zulässigerweise errichteten, durch Brand, Naturereignisse oder andere außergewöhnliche Ereignisse zerstörten gleichartigen Gebäudes an gleicher Stelle Geringfügige Erweiterungen oder Abweichungen vom bisherigen Standort sind zulässig (§ 35 Abs. 4 Satz 2 BauGB). Das Gebäude muss durch ein außergewöhnliches Ereignis zerstört worden sein. Das Gesetz nennt Brand oder Naturereignisse. hierzu rechnen. Sturmschäden, Überschwemmungen oder Meteoriteneinschläge, Explosionen, Flugzeugabstürze oder rechtswidrige Einwirkungen Dritter sein. Die Ereignisse dürfen nicht vom Eigentümer selbst zu verantworten sein. So liegt etwa bei einem vom Eigentümer selbst veranlassten Abriss kein außergewöhnliches Ereignis vor. Der Wiederaufbau muss alsbald beabsichtigt sein. In der Regel muss diese Absicht in den nächsten beiden Jahren bekundet werden[73].

d) Erhaltenswerte Gebäude (§ 35 Abs. 4 Nr. 4 BauGB)

Die Änderung oder Nutzungsänderung von erhaltenswerten, das Bild der Kulturlandschaft prägenden Gebäude, auch wenn sie aufgegeben sind, sind nach § 35 Abs. 4 Nr. 4 BauGB begünstigt, wenn das Vorhaben einer zweckmäßigen Verwendung der Gebäude und der Erhaltung des Gestaltwerts dient. Von Nr. 4 sind Änderungen oder Nutzungsänderungen, aber kein Wiederaufbau begünstigt. Dadurch soll die Weiternutzung erhaltenswerter Gebäude (wie z. B. Burgen oder Fachwerkhäuser) erleichtert werden, der komplette Wiederaufbau z. B. von Ruinen jedoch vermieden werden.

e) Erweiterung von Wohngebäuden (§ 35 Abs. 4 Nr. 5 BauGB)

§ 35 Abs. 4 Nr. 5 BauGB begünstigt die Erweiterung von zulässigerweise errichteten Wohngebäuden auf bis zu höchstens zwei Wohnungen, wenn die Erweiterung im Verhältnis zum vorhandene Gebäude angemessen ist und anzunehmen ist, dass die Wohnung vom Eigentümer oder seiner Familie genutzt wird. Durch das BauROG ist die Nr. 5 a.F. um die Höchstzulässigkeit von zwei Wohnungen und dem Eigenbedarfserfordernis erweitert worden (vorher schon Voraussetzung in § 4 Abs. 3 Satz 1 Nr. 5 BauGB-MaßnG). Die Erweiterung kann auch ohne die Einrich-

72 *BVerwG*, B. v. 22.2.1996 – 4 B 25.96 – Buchholz 406.11 § 35 BauGB Nr. 321.

73 *BVerwG*, Urt. v. 21.8.1981 – 4 C 65.80 – BVerwGE 64, 42 = NJW 1982, 400 = ZfBR 1981, 288.

tung einer zweiten Wohnung erfolgen. Die Angemessenheit beurteilt sich nach der Größe des vorhandenen Gebäudes und der Berücksichtigung der Wohnbedürfnisse. So kann eine Erweiterung für eine große Familie in einem anderen Verhältnis zum vorhandenen Gebäude zulässig sein als bei einer kleineren Familie.

f) Erweiterung von gewerblichen Betrieben (§ 35 Abs. 4 Nr. 6 BauGB)

Ähnlich wie bei Wohngebäuden, können nach § 35 Abs. 4 Nr. 6 BauGB Betriebserweiterungen von zulässigerweise errichteten gewerblichen Betrieben teilprivilegiert sein, wenn die Erweiterung angemessen ist. Die Angemessenheit bezieht sich sowohl auf das Verhältnis zum vorhandenen Gebäude als auch zum vorhandenen Betrieb. Die Erweiterung setzt einen funktionalen Zusammenhang zwischen dem vorhandenen Gebäude und der beabsichtigten Erweiterung voraus[74].

4. Ausführung der Vorhaben (§ 35 Art. 4 Abs. 5 BauGB)

Nach § 35 Art. 4 Abs. 5 Satz 1 BauGB sind zulässige Vorhaben nach § 35 Abs. 1 bis 4 BauGB in einer flächensparenden, die Bodenversiegelung auf das notwendige Maß begrenzenden und den Außenbereich schonenden Weise auszuführen. Nach § 35 Art. 4 Abs. 5 Satz 2 BauGB soll die Baugenehmigungsbehörde durch nach Landesrecht vorgesehene Baulast oder in anderer Weise die Einhaltung einer nach § 35 Abs. 4 Satz 1 Nr. 1 g BauGB übernommenen Verpflichtung des Bauherrn, keine Neubebauung als Ersatz vorzunehmen, sicherstellen. Für privilegierte Vorhaben nach § 35 Abs. 1 Nr. 2 bis 6 BauGB ist eine Rückbauverpflichtung zu übernehmen, die sicherstellt, dass das Vorhaben nach dauerhafter Aufgabe der privilegierten Nutzung zurückzubauen und die Bodenversiegelung zu beseitigen ist (§ 35 Art. 4 Abs. 5 Satz 2 BauGB). Dadurch wird die inzwischen bereits vielfach anzutreffende Praxis in das Gesetz übernommen. Entsprechende Verpflichtungen können auch in städtebaulichen Verträgen übernommen werden.

5. Außenbereichssatzung (§ 35 Abs. 6 BauGB)

Nach § 35 Abs. 6 BauGB kann die Gemeinde in nicht überwiegend landwirtschaftlich geprägten Bereichen mit einer Wohnbebauung von einigem Gewicht eine Außenbereichssatzung aufstellen. Wohnbauten i.S. des § 35 Abs. 2 BauGB kann dann nicht entgegengehalten werden, dass sie einer Darstellung im Flächennutzungsplan über Flächen für Landwirtschaft oder Wald widersprechen oder die Entstehung oder Verfestigung einer Splittersiedlung befürchten lassen (Satz 1). Dies kann auch für kleinere Handwerks- und Gewerbebetriebe bestimmt werden (Satz 2). In der Satzung können nähere Bestimmungen über die Zulässigkeit getroffen werden (Satz 3). Die Satzungen müssen mit einer geordneten städtebaulichen Entwicklung vereinbar sein, dürfen keine Vorhaben umfassen, die einer UVP unterliegen oder vorprüfungspflichtig sind (Anlage 1 zum UVPG), oder Belange des Habitat- oder Vogelschutzes berühren (Satz 4). Die Öffentlichkeits- und Behördenbeteiligung wird im vereinfachten Verfahren durchgeführt (§ 13 BauGB); eine Genehmigung durch die höhere Verwaltungsbehörde ist nicht erforderlich (Satz 6)[75].

74 *BVerwG*, B. v. 17.9.1991 – 4 B 161. 91 – BauR 1991, 725 = NVwZ 92, 477 = ZfBR 1992, 45.

75 § 35 VI BauGB ist aus dem durch das BauROG aufgehobenen § 4 IV BauGB–MaßnG hervorgegangen, vgl. zu den Außenbereichssatzungen *Degenhart* DVBl. 1993, 177.

Der Bau von Wohnhäusern im Außenbereich ist nur bei einer entsprechenden Außenbereichssatzung begünstigt.[76] Die Satzung kann auch auf Vorhaben erstreckt werden, die kleineren Handwerks- und Gewerbebetrieben dienen. Durch die Außenbereichssatzung soll die planungsrechtliche Zulässigkeit von nicht privilegierten Vorhaben im Außenbereich[77] maßvoll erweitert werden. Sie rechtfertigt sich nach Auffassung ihrer Befürworter aus dem Schutz vor Zersiedlung des Außenbereichs, weil mit diesem Instrument insbesondere in von Streusiedlungen geprägten Bereichen ein städtebaulich angemessener Ausgleich gefunden werden kann.

Begünstigt werden Vorhaben, die Wohnzwecken dienen. Nach § 35 Abs. 6 Satz 2 BauGB kann die Satzung aber auch auf Vorhaben erstreckt werden, die kleinere Handwerks- und Gewerbebetrieben dienen. Der Begriff „klein" ist städtebaulich-strukturell zu verstehen. Die Vorhaben müssen der kleinteiligen Baustruktur von Außenbereichssiedlungen (Splittersiedlungen, Weilern) entsprechen. Die gewerbliche Nutzung soll jedoch gegenüber der Wohnnutzung nachrangig sein.

Die Außenbereichssatzung kann nur in einem sehr begrenzten Umfang Konfliktsituationen bewältigen, wie sie in Übergangsbereichen zwischen Innen- und Außenbereichen auftreten. Sie kann zudem ihrerseits Konfliktstoff bergen, der sich aus der Inanspruchnahme von Freiflächen im Außenbereich ergibt. Werden hierdurch jedoch zusätzliche städtebauliche Probleme aufgeworfen, ist die Außenbereichssatzung nicht das geeignete Instrument, da sie zu einer generellen Bewältigung von Konfliktlagen nicht in der Lage ist.[78] Bei derartigen Konfliktsituationen bedarf es vielmehr einer förmlichen Bauleitplanung und entsprechender Festsetzungen in einem Bebauungsplan oder entsprechender Festsetzungen in einem Bebauungsplan oder entsprechender Regelungen in einem Vorhaben- oder Erschließungsplan.

Die Außenbereichssatzung hat aus gemeindlicher Sicht den Vorteil, dass die für Flächennutzungs- und Bebauungspläne geltende Bindungen an die Ziele der Raumordnung nicht in gleicher Weise bestehen. Eine Genehmigung der höheren Verwaltungsbehörde für Außenbereichssatzungen ist nicht erforderlich. Nach § 1 Abs. 4 BauGB sind die Bauleitpläne den Zielen der Raumordnung anzupassen. Zu den Bauleitplänen gehören nach § 1 Abs. 2 BauGB (nur) der Flächennutzungsplan und der Bebauungsplan, nicht jedoch die anderen städtebaulichen Satzungen. Eine strikte Bindung der Außenbereichssatzung an die Ziele der Raumordnung besteht nicht. Allerdings muss die Außenbereichssatzung nach § 35 Abs. 6 Satz 4 BauGB mit einer geordneten städtebaulichen Entwicklung vereinbar sein. Zudem ist eine Außenbereichssatzung nicht möglich, wenn das Vorhaben umweltprüfungspflichtig oder vorprüfungspflichtig nach der Anlage 1 zum UVPG ist.

76 *BVerwG*, B. v. 4. 7. 1990 – 4 B 103.90 – NVwZ 1990, 962 = BayVBl. 1991, 473 = *Hoppe/Stüer* RzB Rdn. 879 – Außenbereichssatzung.

77 *Hoppe* DVBl. 1990, 1009.

78 *Degenhart*, DVBl. 1993, 177.

D. Grundbegriffe

Abwehrrechte der Gemeinde. Gegenüber staatlichen Eingriffen in das Recht der kommunalen Selbstverwaltung hat die Gemeinde Mitwirkungs- und Abwehrrechte. Wird die Gemeinde in ihren Aufgaben, in ihrer Eigenverantwortlichkeit oder in ihrem Gebietsbestand betroffen, hat sie Beteiligungsrechte, die sich auf Information und Anhörung richten. Bei materiellen Eingriffen in konkrete gemeindliche Planungen oder weite Teile des Gemeindegebietes bestehen gemeindliche Abwehrrechte. Gemeindliche Rechte sind im interkommunalen Abstimmungsgebot (§ 2 Abs. 2 Satz 1 BauGB) gesichert, das sich auch auf die raumordnerischen Funktion der Gemeinde bezieht (§ 2 Abs. 2 Satz 2 BauGB) Im nicht beplanten Innenbereich gehen gemeindenachbarliche Belange über die schädlichen Auswirkungen auf zentrale Versorgungsbereiche (§ 34 Abs. 3 BauGB) in die Prüfung der Zulässigkeit von Innenbereichsvorhaben ein. Im Außenbereich sind ernstlich betroffene gemeindliche Belange über die öffentlichen Belange (§ 35 Abs. 2 BauGB) in die Prüfung einzustellen und können ein Planungserfordernis bewirken.

Abwägungsabschichtungsklausel. Raumbedeutsamen privilegierten Vorhaben (§ 35 Abs. 1 BauGB) können nach § 35 Abs. 3 Satz 2 HS 2 BauGB öffentliche Belange nicht entgegengehalten werden, so weit sie bereits bei der Darstellung des Vorhabens als Ziele der Raumordnung in den Plänen i.S. der §§ 8 oder 9 ROG abgewogen worden sind. Dadurch kann das Ergebnis einer landesplanerischen Prüfung über die Abwägung überörtlicher bedeutsamer Standortfragen übernommen werden.

Abwägungsgebot. Die von der Bauleitplanung betroffenen öffentlichen und privaten Belange sind gegeneinander und untereinander gerecht abzuwägen (§ 1 Abs. 6 BauGB). Das Abwägungsgebot hat in der Eigentumsgarantie (Art. 14 GG), in der Selbstverwaltungsgarantie (Art. 28 Abs. 2 Satz 1 GG) und in rechtsstaatlichen sowie demokratischen Erfordernissen (Art. 20 Abs. 3 GG) eine verfassungsrechtliche Grundlage. Es besteht aus der Zusammenstellung des Abwägungsmaterials, der Einstellung und Gewichtung der Belange sowie aus der eigentlichen Ausgleichsentscheidung.

Abwägungsfehler. Fehler in der Abwägung können sich bei der Zusammenstellung des Abwägungsmaterials (Abwägungsausfall, Abwägungsdefizit), bei der Bewertung der Belange (Abwägungsfehleinschätzung) sowic bci der Gesamtabwägung (Abwägungsdisproportionalität) ergeben. Einseitige, vor allem vertragliche Bindungen der Gemeinde in die Bauleitplanung hinein können zu subjektiven Abwägungssperren führen. Inkongruenzen zwischen verschiedenen Planteilen führen zu Abwägungsdivergenzen.

Abwägungsmaterial. Zu ihm gehören alle von der Bauleitplanung betroffenen Belange, die mehr als geringfügig, schutzwürdig und erkennbar sind.

Allgemeines Wohngebiet (WA). Allgemeine Wohngebiete dienen vorwiegend dem Wohnen (§ 4 BauNVO).

Art der baulichen Nutzung. Sie wird durch Bauflächen und Baugebiete wie Wohngebiet, Gewerbegebiet, Industriegebiet oder Mischgebiet bestimmt (§§ 2 bis 11 BauNVO). Jedes Baugebiet hat seine Gebietsart, die in der BauNVO bestimmt ist, die jedoch die Gemeinde noch bei Wahrung des Gebietstyps modifizieren kann.

Altlasten. Abfall- und Schadstoffablagerungen, verursacht durch Produktionsverfahren, unsachgemäße Lagerung oder Emissionen, meist mit Boden- und Grundwasserverunreinigungen ver-

bunden (Industrie- und Gewerbestandorte, Gaswerksgelände, Mülldeponien, Rieselfelder). Die Flächen werde zumeist in Altlastenverdachtsflächenkatastern erfasst und stellen erhöhte Anforderungen an die Bauleitplanung bei Ausweisung damit unverträglicher Nutzungen.

Anfangswert. Bodenwert, der sich für das Grundstück ergeben würde, wenn eine Sanierung weder beabsichtigt noch durchgeführt worden wäre.

Anpassungsgebot. Bauleitpläne sind an die Ziele der Raumordnung anzupassen. Grundsätze und sonstige Erfordernisse der Raumordnung sind in der Abwägung zu berücksichtigen.

Artikelgesetz (Umweltgesetz 2001). Gesetz zur Umsetzung der UVP-ÄndRL, der IVU-RL und weiterer EG-Richtlinien zum Umweltschutz. Neben dem BauGB und dem UVPG sind das AtG, das WHG, das BNatSchG, das BFStrG, das AEG, das PersBefG, das WaStrG, das LuftVG, das Magnetschwebebahnplanungsgesetz und das Gesetz über den Bau und den Betrieb von Versuchsanlagen zur Erprobung von Techniken für den spurgeführten Verkehr sowie das Energiewirtschaftsgesetz und das BImSchG geändert worden. Auf untergesetzlicher Ebene sind die atomrechtliche Verfahrensverordnung, die Vierte Verordnung zur Durchführung des BImSchG und die 9. VO zur Durchführung des BImSchG geändert worden. Das Gesetz dient der Umsetzung des europäischen Richtlinienrechts zum Umweltschutz. In der Bauleitplanung sind die UVP-Pflichten erweitert worden. Neben die Regel-UVP-Pflicht bei Überschreitung der Größen- und Leistungswerte ist ein Vorprüfungsverfahren getreten, wenn die Prüfwerte überschritten sind (vgl. Anlage 1 zum UVPG). Die Vorprüfung erfolgt nach Maßgabe der Kriterien der Anlage 2 zum UVPG. Durch das EAG Bau 2004 ist im Anschluss an die Plan-UP-Richtlinie das BauGB, das ROG und das UVPG erneut geändert worden. Für die Bauleitplanung wurde die Umweltverträglichkeitsprüfung durch die Umweltprüfung ersetzt.

Aufstellungsbeschluss. Er leitet das förmliche Bauleitplanverfahren ein. Für die Wirksamkeit der Bauleitplanung ist ein Aufstellungsbeschluss nicht erforderlich (vgl. auch § 214 Abs. 1 Nr. 1 BauGB). Eine Veränderungssperre oder die Zurückstellung des Baugesuches setzen einen wirksamen Aufstellungsbeschluss allerdings voraus.

Ausgleichsmaßnahmen. Maßnahmen zum Ausgleich von Eingriffen in Natur und Landschaft an der Stelle des Eingriffs oder im unmittelbaren räumlichen Zusammenhang (Landschaftsraum, interne Kompensation). Der Eingriff ist ausgeglichen, wenn nach seiner Beendigung keine erhebliche oder nachhaltige Beeinträchtigung des Naturhaushalts zurückbleibt und das Landschaftsbild landschaftsgerecht wiederhergestellt oder neu gestaltet ist (§ 19 Abs. 2 Satz 2 BNatSchG).

Außenbereichsvorhaben. Im Außenbereich ist zwischen privilegierten Vorhaben (§ 35 Abs. 1 BauGB), nicht privilegierten Vorhaben (§ 35 Abs. 2 Abs. 2 BauGB) und teilprivilegierten Vorhaben (§ 35 Abs. 4 BauGB) sowie den Außenbereichssatzungen (§ 35 Abs. 6 BauGB) zu unterscheiden. Privilegierte Vorhaben sind unter den in § 35 Abs. 1 BauGB genannten Voraussetzungen zulässig, wenn öffentliche Belange nicht entgegenstehen. Es handelt sich um Vorhaben, die einem landwirtschaftlichen Betrieb dienen und einen untergeordneten Teil der Betriebsfläche einnehmen, Gartenbaubetriebe, ortsgebundene Betriebe, Anlagen der Wind- und Wasserenergie, Biogasanlagen und Vorhaben, die der friedlichen Nutzung der Kernenergie dienen sowie. Allerdings können die Gemeinden und die Regionalplanung durch konkrete standortbezogene Aussagen im Flächennutzungsplan oder im Regionalplan (Gebietsentwicklungsplan) eine an sich bestehende Privilegierung aus städtebaulichen oder regionalplanerischen Gründen im Einzelfall unterbinden. Nicht privilegierte Außenbereichsvorhaben sind abgesehen von Lückenschließungsfällen grundsätzlich unzulässig, weil öffentliche Belange in der Regel beeinträchtigt werden. Teilprivilegiert zulässig sind Vorhaben, wenn einer der Teilprivilegierungstatbestände nach § 35 Abs. 4 Nr. 1 bis 6 BauGB gegeben ist. Die Gemeinde kann unter den Voraussetzungen des § 35 Abs. 6 BauGB eine Außenbereichssatzung erlassen. Es handelt sich um bebaute Bereiche im Außenbereich, die nicht überwiegend landwirtschaftlich geprägt sind und in denen eine Wohnbe-

bauung von einigem Gewicht vorhanden ist. Es dürfen allerdings keine UVP-pflichtigen oder vorprüfungspflichtigen Vorhaben nach Anlage 1 zum UVPG zugelassen sein.

Bauerwartungsland. Grundstücke, für die eine Erwartung besteht, dass sie sich zu baureifem Land entwickeln. Anhaltspunkte für eine absehbare spätere bauliche Nutzbarkeit der Grundstücke: Ausweisung im Flächennutzungsplan als Wohnbaufläche, günstige Lage innerhalb des Gemeindegebietes, günstige Verkehrsverhältnisse. Kein Entschädigungsanspruch bei Wegfall der Bauerwartung (Wert: etwa 20 bis 50 % des Preises von baureifem Land).

Bauflächen. Sie beinhalten die allgemeine Art der baulichen Nutzung. Es werden Wohnbauflächen, gemischte Bauflächen, gewerbliche Bauflächen und Sonderbauflächen unterschieden. Im Flächennutzungsplan werden die Bauflächen vielfach in unterschiedlicher Dichte dargestellt.

Baugrenze. Begrenzt die überbaubare Grundstücksfläche. Bis zur Baugrenze darf gebaut werden.

Bauleitplanung. Im BauGB und in der BauNVO geregelte städtebauliche Planungen, mit der die Städte und Gemeinden als Ausdruck ihrer Planungshoheit (Art. 28 Abs. 1 2, Abs. 2 GG) die städtebauliche Entwicklung durch Regelungen zur baulichen und sonstigen Nutzung der Grundstücke bestimmen. Die Bauleitplanung soll die unterschiedlichen Nutzungen fachlich richtig zuordnen und zugleich eine harmonische Abstimmung mit der Fachplanung und der gemeindenachbarlichen Planung erreichen. Aus dem für das gesamte Gemeindegebiet geltenden Flächennutzungsplan (vorbereitender Bauleitplan) ist der Bebauungsplan (verbindlicher Bauleitplan) zu entwickeln.

Bauland. Es ermöglicht ggf. in Verbindung mit weiteren Zulassungs- und Prüfungsschritten die bauliche Grundstücksnutzung. Bauland wird in baureifes Land, in Rohbauland und in Bauerwartungsland unterteilt.

Baulinie. Begrenzt die überbaubare Grundstücksfläche. Auf der Baulinie muss gebaut werden (§ 23 Abs. 2 BauNVO).

Baumassenzahl. Sie gibt an, wie viele Kubikmeter Baumasse je qm Grundstücksfläche i.S. des § 19 Abs. 3 BauNVO zulässig ist.

BauNVO. Sie enthält Regelungen über Art und Maß der baulichen Nutzung sowie Bauweise und überbaubare Grundstücksflächen. **Art der baulichen Nutzung.** Sie bezieht sich auf unterschiedliche Nutzungstypen und wird durch Bauflächen sowie Baugebiete ausgewiesen (§ 1 BauNVO). Bauflächen bezeichnen die allgemeine Art, Baugebiete die besondere Art der baulichen Nutzung. **Bauflächen.** Es werden Wohnbauflächen (W), gemischte Bauflächen (M) gewerbliche Bauflächen (G) und Sonderbauflächen (S) unterschieden. **Baugebiete.** Aus der Wohnbaufläche werden Kleinsiedlungsgebiete (WS), reine Wohngebiete (WR), allgemeine Wohngebiete (WA) und besondere Wohngebiete (WB) entwickelt. Dorfgebiete (MD), Mischgebiete (MI) und Kerngebiete (MK) gehören zur Gruppe der gemischten Bauflächen. Gewerbegebiete (GE) und Industriegebete (GI) bilden die gemischten Bauflächen. Sondergebiete werden aus Sonderbauflächen entwickelt. Bei der Ausweisung von Baugebieten ist die Gemeinde an die in der BauNVO niedergelegten Nutzungstypen gebunden, kann jedoch einzelne Elemente anpassen (§ 1 Abs. 4 bis 10 BauNVO), wenn der jeweilige Gebietscharakter gewahrt bleibt.

Bauordnungsrecht. Es wird auch Bauaufsichtsrecht genannt und befasst sich mit dem bauaufsichtlichen Verfahren (formelles Bauordnungsrecht) und den sicherheitstechnischen Anforderungen (materielles Bauordnungsrecht). Es ist in den LBauO geregelt und wird durch das Baunebenrecht ergänzt.

Bauplanungsrecht. Im BauGB und in der BauNVO geregeltes Recht der städtebaulichen Planung (Ortsplanung). Es umfasst die Bauleitplanung und das Recht der planungsrechtlichen Zulässigkeit der Nutzung des Grund und Bodens und bildet gemeinsam mit dem Bauordnungsrecht und dem Baunebenrecht das öffentliche Baurecht.

Baurechtskompromiss. Auch in der Bauleitplanung ist die naturschutzrechtliche Eingriffsregelung des § 8 BNatSchG abzuarbeiten. Eingriffe in Natur und Landschaft sind danach zu vermeiden bzw. zu minimieren. Für nicht vermeidbare Eingriffe sind Ausgleichs- bzw. Ersatzmaßnahmen vorzusehen, die anders als bei der naturschutzrechtlichen Eingriffsregelung nicht unterschieden werden. Im Gegensatz zur naturschutzrechtlichen Eingriffsregelung bestehen in der Bauleitplanung keine festen Bindungen. Die bauplanerischen Entscheidungen sind vielmehr abwägungsdirigiert. Auch die Bauleitplanung beugt sich daher dem naturschutzrechtlichen Eingriffs-Ausgleichs-System, allerdings nicht im Sinne strikter Bindungen, sondern nach Maßgabe der gemeindlichen Abwägung.

BauROG 1998. Durch das Bau- und Raumordnungsgesetz 1998 hat der Gesetzgeber s. Zt. das BauGB in etwa 100 Paragrafen geändert und neu gefasst. Hinzugetreten war ein neu gefasstes Raumordnungsgesetz. Hauptanliegen des Gesetzes war ein verbesserter Umweltschutz, die Neufassung einzelner städtebaulicher Instrumente, gesetzgeberische Vereinfachungsmaßnahmen sowie die Neuregelung des Verhältnisses der Bauleitplanung zur privilegierten Fachplanung. Im Bereich des Umweltschutzes ist die gesetzliche Integration des Naturschutzes in die Bauleitplanung, die Umweltverträglichkeitsprüfung in der Bauleitplanung und das Bauen im Außenbereich teilweise neu geregelt worden. Teilweise neu gefasst wurden auch die Regelungen über Abwägung und Planerhaltung, Kooperation der Gemeinde mit Vorhabenträgern und anderen Dritten, städtebauliche Verträge und über den vorhabenbezogenen Bebauungsplan. Vereinfachungen wollte das BauROG durch die Integration des BauGB-MaßnG, die Streichung der früheren Sonderregelungen für die neuen Länder, die Harmonisierung städtebaulicher Satzungen, die Abschaffung des Anzeigeverfahrens, Neuregelungen zur Teilungsgenehmigung, zu erweiterten Vorkaufsrechten, zum Baulandkataster, die Trennung der planungsrechtlichen Zulässigkeit von den Freistellungstendenzen der Länder sowie die teilweise Neuregelung der Befreiungsvorschrift in § 31 Abs. 2 BauGB und die Streichung von § 34 Abs. 3 BauGB 1987 erreichen. Durch das EAG Bau 2004 ist das Städtebaurecht erneut geändert worden.

Bauweise. Im Bebauungsplan kann die Bauweise als offene oder geschlossene Bauweise festgesetzt werden. In der offenen Bauweise werde die Gebäude mit seitlichem Grenzabstand als Einzelhäuser, Doppelhäuser oder Hausgruppen errichtet. Die Länge der Gebäude darf grundsätzlich höchstens 50 m betragen. Der Bebauungsplan kann längere Gebäudeformen vorsehen. In der geschlossenen Bauweise werden die Gebäude ohne seitlichen Grenzabstand errichtet, es sei denn, dass die vorhandene Bebauung eine Abweichung erfordert (§ 22 BauNVO).

Bebauungsplanbegründung. Dem Bebauungsplan ist eine Begründung beizufügen (§ 9 Abs. 8 Satz 1 BauGB). In ihr sind die wesentlichen Elemente der Abwägungsentscheidung festzuhalten. Sie soll Auskunft geben über Ziele und Zwecke der Planung, die Zusammenstellung des Abwägungsmaterials, die Gewichtung und Bewertung der Belange, ernsthaft in Betracht kommende Alternativen und die eigentliche Ausgleichsentscheidung. Der Umweltbericht nach § 2a BauGB ist Bestandteil der Begründung. In ihm sind alle umweltrelevanten Auswirkungen des geplanten Vorhabens festzuhalten. Die Begründungserfordernisse steigen mit der Intensität des Eingriffs in private und öffentliche Belange sowie dem Umfang von Betroffenheiten. Qualifizierte Begründungserfordernisse können sich auch bei einem Wechsel in der städtebaulichen Beurteilung ergeben. Der Bebauungsplanbegründung entspricht der Begründung, die dem Flächennutzungsplan beizufügen ist (§ 5 Abs. 5 BauGB). Die Pläne sind fehlerhaft, wenn eine Begründung fehlt (§ 214 Abs. 1 Nr. 3 BauGB). Die Unvollständigkeit der Begründung und Umweltbericht führt demgegenüber für sich genommen nicht zur Rechtswidrigkeit des Plans. Allerdings können sich daraus beachtliche Abwägungsfehler ergeben. Zudem darf der Umweltbericht nur in unwesentlichen Teilen unvollständig sein.

Befreiungen. Nach § 31 Abs. 2 BauGB kann von den Festsetzungen des Bebauungsplans befreit werden, wenn Gründe des Wohls der Allgemeinheit die Befreiung erfordern, die Abweichung städtebaulich vertretbar ist oder die Durchführung des Bebauungsplans zu einer offenbar nicht beabsichtigten Härte führen würde. Dabei sind nachbarliche Interessen zu würdigen und öffentliche Belange zu berücksichtigen. Die Entscheidung über die Zulässigkeit von Befreiungen ist im bauaufsichtlichen Verfahren von der Baugenehmigungsbehörde im Einvernehmen mit der Gemeinde zu treffen (Einvernehmensherstellung innerhalb von 2 Monaten).

Bekanntmachung. Sie dient in der Bauleitplanung der Veröffentlichung von kommunaler Willensbildung. Die Bekanntmachung erfolgt ortsüblich nach Maßgabe des jeweiligen Landes- und Ortsrechts. Die Bekanntmachung hat für die verabschiedeten Pläne eine Hinweisfunktion und soll für die Öffentlichkeitsbeteiligung im Rahmen des Planverfahrens darüber hinaus eine Anstoßfunktion erzeugen. Bebauungspläne sind daher über eine Nummer hinaus mit einer Kurzbezeichnung zu versehen. Kommunales Satzungsrecht ist zwar regelmäßig im vollen Wortlaut bekanntzumachen. Für den Flächennutzungsplan und den Bebauungsplan sowie weitere städtebauliche Satzungen ist eine Ersatzverkündung der Genehmigung bzw. des gemeindlichen Satzungsbeschlusses vorgesehen (§§ 5 Abs. 5, 10 Abs. 3 BauGB). Die Bekanntmachung ist fehlerhaft, wenn der mit ihr verfolgte Hinweiszweck (für die Schlussbekanntmachung) oder die mit ihr verfolgte Anstoßfunktion (für die Offenlage) nicht erreicht werden kann. Bekanntmachungsfehler können als Form- und Verfahrensfehler ggf. auch rückwirkend geheilt werden (§ 214 Abs. 4 BauGB).

Besonderes Wohngebiet (WB). Überwiegend bebaute Gebiete, die auf Grund ausgeübter Wohnnutzung und vorhandener sonstiger Anlagen eine besondere Eigenart aufweisen und in denen die Wohnnutzung erhalten oder fortentwickelt werden soll (§ 4a BauGB). Mit dem besonderen Wohngebiet verbindet sich eine städtebauliche Zielsetzung, die im nicht beplanten Innenbereich nicht besteht.

Bestandsschutz. Er gründet sich auf die Eigentumsgarantie in Art. 14 GG und umfasst den legal errichteten baulichen Bestand und die legal ausgeübte Nutzung. Bestehende formell oder materiell legal errichtete Bauwerke genießen auch im Hinblick auf die legal ausgeübte Nutzung Bestandsschutz, auch wenn sie nach den inzwischen geänderten baulichen Vorschriften planungsrechtlich nicht mehr zulässig sind. Der Bestandsschutz legitimiert dazu, das Bauwerk, so wie es vorhanden ist, zu nutzen und Instandzusetzen. Eine wesentliche Vergrößerung oder bauliche Umgestaltung des Gebäudes wird aber vom Bestandsschutz nicht erfasst (sog. "überwirkender Bestandsschutz"). Auch eine Änderung der Nutzung ist dann nicht mehr vom Bestandsschutz umfasst, wenn sich die planungsrechtliche Fragestellung neu oder anders als bisher stellt. So weit der Gesetzgeber Inhalt und Schranken des Eigentums abschließend geregelt hat, ist nach Auffassung des *BVerwG* ein unmittelbarer Rückgriff auf die Eigentumsgarantie nicht mehr möglich. Der Gesetzgeber soll danach auch berechtigt sein, Eigentumspositionen, die nicht durch transitorischen Übergang entzogen werden, grundsätzlich entschädigungslos zu entziehen. Bei gravierenden Auswirkungen kann allerdings die Inhalts- und Schrankenbestimmung durch Kompensation ausgleichspflichtig sein. Der Bestandsschutz schließt nicht nachträgliche Auflagen aus, die aus Gründen der Anpassung einer Anlage an den Stand der Technik erforderlich werden (§ 17 BImSchG).

Biotop. Lebensraum von Tier- und Pflanzengesellschaften von einheitlicher, gegenüber der Umgebung abgegrenzter Beschaffenheit (z.B. Teich, Moor, Trockenrasen, Salzwiesen).

Bodenrecht. Nach Art. 74 Abs. 1 Nr. 18 GG hat der Bund unter den Voraussetzungen des Art. 72 GG die konkurrierende Gesetzgebungszuständigkeit für den Grundstücksverkehr, das Bodenrecht und das landwirtschaftliche Pachtwesen, das Wohnungswesen sowie das Siedlungs- und Heimstättenwesen. Zum Bodenrecht gehört das Recht der städtebaulichen Planung, die Baulandumlegung und Zusammenlegung von Grundstücken, die Bodenbewertung und das Bodenverkehrs-

recht. Von dieser Gesetzgebungskompetenz hat der Bund im BauGB und in den darauf gestützten Rechtsverordnungen (BauNVO, PlanZV) abschließend Gebrauch gemacht. Die Länder haben die Gesetzgebungskompetenz für das aus dem Baupolizeirecht hervorgegangene Bauordnungsrecht, das Baunebenrecht, das Gestaltungsrecht und das Denkmalrecht.

Bürgerbeteiligung. Sie ist durch das EAG Bau in Öffentlichkeitsbeteiligung umbenannt worden (§ 3 BauGB). Bei der Bauleitplanung ist die Öffentlichkeit zu beteiligen. Bereits in einem recht frühen Verfahrensstadium ist die Öffentlichkeit in einer **vorgezogenen Öffentlichkeitsbeteiligung** in die Planung einzubeziehen (§ 3 Abs. 1 BauGB). Wenn die Bauleitplanung einen entsprechenden Reifegrad erreicht hat, ist die Öffentlichkeit erneut in einer **förmlichen Öffentlichkeitsbeteiligung** zu beteiligen (§ 3 Abs. 2 BauGB). Die Öffentlichkeitsbeteiligung soll das Abwägungsmaterial verbreitern, die Bürger in den Planungsprozess einbeziehen, ihre Einwirkungsmöglichkeiten verbessern und die Akzeptanz der gemeindlichen Planungen sowie deren Qualität erhöhen. Bei einer Planänderung muss grundsätzlich eine erneute Öffentlichkeitsbeteiligung stattfinden (§ 4a Abs. 3 BauGB). Werden durch die Änderung oder Ergänzung des Bauleitplans die Grundzüge der Planung nicht berührt, kann die Einholung der Stellungnahmen auf die von der Änderung oder Ergänzung betroffene Öffentlichkeit beschränkt werden.

Darstellungen. Für den Bürger nicht verbindliche Aussagen des Flächennutzungsplans im Gegensatz zu den Festsetzungen des Bebauungsplans, die für den Bürger unmittelbar verbindliche Wirkungen haben.

Darstellungsprivileg. Nach § 35 Abs. 1 BauGB privilegierte Vorhaben sind nach der gesetzlichen Wertentscheidung im Außenbereich grundsätzlich bevorrechtigt zulässig. Allerdings sind sie hinsichtlich des Standortes noch variationsfähig. Die Gemeinde kann durch Darstellungen im Flächennutzungsplan privilegierte Vorhaben nach § 35 Abs. 1 Nr. 2 bis 6 BauGB auf bestimmte Standorte konzentrieren und zugleich an anderen Standorten ausschließen. Für regionalplanerisch bedeutsam Außenbereichsvorhaben kommt dieses Darstellungsprivileg auch der Regionalplanung zu (§ 35 Abs. 3 Satz 3 BauGB). Die Regionalplanung kann hierzu Vorrang-, Vorbehalts-, Eignungs- und Ziel-Kombinationsgebiete bereitstellen (§ 7 Abs. 4 BauGB). Die Beschränkung an sich privilegierter Vorhaben auf bestimmte Standorte durch die gemeindliche Flächennutzungsplanung oder die Regionalplanung setzt in der Regel städtebauliche und regionalplanerische Konzepte voraus, die von standortgebundenen Aussagen getragen sind.

DIN 18 005 Teil I: Schallschutz im Städtebau. Sie enthält Höchstwerte für Lärmbelastungen in den jeweiligen Baugebieten, herausgegeben vom Deutschen Institut für Normung. Sie kann als Orientierungswert in der Bauleitplanung herangezogen werden.

Dorfgebiet (MD). Es dient der Unterbringung der Wirtschaftsstellen land- und forstwirtschaftlicher Betriebe, dem Wohnen und der Unterbringung von nicht wesentlich störenden Gewerbebetrieben sowie der Versorgung der Bewohner des Gebietes dienenden Handwerksbetrieben. Auf die Belange der land- und forstwirtschaftlichen Betriebe einschließlich ihrer Entwicklungsmöglichkeiten ist vorrangig Rücksicht zu nehmen (§ 5 BauNVO).

Eigentum. Das Eigentum ist verfassungsrechtlich garantiert (Art. 14 GG). Inhalt und Schranken des Eigentums bestimmt der Gesetzgeber, der einen sachgerechten Ausgleich zwischen Privatnützigkeit des Eigentums (Art. 14 Abs. 1 Satz 1 GG) und seiner Sozialpflichtigkeit (Art. 14 Abs. 2 GG) herzustellen hat (Art. 14 Abs. 1 2 GG). Zum Eigentum rechnet der Bestand des Eigentums aber auch seine Nutzbarkeit im Rahmen der Gesetze. Das Eigentum ist gegen einen entschädigungslosen Entzug verfassungsrechtlich geschützt. Durch die Enteignung gehen Eigentumsbefugnisse ganz oder teilweise im Sinne eines transitorischen Rechtsübergangs auf einen anderen Rechtsträger über (klassische Enteignung). Nicht zur Enteignung zählen Beeinträchtigungen, die den Bestand des Eigentums in der Hand des bisherigen Eigentümers unbeeinträchtigt lassen. Die Enteignung ist nur durch oder auf Grund eines Gesetzes (Legalenteignung, Administrativenteig-

nung), aus Gründen des Gemeinwohls und unter Gewährung einer angemessenen Entschädigung zulässig (Art. 14 Abs. 3 GG). Die Enteignung kann auch zu Gunsten Privater erfolgen, wenn diese in besonderer Weise Gemeinwohlbelangen verpflichtet sind. Inhalts- und Schrankenbestimmungen des Gesetzgebers nach Art. 14 Abs. 1 Satz 2 GG sind regelmäßig entschädigungslos hinzunehmen, können jedoch bei Überschreitung einer der Enteignung in ihrem Ausmaß vergleichbaren Zumutbarkeitsgrenze ausgleichspflichtig sein. Erzeugt die Bauleitplanung schwere Beeinträchtigungen, so hat die Gemeinde ein Wahlrecht: Sie kann die Beeinträchtigungen durch eine Änderung der Planung reduzieren oder sie muss das Grundstück durch Planung in Anspruch nehmen und so die Voraussetzungen für eine Entschädigung schaffen (Verbot des enteignungsrechtlichen Konflikttransfers). Rechtswidrige Eingriffe in das Eigentum hat der Betroffene in der Regel abzuwehren. Er kann nicht stattdessen den Eingriff widerspruchslos hinnehmen und sodann bei fehlender gesetzlicher Grundlage eine Entschädigung geltend machen (Vorrang des Primärrechtsschutzes).

Eignungsgebiete. Sie sind für besondere raumbedeutsame Außenbereichsvorhaben nach § 35 BauGB geeignet. An anderer Stelle im Planungsraum werden diese Vorhaben ausgeschlossen (Abwägung nach innen, Bindung nach außen) (§ 7 Abs. 4 Satz 1 Nr. 3 ROG).

Einfacher Bebauungsplan. Er enthält die Mindestfestsetzungen des qualifizierten Bebauungsplans nach § 30 Abs. 1 BauGB nicht (§ 30 Abs. 3 BauGB). Neben seinen Festsetzungen sind die Vorschriften über den nicht beplanten Innenbereich (§ 34 BauGB) oder den Außenbereich (§ 35 BauGB) anzuwenden.

Einheimischenmodelle. Städtebauliche Verträge mit dem Ziel, den Einheimischen in der Gemeinde bei der Vermarktung von Bauland einen ausreichenden Anteil zu belassen. Das Weilheimer Einheimischenmodell gewährt der Gemeinde ein auf 10 Jahre befristetes Ankaufsrecht für den Fall, dass der Eigentümer die durch Bebauungsplan aufgewerteten Grundstücke nicht zu festgelegten Konditionen an Einheimische veräußert. Beim Traunsteiner Modell verpflichtet sich der Grundstückseigentümer, die Grundstücke nur mit Zustimmung der Gemeinde an Dritte zu veräußern.

Einkaufszentrum. Mehrere Einzelhandelsbetriebe, die regelmäßig in einem einheitlich geplanten, finanzierten, gebauten und verwalteten Gebäudekomplex untergebracht sind. Sie sind nur in Kerngebieten oder Sondergebieten zulässig (§ 11 Abs. 3 BauNVO).

Einschaltung von Dritten. Dritte können mit einzelnen Schritten des Planaufstellungsverfahrens betraut werden, solange die Gemeinde dadurch nicht den Eindruck einer einseitigen Interessenwahrnehmung erweckt (§ 4b BauGB). Unzulässig wäre es, wenn etwa ein Investor das Planaufstellungsverfahren maßgeblich bestimmt und die Interessen von Drittbetroffenen einen nicht ausreichenden Stellenwert erhalten. Vor allem sind einseitige vertragliche Interessenbindungen der Gemeinde im Sinne von subjektiven Abwägungssperren unzulässig. Der Dritte darf daher über die Position eines Verwaltungshelfers hinaus keine eigenen hoheitlichen Verwaltungsentscheidungen treffen.

Einzelhandel. Verkauf an Letztverbraucher.

Emissionen. Sind von einer Anlage ausgehende Luftverunreinigungen, Geräusche, Erschütterungen, Licht, Wärme, Strahlen und ähnliche Erscheinungen.

Endwert. Bodenwert, der sich für das Grundstück durch die rechtliche und tatsächliche Neuordnung des förmlich festgesetzten Sanierungsgebiets ergibt.

Entwicklungsachsen. Sie verbinden Entwicklungsschwerpunkte zumeist gleicher Zentralitätsstufen und bilden ein Netz, auf dem die Landesplanung aber auch die kommunale Bauleitplanung aufbaut. Es werden Entwicklungsachsen verschiedener Stufen unterschieden (1. Ordnung, 2. Ordnung, 3 Ordnung). Auf die Entwicklungsachsen sind die Infrastruktureinrichtungen (Straßen,

ÖPNV, Versorgungseinrichtungen) ausgerichtet. Die Landesplanung berücksichtigt das Zentrensystem bei ihren Planungen und gibt entsprechende Vorgaben für die Raumnutzung über die Gebietsentwicklungsplanung an die planenden Städte und Gemeinden weiter, die an Ziele der Raumordnung und Landesplanung gebunden sind.

Entwicklungsgebot. Die Darstellungen des Bebauungsplans sind aus dem Flächennutzungsplan zu entwickeln. Die Aufstellung von Bebauungsplänen setzt daher grundsätzlich einen festgestellten Flächennutzungsplan voraus. Die Festsetzungen des Bebauungsplans dürfen nur dann von den Darstellungen des Flächennutzungsplans abweichen, wenn dies durch die konkretere Ausgestaltung der verbindlichen Bauleitplanung gerechtfertigt ist. Denn der Flächennutzungsplan ist im Gegensatz zum Bebauungsplan nicht parzellenscharf, sondern eher grobmaschig.

Entwicklungsschwerpunkte. Gemeinden, die im landesplanerischen Zentrengefüge eine besondere Funktion für das Umland haben. Die Entwicklungsschwerpunkte sind nach ihrer Zentralität geordnet (Oberzentren, Mittelzentren, Grund- oder Unterzentren, Kleinzentren).

Entsiegelung. Maßnahmen zur Wiederherstellung einer Bodenoberfläche, die das Regenwasser vor Ort versickern lässt, statt es der Kanalisation zuzuführen. Hierdurch wird der Grundwasserleiter gestärkt und zugleich ein Beitrag zur Verbesserung der Böden geleistet.

Erfordernisse der Raumordnung. Ziele der Raumordnung, Grundsätze der Raumordnung und sonstige Erfordernisse der Raumordnung.

Erhaltungssatzung. Durch Satzung kann die Gemeinde Gebiete bezeichnen, in denen (1) zur Erhaltung der städtebaulichen Eigenart des Gebietes auf Grund seiner städtebaulichen Gestalt, (2) zur Erhaltung der Zusammensetzung der Wohnbevölkerung (Milieuschutzsatzung) oder (3) bei städtebaulichen Umstrukturierungen der Rückbau, die Änderung oder die Nutzungsänderung baulicher Anlagen der Genehmigung bedürfen (§ 172 BauGB). Die Gründe der Erhaltung müssen in der Satzung nicht im Einzelnen dokumentiert sein. Die Genehmigung wird durch die Gemeinde oder durch die Baugenehmigungsbehörde im Einvernehmen mit der Gemeinde erteilt (§ 173 BauGB). Die Erhaltungssatzung kann auch in den Bereich des städtebaulichen Denkmalschutzes hineinragen. Das Gesetz geht von einem zweistufigen Ablaufprogramm aus. Auf die Gebietsfestlegung in der Erhaltungssatzung folgt ein Genehmigungsverfahren, in dem vor dem Hintergrund der gemeindlichen Planungsvorstellungen die konkreten Einzelfallumstände berücksichtigt werden.

Erhaltungsziele. Erhaltung oder Wiederherstellung eines günstigen Erhaltungszustandes der in Anhang I der FFH-RL aufgeführten natürlichen Lebensräume und der in Anhang II aufgeführten Tier- und Pflanzenarten, die in einem Gebiet von gemeinschaftlicher Bedeutung vorkommen, sowie der in Anhang I der Vogelschutz-RL aufgeführten Vogelarten sowie ihrer Lebensräume, die in einem Europäischen Vogelschutzgebiet vorkommen.

Ersatzmaßnahmen: Maßnahmen zur Kompensation von Eingriffen in Natur und Landschaft, die in räumlicher Entfernung zum Eingriffsort erfolgen oder keine unmittelbaren naturschutzrechtlichen Gegenstände haben (z.B. Ausgleichszahlungen, externe Kompensation). In der **Bauleitplanung** wird zwischen Ausgleich und Ersatz nicht unterschieden. Die Eingriffs-Ausgleichsregelung ist zwar abzuarbeiten, aber im Gegensatz zur Fachplanung und bei Außenbereichsvorhaben der Abwägung zugänglich.

Europäisches ökologisches Netz „Natura 2000". Das Netz dient der Erhaltung natürlicher Lebensräume sowie der wildlebenden Tiere und Pflanzen (Art. 3 FFH-RL).

Fachplanung. Aufstellung von Plänen zur Durchführung fachbezogener Aufgaben wie den Bau von Verkehrswegen (Straßen, Eisenbahnen, Straßenbahnen, Magnetschwebebahn, Wasserstraßen), Braunkohlentagebau und Steinkohlenbergbau, Bau von Flughäfen, Kraftwerken, Abfallentsorgungsanlagen, Schulen und Sportstätten. Im Gegensatz zur einfachen Fachplanung ist die

privilegierte Fachplanung nach § 38 BauGB von den Bindungen an die planungsrechtliche Zulässigkeit von Vorhaben nach §§ 29 bis 37 BauGB freigestellt, wenn die Gemeinde beteiligt ist und städtebauliche Belange berücksichtigt worden sind. Das Fachrecht kann für die Bauleitplanung verbindliche Vorgaben enthalten oder auch in der städtebaulichen Abwägung überwindbar sein. Der Umfang der Bindungen ist dem jeweiligen Fachrecht zu entnehmen. Fachplanung ist gleichbedeutend mit sektoraler Planung mit ihren "vertikalen Fachbruderschaften" und damit ein Gegenteil von Gesamtplanung und Querschnittsplanung.

Fachverwaltung. Sie umfasst die Fachplanung und die sonstige Fachverwaltung.

Factory-Outlet-Center. Sie beinhalten unter Ausschaltung von Groß- und Einzelhandel einen Fabrikverkauf unmittelbar an Letztverbraucher. Hierdurch werden für hochwertige Waren aber auch für allgemeine Verbrauchsgüter äußerst preisgünstige Angebote erreicht und ein großer Käuferkreis angezogen. Vor allem die hochpreisigen Innenstadtlagen fürchten um diese Konkurrenz "auf der grünen Wiese". Factory-Outlet-Center rechnen zu den großflächigen Einzelhandelsbetrieben und sind daher nach § 11 Abs. 3 BauNVO zu beurteilen. Ihre Zulässigkeit ist daher nach den Maßstäben der infrastrukturellen und städtebaulichen Auswirkungen zu beurteilen. Teilweise wird von den Ländern die erfolgreiche Durchführung eines Raumordnungsverfahrens verlangt.

Fehlerbeachtlichkeit. Form- und Verfahrensfehler sind nur unter den Voraussetzungen der §§ 214, 215 BauGB beachtlich. Für die Wirksamkeit des Flächennutzungsplans und der städtebaulichen Satzungen kommt es nur auf die förmliche Bürgerbeteiligung, die Trägebeteiligung, das Vorhandensein einer Begründung in der Regel mit Umweltbericht (§ 2a BauGB), den Feststellungsbeschluss bzw. Satzungsbeschluss und die ordnungsgemäße Bekanntmachung an (§ 214 Abs. 1 BauGB). Verstöße gegen das Gebot, den Bebauungsplan aus dem Flächennutzungsplan zu entwickeln, sind unbeachtlich, wenn die geordnete städtebauliche Entwicklung gewahrt ist (§ 214 Abs. 2 BauGB). Form- und Verfahrensfehler sowie Verfahrensfehler in der Abwägung sind innerhalb von zwei Jahren schriftlich gegenüber der Gemeinde geltend zu machen (§ 215 BauGB). Fehler können ggf. auch rückwirkend geheilt werden (§ 214 IV BauGB).

Festsetzungen. Verbindliche Regelungen für den Bürger in Bebauungsplänen. Die Nutzbarkeit der Grundstücke wird durch rechtsverbindliche Festsetzungen im Bebauungsplan mit unmittelbarer Außenwirkung für den Bürger geregelt.

Flächennutzungsplan. Die Gemeinde stellt in ihm für das gesamte Gemeindegebiet die Art der Bodennutzung in den Grundzügen dar. Er besteht aus der Planzeichnung sowie aus textlichen Darstellungen. Eine Begründung ist beigefügt, der zumeist nach Themenbereichen (Wohnen, Arbeitsstätten, Freiflächen, Zentren, öffentliche Einrichtungen, Ver- und Entsorgung sowie Verkehr mit Schienen- und Straßennetz) gegliedert ist. Der Flächennutzungsplan hat für den Bürger keine unmittelbaren Außenwirkungen. Er bindet jedoch die Gemeinde als Planungsträger (Verwaltungsprogramm) im Hinblick auf die Aufstellung von Bebauungsplänen (§ 8 Abs. 2 1 BauGB), hinsichtlich privilegierter und nicht privilegierter Außenbereichsvorhaben und bezogen auf den Bodenwert von Grundstücken. Der Flächennutzungsplan bindet die Gemeinde bei der Entscheidung über ihr gemeindliches Einvernehmen nach § 36 BauGB bei privilegierten und nicht privilegierten Außenbereichsvorhaben. Der Bodenwert kann etwa durch die Ausweisung von Wohnbaufläche im Flächennutzungsplan gesteigert werden. Der Flächennutzungsplan kann durch entsprechend konkrete Darstellungen Belange zum Ausdruck bringen, die einem privilegierten Außenbereichsvorhaben entgegenstehen (§ 35 Abs. 3 Satz 3 BauGB). Diese Steuerungsmöglichkeit kommt auch der Regionalplanung zu.

FFH-Gebiete. Natürliche Lebensräume und Habitate sollen durch Ausweisung von FFH-Gebieten zu einem kohärenten europäischen ökologischen Netz besonderer Schutzgebiete mit der Bezeichnung „Natura 2000" verbunden werden. In das ökologische Netz sind auch die bereits

ausgewiesenen Vogelschutzgebiete einzubeziehen. Das Netz besteht aus Gebieten der natürlichen Lebensraumtypen des Anhangs I sowie den Habitaten der Arten des Anhangs II. Die in Betracht kommenden Gebiete werden über das Bundesumweltministerium der Kommission zugeleitet. Bei abweichenden Einschätzungen zwischen Kommission und Mitgliedstaat über Habitate mit prioritären Arten oder Lebensräumen kann sich ein Konzertierungsverfahren anschließen (Art. 4 FFH-RL). Pläne und Projekte mit Einfluss auf FFH-Gebiete werden einer Verträglichkeitsuntersuchung unterzogen. Danach unverträgliche Eingriffe sind grundsätzlich unzulässig. Sie können allerdings aus zwingenden Gründen des überwiegenden öffentlichen Interesses einschließlich solcher sozialer und wirtschaftlicher Art zugelassen werden, wenn eine Alternative nicht vorhanden ist. Die Mitgliedsstaaten ergreifen dann alle erforderlichen Ausgleichsmaßnahmen. Werden prioritäre natürliche Lebensraumtypen und/oder prioritäre Arten betroffen, ist der Eingriff nur zur Wahrung der Gesundheit des Menschen und der öffentlichen Sicherheit oder aus Umweltgründen zulässig. Andere überwiegende öffentliche Interessen, zu denen auch wirtschaftliche Gesichtspunkte gehören, können den Eingriff nur nach Einholung der Stellungnahme der Kommission rechtfertigen (Art. 6 Abs. 4 UA 2 FFH-RL). Die europarechtlichen Vorgaben sind in §§ 32 – 37 BnatSchG umgesetzt worden.

Fremdenverkehrssatzung. Die Gemeinde kann durch Satzung einen Genehmigungsvorbehalt für Rechtsvorgänge nach dem Wohnungseigentumsgesetz herbeiführen. Die Fremdenverkehrssatzung dient dazu, „Rollladensiedlungen" in Fremdenverkehrsgemeinden zu verhindern. Orte mit Fremdenverkehr sind Gemeinden, die Fremdenverkehrsaufgaben erfüllen und dabei auf Beherbergungsmöglichkeiten nicht nur für den kurzfristigen Aufenthalt von Gästen angewiesen sind.

Funktionslosigkeit. Darstellungen des Flächennutzungsplans oder städtebauliche Satzungen können infolge einer grundlegenden Veränderung der Sachlage funktionslos werden. Eine anfängliche Funktionslosigkeit der Bauleitplanung ist nur anzunehmen, wenn einzelne Regelungen bereits von Beginn an wegen entgegenstehender tatsächlicher Umstände auf Dauer nicht realisierbar erscheinen. Ungewissheiten reichen nicht. Die Funktionslosigkeit eines Bebauungsplans kann auch mit einem Normenkontrollantrag festgestellt werden, wobei sich allerdings aus der Zweijahresfrist in § 47 Abs. 2 VwGO Begrenzungen ergeben können.

Gebietsentwicklungspläne. Sie legen auf der Grundlage des Landesentwicklungsprogramms und von Landesentwicklungsplänen die regionalen Ziele der Raumordnung für die Entwicklung von Teilräumen und für alle raumbedeutsamen Planungen und Maßnahmen im Plangebiet fest.

Gegenstromprinzip. Raumordnung und Bauleitplanung beeinflussen sich gegenseitig. Die Raumordnung hat Belange der örtlichen Bauleitplanung in der Abwägung zu berücksichtigen. Die Bauleitplanung muss sich ihrerseits an den Erfordernissen des Gesamtraumes ausrichten (§ 1 Abs. 3 ROG).

Gemeindliches Einvernehmen. Über die planungsrechtliche Zulässigkeit eines Vorhabens von Ausnahmen und Befreiungen (§ 31 BauGB), während der Planaufstellung bei Planreife (§ 33 BauGB), im nicht beplanten Innenbereich (§ 34 BauGB) und im Außenbereich (§ 35 BauGB) wird im Einvernehmen der Gemeinde entschieden (§ 36 Abs. 1 BauGB). Die Gemeinde hat über ein Ersuchen innerhalb von zwei Monaten zu befinden und auf Grund einer Rechtsprüfung zur planungsrechtlichen Zulässigkeit zu entscheiden. Ohne das Einvernehmen darf eine Baugenehmigung nicht erteilt werden. An das erteilte Einvernehmen ist die Baugenehmigungsbehörde nicht gebunden. Das rechtswidrig verweigerte Einvernehmen kann durch die nach Landesrecht zuständige Behörde ersetzt werden. Hierdurch kann sich in der Tendenz auch die Amtshaftung in Richtung auf die Baugenehmigungsbehörde und die für die Ersetzung des Einvernehmens zuständige Behörde verschieben.

Gemengelage. Unverträgliche Nutzungen stoßen auf engem Raum aneinander oder durchmischen sich. Bei der Großgemengelage kommt es zu einem Konflikt zwischen Industrie und Wohnen,

wobei vor allem im Bereich der Nahtstellen Konflikte entstehen. Bei Kleingemengelagen mischen sich gewerbliche Nutzung und Wohnnutzung. Gemengelagen sind vor allem durch ein gesteigertes Maß an Rücksichtnahme gekennzeichnet. Das Duldungspotenzial der schutzbedürftigen Nutzung ist gesteigert, das Einwirkungspotenzial der umweltbelastenden Nutzung gemindert. Die unterschiedlichen Nutzungsinteressen werden nach Art der Bildung von Mittelwerten ausgeglichen, wobei nicht der mathematische Mittelwert, sondern ein durch nachvollziehende Ausgleichsentscheidung zu bildender identischer Belastungs- und Einwirkungswert zugrundezulegen ist.

Genehmigung und Anzeige. Die Aufstellung, Änderung, Ergänzung oder Aufhebung eines Flächennutzungsplans bedarf der Genehmigung der höheren Verwaltungsbehörde (§ 6 BauGB). Bebauungspläne sind nur genehmigungspflichtig, wenn sie nicht aus dem Flächennutzungsplan entwickelt sind (§ 10 Abs. 2 BauGB). Dies gilt für Abweichungen von einem bestehenden Flächennutzungsplan sowie für den selbstständigen und den vorzeitigen Bebauungsplan. Aus dem Flächennutzungsplan entwickelte Bebauungspläne sind grundsätzlich genehmigungs- und anzeigefrei. Auch Innenbereichs- und Außenbereichssatzungen sind von einer Genehmigung freigestellt (§§ 34 Abs. 6, 35 Abs. 6 BauGB). Über die Genehmigung ist innerhalb von 3 Monaten (mit dreimonatiger Verlängerungsmöglichkeit) zu entscheiden (§§ 6 Abs. 4, 10 Abs. 2 BauGB). Die höhere Verwaltungsbehörde hat im Rahmen einer Rechtskontrolle (keine Zweckmäßigkeitskontrolle) zu prüfen, ob die Bauleitplanung den rechtlichen Anforderungen genügt. Die Prüfung ist nicht durch die Beachtlichkeitserfordernisse der §§ 214, 215 BauGB eingeschränkt. Zu Auflagen oder zu anderen Änderungen im Genehmigungsverfahren hat der Rat einen Beitrittsbeschluss zu fassen. Die Erteilung der Genehmigung oder, so weit eine Genehmigung nicht erforderlich ist, der Beschluss über den Bebauungsplan sind ortsüblich bekanntzumachen (§ 10 Abs. 3 Satz 1 BauGB). Die Länder können für nicht genehmigungsbedürftige Bebauungspläne sowie Innen-, Außen- und Entwicklungsbereichssatzungen nach § 246 Abs. 2 BauGB ein Anzeigeverfahren einführen, das innerhalb eines Monats abgeschlossen sein muss (ohne Fehlerbeachtlichkeit nach § 214 Abs. 1 BauGB).

Geschossflächenzahl. Maßeinheit für die Bebauungsdichte. Summe der Bruttogeschossflächen aller Gebäude auf einem Grundstück oder in einem Baugebiet geteilt durch die Gesamtfläche des Grundstücks bzw. des Baugebietes.

Gestufte UVP. Für Bauleitpläne wird regelmäßig eine Umweltprüfung durchgeführt (§ 2 Abs. 4 BauGB). Eine UVP entfällt dann (§ 17 Abs. 1 Satz 2 und Abs. 2 UVPG). Wird eine UVP in einem Aufstellungsverfahren für einen Bauleitplan und in einem nachfolgenden Zulassungsverfahren durchgeführt, soll die UVP im nachfolgenden Zulassungsverfahren auf zusätzliche oder andere erhebliche Umweltauswirkungen des Vorhabens beschränkt werden (§ 17 Abs. 3 UVPG). Entsprechend ist bei der gestuften Umweltprüfung zu verfahren.

Gewerbegebiet (GE). Gewerbegebiete dienen vorwiegend der Unterbringung von nicht erheblich belästigenden Gewerbebetrieben (§ 8 BauNVO).

Großflächiger Einzelhandelsbetrieb. Einzelhandel auf mehr als 700 qm Verkaufsfläche. Abzugrenzen von Nachbarschaftsläden, die der Nahversorgung der Bevölkerung dienen. Großflächige Einzelhandelsbetriebe sind nur in Kerngebieten oder Sondergebieten zulässig, wenn von den Betrieben nachteilige Auswirkungen auf städtebauliche oder infrastrukturelle Belange i.S. des § 11 Abs. 3 BauNVO ausgehen. Die widerlegliche Vermutungsgrenze hierfür liegt bei 1.200 qm Geschossfläche.

Großflächiger Einzelhandelsstandort. Vielfach außerhalb der gewachsenen Städte liegender Standort des Einzelhandels mit großen Verkaufsflächen (Warenhäuser, Fachmärkte, Baumärkte), nicht selten ohne ausreichende Erschließung durch öffentlichen Personennahverkehr. Die mangelnde Integration in die vorhandenen städtischen Strukturen behindert den Ausbau einer urbanen

wohngebietsnahen Zentrenstruktur und erzeugt erhebliche Kfz-Verkehrsströme. Derartige Einrichtungen sind vielfach mit schädlichen Umwelteinwirkungen (§ 3 BImSchG) sowie negativen städtebaulichen oder infrastrukturellen Auswirkungen verbunden (§ 11 Abs. 3 BauNVO).

Grundflächenzahl. Maß für die Überbaubarkeit eines Grundstücks. Verhältnis der bebauten Grundfläche eines Grundstücks zu seiner Gesamtfläche.

Grundsätze der Raumordnung. Allgemeine Aussagen zur Entwicklung, Ordnung und Sicherung des Raumes als Vorgaben für nachfolgende Abwägungs- oder Ermessensentscheidungen.

Habitatschutz. Für Vogelschutz- und FFH-Gebiete gelten höhere naturschutzrechtliche Anforderungen nach der Vogelschutz-RL, der FFH-RL und §§ 32 bis 37 BNatSchG.

Immissionen. Umwelteinwirkungen auf Menschen, Tiere und Pflanzen, den Boden, das Wasser, die Atmosphäre sowie Kultur- und sonstige Sachgüter. Zu den Umwelteinwirkungen gehören Luftverunreinigungen, Geräusche, Erschütterungen, Licht, Wärme, Strahlen und ähnliche Belastungen.

Industriegebiet (GI). Industriegebiete dienen ausschließlich der Unterbringung von Gewerbebetrieben, und zwar vorwiegend solcher Betriebe, die in anderen Baugebieten unzulässig sind (§ 9 BauNVO).

Innenbereichssatzungen. § 34 Abs. 4 BauGB stellt den planenden Gemeinden drei verschiedene Innenbereichssatzungen bereit. Die **Klarstellungssatzung** nach § 34 Abs. 4 Satz 1 Nr. 1 BauGB kann lediglich deklaratorisch die Grenzen für im Zusammenhang bebaute Ortsteile festlegen. Die Klarstellungssatzung hat keine konstitutive Wirkung. Die **Entwicklungssatzung** nach § 34 Abs. 3 Satz 1 Nr. 2 BauGB kann bebaute Bereiche im Außenbereich als im Zusammenhang bebaute Ortsteile festlegen. Die Flächen müssen jedoch im Flächennutzungsplan der Gemeinde als Bauflächen dargestellt sein. Mit der **Ergänzungssatzung** nach § 34 Abs. 4 Satz 1 Nr. 3 BauGB können einzelne Außenbereichsflächen in die im Zusammenhang bebauten Ortsteile einbezogen werden, wenn die einbezogenen Flächen durch die bauliche Nutzung des angrenzenden Bereichs entsprechend geprägt sind. Die satzungsrechtlichen Möglichkeiten beziehen sich nur auf einzelne durch Bebauung geprägte Flächen. Die Innenbereichssatzungen dürfen sich nicht auf Vorhaben beziehen, die umweltprüfungspflichtig oder vorprüfungspflichtig nach der Anlage 1 zum UVPG sind oder Habitat- und Vogelschutzgebiete beeinträchtigen können (§ 34 Abs. 5 BauGB). Die Innenbereichssatzungen sind von einer Genehmigung durch die höhere Verwaltungsbehörde freigestellt.

Interkommunale Bauleitplanung. Bauleitpläne benachbarter Gemeinden sind nach § 2 Abs. 2 BauGB aufeinander abzustimmen. Dabei können sich die Gemeinden auch auf ihre ihnen durch Ziele der Raumordnung zugewiesenen Funktionen sowie auf Auswirkungen auf ihre zentralen Versorgungsbereiche berufen (§ 2 Abs. 2 Satz 2 BauGB). Die planende Gemeinde hat die gemeindenachbarlichen Belange wie eigene Belange in die Abwägung einzustellen. Denn im Gegensatz zur Fachplanung besteht zwischen den beteiligten Gemeinden ein Gleichordnungsverhältnis. Ist die Nachbargemeinde nicht ordnungsgemäß an der Bauleitplanung beteiligt worden oder werden die gemeindenachbarlichen Belange materiell verletzt, kann die Nachbargemeinde den Bebauungsplan in einem Normenkontrollverfahren angreifen, sich aber auch gegen Genehmigungen zur Wehr setzen, die auf der Grundlage des (fehlerhaften) Bebauungsplans erteilt worden sind. Gemeindenachbarliche Klagerechte bestehen allerdings nicht, wenn das Vorhaben im Innenbereich nach § 34 BauGB planungsrechtlich zulässig ist. Gemeindenachbarliche Belange sind auch im nicht beplanten Innenbereich zu berücksichtigen. Von Innenbereichsvorhaben dürfen keine schädlichen Auswirkungen auf zentrale Versorgungsbereiche in der Gemeinde oder in anderen Gemeinden zu erwarten sein (§ 34 Abs. 3 BauGB)

Kennzeichnungen. Im Flächennutzungsplan oder im Bebauungsplan enthaltene Angaben über erforderliche besondere Vorkehrungen gegen äußere Einwirkungen oder Naturgewalten, Untertagebau oder Mineralienabbau sowie belastete Böden. Kennzeichnungen sollen auf besondere Gefahren und das Erfordernis von Vorsichtsmaßnahmen bei der Grundstücksnutzung hinweisen. Sie dienen den Rechten der Planbetroffenen allerdings nur, wenn die Bebaubarkeit des Grundstücks insgesamt in Frage steht, nicht jedoch auch dann, wenn sich lediglich erhöhte Aufwendungen in der Bauausführung ergeben.

Kerngebiete (MK). Sie dienen vorwiegend der Unterbringung von Handelsbetrieben sowie der zentralen Einrichtungen der Wirtschaft, der Verwaltung und Kultur (§ 7 BauNVO).

Konfliktbewältigung und Konflikttransfer. Die der Planung zuzurechnenden Konflikte sind vom Grundsatz her durch Planung zu bewältigen. Allerdings können einzelne Teile der Konfliktbewältigung in Begleit- oder Nachfolgeverfahren verschoben werden. Der Konflikttransfer ist jedoch nur zulässig, wenn nach Lage der Dinge eine Konfliktbewältigung im Begleit- oder Nachfolgeverfahren erwartet werden kann. Hier gelten vergleichbare Grundsätze wie für die Kontrolle von Prognoseentscheidungen. Ein Konflikttransfer ist vor allem im Immissionsschutzrecht aber auch im Naturschutzrecht anerkannt. Die Konfliktverlagerung kann dabei etwa in ein nachfolgendes Genehmigungsverfahren aber auch in einen planbegleitenden städtebaulichen Vertrag erfolgen. Mit den Nachfolgeentscheidungen oder planbegleitenden Regelungen können die Festsetzungen des Bebauungsplans zwar feingesteuert und nachgesteuert, nicht jedoch korrigiert werden.

Konzentrationswirkung. Es sind die formelle und materielle Konzentrationswirkung zu unterscheiden. **Formell** ist eine Konzentrationswirkung, wenn die jeweilige Entscheidung die nach anderen Vorschriften erforderlichen behördlichen Entscheidungen, insbesondere öffentlich-rechtliche Genehmigungen, Verleihungen, Erlaubnisse, Bewilligungen, Zustimmungen und Planfeststellungen umfasst (§ 75 Abs. 1 HS 2 VwVfG, § 13 BImSchG). **Materiell** ist eine Konzentrationswirkung, wenn das anzuwendende jeweilige Recht die Reichweite der anderen rechtlichen Regelungen selbst bestimmt (§ 38 BauGB). Die formelle Konzentrationswirkung führt dazu, dass eine nach anderen Vorschriften erforderliche Zulassung nicht erforderlich ist. Die materielle Konzentrationswirkung schränkt die materiellen Prüfungserfordernisse im Hinblick auf andere Rechtsregeln ein.

Kleinsiedlungsgebiete (WS). Sie dienen vorwiegend der Unterbringung von Kleinsiedlungen einschließlich Wohngebäuden mit entsprechenden Nutzgärten und landwirtschaftlichen Nebenerwerbsstellen (§ 2 BauNVO).

Landesentwicklungsplan. Er legt auf der Grundlage des Landesentwicklungsprogramms die Ziele der Raumordnung für die Gesamtentwicklung des Landes fest. Die Landesentwicklungspläne bestehen zumeist aus textlichen und zeichnerischen Darstellungen. Sie können in sachlichen oder räumlichen Teilabschnitten aufgestellt werden.

Landesplanung. Zusammenfassende Programme und Pläne auf der Ebene der Bundesländer. Die zumeist grobmaschige Landesplanung gibt allgemeine Vorgaben für die konkrete kommunale Bauleitplanung. Landesplanung und gemeindliche Bauleitplanung sind durch das Gegenstromprinzip verbunden (§ 1 Abs. 3 ROG). Danach hat die Landesplanung städtebauliche Belange zu berücksichtigen. Die Ziele der Landesplanung sind von der Bauleitplanung zu beachten, also nicht durch Abwägung überwindbar. Die Grundsätze der Landesplanung sind demgegenüber in der kommunalen Bauleitplanung durch Abwägung überwindbar.

Landschaftsplan. Planungsinstrument zur Festsetzung von Maßnahmen zum Schutz und zur Entwicklung von Natur und Landschaft und zur Sicherung der Freizeit- und Erholungsansprüche der Bevölkerung in abgegrenzten Teilgebieten der Gemeinde oder des Kreises. Landschaftspläne werden aus dem Landschaftsprogramm entwickelt. Der Umfang der Bindungswirkung für den Bürger ist dem jeweiligen Landesgesetz zu entnehmen (§ 16 BNatSchG).

Maß der baulichen Nutzung. Es kann bestimmt werden durch Festsetzung der Grundflächenzahl oder der Größe der Grundfläche der baulichen Anlage, der Geschossflächenzahl oder der Größe der Geschossfläche, der Baumassenzahl oder der Baumasse, der Zahl der Vollgeschosse und der Höhe baulicher Anlagen (§ 16 Abs. 2 BauNVO). Für die Bestimmung des Maßes der baulichen Nutzung enthält § 17 BauNVO Obergrenzen. Diese gelten nicht für den vorhabenbezogenen Bebauungsplan. Allerdings muss dieser einer geordneten städtebaulichen Entwicklung entsprechen.

Mischgebiet (MI). Mischgebiete dienen dem Wohnen und der Unterbringung von Gewerbebetrieben, die das Wohnen nicht wesentlich stören (§ 6 BauNVO).

Nachbarschaftsläden. Sie dienen der Versorgung der Bevölkerung mit Gütern des täglichen Bedarfs. Sie sind nicht großflächig i.S. des § 11 Abs. 3 BauNVO und haben für einen Lebensmittel-SB-Markt eine Größe von ca. 700 m^2 Verkaufsfläche

Nachrichtliche Übernahmen. Sie verweisen auf nach anderen Vorschriften bestehende Bindungen wie des Fachplanungsrechts, des Natur- und Landschaftsschutzes oder des Denkmalrechts.

Naturschutzrechtliche Eingriffsregelung. Gesetzliche Regelungen für die Berücksichtigung naturschutzrechtlicher Belange bei Planungen und der Verwirklichung von Vorhaben. Die Eingriffsregelung in §§ 18 – 20 BNatSchG sieht für Eingriffe in Natur und Landschaft ein mehrstufiges Prüfungsschema vor. Eingriffe sind nach Möglichkeit zu vermeiden und zu minimieren. Nicht zu vermeidende Eingriffe sind auszugleichen oder in sonstiger Weise zu kompensieren (§ 19 Abs. 2 BNatSchG). Gelingt dies nicht, sind die Eingriffe nur zulässig, wenn die für das Vorhaben sprechenden Gründe in der bipolaren Verhältnismäßigkeitsprüfung (§ 19 Abs. 3 Satz 1 BNatSchG) den naturschutzrechtlichen Belangen vorgehen. Auch für die Bauleitplanung ist dieses Programm abzuarbeiten, aber abwägungsdirigiert (Baurechtskompromiss). Für Vogelschutzgebiete und FFH-Gebiete gelten höhere Anforderungen nach der Vogelschutz-RL, der FFH-RL und §§ 32 bis 37 BNatSchG.

Nummerndogma. Die planerischen Variationsmöglichkeiten durch Ausschluss oder Zulassung bestimmter Nutzungen beziehen sich danach auf eine komplette Nummer der Vorschriften über die jeweiligen Baugebiete (z.B. Anlagen für kirchliche, kulturelle, soziale, gesundheitliche und sportliche Zwecke, § 2 Abs. 3 Nr. 2 BauNVO). Die Variationsmöglichkeiten können sich aber auch auf Teile der jeweiligen Gruppen (Vergnügungsstätten) (§ 1 Art. 4 Abs. 5 BauNVO) oder deren Unterarten (Spielhallen) (§ 1 Abs. 9 BauNVO) beziehen. Die Gemeinde ist daher bei ihren planerischen Entscheidungen nicht an das Nummerndogma gebunden.

Öffentlichkeitsbeteiligung. Die frühere Bürgerbeteiligung ist durch das EAG Bau in Öffentlichkeitsbeteiligung umbenannt worden (§ 3 BauGB). Bei der Bauleitplanung ist die Öffentlichkeit zu beteiligen. Bereits in einem recht frühen Verfahrensstadium ist die Öffentlichkeit in einer **vorgezogenen Öffentlichkeitsbeteiligung** in die Planung einzubeziehen (§ 3 Abs. 1 BauGB). Wenn die Bauleitplanung einen entsprechenden Reifegrad erreicht hat, ist die Öffentlichkeit erneut in einer **förmlichen Öffentlichkeitsbeteiligung** zu beteiligen (§ 3 Abs. 2 BauGB). Die Öffentlichkeitsbeteiligung soll das Abwägungsmaterial verbreitern, die Bürger in den Planungsprozess einbeziehen, ihre Einwirkungsmöglichkeiten verbessern und die Akzeptanz der gemeindlichen Planungen sowie deren Qualität erhöhen. Bei einer Planänderung muss grundsätzlich eine erneute Öffentlichkeitsbeteiligung stattfinden (§ 4a Abs. 3 BauGB). Werden durch die Änderung oder Ergänzung des Bauleitplans die Grundzüge der Planung nicht berührt, kann die Einholung der Stellungnahmen auf die von der Änderung oder Ergänzung betroffene Öffentlichkeit beschränkt werden.

Ökokonto. Bereits vor dem naturschutzrechtlichen Eingriff können Ausgleichsmaßnahmen „angespart" werden, die später den Eingriffen zugeordnet werden können. Die Maßnahme dient der zeitlichen Entkoppelung von Eingriff und Ausgleich (§ 135a Abs. 2 Satz 2 BauGB).

Örtliche Bauvorschriften. Neben die auf der Grundlage des BauGB und der BauNVO erlassenen städtebaulichen Regelungen können örtliche Bauvorschriften treten, die auf landesrechtlicher Grundlage beruhen. So können sich Gestaltungsfestsetzungen auf Dachformen und Dachneigung, Dachfenster, Dachaufbauten, Baumaterialien, Einfriedigungen, Abgrabungen oder die Farbgebung der baulichen Anlagen beziehen. Örtliche Bauvorschriften können nach Maßgabe des Landesrechts mit dem Bebauungsplan verbunden werden (§ 9 Abs. 4 BauGB).

Parallelverfahren. Mit der Aufstellung, Änderung, Ergänzung oder Aufhebung eines Bebauungsplans kann gleichzeitig ein Bebauungsplan aufgestellt, geändert oder ergänzt werden. Einzelne Schritte des Bebauungsplanverfahrens können auch dem jeweiligen Schritt des Flächennutzungsplanverfahrens vorangehen, wenn die geordnete städtebauliche Entwicklung dadurch nicht beeinträchtigt wird (Planreife).

Planaufstellungsverfahren. Die Aufstellung von Bauleitplänen hat das im BauGB geregelte Verfahren zu beachten, das für Flächennutzungsplan und Bebauungsplan weitgehend identisch ist. Wesentliches Kennzeichen des Aufstellungsverfahrens ist die Öffentlichkeits- und Behördenbeteiligung, die sich jeweils in eine frühzeitige und förmliche Beteiligung gliedern (§§ 3, 4 BauGB), die Bescheidung der Anregungen (§ 3 Abs. 2 BauGB), der Feststellungsbeschluss (Flächennutzungsplan) bzw. Satzungsbeschluss (Bebauungsplan) sowie die Genehmigung (§§ 6, 10 BauGB) und die Bekanntmachung, mit der der Bauleitplan wirksam bzw. rechtsverbindlich wird. Der Bebauungsplan bedarf nur der Genehmigung der höheren Verwaltungsbehörde, wenn er nicht aus dem Flächennutzungsplan entwickelt worden sind. Für Innenbereichs- und Außenbereichssatzungen entfällt ein Genehmigungserfordernis.

Planerhaltung. Bei der Prüfung der Rechtmäßigkeit der Bauleitplanung ist der Grundsatz der Planerhaltung als offenes Prinzip zu berücksichtigen. Bauleitpläne und sonstige städtebauliche Satzungen sollten nicht ungefragt in eine richterliche Fehlersuche geraten. Im Übrigen obliegt es dem Gesetzgeber, Umfang und Reichweite des Grundsatzes der Planerhaltung zu bestimmen. Der Gesetzgeber hat dem durch den numerus clausus der beachtlichen Form- und Verfahrensfehler (§ 214 Abs. 1 BauGB), die Beschränkung der Beachtlichkeit von Fehlern im Entwicklungsgebot (§§ 8 Abs. 2 Satz 1, 214 Abs. 2 BauGB) und durch die mit einer Zweijahresfrist versehenen Rügeerfordernisse hinsichtlich von Form- und Verfahrensfehlern und Fehlern im Abwägungsverfahren (§ 215 Abs. 1 BauGB) sowie durch die auch rückwirkende Heilungsmöglichkeit in § 214 Abs. 4 BauGB Rechnung getragen. Ein darüber hinausgehender allgemeiner Grundsatz der Planerhaltung ist nicht anerkannt.

Planreife. Bereits vor Rechtsverbindlichkeit des Bebauungsplans können Vorhaben im Hinblick auf die künftigen Festsetzungen eines Bebauungsplans planungsrechtlich zulässig sein, wenn eine Planreife nach § 33 BauGB eingetreten ist und die weiteren Voraussetzungen des § 33 Abs. 1 BauGB vorliegen. Die **formelle Planreife** (§ 33 Abs. 1 BauGB) ist gegeben, wenn die öffentliche Auslegung bereits stattgefunden hat, ggf. eine grenzüberschreitende Beteiligung nach § 4a Abs. 5 BauGB durchgeführt worden ist und die eingegangenen Anregungen abgearbeitet sind (Zeitraum zwischen Satzungsbeschluss und Bekanntmachung). Die Zulassung von Vorhaben bei **materieller Planreife** (§ 33 Abs. 2 BauGB 1998), die dann gegeben ist, wenn vor Durchführung der öffentlichen Auslegung die Verabschiedung der in Aussicht genommenen Planung wahrscheinlich ist, hat an Bedeutung verloren. Sie ermöglicht nur dann eine Vorhabenzulassung, wenn bereits eine Öffentlichkeits- und Behördenbeteiligung durchgeführt worden ist und sich im weiteren Planverfahren (§ 4a Abs. 3 BauGB) oder im Falle der vereinfachten Änderung des Plans (§ 13 BauGB) Änderungen ohne Auswirkungen ergeben.

Planreparatur durch ergänzendes Verfahren. Fehler der Bauleitplanung können ggf. durch ein ergänzendes Verfahren geheilt werden, wenn nicht ausgeschlossen werden kann, dass der Plan ohne eine Änderung der Grundzüge repariert werden kann. In einem ergänzenden Verfahren

reparierbare Pläne sind zwar nicht nichtig (§ 47 Abs. 5 S. 2 VwGO), entfalten aber bis zur Behebung des Mangels keine Rechtswirkungen (§ 215a Abs. 1 BauGB 1998, § 47 Art. 4 Abs. 5 Satz 4 VwGO). Die Satzungen werden allerdings im Normenkontrollverfahren vom OVG/VGH nicht für nichtig, sondern (nur) für unwirksam erklärt (§ 47 Abs. 5 S. 2 VwGO). Fehler können auch rückwirkend geheilt werden (§ 214 Abs. 4 BauGB). Dies wird allerdings wohl nur dann zulässig sein, wenn sich der Planinhalt nicht ändert. Anderenfalls käme eine Teilrückwirkung in Betracht.

Planungshoheit. Sie umfasst das Recht der planenden Städte und Gemeinden zur eigenverantwortlichen städtebaulichen Planung in ihrem Gemeindegebiet im Rahmen der Gesetze. Zu ihnen gehören die Vorgaben der Raumordnung und Landesplanung aber auch die verfahrensrechtlichen und inhaltlichen Anforderungen an die Bauleitplanung, wie sie sich vor allem aus dem BauGB ergeben.

Planungsrechtsnormen. Sie sind zumeist als Finalprogramme gefasst, also auf eine Zielverwirklichung ausgerichtet, und stehen damit im Gegensatz zu den Konditionalprogrammen, die nach dem „Wenn-dann-Schema" aufgebaut sind. Abwägungsdirigierte **Planungsleitlinien** enthalten Berücksichtigungsgebote, die durch Abwägung überwindbar sind. **Planungsleitsätze** sind demgegenüber strikt zu beachten und nicht durch Abwägung überwindbar. **Optimierungsgebote**, die eine herausgehobene Berücksichtigung von Belangen verlangen, stehen damit zwischen den abwägungsdirigierten Planungsleitlinien und den feste Bindungen erzeugenden Planungsleitsätzen.

Planungsschadensrecht. §§ 39 bis 44 BauGB gewähren Entschädigung bei einem Vertrauensschaden, der bei Änderung, Ergänzung oder Aufhebung eines rechtsverbindlichen Bebauungsplans entsteht (§ 39 BauGB), bei Inanspruchnahme von Flächen durch gemeinwohlgebundene Festsetzungen eines Bebauungsplans (§ 40 BauGB), bei Begründung von Geh-, Fahr- und Leitungsrechten und bei Bindungen für Bepflanzungen (§ 41 BauGB). Bei der Änderung oder Aufhebung einer zulässigen Nutzung gewährt § 42 BauGB für Eingriffe innerhalb von sieben Jahren ab erstmaliger Zulässigkeit der Nutzung eine Entschädigung nach der Differenz der Grundstückswerte. Nach Ablauf der Siebenjahresfrist wird eine Entschädigung nur für Eingriffe in die bereits verwirklichte Nutzung gewährt. Besonders geregelt sind Entschädigung und Verfahren (§ 43 BauGB), Entschädigungspflichtige, Fälligkeit und Erlöschen der Entschädigungsansprüche (§ 44 BauGB).

Planverwirklichungsinstrumente. Sie dienen der Umsetzung der städtebaulichen Planung in konkretes grundstücksbezogenes Handeln. Zu ihnen zählen die bodenordnenden Maßnahmen der Umlegung (§§ 45 bis 79 BauGB) und vereinfachte Umlegung (§§ 80 bis 84 BauGB), die Enteignung (§§ 39 bis 44, 85 ff. BauGB) sowie die Erhaltungssatzung (§ 172 BauGB) und die städtebaulichen Gebote (Baugebot, Modernisierungs- und Instandsetzungsgebot, Pflanzgebot, Rückbau- und Entsiegelungsgebot) (§§ 175 bis 179 BauGB).

Planzeichen. Als Planzeichen sollen die in der Anlage der PlanZV enthaltenen Planzeichen verwendet werden. Die Planzeichen können ergänzt werden, so weit dies zur eindeutigen Darstellung des Planinhalts erforderlich ist (§ 2 Abs. 1 PlanZV). Die verwendeten Planzeichen sollen im Bauleitplan erklärt werden (§ 2 Abs. 4 PlanZV). Eine Verletzung des § 2 PlanZV ist unbeachtlich, wenn die Darstellung, Festsetzung, Kennzeichnung, nachrichtliche Übernahme oder der Vermerk hinreichend erkennbar ist (§ 2 Art. 4 Abs. 5 PlanZV).

Planzeichnung. Die Planzeichnung des Flächennutzungsplans beruht auf einer Kartengrundlage vielfach ohne Grundstücksgrenzen. Sie kann in unterschiedlichen Maßstäben (1:10.000, 1: 25.000) gefasst sein.

Präklusion. Sie betrifft den Ausschluss von Einwendungen und Belangen. **Formell** ist eine **Präklusion**, wenn nach Verstreichen der Frist erhobene Einwendungen im Verwaltungsverfahren nicht mehr berücksichtigt werden müssen (§§ 3 Abs. 2 Satz 4, 4 Abs. 3 BauGB). Die dahinter

stehenden Belange bestehen allerdings fort. Bei der **materiellen Präklusion** sind die nicht rechtzeitig vorgebrachten Belange untergegangen in dem Sinne, dass sie auch in einem nachfolgenden Gerichtsverfahren nicht mehr geltend gemacht werden können (§ 73 Abs. 4 Satz 3 VwVfG).

Prioritäre Arten. Die im Anhang II der FFH-RL mit einem * gekennzeichneten Arten.

Prioritäre Biotope. Die im Anhang I der FFH-RL mit einem * gekennzeichneten Biotope.

Privilegierte Vorhaben. Nach § 35 Abs. 1 BauGB bevorrechtigt zulässige Vorhaben im Außenbereich. Privilegiert zulässig sind danach Vorhaben, die einem landwirtschaftlichen Betrieb dienen (§ 35 Abs. 1 Nr. 1 BauGB), Vorhaben, die dem Betrieb einer gartenbaulichen Erzeugung dienen (§ 35 Abs. 1 Nr. 2 BauGB) auch wenn der Betrieb einen mehr als untergeordneten Teil der Betriebsfläche einnimmt, ortsgebundene Betriebe (§ 35 Abs. 1 Nr. 3 und 4 BauGB), Vorhaben, die der Erforschung, Entwicklung oder Nutzung der Wind- oder Wasserenergie dienen (§ 35 Abs. 1 Nr. 5 BauGB), Biogasanlagen (§ 35 Abs. 1 Nr. 6 BauGB) sowie Vorhaben, die der Erforschung, Entwicklung oder Nutzung der Kernenergie zu friedlichen Zwecken oder der Entsorgung radioaktiver Abfälle dienen (§ 35 Abs. 1 Nr. 7 BauGB). Privilegierte Vorhaben sind planungsrechtlich zulässig, wenn öffentliche Belange nicht entgegenstehen, jedoch hinsichtlich des Standortes noch variationsfähig. Gemeinde und Regionalplanung können durch das Darstellungsprivileg privilegierte Vorhaben nach § 35 Abs. 1 Nr. 2 bis 6 BauGB an bestimmten Standorten zusammenzufassen und dadurch zugleich an anderen Standorten des Planungsgebietes ausschließen (§ 35 Abs. 3 Satz 3 BauGB).

Qualifizierter Bebauungsplan. Er enthält Mindestfestsetzungen über Art und Maß der baulichen Nutzung, Bauweise, überbaubare Grundstücksflächen und örtliche Verkehrsflächen (§ 30 Abs. 1 BauGB).

Querschnittsplanung. Fachübergreifende, alle im Plangebiet raumwirksamen Vorhaben, Entwicklungen und Maßnahmen umfassende Planung (z.B. Bauleitplanung, Regionalplanung, Landesplanung) und damit ein Gegenteil von Fachplanung als sektoraler Planung.

Raumordnung. Überörtliche Planung, für die der Bund nach Art. 75 Nr. 4 GG die Kompetenz zum Erlass von Rahmenvorschriften hat. Die Raumordnung gliedert sich in die hochstufige Bundesraumordnung und die Landesplanung, die von den Ländern wahrgenommen wird, sowie in die zur Landesplanung gehörende Regionalplanung (Gebietsentwicklungsplanung), die für Teilräume des Landes raumordnerische Vorgaben für die städtebauliche Bauleitplanung enthält. Bundesraumordnung, Landesplanung, Gebietsentwicklungsplanung und Bauleitplanung bilden ein Stufensystem raumbezogener Planungen, das auf gegenseitige Rücksichtnahme angewiesen ist. Die hochstufige Raumordnung ist eine staatliche Aufgabe. Auch die Landesplanung wird in staatlicher Verantwortung wahrgenommen. Die Regionalplanung wird teilweise auch durch kommunale Organe oder gemischt besetzte staatlich-kommunale Organe wahrgenommen.

Raumordnungspläne. Der Raumordnungsplan für das Landesgebiet nach § 8 ROG und die Pläne für Teilräume der Länder nach § 9 ROG (§ 3 ROG).

Rechtsgrundlagen des öffentlichen Baurechts. Sie sind im BauGB, in der BauNVO und in der PlanZV niedergelegt. Bei Immissionen können auch das BImSchG und die auf seiner Grundlage erlassenen Rechtsverordnungen (BImSchV) bedeutsam sein. Verfassungsrechtliche Vorgaben können sich vor allem aus der Eigentumsgarantie (Art. 14 GG), der Berufsfreiheit (Art. 12 GG), aus dem Recht auf körperliche Unversehrtheit und der allgemeinen Handlungsfreiheit (Art. 2 GG) und aus dem Recht der kommunalen Selbstverwaltung ergeben. Auf der Ebene des Landesrechts sind die jeweiligen Landesbauordnungen, Verordnungen über die Bauvorlagen, Garagenverordnung oder die Zuständigkeitsverordnungen im Bauwesen heranzuziehen.

Regionalplanung. Zusammenfassende und überörtliche Programme und Pläne für zumeist für Verflechtungsbereiche miteinander verbundene Landesteile. Die Regionalpläne sind aus dem

Raumordnungsplan zu entwickeln und stellen auf der Grundlage der Landesplanung Ziele und Grundsätze für die Entwicklung des jeweiligen Planungsgebietes sowie für alle raumbedeutsamen Planungen in diesem Gebiet dar. Regionalpläne benachbarter Räume sind auch über die Landesgrenzen hinweg aufeinander abzustimmen (§ 9 ROG).

Reine Wohngebiete (WR). Sie dienen dem Wohnen (§ 3 BauNVO).

Rücksichtnahmegebot. Sich beeinflussende Nutzungen haben aufeinander Rücksicht zu nehmen. Das Maß der gegenseitigen Rücksichtnahme richtet sich nach den Vorgaben des Gesetz- oder Verordnungsgebers sowie einer Einzelfallbewertung. Es ist umso größer, je mehr derjenige, der Rücksichtnahme verlangt, selbst auf die Nachbarbebauung und –nutzung Rücksicht genommen hat. Es ist umso geringer, je weniger derjenige, der Rücksichtnahme verlangt, selbst Rücksicht genommen hat. Das Rücksichtnahmegebot steht auf einer Stufe mit der einfachgesetzlichen Zumutbarkeit und kann sich in den jeweiligen Himmelsrichtungen unterschiedlich ausprägen. Es wird im Geltungsbereich eines qualifizierten Bebauungsplans über dessen Festsetzungen und § 15 BauNVO vermittelt. Die Vorschrift ermöglicht eine Feinsteuerung, nicht jedoch eine Korrektur des Bebauungsplans. Im nicht beplanten Innenbereich ist das Rücksichtnahmegebot Bestandteil des Merkmals des „Sich Einfügens". Im Außenbereich ist das Rücksichtnahmegebot Teil der öffentlichen Belange, die bei einem privilegierten Außenbereichsvorhaben nicht entgegenstehen (§ 35 Abs. 1 BauGB), bei einem nicht privilegierten Außenbereichsvorhaben nicht beeinträchtigt werden dürfen (§ 35 Abs. 2 BauGB).

Sanierung. Maßnahmen zur Verbesserung eines als problematisch empfundenen städtebaulichen Zustandes mit dem Ziel, gesunde Wohn- und Arbeitsverhältnisse und verbesserte Umweltbedingungen zu schaffen. Sanierungsmaßnahmen betreffen etwa gewachsene Stadtteile (Altbaugebiete) oder Altlasten sowie Maßnahmen der Bodensanierung.

Selbstständiger Bebauungsplan. Ein Flächennutzungsplan ist nicht erforderlich, wenn der Bebauungsplan ausreicht, um die städtebauliche Entwicklung zu ordnen (§ 8 Abs. 2 Satz 2 BauGB).

Sondergebiet (SO). Neben den Wochenendhausgebieten, Ferienhausgebieten und Campingplatzgebieten handelt es sich um Gebiete, die sich von den Baugebieten nach §§ 2 bis 10 BauNVO wesentlich unterscheiden. Es zählen hierzu Gebiete für den Fremdenverkehr, Ladengebiete, Gebiete für Einkaufszentren und großflächige Einzelhandelsbetriebe, Gebiete für Messen, Ausstellungen und Kongresse, Hochschulgebiete, Klinikgebiete und Gebiete für Anlagen, die der Erforschung, Entwicklung oder Nutzung erneuerbarer Energien wie Wind- oder Sonnenenergie dienen. Besondere Regelungen enthält § 11 Abs. 3 BauNVO für Einkaufszentren, großflächige Einzelhandelsbetriebe oder vergleichbare Handelsbetriebe.

Schädliche Umwelteinwirkungen. Immissionen, die nach Art, Ausmaß oder Dauer geeignet sind, erhebliche Nachteile oder erhebliche Belästigungen für die Allgemeinheit oder die Nachbarschaft herbeizuführen

Sportanlagenlärmschutzverordnung (18. BImSchV). Sie regelt für ortsfeste Sportanlagen einschließlich ihrer Nebenanlagen mit Ausnahme der nach dem BImSchG genehmigungsbedürftigen Anlagen verbindliche Immissionsgrenzwerte.

Städtebauliche Gebote. Zur Planverwirklichung kann die Gemeinde städtebauliche Gebote erlassen. Durch ein **Baugebot** nach § 176 BauGB kann dem Eigentümer aufgegeben werden, sein Grundstück entsprechend den Festsetzungen des Bebauungsplans zu bebauen oder ein vorhandenes Gebäude oder eine vorhandene Anlage den Festsetzungen des Bebauungsplans anzupassen. Das **Modernisierungs- und Instandsetzungsgebot** nach § 177 BauGB richtet sich auf die Beseitigung von städtebaulichen Missständen. Durch ein **Pflanzgebot** nach § 178 BauGB kann der Eigentümer zur Bepflanzung seines Grundstücks entsprechend den Festsetzungen des Bebauungsplans verpflichtet werden. Das **Rückbau- und Entsiegelungsgebot** kann den Eigentümer

nach § 179 BauGB verpflichten, die Beseitigung einer baulichen Anlage oder eine Entsiegelung zu dulden. Die Maßnahmen müssen aus städtebaulichen Gründen erforderlich sein (§ 175 BauGB).

Städtebauliche Satzungen. Das BauGB behandelt insgesamt 16 städtebauliche Satzungen. Die bekannteste ist der Bebauungsplan, der als qualifizierter, vorhabenbezogener und einfacher Bebauungsplan auftritt (§ 30 BauGB). Neben diese zulassungsbegründenden Satzungen treten die Vorkaufsrechtssatzung (§ 25 BauGB), die Veränderungssperre (§§ 14, 16 BauGB) als plansichernde Satzungen, die Klarstellungs-, Entwicklungs- und Ergänzungssatzung als Innenbereichssatzungen (§ 34 Abs. 4 BauGB) sowie die Erhaltungssatzung (§ 172 BauGB), die Sanierungssatzung (§ 142 BauGB), die Entwicklungsbereichssatzung (§ 165 BauGB) sowie die Anpassungsgebietssatzung (§ 170 BauGB) und die Fremdenverkehrssatzung (§ 22 BauGB), die Erschließungsbeitragssatzung (§ 132 BauGB), die Außenbereichssatzung (§ 35 Abs. 6 BauGB) sowie die Kostenerstattungssatzung (§ 135c BauGB).

Städtebaulicher Vertrag. Die Gemeinde kann zur Verwirklichung städtebaulicher Maßnahmen städtebauliche Verträge schließen (§ 11 BauGB). Der Vertrag kann der Vorbereitung oder Durchführung städtebaulicher Maßnahmen, der Förderung und Sicherung der mit der Bauleitplanung verfolgten Ziele sowie der Übernahme von Kosten und sonstigen Aufwendungen dienen. Städtebauliche Verträge sind in der gesamten Bandbreite des Städtebaurechts zulässig. Auch Einheimischenmodelle, nach denen die Gemeinde vertraglich einen Grundstückserwerb durch Ortsansässige sichern lässt, können danach zulässig sein. Die vereinbarten Leistungen müssen jedoch den gesamten Umständen nach angemessen sein (§ 11 Abs. 2 Satz 1 BauGB). Außerdem dürfen die Verträge nicht gegen das Koppelungsverbot und das Übermaßverbot verstoßen. Der vorhabenbezogene Bebauungsplan ist stets von einem städtebaulichen Vertrag (Durchführungsvertrag) begleitet (§ 11 Abs. 1 BauGB). Der städtebauliche Vertrag kann sich über das Merkmal der Angemessenheit von der strikten Gesetzesbindung lösen und eine eigenständige Legitimationsquelle für sinnvolle städtebauliche Zwecksetzungen bilden. Die Angemessenheitsprüfung kann sich dabei an städtebaulichen Leitbildern orientieren. Während im Naturschutzrecht eine volle Kostenübernahme der entstehenden Aufwendungen für die erforderlichen Ausgleichsmaßnahmen gerechtfertigt erscheint, wird bei städtebaulichen Maßnahmen in der Regel die Abschöpfung einer Quote des Wertzuwachses die Obergrenze der zumutbaren Belastungen darstellen.

Städtebauliche Vertretbarkeit. Sie setzt voraus, dass das Vorhaben planbar ist und damit den Abwägungsgrundsätzen des § 1 Abs. 6 BauGB genügt. Die Maßnahmen müssen nicht unbedingt zu einer Verbesserung führen, aber nach Möglichkeiten suchen, einen angemessenen Ausgleich zwischen den divergierenden Interessen zu erreichen. Die Grenze der städtebaulichen Vertretbarkeit ist dort erreicht, wo das jeweilige Vorhaben auch durch eine Bauleitplanung nicht verwirklicht werden könnte (§ 34 Abs. 3a BauGB).

TA Lärm. Sie dient der Beurteilung der Zumutbarkeit von Lärmbelastungen bei der Zulassung von nach § 3 BImSchG und der 4. BImSchV genehmigungsbedürftigen Anlagen. In der Bauleitplanung kann sie nicht unmittelbar zu Grunde gelegt werden. Allerdings kann sie im Rahmen eines zulässigen Konflikttransfers auf das der Bauleitplanung nachfolgende immissionsschutzrechtliche Genehmigungsverfahren verwiesen werden.

Teilflächennutzungsplan. Für Darstellungen des Flächennutzungsplans mit den Rechtswirkungen des § 35 Abs. 3 Satz 3 BauGB können sachliche Teilflächennutzungspläne aufgestellt werden (§ 5 IIa BauGB). Der Teilflächennutzungsplan ist damit in seinem Schicksal nicht von der Wirksamkeit des Ursprungsflächennutzungsplans abhängig. Allerdings ist offen, ob und in welchem Umfang das Darstellungsprivileg des § 35 Abs. 3 Satz 3 BauGB die Ausschlusswirkung auch dann entfalten kann, wenn es sich auf räumliche Teile des Gemeindegebietes bezieht. Es spricht einiges dafür, den Gemeinden auf der Grundlage dieser Regelung auch die Möglichkeit zu geben,

die Ausschlusswirkung der Darstellungen auch dann auf bestimmte Teile des Gemeindegebietes zu erstrecken, wenn sich das gemeindliche Konzept noch nicht abschließend auf das gesamte Gemeindegebiet erstreckt.

Teilprivilegierung. An sich nicht privilegierte Außenbereichsvorhaben können im Hinblick auf die Wahrung bestimmter öffentlicher Belange teilprivilegiert sein, wenn die Vorhaben einer der in § 35 Abs. 4 BauGB genannten Gruppen zuzurechnen sind. Unter die Teilprivilegierung fallen die Nutzung von ehemals landwirtschaftlich genutzten Gebäuden (§ 35 Abs. 4 Satz 1 Nr. 1 BauGB), die Neuerrichtung eines gleichartigen, vom Eigentümer selbstgenutzten Wohngebäudes an gleicher Stelle (§ 35 Abs. 4 Satz 1 Nr. 2 BauGB), die alsbaldige Neuerrichtung eines durch Brand, Naturereignisse oder andere außergewöhnliche Ereignisse zerstörten Gebäudes an gleicher Stelle (§ 35 Abs. 4 Satz 1 Nr. 3 BauGB), die Änderung oder Nutzungsänderung von erhaltenswerten, das Bild der Kulturlandschaft prägenden Gebäuden (§ 35 Abs. 4 Satz 1 Nr. 4 BauGB), die Erweiterung eines Wohngebäude auf bis zu zwei Wohnungen für den Eigentümer oder seine Familie (§ 35 Abs. 4 Satz 1 Nr. 5 BauGB) sowie die angemessene bauliche Erweiterung eines zulässigerweise errichteten Gewerbebetriebes (§ 35 Abs. 4 Satz 1 Nr. 6 BauGB).

Teilungsgenehmigung. Sie ist durch das EAG Bau abgeschafft worden. Sie konnte durch Satzung in Bereichen eines qualifizierten und einfachen Bebauungsplans begründet werden (§ 19 Abs. 1 BauGB 1998). Teilung ist die dem Grundbuchamt gegenüber abgegebene oder sonst wie erkennbar gemachte Erklärung des Eigentümers, dass ein Grundstücksteil grundbuchmäßig abgeschrieben und als selbstständiges Grundstück oder als ein Grundstück zusammen mit anderen Grundstücken oder Grundstücksteilen eingetragen werden soll (§ 19 Abs. 1 BauGB). Die Bedeutung der Teilungsgenehmigung war bereits durch das BauROG 1998 durch ihre Beschränkung auf Bereiche mit Bebauungsplan und das Erfordernis einer eigenständigen Satzung sehr zurückgegangen. Im nicht beplanten Innenbereich oder im Außenbereich war eine Teilungsgenehmigung bereits seit dieser Zeit nicht mehr erforderlich.

Trägerbeteiligung. Im Bauleitplanverfahren sind die Träger öffentlicher Belange nach § 4 BauGB zu beteiligen. Außerdem sind sie über die förmliche Bürgerbeteiligung nach § 3 Abs. 2 3 BauGB zu informieren. Die Träger haben ihre Stellungnahmen in der Regel innerhalb eines Monats abzugeben. Die Träger sollen sich auf ihren Aufgabenbereich beschränken. Verfügen die Träger über Informationen, die für den Umweltbericht von Bedeutung sind, haben sie diese Informationen der Gemeinde zur Verfügung zu stellen. Die Stellungnahmen der Träger können förmliche Bindungswirkungen entfalten, wenn dies das jeweilige Fachrecht vorsieht. Im Übrigen sind die Anregungen in der bauplanerischen Abwägung überwindbar.

Typenzwang. Die planende Gemeinde ist bei ihren städtebaulichen Regelungen grundsätzlich an die Baugebietstypen der BauNVO gebunden. Allerdings kann die Gemeinde die unterschiedlichen Baugebietstypen der BauNVO durch Ausschluss oder allgemeine Zulässigkeit von bestimmten Nutzungen bei Wahrung des Gebietscharakters modifizieren, nicht jedoch korrigieren. Dabei kann sich die Gemeinde an einzelnen Gruppen aber auch Untergruppen der in den jeweiligen Nummern aufgezählten Arten der baulichen Nutzung orientieren. Bei der Festsetzung eines Sondergebiets ist die planende Gemeinde zwar formell von dem Typenzwang der verschiedenen Baugebiete der BauNVO befreit. In der Sache hat sie jedoch das Abwägungsgebot zu beachten, was eine Berücksichtigung der Auswirkungen der jeweils zugelassenen Vorhaben voraussetzt.

Umweltbericht. Teil der Plan- oder Programmdokumentation, der die umweltrelevanten Informationen enthält. Der Umweltbericht ist Bestandteil der Begründung und wird durch die zusammenfassende Erklärung sowie das Monitoring ergänzt. Im Umweltbericht sind alle umweltrelevanten Auswirkungen des geplanten Vorhabens festzuhalten. Die UP ermittelt, beschreibt und bewertet die Auswirkungen eines Vorhabens entsprechend dem Planungsstand auf Menschen, Tiere und Pflanzen, Boden, Wasser, Luft, Klima und Landschaft, Kulturgüter und sonstige Sach-

güter sowie die Wechselwirkungen zwischen den vorgenannten Schutzgütern. Der Umweltbericht enthält feste Bestandteile, die vor allem die Umweltauswirkungen der Planung bzw. des geplanten Vorhabens beschreiben. Darüber hinaus sind nach dem jeweiligen Planungsstand zusätzliche Angaben über die verwendeten technischen Verfahren, über die zu erwartenden Umweltauswirkungen der Anlage und über Schwierigkeiten bei der Zusammenstellung der Angaben erforderlich (§ 2a BauGB und Anlage zum BauGB).

Umweltprüfung. Sie ist durch die Plan-UP-Richtlinie 2001 eingeführt worden. Die UP ist für Pläne und Programme erforderlich, die einen Rahmen setzen für künftige Verwaltungsentscheidungen über Projekte u.a. auch in den Bereichen Raumordnung und Bodennutzung. Die UP beinhaltet die Ausarbeitung eines Umweltberichts, die Durchführung von Konsultationen, die Berücksichtigung des Umweltberichts und der Ergebnisse der Konsultationen bei der Entscheidungsfindung und die Unterrichtung der Öffentlichkeit über die Entscheidung. Die Plan-UP ergänzt damit die Projekt-UVP, die sie umfasst. Zudem ist die Plan-UP in der Tendenz etwas weiter gefasst im Hinblick auf die Alternativenprüfung, die zusammenfassende Erklärung im Umweltbericht und durch das Monitoring. Die Plan-UP findet in Stufen statt. Sie kann daher auf der Ebene der höherstufigen Planungsentscheidungen eine grobere Struktur aufweisen und sich auf den weiteren Ebenen konkretisieren. Eine Projekt-UVP kann dann noch insoweit erforderlich werden, als die Umweltauswirkungen des konkreten Projekts auf den vorgelagerten Stufen noch nicht abschließend abgearbeitet worden sind (§ 17 Abs. 3 UVPG).

Umweltverträglichkeitsprüfung. Unselbstständiger Teil verwaltungsbehördlicher Verfahren, die der Entscheidung über die Zulässigkeit von Vorhaben dienen. Sie bezieht sich auf Projekte und beruht auf der Projekt-UVP-Richtlinie 1985 und der UVP-Änd-Richtlinie 1997. Die UVP umfasst die Ermittlung, Beschreibung und Bewertung der Auswirkungen eines Vorhabens auf (1) Menschen, Tiere und Pflanzen, (2) Boden, Wasser, Luft, Klima und Landschaft, (3) Kultur- und sonstige Sachgüter sowie (4) die Wechselwirkungen zwischen den vorgenannten Schutzgütern. Sie wird unter Einbeziehung der Öffentlichkeit durchgeführt (§ 2 Abs. 1 UVPG). Der UVP unterliegen Vorhaben, die in der Anlage zu § 3 UVPG aufgeführt sind. Dazu zählen konkrete UVP-pflichtige Vorhaben, die im Bebauungsplan ausgewiesen werden, bauplanungsrechtliche Vorhaben (Anlage 1 Nr. 18 zum UVPG) und Vorhaben der Fachplanung, bei denen der Bebauungsplan einen Planfeststellungsbeschluss ersetzt (§ 17 UVPG). Die UVP-pflichtigen bauplanungsrechtlichen Vorhaben ergeben sich aus Anlage 1 Nr. 18.1 bis 18.9. Mit der UVP soll abgeschätzt werden, welche Belastungen mit der Verwirklichung einer Planung (Plan-UVP) oder eines bestimmten Vorhabens verbunden sind. Dazu erarbeitet die zuständige Behörde eine zusammenfassende Darstellung der Umweltauswirkungen auf der Grundlage entsprechender Unterlagen, der behördlichen Stellungnahmen sowie der Äußerungen der Öffentlichkeit (§ 11 UVPG). Die Umweltauswirkungen sind zu bewerten und bei der endgültigen Entscheidung in der Abwägung zu berücksichtigen (§ 12 UVPG). Im Bebauungsplanverfahren werden die Auswirkungen in einem Umweltbericht dargestellt, der Teil der Begründung des Bebauungsplanes ist. Für die Bauleitplanung ist die UVP durch die Umsetzung der Plan-UP-Richtlinie durch das BauGB 2004 in der UP aufgegangen (§§ 2 IV, 2a BauGB, § 17 Abs. 1 und 2 UVPG).

UVP-pflichtige bauplanungsrechtliche Vorhaben. Für bauplanungsrechtliche Vorhaben, die in Nr. 18 der Anlage 1 zum UVPG aufgelistet sind, besteht nach Maßgabe der §§ 3a bis 3f UVPG eine UVP-Pflicht im Bebauungsplan. Es handelt sich um Feriendörfer und Hotelkomplexe (Nr. 18.1), Campingplätze (Nr. 18.2), Freizeitparks (Nr. 18.3), Parkplätze (Nr. 18.4), Industriezonen (Nr. 18.5), Einkaufszentren und großflächige Handelsbetriebe (Nr. 18.6), Städtebauprojekte (Nr. 18.7) und UVP-pflichtige Vorhaben auf landesrechtlicher Grundlage (Nr. 18.9). Der Vorhabenkatalog hat jedoch durch die Einführung der Plan-UP durch das BauGB 2004 seine Bedeutung verloren und spielt in der Bauleitplanung nur noch als Negativkatalog beim vereinfachten Verfah-

ren (§ 13 BauGB), bei Innenbereichssatzungen (§ 34 Art. 4 Abs. 5 Satz 1 Nr. 3 BauGB) und Außenbereichssatzungen (§ 35 Abs. 6 Satz 4 BauGB) eine Rolle.

UVP-pflichtige Projekte. Die Anlage 1 zum UVPG erwähnt als UVP-pflichtige Projekte Vorhaben im Bereich der Wärmeerzeugung, des Bergbaus und der Energie (Nr. 1), der Steine und Erden, Glas, Keramik der Baustoffe (Nr. 2), von Stahl, Eisen und sonstigen Metallen einschließlich deren Verarbeitung (Nr. 3), der chemischen Erzeugnisse, Arzneimittel, Mineralölraffination und Weiterverarbeitung (Nr. 4), der Oberflächenbehandlung von Kunststoff (Nr. 5), der Holz- und Zellstoffe (Nr.6), der Nahrungs-, Genuss- und Futtermittel sowie landwirtschaftlicher Erzeugnisse (Nr. 7), der Verwertung und Beseitigung von Abfällen und sonstigen Stoffen (Nr. 8), der Lagerung von Stoffen und Zubereitung (Nr. 9), sonstiger Industrieanlagen (Nr. 10), Anlagen der Kernenergie (Nr. 11), Abfalldeponien (Nr. 12), für wasserwirtschaftliche Vorhaben mit Benutzung oder Ausbau eines Gewässer (Nr. 13), Verkehrsvorhaben (Nr. 14), bergbauliche Vorhaben (Nr. 15), die Flurbereinigung (Nr. 16), forstliche Vorhaben (Nr. 17) und neben den bauplanungsrechtlichen Vorhaben (Nr. 18) auch Leitungsanlagen und andere Anlagen. So weit solche Projekte durch einen Bebauungsplan konkret festgesetzt werden sollen, ist im Bebauungsplanverfahren eine UVP vorzunehmen. Die UVP ist bei diesen Projekten zweistufig: Auf der ersten Stufe des Bebauungsplans geht es vor allem um die Standortfaktoren. Auf der zweiten Stufe des jeweiligen Zulassungsverfahrens treten konkrete Einzelfragen der UVP in den Vordergrund. Der Vorhabenkatalog hat jedoch durch die Einführung der Plan-UP durch das BauGB 2004 seine Bedeutung verloren und spielt in der Bauleitplanung nur noch als Negativkatalog beim vereinfachten Verfahren (§ 13 BauGB), bei Innenbereichssatzungen (§ 34 Art. 4 Abs. 5. 1 Nr. 3 BauGB) und Außenbereichssatzungen (§ 35 Abs. 6 Satz 4 BauGB) eine Rolle.

Veränderungssperre. Zur Sicherung der Bauleitplanung kann die Gemeinde eine Veränderungssperre erlassen. Dies setzt einen wirksamen Beschluss über die Aufstellung, Änderung oder Ergänzung eines Bebauungsplans voraus. Vorhaben i.S. des § 29 Abs. 1 BauGB sowie erhebliche oder wesentlich wertsteigernde Veränderungen von Grundstücken sind für die Sperrzeit grundsätzlich unzulässig. Allerdings kann von der Veränderungssperre eine Ausnahme zugelassen werden, wenn überwiegende öffentliche Belange nicht entgegenstehen. Die Veränderungssperre tritt nach Ablauf von zwei Jahren außer Kraft. Sie kann jeweils für ein weiteres Jahr auf insgesamt vier Jahre verlängert werden. Eine Zustimmung einer nach Landesrecht zuständigen Behörde ist auch für das vierte Sperrjahr nicht erforderlich. Die Zeit der Zurückstellung eines Baugesuchs nach § 15 BauGB wird angerechnet. Dauert die Veränderungssperre länger als vier Jahr, ist nach Maßgabe des § 18 BauGB eine Entschädigung zu zahlen.

Vereinfachte Änderung im Planverfahren. § 4a Abs. 3 BauGB gestattet eine vereinfachte Änderung der Bauleitplanung im Planverfahren. Werden die Grundzüge geändert, so muss eine erneute Offenlage erfolgen. Allerdings kann die Auslegung auf die geänderten Teile und auf eine angemessene Frist verkürzt werden. Werden durch die Änderung oder Ergänzung des Entwurfs die Grundzüge der Planung nicht berührt, kann die Einholung der Stellungnahmen auf die von der Änderung oder Ergänzung betroffene Öffentlichkeit sowie die berührten Behörden und sonstigen Träger öffentlicher Belange beschränkt werden. Diese kommt allerdings nur dann in Betracht, wenn die Bürger und Träger, deren Belange durch die Änderung betroffen werden, individuell zu ermitteln sind. Anderenfalls ist eine erneute Öffentlichkeits- und Behördenbeteiligung nach §§ 3 Abs. 2, 4 Abs. 2 BauGB vorzusehen. Dies gilt insbesondere dann, wenn sich der Umweltbericht mehr als nur unerheblich ändert. Das vereinfachte Verfahren entsprechend § 13 BauGB hat daher hinsichtlich geringerer Beteiligungserfordernisse an Bedeutung verloren. Allerdings kann bei nicht UVP-pflichtigen und nicht vorprüfungspflichtigen Vorhaben auf eine Umweltprüfung und einen Umweltbericht verzichtet werden.

Vereinfachte Änderung verbindlicher Pläne. § 13 BauGB gestattet eine vereinfachte Änderung von Bauleitplänen. Werden durch die Änderung oder Ergänzung eines Bauleitplans dessen Grundzüge geändert, so muss eine erneute Offenlage für einen Monat erfolgen. Werden die Grundzüge der Planung nicht berührt oder wird durch die Aufstellung eines Bebauungsplans im nicht beplanten Innenbereich der sich aus der vorhandenen Umgebung ergebende Zulässigkeitsmaßstab nicht wesentlich verändert, kann die Gemeinde das vereinfachte Verfahren nach § 13 BauGB anwenden. Die geplanten Vorhaben dürfen nicht umweltprüfungspflichtig oder vorprüfungspflichtig sein (Anlage 1 zum UVPG). Auch Belange des Habitat- oder Vogelschutzes dürfen nicht beeinträchtigt sein. Im vereinfachten Verfahren kann von einer frühzeitigen Unterrichtung der Öffentlichkeit und der Behörden (§§ 3, 4 BauGB) abgesehen werden. Der betroffenen Öffentlichkeit sowie den Behörden muss innerhalb angemessener Frist die Möglichkeit der Stellungnahme gegeben werden. Ein vereinfachtes Verfahren setzt daher voraus, dass die Betroffenen individuell zu ermitteln sind. Anderenfalls ist eine erneute Öffentlichkeits- und Behördenbeteiligung nach §§ 3 Abs. 2, 4 Abs. 2 BauGB durchzuführen. Das vereinfachte Verfahren entsprechend § 13 BauGB hat daher insoweit an Bedeutung verloren. Allerdings kann in diesen Fällen auf eine Umweltprüfung verzichtet werden (§ 13 Abs. 3 BauGB).

Vergnügungsstätten. Sie sind durch die BauNVO aus dem System der gewerblichen Einrichtungen herausgenommen und stellen eine eigenständige Gruppe städtebaulicher Nutzungen dar. Vergnügungsstätten sind nur zulässig, wenn sie in den Baugebieten der BauNVO für zulässig erklärt werden. **Kerngebietstypische Vergnügungsstätten** sind in Kerngebieten allgemein (§ 7 Abs. 2 Nr. 2 BauNVO) und in Gewerbegebieten ausnahmsweise (§ 8 Abs. 3 Satz 3 BauNVO) zulässig. **Mischgebietsverträgliche Vergnügungsstätten** sind allgemein in solchen Teilen des Mischgebietes, die überwiegend durch gewerbliche Struktur geprägt sind (§ 6 Abs. 2 Nr. 8 BauNVO), im Übrigen ausnahmsweise in besonderen Wohngebieten (§ 4 Abs. 3 Nr. 2 BauNVO), im Dorfgebiet (§ 5 Abs. 3 BauNVO), in den übrigen Teilen des Mischgebietes mit nicht überwiegend gewerblicher Struktur (§ 6 Abs. 3 BauNVO) und im Gewerbegebiet (§ 8 Abs. 3 BauNVO) zulässig. In Kleinsiedlungsgebieten (§ 2 BauNVO), reinen und allgemeinen Wohngebieten (§§ 3 und 4 BauNVO) und in Industriegebieten (§ 9 BauNVO) sind Vergnügungsstätten unzulässig.

Verhältnis von Bauplanungsrecht zum Bauordnungsrecht. Vereinfacht ausgedrückt bestimmt das Bauplanungsrecht, wo gebaut werden darf, und das Bauordnungsrecht, wie gebaut werden darf.

Verkehrslärmschutzverordnung. Die 16. BImSchV gilt für den Bau oder die wesentliche Änderung von öffentlichen Straßen sowie von Schienenwegen der Eisenbahnen und Straßenbahnen (Straßen und Schienenwege). Wesentlich ist die Änderung, wenn eine Straße um eine oder mehrere durchgehende Fahrstreifen für den Kraftfahrzeugverkehr oder ein Schienenweg um ein oder mehrere durchgehende Gleise baulich erweitert wird oder der Beurteilungspegel durch die Baumaßnahme um 3 dB(A) oder auf mehr als 70 dB(A) am Tag oder 60 dB(A) in der Nacht steigt. Die Verkehrslärmschutzverordnung legt zum Schutz der Nachbarschaft vor schädlichen Umwelteinwirkungen durch Verkehrsgeräusche für verschiedene Baugebiete Immissionsgrenzwerte für Tag- und Nachtbelastungen fest. Sie liegen etwa für reine und allgemeine Wohngebiete und Kleinsiedlungsgebiete bei 59 dB(A) tags und 49 dB(A) nachts. Die Berechnung des Immissionsgrenzwertes für Straßen und Schienenwege erfolgt nach einem eigenen Berechnungsverfahren (Anlage 1 und 2 zu § 3 Verkehrslärmschutzverordnung). Eisenbahngeräusche sind mit einem Schienenbonus von 5 dB(A) ausgestattet.

VDI-Richtlinie 2058. Die Richtlinie über die „Beurteilung von Arbeitslärm in der Nachbarschaft, Teil 1" enthält ein vom Verein Deutscher Ingenieure herausgegebenes Regelwerk ohne bindende Wirkung für die Bauleitplanung oder das Genehmigungsverfahren. Das Regelwerk kann als Orientierungshilfe herangezogen werden.

Vogelschutzgebiete. Die Mitgliedsstaaten weisen für die im Anhang I der Vogelschutz-RL aufgeführten Arten Vogelschutzgebiete aus, die unter einem erhöhten Schutz stehen. Eingriffe in ein Vogelschutzgebiet, die im Hinblick auf die jeweiligen Erhaltungsziele des Gebietes unverträglich sind, können nur aus Gründen der Wahrung von Leib und Leben des Menschen zugelassen werden. Im Übrigen sind sie unzulässig (Art. 4 Abs. 4 Vogelschutz-RL). Diese Anforderungen gelten nach der Rechtsprechung des EuGH auch für faktische Vogelschutzgebiete, die von den Mitgliedstaaten nicht an die Kommission gemeldet oder nicht nach nationalem Recht unter Schutz gestellt worden sind, obwohl die Ausweisungskriterien erfüllt sind. Hier ist der Schutz sogar strenger und schließt unverträgliche Eingriffe in das Gebiet als Ganzes oder wesentliche Gebietsteile aus wirtschaftlichen Gründen aus, während solche Eingriffe in ausgewiesene Vogelschutzgebiete nach Art. 7 FFH-RL unter den Voraussetzungen des Art. 6 Abs. 4 FFH-RL zulässig sind. Der Umsetzung der europarechtlichen Vorgaben dienen §§ 32 – 37 BNatSchG.

Vorbehaltsgebiete. In ihnen haben die ausgewiesenen raumbedeutsamen Funktionen oder Nutzungen bei der Abwägung mit konkurrierenden raumbedeutsamen Nutzungen besonderes Gewicht (Abwägung nach innen) (§ 7 Abs. 4 Satz 1 Nr. 2 ROG).

Vorhabenbezogener Bebauungsplan. Er wird auf der Grundlage eines mit der Gemeinde abgestimmten Vorhaben- und Erschließungsplans aufgestellt und ist auf eine konkrete Projektverwirklichung gerichtet. Die Verpflichtungen des Vorhabenträgers sind in einem Durchführungsvertrag festgelegt, der im Zeitpunkt des Satzungsbeschlusses abgeschlossen ist (§§ 30 II, 12 BauGB). Dem Bebauungsplan ist eine Begründung beizufügen, der die Ziele, Zwecke und wesentlichen Auswirkungen des Bauleitplans darlegt und einen Umweltbericht enthält (§§ 2 Abs. 4, 2a BauGB). Der vorhabenbezogene Bebauungsplan muss ein konkretes Vorhaben ausweisen. Auch der vorhabenbezogene Bebauungsplan unterliegt einem Monitoring (§ 4c BauGB).

Vorkaufsrecht. Es berechtigt die Gemeinde, in einen Kaufvertrag als Käufer einzutreten. Das allgemeine Vorkaufsrecht besteht im Geltungsbereich eines Bebauungsplans für Flächen mit öffentlicher Zwecksetzung, in einem Umlegungsgebiet, förmlich festgesetzten Sanierungsgebiet, im Geltungsbereich einer Erhaltungssatzung, für unbebaute Flächen im Außenbereich, die im Flächennutzungsplan als Wohnbauflächen oder Wohngebiet dargestellt worden sind sowie in Gebieten, die vorwiegend mit Wohngebäuden bebaut werden können (§ 24 BauGB). Durch Satzung kann die Gemeinde im Gebiet eines Bebauungsplans oder in Gebieten, in denen die Gemeinde städtebauliche Maßnahmen beabsichtigt, ein Satzungsvorkaufsrecht begründen (§ 25 BauGB). Das Vorkaufsrecht ist unter den Voraussetzungen des § 26 BauGB ausgeschlossen, kann ggf. zu Gunsten Dritter ausgeübt werden (§ 27a BauGB) und ist an Verfahrenserfordernisse gebunden (§ 28 BauGB). Bei preisüberzogenen Kaufverträgen kann die Gemeinde das Vorkaufsrecht zum Verkehrswert ausüben (§ 28 Abs. 3, 4 BauGB). Allerdings kann dann der Verkäufer zurücktreten.

Vorranggebiete. Sie sind für bestimmte, raumbedeutsame Funktionen oder Nutzungen vorgesehen und schließen konkurrierende raumbedeutsame Nutzungen aus (Bindung nach innen) (§ 7 Abs. 4 Satz 1 Nr. 1 ROG).

Vorzeitiger Bebauungsplan. Ein Bebauungsplan kann vor dem Flächennutzungsplan aufgestellt werden, wenn dringende Gründe dies erfordern und wenn der Bebauungsplan der beabsichtigten städtebaulichen Entwicklung nicht entgegensteht (§ 8 Abs. 4 Satz 1 BauGB).

Ziele der Raumordnung. Verbindliche Vorgaben in Form von räumlich und sachlich bestimmten oder bestimmbaren, vom Träger der Landes- oder Regionalplanung abschließend abgewogenen textlichen oder zeichnerischen Festlegungen in Raumordnungsplänen zur Entwicklung, Ordnung und Sicherung des Raumes.

Ziel-Kombinationsgebiete. Sie sind für raumbedeutsame Außenbereichsvorhaben nach § 35 BauGB geeignet und schließen konkurrierende raumbedeutsame Maßnahmen aus. An anderer

Stelle im Planungsraum sind derartige Außenbereichsvorhaben daher ausgeschlossen (Bindung nach innen und außen) (§ 7 Abs. 4 Satz 2 ROG).

Zuordnungsfestsetzungen. Die Flächen für Ausgleichsmaßnahmen innerhalb des Plangebietes werden den Eingriffsflächen auf den Baugrundstücken gem. § 9 Ia 2 BauGB zugeordnet.

Zurückstellung von Vorhaben. Entscheidungen über die Zulässigkeit von Bauvorhaben hat die Baugenehmigungsbehörde auf Antrag der Gemeinde für einen Zeitraum bis zu einem Jahr zurückzustellen, wenn die Gemeinde beschlossen hat, einen Bebauungsplan aufzustellen, zu ändern, zu ergänzen oder aufzuheben. Der Beschluss der Gemeinde ist zuvor ortsüblich bekanntzumachen. Wird im Anschluss eine Veränderungssperre erlassen, ist der Zeitraum der Zurückstellung nach § 15 BauGB auf die Geltungsdauer der Veränderungssperre anzurechnen (§ 17 Abs. 1 Satz 2 BauGB). Entscheidungen über die Zulässigkeit privilegierte Vorhaben nach § 35 Abs. 1 Nr. 2 bis 6 BauGB – also mit Ausnahme der landwirtschaftlichen Vorhaben und Vorhaben zur friedlichen Nutzung der Atomenergie – sind auf Antrag der Gemeinde für einen Zeitraum von längstens einem Jahr nach Zustellung der Zurückstellung des Baugesuchs auszusetzen, wenn durch einen in Aufstellung oder Änderung befindlichen Flächennutzungsplan gegengesteuert werden soll. Der Antrag kann von der Gemeinde nur innerhalb von 6 Monaten nach förmlicher Kenntnisnahme gestellt werden. Die ordnungsgemäße Bearbeitungszeit bis zur Zurückstellung ist auf die Zurückstellungsfrist nicht anzurechnen (§ 15 Abs. 3 BauGB).

E. Baugesetzbuch (BauGB)

in der Fassung der Bekanntmachung vom 23. September 2004 (BGBl. I S. 2415),

Inhaltsübersicht

Erstes Kapitel: Allgemeines Städtebaurecht

Erster Teil. Bauleitplanung

Erster Abschnitt. Allgemeine Vorschriften

Zweiter Abschnitt. Vorbereitender Bauleitplan (Flächennutzungsplan)

Dritter Abschnitt. Verbindlicher Bauleitplan (Bebauungsplan)

Vierter Abschnitt. Zusammenarbeit mit Privaten; vereinfachtes Verfahren

Zweiter Teil. Sicherung der Bauleitplanung

Erster Abschnitt. Veränderungssperre und Zurückstellung von Baugesuchen

Zweiter Abschnitt. Teilung von Grundstücken; Gebiete mit Fremdenverkehrsfunktionen

Dritter Abschnitt. Gesetzliche Vorkaufsrechte der Gemeinde

Dritter Teil. Regelung der baulichen und sonstigen Nutzung; Entschädigung

Erster Abschnitt. Zulässigkeit von Vorhaben

Zweiter Abschnitt. Entschädigung

Vierter Teil. Bodenordnung

Erster Abschnitt. Umlegung

Dritter Abschnitt. Enteignungsverfahren

Sechster Teil. Erschließung

Erster Abschnitt. Allgemeine Vorschriften

Zweiter Abschnitt. Erschließungsbeitrag

Siebter Teil. Maßnahmen für den Naturschutz

Zweites Kapitel. Besonderes Städtebaurecht

Erster Teil. Städtebauliche Sanierungsmaßnahmen

Erster Abschnitt. Allgemeine Vorschriften

Zweiter Abschnitt. Vorbereitung und Durchführung

Dritter Abschnitt. Besondere sanierungsrechtliche Vorschriften

Vierter Abschnitt. Sanierungsträger und andere Beauftragte

Viertes Kapitel. Überleitungs- und Schlussvorschriften

Erster Teil. Überleitungsvorschriften

Zweiter Teil. Schlussvorschriften

Erstes Kapitel. Allgemeines Städtebaurecht

Erster Teil. Bauleitplanung

Erster Abschnitt. Allgemeine Vorschriften

§ 1 (Aufgabe, Begriff und Grundsätze der Bauleitplanung). (1) Aufgabe der Bauleitplanung ist es, die bauliche und sonstige Nutzung der Grundstücke in der Gemeinde nach Maßgabe dieses Gesetzbuchs vorzubereiten und zu leiten.

(2) Bauleitpläne sind der Flächennutzungsplan (vorbereitender Bauleitplan) und der Bebauungsplan (verbindlicher Bauleitplan).

(3) Die Gemeinden haben die Bauleitpläne aufzustellen, sobald und so weit es für die städtebauliche Entwicklung und Ordnung erforderlich ist. Auf die Aufstellung von Bauleitplänen und städtebaulichen Satzungen besteht kein Anspruch; ein Anspruch kann auch nicht durch Vertrag begründet werden.

(4) Die Bauleitpläne sind den Zielen der Raumordnung anzupassen.

(5) Die Bauleitpläne sollen eine nachhaltige städtebauliche Entwicklung, die die sozialen, wirtschaftlichen und umweltschützenden Anforderungen auch in Verantwortung gegenüber künftigen Generationen miteinander in Einklang bringt, und eine dem Wohl der Allgemeinheit dienende sozialgerechte Bodennutzung gewährleisten. Sie sollen dazu beitragen, eine menschenwürdige Umwelt zu sichern und die natürlichen Lebensgrundlagen zu schützen und zu entwickeln, auch in Verantwortung für den allgemeinen Klimaschutz, sowie die städtebauliche Gestalt und das Orts- und Landschaftsbild baukulturell zu erhalten und zu entwickeln.

(6) Bei der Aufstellung der Bauleitpläne sind insbesondere zu berücksichtigen:

1. die allgemeinen Anforderungen an gesunde Wohn- und Arbeitsverhältnisse und die Sicherheit der Wohn- und Arbeitsbevölkerung,

2. die Wohnbedürfnisse der Bevölkerung, die Schaffung und Erhaltung sozial stabiler Bewohnerstrukturen, die Eigentumsbildung weiter Kreise der Bevölkerung und die Anforderungen Kosten sparenden Bauens sowie die Bevölkerungsentwicklung,

3. die sozialen und kulturellen Bedürfnisse der Bevölkerung, insbesondere die Bedürfnisse der Familien, der jungen, alten und behinderten Menschen, unterschiedliche Auswirkungen auf Frauen und Männer sowie die Belange des Bildungswesens und von Sport, Freizeit und Erholung,

4. die Erhaltung, Erneuerung, Fortentwicklung, Anpassung und der Umbau vorhandener Ortsteile,

5. die Belange der Baukultur, des Denkmalschutzes und der Denkmalpflege, die erhaltenswerten Ortsteile, Straßen und Plätze von geschichtlicher, künstlerischer oder städtebaulicher Bedeutung und die Gestaltung des Orts- und Landschaftsbildes,

6. die von den Kirchen und Religionsgesellschaften des öffentlichen Rechts festgestellten Erfordernisse für Gottesdienst und Seelsorge,

7. die Belange des Umweltschutzes, einschließlich des Naturschutzes und der Landschaftspflege, insbesondere

a) die Auswirkungen auf Tiere, Pflanzen, Boden, Wasser, Luft, Klima und das Wirkungsgefüge zwischen ihnen sowie die Landschaft und die biologische Vielfalt,

b) die Erhaltungsziele und der Schutzzweck der Gebiete von gemeinschaftlicher Bedeutung und der Europäischen Vogelschutzgebiete im Sinne des Bundesnaturschutzgesetzes,

c) umweltbezogene Auswirkungen auf den Menschen und seine Gesundheit sowie die Bevölkerung insgesamt,

d) umweltbezogene Auswirkungen auf Kulturgüter und sonstige Sachgüter,

e) die Vermeidung von Emissionen sowie der sachgerechte Umgang mit Abfällen und Abwässern,

f) die Nutzung erneuerbarer Energien sowie die sparsame und effiziente Nutzung von Energie,

g) die Darstellungen von Landschaftsplänen sowie von sonstigen Plänen, insbesondere des Wasser-, Abfall- und Immissionsschutzrechts,

h) die Erhaltung der bestmöglichen Luftqualität in Gebieten, in denen die durch Rechtsverordnung zur Erfüllung von bindenden Beschlüssen der Europäischen Gemeinschaften festgelegten Immissionsgrenzwerte nicht überschritten werden,

i) die Wechselwirkungen zwischen den einzelnen Belangen des Umweltschutzes nach den Buchstaben a, c und d,

8. die Belange

a) der Wirtschaft, auch ihrer mittelständischen Struktur im Interesse einer verbrauchernahen Versorgung der Bevölkerung,

b) der Land- und Forstwirtschaft,

c) der Erhaltung, Sicherung und Schaffung von Arbeitsplätzen,

d) des Post- und Telekommunikationswesens,

e) der Versorgung, insbesondere mit Energie und Wasser,

f) der Sicherung von Rohstoffvorkommen,

9. die Belange des Personen- und Güterverkehrs und der Mobilität der Bevölkerung, einschließlich des öffentlichen Personennahverkehrs und des nicht motorisierten Verkehrs, unter besonderer Berücksichtigung einer auf Vermeidung und Verringerung von Verkehr ausgerichteten städtebaulichen Entwicklung,

10. die Belange der Verteidigung und des Zivilschutzes sowie der zivilen Anschlussnutzung von Militärliegenschaften,

11. die Ergebnisse eines von der Gemeinde beschlossenen städtebaulichen Entwicklungskonzeptes oder einer von ihr beschlossenen sonstigen städtebaulichen Planung.

(7) Bei der Aufstellung der Bauleitpläne sind die öffentlichen und privaten Belange gegeneinander und untereinander gerecht abzuwägen.

(8) Die Vorschriften dieses Gesetzbuchs über die Aufstellung von Bauleitplänen gelten auch für ihre Änderung, Ergänzung und Aufhebung.

§ 1a (Ergänzende Vorschriften zum Umweltschutz). (1) Bei der Aufstellung der Bauleitpläne sind die nachfolgenden Vorschriften zum Umweltschutz anzuwenden.

(2) Mit Grund und Boden soll sparsam und schonend umgegangen werden; dabei sind zur Verringerung der zusätzlichen Inanspruchnahme von Flächen für bauliche Nutzungen die Möglichkeiten der Entwicklung der Gemeinde insbesondere durch Wiedernutzbarmachung von Flächen, Nachverdichtung und andere Maßnahmen zur Innenentwicklung zu nutzen sowie Bodenversiegelungen auf das notwendige Maß zu begrenzen. Landwirtschaftlich, als Wald oder für Wohnzwecke genutzte Flächen sollen nur im notwendigen Umfang umgenutzt werden. Die Grundsätze nach den Sätzen 1 und 2 sind nach § 1 Abs. 7 in der Abwägung zu berücksichtigen.

(3) Die Vermeidung und der Ausgleich voraussichtlich erheblicher Beeinträchtigungen des Landschaftsbildes sowie der Leistungs- und Funktionsfähigkeit des Naturhaushalts in seinen in § 1 Abs. 6 Nr. 7 Buchstabe a bezeichneten Bestandteilen (Eingriffsregelung nach dem Bundesnaturschutzgesetz) sind in der Abwägung nach § 1 Abs. 7 zu berücksichtigen. Der Ausgleich erfolgt durch geeignete Darstellungen und Festsetzungen nach den §§ 5 und 9 als Flächen oder Maßnahmen zum Ausgleich. So weit dies mit einer nachhaltigen städtebaulichen Entwicklung und den Zielen der Raumordnung sowie des Naturschutzes und der Landschaftspflege vereinbar ist, können die Darstellungen und Festsetzungen auch an anderer Stelle als am Ort des Eingriffs erfolgen. Anstelle von Darstellungen und Festsetzungen können auch vertragliche Vereinbarungen nach § 11 oder sonstige geeignete Maßnahmen zum Ausgleich auf von der Gemeinde bereit gestellten Flächen getroffen werden. Ein Ausgleich ist nicht erforderlich, so weit die Eingriffe bereits vor der planerischen Entscheidung erfolgt sind oder zulässig waren.

(4) So weit ein Gebiet im Sinne des § 1 Abs. 6 Nr. 7 Buchstabe b in seinen für die Erhaltungsziele oder den Schutzzweck maßgeblichen Bestandteilen erheblich beeinträchtigt werden kann, sind die Vorschriften des Bundesnaturschutzgesetzes über die Zulässigkeit und Durchführung von derartigen Eingriffen einschließlich der Einholung der Stellungnahme der Kommission anzuwenden.

§ 2 (Aufstellung der Bauleitpläne). (1) Die Bauleitpläne sind von der Gemeinde in eigener Verantwortung aufzustellen. Der Beschluss, einen Bauleitplan aufzustellen, ist ortsüblich bekanntzumachen.

(2) Die Bauleitpläne benachbarter Gemeinden sind aufeinander abzustimmen. Dabei können sich Gemeinden auch auf die ihnen durch Ziele der Raumordnung zugewiesenen Funktionen sowie auf Auswirkungen auf ihre zentralen Versorgungsbereiche berufen.

(3) Bei der Aufstellung der Bauleitpläne sind die Belange, die für die Abwägung von Bedeutung sind (Abwägungsmaterial), zu ermitteln und zu bewerten.

(4) Für die Belange des Umweltschutzes nach § 1 Abs. 6 Nr. 7 und § 1a wird eine Umweltprüfung durchgeführt, in der die voraussichtlichen erheblichen Umweltauswirkungen ermittelt werden und in einem Umweltbericht beschrieben und bewertet werden; die Anlage zu diesem Gesetzbuch ist anzuwenden. Die Gemeinde legt dazu für jeden Bauleitplan fest, in welchem Umfang und Detaillierungsgrad die Ermittlung der Belange für die Abwägung erforderlich ist. Die Umweltprüfung bezieht sich auf das, was nach gegenwärtigem Wissensstand und allgemein anerkannten Prüfmethoden sowie nach Inhalt und Detaillierungsgrad des Bauleitplans angemessenerweise verlangt werden kann. Das Ergebnis der Umweltprüfung ist in der Abwägung zu berücksichtigen. Wird eine Umweltprüfung für das Plangebiet oder für Teile davon in einem Raumordnungs-, Flächennutzungs- oder Bebauungsplanverfahren durchgeführt, soll die Umweltprüfung in einem zeitlich nachfolgend oder gleichzeitig durchgeführten Bauleitplanverfahren auf zusätzliche oder andere erhebliche Umweltauswirkungen beschränkt werden. Liegen Landschaftspläne oder sonstige Pläne nach § 1 Abs. 6 Nr. 7 Buchstabe g vor, sind deren Bestandsaufnahmen und Bewertungen in der Umweltprüfung heranzuziehen.

§ 2a (Begründung zum Bauleitplanentwurf, Umweltbericht). (1) Die Gemeinde hat im Aufstellungsverfahren dem Entwurf des Bauleitplans eine Begründung beizufügen. In ihr sind entsprechend dem Stand des Verfahrens

1. die Ziele, Zwecke und wesentlichen Auswirkungen des Bauleitplans und

2. in dem Umweltbericht nach der Anlage zu diesem Gesetzbuch die auf Grund der Umweltprüfung nach § 2 Abs. 4 ermittelten und bewerteten Belange des Umweltschutzes

darzulegen. Der Umweltbericht bildet einen gesonderten Teil der Begründung.

§ 3 (Beteiligung der Öffentlichkeit). (1) Die Öffentlichkeit ist möglichst frühzeitig über die allgemeinen Ziele und Zwecke der Planung, sich wesentlich unterscheidende Lösungen, die für

die Neugestaltung oder Entwicklung eines Gebiets in Betracht kommen, und die voraussichtlichen Auswirkungen der Planung öffentlich zu unterrichten; ihr ist Gelegenheit zur Äußerung und Erörterung zu geben. Von der Unterrichtung und Erörterung kann abgesehen werden, wenn

1. ein Bebauungsplan aufgestellt oder aufgehoben wird und sich dies auf das Plangebiet und die Nachbargebiete nicht oder nur unwesentlich auswirkt oder

2. die Unterrichtung und Erörterung bereits zuvor auf anderer Grundlage erfolgt sind.

An die Unterrichtung und Erörterung schließt sich das Verfahren nach Abs. 2 auch an, wenn die Erörterung zu einer Änderung der Planung führt.

(2) Die Entwürfe der Bauleitpläne sind mit der Begründung und den nach Einschätzung der Gemeinde wesentlichen, bereits vorliegenden umweltbezogenen Stellungnahmen für die Dauer eines Monats öffentlich auszulegen. Ort und Dauer der Auslegung sowie Angaben dazu, welche Arten umweltbezogener Informationen verfügbar sind, sind mindestens eine Woche vorher ortsüblich bekannt zu machen; dabei ist darauf hinzuweisen, dass Stellungnahmen während der Auslegungsfrist abgegeben werden können und dass nicht fristgerecht abgegebene Stellungnahmen bei der Beschlussfassung über den Bauleitplan unberücksichtigt bleiben können. Die nach § 4 Abs. 2 Beteiligten sollen von der Auslegung benachrichtigt werden. Die fristgemäß abgegebenen Stellungnahmen sind zu prüfen; das Ergebnis ist mitzuteilen. Haben mehr als fünfzig Personen Stellungnahmen mit im Wesentlichen gleichem Inhalt abgegeben, kann die Mitteilung dadurch ersetzt werden, dass diesen Personen die Einsicht in das Ergebnis ermöglicht wird; die Stelle, bei der das Ergebnis der Prüfung während der Dienststunden eingesehen werden kann, ist ortsüblich bekannt zu machen. Bei der Vorlage der Bauleitpläne nach § 6 oder § 10 Abs. 2 sind die nicht berücksichtigten Stellungnahmen mit einer Stellungnahme der Gemeinde beizufügen.

§ 4 (Beteiligung der Behörden). (1) Die Behörden und sonstigen Träger öffentlicher Belange, deren Aufgabenbereich durch die Planung berührt werden kann, sind entsprechend § 3 Abs. 1 Satz 1 Halbsatz 1 zu unterrichten und zur Äußerung auch im Hinblick auf den erforderlichen Umfang und Detaillierungsgrad der Umweltprüfung nach § 2 Abs. 4 aufzufordern. Hieran schließt sich das Verfahren nach Abs. 2 auch an, wenn die Äußerung zu einer Änderung der Planung führt.

(2) Die Gemeinde holt die Stellungnahmen der Behörden und sonstigen Träger öffentlicher Belange, deren Aufgabenbereich durch die Planung berührt werden kann, zum Planentwurf und der Begründung ein. Sie haben ihre Stellungnahmen innerhalb eines Monats abzugeben; die Gemeinde soll diese Frist bei Vorliegen eines wichtigen Grundes angemessen verlängern. In den Stellungnahmen sollen sich die Behörden und sonstigen Träger öffentlicher Belange auf ihren Aufgabenbereich beschränken; sie haben auch Aufschluss über von ihnen beabsichtigte oder bereits eingeleitete Planungen und sonstige Maßnahmen sowie deren zeitliche Abwicklung zu geben, die für die städtebauliche Entwicklung und Ordnung des Gebietes bedeutsam sein können. Verfügen sie über Informationen, die für die Ermittlung und Bewertung des Abwägungsmaterials zweckdienlich sind, haben sie diese Informationen der Gemeinde zur Verfügung zu stellen.

(3) Nach Abschluss des Verfahrens zur Aufstellung des Bauleitplans unterrichten die Behörden die Gemeinde, sofern nach den ihnen vorliegenden Erkenntnissen die Durchführung des Bauleitplans erhebliche, insbesondere unvorhergesehene nachteilige Auswirkungen auf die Umwelt hat.

§ 4a (Gemeinsame Vorschriften zur Beteiligung). (1) Die Vorschriften über die Öffentlichkeits- und Behördenbeteiligung dienen insbesondere der vollständigen Ermittlung und zutreffenden Bewertung der von der Planung berührten Belange.

(2) Die Unterrichtung nach § 3 Abs. 1 kann gleichzeitig mit der Unterrichtung nach § 4 Abs. 1, die Auslegung nach § 3 Abs. 2 kann gleichzeitig mit der Einholung der Stellungnahmen nach § 4 Abs. 2 durchgeführt werden.

(3) Wird der Entwurf des Bauleitplans nach dem Verfahren nach § 3 Abs. 2 oder § 4 Abs. 2 geändert oder ergänzt, ist er erneut auszulegen und sind die Stellungnahmen erneut einzuholen. Dabei kann bestimmt werden, dass Stellungnahmen nur zu den geänderten oder ergänzten Teilen abgegeben werden können; hierauf ist in der erneuten Bekanntmachung nach § 3 Abs. 2 Satz 2 hinzuweisen. Die Dauer der Auslegung und die Frist zur Stellungnahme kann angemessen verkürzt werden. Werden durch die Änderung oder Ergänzung des Entwurfs des Bauleitplans die Grundzüge der Planung nicht berührt, kann die Einholung der Stellungnahmen auf die von der Änderung oder Ergänzung betroffene Öffentlichkeit sowie die berührten Behörden und sonstigen Träger öffentlicher Belange beschränkt werden.

(4) Bei der Öffentlichkeits- und Behördenbeteiligung können ergänzend elektronische Informationstechnologien genutzt werden. So weit die Gemeinde den Entwurf des Bauleitplans und die Begründung in das Internet einstellt, können die Stellungnahmen der Behörden und sonstigen Träger öffentlicher Belange durch Mitteilung von Ort und Dauer der öffentlichen Auslegung nach § 3 Abs. 2 und der Internetadresse eingeholt werden; die Mitteilung kann im Wege der elektronischen Kommunikation erfolgen, so weit der Empfänger hierfür einen Zugang eröffnet hat. Die Gemeinde hat bei Anwendung von Satz 2 Halbsatz 1 der Behörde oder dem sonstigen Träger öffentlicher Belange auf dessen Verlangen einen Entwurf des Bauleitplans und der Begründung zu übermitteln; § 4 Abs. 2 Satz 2 bleibt unberührt.

(5) Bei Bauleitplänen, die erhebliche Auswirkungen auf Nachbarstaaten haben können, sind die Gemeinden und Behörden des Nachbarstaates nach den Grundsätzen der Gegenseitigkeit und Gleichwertigkeit zu unterrichten. Abweichend von Satz 1 ist bei Bauleitplänen, die erhebliche Umweltauswirkungen auf einen anderen Staat haben können, dieser nach den Vorschriften des Gesetzes über die Umweltverträglichkeitsprüfung zu beteiligen; für die Stellungnahmen der Öffentlichkeit und Behörden des anderen Staates, einschließlich der Rechtsfolgen nicht rechtzeitig abgegebener Stellungnahmen, sind abweichend von den Vorschriften des Gesetzes über die Umweltverträglichkeitsprüfung die Vorschriften dieses Gesetzbuchs entsprechend anzuwenden.

(6) Stellungnahmen, die im Verfahren der Öffentlichkeits- und Behördenbeteiligung nicht rechtzeitig abgegeben worden sind, können bei der Beschlussfassung über den Bauleitplan unberücksichtigt bleiben, sofern die Gemeinde deren Inhalt nicht kannte und nicht hätte kennen müssen und deren Inhalt für die Rechtmäßigkeit des Bauleitplans nicht von Bedeutung ist. Satz 1 gilt für in der Öffentlichkeitsbeteiligung abgegebene Stellungnahmen nur, wenn darauf in der Bekanntmachung nach § 3 Abs. 2 Satz 2 zur Öffentlichkeitsbeteiligung hingewiesen worden ist.

§ 4b (Einschaltung eines Dritten). Die Gemeinde kann insbesondere zur Beschleunigung des Bauleitplanverfahrens die Vorbereitung und Durchführung von Verfahrensschritten nach den §§ 2a bis 4a einem Dritten übertragen.

§ 4c (Überwachung). Die Gemeinden überwachen die erheblichen Umweltauswirkungen, die auf Grund der Durchführung der Bauleitpläne eintreten, um insbesondere unvorhergesehene nachteilige Auswirkungen frühzeitig zu ermitteln und in der Lage zu sein, geeignete Maßnahmen zur Abhilfe zu ergreifen. Sie nutzen dabei die im Umweltbericht nach Nummer 3 Buchstabe b der Anlage zu diesem Gesetzbuch angegebenen Überwachungsmaßnahmen und die Informationen der Behörden nach § 4 Abs. 3.

Zweiter Abschnitt. Vorbereitender Bauleitplan (Flächennutzungsplan)

§ 5 (Inhalt des Flächennutzungsplans). (1) Im Flächennutzungsplan ist für das ganze Gemeindegebiet die sich aus der beabsichtigten städtebaulichen Entwicklung ergebende Art der Bodennutzung nach den voraussehbaren Bedürfnissen der Gemeinde in den Grundzügen darzustellen. Aus dem Flächennutzungsplan können Flächen und sonstige Darstellungen ausgenommen werden, wenn dadurch die nach Satz 1 darzustellenden Grundzüge nicht berührt werden und die

Gemeinde beabsichtigt, die Darstellung zu einem späteren Zeitpunkt vorzunehmen; in der Begründung sind die Gründe hierfür darzulegen. Der Flächennutzungsplan soll spätestens 15 Jahre nach seiner erstmaligen oder erneuten Aufstellung überprüft und, so weit nach § 1 Abs. 3 Satz 1 erforderlich, geändert, ergänzt oder neu aufgestellt werden.

(2) Im Flächennutzungsplan können insbesondere dargestellt werden:

1. die für die Bebauung vorgesehenen Flächen nach der allgemeinen Art ihrer baulichen Nutzung (Bauflächen), nach der besonderen Art ihrer baulichen Nutzung (Baugebiete) sowie nach dem allgemeinen Maß der baulichen Nutzung; Bauflächen, für die eine zentrale Abwasserbeseitigung nicht vorgesehen ist, sind zu kennzeichnen;

2. die Ausstattung des Gemeindegebiets mit Einrichtungen und Anlagen zur Versorgung mit Gütern und Dienstleistungen des öffentlichen und privaten Bereichs, insbesondere mit den der Allgemeinheit dienenden baulichen Anlagen und Einrichtungen des Gemeinbedarfs, wie mit Schulen und Kirchen sowie mit sonstigen kirchlichen und mit sozialen, gesundheitlichen und kulturellen Zwecken dienenden Gebäuden und Einrichtungen, sowie die Flächen für Sport- und Spielanlagen;

3. die Flächen für den überörtlichen Verkehr und für die örtlichen Hauptverkehrszüge;

4. die Flächen für Versorgungsanlagen, für die Abfallentsorgung und Abwasserbeseitigung, für Ablagerungen sowie für Hauptversorgungs- und Hauptabwasserleitungen;

5. die Grünflächen, wie Parkanlagen, Dauerkleingärten, Sport-, Spiel-, Zelt- und Badeplätze, Friedhöfe;

6. die Flächen für Nutzungsbeschränkungen oder für Vorkehrungen zum Schutz gegen schädliche Umwelteinwirkungen im Sinne des Bundes-Immissionsschutzgesetzes;

7. die Wasserflächen, Häfen und die für die Wasserwirtschaft vorgesehenen Flächen sowie die Flächen, die im Interesse des Hochwasserschutzes und der Regelung des Wasserabflusses freizuhalten sind;

8. die Flächen für Aufschüttungen, Abgrabungen oder für die Gewinnung von Steinen, Erden und anderen Bodenschätzen;

9. a) die Flächen für die Landwirtschaft und

 b) Wald;

10. die Flächen für Maßnahmen zum Schutz, zur Pflege und zur Entwicklung von Boden, Natur und Landschaft.

(2a) Flächen zum Ausgleich im Sinne des § 1a Abs. 3 im Geltungsbereich des Flächennutzungsplans können den Flächen, auf denen Eingriffe in Natur und Landschaft zu erwarten sind, ganz oder teilweise zugeordnet werden.

(2b) Für Darstellungen des Flächennutzungsplans mit den Rechtswirkungen des § 35 Abs. 3 Satz 3 können sachliche Teilflächennutzungspläne aufgestellt werden.

(3) Im Flächennutzungsplan sollen gekennzeichnet werden:

1. Flächen, bei deren Bebauung besondere bauliche Vorkehrungen gegen äußere Einwirkungen oder bei denen besondere bauliche Sicherungsmaßnahmen gegen Naturgewalten erforderlich sind;

2. Flächen, unter denen der Bergbau umgeht oder die für den Abbau von Mineralien bestimmt sind;

3. für bauliche Nutzungen vorgesehene Flächen, deren Böden erheblich mit umweltgefährdenden Stoffen belastet sind.

(4) Planungen und sonstige Nutzungsregelungen, die nach anderen gesetzlichen Vorschriften festgesetzt sind, sowie nach Landesrecht denkmalgeschützte Mehrheiten von baulichen Anlagen sollen nachrichtlich übernommen werden. Sind derartige Festsetzungen in Aussicht genommen, sollen sie im Flächennutzungsplan vermerkt werden.

(5) Dem Flächennutzungsplan ist eine Begründung mit den Angaben nach § 2a beizufügen.

§ 6 (Genehmigung des Flächennutzungsplans). (1) Der Flächennutzungsplan bedarf der Genehmigung der höheren Verwaltungsbehörde.

(2) Die Genehmigung darf nur versagt werden, wenn der Flächennutzungsplan nicht ordnungsgemäß zu Stande gekommen ist oder diesem Gesetzbuch, den auf Grund dieses Gesetzbuchs erlassenen oder sonstigen Rechtsvorschriften widerspricht.

(3) Können Versagungsgründe nicht ausgeräumt werden, kann die höhere Verwaltungsbehörde räumliche oder sachliche Teile des Flächennutzungsplans von der Genehmigung ausnehmen.

(4) Über die Genehmigung ist binnen drei Monaten zu entscheiden; die höhere Verwaltungsbehörde kann räumliche und sachliche Teile des Flächennutzungsplans vorweg genehmigen. Aus wichtigen Gründen kann die Frist auf Antrag der Genehmigungsbehörde von der zuständigen übergeordneten Behörde verlängert werden, in der Regel jedoch nur bis zu drei Monaten. Die Gemeinde ist von der Fristverlängerung in Kenntnis zu setzen. Die Genehmigung gilt als erteilt, wenn sie nicht innerhalb der Frist unter Angabe von Gründen abgelehnt wird.

(5) Die Erteilung der Genehmigung ist ortsüblich bekanntzumachen. Mit der Bekanntmachung wird der Flächennutzungsplan wirksam. Ihm ist eine zusammenfassende Erklärung beizufügen über die Art und Weise, wie die Umweltbelange und die Ergebnisse der Öffentlichkeits- und Behördenbeteiligung in dem Flächennutzungsplan berücksichtigt wurden, und aus welchen Gründen der Plan nach Abwägung mit den geprüften, in Betracht kommenden anderweitigen Planungsmöglichkeiten gewählt wurde. Jedermann kann den Flächennutzungsplan, die Begründung und die zusammenfassende Erklärung einsehen und über deren Inhalt Auskunft verlangen.

(6) Mit dem Beschluss über eine Änderung oder Ergänzung des Flächennutzungsplans kann die Gemeinde auch bestimmen, dass der Flächennutzungsplan in der Fassung, die er durch die Änderung oder Ergänzung erfahren hat, neu bekanntzumachen ist.

§ 7 (Anpassung an den Flächennutzungsplan). Öffentliche Planungsträger, die nach § 4 oder § 13 beteiligt worden sind, haben ihre Planungen dem Flächennutzungsplan insoweit anzupassen, als sie diesem Plan nicht widersprochen haben. Der Widerspruch ist bis zum Beschluss der Gemeinde einzulegen. Macht eine Veränderung der Sachlage eine abweichende Planung erforderlich, haben sie sich unverzüglich mit der Gemeinde ins Benehmen zu setzen. Kann ein Einvernehmen zwischen der Gemeinde und dem öffentlichen Planungsträger nicht erreicht werden, kann der öffentliche Planungsträger nachträglich widersprechen. Der Widerspruch ist nur zulässig, wenn die für die abweichende Planung geltend gemachten Belange die sich aus dem Flächennutzungsplan ergebenden städtebaulichen Belange nicht nur unwesentlich überwiegen. Im Fall einer abweichenden Planung ist § 37 Abs. 3 auf die durch die Änderung oder Ergänzung des Flächennutzungsplans oder eines Bebauungsplans, der aus dem Flächennutzungsplan entwickelt worden ist und geändert, ergänzt oder aufgehoben werden musste, entstehenden Aufwendungen und Kosten entsprechend anzuwenden; § 38 Satz 3 bleibt unberührt.

Dritter Abschnitt. Verbindlicher Bauleitplan (Bebauungsplan)

§ 8 (Zweck des Bebauungsplans). (1) Der Bebauungsplan enthält die rechtsverbindlichen Festsetzungen für die städtebauliche Ordnung. Er bildet die Grundlage für weitere, zum Vollzug dieses Gesetzbuchs erforderliche Maßnahmen.

(2) Bebauungspläne sind aus dem Flächennutzungsplan zu entwickeln. Ein Flächennutzungsplan ist nicht erforderlich, wenn der Bebauungsplan ausreicht, um die städtebauliche Entwicklung zu ordnen.

(3) Mit der Aufstellung, Änderung, Ergänzung oder Aufhebung eines Bebauungsplans kann gleichzeitig auch der Flächennutzungsplan aufgestellt, geändert oder ergänzt werden (Parallelverfahren). Der Bebauungsplan kann vor dem Flächennutzungsplan bekannt gemacht werden, wenn nach dem Stand der Planungsarbeiten anzunehmen ist, dass der Bebauungsplan aus den künftigen Darstellungen des Flächennutzungsplans entwickelt sein wird.

(4) Ein Bebauungsplan kann aufgestellt, geändert, ergänzt oder aufgehoben werden, bevor der Flächennutzungsplan aufgestellt ist, wenn dringende Gründe es erfordern und wenn der Bebauungsplan der beabsichtigten städtebaulichen Entwicklung des Gemeindegebiets nicht entgegenstehen wird (vorzeitiger Bebauungsplan). Gilt bei Gebiets- oder Bestandsänderungen von Gemeinden oder anderen Veränderungen der Zuständigkeit für die Aufstellung von Flächennutzungsplänen ein Flächennutzungsplan fort, kann ein vorzeitiger Bebauungsplan auch aufgestellt werden, bevor der Flächennutzungsplan ergänzt oder geändert ist.

§ 9 (Inhalt des Bebauungsplans). (1) Im Bebauungsplan können aus städtebaulichen Gründen festgesetzt werden:

1. die Art und das Maß der baulichen Nutzung;

2. die Bauweise, die überbaubaren und die nicht überbaubaren Grundstücksflächen sowie die Stellung der baulichen Anlagen;

3. für die Größe, Breite und Tiefe der Baugrundstücke Mindestmaße und aus Gründen des sparsamen und schonenden Umgangs mit Grund und Boden für Wohnbaugrundstücke auch Höchstmaße;

4. die Flächen für Nebenanlagen, die auf Grund anderer Vorschriften für die Nutzung von Grundstücken erforderlich sind, wie Spiel-, Freizeit- und Erholungsflächen sowie die Flächen für Stellplätze und Garagen mit ihren Einfahrten;

5. die Flächen für den Gemeinbedarf sowie für Sport- und Spielanlagen;

6. die höchstzulässige Zahl der Wohnungen in Wohngebäuden;

7. die Flächen, auf denen ganz oder teilweise nur Wohngebäude, die mit Mitteln der sozialen Wohnraumförderung gefördert werden könnten, errichtet werden dürfen;

8. einzelne Flächen, auf denen ganz oder teilweise nur Wohngebäude errichtet werden dürfen, die für Personengruppen mit besonderem Wohnbedarf bestimmt sind;

9. der besondere Nutzungszweck von Flächen;

10. die Flächen, die von der Bebauung freizuhalten sind, und ihre Nutzung;

11. die Verkehrsflächen sowie Verkehrsflächen besonderer Zweckbestimmung, wie Fußgängerbereiche, Flächen für das Parken von Fahrzeugen, Flächen für das Abstellen von Fahrrädern sowie den Anschluss anderer Flächen an die Verkehrsflächen; die Flächen können auch als öffentliche oder private Flächen festgesetzt werden;

12. die Versorgungsflächen;

13. die Führung von oberirdischen oder unterirdischen Versorgungsanlagen und -leitungen;

14. die Flächen für die Abfall- und Abwasserbeseitigung, einschließlich der Rückhaltung und Versickerung von Niederschlagswasser, sowie für Ablagerungen;

15. die öffentlichen und privaten Grünflächen, wie Parkanlagen, Dauerkleingärten, Sport-, Spiel-, Zelt- und Badeplätze, Friedhöfe;

16. die Wasserflächen sowie die Flächen für die Wasserwirtschaft, für Hochwasserschutzanlagen und für die Regelung des Wasserabflusses;

17. die Flächen für Aufschüttungen, Abgrabungen oder für die Gewinnung von Steinen, Erden und anderen Bodenschätzen;

18. a) die Flächen für die Landwirtschaft und

b) Wald;

19. die Flächen für die Errichtung von Anlagen für die Kleintierhaltung wie Ausstellungs- und Zuchtanlagen, Zwinger, Koppeln und dergleichen;

20. die Flächen oder Maßnahmen zum Schutz, zur Pflege und zur Entwicklung von Boden, Natur und Landschaft;

21. die mit Geh-, Fahr- und Leitungsrechten zu Gunsten der Allgemeinheit, eines Erschließungsträgers oder eines beschränkten Personenkreises zu belastenden Flächen;

22. die Flächen für Gemeinschaftsanlagen für bestimmte räumliche Bereiche wie Kinderspielplätze, Freizeiteinrichtungen, Stellplätze und Garagen;

23. Gebiete, in denen

a) zum Schutz vor schädlichen Umwelteinwirkungen im Sinne des Bundes-Immissionsschutzgesetzes bestimmte Luft verunreinigende Stoffe nicht oder nur beschränkt verwendet werden dürfen,

b) bei der Errichtung von Gebäuden bestimmte bauliche Maßnahmen für den Einsatz erneuerbarer Energien wie insbesondere Solarenergie getroffen werden müssen;

24. die von der Bebauung freizuhaltenden Schutzflächen und ihre Nutzung, die Flächen für besondere Anlagen und Vorkehrungen zum Schutz vor schädlichen Umwelteinwirkungen und sonstigen Gefahren im Sinne des Bundes-Immissionsschutzgesetzes sowie die zum Schutz vor solchen Einwirkungen oder zur Vermeidung oder Minderung solcher Einwirkungen zu treffenden baulichen und sonstigen technischen Vorkehrungen;

25. für einzelne Flächen oder für ein Bebauungsplangebiet oder Teile davon sowie für Teile baulicher Anlagen mit Ausnahme der für landwirtschaftliche Nutzungen oder Wald festgesetzten Flächen

a) das Anpflanzen von Bäumen, Sträuchern und sonstigen Bepflanzungen,

b) Bindungen für Bepflanzungen und für die Erhaltung von Bäumen, Sträuchern und sonstigen Bepflanzungen sowie von Gewässern;

26. die Flächen für Aufschüttungen, Abgrabungen und Stützmauern, so weit sie zur Herstellung des Straßenkörpers erforderlich sind.

(1a) Flächen oder Maßnahmen zum Ausgleich im Sinne des § 1a Abs. 3 können auf den Grundstücken, auf denen Eingriffe in Natur und Landschaft zu erwarten sind, oder an anderer Stelle sowohl im sonstigen Geltungsbereich des Bebauungsplans als auch in einem anderen Bebauungsplan festgesetzt werden. Die Flächen oder Maßnahmen zum Ausgleich an anderer Stelle können den Grundstücken, auf denen Eingriffe zu erwarten sind, ganz oder teilweise zugeordnet werden; dies gilt auch für Maßnahmen auf von der Gemeinde bereitgestellten Flächen.

(2) Im Bebauungsplan kann in besonderen Fällen festgesetzt werden, dass bestimmte der in ihm festgesetzten baulichen und sonstigen Nutzungen und Anlagen nur

1. für einen bestimmten Zeitraum zulässig oder

2. bis zum Eintritt bestimmter Umstände zulässig oder unzulässig

sind. Die Folgenutzung soll festgesetzt werden.

(3) Bei Festsetzungen nach Abs. 1 kann auch die Höhenlage festgesetzt werden. Festsetzungen nach Abs. 1 für übereinanderliegende Geschosse und Ebenen und sonstige Teile baulicher Anlagen können gesondert getroffen werden; dies gilt auch, so weit Geschosse, Ebenen und sonstige Teile baulicher Anlagen unterhalb der Geländeoberfläche vorgesehen sind.

(4) Die Länder können durch Rechtsvorschriften bestimmen, dass auf Landesrecht beruhende Regelungen in den Bebauungsplan als Festsetzungen aufgenommen werden können und inwieweit auf diese Festsetzungen die Vorschriften dieses Gesetzbuchs Anwendung finden.

(5) Im Bebauungsplan sollen gekennzeichnet werden:

1. Flächen, bei deren Bebauung besondere bauliche Vorkehrungen gegen äußere Einwirkungen oder bei denen besondere bauliche Sicherungsmaßnahmen gegen Naturgewalten erforderlich sind;

2. Flächen, unter denen der Bergbau umgeht oder die für den Abbau von Mineralien bestimmt sind;

3. Flächen, deren Böden erheblich mit umweltgefährdenden Stoffen belastet sind.

(6) Nach anderen gesetzlichen Vorschriften getroffene Festsetzungen sowie Denkmäler nach Landesrecht sollen in den Bebauungsplan nachrichtlich übernommen werden, so weit sie zu seinem Verständnis oder für die städtebauliche Beurteilung von Baugesuchen notwendig oder zweckmäßig sind.

(7) Der Bebauungsplan setzt die Grenzen seines räumlichen Geltungsbereichs fest.

(8) Dem Bebauungsplan ist eine Begründung mit den Angaben nach § 2a beizufügen.

(**§ 9a Verordnungsermächtigung**) Das Bundesministerium für Verkehr, Bau- und Wohnungswesen wird ermächtigt, mit Zustimmung des Bundesrates durch Rechtsverordnung Vorschriften zu erlassen über

1. Darstellungen und Festsetzungen in den Bauleitplänen über

a) die Art der baulichen Nutzung,

b) das Maß der baulichen Nutzung und seine Berechnung,

c) die Bauweise sowie die überbaubaren und die nicht überbaubaren Grundstücksflächen;

2. die in den Baugebieten zulässigen baulichen und sonstigen Anlagen;

3. die Zulässigkeit der Festsetzung nach Maßgabe des § 9 Abs. 3 über verschiedenartige Baugebiete oder verschiedenartige in den Baugebieten zulässige bauliche und sonstige Anlagen;

4. die Ausarbeitung der Bauleitpläne einschließlich der dazugehörigen Unterlagen sowie über die Darstellung des Planinhalts, insbesondere über die dabei zu verwendenden Planzeichen und ihre Bedeutung.

§ 10 (Beschluss, Genehmigung und Inkrafttreten des Bebauungsplans). (1) Die Gemeinde beschließt den Bebauungsplan als Satzung.

(2) Bebauungspläne nach § 8 Abs. 2 Satz 2, Abs. 3 Satz 2 und Abs. 4 bedürfen der Genehmigung der höheren Verwaltungsbehörde. § 6 Abs. 2 und 4 ist entsprechend anzuwenden.

(3) Die Erteilung der Genehmigung oder, so weit eine Genehmigung nicht erforderlich ist, der Beschluss des Bebauungsplans durch die Gemeinde ist ortsüblich bekanntzumachen. Der Bebauungsplan ist mit der Begründung und der zusammenfassenden Erklärung nach Abs. 4 zu jedermanns Einsicht bereitzuhalten; über den Inhalt ist auf Verlangen Auskunft zu geben. In der Bekanntmachung ist darauf hinzuweisen, wo der Bebauungsplan eingesehen werden kann. Mit der Bekanntmachung tritt der Bebauungsplan in Kraft. Die Bekanntmachung tritt an die Stelle der sonst für Satzungen vorgeschriebenen Veröffentlichung.

(4) Dem Bebauungsplan ist eine zusammenfassende Erklärung beizufügen über die Art und Weise, wie die Umweltbelange und die Ergebnisse der Öffentlichkeits- und Behördenbeteiligung in dem Bebauungsplan berücksichtigt wurden, und aus welchen Gründen der Plan nach Abwägung mit den geprüften, in Betracht kommenden anderweitigen Planungsmöglichkeiten gewählt wurde.

Vierter Abschnitt. Zusammenarbeit mit Privaten; vereinfachtes Verfahren

§ 11 (Städtebaulicher Vertrag). (1) Die Gemeinde kann städtebauliche Verträge schließen. Gegenstände eines städtebaulichen Vertrages können insbesondere sein:

1. die Vorbereitung oder Durchführung städtebaulicher Maßnahmen durch den Vertragspartner auf eigene Kosten; dazu gehören auch die Neuordnung der Grundstücksverhältnisse, die Bodensanierung und sonstige vorbereitende Maßnahmen, die Ausarbeitung der städtebaulichen Planungen, sowie erforderlichenfalls des Umweltberichts; die Verantwortung der Gemeinde für das gesetzlich vorgesehene Planaufstellungsverfahren bleibt unberührt;

2. die Förderung und Sicherung der mit der Bauleitplanung verfolgten Ziele, insbesondere die Grundstücksnutzung, auch hinsichtlich einer Befristung oder einer Bedingung, die Durchführung des Ausgleichs im Sinne des § 1a Abs. 3, die Deckung des Wohnbedarfs von Bevölkerungsgruppen mit besonderen Wohnraumversorgungsproblemen sowie des Wohnbedarfs der ortsansässigen Bevölkerung;

3. die Übernahme von Kosten oder sonstigen Aufwendungen, die der Gemeinde für städtebauliche Maßnahmen entstehen oder entstanden sind und die Voraussetzung oder Folge des geplanten Vorhabens sind; dazu gehört auch die Bereitstellung von Grundstücken;

4. entsprechend den mit den städtebaulichen Planungen und Maßnahmen verfolgten Zielen und Zwecken die Nutzung von Netzen und Anlagen der Kraft-Wärme-Kopplung sowie von Solaranlagen für die Wärme-, Kälte- und Elektrizitätsversorgung.

(2) Die vereinbarten Leistungen müssen den gesamten Umständen nach angemessen sein. Die Vereinbarung einer vom Vertragspartner zu erbringenden Leistung ist unzulässig, wenn er auch ohne sie einen Anspruch auf die Gegenleistung hätte.

(3) Ein städtebaulicher Vertrag bedarf der Schriftform, so weit nicht durch Rechtsvorschriften eine andere Form vorgeschrieben ist.

(4) Die Zulässigkeit anderer städtebaulicher Verträge bleibt unberührt.

§ 12 (Vorhaben- und Erschließungsplan). (1) Die Gemeinde kann durch einen vorhabenbezogenen Bebauungsplan die Zulässigkeit von Vorhaben bestimmen, wenn der Vorhabenträger auf der Grundlage eines mit der Gemeinde abgestimmten Plans zur Durchführung der Vorhaben und der Erschließungsmaßnahmen (Vorhaben- und Erschließungsplan) bereit und in der Lage ist und sich zur Durchführung innerhalb einer bestimmten Frist und zur Tragung der Planungs- und Erschließungskosten ganz oder teilweise vor dem Beschluss nach § 10 Abs. 1 verpflichtet (Durchführungsvertrag). Die Begründung des Planentwurfs hat die nach § 2a erforderlichen Angaben zu enthalten. Für die grenzüberschreitende Beteiligung ist eine Übersetzung der Angaben vorzulegen, so weit dies nach den Vorschriften des Gesetzes über die Umweltverträglichkeitsprüfung notwendig ist. Für den vorhabenbezogenen Bebauungsplan nach Satz 1 gelten ergänzend die Absätze 2 bis 6.

(2) Die Gemeinde hat auf Antrag des Vorhabenträgers über die Einleitung des Bebauungsplanverfahrens nach pflichtgemäßem Ermessen zu entscheiden. Auf Antrag des Vorhabenträgers, oder sofern die Gemeinde es nach Einleitung des Bebauungsplanverfahrens für erforderlich hält, informiert die Gemeinde diesen über den voraussichtlich erforderlichen Untersuchungsrahmen der Umweltprüfung nach § 2 Abs. 4 unter Beteiligung der Behörden nach § 4 Abs. 1.

(3) Der Vorhaben- und Erschließungsplan wird Bestandteil des vorhabenbezogenen Bebauungsplans. Im Bereich des Vorhaben- und Erschließungsplans ist die Gemeinde bei der Bestimmung der Zulässigkeit der Vorhaben nicht an die Festsetzungen nach § 9 und nach der auf Grund von § 9a erlassenen Verordnung gebunden; die §§ 14 bis 18, 22 bis 28, 39 bis 79, 127 bis 135c sind nicht anzuwenden. So weit der vorhabenbezogene Bebauungsplan auch im Bereich des Vorhaben- und Erschließungsplans Festsetzungen nach § 9 für öffentliche Zwecke trifft, kann gemäß § 85 Abs. 1 Nr. 1 enteignet werden.

(4) Einzelne Flächen außerhalb des Bereichs des Vorhaben- und Erschließungsplans können in den vorhabenbezogenen Bebauungsplan einbezogen werden.

(5) Ein Wechsel des Vorhabenträgers bedarf der Zustimmung der Gemeinde. Die Zustimmung darf nur dann verweigert werden, wenn Tatsachen die Annahme rechtfertigen, dass die Durchführung des Vorhaben- und Erschließungsplans innerhalb der Frist nach Abs. 1 gefährdet ist.

(6) Wird der Vorhaben- und Erschließungsplan nicht innerhalb der Frist nach Abs. 1 durchgeführt, soll die Gemeinde den Bebauungsplan aufheben. Aus der Aufhebung können Ansprüche des Vorhabenträgers gegen die Gemeinde nicht geltend gemacht werden. Bei der Aufhebung kann das vereinfachte Verfahren nach § 13 angewendet werden.

§ 13 (Vereinfachtes Verfahren). (1) Werden durch die Änderung oder Ergänzung eines Bauleitplans die Grundzüge der Planung nicht berührt oder wird durch die Aufstellung eines Bebauungsplans in einem Gebiet nach § 34 der sich aus der vorhandenen Eigenart der näheren Umgebung ergebende Zulässigkeitsmaßstab nicht wesentlich verändert, kann die Gemeinde das vereinfachte Verfahren anwenden, wenn

1. die Zulässigkeit von Vorhaben, die einer Pflicht zur Durchführung einer Umweltverträglichkeitsprüfung nach Anlage 1 zum Gesetz über die Umweltverträglichkeitsprüfung oder nach Landesrecht unterliegen, nicht vorbereitet oder begründet wird und

2. keine Anhaltspunkte für eine Beeinträchtigung der in § 1 Abs. 6 Nr. 7 Buchstabe b genannten Schutzgüter bestehen.

(2) Im vereinfachten Verfahren kann

1. von der frühzeitigen Unterrichtung und Erörterung nach § 3 Abs. 1 und § 4 Abs. 1 abgesehen werden,

2. der betroffenen Öffentlichkeit Gelegenheit zur Stellungnahme innerhalb angemessener Frist gegeben oder wahlweise die Auslegung nach § 3 Abs. 2 durchgeführt werden,

3. den berührten Behörden und sonstigen Trägern öffentlicher Belange Gelegenheit zur Stellungnahme innerhalb angemessener Frist gegeben oder wahlweise die Beteiligung nach § 4 Abs. 2 durchgeführt werden.

(3) Im vereinfachten Verfahren wird von der Umweltprüfung nach § 2 Abs. 4, von dem Umweltbericht nach § 2a und von der Angabe nach § 3 Abs. 2 Satz 2, welche Arten umweltbezogener Informationen verfügbar sind, abgesehen; § 4c ist nicht anzuwenden. Bei der Beteiligung nach Abs. 2 Nr. 2 ist darauf hinzuweisen, dass von einer Umweltprüfung abgesehen wird.

Zweiter Teil. Sicherung der Bauleitplanung

Erster Abschnitt. Veränderungssperre und Zurückstellung von Baugesuchen

§ 14 (Veränderungssperre). (1) Ist ein Beschluss über die Aufstellung eines Bebauungsplans gefasst, kann die Gemeinde zur Sicherung der Planung für den künftigen Planbereich eine Veränderungssperre mit dem Inhalt beschließen, dass

1. Vorhaben im Sinne des § 29 nicht durchgeführt oder bauliche Anlagen nicht beseitigt werden dürfen;

2. erhebliche oder wesentlich wertsteigernde Veränderungen von Grundstücken und baulichen Anlagen, deren Veränderungen nicht genehmigungs-, zustimmungs- oder anzeigepflichtig sind, nicht vorgenommen werden dürfen.

(2) Wenn überwiegende öffentliche Belange nicht entgegenstehen, kann von der Veränderungssperre eine Ausnahme zugelassen werden. Die Entscheidung über Ausnahmen trifft die Baugenehmigungsbehörde im Einvernehmen mit der Gemeinde.

(3) Vorhaben, die vor dem Inkrafttreten der Veränderungssperre baurechtlich genehmigt worden sind, Vorhaben, von denen die Gemeinde nach Maßgabe des Bauordnungsrechts Kenntnis erlangt hat und mit deren Ausführung vor dem Inkrafttreten der Veränderungssperre hätte begonnen werden dürfen, sowie Unterhaltungsarbeiten und die Fortführung einer bisher ausgeübten Nutzung werden von der Veränderungssperre nicht berührt. (4) So weit für Vorhaben im förmlich festgelegten Sanierungsgebiet oder im städtebaulichen Entwicklungsbereich eine Genehmigungspflicht nach § 144 Abs. 1 besteht, sind die Vorschriften über die Veränderungssperre nicht anzuwenden.

§ 15 (Zurückstellung von Baugesuchen). (1) Wird eine Veränderungssperre nach § 14 nicht beschlossen, obwohl die Voraussetzungen gegeben sind, oder ist eine beschlossene Veränderungssperre noch nicht in Kraft getreten, hat die Baugenehmigungsbehörde auf Antrag der Gemeinde die Entscheidung über die Zulässigkeit von Vorhaben im Einzelfall für einen Zeitraum bis zu zwölf Monaten auszusetzen, wenn zu befürchten ist, dass die Durchführung der Planung durch das Vorhaben unmöglich gemacht oder wesentlich erschwert werden würde. Wird kein Baugenehmigungsverfahren durchgeführt, wird auf Antrag der Gemeinde anstelle der Aussetzung der Entscheidung über die Zulässigkeit eine vorläufige Untersagung innerhalb einer durch Landesrecht festgesetzten Frist ausgesprochen. Die vorläufige Untersagung steht der Zurückstellung nach Satz 1 gleich.

(2) So weit für Vorhaben im förmlich festgelegten Sanierungsgebiet oder im städtebaulichen Entwicklungsbereich eine Genehmigungspflicht nach § 144 Abs. 1 besteht, sind die Vorschriften über die Zurückstellung von Baugesuchen nicht anzuwenden; mit der förmlichen Festlegung des Sanierungsgebiets oder des städtebaulichen Entwicklungsbereichs wird ein Bescheid über die Zurückstellung des Baugesuchs nach Abs. 1 unwirksam.

(3) Auf Antrag der Gemeinde hat die Baugenehmigungsbehörde die Entscheidung über die Zulässigkeit von Vorhaben nach § 35 Abs. 1 Nr. 2 bis 6 für einen Zeitraum bis zu längstens einem Jahr nach Zustellung der Zurückstellung des Baugesuchs auszusetzen, wenn die Gemeinde beschlossen hat, einen Flächennutzungsplan aufzustellen, zu ändern oder zu ergänzen, mit dem die Rechtswirkungen des § 35 Abs. 3 Satz 3 erreicht werden sollen, und zu befürchten ist, dass die Durchführung der Planung durch das Vorhaben unmöglich gemacht oder wesentlich erschwert werden würde. Auf diesen Zeitraum ist die Zeit zwischen dem Eingang des Baugesuchs bei der zuständigen Behörde bis zur Zustellung der Zurückstellung des Baugesuchs nicht anzurechnen, so weit der Zeitraum für die Bearbeitung des Baugesuchs erforderlich ist. Der Antrag der Gemeinde nach Satz 1 ist nur innerhalb von sechs Monaten, nachdem die Gemeinde in einem Verwaltungsverfahren von dem Bauvorhaben förmlich Kenntnis erhalten hat, zulässig.

§ 16 (Beschluss über die Veränderungssperre). (1) Die Veränderungssperre wird von der Gemeinde als Satzung beschlossen.

(2) Die Gemeinde hat die Veränderungssperre ortsüblich bekanntzumachen. Sie kann auch ortsüblich bekanntmachen, dass eine Veränderungssperre beschlossen worden ist; § 10 Abs. 3 Satz 2 bis 5 ist entsprechend anzuwenden.

§ 17 (Geltungsdauer der Veränderungssperre). (1) Die Veränderungssperre tritt nach Ablauf von zwei Jahren außer Kraft. Auf die Zweijahresfrist ist der seit der Zustellung der ersten Zurückstellung eines Baugesuchs nach § 15 Abs. 1 abgelaufene Zeitraum anzurechnen. Die Gemeinde kann die Frist um ein Jahr verlängern.

(2) Wenn besondere Umstände es erfordern, kann die Gemeinde die Frist bis zu einem weiteren Jahr nochmals verlängern.

(3) Die Gemeinde kann eine außer Kraft getretene Veränderungssperre ganz oder teilweise erneut beschließen, wenn die Voraussetzungen für ihren Erlass fortbestehen.

(4) Die Veränderungssperre ist vor Fristablauf ganz oder teilweise außer Kraft zu setzen, sobald die Voraussetzungen für ihren Erlass weggefallen sind.

(5) Die Veränderungssperre tritt in jedem Fall außer Kraft, sobald und so weit die Bauleitplanung rechtsverbindlich abgeschlossen ist.

(6) Mit der förmlichen Festlegung des Sanierungsgebiets oder des städtebaulichen Entwicklungsbereichs tritt eine bestehende Veränderungssperre nach § 14 außer Kraft. Dies gilt nicht, wenn in der Sanierungssatzung die Genehmigungspflicht nach § 144 Abs. 1 ausgeschlossen ist.

§ 18 (Entschädigung bei Veränderungssperre). (1) Dauert die Veränderungssperre länger als vier Jahre über den Zeitpunkt ihres Beginns oder der ersten Zurückstellung eines Baugesuchs nach § 15 Abs. 1 hinaus, ist den Betroffenen für dadurch entstandene Vermögensnachteile eine angemessene Entschädigung in Geld zu leisten. Die Vorschriften über die Entschädigung im Zweiten Abschnitt des Fünften Teils sowie § 121 gelten entsprechend; dabei ist der Grundstückswert zu Grunde zu legen, der nach den Vorschriften des Zweiten Abschnitts des Dritten Teils zu entschädigen wäre.

(2) Zur Entschädigung ist die Gemeinde verpflichtet. Der Entschädigungsberechtigte kann Entschädigung verlangen, wenn die in Abs. 1 Satz 1 bezeichneten Vermögensnachteile eingetreten sind. Er kann die Fälligkeit des Anspruchs dadurch herbeiführen, dass er die Leistung der Entschädigung schriftlich bei dem Entschädigungspflichtigen beantragt. Kommt eine Einigung über die Entschädigung nicht zu Stande, entscheidet die höhere Verwaltungsbehörde. Für den Bescheid über die Festsetzung der Entschädigung gilt § 122 entsprechend.

(3) Auf das Erlöschen des Entschädigungsanspruchs findet § 44 Abs. 4 mit der Maßgabe Anwendung, dass bei einer Veränderungssperre, die die Sicherung einer Festsetzung nach § 40 Abs. 1 oder § 41 Abs. 1 zum Gegenstand hat, die Erlöschensfrist frühestens ab Rechtsverbindlichkeit des Bebauungsplans beginnt. In der Bekanntmachung nach § 16 Abs. 2 ist auf die Vorschriften des Absatzes 2 Satz 2 und 3 hinzuweisen.

Zweiter Abschnitt. Teilung von Grundstücken; Gebiete mit Fremdenverkehrsfunktionen

§ 19 (Teilung von Grundstücken). (1) Die Teilung eines Grundstücks ist die dem Grundbuchamt gegenüber abgegebene oder sonst wie erkennbar gemachte Erklärung des Eigentümers, dass ein Grundstücksteil grundbuchmäßig abgeschrieben und als selbstständiges Grundstück oder als ein Grundstück zusammen mit anderen Grundstücken oder mit Teilen anderer Grundstücke eingetragen werden soll.

(2) Durch die Teilung eines Grundstücks im Geltungsbereich eines Bebauungsplans dürfen keine Verhältnisse entstehen, die den Festsetzungen des Bebauungsplans widersprechen.

§ 20 (weggefallen)

§ 21 (weggefallen)

§ 22 (Sicherung von Gebieten mit Fremdenverkehrsfunktionen). (1) Die Gemeinden, die oder deren Teile überwiegend durch den Fremdenverkehr geprägt sind, können in einem Bebauungsplan oder durch eine sonstige Satzung bestimmen, dass zur Sicherung der Zweckbestimmung von Gebieten mit Fremdenverkehrsfunktionen die Begründung oder Teilung von Wohnungseigentum oder Teileigentum (§ 1 des Wohnungseigentumsgesetzes) der Genehmigung unterliegt. Dies gilt entsprechend für die in den §§ 30 und 31 des Wohnungseigentumsgesetzes bezeichneten Rechte. Voraussetzung für die Bestimmung ist, dass durch die Begründung oder Teilung der Rechte die vorhandene oder vorgesehene Zweckbestimmung des Gebiets für den Fremdenverkehr und dadurch die geordnete städtebauliche Entwicklung beeinträchtigt werden kann. Die Zweckbestimmung eines Gebiets für den Fremdenverkehr ist insbesondere anzunehmen bei Kurgebieten, Gebieten für die Fremdenbeherbergung, Wochenend- und Ferienhausgebieten, die im Bebauungsplan festgesetzt sind, und bei im Zusammenhang bebauten Ortsteilen, deren Eigenart solchen Gebieten entspricht, sowie bei sonstigen Gebieten mit Fremdenverkehrsfunktionen, die durch Beherbergungsbetriebe und Wohngebäude mit Fremdenbeherbergung geprägt sind.

(2) Die Gemeinde hat die Satzung ortsüblich bekanntzumachen. Sie kann die Bekanntmachung auch in entsprechender Anwendung des § 10 Abs. 3 Satz 2 bis 5 vornehmen. Die Gemeinde teilt dem Grundbuchamt den Beschluss über die Satzung, das Datum ihres Inkrafttretens sowie die genaue Bezeichnung der betroffenen Grundstücke vor ihrer Bekanntmachung rechtzeitig mit. Von der genauen Bezeichnung der betroffenen Grundstücke kann abgesehen werden, wenn die gesamte Gemarkung betroffen ist und die Gemeinde dies dem Grundbuchamt mitteilt.

(3) (weggefallen)

(4) Die Genehmigung darf nur versagt werden, wenn durch die Begründung oder Teilung der Rechte die Zweckbestimmung des Gebiets für den Fremdenverkehr und dadurch die städtebauliche Entwicklung und Ordnung beeinträchtigt wird. Die Genehmigung ist zu erteilen, wenn sie erforderlich ist, damit Ansprüche Dritter erfüllt werden können, zu deren Sicherung vor dem Wirksamwerden des Genehmigungsvorbehalts eine Vormerkung im Grundbuch eingetragen oder der Antrag auf Eintragung einer Vormerkung beim Grundbuchamt eingegangen ist; die Genehmigung kann auch von dem Dritten beantragt werden. Die Genehmigung kann erteilt werden, um wirtschaftliche Nachteile zu vermeiden, die für den Eigentümer eine besondere Härte bedeuten.

(5) Über die Genehmigung entscheidet die Baugenehmigungsbehörde im Einvernehmen mit der Gemeinde. Über die Genehmigung ist innerhalb eines Monats nach Eingang des Antrags bei der Baugenehmigungsbehörde zu entscheiden. Kann die Prüfung des Antrags in dieser Zeit nicht abgeschlossen werden, ist die Frist vor ihrem Ablauf in einem dem Antragsteller mitzuteilenden Zwischenbescheid um den Zeitraum zu verlängern, der notwendig ist, um die Prüfung abschließen zu können; höchstens jedoch um drei Monate. Die Genehmigung gilt als erteilt, wenn sie nicht innerhalb der Frist versagt wird. Darüber hat die Baugenehmigungsbehörde auf Antrag eines Beteiligten ein Zeugnis auszustellen. Das Einvernehmen gilt als erteilt, wenn es nicht binnen zwei Monaten nach Eingang des Ersuchens der Genehmigungsbehörde verweigert wird; dem Ersuchen gegenüber der Gemeinde steht die Einreichung des Antrags bei der Gemeinde gleich, wenn sie nach Landesrecht vorgeschrieben ist.

(6) Bei einem Grundstück, das im Geltungsbereich einer Satzung nach Abs. 1 liegt, darf das Grundbuchamt die von Abs. 1 erfassten Eintragungen in das Grundbuch nur vornehmen, wenn der Genehmigungsbescheid oder ein Zeugnis gemäß Abs. 5 Satz 5 vorgelegt wird oder wenn die Freistellungserklärung der Gemeinde gemäß Abs. 8 beim Grundbuchamt eingegangen ist. Ist dennoch eine Eintragung in das Grundbuch vorgenommen worden, kann die Baugenehmigungsbehörde, falls die Genehmigung erforderlich war, das Grundbuchamt um die Eintragung eines Widerspruchs ersuchen; § 53 Abs. 1 der Grundbuchordnung bleibt unberührt. Der Widerspruch

ist zu löschen, wenn die Baugenehmigungsbehörde darum ersucht oder die Genehmigung erteilt ist.

(7) Wird die Genehmigung versagt, kann der Eigentümer von der Gemeinde unter den Voraussetzungen des § 40 Abs. 2 die Übernahme des Grundstücks verlangen. § 43 Abs. 1, 4 und 5 sowie § 44 Abs. 3 und 4 sind entsprechend anzuwenden.

(8) Die Gemeinde hat den Genehmigungsvorbehalt aufzuheben oder im Einzelfall einzelne Grundstücke durch Erklärung gegenüber dem Eigentümer vom Genehmigungsvorbehalt freizustellen, wenn die Voraussetzungen für den Genehmigungsvorbehalt entfallen sind. Die Gemeinde teilt dem Grundbuchamt die Aufhebung des Genehmigungsvorbehalts sowie die genaue Bezeichnung der hiervon betroffenen Grundstücke unverzüglich mit. Von der genauen Bezeichnung kann abgesehen werden, wenn die gesamte Gemarkung betroffen ist und die Gemeinde dies dem Grundbuchamt mitteilt. Der Genehmigungsvorbehalt erlischt, wenn die Mitteilung über seine Aufhebung beim Grundbuchamt eingegangen ist.

(9) In der sonstigen Satzung nach Abs. 1 kann neben der Bestimmung des Genehmigungsvorbehalts die höchstzulässige Zahl der Wohnungen in Wohngebäuden nach Maßgabe des § 9 Abs. 1 Nr. 6 festgesetzt werden. Vor der Festsetzung nach Satz 1 ist der betroffenen Öffentlichkeit und den berührten Behörden und sonstigen Trägern öffentlicher Belange Gelegenheit zur Stellungnahme innerhalb angemessener Frist zu geben.

(10) Der sonstigen Satzung nach Abs. 1 ist eine Begründung beizufügen. In der Begründung zum Bebauungsplan (§ 9 Abs. 8) oder zur sonstigen Satzung ist darzulegen, dass die in Abs. 1 Satz 3 bezeichneten Voraussetzungen für die Festlegung des Gebiets vorliegen.

§ 23 (weggefallen)

Dritter Abschnitt. Gesetzliche Vorkaufsrechte der Gemeinde

§ 24 (Allgemeines Vorkaufsrecht). (1) Der Gemeinde steht ein Vorkaufsrecht zu beim Kauf von Grundstücken

1. im Geltungsbereich eines Bebauungsplans, so weit es sich um Flächen handelt, für die nach dem Bebauungsplan eine Nutzung für öffentliche Zwecke oder für Flächen oder Maßnahmen zum Ausgleich im Sinne des § 1a Abs. 3 festgesetzt ist,

2. in einem Umlegungsgebiet,

3. in einem förmlich festgelegten Sanierungsgebiet und städtebaulichen Entwicklungsbereich,

4. im Geltungsbereich einer Satzung zur Sicherung von Durchführungsmaßnahmen des Stadtumbaus und einer Erhaltungssatzung,

5. im Geltungsbereich eines Flächennutzungsplans, so weit es sich um unbebaute Flächen im Außenbereich handelt, für die nach dem Flächennutzungsplan eine Nutzung als Wohnbaufläche oder Wohngebiet dargestellt ist, sowie

6. in Gebieten, die nach den §§ 30, 33 oder 34 Abs. 2 vorwiegend mit Wohngebäuden bebaut werden können, so weit die Grundstücke unbebaut sind.

Im Falle der Nummer 1 kann das Vorkaufsrecht bereits nach Beginn der öffentlichen Auslegung ausgeübt werden, wenn die Gemeinde einen Beschluss gefasst hat, einen Bebauungsplan aufzustellen, zu ändern oder zu ergänzen. Im Fall der Nummer 5 kann das Vorkaufsrecht bereits ausgeübt werden, wenn die Gemeinde einen Beschluss gefasst und ortsüblich bekannt gemacht hat, einen Flächennutzungsplan aufzustellen, zu ändern oder zu ergänzen und wenn nach dem Stand der Planungsarbeiten anzunehmen ist, dass der künftige Flächennutzungsplan eine solche Nutzung darstellen wird.

(2) Das Vorkaufsrecht steht der Gemeinde nicht zu beim Kauf von Rechten nach dem Wohnungseigentumsgesetz und von Erbbaurechten.

(3) Das Vorkaufsrecht darf nur ausgeübt werden, wenn das Wohl der Allgemeinheit dies rechtfertigt. Bei der Ausübung des Vorkaufsrechts hat die Gemeinde den Verwendungszweck des Grundstücks anzugeben.

§ 25 (Besonderes Vorkaufsrecht). (1) Die Gemeinde kann

1. im Geltungsbereich eines Bebauungsplans durch Satzung ihr Vorkaufsrecht an unbebauten Grundstücken begründen;

2. in Gebieten, in denen sie städtebauliche Maßnahmen in Betracht zieht, zur Sicherung einer geordneten städtebaulichen Entwicklung durch Satzung Flächen bezeichnen, an denen ihr ein Vorkaufsrecht an den Grundstücken zusteht.

Auf die Satzung ist § 16 Abs. 2 entsprechend anzuwenden.

(2) § 24 Abs. 2 und 3 Satz 1 ist anzuwenden. Der Verwendungszweck des Grundstücks ist anzugeben, so weit das bereits zum Zeitpunkt der Ausübung des Vorkaufsrechts möglich ist.

§ 26 (Ausschluss des Vorkaufsrechts). Die Ausübung des Vorkaufsrechts ist ausgeschlossen, wenn

1. der Eigentümer das Grundstück an seinen Ehegatten oder an eine Person verkauft, die mit ihm in gerader Linie verwandt oder verschwägert oder in der Seitenlinie bis zum dritten Grad verwandt ist,

2. das Grundstück

 a) von einem öffentlichen Bedarfsträger für Zwecke der Landesverteidigung, des Bundesgrenzschutzes, der Zollverwaltung, der Polizei oder des Zivilschutzes oder

 b) von Kirchen und Religionsgesellschaften des öffentlichen Rechts für Zwecke des Gottesdienstes oder der Seelsorge gekauft wird,

3. auf dem Grundstück Vorhaben errichtet werden sollen, für die ein in § 38 genanntes Verfahren eingeleitet oder durchgeführt worden ist, oder

4. das Grundstück entsprechend den Festsetzungen des Bebauungsplans oder den Zielen und Zwecken der städtebaulichen Maßnahme bebaut ist und genutzt wird und eine auf ihm errichtete bauliche Anlage keine Missstände oder Mängel im Sinne des § 177 Abs. 2 und 3 Satz 1 aufweist.

§ 27 (Abwendung des Vorkaufsrechts). (1) Der Käufer kann die Ausübung des Vorkaufsrechts abwenden, wenn die Verwendung des Grundstücks nach den baurechtlichen Vorschriften oder den Zielen und Zwecken der städtebaulichen Maßnahme bestimmt oder mit ausreichender Sicherheit bestimmbar ist, der Käufer in der Lage ist, das Grundstück binnen angemessener Frist dementsprechend zu nutzen, und er sich vor Ablauf der Frist nach § 28 Abs. 2 Satz 1 hierzu verpflichtet. Weist eine auf dem Grundstück befindliche bauliche Anlage Missstände oder Mängel im Sinne des § 177 Abs. 2 und 3 Satz 1 auf, kann der Käufer die Ausübung des Vorkaufsrechts abwenden, wenn er diese Missstände oder Mängel binnen angemessener Frist beseitigen kann und er sich vor Ablauf der Frist nach § 28 Abs. 2 Satz 1 zur Beseitigung verpflichtet. Die Gemeinde hat die Frist nach § 28 Abs. 2 Satz 1 auf Antrag des Käufers um zwei Monate zu verlängern, wenn der Käufer vor Ablauf dieser Frist glaubhaft macht, dass er in der Lage ist, die in Satz 1 oder 2 genannten Voraussetzungen zu erfüllen.

(2) Ein Abwendungsrecht besteht nicht

1. in den Fällen des § 24 Abs. 1 Satz 1 Nr. 1 und

2. in einem Umlegungsgebiet, wenn das Grundstück für Zwecke der Umlegung (§ 45) benötigt wird.

§ 27a (Ausübung des Vorkaufsrechts zu Gunsten Dritter). (1) Die Gemeinde kann

1. das ihr zustehende Vorkaufsrecht zu Gunsten eines Dritten ausüben, wenn das im Wege der Ausübung des Vorkaufsrechts zu erwerbende Grundstück für Zwecke der sozialen Wohnraumförderung oder die Wohnbebauung für Personengruppen mit besonderem Wohnbedarf genutzt werden soll und der Dritte in der Lage ist, das Grundstück binnen angemessener Frist dementsprechend zu bebauen, und sich hierzu verpflichtet oder

2. das ihr nach § 24 Abs. 1 Satz 1 Nr. 1 zustehende Vorkaufsrecht zu Gunsten eines öffentlichen Bedarfs- oder Erschließungsträgers sowie das ihr nach § 24 Abs. 1 Satz 1 Nr. 3 zustehende Vorkaufsrecht zu Gunsten eines Sanierungs- oder Entwicklungsträgers ausüben, wenn der Träger einverstanden ist.

In den Fällen der Nummer 1 hat die Gemeinde bei der Ausübung des Vorkaufsrechts zu Gunsten eines Dritten die Frist, in der das Grundstück für den vorgesehenen Zweck zu verwenden ist, zu bezeichnen.

(2) Mit der Ausübung des Vorkaufsrechts kommt der Kaufvertrag zwischen dem Begünstigten und dem Verkäufer zu Stande. Die Gemeinde haftet für die Verpflichtung aus dem Kaufvertrag neben dem Begünstigten als Gesamtschuldnerin.

(3) Für den von dem Begünstigten zu zahlenden Betrag und das Verfahren gilt § 28 Abs. 2 bis 4 entsprechend. Kommt der Begünstigte seiner Verpflichtung nach Abs. 1 Satz 1 Nr. 1 und Satz 2 nicht nach, soll die Gemeinde in entsprechender Anwendung des § 102 die Übertragung des Grundstücks zu ihren Gunsten oder zu Gunsten eines Bauwilligen verlangen, der dazu in der Lage ist und sich verpflichtet, die Baumaßnahmen innerhalb angemessener Frist durchzuführen. Für die Entschädigung und das Verfahren gelten die Vorschriften des Fünften Teils über die Rückenteignung entsprechend. Die Haftung der Gemeinde nach § 28 Abs. 3 Satz 7 bleibt unberührt.

§ 28 (Verfahren und Entschädigung). (1) Der Verkäufer hat der Gemeinde den Inhalt des Kaufvertrags unverzüglich mitzuteilen; die Mitteilung des Verkäufers wird durch die Mitteilung des Käufers ersetzt. Das Grundbuchamt darf bei Kaufverträgen den Käufer als Eigentümer in das Grundbuch nur eintragen, wenn ihm die Nichtausübung oder das Nichtbestehen des Vorkaufsrechts nachgewiesen ist. Besteht ein Vorkaufsrecht nicht oder wird es nicht ausgeübt, hat die Gemeinde auf Antrag eines Beteiligten darüber unverzüglich ein Zeugnis auszustellen. Das Zeugnis gilt als Verzicht auf die Ausübung des Vorkaufsrechts.

(2) Das Vorkaufsrecht kann nur binnen zwei Monaten nach Mitteilung des Kaufvertrags durch Verwaltungsakt gegenüber dem Verkäufer ausgeübt werden. Die §§ 463, 464 Abs.n 2, §§ 465 bis 468 und 471 des Bürgerlichen Gesetzbuchs sind anzuwenden. Nach Mitteilung des Kaufvertrags ist auf Ersuchen der Gemeinde zur Sicherung ihres Anspruchs auf Übereignung des Grundstücks eine Vormerkung in das Grundbuch einzutragen; die Gemeinde trägt die Kosten der Eintragung der Vormerkung und ihrer Löschung. Das Vorkaufsrecht ist nicht übertragbar. Bei einem Eigentumserwerb auf Grund der Ausübung des Vorkaufsrechts erlöschen rechtsgeschäftliche Vorkaufsrechte. Wird die Gemeinde nach Ausübung des Vorkaufsrechts im Grundbuch als Eigentümerin eingetragen, kann sie das Grundbuchamt ersuchen, eine zur Sicherung des Übereignungsanspruchs des Käufers im Grundbuch eingetragene Vormerkung zu löschen; sie darf das Ersuchen nur stellen, wenn die Ausübung des Vorkaufsrechts für den Käufer unanfechtbar ist.

(3) Abweichend von Abs. 2 Satz 2 kann die Gemeinde den zu zahlenden Betrag nach dem Verkehrswert des Grundstücks (§ 194) im Zeitpunkt des Kaufes bestimmen, wenn der vereinbarte Kaufpreis den Verkehrswert in einer dem Rechtsverkehr erkennbaren Weise deutlich überschrei-

tet. In diesem Fall ist der Verkäufer berechtigt, bis zum Ablauf eines Monats nach Unanfechtbarkeit des Verwaltungsaktes über die Ausübung des Vorkaufsrechts vom Vertrag zurückzutreten. Auf das Rücktrittsrecht sind die §§ 346 bis 349 und 351 des Bürgerlichen Gesetzbuchs entsprechend anzuwenden. Tritt der Verkäufer vom Vertrag zurück, trägt die Gemeinde die Kosten des Vertrages auf der Grundlage des Verkehrswertes. Tritt der Verkäufer vom Vertrag nicht zurück, erlischt nach Ablauf der Rücktrittsfrist nach Satz 2 die Pflicht des Verkäufers aus dem Kaufvertrag, der Gemeinde das Eigentum an dem Grundstück zu übertragen. In diesem Fall geht das Eigentum an dem Grundstück auf die Gemeinde über, wenn auf Ersuchen der Gemeinde der Übergang des Eigentums in das Grundbuch eingetragen ist. Führt die Gemeinde das Grundstück nicht innerhalb einer angemessenen Frist dem mit der Ausübung des Vorkaufsrechts verfolgten Zweck zu, hat sie dem Verkäufer einen Betrag in Höhe des Unterschieds zwischen dem vereinbarten Kaufpreis und dem Verkehrswert zu zahlen. § 44 Abs. 3 Satz 2 und 3, § 43 Abs. 2 Satz 1 sowie die §§ 121 und 122 sind entsprechend anzuwenden.

(4) In den Fällen des § 24 Abs. 1 Satz 1 Nr. 1 bestimmt die Gemeinde den zu zahlenden Betrag nach den Vorschriften des Zweiten Abschnitts des Fünften Teils, wenn der Erwerb des Grundstücks für die Durchführung des Bebauungsplans erforderlich ist und es nach dem festgesetzten Verwendungszweck enteignet werden könnte. Mit der Unanfechtbarkeit des Bescheids über die Ausübung des Vorkaufsrechts erlischt die Pflicht des Verkäufers aus dem Kaufvertrag, der Gemeinde das Eigentum an dem Grundstück zu übertragen. In diesem Falle geht das Eigentum an dem Grundstück auf die Gemeinde über, wenn auf Ersuchen der Gemeinde der Übergang des Eigentums in das Grundbuch eingetragen ist.

(5) Die Gemeinde kann für das Gemeindegebiet oder für sämtliche Grundstücke einer Gemarkung auf die Ausübung der ihr nach diesem Abschnitt zustehenden Rechte verzichten. Sie kann den Verzicht jederzeit für zukünftig abzuschließende Kaufverträge widerrufen. Der Verzicht und sein Widerruf sind ortsüblich bekanntzumachen. Die Gemeinde teilt dem Grundbuchamt den Wortlaut ihrer Erklärung mit. Hat die Gemeinde auf die Ausübung ihrer Rechte verzichtet, bedarf es eines Zeugnisses nach Abs. 1 Satz 3 nicht, so weit nicht ein Widerruf erklärt ist.

(6) Hat die Gemeinde das Vorkaufsrecht ausgeübt und sind einem Dritten dadurch Vermögensnachteile entstanden, hat sie dafür Entschädigung zu leisten, so weit dem Dritten ein vertragliches Recht zum Erwerb des Grundstücks zustand, bevor ein gesetzliches Vorkaufsrecht der Gemeinde auf Grund dieses Gesetzbuchs oder solcher landesrechtlicher Vorschriften, die durch § 186 des Bundesbaugesetzes aufgehoben worden sind, begründet worden ist. Die Vorschriften über die Entschädigung im Zweiten Abschnitt des Fünften Teils sind entsprechend anzuwenden. Kommt eine Einigung über die Entschädigung nicht zu Stande, entscheidet die höhere Verwaltungsbehörde.

Dritter Teil. Regelung der baulichen und sonstigen Nutzung; Entschädigung

Erster Abschnitt. Zulässigkeit von Vorhaben

§ 29 (Begriff des Vorhabens; Geltung von Rechtsvorschriften). (1) Für Vorhaben, die die Errichtung, Änderung oder Nutzungsänderung von baulichen Anlagen zum Inhalt haben, und für Aufschüttungen und Abgrabungen größeren Umfangs sowie für Ausschachtungen, Ablagerungen einschließlich Lagerstätten gelten die §§ 30 bis 37.

(2) Die Vorschriften des Bauordnungsrechts und andere öffentlich-rechtliche Vorschriften bleiben unberührt.

§ 30 (Zulässigkeit von Vorhaben im Geltungsbereich eines Bebauungsplans). (1) Im Geltungsbereich eines Bebauungsplans, der allein oder gemeinsam mit sonstigen baurechtlichen Vorschriften mindestens Festsetzungen über die Art und das Maß der baulichen Nutzung, die überbaubaren Grundstücksflächen und die örtlichen Verkehrsflächen enthält, ist ein Vorhaben zulässig, wenn es diesen Festsetzungen nicht widerspricht und die Erschließung gesichert ist.

(2) Im Geltungsbereich eines vorhabenbezogenen Bebauungsplans nach § 12 ist ein Vorhaben zulässig, wenn es dem Bebauungsplan nicht widerspricht und die Erschließung gesichert ist.

(3) Im Geltungsbereich eines Bebauungsplans, der die Voraussetzungen des Absatzes 1 nicht erfüllt (einfacher Bebauungsplan), richtet sich die Zulässigkeit von Vorhaben im Übrigen nach § 34 oder § 35.

§ 31 (Ausnahmen und Befreiungen). (1) Von den Festsetzungen des Bebauungsplans können solche Ausnahmen zugelassen werden, die in dem Bebauungsplan nach Art und Umfang ausdrücklich vorgesehen sind.

(2) Von den Festsetzungen des Bebauungsplans kann befreit werden, wenn die Grundzüge der Planung nicht berührt werden und

1. Gründe des Wohls der Allgemeinheit die Befreiung erfordern oder

2. die Abweichung städtebaulich vertretbar ist oder

3. die Durchführung des Bebauungsplans zu einer offenbar nicht beabsichtigten Härte führen würde

und wenn die Abweichung auch unter Würdigung nachbarlicher Interessen mit den öffentlichen Belangen vereinbar ist.

§ 32 (Nutzungsbeschränkungen auf künftigen Gemeinbedarfs-, Verkehrs-, Versorgungs- und Grünflächen). Sind überbaute Flächen in dem Bebauungsplan als Baugrundstücke für den Gemeinbedarf oder als Verkehrs-, Versorgungs- oder Grünflächen festgesetzt, dürfen auf ihnen Vorhaben, die eine wertsteigernde Änderung baulicher Anlagen zur Folge haben, nur zugelassen und für sie Befreiungen von den Festsetzungen des Bebauungsplans nur erteilt werden, wenn der Bedarfs- oder Erschließungsträger zustimmt oder der Eigentümer für sich und seine Rechtsnachfolger auf Ersatz der Werterhöhung für den Fall schriftlich verzichtet, dass der Bebauungsplan durchgeführt wird. Dies gilt auch für die dem Bebauungsplan nicht widersprechenden Teile einer baulichen Anlage, wenn sie für sich allein nicht wirtschaftlich verwertbar sind oder wenn bei der Enteignung die Übernahme der restlichen überbauten Flächen verlangt werden kann.

§ 33 (Zulässigkeit von Vorhaben während der Planaufstellung). (1) In Gebieten, für die ein Beschluss über die Aufstellung eines Bebauungsplans gefasst ist, ist ein Vorhaben zulässig, wenn

1. die Öffentlichkeits- und Behördenbeteiligung nach § 3 Abs. 2, § 4 Abs. 2 und § 4a Abs. 2 bis 5 durchgeführt worden ist,

2. anzunehmen ist, dass das Vorhaben den künftigen Festsetzungen des Bebauungsplans nicht entgegensteht,

3. der Antragsteller diese Festsetzungen für sich und seine Rechtsnachfolger schriftlich anerkennt und

4. die Erschließung gesichert ist.

(2) In Fällen des § 4a Abs. 3 Satz 1 kann vor der erneuten Öffentlichkeits- und Behördenbeteiligung ein Vorhaben zugelassen werden, wenn sich die vorgenommene Änderung oder Ergänzung des Bebauungsplanentwurfs nicht auf das Vorhaben auswirkt und die in Abs. 1 Nr. 2 bis 4 bezeichneten Voraussetzungen erfüllt sind.

(3) Wird ein Verfahren nach § 13 durchgeführt, kann ein Vorhaben vor Durchführung der Öffentlichkeits- und Behördenbeteiligung zugelassen werden, wenn die in Abs. 1 Nr. 2 bis 4 bezeichneten Voraussetzungen erfüllt sind. Der betroffenen Öffentlichkeit und den berührten Behörden und sonstigen Trägern öffentlicher Belange ist vor Erteilung der Genehmigung Gelegenheit zur Stellungnahme innerhalb angemessener Frist zu geben, so weit sie nicht bereits zuvor Gelegenheit hatten.

§ 34 (Zulässigkeit von Vorhaben innerhalb der im Zusammenhang bebauten Ortsteile). (1) Innerhalb der im Zusammenhang bebauten Ortsteile ist ein Vorhaben zulässig, wenn es sich nach Art und Maß der baulichen Nutzung, der Bauweise und der Grundstücksfläche, die überbaut werden soll, in die Eigenart der näheren Umgebung einfügt und die Erschließung gesichert ist. Die Anforderungen an gesunde Wohn- und Arbeitsverhältnisse müssen gewahrt bleiben; das Ortsbild darf nicht beeinträchtigt werden.

(2) Entspricht die Eigenart der näheren Umgebung einem der Baugebiete, die in der auf Grund des § 9a erlassenen Verordnung bezeichnet sind, beurteilt sich die Zulässigkeit des Vorhabens nach seiner Art allein danach, ob es nach der Verordnung in dem Baugebiet allgemein zulässig wäre; auf die nach der Verordnung ausnahmsweise zulässigen Vorhaben ist § 31 Abs. 1, im Übrigen ist § 31 Abs. 2 entsprechend anzuwenden.

(3) Von Vorhaben nach Abs. 1 oder 2 dürfen keine schädlichen Auswirkungen auf zentrale Versorgungsbereiche in der Gemeinde oder in anderen Gemeinden zu erwarten sein.

(3a) Vom Erfordernis des Einfügens in die Eigenart der näheren Umgebung nach Abs. 1 Satz 1 kann im Einzelfall abgewichen werden, wenn die Abweichung

1. der Erweiterung, Änderung, Nutzungsänderung oder Erneuerung eines zulässigerweise errichteten Gewerbe- oder Handwerksbetriebs dient,

2. städtebaulich vertretbar ist und

3. auch unter Würdigung nachbarlicher Interessen mit den öffentlichen Belangen vereinbar ist.

Satz 1 findet keine Anwendung auf Einzelhandelsbetriebe, die die verbrauchernahe Versorgung der Bevölkerung beeinträchtigen oder schädliche Auswirkungen auf zentrale Versorgungsbereiche in der Gemeinde oder in anderen Gemeinden haben können.

(4) Die Gemeinde kann durch Satzung

1. die Grenzen für im Zusammenhang bebaute Ortsteile festlegen,

2. bebaute Bereiche im Außenbereich als im Zusammenhang bebaute Ortsteile festlegen, wenn die Flächen im Flächennutzungsplan als Baufläche dargestellt sind,

3. einzelne Außenbereichsflächen in die im Zusammenhang bebauten Ortsteile einbeziehen, wenn die einbezogenen Flächen durch die bauliche Nutzung des angrenzenden Bereichs entsprechend geprägt sind.

Die Satzungen können miteinander verbunden werden.

(5) Voraussetzung für die Aufstellung von Satzungen nach Abs. 4 Satz 1 Nr. 2 und 3 ist, dass

1. sie mit einer geordneten städtebaulichen Entwicklung vereinbar sind,

2. die Zulässigkeit von Vorhaben, die einer Pflicht zur Durchführung einer Umweltverträglichkeitsprüfung nach Anlage 1 zum Gesetz über die Umweltverträglichkeitsprüfung oder nach Landesrecht unterliegen, nicht begründet wird und

3. keine Anhaltspunkte für eine Beeinträchtigung der in § 1 Abs. 6 Nr. 7 Buchstabe b genannten Schutzgüter bestehen.

In den Satzungen nach Abs. 4 Satz 1 Nr. 2 und 3 können einzelne Festsetzungen nach § 9 Abs. 1 und 3 Satz 1 sowie Abs. 4 getroffen werden. § 9 Abs. 6 ist entsprechend anzuwenden. Auf die

Satzung nach Abs. 4 Satz 1 Nr. 3 sind ergänzend die § 1a Abs. 2 und 3 und § 9 Abs. 1a entsprechend anzuwenden; ihr ist eine Begründung mit den Angaben entsprechend § 2a Satz 2 Nr. 1 beizufügen.

(6) Bei der Aufstellung der Satzungen nach Abs. 4 Satz 1 Nr. 2 und 3 sind die Vorschriften über die Öffentlichkeits- und Behördenbeteiligung nach § 13 Abs. 2 Nr. 2 und 3 entsprechend anzuwenden. Auf die Satzungen nach Abs. 4 Satz 1 Nr. 1 bis 3 ist § 10 Abs. 3 entsprechend anzuwenden.

§ 35 (Bauen im Außenbereich). (1) Im Außenbereich ist ein Vorhaben nur zulässig, wenn öffentliche Belange nicht entgegenstehen, die ausreichende Erschließung gesichert ist und wenn es

1. einem land- oder forstwirtschaftlichen Betrieb dient und nur einen untergeordneten Teil der Betriebsfläche einnimmt,

2. einem Betrieb der gartenbaulichen Erzeugung dient,

3. der öffentlichen Versorgung mit Elektrizität, Gas, Telekommunikationsdienstleistungen, Wärme und Wasser, der Abwasserwirtschaft oder einem ortsgebundenen gewerblichen Betrieb dient,

4. wegen seiner besonderen Anforderungen an die Umgebung, wegen seiner nachteiligen Wirkung auf die Umgebung oder wegen seiner besonderen Zweckbestimmung nur im Außenbereich ausgeführt werden soll,

5. der Erforschung, Entwicklung oder Nutzung der Wind- oder Wasserenergie dient,

6. der energetischen Nutzung von Biomasse im Rahmen eines Betriebes nach Nummer 1 oder 2 oder eines Betriebes nach Nummer 4, der Tierhaltung betreibt, sowie dem Anschluss solcher Anlagen an das öffentliche Versorgungsnetz dient, unter folgenden Voraussetzungen:

a) das Vorhaben steht in einem räumlich-funktionalen Zusammenhang mit dem Betrieb,

b) die Biomasse stammt überwiegend aus dem Betrieb oder überwiegend aus diesem und aus nahe gelegenen Betrieben nach den Nummern 1, 2 oder 4, so weit letzterer Tierhaltung betreibt,

c) es wird je Hofstelle oder Betriebsstandort nur eine Anlage betrieben und

d) die installierte elektrische Leistung der Anlage überschreitet nicht 0,5 MW oder

7. der Erforschung, Entwicklung oder Nutzung der Kernenergie zu friedlichen Zwecken oder der Entsorgung radioaktiver Abfälle dient.

(2) Sonstige Vorhaben können im Einzelfall zugelassen werden, wenn ihre Ausführung oder Benutzung öffentliche Belange nicht beeinträchtigt und die Erschließung gesichert ist.

(3) Eine Beeinträchtigung öffentlicher Belange liegt insbesondere vor, wenn das Vorhaben

1. den Darstellungen des Flächennutzungsplans widerspricht,

2. den Darstellungen eines Landschaftsplans oder sonstigen Plans, insbesondere des Wasser-, Abfall- oder Immissionsschutzrechts, widerspricht,

3. schädliche Umwelteinwirkungen hervorrufen kann oder ihnen ausgesetzt wird,

4. unwirtschaftliche Aufwendungen für Straßen oder andere Verkehrseinrichtungen, für Anlagen der Versorgung oder Entsorgung, für die Sicherheit oder Gesundheit oder für sonstige Aufgaben erfordert,

5. Belange des Naturschutzes und der Landschaftspflege, des Bodenschutzes, des Denkmalschutzes oder die natürliche Eigenart der Landschaft und ihren Erholungswert beeinträchtigt oder das Orts- und Landschaftsbild verunstaltet,

6. Maßnahmen zur Verbesserung der Agrarstruktur beeinträchtigt oder die Wasserwirtschaft gefährdet,

7. die Entstehung, Verfestigung oder Erweiterung einer Splittersiedlung befürchten lässt oder

8. die Funktionsfähigkeit von Funkstellen und Radaranlagen stört.

Raumbedeutsame Vorhaben dürfen den Zielen der Raumordnung nicht widersprechen; öffentliche Belange stehen raumbedeutsamen Vorhaben nach Abs. 1 nicht entgegen, so weit die Belange bei der Darstellung dieser Vorhaben als Ziele der Raumordnung abgewogen worden sind. Öffentliche Belange stehen einem Vorhaben nach Abs. 1 Nr. 2 bis 6 in der Regel auch dann entgegen, so weit hierfür durch Darstellungen im Flächennutzungsplan oder als Ziele der Raumordnung eine Ausweisung an anderer Stelle erfolgt ist.

(4) Den nachfolgend bezeichneten sonstigen Vorhaben im Sinne des Absatzes 2 kann nicht entgegengehalten werden, dass sie Darstellungen des Flächennutzungsplans oder eines Landschaftsplans widersprechen, die natürliche Eigenart der Landschaft beeinträchtigen oder die Entstehung, Verfestigung oder Erweiterung einer Splittersiedlung befürchten lassen, so weit sie im Übrigen außenbereichsverträglich im Sinne des Absatzes 3 sind:

1. die Änderung der bisherigen Nutzung eines Gebäudes im Sinne des Absatzes 1 Nr. 1 unter folgenden Voraussetzungen:

a) das Vorhaben dient einer zweckmäßigen Verwendung erhaltenswerter Bausubstanz,

b) die äußere Gestalt des Gebäudes bleibt im Wesentlichen gewahrt,

c) die Aufgabe der bisherigen Nutzung liegt nicht länger als sieben Jahre zurück,

d) das Gebäude ist vor mehr als sieben Jahren zulässigerweise errichtet worden,

e) das Gebäude steht im räumlich-funktionalen Zusammenhang mit der Hofstelle des land- oder forstwirtschaftlichen Betriebes,

f) im Falle der Änderung zu Wohnzwecken entstehen neben den bisher nach Abs. 1 Nr. 1 zulässigen Wohnungen höchstens drei Wohnungen je Hofstelle und

g) es wird eine Verpflichtung übernommen, keine Neubebauung als Ersatz für die aufgegebene Nutzung vorzunehmen, es sei denn, die Neubebauung wird im Interesse der Entwicklung des Betriebes im Sinne des Absatzes 1 Nr. 1 erforderlich,

2. die Neuerrichtung eines gleichartigen Wohngebäudes an gleicher Stelle unter folgenden Voraussetzungen:

a) das vorhandene Gebäude ist zulässigerweise errichtet worden,

b) das vorhandene Gebäude weist Missstände oder Mängel auf,

c) das vorhandene Gebäude wird seit längerer Zeit vom Eigentümer selbst genutzt und

d) Tatsachen rechtfertigen die Annahme, dass das neu errichtete Gebäude für den Eigenbedarf des bisherigen Eigentümers oder seiner Familie genutzt wird; hat der Eigentümer das vorhandene Gebäude im Wege der Erbfolge von einem Voreigentümer erworben, der es seit längerer Zeit selbst genutzt hat, reicht es aus, wenn Tatsachen die Annahme rechtfertigen, dass das neu errichtete Gebäude für den Eigenbedarf des Eigentümers oder seiner Familie genutzt wird,

3. die alsbaldige Neuerrichtung eines zulässigerweise errichteten, durch Brand, Naturereignisse oder andere außergewöhnliche Ereignisse zerstörten, gleichartigen Gebäudes an gleicher Stelle,

4. die Änderung oder Nutzungsänderung von erhaltenswerten, das Bild der Kulturlandschaft prägenden Gebäuden, auch wenn sie aufgegeben sind, wenn das Vorhaben einer zweckmäßigen Verwendung der Gebäude und der Erhaltung des Gestaltwerts dient,

5. die Erweiterung eines Wohngebäudes auf bis zu höchstens zwei Wohnungen unter folgenden Voraussetzungen:

 a) das Gebäude ist zulässigerweise errichtet worden,

 b) die Erweiterung ist im Verhältnis zum vorhandenen Gebäude und unter Berücksichtigung der Wohnbedürfnisse angemessen und

 c) bei der Errichtung einer weiteren Wohnung rechtfertigen Tatsachen die Annahme, dass das Gebäude vom bisherigen Eigentümer oder seiner Familie selbst genutzt wird,

6. die bauliche Erweiterung eines zulässigerweise errichteten gewerblichen Betriebs, wenn die Erweiterung im Verhältnis zum vorhandenen Gebäude und Betrieb angemessen ist.

In den Fällen des Satzes 1 Nr. 2 und 3 sind geringfügige Erweiterungen des neuen Gebäudes gegenüber dem beseitigten oder zerstörten Gebäude sowie geringfügige Abweichungen vom bisherigen Standort des Gebäudes zulässig.

(5) Die nach den Absätzen 1 bis 4 zulässigen Vorhaben sind in einer flächensparenden, die Bodenversiegelung auf das notwendige Maß begrenzenden und den Außenbereich schonenden Weise auszuführen. Für Vorhaben nach Abs. 1 Nr. 2 bis 6 ist als weitere Zulässigkeitsvoraussetzung eine Verpflichtungserklärung abzugeben, das Vorhaben nach dauerhafter Aufgabe der zulässigen Nutzung zurückzubauen und Bodenversiegelungen zu beseitigen; bei einer nach Abs. 1 Nr. 2 bis 6 zulässigen Nutzungsänderung ist die Rückbauverpflichtung zu übernehmen, bei einer nach Abs. 1 Nr. 1 oder Abs. 2 zulässigen Nutzungsänderung entfällt sie. Die Baugenehmigungsbehörde soll durch nach Landesrecht vorgesehene Baulast oder in anderer Weise die Einhaltung der Verpflichtung nach Satz 2 sowie nach Abs. 4 Satz 1 Nr. 1 Buchstabe g sicherstellen. Im Übrigen soll sie in den Fällen des Absatzes 4 Satz 1 sicherstellen, dass die bauliche oder sonstige Anlage nach Durchführung des Vorhabens nur in der vorgesehenen Art genutzt wird.

(6) Die Gemeinde kann für bebaute Bereiche im Außenbereich, die nicht überwiegend landwirtschaftlich geprägt sind und in denen eine Wohnbebauung von einigem Gewicht vorhanden ist, durch Satzung bestimmen, dass Wohnzwecken dienenden Vorhaben im Sinne des Absatzes 2 nicht entgegengehalten werden kann, dass sie einer Darstellung im Flächennutzungsplan über Flächen für die Landwirtschaft oder Wald widersprechen oder die Entstehung oder Verfestigung einer Splittersiedlung befürchten lassen. Die Satzung kann auch auf Vorhaben erstreckt werden, die kleineren Handwerks- und Gewerbebetrieben dienen. In der Satzung können nähere Bestimmungen über die Zulässigkeit getroffen werden. Voraussetzung für die Aufstellung der Satzung ist, dass

1. sie mit einer geordneten städtebaulichen Entwicklung vereinbar ist,

2. die Zulässigkeit von Vorhaben, die einer Pflicht zur Durchführung einer Umweltverträglichkeitsprüfung nach Anlage 1 zum Gesetz über die Umweltverträglichkeitsprüfung oder nach Landesrecht unterliegen, nicht begründet wird und

3. keine Anhaltspunkte für eine Beeinträchtigung der in § 1 Abs. 6 Nr. 7 Buchstabe b genannten Schutzgüter bestehen.

Bei Aufstellung der Satzung sind die Vorschriften über die Öffentlichkeits- und Behördenbeteiligung nach § 13 Abs. 2 Nr. 2 und 3 entsprechend anzuwenden. § 10 Abs. 3 ist entsprechend anzuwenden. Von der Satzung bleibt die Anwendung des Absatzes 4 unberührt.

§ 36 (Beteiligung der Gemeinde und der höheren Verwaltungsbehörde). (1) Über die Zulässigkeit von Vorhaben nach den §§ 31, 33 bis 35 wird im bauaufsichtlichen Verfahren von der Baugenehmigungsbehörde im Einvernehmen mit der Gemeinde entschieden. Das Einvernehmen der Gemeinde ist auch erforderlich, wenn in einem anderen Verfahren über die Zulässigkeit nach den in Satz 1 bezeichneten Vorschriften entschieden wird; dies gilt nicht für Vorhaben der in § 29

Abs. 1 bezeichneten Art, die der Bergaufsicht unterliegen. Richtet sich die Zulässigkeit von Vorhaben nach § 30 Abs. 1, stellen die Länder sicher, dass die Gemeinde rechtzeitig vor Ausführung des Vorhabens über Maßnahmen zur Sicherung der Bauleitplanung nach den §§ 14 und 15 entscheiden kann. In den Fällen des § 35 Abs. 2 und 4 kann die Landesregierung durch Rechtsverordnung allgemein oder für bestimmte Fälle festlegen, dass die Zustimmung der höheren Verwaltungsbehörde erforderlich ist.

(2) Das Einvernehmen der Gemeinde und die Zustimmung der höheren Verwaltungsbehörde dürfen nur aus den sich aus den §§ 31, 33, 34 und 35 ergebenden Gründen versagt werden. Das Einvernehmen der Gemeinde und die Zustimmung der höheren Verwaltungsbehörde gelten als erteilt, wenn sie nicht binnen zwei Monaten nach Eingang des Ersuchens der Genehmigungsbehörde verweigert werden; dem Ersuchen gegenüber der Gemeinde steht die Einreichung des Antrags bei der Gemeinde gleich, wenn sie nach Landesrecht vorgeschrieben ist. Die nach Landesrecht zuständige Behörde kann ein rechtswidrig versagtes Einvernehmen der Gemeinde ersetzen.

§ 37 (Bauliche Maßnahmen des Bundes und der Länder). (1) Macht die besondere öffentliche Zweckbestimmung für bauliche Anlagen des Bundes oder eines Landes erforderlich, von den Vorschriften dieses Gesetzbuchs oder den auf Grund dieses Gesetzbuchs erlassenen Vorschriften abzuweichen oder ist das Einvernehmen mit der Gemeinde nach § 14 oder § 36 nicht erreicht worden, entscheidet die höhere Verwaltungsbehörde.

(2) Handelt es sich dabei um Vorhaben, die der Landesverteidigung, dienstlichen Zwecken des Bundesgrenzschutzes oder dem zivilen Bevölkerungsschutz dienen, ist nur die Zustimmung der höheren Verwaltungsbehörde erforderlich. Vor Erteilung der Zustimmung hat diese die Gemeinde zu hören. Versagt die höhere Verwaltungsbehörde ihre Zustimmung oder widerspricht die Gemeinde dem beabsichtigten Bauvorhaben, entscheidet das zuständige Bundesministerium im Einvernehmen mit den beteiligten Bundesministerien und im Benehmen mit der zuständigen Obersten Landesbehörde.

(3) Entstehen der Gemeinde infolge der Durchführung von Maßnahmen nach den Absätzen 1 und 2 Aufwendungen für Entschädigungen nach diesem Gesetzbuch, sind sie ihr vom Träger der Maßnahmen zu ersetzen. Muss infolge dieser Maßnahmen ein Bebauungsplan aufgestellt, geändert, ergänzt oder aufgehoben werden, sind ihr auch die dadurch entstandenen Kosten zu ersetzen.

(4) Sollen bauliche Anlagen auf Grundstücken errichtet werden, die nach dem Landbeschaffungsgesetz beschafft werden, sind in dem Verfahren nach § 1 Abs. 2 des Landbeschaffungsgesetzes alle von der Gemeinde oder der höheren Verwaltungsbehörde nach den Absätzen 1 und 2 zulässigen Einwendungen abschließend zu erörtern. Eines Verfahrens nach Abs. 2 bedarf es in diesem Fall nicht.

§ 38 (Bauliche Maßnahmen von überörtlicher Bedeutung auf Grund von Planfeststellungsverfahren; öffentlich zugängliche Abfallbeseitigungsanlagen). Auf Planfeststellungsverfahren und sonstige Verfahren mit den Rechtswirkungen der Planfeststellung für Vorhaben von überörtlicher Bedeutung sowie auf die auf Grund des Bundes-Immissionsschutzgesetzes für die Errichtung und den Betrieb öffentlich zugänglicher Abfallbeseitigungsanlagen geltenden Verfahren sind die §§ 29 bis 37 nicht anzuwenden, wenn die Gemeinde beteiligt wird; städtebauliche Belange sind zu berücksichtigen. Eine Bindung nach § 7 bleibt unberührt. § 37 Abs. 3 ist anzuwenden.

Zweiter Abschnitt. Entschädigung

§ 39 (Vertrauensschaden). Haben Eigentümer oder in Ausübung ihrer Nutzungsrechte sonstige Nutzungsberechtigte im berechtigten Vertrauen auf den Bestand eines rechtsverbindlichen Bebauungsplans Vorbereitungen für die Verwirklichung von Nutzungsmöglichkeiten getroffen, die

sich aus dem Bebauungsplan ergeben, können sie angemessene Entschädigung in Geld verlangen, so weit die Aufwendungen durch die Änderung, Ergänzung oder Aufhebung des Bebauungsplans an Wert verlieren. Dies gilt auch für Abgaben nach bundes- oder landesrechtlichen Vorschriften, die für die Erschließung des Grundstücks erhoben wurden.

§ 40 (Entschädigung in Geld oder durch Übernahme). (1) Sind im Bebauungsplan

1. Flächen für den Gemeinbedarf sowie für Sport- und Spielanlagen,

2. Flächen für Personengruppen mit besonderem Wohnbedarf,

3. Flächen mit besonderem Nutzungszweck,

4. von der Bebauung freizuhaltende Schutzflächen und Flächen für besondere Anlagen und Vorkehrungen zum Schutz vor Einwirkungen,

5. Verkehrsflächen,

6. Versorgungsflächen,

7. Flächen für die Abfall- und Abwasserbeseitigung, einschließlich der Rückhaltung und Versickerung von Niederschlagswasser, sowie für Ablagerungen,

8. Grünflächen,

9. Flächen für Aufschüttungen, Abgrabungen oder für die Gewinnung von Steinen, Erden und anderen Bodenschätzen,

10. Flächen für Gemeinschaftsstellplätze und Gemeinschaftsgaragen,

11. Flächen für Gemeinschaftsanlagen,

12. von der Bebauung freizuhaltende Flächen,

13. Wasserflächen, Flächen für die Wasserwirtschaft, Flächen für Hochwasserschutzanlagen und Flächen für die Regelung des Wasserabflusses,

14. Flächen zum Schutz, zur Pflege und zur Entwicklung von Boden, Natur und Landschaft

festgesetzt, ist der Eigentümer nach Maßgabe der folgenden Absätze zu entschädigen, so weit ihm Vermögensnachteile entstehen. Dies gilt in den Fällen des Satzes 1 Nr. 1 in Bezug auf Flächen für Sport- und Spielanlagen sowie des Satzes 1 Nr. 4 und 10 bis 14 nicht, so weit die Festsetzungen oder ihre Durchführung den Interessen des Eigentümers oder der Erfüllung einer ihm obliegenden Rechtspflicht dienen.

(2) Der Eigentümer kann die Übernahme der Flächen verlangen,

1. wenn und so weit es ihm mit Rücksicht auf die Festsetzung oder Durchführung des Bebauungsplans wirtschaftlich nicht mehr zuzumuten ist, das Grundstück zu behalten oder es in der bisherigen oder einer anderen zulässigen Art zu nutzen, oder

2. wenn Vorhaben nach § 32 nicht ausgeführt werden dürfen und dadurch die bisherige Nutzung einer baulichen Anlage aufgehoben oder wesentlich herabgesetzt wird. Der Eigentümer kann anstelle der Übernahme die Begründung von Miteigentum oder eines geeigneten Rechts verlangen, wenn die Verwirklichung des Bebauungsplans nicht die Entziehung des Eigentums erfordert.

(3) Dem Eigentümer ist eine angemessene Entschädigung in Geld zu leisten, wenn und so weit Vorhaben nach § 32 nicht ausgeführt werden dürfen und dadurch die bisherige Nutzung seines Grundstücks wirtschaftlich erschwert wird. Sind die Voraussetzungen des Übernahmeanspruchs nach Abs. 2 gegeben, kann nur dieser Anspruch geltend gemacht werden. Der zur Entschädigung Verpflichtete kann den Entschädigungsberechtigten auf den Übernahmeanspruch verweisen, wenn das Grundstück für den im Bebauungsplan festgesetzten Zweck alsbald benötigt wird.

§ 41 (Entschädigung bei Begründung von Geh-, Fahr- und Leitungsrechten und bei Bindungen für Bepflanzungen). (1) Sind im Bebauungsplan Flächen festgesetzt, die mit Geh-, Fahr- und Leitungsrechten zu belasten sind, kann der Eigentümer unter den Voraussetzungen des § 40 Abs. 2 verlangen, dass an diesen Flächen einschließlich der für die Leitungsführungen erforderlichen Schutzstreifen das Recht zu Gunsten des in § 44 Abs. 1 und 2 Bezeichneten begründet wird. Dies gilt nicht für die Verpflichtung zur Duldung solcher örtlichen Leitungen, die der Erschließung und Versorgung des Grundstücks dienen. Weitergehende Rechtsvorschriften, nach denen der Eigentümer zur Duldung von Versorgungsleitungen verpflichtet ist, bleiben unberührt.

(2) Sind im Bebauungsplan Bindungen für Bepflanzungen und für die Erhaltung von Bäumen, Sträuchern, sonstigen Bepflanzungen und Gewässern sowie das Anpflanzen von Bäumen, Sträuchern und sonstigen Bepflanzungen festgesetzt, ist dem Eigentümer eine angemessene Entschädigung in Geld zu leisten, wenn und so weit infolge dieser Festsetzungen

1. besondere Aufwendungen notwendig sind, die über das bei ordnungsgemäßer Bewirtschaftung erforderliche Maß hinausgehen, oder

2. eine wesentliche Wertminderung des Grundstücks eintritt.

§ 42 (Entschädigung bei Änderung oder Aufhebung einer zulässigen Nutzung). (1) Wird die zulässige Nutzung eines Grundstücks aufgehoben oder geändert und tritt dadurch eine nicht nur unwesentliche Wertminderung des Grundstücks ein, so kann der Eigentümer nach Maßgabe der folgenden Absätze eine angemessene Entschädigung in Geld verlangen.

(2) Wird die zulässige Nutzung eines Grundstücks innerhalb einer Frist von sieben Jahren ab Zulässigkeit aufgehoben oder geändert, bemisst sich die Entschädigung nach dem Unterschied zwischen dem Wert des Grundstücks auf Grund der zulässigen Nutzung und seinem Wert, der sich infolge der Aufhebung oder Änderung ergibt.

(3) Wird die zulässige Nutzung eines Grundstücks nach Ablauf der in Abs. 2 bezeichneten Frist aufgehoben oder geändert, kann der Eigentümer nur eine Entschädigung für Eingriffe in die ausgeübte Nutzung verlangen, insbesondere wenn infolge der Aufhebung oder Änderung der zulässigen Nutzung die Ausübung der verwirklichten Nutzung oder die sonstigen Möglichkeiten der wirtschaftlichen Verwertung des Grundstücks, die sich aus der verwirklichten Nutzung ergeben, unmöglich gemacht oder wesentlich erschwert werden. Die Höhe der Entschädigung hinsichtlich der Beeinträchtigung des Grundstückswerts bemisst sich nach dem Unterschied zwischen dem Wert des Grundstücks auf Grund der ausgeübten Nutzung und seinem Wert, der sich infolge der in Satz 1 bezeichneten Beschränkungen ergibt.

(4) Entschädigungen für Eingriffe in ausgeübte Nutzungen bleiben unberührt.

(5) Abweichend von Abs. 3 bemisst sich die Entschädigung nach Abs. 2, wenn der Eigentümer an der Verwirklichung eines der zulässigen Nutzung entsprechenden Vorhabens vor Ablauf der in Abs. 2 bezeichneten Frist durch eine Veränderungssperre oder eine befristete Zurückstellung seines Vorhabens gehindert worden ist und er das Vorhaben infolge der Aufhebung oder Änderung der zulässigen Nutzung des Grundstücks nicht mehr verwirklichen kann.

(6) Ist vor Ablauf der in Abs. 2 bezeichneten Frist eine Baugenehmigung oder über die bodenrechtliche Zulässigkeit eines Vorhabens ein Vorbescheid nach Bauaufsichtsrecht erteilt worden und kann der Eigentümer das Vorhaben infolge der Aufhebung oder Änderung der zulässigen Nutzung des Grundstücks nach Ablauf der Frist nicht mehr verwirklichen oder ist die Verwirklichung dadurch für ihn wirtschaftlich unzumutbar geworden, kann der Eigentümer in Höhe des Unterschieds zwischen dem Wert des Grundstücks unter Zugrundelegung der nach der Genehmigung vorgesehenen Nutzung und dem Wert des Grundstücks, der sich infolge der Aufhebung oder Änderung der zulässigen Nutzung ergibt, Entschädigung verlangen.

(7) Ist vor Ablauf der in Abs. 2 bezeichneten Frist ein Antrag auf Erteilung einer Baugenehmigung oder eines Vorbescheids nach Bauaufsichtsrecht, der die bodenrechtliche Zulässigkeit eines Vorhabens zum Gegenstand hat, rechtswidrig abgelehnt worden und kann nach dem Ergebnis eines Rechtsmittelverfahrens die Genehmigung oder der Vorbescheid mit dem beantragten Inhalt nicht erteilt werden, weil die im Zeitpunkt der Antragstellung zulässige Nutzung aufgehoben oder geändert worden ist, bemisst sich die Entschädigung nach Abs. 6. Entsprechend findet Abs. 6 auch Anwendung, wenn über einen den gesetzlichen Vorschriften entsprechenden und zu genehmigenden Bauantrag oder einen Vorbescheid nach Bauaufsichtsrecht, der die bodenrechtliche Zulässigkeit eines Vorhabens zum Gegenstand hat, innerhalb der in Abs. 2 bezeichneten Frist nicht entschieden wurde, obwohl der Antrag so rechtzeitig gestellt wurde, dass eine Genehmigung innerhalb der Frist hätte erteilt werden können.

(8) In den Fällen der Absätze 5 bis 7 besteht der Anspruch auf Entschädigung nicht, wenn der Eigentümer nicht bereit oder nicht in der Lage war, das beabsichtigte Vorhaben zu verwirklichen. Der Eigentümer hat die Tatsachen darzulegen, die seine Bereitschaft und Möglichkeiten, das Vorhaben zu verwirklichen, aufzeigen.

(9) Wird die zulässige Nutzung eines Grundstücks aufgehoben, besteht auch der Übernahmeanspruch nach § 40 Abs. 2 Satz 1 Nr. 1.

(10) Die Gemeinde hat dem Eigentümer auf Verlangen Auskunft zu erteilen, ob ein sich aus Abs. 2 ergebender vermögensrechtlicher Schutz der zulässigen Nutzung für sein Grundstück besteht und wann dieser durch Ablauf der in Abs. 2 bezeichneten Frist endet.

§ 43 (Entschädigung und Verfahren). (1) Ist die Entschädigung durch Übernahme des Grundstücks oder durch Begründung eines Rechts zu leisten und kommt eine Einigung nicht zu Stande, kann der Eigentümer die Entziehung des Eigentums oder die Begründung des Rechts verlangen. Der Eigentümer kann den Antrag auf Entziehung des Eigentums oder auf Begründung des Rechts bei der Enteignungsbehörde stellen. Auf die Entziehung des Eigentums oder die Begründung des Rechts finden die Vorschriften des Fünften Teils entsprechend Anwendung.

(2) Ist die Entschädigung in Geld zu leisten und kommt eine Einigung über die Geldentschädigung nicht zu Stande, entscheidet die höhere Verwaltungsbehörde. Die Vorschriften über die Entschädigung im Zweiten Abschnitt des Fünften Teils sowie § 121 gelten entsprechend. Für Bescheide über die Festsetzung der zu zahlenden Geldentschädigung gilt § 122 entsprechend.

(3) Liegen die Voraussetzungen der §§ 40 und 41 Abs. 1 vor, ist eine Entschädigung nur nach diesen Vorschriften zu gewähren. In den Fällen der §§ 40 und 41 sind solche Wertminderungen nicht zu berücksichtigen, die bei Anwendung des § 42 nicht zu entschädigen wären.

(4) Bodenwerte sind nicht zu entschädigen, so weit sie darauf beruhen, dass

1. die zulässige Nutzung auf dem Grundstück den allgemeinen Anforderungen an gesunde Wohn- und Arbeitsverhältnisse oder an die Sicherheit der auf dem Grundstück oder im umliegenden Gebiet wohnenden oder arbeitenden Menschen nicht entspricht oder

2. in einem Gebiet städtebauliche Missstände im Sinne des § 136 Abs. 2 und 3 bestehen und die Nutzung des Grundstücks zu diesen Missständen wesentlich beiträgt.

(5) Nach Vorliegen der Entschädigungsvoraussetzungen bleiben Werterhöhungen unberücksichtigt, die eingetreten sind, nachdem der Entschädigungsberechtigte in der Lage war, den Antrag auf Festsetzung der Entschädigung in Geld zu stellen, oder ein Angebot des Entschädigungspflichtigen, die Entschädigung in Geld in angemessener Höhe zu leisten, abgelehnt hat. Hat der Entschädigungsberechtigte den Antrag auf Übernahme des Grundstücks oder Begründung eines geeigneten Rechts gestellt und hat der Entschädigungspflichtige daraufhin ein Angebot auf Übernahme des Grundstücks oder Begründung des Rechts zu angemessenen Bedingungen gemacht, gilt § 95 Abs. 2 Nr. 3 entsprechend.

§ 44 (Entschädigungspflichtige, Fälligkeit und Erlöschen der Entschädigungsansprüche). (1) Zur Entschädigung ist der Begünstigte verpflichtet, wenn er mit der Festsetzung zu seinen Gunsten einverstanden ist. Ist ein Begünstigter nicht bestimmt oder liegt sein Einverständnis nicht vor, ist die Gemeinde zur Entschädigung verpflichtet. Erfüllt der Begünstigte seine Verpflichtung nicht, ist dem Eigentümer gegenüber auch die Gemeinde verpflichtet; der Begünstigte hat der Gemeinde Ersatz zu leisten.

(2) Dient die Festsetzung der Beseitigung oder Minderung von Auswirkungen, die von der Nutzung eines Grundstücks ausgehen, ist der Eigentümer zur Entschädigung verpflichtet, wenn er mit der Festsetzung einverstanden war. Ist der Eigentümer auf Grund anderer gesetzlicher Vorschriften verpflichtet, Auswirkungen, die von der Nutzung seines Grundstücks ausgehen, zu beseitigen oder zu mindern, ist er auch ohne Einverständnis zur Entschädigung verpflichtet, so weit er durch die Festsetzung Aufwendungen erspart. Erfüllt der Eigentümer seine Verpflichtungen nicht, gilt Abs. 1 Satz 3 entsprechend. Die Gemeinde soll den Eigentümer anhören, bevor sie Festsetzungen trifft, die zu einer Entschädigung nach Satz 1 oder 2 führen können.

(3) Der Entschädigungsberechtigte kann Entschädigung verlangen, wenn die in den §§ 39 bis 42 bezeichneten Vermögensnachteile eingetreten sind. Er kann die Fälligkeit des Anspruchs dadurch herbeiführen, dass er die Leistung der Entschädigung schriftlich bei dem Entschädigungspflichtigen beantragt. Entschädigungsleistungen in Geld sind ab Fälligkeit mit 2 vom Hundert über dem Basissatz nach § 247 des Bürgerlichen Gesetzbuchs jährlich zu verzinsen. Ist Entschädigung durch Übernahme des Grundstücks zu leisten, findet auf die Verzinsung § 99 Abs. 3 Anwendung.

(4) Ein Entschädigungsanspruch erlischt, wenn nicht innerhalb von drei Jahren nach Ablauf des Kalenderjahrs, in dem die in Abs. 3 Satz 1 bezeichneten Vermögensnachteile eingetreten sind, die Fälligkeit des Anspruchs herbeigeführt wird.

(5) In der Bekanntmachung nach § 10 Abs. 3 ist auf die Vorschriften des Absatzes 3 Satz 1 und 2 sowie des Absatzes 4 hinzuweisen.

Vierter Teil. Bodenordnung

Erster Abschnitt. Umlegung

§ 45 (Zweck und Anwendungsbereich). Zur Erschließung oder Neugestaltung von Gebieten können bebaute und unbebaute Grundstücke durch Umlegung in der Weise neu geordnet werden, dass nach Lage, Form und Größe für die bauliche oder sonstige Nutzung zweckmäßig gestaltete Grundstücke entstehen. Die Umlegung kann

1. 1. im Geltungsbereich eines Bebauungsplans im Sinne des § 30 oder

2. innerhalb eines im Zusammenhang bebauten Ortsteils im Sinne des § 34, wenn sich aus der Eigenart der näheren Umgebung oder einem einfachen Bebauungsplan im Sinne des § 30 Abs. 3 hinreichende Kriterien für die Neuordnung der Grundstücke ergeben,

durchgeführt werden.

§ 46 (Zuständigkeit und Voraussetzungen). (1) Die Umlegung ist von der Gemeinde (Umlegungsstelle) in eigener Verantwortung anzuordnen und durchzuführen, wenn und sobald sie zur Verwirklichung eines Bebauungsplans oder aus Gründen einer geordneten städtebaulichen Entwicklung zur Verwirklichung der innerhalb eines im Zusammenhang bebauten Ortsteils zulässigen Nutzung erforderlich ist.

(2) Die Landesregierungen können durch Rechtsverordnung bestimmen,

1. dass von der Gemeinde Umlegungsausschüsse mit selbstständigen Entscheidungsbefugnissen für die Durchführung der Umlegung gebildet werden,

2. in welcher Weise die Umlegungsausschüsse zusammenzusetzen und mit welchen Befugnissen sie auszustatten sind,

3. dass der Umlegungsausschuss die Entscheidung über Vorgänge nach § 51 von geringer Bedeutung einer Stelle übertragen kann, die seine Entscheidungen vorbereitet,

4. dass zur Entscheidung über einen Rechtsbehelf im Umlegungsverfahren Obere Umlegungsausschüsse gebildet werden und wie diese Ausschüsse zusammenzusetzen sind,

5. dass die Flurbereinigungsbehörde oder eine andere geeignete Behörde verpflichtet ist, auf Antrag der Gemeinde (Umlegungsstelle) die im Umlegungsverfahren zu treffenden Entscheidungen vorzubereiten.

(3) Auf die Anordnung und Durchführung einer Umlegung besteht kein Anspruch.

(4) Die Gemeinde kann ihre Befugnis zur Durchführung der Umlegung auf die Flurbereinigungsbehörde oder eine andere geeignete Behörde für das Gemeindegebiet oder Teile des Gemeindegebiets übertragen. Die Einzelheiten der Übertragung einschließlich der Mitwirkungsrechte der Gemeinde können in einer Vereinbarung zwischen ihr und der die Umlegung durchführenden Behörde geregelt werden. Die Gemeinde kann die Vorbereitung der im Umlegungsverfahren zu treffenden Entscheidungen sowie die zur Durchführung der Umlegung erforderlichen vermessungs- und katastertechnischen Aufgaben öffentlich bestellten Vermessungsingenieuren übertragen.

(5) Die Gemeinde kann dem Umlegungsausschuss für einzelne Fälle oder bestimmte Gebiete die Befugnis zur Ausübung eines ihr nach § 24 Abs. 1 Satz 1 Nr. 2 zustehenden Vorkaufsrechts übertragen; die Gemeinde kann die Übertragung jederzeit widerrufen. Das Recht der Gemeinde, nach der Übertragung ein Vorkaufsrecht zu anderen als Umlegungszwecken auszuüben, bleibt unberührt. Ansprüche Dritter werden durch die Sätze 1 und 2 nicht begründet.

§ 47 (Umlegungsbeschluss). (1) Die Umlegung wird durch einen Beschluss der Umlegungsstelle eingeleitet (Umlegungsbeschluss). Im Umlegungsbeschluss ist das Umlegungsgebiet (§ 52) zu bezeichnen. Die im Umlegungsgebiet gelegenen Grundstücke sind einzeln aufzuführen.

(2) Soll die Umlegung für den Geltungsbereich eines Bebauungsplans eingeleitet werden, kann das Umlegungsverfahren auch eingeleitet werden, wenn der Bebauungsplan noch nicht aufgestellt ist. In diesem Fall muss der Bebauungsplan vor dem Beschluss über die Aufstellung des Umlegungsplans (§ 66 Abs. 1) in Kraft getreten sein.

§ 48 (Beteiligte). (1) Im Umlegungsverfahren sind Beteiligte

1. die Eigentümer der im Umlegungsgebiet gelegenen Grundstücke,

2. die Inhaber eines im Grundbuch eingetragenen oder durch Eintragung gesicherten Rechts an einem im Umlegungsgebiet gelegenen Grundstück oder an einem das Grundstück belastenden Recht,

3. die Inhaber eines nicht im Grundbuch eingetragenen Rechts an dem Grundstück oder an einem das Grundstück belastenden Recht, eines Anspruchs mit dem Recht auf Befriedigung aus dem Grundstück oder eines persönlichen Rechts, das zum Erwerb, zum Besitz oder zur Nutzung des Grundstücks berechtigt oder den Verpflichteten in der Benutzung des Grundstücks beschränkt,

4. die Gemeinde,

5. unter den Voraussetzungen des § 55 Abs. 5 die Bedarfsträger und

6. die Erschließungsträger.

(2) Die in Abs. 1 Nr. 3 bezeichneten Personen werden zu dem Zeitpunkt Beteiligte, in dem die Anmeldung ihres Rechts der Umlegungsstelle zugeht. Die Anmeldung kann bis zur Beschlussfassung über den Umlegungsplan (§ 66 Abs. 1) erfolgen.

(3) Bestehen Zweifel an einem angemeldeten Recht, so hat die Umlegungsstelle dem Anmeldenden unverzüglich eine Frist zur Glaubhaftmachung seines Rechts zu setzen. Nach fruchtlosem Ablauf der Frist ist er bis zur Glaubhaftmachung seines Rechts nicht mehr zu beteiligen.

(4) Der im Grundbuch eingetragene Gläubiger einer Hypothek, Grundschuld oder Rentenschuld, für die ein Brief erteilt ist, sowie jeder seiner Rechtsnachfolger hat auf Verlangen der Umlegungsstelle eine Erklärung darüber abzugeben, ob ein anderer die Hypothek, Grundschuld oder Rentenschuld oder ein Recht daran erworben hat; die Person des Erwerbers hat er dabei zu bezeichnen. § 208 Satz 2 bis 4 gilt entsprechend.

§ 49 (Rechtsnachfolge). Wechselt die Person eines Beteiligten während eines Umlegungsverfahrens, so tritt sein Rechtsnachfolger in dieses Verfahren in dem Zustand ein, in dem es sich im Zeitpunkt des Übergangs des Rechts befindet.

§ 50 (Bekanntmachung des Umlegungsbeschlusses). (1) Der Umlegungsbeschluss ist in der Gemeinde ortsüblich bekanntzumachen.

(2) Die Bekanntmachung des Umlegungsbeschlusses hat die Aufforderung zu enthalten, innerhalb eines Monats Rechte, die aus dem Grundbuch nicht ersichtlich sind, aber zur Beteiligung am Umlegungsverfahren berechtigen, bei der Umlegungsstelle anzumelden.

(3) Werden Rechte erst nach Ablauf der in Abs. 2 bezeichneten Frist angemeldet oder nach Ablauf der in § 48 Abs. 3 gesetzten Frist glaubhaft gemacht, so muss ein Berechtigter die bisherigen Verhandlungen und Festsetzungen gegen sich gelten lassen, wenn die Umlegungsstelle dies bestimmt.

(4) Der Inhaber eines in Abs. 2 bezeichneten Rechts muss die Wirkung eines vor der Anmeldung eingetretenen Fristablaufs ebenso gegen sich gelten lassen wie der Beteiligte, dem gegenüber die Frist durch Bekanntmachung des Verwaltungsakts zuerst in Lauf gesetzt worden ist.

(5) Auf die rechtlichen Wirkungen nach den Absätzen 3 und 4 sowie nach § 51 ist in der Bekanntmachung hinzuweisen.

§ 51 (Verfügungs- und Veränderungssperre). (1) Von der Bekanntmachung des Umlegungsbeschlusses bis zur Bekanntmachung nach § 71 dürfen im Umlegungsgebiet nur mit schriftlicher Genehmigung der Umlegungsstelle

1. ein Grundstück geteilt oder Verfügungen über ein Grundstück und über Rechte an einem Grundstück getroffen oder Vereinbarungen abgeschlossen werden, durch die einem anderen ein Recht zum Erwerb, zur Nutzung oder Bebauung eines Grundstücks oder Grundstücksteils eingeräumt wird, oder Baulasten neu begründet, geändert oder aufgehoben werden;

2. erhebliche Veränderungen der Erdoberfläche oder wesentlich wertsteigernde sonstige Veränderungen der Grundstücke vorgenommen werden;

3. nicht genehmigungs-, zustimmungs- oder anzeigepflichtige, aber wertsteigernde bauliche Anlagen errichtet oder wertsteigernde Änderungen solcher Anlagen vorgenommen werden;

4. genehmigungs-, zustimmungs- oder anzeigepflichtige bauliche Anlagen errichtet oder geändert werden.

Einer Genehmigung nach Satz 1 bedarf es im förmlich festgelegten Sanierungsgebiet nur, wenn und so weit eine Genehmigungspflicht nach § 144 nicht besteht.

(2) Vorhaben, die vor dem Inkrafttreten der Veränderungssperre baurechtlich genehmigt worden sind, Vorhaben, von denen die Gemeinde nach Maßgabe des Bauordnungsrechts Kenntnis erlangt hat und mit deren Ausführung vor dem Inkrafttreten der Veränderungssperre hätte begonnen werden dürfen, sowie Unterhaltungsarbeiten und die Fortführung einer bisher ausgeübten Nutzung werden von der Veränderungssperre nicht berührt.

(3) Die Genehmigung darf nur versagt werden, wenn Grund zu der Annahme besteht, dass das Vorhaben die Durchführung der Umlegung unmöglich machen oder wesentlich erschweren würde. § 22 Abs. 5 Satz 2 bis 5 ist entsprechend anzuwenden.

(4) Die Genehmigung kann unter Auflagen und außer bei Verfügungen über Grundstücke und über Rechte an Grundstücken auch unter Bedingungen oder Befristungen erteilt werden. Wird die Genehmigung unter Auflagen, Bedingungen oder Befristungen erteilt, ist die hierdurch betroffene Vertragspartei berechtigt, bis zum Ablauf eines Monats nach Unanfechtbarkeit der Entscheidung vom Vertrag zurückzutreten. Auf das Rücktrittsrecht sind die §§ 346 bis 349 und 351 des Bürgerlichen Gesetzbuchs entsprechend anzuwenden.

(5) Überträgt der Umlegungsausschuss auf Grund einer Verordnung nach § 46 Abs. 2 Nr. 3 der dort bezeichneten Stelle Entscheidungen über Vorgänge nach Abs. 1, unterliegt diese Stelle seinen Weisungen; bei Einlegung von Rechtsbehelfen tritt der Umlegungsausschuss an ihre Stelle. Der Umlegungsausschuss kann die Übertragung jederzeit widerrufen.

§ 52 (Umlegungsgebiet). (1) Das Umlegungsgebiet ist so zu begrenzen, dass die Umlegung sich zweckmäßig durchführen lässt. Es kann aus räumlich getrennten Flächen bestehen.

(2) Einzelne Grundstücke, die die Durchführung der Umlegung erschweren, können von der Umlegung ganz oder teilweise ausgenommen werden.

(3) Unwesentliche Änderungen des Umlegungsgebiets können bis zum Beschluss über die Aufstellung des Umlegungsplans (§ 66 Abs. 1) von der Umlegungsstelle nach vorheriger Anhörung der Eigentümer der betroffenen Grundstücke auch ohne ortsübliche Bekanntmachung vorgenommen werden. Die Änderung wird mit ihrer Bekanntgabe an die Eigentümer der betroffenen Grundstücke wirksam.

§ 53 (Bestandskarte und Bestandsverzeichnis). (1) Die Umlegungsstelle fertigt eine Karte und ein Verzeichnis der Grundstücke des Umlegungsgebiets an (Bestandskarte und Bestandsverzeichnis). Die Bestandskarte weist mindestens die bisherige Lage und Form der Grundstücke des Umlegungsgebiets und die auf ihnen befindlichen Gebäude aus und bezeichnet die Eigentümer. In dem Bestandsverzeichnis sind für jedes Grundstück mindestens aufzuführen

1. die im Grundbuch eingetragenen Eigentümer,

2. die grundbuch- und katastermäßige Bezeichnung, die Größe und die im Liegenschaftskataster angegebene Nutzungsart der Grundstücke unter Angabe von Straße und Hausnummer sowie

3. die im Grundbuch in Abteilung II eingetragenen Lasten und Beschränkungen.

(2) Die Bestandskarte und die in Abs. 1 Satz 3 Nr. 1 und 2 bezeichneten Teile des Bestandsverzeichnisses sind auf die Dauer eines Monats in der Gemeinde öffentlich auszulegen. Ort und Dauer der Auslegung sind mindestens eine Woche vor der Auslegung ortsüblich bekanntzumachen.

(3) Betrifft die Umlegung nur wenige Grundstücke, so genügt anstelle der ortsüblichen Bekanntmachung die Mitteilung an die Eigentümer und die Inhaber sonstiger Rechte, so weit sie aus dem Grundbuch ersichtlich sind oder ihr Recht bei der Umlegungsstelle angemeldet haben.

(4) In den in Abs. 1 Satz 3 Nr. 3 bezeichneten Teil des Bestandsverzeichnisses ist die Einsicht jedem gestattet, der ein berechtigtes Interesse darlegt.

§ 54 (Benachrichtigungen und Umlegungsvermerk). (1) Die Umlegungsstelle teilt dem Grundbuchamt und der für die Führung des Liegenschaftskatasters zuständigen Stelle die Einleitung (§ 47) des Umlegungsverfahrens und die nachträglichen Änderungen des Umlegungsgebiets (§ 52) mit. Das Grundbuchamt hat in die Grundbücher der umzulegenden Grundstücke einzutragen, dass das Umlegungsverfahren eingeleitet ist (Umlegungsvermerk).

(2) Das Grundbuchamt und die für die Führung des Liegenschaftskatasters zuständige Stelle haben die Umlegungsstelle von allen Eintragungen zu benachrichtigen, die nach dem Zeitpunkt der Einleitung des Umlegungsverfahrens im Grundbuch der betroffenen Grundstücke und im Liegenschaftskataster vorgenommen sind oder vorgenommen werden. § 22 Abs. 6 ist entsprechend anzuwenden.

(3) Ist im Grundbuch die Anordnung der Zwangsversteigerung oder Zwangsverwaltung eingetragen, so gibt die Umlegungsstelle dem Vollstreckungsgericht von dem Umlegungsbeschluss Kenntnis, so weit dieser das Grundstück betrifft, das Gegenstand des Vollstreckungsverfahrens ist.

§ 55 (Umlegungsmasse und Verteilungsmasse). (1) Die im Umlegungsgebiet gelegenen Grundstücke werden nach ihrer Fläche rechnerisch zu einer Masse vereinigt (Umlegungsmasse).

(2) Aus der Umlegungsmasse sind vorweg die Flächen auszuscheiden und der Gemeinde oder dem sonstigen Erschließungsträger zuzuteilen, die nach dem Bebauungsplan festgesetzt sind oder aus Gründen der geordneten städtebaulichen Entwicklung zur Verwirklichung der nach § 34 zulässigen Nutzung erforderlich sind als

1. örtliche Verkehrsflächen für Straßen, Wege einschließlich Fuß- und Wohnwege und für Plätze sowie für Sammelstraßen,

2. Flächen für Parkplätze, Grünanlagen einschließlich Kinderspielplätze und Anlagen zum Schutz gegen schädliche Umwelteinwirkungen im Sinne des Bundes-Immissionsschutzgesetzes, so weit sie nicht schon Bestandteil der in Nummer 1 genannten Verkehrsanlagen sind, sowie für Regenklär- und Regenüberlaufbecken, wenn die Flächen überwiegend den Bedürfnissen der Bewohner des Umlegungsgebiets dienen sollen.

Zu den vorweg auszuscheidenden Flächen gehören auch die Flächen zum Ausgleich im Sinne des § 1a Abs. 3 für die in Satz 1 genannten Anlagen. Grünflächen nach Satz 1 Nr. 2 können auch bauflächenbedingte Flächen zum Ausgleich im Sinne des § 1a Abs. 3 umfassen.

(3) Mit der Zuteilung ist die Gemeinde oder der sonstige Erschließungsträger für von ihnen in die Umlegungsmasse eingeworfene Flächen nach Abs. 2 abgefunden.

(4) Die verbleibende Masse ist die Verteilungsmasse.

(5) Sonstige Flächen, für die nach dem Bebauungsplan eine Nutzung für öffentliche Zwecke festgesetzt ist, können einschließlich der Flächen zum Ausgleich im Sinne des § 1a Abs. 3 ausgeschieden und dem Bedarfs- oder Erschließungsträger zugeteilt werden, wenn dieser geeignetes Ersatzland, das auch außerhalb des Umlegungsgebiets liegen kann, in die Verteilungsmasse einbringt. Die Umlegungsstelle soll von dieser Befugnis Gebrauch machen, wenn dies zur alsbaldigen Durchführung des Bebauungsplans zweckmäßig ist.

§ 56 (Verteilungsmaßstab). (1) Für die Errechnung der den beteiligten Grundeigentümern an der Verteilungsmasse zustehenden Anteile (Sollanspruch) ist entweder von dem Verhältnis der Flächen oder dem Verhältnis der Werte auszugehen, in dem die früheren Grundstücke vor der Umlegung zueinander gestanden haben. Der Maßstab ist von der Umlegungsstelle nach pflichtmäßigem Ermessen unter gerechter Abwägung der Interessen der Beteiligten je nach Zweckmäßigkeit einheitlich zu bestimmen.

(2) Sind alle Beteiligten einverstanden, so kann die Verteilungsmasse auch nach einem anderen Maßstab aufgeteilt werden.

§ 57 (Verteilung nach Werten). Geht die Umlegungsstelle von dem Verhältnis der Werte aus, so wird die Verteilungsmasse in dem Verhältnis verteilt, in dem die zu berücksichtigenden Eigentümer an der Umlegung beteiligt sind. Jedem Eigentümer soll ein Grundstück mindestens mit dem Verkehrswert zugeteilt werden, den sein früheres Grundstück auch unter Berücksichtigung der

Pflicht zur Bereitstellung von Flächen zum Ausgleich im Sinne des § 1a Abs. 3 im Zeitpunkt des Umlegungsbeschlusses hatte. Für die zuzuteilenden Grundstücke ist der Verkehrswert, bezogen auf den Zeitpunkt des Umlegungsbeschlusses, zu ermitteln. Dabei sind Wertänderungen, die durch die Umlegung bewirkt werden, zu berücksichtigen; sollen Grundstücke in Bezug auf Flächen nach § 55 Abs. 2 erschließungsbeitragspflichtig zugeteilt werden, bleiben Wertänderungen insoweit unberücksichtigt. Unterschiede zwischen den so ermittelten Verkehrswerten sind in Geld auszugleichen.

§ 58 (Verteilung nach Flächen). (1) Geht die Umlegungsstelle von dem Verhältnis der Flächen aus, hat sie von den eingeworfenen Grundstücken unter Anrechnung des Flächenabzugs nach § 55 Abs. 2 einen Flächenbeitrag in einem solchen Umfang abzuziehen, dass die Vorteile ausgeglichen werden, die durch die Umlegung erwachsen; dabei bleiben in den Fällen des § 57 Satz 4 Halbsatz 2 die Vorteile insoweit unberücksichtigt. Der Flächenbeitrag darf in Gebieten, die erstmalig erschlossen werden, nur bis zu 30 vom Hundert, in anderen Gebieten nur bis zu 10 vom Hundert der eingeworfenen Fläche betragen. Die Umlegungsstelle kann statt eines Flächenbeitrags ganz oder teilweise einen entsprechenden Geldbeitrag erheben. So weit der Umlegungsvorteil den Flächenbeitrag nach Satz 1 übersteigt, ist der Vorteil in Geld auszugleichen.

(2) Kann das neue Grundstück nicht in gleicher oder gleichwertiger Lage zugeteilt werden, so sind dadurch begründete Wertunterschiede in Fläche oder Geld auszugleichen.

(3) Für die Bemessung von Geldbeiträgen und Ausgleichsleistungen sind die Wertverhältnisse im Zeitpunkt des Umlegungsbeschlusses maßgebend.

§ 59 (Zuteilung und Abfindung). (1) Aus der Verteilungsmasse sind den Eigentümern dem Umlegungszweck entsprechend nach Möglichkeit Grundstücke einschließlich Flächen zum Ausgleich im Sinne des § 1a Abs. 3 in gleicher oder gleichwertiger Lage wie die eingeworfenen Grundstücke und entsprechend den nach den §§ 57 und 58 errechneten Anteilen zuzuteilen.

(2) So weit es unter Berücksichtigung der öffentlich-rechtlichen Vorschriften nicht möglich ist, die nach den §§ 57 und 58 errechneten Anteile tatsächlich zuzuteilen, findet ein Ausgleich in Geld statt. Auf den Geldausgleich sind die Vorschriften über die Entschädigung im Zweiten Abschnitt des Fünften Teils entsprechend anzuwenden, so weit die Zuteilung den Einwurfswert oder mehr als nur unwesentlich den Sollanspruch unterschreitet. Der Geldausgleich bemisst sich nach dem Verkehrswert, bezogen auf den Zeitpunkt der Aufstellung des Umlegungsplans, so weit die Zuteilung den Sollanspruch mehr als nur unwesentlich überschreitet und dadurch die bauplanungsrechtlich zulässige Nutzung ermöglicht.

(3) Beantragt ein Eigentümer, der im Umlegungsgebiet eigen genutzten Wohn- oder Geschäftsraum aufgeben muss und im Umlegungsverfahren kein Grundstück erhält, dass für ihn als Abfindung im Umlegungsverfahren eines der in Abs. 4 Nr. 2 und 3 bezeichneten Rechte vorgesehen wird, so soll dem entsprochen werden, sofern dies in der Umlegung möglich ist.

(4) Mit Einverständnis der betroffenen Eigentümer können als Abfindung

1. Geld oder

2. Grundeigentum außerhalb des Umlegungsgebiets oder

3. die Begründung von Miteigentum an einem Grundstück, die Gewährung von grundstücksgleichen Rechten, Rechten nach dem Wohnungseigentumsgesetz oder sonstigen dinglichen Rechten innerhalb und außerhalb des Umlegungsgebiets

vorgesehen werden.

(5) Sofern die Umlegung im Geltungsbereich eines Bebauungsplans durchgeführt wird, können Eigentümer in Geld oder mit außerhalb des Umlegungsgebiets gelegenen Grundstücken abgefunden werden, wenn sie im Gebiet keine bebauungsfähigen Grundstücke erhalten können oder wenn

dies sonst zur Erreichung der Ziele und Zwecke des Bebauungsplans erforderlich ist; wer die Abfindung mit Grundstücken außerhalb des Gebiets ablehnt, kann mit Geld abgefunden werden. Die Vorschriften über die Entschädigung im Zweiten Abschnitt des Fünften Teils sind entsprechend anzuwenden.

(6) Lehnt der Eigentümer eine Abfindung mit den in Abs. 4 Nr. 2 und 3 bezeichneten Rechten ab, obgleich durch eine solche Abfindung für eine größere Anzahl von Beteiligten eine Abfindung in Geld vermieden werden kann und die Abfindung in diesen Rechtsformen mit dem Bebauungsplan vereinbar ist, ist der Eigentümer in Geld abzufinden. Die Vorschriften über die Entschädigung im Zweiten Abschnitt des Fünften Teils sind entsprechend anzuwenden.

(7) Die Umlegungsstelle - der Umlegungsausschuss auf Antrag der Gemeinde - kann bei der Zuteilung von Grundstücken unter den Voraussetzungen des § 176 ein Baugebot, unter den Voraussetzungen des § 177 ein Modernisierungs- oder Instandsetzungsgebot und unter den Voraussetzungen des § 178 ein Pflanzgebot anordnen.

(8) Sofern die Umlegung im Geltungsbereich eines Bebauungsplans durchgeführt wird, sind im Umlegungsplan die Gebäude oder sonstigen baulichen Anlagen zu bezeichnen, die dem Bebauungsplan widersprechen und der Verwirklichung der im Umlegungsplan in Aussicht genommenen Neugestaltung (§ 66 Abs. 2) entgegenstehen. Die Eigentümer und die sonstigen Nutzungsberechtigten haben die Beseitigung der im Umlegungsplan bezeichneten Gebäude und sonstigen baulichen Anlagen zu dulden, wenn die Gemeinde die Beseitigung zum Vollzug des Umlegungsplans durchführt.

(9) Die Befugnis der Gemeinde, ein Baugebot, ein Modernisierungs- oder Instandsetzungsgebot, ein Pflanzgebot oder ein Rückbau- oder Entsiegelungsgebot nach den §§ 176 bis 179 anzuordnen, bleibt unberührt.

§ 60 (Abfindung und Ausgleich für bauliche Anlagen, Anpflanzungen und sonstige Einrichtungen). Für bauliche Anlagen, Anpflanzungen und für sonstige Einrichtungen ist nur eine Geldabfindung zu gewähren und im Falle der Zuteilung ein Ausgleich in Geld festzusetzen, so weit das Grundstück wegen dieser Einrichtungen einen über den Bodenwert hinausgehenden Verkehrswert hat. Die Vorschriften über die Entschädigung im Zweiten Abschnitt des Fünften Teils sind entsprechend anzuwenden.

§ 61 (Aufhebung, Änderung und Begründung von Rechten). (1) Grundstücksgleiche Rechte sowie andere Rechte an einem im Umlegungsgebiet gelegenen Grundstück oder an einem das Grundstück belastenden Recht, ferner Ansprüche mit dem Recht auf Befriedigung aus dem Grundstück oder persönliche Rechte, die zum Erwerb, zum Besitz oder zur Nutzung eines im Umlegungsgebiet gelegenen Grundstücks berechtigen oder den Verpflichteten in der Benutzung des Grundstücks beschränken, können durch den Umlegungsplan aufgehoben, geändert oder neu begründet werden. In Übereinstimmung mit den Zielen des Bebauungsplans oder zur Verwirklichung einer nach § 34 zulässigen Nutzung können zur zweckmäßigen und wirtschaftlichen Ausnutzung der Grundstücke Flächen für Zuwege, gemeinschaftliche Hofräume, Kinderspielplätze, Freizeiteinrichtungen, Stellplätze, Garagen, Flächen zum Ausgleich im Sinne des § 1a Abs. 3 oder andere Gemeinschaftsanlagen festgelegt und ihre Rechtsverhältnisse geregelt werden. Im Landesrecht vorgesehene öffentlich-rechtliche Verpflichtungen zu einem das Grundstück betreffenden Tun, Dulden oder Unterlassen (Baulast) können im Einvernehmen mit der Baugenehmigungsbehörde aufgehoben, geändert oder neu begründet werden.

(2) So weit durch die Aufhebung, Änderung oder Begründung von Rechten oder Baulasten Vermögensnachteile oder Vermögensvorteile entstehen, findet ein Ausgleich in Geld statt. Für den Fall, dass Vermögensnachteile entstehen, sind die Vorschriften über die Entschädigung im Zweiten Abschnitt des Fünften Teils und über den Härteausgleich nach § 181 entsprechend anzuwenden.

(3) Die Absätze 1 und 2 gelten auch für die nach § 55 Abs. 5 in die Verteilungsmasse eingebrachten Grundstücke.

§ 62 (Gemeinschaftliches Eigentum; besondere rechtliche Verhältnisse). (1) Wenn es dem Zweck der Umlegung dient und die Eigentümer zustimmen, kann gemeinschaftliches Eigentum an Grundstücken geteilt werden.

(2) Wenn einem Eigentümer für mehrere verschiedenen Rechtsverhältnissen unterliegende alte Grundstücke oder Berechtigungen ein neues Grundstück zugeteilt wird, so werden entsprechend den verschiedenen Rechtsverhältnissen Bruchteile der Gesamtabfindung bestimmt, die an die Stelle der einzelnen Grundstücke oder Berechtigungen treten. In diesen Fällen kann für jedes eingeworfene Grundstück oder jede Berechtigung anstelle des Bruchteils ein besonderes Grundstück zugeteilt werden.

(3) Wenn gemeinschaftliches Eigentum geteilt wird (Absatz 1) oder einem Eigentümer für sein Grundstück mehrere neue Grundstücke zugeteilt werden, so kann die Umlegungsstelle Grundpfandrechte und Reallasten, mit denen eingeworfene Grundstücke belastet sind, entsprechend den im Umlegungsverfahren ermittelten Werten auf die zuzuteilenden Grundstücke verteilen.

§ 63 (Übergang von Rechtsverhältnissen auf die Abfindung). (1) Die zugeteilten Grundstücke treten hinsichtlich der Rechte an den alten Grundstücken und der diese Grundstücke betreffenden Rechtsverhältnisse, die nicht aufgehoben werden, an die Stelle der alten Grundstücke. Die örtlich gebundenen öffentlichen Lasten, die auf den alten Grundstücken ruhen, gehen auf die in deren örtlicher Lage ausgewiesenen neuen Grundstücke über.

(2) Erhält der Eigentümer, dem ein neues Grundstück zugeteilt wird, für das alte Grundstück zum Ausgleich von Wertunterschieden einen Geldausgleich oder nach § 59, § 60 oder § 61 eine Geldabfindung, so sind dinglich Berechtigte, deren Rechte durch die Umlegung beeinträchtigt werden, insoweit auf den Geldanspruch des Eigentümers angewiesen.

§ 64 (Geldleistungen). (1) Die Gemeinde ist Gläubigerin und Schuldnerin der im Umlegungsplan festgesetzten Geldleistungen.

(2) Geldleistungen werden mit der Bekanntmachung nach § 71 fällig. Die Fälligkeit der Ausgleichsleistungen für Mehrwerte (§§ 57 bis 61) kann bis zu längstens zehn Jahren hinausgeschoben werden; dabei kann vorgesehen werden, dass die Bezahlung dieser Ausgleichsleistungen ganz oder teilweise in wiederkehrenden Leistungen erfolgt. In den Fällen des Satzes 2 soll die Ausgleichsleistung ab Fälligkeit und bei Anfechtung des Umlegungsplans lediglich wegen der Höhe einer Geldleistung soll diese in Höhe des angefochtenen Betrags ab Inkrafttreten des Umlegungsplans dem Grund nach mit 2 vom Hundert über dem Basissatz nach § 247 des Bürgerlichen Gesetzbuchs jährlich verzinst werden.

(3) Die Verpflichtungen des Eigentümers oder des Erbbauberechtigten zu Geldleistungen nach den §§ 57 bis 61 gelten als Beitrag und ruhen als öffentliche Last auf dem Grundstück oder dem Erbbaurecht.

(4) Wird zur Sicherung eines Kredits, der

1. der Errichtung von Neubauten, dem Wiederaufbau zerstörter Gebäude oder dem Ausbau oder der Erweiterung bestehender Gebäude oder

2. der Durchführung notwendiger außerordentlicher Instandsetzungen an Gebäuden

auf dem belasteten Grundstück dient, ein Grundpfandrecht bestellt, so kann für dieses auf Antrag ein Befriedigungsvorrecht vor der öffentlichen Last nach Abs. 3 oder einem Teil derselben für den Fall der Zwangsvollstreckung in das Grundstück bewilligt werden, wenn dadurch die Sicherheit der öffentlichen Last nicht gefährdet wird und die Zins- und Tilgungssätze für das Grund-

pfandrecht den üblichen Jahresleistungen für erstrangige Tilgungshypotheken entsprechen. Die Bewilligung kann von der Erfüllung von Bedingungen abhängig gemacht werden.

(5) So weit die Kosten und Geldleistungen der Umlegung von einem Bedarfs- oder Erschließungsträger verursacht sind, sind sie von ihm der Gemeinde zu erstatten.

(6) Die öffentlichen Lasten (Absatz 3) sind im Grundbuch zu vermerken.

§ 65 (Hinterlegung und Verteilungsverfahren). Für die Hinterlegung von Geldleistungen und für das Verteilungsverfahren gelten die Vorschriften der §§ 118 und 119 entsprechend.

§ 66 (Aufstellung und Inhalt des Umlegungsplans). (1) Der Umlegungsplan ist von der Umlegungsstelle nach Erörterung mit den Eigentümern durch Beschluss aufzustellen. Er kann auch für Teile des Umlegungsgebiets aufgestellt werden (Teilumlegungsplan).

(2) Aus dem Umlegungsplan muss der in Aussicht genommene Neuzustand mit allen tatsächlichen und rechtlichen Änderungen hervorgehen, die die im Umlegungsgebiet gelegenen Grundstücke erfahren. Der Umlegungsplan muss nach Form und Inhalt zur Übernahme in das Liegenschaftskataster geeignet sein.

(3) Der Umlegungsplan besteht aus der Umlegungskarte und dem Umlegungsverzeichnis.

§ 67 (Umlegungskarte). Die Umlegungskarte stellt den künftigen Zustand des Umlegungsgebiets dar. In die Karte sind insbesondere die neuen Grundstücksgrenzen und -bezeichnungen sowie die Flächen im Sinne des § 55 Abs. 2 einzutragen.

§ 68 (Umlegungsverzeichnis). (1) Das Umlegungsverzeichnis führt auf

1. die Grundstücke, einschließlich der außerhalb des Umlegungsgebiets zugeteilten, nach Lage, Größe und Nutzungsart unter Gegenüberstellung des alten und neuen Bestands mit Angabe ihrer Eigentümer;

2. die Rechte an einem Grundstück oder einem das Grundstück belastenden Recht, ferner Ansprüche mit dem Recht auf Befriedigung aus dem Grundstück oder persönliche Rechte, die zum Erwerb, zum Besitz oder zur Nutzung eines Grundstücks berechtigen oder den Verpflichteten in der Benutzung des Grundstücks beschränken, so weit sie aufgehoben, geändert oder neu begründet werden;

3. die Grundstückslasten nach Rang und Betrag;

4. die Geldleistungen, deren Fälligkeit und Zahlungsart sowie der Wert der Flächen nach § 55 Abs. 2 bei einer insoweit erschließungsbeitragspflichtigen Zuteilung;

5. diejenigen, zu deren Gunsten oder Lasten Geldleistungen festgesetzt sind;

6. die einzuziehenden und die zu verlegenden Flächen im Sinne des § 55 Abs. 2 und die Wasserläufe;

7. die Gebote nach § 59 Abs. 7 sowie

8. die Baulasten nach § 61 Abs. 1 Satz 3.

(2) Das Umlegungsverzeichnis kann für jedes Grundstück gesondert aufgestellt werden.

§ 69 (Bekanntmachung des Umlegungsplans, Einsichtnahme). (1) Die Umlegungsstelle hat den Beschluss über die Aufstellung des Umlegungsplans (§ 66 Abs. 1) in der Gemeinde ortsüblich bekanntzumachen. In der Bekanntmachung ist darauf hinzuweisen, dass der Umlegungsplan an einer zu benennenden Stelle nach Abs. 2 eingesehen werden kann und auszugsweise nach § 70 Abs. 1 Satz 1 zugestellt wird.

(2) Den Umlegungsplan kann jeder einsehen, der ein berechtigtes Interesse darlegt.

§ 70 (Zustellung des Umlegungsplans). (1) Den Beteiligten ist ein ihre Rechte betreffender Auszug aus dem Umlegungsplan zuzustellen. Dabei ist darauf hinzuweisen, dass der Umlegungsplan an einer zu benennenden Stelle nach § 69 Abs. 2 eingesehen werden kann.

(2) Hält die Umlegungsstelle Änderungen des Umlegungsplans für erforderlich, so können die Bekanntmachung und die Zustellung des geänderten Umlegungsplans auf die von der Änderung Betroffenen beschränkt werden.

(3) Ist im Grundbuch die Anordnung der Zwangsversteigerung oder Zwangsverwaltung eingetragen, so gibt die Umlegungsstelle dem Vollstreckungsgericht von dem Umlegungsverzeichnis Kenntnis, so weit dieses das Grundstück, das Gegenstand des Vollstreckungsverfahrens ist, und die daran bestehenden Rechte betrifft.

§ 71 (Inkrafttreten des Umlegungsplans). (1) Die Umlegungsstelle hat ortsüblich bekanntzumachen, in welchem Zeitpunkt der Umlegungsplan unanfechtbar geworden ist. Dem Eintritt der Unanfechtbarkeit des Umlegungsplans steht es gleich, wenn der Umlegungsplan lediglich wegen der Höhe einer Geldabfindung anfechtbar ist.

(2) Vor Unanfechtbarkeit des Umlegungsplans kann die Umlegungsstelle räumliche und sachliche Teile des Umlegungsplans durch Bekanntmachung in Kraft setzen, wenn sich die Entscheidung über eingelegte Rechtsbehelfe auf diese Teile des Umlegungsplans nicht auswirken kann. Personen, die Rechtsbehelfe eingelegt haben, sind von der Inkraftsetzung zu unterrichten.

§ 72 (Wirkungen der Bekanntmachung). (1) Mit der Bekanntmachung nach § 71 wird der bisherige Rechtszustand durch den in dem Umlegungsplan vorgesehenen neuen Rechtszustand ersetzt. Die Bekanntmachung schließt die Einweisung der neuen Eigentümer in den Besitz der zugeteilten Grundstücke ein.

(2) Die Gemeinde hat den Umlegungsplan zu vollziehen, sobald seine Unanfechtbarkeit nach § 71 bekanntgemacht worden ist. Sie hat den Beteiligten die neuen Besitz- und Nutzungsrechte, erforderlichenfalls mit den Mitteln des Verwaltungszwangs, zu verschaffen.

§ 73 (Änderung des Umlegungsplans). Die Umlegungsstelle kann den Umlegungsplan auch nach Eintritt der Unanfechtbarkeit ändern, wenn

1. der Bebauungsplan geändert wird,

2. eine rechtskräftige Entscheidung eines Gerichts die Änderung notwendig macht oder

3. die Beteiligten mit der Änderung einverstanden sind.

§ 74 (Berichtigung der öffentlichen Bücher). (1) Die Umlegungsstelle übersendet dem Grundbuchamt und der für die Führung des Liegenschaftskatasters zuständigen Stelle eine beglaubigte Abschrift der Bekanntmachung nach § 71 sowie eine beglaubigte Ausfertigung des Umlegungsplans und ersucht diese, die Rechtsänderungen in das Grundbuch und in das Liegenschaftskataster einzutragen sowie den Umlegungsvermerk im Grundbuch zu löschen. Dies gilt auch für außerhalb des Umlegungsgebiets zugeteilte Grundstücke.

(2) Bis zur Berichtigung des Liegenschaftskatasters dienen die Umlegungskarte und das Umlegungsverzeichnis als amtliches Verzeichnis der Grundstücke im Sinne des § 2 Abs. 2 der Grundbuchordnung, wenn die für die Führung des Liegenschaftskatasters zuständige Stelle auf diesen Urkunden bescheinigt hat, dass sie nach Form und Inhalt zur Übernahme in das Liegenschaftskataster geeignet sind. Diese Bescheinigung ist nicht erforderlich, wenn die Flurbereinigungsbehörde die Umlegungskarte und das Umlegungsverzeichnis gefertigt hat (§ 46 Abs. 2 Nr. 5 und Abs. 4).

§ 75 (Einsichtnahme in den Umlegungsplan). Bis zur Berichtigung des Grundbuchs ist die Einsicht in den Umlegungsplan jedem gestattet, der ein berechtigtes Interesse darlegt.

§ 76 (Vorwegnahme der Entscheidung). Mit Einverständnis der betroffenen Rechtsinhaber können die Eigentums- und Besitzverhältnisse für einzelne Grundstücke sowie andere Rechte nach den §§ 55 bis 62 geregelt werden, bevor der Umlegungsplan aufgestellt ist. Die §§ 70 bis 75 gelten entsprechend.

§ 77 (Vorzeitige Besitzeinweisung). (1) Sofern die Umlegung innerhalb des Geltungsbereichs eines Bebauungsplans durchgeführt wird, kann die Umlegungsstelle nach dem Inkrafttreten des Bebauungsplans, wenn das Wohl der Allgemeinheit es erfordert,

1. vor Aufstellung des Umlegungsplans die Gemeinde oder den sonstigen Bedarfs- oder Erschließungsträger in den Besitz der Grundstücke, die in dem Bebauungsplan als Flächen im Sinne des § 9 Abs. 1 Nr. 21 oder des § 55 Abs. 2 und 5 festgesetzt sind, einweisen;

2. nach Aufstellung des Umlegungsplans und Übertragung der Grenzen der neuen Grundstücke in die Örtlichkeit auch sonstige am Umlegungsverfahren Beteiligte in den Besitz der nach dem Umlegungsplan für sie vorgesehenen Grundstücke oder Nutzungsrechte einweisen.

(2) Das Wohl der Allgemeinheit kann die vorzeitige Einweisung in den Besitz insbesondere erfordern

1. in den Fällen des Absatzes 1 Nr. 1 zu Gunsten der Gemeinde oder eines sonstigen Bedarfs- oder Erschließungsträgers, wenn Maßnahmen zur Verwirklichung des Bebauungsplans bevorstehen und die Flächen für die vorgesehenen Anlagen und Einrichtungen der Erschließung oder Versorgung des Gebiets benötigt werden,

2. in den Fällen des Absatzes 1 Nr. 2 zu Gunsten sonstiger Umlegungsbeteiligter, wenn dringende städtebauliche Gründe für die Verschaffung des Besitzes bestehen und wenn diese Gründe die Interessen der Betroffenen an der weiteren Ausübung des Besitzes wesentlich überwiegen.

(3) Die §§ 116 und 122 gelten entsprechend.

§ 78 (Verfahrens- und Sachkosten). Die Gemeinde trägt die Verfahrenskosten und die nicht durch Beiträge nach § 64 Abs. 3 gedeckten Sachkosten.

§ 79 (Abgaben- und Auslagenbefreiung). (1) Geschäfte und Verhandlungen, die der Durchführung oder Vermeidung der Umlegung dienen, einschließlich der Berichtigung der öffentlichen Bücher, sind frei von Gebühren und ähnlichen nichtsteuerlichen Abgaben sowie von Auslagen; dies gilt nicht für die Kosten eines Rechtsstreits. Unberührt bleiben Regelungen nach landesrechtlichen Vorschriften.

(2) Die Abgabenfreiheit ist von der zuständigen Behörde ohne Nachprüfung anzuerkennen, wenn die Umlegungsstelle versichert, dass ein Geschäft oder eine Verhandlung der Durchführung oder Vermeidung der Umlegung dient.

Zweiter Abschnitt. Vereinfachte Umlegung

§ 80 (Zweck, Anwendungsbereich und Zuständigkeiten). (1) Die Gemeinde kann eine Umlegung im Sinne des § 45 als vereinfachte Umlegung durchführen, wenn die in § 46 Abs. 1 bezeichneten Voraussetzungen vorliegen und wenn mit der Umlegung lediglich

1. unmittelbar aneinander grenzende oder in enger Nachbarschaft liegende Grundstücke oder Teile von Grundstücken untereinander getauscht oder

2. Grundstücke, insbesondere Splittergrundstücke oder Teile von Grundstücken, einseitig zugeteilt

werden. Die auszutauschenden oder einseitig zuzuteilenden Grundstücke oder Grundstücksteile dürfen nicht selbstständig bebaubar sein. Eine einseitige Zuteilung muss im öffentlichen Interesse geboten sein.

(2) Auf die vereinfachte Umlegung sind die Vorschriften des Ersten Abschnitts nur anzuwenden, so weit die Vorschriften dieses Abschnitts dies bestimmen. Einer Anordnung der vereinfachten Umlegung durch die Gemeinde bedarf es nicht.

(3) Die vereinfachte Umlegung ist so durchzuführen, dass jedem Eigentümer nach dem Verhältnis des Wertes seines früheren Grundstücks zum Wert der übrigen Grundstücke möglichst ein Grundstück in gleicher oder gleichwertiger Lage zugeteilt wird. Eine durch die vereinfachte Umlegung für den Grundstückseigentümer bewirkte Wertminderung darf nur unerheblich sein. Mit Zustimmung der Eigentümer können von den Sätzen 1 und 2 abweichende Regelungen getroffen werden.

(4) Im Rahmen des Verfahrens der vereinfachten Umlegung betroffene Dienstbarkeiten und Baulasten nach Maßgabe des § 61 Abs. 1 Satz 3 können neu geordnet und zu diesem Zweck auch neu begründet und aufgehoben werden. Betroffene Grundpfandrechte können neugeordnet werden, wenn die Beteiligten dem vorgesehenen neuen Rechtszustand zustimmen.

(5) Die Landesregierungen können durch Rechtsverordnungen bestimmen, dass die nach Maßgabe des § 46 Abs. 2 Nr. 1 und 2 gebildeten Umlegungsausschüsse auch vereinfachte Umlegungsverfahren selbstständig durchführen. Die Vorschriften des § 46 Abs. 4 zur Übertragung der Umlegung auf die Flurbereinigungsbehörde oder eine andere geeignete Behörde sind für vereinfachte Umlegungsverfahren entsprechend anzuwenden.

§ 81 (Geldleistungen). (1) Vorteile, die durch die vereinfachte Umlegung bewirkt werden, sind von den Eigentümern in Geld auszugleichen. Die Vorschriften über die Entschädigung im Zweiten Abschnitt des Fünften Teils sind entsprechend anzuwenden.

(2) Gläubigerin und Schuldnerin der Geldleistungen ist die Gemeinde. Die Beteiligten können mit Zustimmung der Gemeinde andere Vereinbarungen treffen. Die Geldleistungen werden mit der Bekanntmachung nach § 83 Abs. 1 fällig. § 64 Abs. 3, 4 und 6 über Beitrag und öffentliche Last ist entsprechend anzuwenden, wenn die Gemeinde Gläubigerin der Geldleistungen ist.

(3) Dinglich Berechtigte, deren Rechte durch die vereinfachte Umlegung beeinträchtigt werden, sind insoweit auf den Geldanspruch des Eigentümers angewiesen. Für die Hinterlegung von Geldleistungen und für das Verteilungsverfahren gelten die Vorschriften der §§ 118 und 119 entsprechend.

§ 82 (Beschluss über die vereinfachte Umlegung). (1) Die Gemeinde setzt nach Erörterung mit den Eigentümern durch Beschluss die neuen Grenzen sowie die Geldleistung fest und regelt in ihm, so weit es erforderlich ist, die Neuordnung und zu diesem Zweck auch die Neubegründung und Aufhebung von Dienstbarkeiten, Grundpfandrechten und Baulasten. Beteiligten, deren Rechte ohne Zustimmung durch den Beschluss betroffen werden, ist vorher Gelegenheit zur Stellungnahme zu geben. Der Beschluss muss nach Form und Inhalt zur Übernahme in das Liegenschaftskataster geeignet sein.

(2) Allen Beteiligten ist ein ihre Rechte betreffender Auszug aus dem Beschluss zuzustellen. Dabei ist darauf hinzuweisen, dass der Beschluss bei einer zu benennenden Stelle eingesehen werden kann.

§ 83 (Bekanntmachung und Rechtswirkungen der vereinfachten Umlegung). (1) Die Gemeinde hat ortsüblich bekanntzumachen, in welchem Zeitpunkt der Beschluss über die vereinfachte Umlegung unanfechtbar geworden ist. § 71 Abs. 2 über die vorzeitige Inkraftsetzung ist entsprechend anzuwenden.

(2) Mit der Bekanntmachung wird der bisherige Rechtszustand durch den in dem Beschluss über die vereinfachte Umlegung vorgesehenen neuen Rechtszustand ersetzt. Die Bekanntmachung schließt die Einweisung der neuen Eigentümer in den Besitz der zugeteilten Grundstücke oder Grundstücksteile ein. § 72 Abs. 2 über die Vollziehung ist entsprechend anzuwenden.

(3) Das Eigentum an ausgetauschten oder einseitig zugeteilten Grundstücksteilen und Grundstücken geht lastenfrei auf die neuen Eigentümer über; Unschädlichkeitszeugnisse sind nicht erforderlich. Sofern Grundstücksteile oder Grundstücke einem Grundstück zugeteilt werden, werden sie Bestandteil dieses Grundstücks. Die dinglichen Rechte an diesem Grundstück erstrecken sich auf die zugeteilten Grundstücksteile und Grundstücke. Satz 1 Halbsatz 1 und Satz 3 gelten nur, so weit sich nicht aus einer Regelung nach § 80 Abs. 4 etwas anderes ergibt.

§ 84 (Berichtigung der öffentlichen Bücher). (1) Die Gemeinde übersendet dem Grundbuchamt und der für die Führung des Liegenschaftskatasters zuständigen Stelle eine beglaubigte Abschrift des Beschlusses über die vereinfachte Umlegung, teilt den Zeitpunkt der Bekanntmachung nach § 83 Abs. 1 mit und ersucht diese, die Rechtsänderungen in das Grundbuch und in das Liegenschaftskataster einzutragen. § 74 Abs. 2 gilt entsprechend.

(2) Für die Kosten der vereinfachten Umlegung gelten die §§ 78 und 79 entsprechend.

Fünfter Teil. Enteignung

Erster Abschnitt: Zulässigkeit der Enteignung

§ 85 (Enteignungszweck). (1) Nach diesem Gesetzbuch kann nur enteignet werden, um

1. entsprechend den Festsetzungen des Bebauungsplans ein Grundstück zu nutzen oder eine solche Nutzung vorzubereiten,

2. unbebaute oder geringfügig bebaute Grundstücke, die nicht im Bereich eines Bebauungsplans, aber innerhalb im Zusammenhang bebauter Ortsteile liegen, insbesondere zur Schließung von Baulücken, entsprechend den baurechtlichen Vorschriften zu nutzen oder einer baulichen Nutzung zuzuführen,

3. Grundstücke für die Entschädigung in Land zu beschaffen,

4. durch Enteignung entzogene Rechte durch neue Rechte zu ersetzen,

5. Grundstücke einer baulichen Nutzung zuzuführen, wenn ein Eigentümer die Verpflichtung nach § 176 Abs. 1 oder 2 nicht erfüllt,

6. im Geltungsbereich einer Erhaltungssatzung eine bauliche Anlage aus den in § 172 Abs. 3 bis 5 bezeichneten Gründen zu erhalten oder

7. im Geltungsbereich einer Satzung zur Sicherung von Durchführungsmaßnahmen des Stadtumbaus eine bauliche Anlage aus den in § 171d Abs. 3 bezeichneten Gründen zu erhalten oder zu beseitigen.

(2) Unberührt bleiben

1. die Vorschriften über die Enteignung zu anderen als den in Abs. 1 genannten Zwecken,

2. landesrechtliche Vorschriften über die Enteignung zu den in Abs. 1 Nr. 6 genannten Zwecken.

§ 86 (Gegenstand der Enteignung). (1) Durch Enteignung können

1. das Eigentum an Grundstücken entzogen oder belastet werden;

2. andere Rechte an Grundstücken entzogen oder belastet werden;

3. Rechte entzogen werden, die zum Erwerb, zum Besitz oder zur Nutzung von Grundstücken berechtigen oder die den Verpflichteten in der Benutzung von Grundstücken beschränken; hierzu zählen auch Rückübertragungsansprüche nach dem Vermögensgesetz;

4. so weit es in den Vorschriften dieses Teils vorgesehen ist, Rechtsverhältnisse begründet werden, die Rechte der in Nummer 3 bezeichneten Art gewähren.

(2) Auf das Zubehör eines Grundstücks sowie auf Sachen, die nur zu einem vorübergehenden Zweck mit dem Grundstück verbunden oder in ein Gebäude eingefügt sind, darf die Enteignung nur nach Maßgabe des § 92 Abs. 4 ausgedehnt werden.

(3) Die für die Entziehung oder Belastung des Eigentums an Grundstücken geltenden Vorschriften sind auf die Entziehung, Belastung oder Begründung der in Abs. 1 Nr. 2 bis 4 bezeichneten Rechte entsprechend anzuwenden.

§ 87 (Voraussetzungen für die Zulässigkeit der Enteignung). (1) Die Enteignung ist im einzelnen Fall nur zulässig, wenn das Wohl der Allgemeinheit sie erfordert und der Enteignungszweck auf andere zumutbare Weise nicht erreicht werden kann.

(2) Die Enteignung setzt voraus, dass der Antragsteller sich ernsthaft um den freihändigen Erwerb des zu enteignenden Grundstücks zu angemessenen Bedingungen, unter den Voraussetzungen des § 100 Abs. 1 und 3 unter Angebot geeigneten anderen Landes, vergeblich bemüht hat. Der Antragsteller hat glaubhaft zu machen, dass das Grundstück innerhalb angemessener Frist zu dem vorgesehenen Zweck verwendet wird.

(3) Die Enteignung eines Grundstücks zu dem Zweck, es für die bauliche Nutzung vorzubereiten (§ 85 Abs. 1 Nr. 1) oder es der baulichen Nutzung zuzuführen (§ 85 Abs. 1 Nr. 2), darf nur zu Gunsten der Gemeinde oder eines öffentlichen Bedarfs- oder Erschließungsträgers erfolgen. In den Fällen des § 85 Abs. 1 Nr. 5 kann die Enteignung eines Grundstücks zu Gunsten eines Bauwilligen verlangt werden, der in der Lage ist, die Baumaßnahmen innerhalb angemessener Frist durchzuführen, und sich hierzu verpflichtet. So weit im förmlich festgelegten Sanierungsgebiet die Enteignung zu Gunsten der Gemeinde zulässig ist, kann sie auch zu Gunsten eines Sanierungsträgers erfolgen.

(4) Die Zulässigkeit der Enteignung wird durch die Vorschriften des Dritten Teils des Zweiten Kapitels nicht berührt.

§ 88 (Enteignung aus zwingenden städtebaulichen Gründen). Wird die Enteignung eines Grundstücks von der Gemeinde zu den in § 85 Abs. 1 Nr. 1 und 2 bezeichneten Zwecken aus zwingenden städtebaulichen Gründen beantragt, so genügt anstelle des § 87 Abs. 2 der Nachweis, dass die Gemeinde sich ernsthaft um den freihändigen Erwerb dieses Grundstücks zu angemessenen Bedingungen vergeblich bemüht hat. Satz 1 ist entsprechend anzuwenden, wenn die Enteignung eines im förmlich festgelegten Sanierungsgebiet gelegenen Grundstücks zu Gunsten der Gemeinde oder eines Sanierungsträgers beantragt wird.

§ 89 (Veräußerungspflicht). (1) Die Gemeinde hat Grundstücke zu veräußern,

1. die sie durch Ausübung des Vorkaufsrechts erlangt hat oder

2. die zu ihren Gunsten enteignet worden sind, um sie für eine bauliche Nutzung vorzubereiten oder der baulichen Nutzung zuzuführen.

Dies gilt nicht für Grundstücke, die als Austauschland für beabsichtigte städtebauliche Maßnahmen, zur Entschädigung in Land oder für sonstige öffentliche Zwecke benötigt werden.

Die Veräußerungspflicht entfällt, wenn für das Grundstück entsprechendes Ersatzland hergegeben oder Miteigentum an einem Grundstück übertragen wurde oder wenn grundstücksgleiche Rechte, Rechte nach dem Wohnungseigentumsgesetz oder sonstige dingliche Rechte an einem Grundstück begründet oder gewährt wurden.

(2) Die Gemeinde soll ein Grundstück veräußern, sobald der mit dem Erwerb verfolgte Zweck verwirklicht werden kann oder entfallen ist.

(3) Die Gemeinde hat die Grundstücke unter Berücksichtigung weiter Kreise der Bevölkerung an Personen zu veräußern, die sich verpflichten, das Grundstück innerhalb angemessener Frist entsprechend den baurechtlichen Vorschriften oder den Zielen und Zwecken der städtebaulichen

Maßnahme zu nutzen. Dabei sind in den Fällen des Absatzes 1 Satz 1 Nr. 1 die früheren Käufer, in den Fällen des Absatzes 1 Satz 1 Nr. 2 die früheren Eigentümer vorrangig zu berücksichtigen.

(4) Die Gemeinde kann ihrer Veräußerungspflicht nachkommen, indem sie

1. das Eigentum an dem Grundstück überträgt,

2. grundstücksgleiche Rechte oder Rechte nach dem Wohnungseigentumsgesetz oder

3. sonstige dingliche Rechte

begründet oder gewährt. Die Verschaffung eines Anspruchs auf den Erwerb solcher Rechte steht ihrer Begründung oder Gewährung oder der Eigentumsübertragung gleich.

§ 90 (Enteignung von Grundstücken zur Entschädigung in Land). (1) Die Enteignung von Grundstücken zur Entschädigung in Land (Ersatzland) ist zulässig, wenn

1. die Entschädigung eines Eigentümers nach § 100 in Land festzusetzen ist,

2. die Bereitstellung von Grundstücken, die im Rahmen der beabsichtigten städtebaulichen Entwicklung als Ersatzland geeignet sind, weder aus dem Grundbesitz des Enteignungsbegünstigten noch aus dem Grundbesitz des Bundes, des Landes, einer Gemeinde (Gemeindeverband) oder einer juristischen Person des Privatrechts, an der der Bund, das Land oder eine Gemeinde (Gemeindeverband) allein oder gemeinsam überwiegend beteiligt sind, möglich und zumutbar ist sowie

3. von dem Enteignungsbegünstigten geeignete Grundstücke freihändig zu angemessenen Bedingungen, insbesondere, so weit ihm dies möglich und zumutbar ist, unter Angebot geeigneten anderen Landes aus dem eigenen Vermögen oder aus dem Besitzstand von juristischen Personen des Privatrechts, an deren Kapital er überwiegend beteiligt ist, nicht erworben werden können.

(2) Grundstücke unterliegen nicht der Enteignung zur Entschädigung in Land, wenn und so weit

1. der Eigentümer oder bei land- oder forstwirtschaftlich genutzten Grundstücken auch der sonstige Nutzungsberechtigte auf das zu enteignende Grundstück mit seiner Berufs- oder Erwerbstätigkeit angewiesen und ihm im Interesse der Erhaltung der Wirtschaftlichkeit seines Betriebs die Abgabe nicht zuzumuten ist oder

2. die Grundstücke oder ihre Erträge unmittelbar öffentlichen Zwecken oder der Wohlfahrtspflege, dem Unterricht, der Forschung, der Kranken- und Gesundheitspflege, der Erziehung, der Körperertüchtigung oder den Aufgaben der Kirchen und anderer Religionsgesellschaften des öffentlichen Rechts sowie deren Einrichtungen dienen oder zu dienen bestimmt sind.

(3) Außerhalb des räumlichen Geltungsbereichs eines Bebauungsplans und außerhalb der im Zusammenhang bebauten Ortsteile können Grundstücke zur Entschädigung in Land nur enteignet werden, wenn sie land- oder forstwirtschaftlich genutzt werden sollen.

(4) Die Enteignung zum Zweck der Entschädigung eines Eigentümers, dessen Grundstück zur Beschaffung von Ersatzland enteignet wird, ist unzulässig.

§ 91 (Ersatz für entzogene Rechte). Die Enteignung zu dem Zweck, durch Enteignung entzogene Rechte durch neue Rechte zu ersetzen, ist nur zulässig, so weit der Ersatz in den Vorschriften des Zweiten Abschnitts vorgesehen ist. Für den Ersatz entzogener Rechte durch neue Rechte im Wege der Enteignung nach § 97 Abs. 2 Satz 3 gelten die in § 90 Abs. 1 und 2 für die Enteignung zur Entschädigung in Land getroffenen Vorschriften entsprechend.

§ 92 (Umfang, Beschränkung und Ausdehnung der Enteignung). (1) Ein Grundstück darf nur in dem Umfang enteignet werden, in dem dies zur Verwirklichung des Enteignungszwecks erforderlich ist. Reicht eine Belastung des Grundstücks mit einem Recht zur Verwirklichung des Enteignungszwecks aus, so ist die Enteignung hierauf zu beschränken.

(2) Soll ein Grundstück mit einem Erbbaurecht belastet werden, kann der Eigentümer anstelle der Belastung die Entziehung des Eigentums verlangen. Soll ein Grundstück mit einem anderen Recht belastet werden, kann der Eigentümer die Entziehung des Eigentums verlangen, wenn die Belastung mit dem dinglichen Recht für ihn unbillig ist.

(3) Soll ein Grundstück oder ein räumlich oder wirtschaftlich zusammenhängender Grundbesitz nur zu einem Teil enteignet werden, kann der Eigentümer die Ausdehnung der Enteignung auf das Restgrundstück oder den Restbesitz insoweit verlangen, als das Restgrundstück oder der Restbesitz nicht mehr in angemessenem Umfang baulich oder wirtschaftlich genutzt werden kann.

(4) Der Eigentümer kann verlangen, dass die Enteignung auf die in § 86 Abs. 2 bezeichneten Gegenstände ausgedehnt wird, wenn und so weit er sie infolge der Enteignung nicht mehr wirtschaftlich nutzen oder in anderer Weise angemessen verwerten kann.

(5) Ein Verlangen nach den Absätzen 2 bis 4 ist schriftlich oder zur Niederschrift bei der Enteignungsbehörde bis zum Schluss der mündlichen Verhandlung geltend zu machen.

Zweiter Abschnitt. Entschädigung

§ 93 (Entschädigungsgrundsätze). (1) Für die Enteignung ist Entschädigung zu leisten.

(2) Die Entschädigung wird gewährt

1. für den durch die Enteignung eintretenden Rechtsverlust,

2. für andere durch die Enteignung eintretende Vermögensnachteile.

(3) Vermögensvorteile, die dem Entschädigungsberechtigten (§ 94) infolge der Enteignung entstehen, sind bei der Festsetzung der Entschädigung zu berücksichtigen. Hat bei der Entstehung eines Vermögensnachteils ein Verschulden des Entschädigungsberechtigten mitgewirkt, so gilt § 254 des Bürgerlichen Gesetzbuchs entsprechend.

(4) Für die Bemessung der Entschädigung ist der Zustand des Grundstücks in dem Zeitpunkt maßgebend, in dem die Enteignungsbehörde über den Enteignungsantrag entscheidet. In den Fällen der vorzeitigen Besitzeinweisung ist der Zustand in dem Zeitpunkt maßgebend, in dem diese wirksam wird.

§ 94 (Entschädigungsberechtigter und Entschädigungsverpflichteter). (1) Entschädigung kann verlangen, wer in seinem Recht durch die Enteignung beeinträchtigt wird und dadurch einen Vermögensnachteil erleidet.

(2) Zur Leistung der Entschädigung ist der Enteignungsbegünstigte verpflichtet. Wird Ersatzland enteignet, so ist zur Entschädigung derjenige verpflichtet, der dieses Ersatzland für das zu enteignende Grundstück beschaffen muss.

§ 95 (Entschädigung für den Rechtsverlust). (1) Die Entschädigung für den durch die Enteignung eintretenden Rechtsverlust bemisst sich nach dem Verkehrswert (§ 194) des zu enteignenden Grundstücks oder sonstigen Gegenstands der Enteignung. Maßgebend ist der Verkehrswert in dem Zeitpunkt, in dem die Enteignungsbehörde über den Enteignungsantrag entscheidet.

(2) Bei der Festsetzung der Entschädigung bleiben unberücksichtigt

1. Wertsteigerungen eines Grundstücks, die in der Aussicht auf eine Änderung der zulässigen Nutzung eingetreten sind, wenn die Änderung nicht in absehbarer Zeit zu erwarten ist;

2. Wertänderungen, die infolge der bevorstehenden Enteignung eingetreten sind;

3. Werterhöhungen, die nach dem Zeitpunkt eingetreten sind, in dem der Eigentümer zur Vermeidung der Enteignung ein Kauf- oder Tauschangebot des Antragstellers mit angemessenen Bedingungen (§ 87 Abs. 2 Satz 1 und § 88) hätte annehmen können, es sei denn, dass der Eigentümer Kapital oder Arbeit für sie aufgewendet hat;

4. wertsteigernde Veränderungen, die während einer Veränderungssperre ohne Genehmigung der Baugenehmigungsbehörde vorgenommen worden sind;

5. wertsteigernde Veränderungen, die nach Einleitung des Enteignungsverfahrens ohne behördliche Anordnung oder Zustimmung der Enteignungsbehörde vorgenommen worden sind;

6. Vereinbarungen, so weit sie von üblichen Vereinbarungen auffällig abweichen und Tatsachen die Annahme rechtfertigen, dass sie getroffen worden sind, um eine höhere Entschädigungsleistung zu erlangen;

7. Bodenwerte, die nicht zu berücksichtigen wären, wenn der Eigentümer eine Entschädigung in den Fällen der §§ 40 bis 42 geltend machen würde.

(3) Für bauliche Anlagen, deren Rückbau jederzeit auf Grund öffentlich-rechtlicher Vorschriften entschädigungslos gefordert werden kann, ist eine Entschädigung nur zu gewähren, wenn es aus Gründen der Billigkeit geboten ist. Kann der Rückbau entschädigungslos erst nach Ablauf einer Frist gefordert werden, so ist die Entschädigung nach dem Verhältnis der restlichen zu der gesamten Frist zu bemessen.

(4) Wird der Wert des Eigentums an dem Grundstück durch Rechte Dritter gemindert, die an dem Grundstück aufrechterhalten, an einem anderen Grundstück neu begründet oder gesondert entschädigt werden, so ist dies bei der Festsetzung der Entschädigung für den Rechtsverlust zu berücksichtigen.

§ 96 (Entschädigung für andere Vermögensnachteile). (1) Wegen anderer durch die Enteignung eintretender Vermögensnachteile ist eine Entschädigung nur zu gewähren, wenn und so weit diese Vermögensnachteile nicht bei der Bemessung der Entschädigung für den Rechtsverlust berücksichtigt sind. Die Entschädigung ist unter gerechter Abwägung der Interessen der Allgemeinheit und der Beteiligten festzusetzen, insbesondere für

1. den vorübergehenden oder dauernden Verlust, den der bisherige Eigentümer in seiner Berufstätigkeit, seiner Erwerbstätigkeit oder in Erfüllung der ihm wesensgemäß obliegenden Aufgaben erleidet, jedoch nur bis zu dem Betrag des Aufwands, der erforderlich ist, um ein anderes Grundstück in der gleichen Weise wie das zu enteignende Grundstück zu nutzen;

2. die Wertminderung, die durch die Enteignung eines Grundstücksteils oder eines Teils eines räumlich oder wirtschaftlich zusammenhängenden Grundbesitzes bei dem anderen Teil oder durch Enteignung des Rechts an einem Grundstück bei einem anderen Grundstück entsteht, so weit die Wertminderung nicht schon bei der Festsetzung der Entschädigung nach Nummer 1 berücksichtigt ist;

3. die notwendigen Aufwendungen für einen durch die Enteignung erforderlich werdenden Umzug.

(2) Im Falle des Absatzes 1 Nr. 2 ist § 95 Abs. 2 Nr. 3 anzuwenden.

§ 97 (Behandlung der Rechte der Nebenberechtigten). (1) Rechte an dem zu enteignenden Grundstück sowie persönliche Rechte, die zum Besitz oder zur Nutzung des Grundstücks berechtigen oder den Verpflichteten in der Benutzung des Grundstücks beschränken, können aufrechterhalten werden, so weit dies mit dem Enteignungszweck vereinbar ist.

(2) Als Ersatz für ein Recht an einem Grundstück, das nicht aufrechterhalten wird, kann mit Zustimmung des Rechtsinhabers das Ersatzland oder ein anderes Grundstück des Enteignungsbegünstigten mit einem gleichen Recht belastet werden. Als Ersatz für ein persönliches Recht, das nicht aufrechterhalten wird, kann mit Zustimmung des Rechtsinhabers ein Rechtsverhältnis begründet werden, das ein Recht gleicher Art in Bezug auf das Ersatzland oder auf ein anderes Grundstück des Enteignungsbegünstigten gewährt. Als Ersatz für dingliche oder persönliche Rechte eines öffentlichen Verkehrsunternehmens oder eines Trägers der öffentlichen Versorgung

mit Elektrizität, Gas, Wärme oder Wasser, der auf diese zur Erfüllung seiner wesensgemäßen Aufgaben angewiesen ist, sind auf seinen Antrag Rechte gleicher Art zu begründen; so weit dazu Grundstücke des Enteignungsbegünstigten nicht geeignet sind, können zu diesem Zweck auch andere Grundstücke in Anspruch genommen werden. Anträge nach Satz 3 müssen vor Beginn der mündlichen Verhandlung schriftlich oder zur Niederschrift der Enteignungsbehörde gestellt werden.

(3) So weit Rechte nicht aufrechterhalten oder nicht durch neue Rechte ersetzt werden, sind bei der Enteignung eines Grundstücks gesondert zu entschädigen

1. Erbbauberechtigte, Altenteilsberechtigte sowie Inhaber von Dienstbarkeiten und Erwerbsrechten an dem Grundstück,

2. Inhaber von persönlichen Rechten, die zum Besitz oder zur Nutzung des Grundstücks berechtigen, wenn der Berechtigte im Besitz des Grundstücks ist,

3. Inhaber von persönlichen Rechten, die zum Erwerb des Grundstücks berechtigen oder den Verpflichteten in der Nutzung des Grundstücks beschränken.

(4) Berechtigte, deren Rechte nicht aufrechterhalten, nicht durch neue Rechte ersetzt und nicht gesondert entschädigt werden, haben bei der Enteignung eines Grundstücks Anspruch auf Ersatz des Werts ihres Rechts aus der Geldentschädigung für das Eigentum an dem Grundstück, so weit sich ihr Recht auf dieses erstreckt. Das gilt entsprechend für die Geldentschädigungen, die für den durch die Enteignung eintretenden Rechtsverlust in anderen Fällen oder nach § 96 Abs. 1 Satz 2 Nr. 2 festgesetzt werden.

§ 98 (Schuldübergang). (1) Haftet bei einer Hypothek, die aufrechterhalten oder durch ein neues Recht an einem anderen Grundstück ersetzt wird, der von der Enteignung Betroffene zugleich persönlich, so übernimmt der Enteignungsbegünstigte die Schuld in Höhe der Hypothek. Die §§ 415 und 416 des Bürgerlichen Gesetzbuchs gelten entsprechend; als Veräußerer im Sinne des § 416 ist der von der Enteignung Betroffene anzusehen.

(2) Das Gleiche gilt, wenn bei einer Grundschuld oder Rentenschuld, die aufrechterhalten oder durch ein neues Recht an einem anderen Grundstück ersetzt wird, der von der Enteignung Betroffene zugleich persönlich haftet, sofern er spätestens in dem nach § 108 anzuberaumenden Termin die gegen ihn bestehende Forderung unter Angabe ihres Betrags und Grunds angemeldet und auf Verlangen der Enteignungsbehörde oder eines Beteiligten glaubhaft gemacht hat.

§ 99 (Entschädigung in Geld). (1) Die Entschädigung ist in einem einmaligen Betrag zu leisten, so weit dieses Gesetzbuch nichts anderes bestimmt. Auf Antrag des Eigentümers kann die Entschädigung in wiederkehrenden Leistungen festgesetzt werden, wenn dies den übrigen Beteiligten zuzumuten ist.

(2) Für die Belastung eines Grundstücks mit einem Erbbaurecht ist die Entschädigung in einem Erbbauzins zu leisten.

(3) Einmalige Entschädigungsbeträge sind mit 2 vom Hundert über dem Basissatz nach § 247 des Bürgerlichen Gesetzbuchs jährlich von dem Zeitpunkt an zu verzinsen, in dem die Enteignungsbehörde über den Enteignungsantrag entscheidet. Im Falle der vorzeitigen Besitzeinweisung ist der Zeitpunkt maßgebend, in dem diese wirksam wird.

§ 100 (Entschädigung in Land). (1) Die Entschädigung ist auf Antrag des Eigentümers in geeignetem Ersatzland festzusetzen, wenn er zur Sicherung seiner Berufstätigkeit, seiner Erwerbstätigkeit oder zur Erfüllung der ihm wesensgemäß obliegenden Aufgaben auf Ersatzland angewiesen ist und

1. der Enteignungsbegünstigte über als Ersatzland geeignete Grundstücke verfügt, auf die er nicht mit seiner Berufstätigkeit, seiner Erwerbstätigkeit oder zur Erfüllung der ihm wesensgemäß obliegenden Aufgaben angewiesen ist, oder

2. der Enteignungsbegünstigte geeignetes Ersatzland nach pflichtmäßigem Ermessen der Enteignungsbehörde freihändig zu angemessenen Bedingungen beschaffen kann oder

3. geeignetes Ersatzland durch Enteignung nach § 90 beschafft werden kann.

(2) Wird die Entschädigung in Ersatzland festgesetzt, sind auch der Verwendungszweck des Ersatzlands und die Frist, in der das Grundstück zu dem vorgesehenen Zweck zu verwenden ist, zu bezeichnen. Die §§ 102 und 103 gelten entsprechend.

(3) Unter den Voraussetzungen der Nummern 1 bis 3 des Absatzes 1 ist die Entschädigung auf Antrag des Eigentümers auch dann in geeignetem Ersatzland festzusetzen, wenn ein Grundstück enteignet werden soll, das mit einem Eigenheim oder einer Kleinsiedlung bebaut ist. Dies gilt nicht, wenn nach öffentlich-rechtlichen Vorschriften der Rückbau des Gebäudes jederzeit entschädigungslos gefordert werden kann.

(4) Die Entschädigung kann auf Antrag des Enteigneten oder Enteignungsbegünstigten ganz oder teilweise in Ersatzland festgesetzt werden, wenn diese Art der Entschädigung nach pflichtmäßigem Ermessen der Enteignungsbehörde unter gerechter Abwägung der Interessen der Allgemeinheit und der Beteiligten billig ist und bei dem Enteignungsbegünstigten die in Abs. 1 Nr. 1 oder 2 genannten Voraussetzungen vorliegen.

(5) Auf die Ermittlung des Werts des Ersatzlands ist § 95 entsprechend anzuwenden. Hierbei kann eine Werterhöhung berücksichtigt werden, die das übrige Grundvermögen des von der Enteignung Betroffenen durch den Erwerb des Ersatzlands über dessen Wert nach Satz 1 hinaus erfährt. Hat das Ersatzland einen geringeren Wert als das zu enteignende Grundstück, so ist eine dem Wertunterschied entsprechende zusätzliche Geldentschädigung festzusetzen. Hat das Ersatzland einen höheren Wert als das zu enteignende Grundstück, so ist festzusetzen, dass der Entschädigungsberechtigte an den durch die Enteignung Begünstigten eine dem Wertunterschied entsprechende Ausgleichszahlung zu leisten hat. Die Ausgleichszahlung wird mit dem nach § 117 Abs. 5 Satz 1 in der Ausführungsanordnung festgesetzten Tag fällig.

(6) Wird die Entschädigung in Land festgesetzt, sollen dingliche oder persönliche Rechte, so weit sie nicht an dem zu enteignenden Grundstück aufrechterhalten werden, auf Antrag des Rechtsinhabers ganz oder teilweise nach Maßgabe des § 97 Abs. 2 ersetzt werden. So weit dies nicht möglich ist oder nicht ausreicht, sind die Inhaber der Rechte gesondert in Geld zu entschädigen; dies gilt für die in § 97 Abs. 4 bezeichneten Berechtigungen nur, so weit ihre Rechte nicht durch eine dem Eigentümer nach Abs. 5 zu gewährende zusätzliche Geldentschädigung gedeckt werden.

(7) Anträge nach den Absätzen 1, 3, 4 und 6 sind schriftlich oder zur Niederschrift der Enteignungsbehörde zu stellen, und zwar in den Fällen der Absätze 1, 3 und 4 vor Beginn und im Falle des Absatzes 6 bis zum Schluss der mündlichen Verhandlung (§ 108).

(8) Sind Miteigentum, grundstücksgleiche Rechte oder Rechte nach dem Wohnungseigentumsgesetz ebenso zur Sicherung der Berufs- oder Erwerbstätigkeit des Berechtigten oder zur Erfüllung der ihm wesensgemäß obliegenden Aufgaben geeignet, können dem Eigentümer diese Rechte anstelle des Ersatzlands angeboten werden. Der Eigentümer ist in Geld abzufinden, wenn er die ihm nach Satz 1 angebotene Entschädigung ablehnt. § 101 bleibt unberührt.

(9) Hat der Eigentümer nach Abs. 1 oder 3 einen Anspruch auf Ersatzland und beschafft er sich mit Zustimmung des Enteignungsbegünstigten außerhalb des Enteignungsverfahrens Ersatzland oder die in Abs. 8 bezeichneten Rechte selbst, so hat er gegen den Enteignungsbegünstigten einen Anspruch auf Erstattung der erforderlichen Aufwendungen. Der Enteignungsbegünstigte ist nur insoweit zur Erstattung verpflichtet, als er selbst Aufwendungen erspart. Kommt eine Einigung

über die Erstattung nicht zu Stande, entscheidet die Enteignungsbehörde; für den Bescheid gilt § 122 entsprechend.

§ 101 (Entschädigung durch Gewährung anderer Rechte). (1) Der Eigentümer eines zu enteignenden Grundstücks kann auf seinen Antrag, wenn dies unter Abwägung der Belange der Beteiligten billig ist, ganz oder teilweise entschädigt werden

1. durch Bestellung oder Übertragung von Miteigentum an einem Grundstück, grundstücksgleichen Rechten, Rechten nach dem Wohnungseigentumsgesetz, sonstigen dinglichen Rechten an dem zu enteignenden Grundstück oder an einem anderen Grundstück des Enteignungsbegünstigten oder

2. durch Übertragung von Eigentum an einem bebauten Grundstück des Enteignungsbegünstigten oder

3. durch Übertragung von Eigentum an einem Grundstück des Enteignungsbegünstigten, das mit einem Eigenheim oder einer Kleinsiedlung bebaut werden soll.

Bei Wertunterschieden zwischen den Rechten nach Satz 1 und dem zu enteignenden Grundstück gilt § 100 Abs. 5 entsprechend.

(2) Der Antrag nach Abs. 1 muss bis zum Schluss der mündlichen Verhandlung schriftlich oder zur Niederschrift der Enteignungsbehörde gestellt werden.

§ 102 (Rückenteignung). (1) Der enteignete frühere Eigentümer kann verlangen, dass das enteignete Grundstück zu seinen Gunsten wieder enteignet wird (Rückenteignung), wenn und so weit

1. der durch die Enteignung Begünstigte oder sein Rechtsnachfolger das Grundstück nicht innerhalb der festgesetzten Fristen (§ 113 Abs. 2 Nr. 3 und § 114) zu dem Enteignungszweck verwendet oder den Enteignungszweck vor Ablauf der Frist aufgegeben hat oder

2. die Gemeinde ihre Verpflichtung zur Übereignung nach § 89 nicht erfüllt hat.

(2) Die Rückenteignung kann nicht verlangt werden, wenn

1. der Enteignete selbst das Grundstück im Wege der Enteignung nach den Vorschriften dieses Gesetzbuchs oder des Baulandbeschaffungsgesetzes erworben hatte oder

2. ein Verfahren zur Enteignung des Grundstücks nach diesem Gesetzbuch zu Gunsten eines anderen Bauwilligen eingeleitet worden ist und der enteignete frühere Eigentümer nicht glaubhaft macht, dass er das Grundstück binnen angemessener Frist zu dem vorgesehenen Zweck verwenden wird.

(3) Der Antrag auf Rückenteignung ist binnen zwei Jahren seit Entstehung des Anspruchs bei der zuständigen Enteignungsbehörde einzureichen. § 203 des Bürgerlichen Gesetzbuchs gilt entsprechend. Der Antrag ist nicht mehr zulässig, wenn in den Fällen des Absatzes 1 mit der zweckgerechten Verwendung begonnen oder die Veräußerung oder Ausgabe des Grundstücks in Erbbaurecht vor Eingang des Antrags bei der Enteignungsbehörde eingeleitet worden ist.

(4) Die Enteignungsbehörde kann die Rückenteignung ablehnen, wenn das Grundstück erheblich verändert oder ganz oder überwiegend Entschädigung in Land gewährt worden ist.

(5) Der frühere Inhaber eines Rechts, das durch Enteignung nach den Vorschriften dieses Gesetzbuchs aufgehoben ist, kann unter den in Abs. 1 bezeichneten Voraussetzungen verlangen, dass ein gleiches Recht an dem früher belasteten Grundstück zu seinen Gunsten durch Enteignung wieder begründet wird. Die Vorschriften über die Rückenteignung gelten entsprechend.

(6) Für das Verfahren gelten die §§ 104 bis 122 entsprechend.

§ 103 (Entschädigung für die Rückenteignung). Wird dem Antrag auf Rückenteignung stattgegeben, so hat der Antragsteller dem von der Rückenteignung Betroffenen Entschädigung für den Rechtsverlust zu leisten. § 93 Abs. 2 Nr. 2 ist nicht anzuwenden. Ist dem Antragsteller bei der

ersten Enteignung eine Entschädigung für andere Vermögensnachteile gewährt worden, so hat er diese Entschädigung insoweit zurückzugewähren, als die Nachteile auf Grund der Rückenteignung entfallen. Die dem Eigentümer zu gewährende Entschädigung darf den bei der ersten Enteignung zu Grunde gelegten Verkehrswert des Grundstücks nicht übersteigen, jedoch sind Aufwendungen zu berücksichtigen, die zu einer Werterhöhung des Grundstücks geführt haben. Im Übrigen gelten die Vorschriften über die Entschädigung im Zweiten Abschnitt entsprechend.

Dritter Abschnitt. Enteignungsverfahren

§ 104 (Enteignungsbehörde). (1) Die Enteignung wird von der höheren Verwaltungsbehörde durchgeführt (Enteignungsbehörde).

(2) Die Landesregierungen können durch Rechtsverordnung bestimmen, dass an den Entscheidungen der Enteignungsbehörde ehrenamtliche Beisitzer mitzuwirken haben.

§ 105 (Enteignungsantrag). Der Enteignungsantrag ist bei der Gemeinde, in deren Gemarkung das zu enteignende Grundstück liegt, einzureichen. Die Gemeinde legt ihn mit ihrer Stellungnahme binnen eines Monats der Enteignungsbehörde vor.

§ 106 (Beteiligte). (1) In dem Enteignungsverfahren sind Beteiligte

1. der Antragsteller,

2. der Eigentümer und diejenigen, für die ein Recht an dem Grundstück oder an einem das Grundstück belastenden Recht im Grundbuch eingetragen oder durch Eintragung gesichert ist,

3. Inhaber eines nicht im Grundbuch eingetragenen Rechts an dem Grundstück oder an einem das Grundstück belastenden Recht, eines Anspruchs mit dem Recht auf Befriedigung aus dem Grundstück oder eines persönlichen Rechts, das zum Erwerb, zum Besitz oder zur Nutzung des Grundstücks berechtigt oder die Benutzung des Grundstücks beschränkt,

4. wenn Ersatzland bereitgestellt wird, der Eigentümer und die Inhaber der in den Nummern 2 und 3 genannten Rechte hinsichtlich des Ersatzlands,

5. die Eigentümer der Grundstücke, die durch eine Enteignung nach § 91 betroffen werden, und

6. die Gemeinde.

(2) Die in Abs. 1 Nr. 3 bezeichneten Personen werden in dem Zeitpunkt Beteiligte, in dem die Anmeldung ihres Rechts der Enteignungsbehörde zugeht. Die Anmeldung kann spätestens bis zum Schluss der mündlichen Verhandlung mit den Beteiligten erfolgen.

(3) Bestehen Zweifel an einem angemeldeten Recht, so hat die Enteignungsbehörde dem Anmeldenden unverzüglich eine Frist zur Glaubhaftmachung seines Rechts zu setzen. Nach fruchtlosem Ablauf der Frist ist er bis zur Glaubhaftmachung seines Rechts nicht mehr zu beteiligen.

(4) Der im Grundbuch eingetragene Gläubiger einer Hypothek, Grundschuld oder Rentenschuld, für die ein Brief erteilt ist, sowie jeder seiner Rechtsnachfolger hat auf Verlangen der Enteignungsbehörde eine Erklärung darüber abzugeben, ob ein anderer die Hypothek, Grundschuld oder Rentenschuld oder ein Recht daran erworben hat; die Person eines Erwerbers hat er dabei zu bezeichnen. § 208 Satz 2 bis 4 gilt entsprechend.

§ 107 (Vorbereitung der mündlichen Verhandlung). (1) Das Enteignungsverfahren soll beschleunigt durchgeführt werden. Die Enteignungsbehörde soll schon vor der mündlichen Verhandlung alle Anordnungen treffen, die erforderlich sind, um das Verfahren tunlichst in einem Verhandlungstermin zu erledigen. Sie hat dem Eigentümer, dem Antragsteller sowie den Behörden, für deren Geschäftsbereich die Enteignung von Bedeutung ist, Gelegenheit zur Äußerung zu geben. Bei der Ermittlung des Sachverhalts hat die Enteignungsbehörde ein Gutachten des Gutachterausschusses (§ 192) einzuholen, wenn Eigentum entzogen oder ein Erbbaurecht bestellt werden soll.

(2) Die Enteignungsbehörde hat die Landwirtschaftsbehörde zu hören, wenn landwirtschaftlich genutzte Grundstücke, die außerhalb des räumlichen Geltungsbereichs eines Bebauungsplans liegen, zur Entschädigung in Land enteignet werden sollen.

(3) Enteignungsverfahren können miteinander verbunden werden. Sie sind zu verbinden, wenn die Gemeinde es beantragt. Verbundene Enteignungsverfahren können wieder getrennt werden.

§ 108 (Einleitung des Enteignungsverfahrens und Anberaumung des Termins zur mündlichen Verhandlung; Enteignungsvermerk). (1) Das Enteignungsverfahren wird durch Anberaumung eines Termins zu einer mündlichen Verhandlung mit den Beteiligten eingeleitet. Zu der mündlichen Verhandlung sind der Antragsteller, der Eigentümer des betroffenen Grundstücks, die sonstigen aus dem Grundbuch ersichtlichen Beteiligten und die Gemeinde zu laden. Die Ladung ist zuzustellen. Die Ladungsfrist beträgt einen Monat.

(2) Das Enteignungsverfahren zu Gunsten der Gemeinde kann bereits eingeleitet werden, wenn

1. der Entwurf des Bebauungsplans nach § 3 Abs. 2 ausgelegen hat und

2. mit den Beteiligten die Verhandlungen nach § 87 Abs. 2 geführt und die von ihnen gegen den Entwurf des Bebauungsplans fristgemäß vorgebrachten Anregungen erörtert worden sind. Die Gemeinde kann in demselben Termin die Verhandlungen nach § 87 Abs. 2 führen und die Anregungen erörtern.

Das Verfahren ist so zu fördern, dass der Enteignungsbeschluss ergehen kann, sobald der Bebauungsplan rechtsverbindlich geworden ist. Eine Einigung nach § 110 oder § 111 kann auch vor Rechtsverbindlichkeit des Bebauungsplans erfolgen.

(3) Die Ladung muss enthalten

1. die Bezeichnung des Antragstellers und des betroffenen Grundstücks,

2. den wesentlichen Inhalt des Enteignungsantrags mit dem Hinweis, dass der Antrag mit den ihm beigefügten Unterlagen bei der Enteignungsbehörde eingesehen werden kann,

3. die Aufforderung, etwaige Einwendungen gegen den Enteignungsantrag möglichst vor der mündlichen Verhandlung bei der Enteignungsbehörde schriftlich einzureichen oder zur Niederschrift zu erklären, und

4. den Hinweis, dass auch bei Nichterscheinen über den Enteignungsantrag und andere im Verfahren zu erledigende Anträge entschieden werden kann.

(4) Die Ladung von Personen, deren Beteiligung auf einem Antrag auf Entschädigung in Land beruht, muss außer dem in Abs. 3 vorgeschriebenen Inhalt auch die Bezeichnung des Eigentümers, dessen Entschädigung in Land beantragt ist, und des Grundstücks, für das die Entschädigung in Land gewährt werden soll, enthalten.

(5) Die Einleitung des Enteignungsverfahrens ist unter Bezeichnung des betroffenen Grundstücks und des im Grundbuch als Eigentümer Eingetragenen sowie des ersten Termins der mündlichen Verhandlung mit den Beteiligten ortsüblich bekanntzumachen. In der Bekanntmachung sind alle Beteiligten aufzufordern, ihre Rechte spätestens in der mündlichen Verhandlung wahrzunehmen mit dem Hinweis, dass auch bei Nichterscheinen über den Enteignungsantrag und andere im Verfahren zu erledigende Anträge entschieden werden kann.

(6) Die Enteignungsbehörde teilt dem Grundbuchamt die Einleitung des Enteignungsverfahrens mit. Sie ersucht das Grundbuchamt, in das Grundbuch des betroffenen Grundstücks einzutragen, dass das Enteignungsverfahren eingeleitet ist (Enteignungsvermerk); ist das Enteignungsverfahren beendigt, ersucht die Enteignungsbehörde das Grundbuchamt, den Enteignungsvermerk zu löschen. Das Grundbuchamt hat die Enteignungsbehörde von allen Eintragungen zu benachrichtigen, die nach dem Zeitpunkt der Einleitung des Enteignungsverfahrens im Grundbuch des betroffenen Grundstücks vorgenommen sind und vorgenommen werden.

(7) Ist im Grundbuch die Anordnung der Zwangsversteigerung oder Zwangsverwaltung eingetragen, gibt die Enteignungsbehörde dem Vollstreckungsgericht von der Einleitung des Enteignungsverfahrens Kenntnis, so weit dieses das Grundstück betrifft, das Gegenstand des Vollstreckungsverfahrens ist.

§ 109 (Genehmigungspflicht). (1) Von der Bekanntmachung über die Einleitung des Enteignungsverfahrens an bedürfen die in § 51 bezeichneten Rechtsvorgänge, Vorhaben und Teilungen der schriftlichen Genehmigung der Enteignungsbehörde.

(2) Die Enteignungsbehörde darf die Genehmigung nur versagen, wenn Grund zu der Annahme besteht, dass der Rechtsvorgang, das Vorhaben oder die Teilung die Verwirklichung des Enteignungszwecks unmöglich machen oder wesentlich erschweren würde.

(3) Sind Rechtsvorgänge oder Vorhaben nach Abs. 1 vor der Bekanntmachung zu erwarten, kann die Enteignungsbehörde anordnen, dass die Genehmigungspflicht nach Abs. 1 bereits zu einem früheren Zeitpunkt eintritt. Die Anordnung ist ortsüblich bekanntzumachen und dem Grundbuchamt mitzuteilen.

(4) § 51 Abs. 2 und § 116 Abs. 6 gelten entsprechend.

§ 110 (Einigung). (1) Die Enteignungsbehörde hat auf eine Einigung zwischen den Beteiligten hinzuwirken.

(2) Einigen sich die Beteiligten, so hat die Enteignungsbehörde eine Niederschrift über die Einigung aufzunehmen. Die Niederschrift muss den Erfordernissen des § 113 Abs. 2 entsprechen. Sie ist von den Beteiligten zu unterschreiben. Ein Bevollmächtigter des Eigentümers bedarf einer öffentlich beglaubigten Vollmacht.

(3) Die beurkundete Einigung steht einem nicht mehr anfechtbaren Enteignungsbeschluss gleich. § 113 Abs. 5 ist entsprechend anzuwenden.

§ 111 (Teileinigung). Einigen sich die Beteiligten nur über den Übergang oder die Belastung des Eigentums an dem zu enteignenden Grundstück, jedoch nicht über die Höhe der Entschädigung, so ist § 110 Abs. 2 und 3 entsprechend anzuwenden. Die Enteignungsbehörde hat anzuordnen, dass dem Berechtigten eine Vorauszahlung in Höhe der zu erwartenden Entschädigung zu leisten ist, so weit sich aus der Einigung nichts anderes ergibt. Im Übrigen nimmt das Enteignungsverfahren seinen Fortgang.

§ 112 (Entscheidung der Enteignungsbehörde). (1) So weit eine Einigung nicht zu Stande kommt, entscheidet die Enteignungsbehörde auf Grund der mündlichen Verhandlung durch Beschluss über den Enteignungsantrag, die übrigen gestellten Anträge sowie über die erhobenen Einwendungen.

(2) Auf Antrag eines Beteiligten hat die Enteignungsbehörde vorab über den Übergang oder die Belastung des Eigentums an dem zu enteignenden Grundstück oder über sonstige durch die Enteignung zu bewirkende Rechtsänderungen zu entscheiden. In diesem Fall hat die Enteignungsbehörde anzuordnen, dass dem Berechtigten eine Vorauszahlung in Höhe der zu erwartenden Entschädigung zu leisten ist.

(3) Gibt die Enteignungsbehörde dem Enteignungsantrag statt, so entscheidet sie zugleich

1. darüber, welche Rechte der in § 97 bezeichneten Berechtigten an dem Gegenstand der Enteignung aufrechterhalten bleiben,

2. darüber, mit welchen Rechten der Gegenstand der Enteignung, das Ersatzland oder ein anderes Grundstück belastet werden,

3. darüber, welche Rechtsverhältnisse begründet werden, die Rechte der in § 86 Abs. 1 Nr. 3 und 4 bezeichneten Art gewähren,

4. im Falle der Entschädigung in Ersatzland über den Eigentumsübergang oder die Enteignung des Ersatzlands.

§ 113 (Enteignungsbeschluss). (1) Der Beschluss der Enteignungsbehörde ist den Beteiligten zuzustellen. Der Beschluss ist mit einer Belehrung über Zulässigkeit, Form und Frist des Antrags auf gerichtliche Entscheidung (§ 217) zu versehen.

(2) Gibt die Enteignungsbehörde dem Enteignungsantrag statt, so muss der Beschluss (Enteignungsbeschluss) bezeichnen

1. die von der Enteignung Betroffenen und den Enteignungsbegünstigten;

2. die sonstigen Beteiligten;

3. den Enteignungszweck und die Frist, innerhalb der das Grundstück zu dem vorgesehenen Zweck zu verwenden ist;

4. den Gegenstand der Enteignung, und zwar

 a) wenn das Eigentum an einem Grundstück Gegenstand der Enteignung ist, das Grundstück nach Größe, grundbuchmäßiger, katastermäßiger und sonst üblicher Bezeichnung; im Falle der Enteignung eines Grundstücksteils ist zu seiner Bezeichnung auf Vermessungsschriften (Vermessungsrisse und -karten) Bezug zu nehmen, die von einer zu Fortführungsvermessungen befugten Stelle oder von einem öffentlich bestellten Vermessungsingenieur gefertigt sind,

 b) wenn ein anderes Recht an einem Grundstück Gegenstand einer selbstständigen Enteignung ist, dieses Recht nach Inhalt und grundbuchmäßiger Bezeichnung,

 c) wenn ein persönliches Recht, das zum Erwerb, zum Besitz oder zur Nutzung von Grundstücken berechtigt oder den Verpflichteten in der Nutzung von Grundstücken beschränkt, Gegenstand einer selbstständigen Enteignung ist, dieses Recht nach seinem Inhalt und dem Grund seines Bestehens,

 d) die in § 86 Abs. 2 bezeichneten Gegenstände, wenn die Enteignung auf diese ausgedehnt wird;

5. bei der Belastung eines Grundstücks mit einem Recht die Art, den Inhalt, so weit er durch Vertrag bestimmt werden kann, sowie den Rang des Rechts, den Berechtigten und das Grundstück;

6. bei der Begründung eines Rechts der in Nummer 4 Buchstabe c bezeichneten Art den Inhalt des Rechtsverhältnisses und die daran Beteiligten;

7. die Eigentums- und sonstigen Rechtsverhältnisse vor und nach der Enteignung;

8. die Art und Höhe der Entschädigungen und die Höhe der Ausgleichszahlungen nach § 100 Abs. 5 Satz 4 und § 101 Abs. 1 Satz 2 mit der Angabe, von wem und an wen sie zu leisten sind; Geldentschädigungen, aus denen andere von der Enteignung Betroffene nach § 97 Abs. 4 zu entschädigen sind, müssen von den sonstigen Geldentschädigungen getrennt ausgewiesen werden;

9. bei der Entschädigung in Land das Grundstück in der in Nummer 4 Buchstabe a bezeichneten Weise.

(3) In den Fällen der §§ 111 und 112 Abs. 2 ist der Enteignungsbeschluss entsprechend zu beschränken.

(4) Kann ein Grundstücksteil noch nicht entsprechend Abs. 2 Nr. 4 Buchstabe a bezeichnet werden, so kann der Enteignungsbeschluss ihn auf Grund fester Merkmale in der Natur oder durch Bezugnahme auf die Eintragung in einen Lageplan bezeichnen. Wenn das Ergebnis der Vermessung vorliegt, ist der Enteignungsbeschluss durch einen Nachtragsbeschluss anzupassen.

(5) Ist im Grundbuch die Anordnung der Zwangsversteigerung oder der Zwangsverwaltung eingetragen, gibt die Enteignungsbehörde dem Vollstreckungsgericht von dem Enteignungsbeschluss Kenntnis, wenn dem Enteignungsantrag stattgegeben worden ist.

§ 114 (Lauf der Verwendungsfrist). (1) Die Frist, innerhalb der der Enteignungszweck nach § 113 Abs. 2 Nr. 3 zu verwirklichen ist, beginnt mit dem Eintritt der Rechtsänderung.

(2) Die Enteignungsbehörde kann diese Frist vor ihrem Ablauf auf Antrag verlängern, wenn

1. der Enteignungsbegünstigte nachweist, dass er den Enteignungszweck ohne Verschulden innerhalb der festgesetzten Frist nicht erfüllen kann, oder

2. vor Ablauf der Frist eine Gesamtrechtsnachfolge eintritt und der Rechtsnachfolger nachweist, dass er den Enteignungszweck innerhalb der festgesetzten Frist nicht erfüllen kann.

Der enteignete frühere Eigentümer ist vor der Entscheidung über die Verlängerung zu hören.

§ 115 (Verfahren bei der Entschädigung durch Gewährung anderer Rechte). (1) Soll die Entschädigung des Eigentümers eines zu enteignenden Grundstücks nach § 101 festgesetzt werden und ist die Bestellung, Übertragung oder die Ermittlung des Werts eines der dort bezeichneten Rechte im Zeitpunkt des Erlasses des Enteignungsbeschlusses noch nicht möglich, kann die Enteignungsbehörde, wenn es der Eigentümer unter Bezeichnung eines Rechts beantragt, im Enteignungsbeschluss neben der Festsetzung der Entschädigung in Geld dem Enteignungsbegünstigten aufgeben, binnen einer bestimmten Frist dem von der Enteignung Betroffenen ein Recht der bezeichneten Art zu angemessenen Bedingungen anzubieten.

(2) Bietet der Enteignungsbegünstigte binnen der bestimmten Frist ein Recht der bezeichneten Art nicht an oder einigt er sich mit dem von der Enteignung Betroffenen nicht, so wird ihm ein solches Recht auf Antrag zu Gunsten des von der Enteignung Betroffenen durch Enteignung entzogen. Die Enteignungsbehörde setzt den Inhalt des Rechts fest, so weit dessen Inhalt durch Vereinbarung bestimmt werden kann. Die Vorschriften dieses Teils über das Verfahren und die Entschädigung sind entsprechend anzuwenden.

(3) Der Antrag nach Abs. 2 kann nur innerhalb von sechs Monaten nach Ablauf der bestimmten Frist gestellt werden.

§ 116 (Vorzeitige Besitzeinweisung). (1) Ist die sofortige Ausführung der beabsichtigten Maßnahme aus Gründen des Wohls der Allgemeinheit dringend geboten, so kann die Enteignungsbehörde den Antragsteller auf Antrag durch Beschluss in den Besitz des von dem Enteignungsverfahren betroffenen Grundstücks einweisen. Die Besitzeinweisung ist nur zulässig, wenn über sie in einer mündlichen Verhandlung verhandelt worden ist. Der Beschluss über die Besitzeinweisung ist dem Antragsteller, dem Eigentümer und dem unmittelbaren Besitzer zuzustellen. Die Besitzeinweisung wird in dem von der Enteignungsbehörde bezeichneten Zeitpunkt wirksam. Auf Antrag des unmittelbaren Besitzers ist dieser Zeitpunkt auf mindestens zwei Wochen nach Zustellung der Anordnung über die vorzeitige Besitzeinweisung an ihn festzusetzen.

(2) Die Enteignungsbehörde kann die vorzeitige Besitzeinweisung von der Leistung einer Sicherheit in Höhe der voraussichtlichen Entschädigung und von der vorherigen Erfüllung anderer Bedingungen abhängig machen. Auf Antrag des Inhabers eines Rechts, das zum Besitz oder zur Nutzung des Grundstücks berechtigt, ist die Einweisung von der Leistung einer Sicherheit in Höhe der ihm voraussichtlich zu gewährenden Entschädigung abhängig zu machen. Die Anordnung ist dem Antragsteller, dem Besitzer und dem Eigentümer zuzustellen.

(3) Durch die Besitzeinweisung wird dem Besitzer der Besitz entzogen und der Eingewiesene Besitzer. Der Eingewiesene darf auf dem Grundstück das von ihm im Enteignungsantrag bezeichnete Bauvorhaben ausführen und die dafür erforderlichen Maßnahmen treffen.

(4) Der Eingewiesene hat für die durch die vorzeitige Besitzeinweisung entstehenden Vermögensnachteile Entschädigung zu leisten, so weit die Nachteile nicht durch die Verzinsung der Geldentschädigung (§ 99 Abs. 3) ausgeglichen werden. Art und Höhe der Entschädigung werden durch die Enteignungsbehörde spätestens in dem in § 113 bezeichneten Beschluss festgesetzt. Wird der Beschluss über Art und Höhe der Entschädigung vorher erlassen, so ist er den in Abs. 2 Satz 3 bezeichneten Personen zuzustellen. Die Entschädigung für die Besitzeinweisung ist ohne Rücksicht darauf, ob ein Antrag auf gerichtliche Entscheidung gestellt wird, zu dem in Abs. 1 Satz 4 bezeichneten Zeitpunkt fällig.

(5) Auf Antrag einer der in Abs. 2 Satz 3 bezeichneten Personen hat die Enteignungsbehörde den Zustand des Grundstücks vor der Besitzeinweisung in einer Niederschrift feststellen zu lassen, so weit er für die Besitzeinweisungs- oder die Enteignungsentschädigung von Bedeutung ist. Den Beteiligten ist eine Abschrift der Niederschrift zu übersenden.

(6) Wird der Enteignungsantrag abgewiesen, so ist die vorzeitige Besitzeinweisung aufzuheben und der vorherige unmittelbare Besitzer wieder in den Besitz einzuweisen. Der Eingewiesene hat für alle durch die vorzeitige Besitzeinweisung entstandenen besonderen Nachteile Entschädigung zu leisten. Abs. 4 Satz 2 gilt entsprechend.

§ 117 (Ausführung des Enteignungsbeschlusses). (1) Ist der Enteignungsbeschluss oder sind die Entscheidungen nach § 112 Abs. 2 nicht mehr anfechtbar, so ordnet auf Antrag eines Beteiligten die Enteignungsbehörde die Ausführung des Enteignungsbeschlusses oder der Vorabentscheidung an (Ausführungsanordnung), wenn der durch die Enteignung Begünstigte die Geldentschädigung, im Falle der Vorabentscheidung die nach § 112 Abs. 2 Satz 2 festgesetzte Vorauszahlung gezahlt oder in zulässiger Weise unter Verzicht auf das Recht der Rücknahme hinterlegt hat. Auf Antrag des Entschädigungsberechtigten kann im Falle des § 112 Abs. 2 die Enteignungsbehörde die Ausführungsanordnung davon abhängig machen, dass der durch die Enteignung Begünstigte im Übrigen für einen angemessenen Betrag Sicherheit leistet.

(2) In den Fällen des § 111 ist auf Antrag eines Beteiligten die Ausführungsanordnung zu erlassen, wenn der durch die Enteignung Begünstigte den zwischen den Beteiligten unstreitigen Entschädigungsbetrag gezahlt oder in zulässiger Weise unter Verzicht auf das Recht der Rücknahme hinterlegt hat. Abs. 1 Satz 2 gilt entsprechend, so weit sich nicht aus der Einigung etwas anderes ergibt.

(3) Im Falle des § 113 Abs. 4 ist auf Antrag eines Beteiligten die Ausführungsanordnung zu erlassen, wenn der durch die Enteignung Begünstigte die im Enteignungsbeschluss in Verbindung mit dem Nachtragsbeschluss festgesetzte Geldentschädigung gezahlt oder zulässigerweise unter Verzicht auf das Recht der Rücknahme hinterlegt hat. Der Nachtragsbeschluss braucht nicht unanfechtbar zu sein.

(4) Die Ausführungsanordnung ist allen Beteiligten zuzustellen, deren Rechtsstellung durch den Enteignungsbeschluss betroffen wird. Die Ausführungsanordnung ist der Gemeinde abschriftlich mitzuteilen, in deren Bezirk das von der Enteignung betroffene Grundstück liegt. § 113 Abs. 5 gilt entsprechend.

(5) Mit dem in der Ausführungsanordnung festzusetzenden Tag wird der bisherige Rechtszustand durch den im Enteignungsbeschluss geregelten neuen Rechtszustand ersetzt. Gleichzeitig entstehen die nach § 113 Abs. 2 Nr. 6 begründeten Rechtsverhältnisse; sie gelten von diesem Zeitpunkt an als zwischen den an dem Rechtsverhältnis Beteiligten vereinbart.

(6) Die Ausführungsanordnung schließt die Einweisung in den Besitz des enteigneten Grundstücks und des Ersatzlands zu dem festgesetzten Tag ein.

(7) Die Enteignungsbehörde übersendet dem Grundbuchamt eine beglaubigte Abschrift des Enteignungsbeschlusses und der Ausführungsanordnung und ersucht es, die Rechtsänderungen in das Grundbuch einzutragen.

§ 118 (Hinterlegung). (1) Geldentschädigungen, aus denen andere Berechtigte nach § 97 Abs. 4 zu befriedigen sind, sind unter Verzicht auf das Recht der Rücknahme zu hinterlegen, so weit mehrere Personen auf sie Anspruch haben und eine Einigung über die Auszahlung nicht nachgewiesen ist. Die Hinterlegung erfolgt bei dem Amtsgericht, in dessen Bezirk das von der Enteignung betroffene Grundstück liegt; § 2 des Zwangsversteigerungsgesetzes gilt entsprechend.

(2) Andere Vorschriften, nach denen die Hinterlegung geboten oder statthaft ist, werden hierdurch nicht berührt.

§ 119 (Verteilungsverfahren). (1) Nach Eintritt des neuen Rechtszustands kann jeder Beteiligte sein Recht an der hinterlegten Summe gegen einen Mitbeteiligten, der dieses Recht bestreitet, vor den ordentlichen Gerichten geltend machen oder die Einleitung eines gerichtlichen Verteilungsverfahrens beantragen.

(2) Für das Verteilungsverfahren ist das Amtsgericht zuständig, in dessen Bezirk das von der Enteignung betroffene Grundstück liegt; in Zweifelsfällen gilt § 2 des Zwangsversteigerungsgesetzes entsprechend.

(3) Auf das Verteilungsverfahren sind die Vorschriften über die Verteilung des Erlöses im Falle der Zwangsversteigerung mit folgenden Abweichungen entsprechend anzuwenden:

1. Das Verteilungsverfahren ist durch Beschluss zu eröffnen;

2. die Zustellung des Eröffnungsbeschlusses an den Antragsteller gilt als Beschlagnahme im Sinne des § 13 des Zwangsversteigerungsgesetzes; ist das Grundstück schon in einem Zwangsversteigerungs- oder Zwangsverwaltungsverfahren beschlagnahmt, so hat es hierbei sein Bewenden;

3. das Verteilungsgericht hat bei Eröffnung des Verfahrens von Amts wegen das Grundbuchamt um die in § 19 Abs. 2 des Zwangsversteigerungsgesetzes bezeichneten Mitteilungen zu ersuchen; in die beglaubigte Abschrift des Grundbuchblatts sind die zurzeit der Zustellung des Enteignungsbeschlusses an den Enteigneten vorhandenen Eintragungen sowie die später eingetragenen Veränderungen und Löschungen aufzunehmen;

4. bei dem Verfahren sind die in § 97 Abs. 4 bezeichneten Entschädigungsberechtigten nach Maßgabe des § 10 des Zwangsversteigerungsgesetzes zu berücksichtigen, wegen der Ansprüche auf wiederkehrende Nebenleistungen jedoch nur für die Zeit bis zur Hinterlegung.

(4) So weit auf Grund landesrechtlicher Vorschriften die Verteilung des Erlöses im Falle einer Zwangsversteigerung nicht von dem Vollstreckungsgericht, sondern von einer anderen Stelle wahrzunehmen ist, kann durch Landesrecht bestimmt werden, dass diese andere Stelle auch für das Verteilungsverfahren nach den Absätzen 1 bis 3 zuständig ist. Wird die Änderung einer Entscheidung dieser anderen Stelle verlangt, so ist die Entscheidung des Vollstreckungsgerichts nachzusuchen. Die Beschwerde findet gegen die Entscheidung des Vollstreckungsgerichts statt.

§ 120 (Aufhebung des Enteignungsbeschlusses). (1) Ist die Ausführungsanordnung noch nicht ergangen, so hat die Enteignungsbehörde den Enteignungsbeschluss auf Antrag aufzuheben, wenn der durch die Enteignung Begünstigte die ihm durch den Enteignungsbeschluss auferlegten Zahlungen nicht innerhalb eines Monats nach dem Zeitpunkt geleistet hat, in dem der Beschluss unanfechtbar geworden ist. Antragsberechtigt ist jeder Beteiligte, dem eine nicht gezahlte Entschädigung zusteht oder der nach § 97 Abs. 4 aus ihr zu befriedigen ist.

(2) Vor der Aufhebung ist der durch die Enteignung Begünstigte zu hören. Der Aufhebungsbeschluss ist allen Beteiligten zuzustellen und der Gemeinde und dem Grundbuchamt abschriftlich mitzuteilen.

§ 121 (Kosten). (1) Der Antragsteller hat die Kosten zu tragen, wenn der Antrag auf Enteignung abgelehnt oder zurückgenommen wird. Wird dem Antrag auf Enteignung stattgegeben, so hat der Entschädigungsverpflichtete die Kosten zu tragen. Wird einem Antrag auf Rückenteignung stattgegeben, so hat der von der Rückenteignung Betroffene die Kosten zu tragen. Wird ein Antrag eines sonstigen Beteiligten abgelehnt oder zurückgenommen, sind diesem die durch die Behandlung seines Antrags verursachten Kosten aufzuerlegen, wenn sein Antrag offensichtlich unbegründet war.

(2) Kosten sind die Kosten des Verfahrens und die zur zweckentsprechenden Rechtsverfolgung oder Rechtsverteidigung notwendigen Aufwendungen der Beteiligten. Die Gebühren und Auslagen eines Rechtsanwalts oder eines sonstigen Bevollmächtigten sind erstattungsfähig, wenn die Zuziehung eines Bevollmächtigten notwendig war. Aufwendungen für einen Bevollmächtigten, für den Gebühren und Auslagen gesetzlich nicht vorgesehen sind, können nur bis zur Höhe der gesetzlichen Gebühren und Auslagen von Rechtsbeiständen erstattet werden.

(3) Aufwendungen, die durch das Verschulden eines Erstattungsberechtigten entstanden sind, hat dieser selbst zu tragen; das Verschulden eines Vertreters ist dem Vertretenen zuzurechnen.

(4) Die Kosten des Verfahrens richten sich nach den landesrechtlichen Vorschriften. Die Enteignungsbehörde setzt die Kosten im Enteignungsbeschluss oder durch besonderen Beschluss fest. Der Beschluss bestimmt auch, ob die Zuziehung eines Rechtsanwalts oder eines sonstigen Bevollmächtigten notwendig war.

§ 122 (Vollstreckbarer Titel). (1) Die Zwangsvollstreckung nach den Vorschriften der Zivilprozessordnung über die Vollstreckung von Urteilen in bürgerlichen Rechtsstreitigkeiten findet statt

1. aus der Niederschrift über eine Einigung wegen der in ihr bezeichneten Leistungen;

2. aus nicht mehr anfechtbarem Enteignungsbeschluss wegen der zu zahlenden Geldentschädigung oder einer Ausgleichzahlung;

3. aus einem Beschluss über die vorzeitige Besitzeinweisung oder deren Aufhebung wegen der darin festgesetzten Leistungen.

Die Zwangsvollstreckung wegen einer Ausgleichzahlung ist erst zulässig, wenn die Ausführungsanordnung wirksam und unanfechtbar geworden ist.

(2) Die vollstreckbare Ausfertigung wird von dem Urkundsbeamten der Geschäftsstelle des Amtsgerichts erteilt, in dessen Bezirk die Enteignungsbehörde ihren Sitz hat und, wenn das Verfahren bei einem Gericht anhängig ist, von dem Urkundsbeamten der Geschäftsstelle dieses Gerichts. In den Fällen der §§ 731, 767 bis 770, 785, 786 und 791 der Zivilprozessordnung tritt das Amtsgericht, in dessen Bezirk die Enteignungsbehörde ihren Sitz hat, an die Stelle des Prozessgerichts.

Sechster Teil: Erschließung

Erster Abschnitt. Allgemeine Vorschriften

§ 123 (Erschließungslast). (1) Die Erschließung ist Aufgabe der Gemeinde, so weit sie nicht nach anderen gesetzlichen Vorschriften oder öffentlich-rechtlichen Verpflichtungen einem anderen obliegt.

(2) Die Erschließungsanlagen sollen entsprechend den Erfordernissen der Bebauung und des Verkehrs kostengünstig hergestellt werden und spätestens bis zur Fertigstellung der anzuschließenden baulichen Anlagen benutzbar sein.

(3) Ein Rechtsanspruch auf Erschließung besteht nicht.

(4) Die Unterhaltung der Erschließungsanlagen richtet sich nach landesrechtlichen Vorschriften.

§ 124 (Erschließungsvertrag). (1) Die Gemeinde kann die Erschließung durch Vertrag auf einen Dritten übertragen.

(2) Gegenstand des Erschließungsvertrages können nach Bundes- oder nach Landesrecht beitragsfähige sowie nicht beitragsfähige Erschließungsanlagen in einem bestimmten Erschließungsgebiet in der Gemeinde sein. Der Dritte kann sich gegenüber der Gemeinde verpflichten, die Erschließungskosten ganz oder teilweise zu tragen; dies gilt unabhängig davon, ob die Erschließungsanlagen nach Bundes- oder Landesrecht beitragsfähig sind. § 129 Abs. 1 Satz 3 ist nicht anzuwenden.

(3) Die vertraglich vereinbarten Leistungen müssen den gesamten Umständen nach angemessen sein und in sachlichem Zusammenhang mit der Erschließung stehen. Hat die Gemeinde einen Bebauungsplan im Sinne des § 30 Abs. 1 erlassen und lehnt sie das zumutbare Angebot eines Dritten ab, die im Bebauungsplan vorgesehene Erschließung vorzunehmen, ist sie verpflichtet, die Erschließung selbst durchzuführen.

(4) Der Erschließungsvertrag bedarf der Schriftform, so weit nicht durch Rechtsvorschriften eine andere Form vorgeschrieben ist.

§ 125 (Bindung an den Bebauungsplan). (1) Die Herstellung der Erschließungsanlagen im Sinne des § 127 Abs. 2 setzt einen Bebauungsplan voraus.

(2) Liegt ein Bebauungsplan nicht vor, so dürfen diese Anlagen nur hergestellt werden, wenn sie den in § 1 Abs. 4 bis 7 bezeichneten Anforderungen entsprechen.

(3) Die Rechtmäßigkeit der Herstellung von Erschließungsanlagen wird durch Abweichungen von den Festsetzungen des Bebauungsplans nicht berührt, wenn die Abweichungen mit den Grundzügen der Planung vereinbar sind und

1. die Erschließungsanlagen hinter den Festsetzungen zurückbleiben oder

2. die Erschließungsbeitragspflichtigen nicht mehr als bei einer plangemäßen Herstellung belastet werden und die Abweichungen die Nutzung der betroffenen Grundstücke nicht wesentlich beeinträchtigen.

§ 126 (Pflichten des Eigentümers). (1) Der Eigentümer hat das Anbringen von

1. Haltevorrichtungen und Leitungen für Beleuchtungskörper der Straßenbeleuchtung einschließlich der Beleuchtungskörper und des Zubehörs sowie

2. Kennzeichen und Hinweisschildern für Erschließungsanlagen

auf seinem Grundstück zu dulden. Er ist vorher zu benachrichtigen.

(2) Der Erschließungsträger hat Schäden, die dem Eigentümer durch das Anbringen oder das Entfernen der in Abs. 1 bezeichneten Gegenstände entstehen, zu beseitigen; er kann stattdessen eine angemessene Entschädigung in Geld leisten. Kommt eine Einigung über die Entschädigung nicht zu Stande, so entscheidet die höhere Verwaltungsbehörde; vor der Entscheidung sind die Beteiligten zu hören.

(3) Der Eigentümer hat sein Grundstück mit der von der Gemeinde festgesetzten Nummer zu versehen. Im Übrigen gelten die landesrechtlichen Vorschriften.

Zweiter Abschnitt. Erschließungsbeitrag

§ 127 (Erhebung des Erschließungsbeitrags). (1) Die Gemeinden erheben zur Deckung ihres anderweitig nicht gedeckten Aufwands für Erschließungsanlagen einen Erschließungsbeitrag nach Maßgabe der folgenden Vorschriften.

(2) Erschließungsanlagen im Sinne dieses Abschnitts sind

1. die öffentlichen zum Anbau bestimmten Straßen, Wege und Plätze;

2. die öffentlichen aus rechtlichen oder tatsächlichen Gründen mit Kraftfahrzeugen nicht befahrbaren Verkehrsanlagen innerhalb der Baugebiete (z.B. Fußwege, Wohnwege);

3. Sammelstraßen innerhalb der Baugebiete; Sammelstraßen sind öffentliche Straßen, Wege und Plätze, die selbst nicht zum Anbau bestimmt, aber zur Erschließung der Baugebiete notwendig sind;

4. Parkflächen und Grünanlagen mit Ausnahme von Kinderspielplätzen, so weit sie Bestandteil der in den Nummern 1 bis 3 genannten Verkehrsanlagen oder nach städtebaulichen Grundsätzen innerhalb der Baugebiete zu deren Erschließung notwendig sind;

5. Anlagen zum Schutz von Baugebieten gegen schädliche Umwelteinwirkungen im Sinne des Bundes-Immissionsschutzgesetzes, auch wenn sie nicht Bestandteil der Erschließungsanlagen sind.

(3) Der Erschließungsbeitrag kann für den Grunderwerb, die Freilegung und für Teile der Erschließungsanlagen selbstständig erhoben werden (Kostenspaltung).

(4) Das Recht, Abgaben für Anlagen zu erheben, die nicht Erschließungsanlagen im Sinne dieses Abschnitts sind, bleibt unberührt. Dies gilt insbesondere für Anlagen zur Ableitung von Abwasser sowie zur Versorgung mit Elektrizität, Gas, Wärme und Wasser.

§ 128 (Umfang des Erschließungsaufwands). (1) Der Erschließungsaufwand nach § 127 umfasst die Kosten für

1. den Erwerb und die Freilegung der Flächen für die Erschließungsanlagen;

2. ihre erstmalige Herstellung einschließlich der Einrichtungen für ihre Entwässerung und ihre Beleuchtung;

3. die Übernahme von Anlagen als gemeindliche Erschließungsanlagen.

Der Erschließungsaufwand umfasst auch den Wert der von der Gemeinde aus ihrem Vermögen bereitgestellten Flächen im Zeitpunkt der Bereitstellung. Zu den Kosten für den Erwerb der Flächen für Erschließungsanlagen gehört im Falle einer erschließungsbeitragspflichtigen Zuteilung im Sinne des § 57 Satz 4 und des § 58 Abs. 1 Satz 1 auch der Wert nach § 68 Abs. 1 Nr. 4.

(2) So weit die Gemeinden nach Landesrecht berechtigt sind, Beiträge zu den Kosten für Erweiterungen oder Verbesserungen von Erschließungsanlagen zu erheben, bleibt dieses Recht unberührt. Die Länder können bestimmen, dass die Kosten für die Beleuchtung der Erschließungsanlagen in den Erschließungsaufwand nicht einzubeziehen sind.

(3) Der Erschließungsaufwand umfasst nicht die Kosten für

1. Brücken, Tunnels und Unterführungen mit den dazugehörigen Rampen;

2. die Fahrbahnen der Ortsdurchfahrten von Bundesstraßen sowie von Landstraßen I. und II. Ordnung, so weit die Fahrbahnen dieser Straßen keine größere Breite als ihre anschließenden freien Strecken erfordern.

§ 129 (Beitragsfähiger Erschließungsaufwand). (1) Zur Deckung des anderweitig nicht gedeckten Erschließungsaufwands können Beiträge nur insoweit erhoben werden, als die Erschließungsanlagen erforderlich sind, um die Bauflächen und die gewerblich zu nutzenden Flächen entspre-

chend den baurechtlichen Vorschriften zu nutzen (beitragsfähiger Erschließungsaufwand). So weit Anlagen nach § 127 Abs. 2 von dem Eigentümer hergestellt sind oder von ihm auf Grund baurechtlicher Vorschriften verlangt werden, dürfen Beiträge nicht erhoben werden. Die Gemeinden tragen mindestens 10 vom Hundert des beitragsfähigen Erschließungsaufwands.

(2) Kosten, die ein Eigentümer oder sein Rechtsvorgänger bereits für Erschließungsmaßnahmen aufgewandt hat, dürfen bei der Übernahme als gemeindliche Erschließungsanlagen nicht erneut erhoben werden.

§ 130 (Art der Ermittlung des beitragsfähigen Erschließungsaufwands). (1) Der beitragsfähige Erschließungsaufwand kann nach den tatsächlich entstandenen Kosten oder nach Einheitssätzen ermittelt werden. Die Einheitssätze sind nach den in der Gemeinde üblicherweise durchschnittlich aufzuwendenden Kosten vergleichbarer Erschließungsanlagen festzusetzen.

(2) Der beitragsfähige Erschließungsaufwand kann für die einzelne Erschließungsanlage oder für bestimmte Abschnitte einer Erschließungsanlage ermittelt werden. Abschnitte einer Erschließungsanlage können nach örtlich erkennbaren Merkmalen oder nach rechtlichen Gesichtspunkten (z.B. Grenzen von Bebauungsplangebieten, Umlegungsgebieten, förmlich festgelegten Sanierungsgebieten) gebildet werden. Für mehrere Anlagen, die für die Erschließung der Grundstücke eine Einheit bilden, kann der Erschließungsaufwand insgesamt ermittelt werden.

§ 131 (Maßstäbe für die Verteilung des Erschließungsaufwands). (1) Der ermittelte beitragsfähige Erschließungsaufwand für eine Erschließungsanlage ist auf die durch die Anlage erschlossenen Grundstücke zu verteilen. Mehrfach erschlossene Grundstücke sind bei gemeinsamer Aufwandsermittlung in einer Erschließungseinheit (§ 130 Abs. 2 Satz 3) bei der Verteilung des Erschließungsaufwands nur einmal zu berücksichtigen.

(2) Verteilungsmaßstäbe sind

1. die Art und das Maß der baulichen oder sonstigen Nutzung;

2. die Grundstücksflächen;

3. die Grundstücksbreite an der Erschließungsanlage.

Die Verteilungsmaßstäbe können miteinander verbunden werden.

(3) In Gebieten, die nach dem Inkrafttreten des Bundesbaugesetzes erschlossen werden, sind, wenn eine unterschiedliche bauliche oder sonstige Nutzung zulässig ist, die Maßstäbe nach Abs. 2 in der Weise anzuwenden, dass der Verschiedenheit dieser Nutzung nach Art und Maß entsprochen wird.

§ 132 (Regelung durch Satzung). Die Gemeinden regeln durch Satzung

1. die Art und den Umfang der Erschließungsanlagen im Sinne des § 129,

2. die Art der Ermittlung und der Verteilung des Aufwands sowie die Höhe des Einheitssatzes,

3. die Kostenspaltung (§ 127 Abs. 3) und

4. die Merkmale der endgültigen Herstellung einer Erschließungsanlage.

§ 133 (Gegenstand und Entstehung der Beitragspflicht). (1) Der Beitragspflicht unterliegen Grundstücke, für die eine bauliche oder gewerbliche Nutzung festgesetzt ist, sobald sie bebaut oder gewerblich genutzt werden dürfen. Erschlossene Grundstücke, für die eine bauliche oder gewerbliche Nutzung nicht festgesetzt ist, unterliegen der Beitragspflicht, wenn sie nach der Verkehrsauffassung Bauland sind und nach der geordneten baulichen Entwicklung der Gemeinde zur Bebauung anstehen. Die Gemeinde gibt bekannt, welche Grundstücke nach Satz 2 der Beitragspflicht unterliegen; die Bekanntmachung hat keine rechtsbegründende Wirkung.

(2) Die Beitragspflicht entsteht mit der endgültigen Herstellung der Erschließungsanlagen, für Teilbeträge, sobald die Maßnahmen, deren Aufwand durch die Teilbeträge gedeckt werden soll,

abgeschlossen sind. Im Falle des § 128 Abs. 1 Satz 1 Nr. 3 entsteht die Beitragspflicht mit der Übernahme durch die Gemeinde.

(3) Für ein Grundstück, für das eine Beitragspflicht noch nicht oder nicht in vollem Umfang entstanden ist, können Vorausleistungen auf den Erschließungsbeitrag bis zur Höhe des voraussichtlichen endgültigen Erschließungsbeitrags verlangt werden, wenn ein Bauvorhaben auf dem Grundstück genehmigt wird oder wenn mit der Herstellung der Erschließungsanlagen begonnen worden ist und die endgültige Herstellung der Erschließungsanlagen innerhalb von vier Jahren zu erwarten ist. Die Vorausleistung ist mit der endgültigen Beitragsschuld zu verrechnen, auch wenn der Vorausleistende nicht beitragspflichtig ist. Ist die Beitragspflicht sechs Jahre nach Erlass des Vorausleistungsbescheids noch nicht entstanden, kann die Vorausleistung zurückverlangt werden, wenn die Erschließungsanlage bis zu diesem Zeitpunkt noch nicht benutzbar ist. Der Rückzahlungsanspruch ist ab Erhebung der Vorausleistung mit 2 vom Hundert über dem Basissatz nach § 247 des Bürgerlichen Gesetzbuchs jährlich zu verzinsen. Die Gemeinde kann Bestimmungen über die Ablösung des Erschließungsbeitrags im Ganzen vor Entstehung der Beitragspflicht treffen.

§ 134 (Beitragspflichtiger). (1) Beitragspflichtig ist derjenige, der im Zeitpunkt der Bekanntgabe des Beitragsbescheids Eigentümer des Grundstücks ist. Ist das Grundstück mit einem Erbbaurecht belastet, so ist der Erbbauberechtigte anstelle des Eigentümers beitragspflichtig. Ist das Grundstück mit einem dinglichen Nutzungsrecht nach Artikel 233 § 4 des Einführungsgesetzes zum Bürgerlichen Gesetzbuch belastet, so ist der Inhaber dieses Rechts anstelle des Eigentümers beitragspflichtig. Mehrere Beitragspflichtige haften als Gesamtschuldner; bei Wohnungs- und Teileigentum sind die einzelnen Wohnungs- und Teileigentümer nur entsprechend ihrem Miteigentumsanteil beitragspflichtig.

(2) Der Beitrag ruht als öffentliche Last auf dem Grundstück, im Falle des Absatzes 1 Satz 2 auf dem Erbbaurecht, im Falle des Absatzes 1 Satz 3 auf dem dinglichen Nutzungsrecht, im Falle des Absatzes 1 Satz 4 auf dem Wohnungs- oder dem Teileigentum.

§ 135 (Fälligkeit und Zahlung des Beitrags). (1) Der Beitrag wird einen Monat nach der Bekanntgabe des Beitragsbescheids fällig.

(2) Die Gemeinde kann zur Vermeidung unbilliger Härten im Einzelfall, insbesondere so weit dies zur Durchführung eines genehmigten Bauvorhabens erforderlich ist, zulassen, dass der Erschließungsbeitrag in Raten oder in Form einer Rente gezahlt wird. Ist die Finanzierung eines Bauvorhabens gesichert, so soll die Zahlungsweise der Auszahlung der Finanzierungsmittel angepasst, jedoch nicht über zwei Jahre hinaus erstreckt werden.

(3) Lässt die Gemeinde nach Abs. 2 eine Verrentung zu, so ist der Erschließungsbeitrag durch Bescheid in eine Schuld umzuwandeln, die in höchstens zehn Jahresleistungen zu entrichten ist. In dem Bescheid sind Höhe und Zeitpunkt der Fälligkeit der Jahresleistungen zu bestimmen. Der jeweilige Restbetrag ist mit höchstens 2 vom Hundert über dem Basissatz nach § 247 des Bürgerlichen Gesetzbuchs jährlich zu verzinsen. Die Jahresleistungen stehen wiederkehrenden Leistungen im Sinne des § 10 Abs. 1 Nr. 3 des Zwangsversteigerungsgesetzes gleich.

(4) Werden Grundstücke landwirtschaftlich oder als Wald genutzt, ist der Beitrag so lange zinslos zu stunden, wie das Grundstück zur Erhaltung der Wirtschaftlichkeit des landwirtschaftlichen Betriebs genutzt werden muss. Satz 1 gilt auch für die Fälle der Nutzungsüberlassung und Betriebsübergabe an Familienangehörige im Sinne des § 15 der Abgabenordnung. Der Beitrag ist auch zinslos zu stunden, solange Grundstücke als Kleingärten im Sinne des Bundeskleingartengesetzes genutzt werden.

(5) Im Einzelfall kann die Gemeinde auch von der Erhebung des Erschließungsbeitrags ganz oder teilweise absehen, wenn dies im öffentlichen Interesse oder zur Vermeidung unbilliger Härten

geboten ist. Die Freistellung kann auch für den Fall vorgesehen werden, dass die Beitragspflicht noch nicht entstanden ist.

(6) Weitergehende landesrechtliche Billigkeitsregelungen bleiben unberührt.

Siebter Teil. Maßnahmen für den Naturschutz

§ 135a (Pflichten des Vorhabenträgers; Durchführung durch die Gemeinde; Kostenerstattung). (1) Festgesetzte Maßnahmen zum Ausgleich im Sinne des § 1a Abs. 3 sind vom Vorhabenträger durchzuführen.

(2) So weit Maßnahmen zum Ausgleich an anderer Stelle den Grundstücken nach § 9 Abs. 1a zugeordnet sind, soll die Gemeinde diese anstelle und auf Kosten der Vorhabenträger oder der Eigentümer der Grundstücke durchführen und auch die hierfür erforderlichen Flächen bereitstellen, sofern dies nicht auf andere Weise gesichert ist. Die Maßnahmen zum Ausgleich können bereits vor den Baumaßnahmen und der Zuordnung durchgeführt werden.

(3) Die Kosten können geltend gemacht werden, sobald die Grundstücke, auf denen Eingriffe zu erwarten sind, baulich oder gewerblich genutzt werden dürfen. Die Gemeinde erhebt zur Deckung ihres Aufwands für Maßnahmen zum Ausgleich einschließlich der Bereitstellung hierfür erforderlicher Flächen einen Kostenerstattungsbetrag. Die Erstattungspflicht entsteht mit der Herstellung der Maßnahmen zum Ausgleich durch die Gemeinde. Der Betrag ruht als öffentliche Last auf dem Grundstück.

(4) Die landesrechtlichen Vorschriften über kommunale Beiträge einschließlich der Billigkeitsregelungen sind entsprechend anzuwenden.

§ 135b (Verteilungsmaßstäbe für die Abrechnung). So weit die Gemeinde Maßnahmen zum Ausgleich nach § 135a Abs. 2 durchführt, sind die Kosten auf die zugeordneten Grundstücke zu verteilen. Verteilungsmaßstäbe sind

1. die überbaubare Grundstücksfläche,

2. die zulässige Grundfläche,

3. die zu erwartende Versiegelung oder

4. die Schwere der zu erwartenden Eingriffe.

Die Verteilungsmaßstäbe können miteinander verbunden werden.

§ 135c (Satzungsrecht). Die Gemeinde kann durch Satzung regeln

1. Grundsätze für die Ausgestaltung von Maßnahmen zum Ausgleich entsprechend den Festsetzungen eines Bebauungsplans,

2. den Umfang der Kostenerstattung nach § 135a; dabei ist § 128 Abs. 1 Satz 1 Nr. 1 und 2 und Satz 2 entsprechend anzuwenden,

3. die Art der Kostenermittlung und die Höhe des Einheitssatzes entsprechend § 130,

4. die Verteilung der Kosten nach § 135b einschließlich einer Pauschalierung der Schwere der zu erwartenden Eingriffe nach Biotop- und Nutzungstypen,

5. die Voraussetzungen für die Anforderung von Vorauszahlungen,

6. die Fälligkeit des Kostenerstattungsbetrags.

Zweites Kapitel. Besonderes Städtebaurecht

Erster Teil. Städtebauliche Sanierungsmaßnahmen

Erster Abschnitt. Allgemeine Vorschriften

§ 136 (Städtebauliche Sanierungsmaßnahmen). (1) Städtebauliche Sanierungsmaßnahmen in Stadt und Land, deren einheitliche Vorbereitung und zügige Durchführung im öffentlichen Interesse liegen, werden nach den Vorschriften dieses Teils vorbereitet und durchgeführt.

(2) Städtebauliche Sanierungsmaßnahmen sind Maßnahmen, durch die ein Gebiet zur Behebung städtebaulicher Missstände wesentlich verbessert oder umgestaltet wird. Städtebauliche Missstände liegen vor, wenn

1. das Gebiet nach seiner vorhandenen Bebauung oder nach seiner sonstigen Beschaffenheit den allgemeinen Anforderungen an gesunde Wohn- und Arbeitsverhältnisse oder an die Sicherheit der in ihm wohnenden oder arbeitenden Menschen nicht entspricht oder

2. das Gebiet in der Erfüllung der Aufgaben erheblich beeinträchtigt ist, die ihm nach seiner Lage und Funktion obliegen.

(3) Bei der Beurteilung, ob in einem städtischen oder ländlichen Gebiet städtebauliche Missstände vorliegen, sind insbesondere zu berücksichtigen

1. die Wohn- und Arbeitsverhältnisse oder die Sicherheit der in dem Gebiet wohnenden oder arbeitenden Menschen in Bezug auf

 a) die Belichtung, Besonnung und Belüftung der Wohnungen und Arbeitsstätten,

 b) die bauliche Beschaffenheit von Gebäuden, Wohnungen und Arbeitsstätten,

 c) die Zugänglichkeit der Grundstücke,

 d) die Auswirkungen einer vorhandenen Mischung von Wohn- und Arbeitsstätten,

 e) die Nutzung von bebauten und unbebauten Flächen nach Art, Maß und Zustand,

 f) die Einwirkungen, die von Grundstücken, Betrieben, Einrichtungen oder Verkehrsanlagen ausgehen, insbesondere durch Lärm, Verunreinigungen und Erschütterungen,

 g) die vorhandene Erschließung;

2. die Funktionsfähigkeit des Gebiets in Bezug auf

 a) den fließenden und ruhenden Verkehr,

 b) die wirtschaftliche Situation und Entwicklungsfähigkeit des Gebiets unter Berücksichtigung seiner Versorgungsfunktion im Verflechtungsbereich,

 c) die infrastrukturelle Erschließung des Gebiets, seine Ausstattung mit Grünflächen, Spiel- und Sportplätzen und mit Anlagen des Gemeinbedarfs, insbesondere unter Berücksichtigung der sozialen und kulturellen Aufgaben dieses Gebiets im Verflechtungsbereich.

(4) Städtebauliche Sanierungsmaßnahmen dienen dem Wohl der Allgemeinheit. Sie sollen dazu beitragen, dass

1. die bauliche Struktur in allen Teilen des Bundesgebiets nach den sozialen, hygienischen, wirtschaftlichen und kulturellen Erfordernissen entwickelt wird,

2. die Verbesserung der Wirtschafts- und Agrarstruktur unterstützt wird,

3. die Siedlungsstruktur den Erfordernissen des Umweltschutzes, den Anforderungen an gesunde Lebens- und Arbeitsbedingungen der Bevölkerung und der Bevölkerungsentwicklung entspricht oder

4. die vorhandenen Ortsteile erhalten, erneuert und fortentwickelt werden, die Gestaltung des Orts- und Landschaftsbilds verbessert und den Erfordernissen des Denkmalschutzes Rechnung getragen wird.

Die öffentlichen und privaten Belange sind gegeneinander und untereinander gerecht abzuwägen.

§ 137 (Beteiligung und Mitwirkung der Betroffenen). Die Sanierung soll mit den Eigentümern, Mietern, Pächtern und sonstigen Betroffenen möglichst frühzeitig erörtert werden. Die Betroffenen sollen zur Mitwirkung bei der Sanierung und zur Durchführung der erforderlichen baulichen Maßnahmen angeregt und hierbei im Rahmen des Möglichen beraten werden.

§ 138 (Auskunftspflicht). (1) Eigentümer, Mieter, Pächter und sonstige zum Besitz oder zur Nutzung eines Grundstücks, Gebäudes oder Gebäudeteils Berechtigte sowie ihre Beauftragten sind verpflichtet, der Gemeinde oder ihren Beauftragten Auskunft über die Tatsachen zu erteilen, deren Kenntnis zur Beurteilung der Sanierungsbedürftigkeit eines Gebiets oder zur Vorbereitung oder Durchführung der Sanierung erforderlich ist. An personenbezogenen Daten können insbesondere Angaben der Betroffenen über ihre persönlichen Lebensumstände im wirtschaftlichen und sozialen Bereich, namentlich über die Berufs-, Erwerbs- und Familienverhältnisse, das Lebensalter, die Wohnbedürfnisse, die sozialen Verflechtungen sowie über die örtlichen Bindungen, erhoben werden.

(2) Die nach Abs. 1 erhobenen personenbezogenen Daten dürfen nur zu Zwecken der Sanierung verwendet werden. Wurden die Daten von einem Beauftragten der Gemeinde erhoben, dürfen sie nur an die Gemeinde weitergegeben werden; die Gemeinde darf die Daten an andere Beauftragte im Sinne des § 157 sowie an die höhere Verwaltungsbehörde weitergeben, so weit dies zu Zwecken der Sanierung erforderlich ist. Nach Aufhebung der förmlichen Festlegung des Sanierungsgebiets sind die Daten zu löschen. So weit die erhobenen Daten für die Besteuerung erforderlich sind, dürfen sie an die Finanzbehörden weitergegeben werden.

(3) Die mit der Erhebung der Daten Beauftragten sind bei Aufnahme ihrer Tätigkeit nach Maßgabe des Absatzes 2 zu verpflichten. Ihre Pflichten bestehen nach Beendigung ihrer Tätigkeit fort.

(4) Verweigert ein nach Abs. 1 Auskunftspflichtiger die Auskunft, ist § 208 Satz 2 bis 4 über die Androhung und Festsetzung eines Zwangsgelds entsprechend anzuwenden. Der Auskunftspflichtige kann die Auskunft auf solche Fragen verweigern, deren Beantwortung ihn selbst oder einen der in § 383 Abs. 1 Nr. 1 bis 3 der Zivilprozessordnung bezeichneten Angehörigen der Gefahr strafrechtlicher Verfolgung oder eines Verfahrens nach dem Gesetz über Ordnungswidrigkeiten aussetzen würde.

§ 139 (Beteiligung und Mitwirkung öffentlicher Aufgabenträger). (1) Der Bund, einschließlich seiner Sondervermögen, die Länder, die Gemeindeverbände und die sonstigen Körperschaften, Anstalten und Stiftungen des öffentlichen Rechts sollen im Rahmen der ihnen obliegenden Aufgaben die Vorbereitung und Durchführung von städtebaulichen Sanierungsmaßnahmen unterstützen.

(2) § 4 Abs. 2 und § 4a Abs. 1 bis 4 und 6 sind bei der Vorbereitung und Durchführung der Sanierung auf Behörden und sonstige Träger öffentlicher Belange sinngemäß anzuwenden. Die Träger öffentlicher Belange haben die Gemeinde auch über Änderungen ihrer Absichten zu unterrichten.

(3) Ist eine Änderung von Zielen und Zwecken der Sanierung oder von Maßnahmen und Planungen der Träger öffentlicher Belange, die aufeinander abgestimmt wurden, beabsichtigt, haben sich die Beteiligten unverzüglich miteinander ins Benehmen zu setzen.

Zweiter Abschnitt. Vorbereitung und Durchführung

§ 140 (Vorbereitung). Die Vorbereitung der Sanierung ist Aufgabe der Gemeinde; sie umfasst

1. die vorbereitenden Untersuchungen,

2. die förmliche Festlegung des Sanierungsgebiets,

3. die Bestimmung der Ziele und Zwecke der Sanierung,

4. die städtebauliche Planung; hierzu gehört auch die Bauleitplanung oder eine Rahmenplanung, so weit sie für die Sanierung erforderlich ist,

5. die Erörterung der beabsichtigten Sanierung,

6. die Erarbeitung und Fortschreibung des Sozialplans,

7. einzelne Ordnungs- und Baumaßnahmen, die vor einer förmlichen Festlegung des Sanierungsgebiets durchgeführt werden.

§ 141 (Vorbereitende Untersuchungen). (1) Die Gemeinde hat vor der förmlichen Festlegung des Sanierungsgebiets die vorbereitenden Untersuchungen durchzuführen oder zu veranlassen, die erforderlich sind, um Beurteilungsunterlagen zu gewinnen über die Notwendigkeit der Sanierung, die sozialen, strukturellen und städtebaulichen Verhältnisse und Zusammenhänge sowie die anzustrebenden allgemeinen Ziele und die Durchführbarkeit der Sanierung im Allgemeinen. Die vorbereitenden Untersuchungen sollen sich auch auf nachteilige Auswirkungen erstrecken, die sich für die von der beabsichtigten Sanierung unmittelbar Betroffenen in ihren persönlichen Lebensumständen im wirtschaftlichen oder sozialen Bereich voraussichtlich ergeben werden.

(2) Von vorbereitenden Untersuchungen kann abgesehen werden, wenn hinreichende Beurteilungsunterlagen bereits vorliegen.

(3) Die Gemeinde leitet die Vorbereitung der Sanierung durch den Beschluss über den Beginn der vorbereitenden Untersuchungen ein. Der Beschluss ist ortsüblich bekanntzumachen. Dabei ist auf die Auskunftspflicht nach § 138 hinzuweisen.

(4) Mit der ortsüblichen Bekanntmachung des Beschlusses über den Beginn der vorbereitenden Untersuchungen finden die §§ 137, 138 und 139 über die Beteiligung und Mitwirkung der Betroffenen, die Auskunftspflicht und die Beteiligung und Mitwirkung öffentlicher Aufgabenträger Anwendung; ab diesem Zeitpunkt ist § 15 auf die Durchführung eines Vorhabens im Sinne des § 29 Abs.1 und auf die Beseitigung einer baulichen Anlage entsprechend anzuwenden. Mit der förmlichen Festlegung des Sanierungsgebiets wird ein Bescheid über die Zurückstellung des Baugesuchs sowie ein Bescheid über die Zurückstellung der Beseitigung einer baulichen Anlage nach Satz 1 zweiter Halbsatz unwirksam.

§ 142 (Sanierungssatzung). (1) Die Gemeinde kann ein Gebiet, in dem eine städtebauliche Sanierungsmaßnahme durchgeführt werden soll, durch Beschluss förmlich als Sanierungsgebiet festlegen (förmlich festgelegtes Sanierungsgebiet). Das Sanierungsgebiet ist so zu begrenzen, dass sich die Sanierung zweckmäßig durchführen lässt. Einzelne Grundstücke, die von der Sanierung nicht betroffen werden, können aus dem Gebiet ganz oder teilweise ausgenommen werden.

(2) Ergibt sich aus den Zielen und Zwecken der Sanierung, dass Flächen außerhalb des förmlich festgelegten Sanierungsgebiets

1. für Ersatzbauten oder Ersatzanlagen zur räumlich zusammenhängenden Unterbringung von Bewohnern oder Betrieben aus dem förmlich festgelegten Sanierungsgebiet oder

2. für die durch die Sanierung bedingten Gemeinbedarfs- oder Folgeeinrichtungen

in Anspruch genommen werden müssen (Ersatz- und Ergänzungsgebiete), kann die Gemeinde geeignete Gebiete für diesen Zweck förmlich festlegen. Für die förmliche Festlegung und die sich aus ihr ergebenden Wirkungen sind die für förmlich festgelegte Sanierungsgebiete geltenden Vorschriften anzuwenden.

(3) Die Gemeinde beschließt die förmliche Festlegung des Sanierungsgebiets als Satzung (Sanierungssatzung). In der Sanierungssatzung ist das Sanierungsgebiet zu bezeichnen.

(4) In der Sanierungssatzung ist die Anwendung der Vorschriften des Dritten Abschnitts auszuschließen, wenn sie für die Durchführung der Sanierung nicht erforderlich ist und die Durchführung hierdurch voraussichtlich nicht erschwert wird (vereinfachtes Sanierungsverfahren); in diesem Fall kann in der Sanierungssatzung auch die Genehmigungspflicht nach § 144 insgesamt, nach § 144 Abs. 1 oder § 144 Abs. 2 ausgeschlossen werden.

§ 143 (Bekanntmachung der Sanierungssatzung, Sanierungsvermerk). (1) Die Gemeinde hat die Sanierungssatzung ortsüblich bekanntzumachen. Sie kann auch ortsüblich bekanntmachen, dass eine Sanierungssatzung beschlossen worden ist; § 10 Abs. 3 Satz 2 bis 5 ist entsprechend anzuwenden. In der Bekanntmachung nach den Sätzen 1 und 2 ist - außer im vereinfachten Sanierungsverfahren - auf die Vorschriften des Dritten Abschnitts hinzuweisen. Mit der Bekanntmachung wird die Sanierungssatzung rechtsverbindlich.

(2) Die Gemeinde teilt dem Grundbuchamt die rechtsverbindliche Sanierungssatzung mit und hat hierbei die von der Sanierungssatzung betroffenen Grundstücke einzeln aufzuführen. Das Grundbuchamt hat in die Grundbücher dieser Grundstücke einzutragen, dass eine Sanierung durchgeführt wird (Sanierungsvermerk). § 54 Abs. 2 und 3 ist entsprechend anzuwenden. Die Sätze 1 bis 3 sind nicht anzuwenden, wenn in der Sanierungssatzung die Genehmigungspflicht nach § 144 Abs. 2 ausgeschlossen ist.

§ 144 (Genehmigungspflichtige Vorhaben und Rechtsvorgänge). (1) Im förmlich festgelegten Sanierungsgebiet bedürfen der schriftlichen Genehmigung der Gemeinde

1. die in § 14 Abs. 1 bezeichneten Vorhaben und sonstigen Maßnahmen;

2. Vereinbarungen, durch die ein schuldrechtliches Vertragsverhältnis über den Gebrauch oder die Nutzung eines Grundstücks, Gebäudes oder Gebäudeteils auf bestimmte Zeit von mehr als einem Jahr eingegangen oder verlängert wird.

(2) Im förmlich festgelegten Sanierungsgebiet bedürfen der schriftlichen Genehmigung der Gemeinde

1. die rechtsgeschäftliche Veräußerung eines Grundstücks und die Bestellung und Veräußerung eines Erbbaurechts;

2. die Bestellung eines das Grundstück belastenden Rechts; dies gilt nicht für die Bestellung eines Rechts, das mit der Durchführung von Baumaßnahmen im Sinne des § 148 Abs. 2 im Zusammenhang steht;

3. ein schuldrechtlicher Vertrag, durch den eine Verpflichtung zu einem der in Nummer 1 oder 2 genannten Rechtsgeschäfte begründet wird; ist der schuldrechtliche Vertrag genehmigt worden, gilt auch das in Ausführung dieses Vertrags vorgenommene dingliche Rechtsgeschäft als genehmigt;

4. die Begründung, Änderung oder Aufhebung einer Baulast;

5. die Teilung eines Grundstücks.

(3) Die Gemeinde kann für bestimmte Fälle die Genehmigung für das förmlich festgelegte Sanierungsgebiet oder Teile desselben allgemein erteilen; sie hat dies ortsüblich bekanntzumachen.

(4) Keiner Genehmigung bedürfen

1. Vorhaben und Rechtsvorgänge, wenn die Gemeinde oder der Sanierungsträger für das Treuhandvermögen als Vertragsteil oder Eigentümer beteiligt ist;

2. Rechtsvorgänge nach Abs. 2 Nr.1 bis 3 zum Zwecke der Vorwegnahme der gesetzlichen Erbfolge;

3. Vorhaben nach Abs. 1 Nr. 1, die vor der förmlichen Festlegung des Sanierungsgebiets baurechtlich genehmigt worden sind, Vorhaben nach Abs. 1 Nr. 1, von denen die Gemeinde nach Maßgabe des Bauordnungsrechts Kenntnis erlangt hat und mit deren Ausführung vor dem Inkrafttreten der Veränderungssperre hätte begonnen werden dürfen, sowie Unterhaltungsarbeiten und die Fortführung einer bisher ausgeübten Nutzung;

4. Rechtsvorgänge nach Abs. 1 Nr. 2 und Abs. 2, die Zwecken der Landesverteidigung dienen;

5. der rechtsgeschäftliche Erwerb eines in ein Verfahren im Sinne des § 38 einbezogenen Grundstücks durch den Bedarfsträger.

§ 145 (Genehmigung). (1) Die Genehmigung wird durch die Gemeinde erteilt. Ist eine baurechtliche Genehmigung oder an ihrer Stelle eine baurechtliche Zustimmung erforderlich, wird die Genehmigung durch die Baugenehmigungsbehörde im Einvernehmen mit der Gemeinde erteilt. § 22 Abs. 5 Satz 2 bis 6 ist entsprechend anzuwenden.

(2) Die Genehmigung darf nur versagt werden, wenn Grund zur Annahme besteht, dass das Vorhaben, der Rechtsvorgang einschließlich der Teilung eines Grundstücks oder die damit erkennbar bezweckte Nutzung die Durchführung der Sanierung unmöglich machen oder wesentlich erschweren oder den Zielen und Zwecken der Sanierung zuwiderlaufen würde.

(3) Die Genehmigung ist zu erteilen, wenn die wesentliche Erschwerung dadurch beseitigt wird, dass die Beteiligten für den Fall der Durchführung der Sanierung für sich und ihre Rechtsnachfolger

1. in den Fällen des § 144 Abs. 1 Nr. 1 auf Entschädigung für die durch das Vorhaben herbeigeführten Werterhöhungen sowie für werterhöhende Änderungen, die auf Grund der mit dem Vorhaben bezweckten Nutzung vorgenommen werden, verzichten;

2. in den Fällen des § 144 Abs. 1 Nr. 2 oder Abs. 2 Nr. 2 oder 3 auf Entschädigung für die Aufhebung des Rechts sowie für werterhöhende Änderungen verzichten, die auf Grund dieser Rechte vorgenommen werden.

(4) Die Genehmigung kann unter Auflagen, in den Fällen des § 144 Abs. 1 auch befristet oder bedingt erteilt werden. § 51 Abs. 4 Satz 2 und 3 ist entsprechend anzuwenden. Die Genehmigung kann auch vom Abschluss eines städtebaulichen Vertrags abhängig gemacht werden, wenn dadurch Versagungsgründe im Sinne des Absatzes 2 ausgeräumt werden.

(5) Wird die Genehmigung versagt, kann der Eigentümer von der Gemeinde die Übernahme des Grundstücks verlangen, wenn und so weit es ihm mit Rücksicht auf die Durchführung der Sanierung wirtschaftlich nicht mehr zuzumuten ist, das Grundstück zu behalten oder es in der bisherigen oder einer anderen zulässigen Art zu nutzen. Liegen die Flächen eines land- oder forstwirtschaftlichen Betriebs sowohl innerhalb als auch außerhalb des förmlich festgelegten Sanierungsgebiets, kann der Eigentümer von der Gemeinde die Übernahme sämtlicher Grundstücke des Betriebs verlangen, wenn die Erfüllung des Übernahmeverlangens für die Gemeinde keine unzumutbare Belastung bedeutet; die Gemeinde kann sich auf eine unzumutbare Belastung nicht berufen, so weit die außerhalb des förmlich festgelegten Sanierungsgebiets gelegenen Grundstücke nicht mehr in angemessenem Umfang baulich oder wirtschaftlich genutzt werden können. Kommt eine Einigung über die Übernahme nicht zu Stande, kann der Eigentümer die Entziehung des Eigentums an dem Grundstück verlangen. Für die Entziehung des Eigentums sind die Vorschriften des Fünften Teils des Ersten Kapitels entsprechend anzuwenden. § 43 Abs. 1, 4 und 5 sowie § 44 Abs. 3 und 4 sind entsprechend anzuwenden.

(6) § 22 Abs. 6 ist entsprechend anzuwenden. Ist eine Genehmigung allgemein erteilt oder nicht erforderlich, hat die Gemeinde darüber auf Antrag eines Beteiligten ein Zeugnis auszustellen.

§ 146 (Durchführung). (1) Die Durchführung umfasst die Ordnungsmaßnahmen und die Baumaßnahmen innerhalb des förmlich festgelegten Sanierungsgebiets, die nach den Zielen und Zwecken der Sanierung erforderlich sind.

(2) Auf Grundstücken, die den in § 26 Nr. 2 bezeichneten Zwecken dienen, und auf den in § 26 Nr. 3 bezeichneten Grundstücken dürfen im Rahmen städtebaulicher Sanierungsmaßnahmen einzelne Ordnungs- und Baumaßnahmen nur mit Zustimmung des Bedarfsträgers durchgeführt werden. Der Bedarfsträger soll seine Zustimmung erteilen, wenn auch unter Berücksichtigung seiner Aufgaben ein überwiegendes öffentliches Interesse an der Durchführung der Sanierungsmaßnahmen besteht.

(3) Die Gemeinde kann die Durchführung der Ordnungsmaßnahmen und die Errichtung oder Änderung von Gemeinbedarfs- und Folgeeinrichtungen im Sinne des § 148 Abs. 2 Satz 1 Nr. 3 auf Grund eines Vertrags ganz oder teilweise dem Eigentümer überlassen. Ist die zügige und zweckmäßige Durchführung der vertraglich übernommenen Maßnahmen nach Satz 1 durch einzelne Eigentümer nicht gewährleistet, hat die Gemeinde insoweit für die Durchführung der Maßnahmen zu sorgen oder sie selbst zu übernehmen.

§ 147 (Ordnungsmaßnahmen). Die Durchführung der Ordnungsmaßnahmen ist Aufgabe der Gemeinde; hierzu gehören

1. die Bodenordnung einschließlich des Erwerbs von Grundstücken,

2. der Umzug von Bewohnern und Betrieben,

3. die Freilegung von Grundstücken,

4. die Herstellung und Änderung von Erschließungsanlagen sowie

5. sonstige Maßnahmen, die notwendig sind, damit die Baumaßnahmen durchgeführt werden können.

Als Ordnungsmaßnahme gilt auch die Bereitstellung von Flächen und die Durchführung von Maßnahmen zum Ausgleich im Sinne des § 1a Abs. 3, so weit sie gemäß § 9 Abs. 1a an anderer Stelle den Grundstücken, auf denen Eingriffe in Natur und Landschaft zu erwarten sind, ganz oder teilweise zugeordnet sind. Durch die Sanierung bedingte Erschließungsanlagen einschließlich Ersatzanlagen können außerhalb des förmlich festgelegten Sanierungsgebiets liegen.

§ 148 (Baumaßnahmen). (1) Die Durchführung von Baumaßnahmen bleibt den Eigentümern überlassen, so weit die zügige und zweckmäßige Durchführung durch sie gewährleistet ist; der Gemeinde obliegt jedoch

1. für die Errichtung und Änderung der Gemeinbedarfs- und Folgeeinrichtungen zu sorgen und

2. die Durchführung sonstiger Baumaßnahmen, so weit sie selbst Eigentümerin ist oder nicht gewährleistet ist, dass diese vom einzelnen Eigentümer zügig und zweckmäßig durchgeführt werden.

Ersatzbauten, Ersatzanlagen und durch die Sanierung bedingte Gemeinbedarfs- und Folgeeinrichtungen können außerhalb des förmlich festgelegten Sanierungsgebiets liegen.

(2) Zu den Baumaßnahmen gehören

1. die Modernisierung und Instandsetzung,

2. die Neubebauung und die Ersatzbauten,

3. die Errichtung und Änderung von Gemeinbedarfs- und Folgeeinrichtungen sowie

4. die Verlagerung oder Änderung von Betrieben.

Als Baumaßnahmen gelten auch Maßnahmen zum Ausgleich im Sinne des § 1a Abs. 3, so weit sie auf den Grundstücken durchgeführt werden, auf denen Eingriffe in Natur und Landschaft zu erwarten sind.

§ 149 (Kosten- und Finanzierungsübersicht). (1) Die Gemeinde hat nach dem Stand der Planung eine Kosten- und Finanzierungsübersicht aufzustellen. Die Übersicht ist mit den Kosten- und Finanzierungsvorstellungen anderer Träger öffentlicher Belange, deren Aufgabenbereich durch die Sanierung berührt wird, abzustimmen und der höheren Verwaltungsbehörde vorzulegen.

(2) In der Kostenübersicht hat die Gemeinde die Kosten der Gesamtmaßnahme darzustellen, die ihr voraussichtlich entstehen. Die Kosten anderer Träger öffentlicher Belange für Maßnahmen im Zusammenhang mit der Sanierung sollen nachrichtlich angegeben werden.

(3) In der Finanzierungsübersicht hat die Gemeinde ihre Vorstellungen über die Deckung der Kosten der Gesamtmaßnahme darzulegen. Finanzierungs- und Förderungsmittel auf anderer gesetzlicher Grundlage sowie die Finanzierungsvorstellungen anderer Träger öffentlicher Belange sollen nachrichtlich angegeben werden.

(4) Die Kosten- und Finanzierungsübersicht kann mit Zustimmung der nach Landesrecht zuständigen Behörde auf den Zeitraum der mehrjährigen Finanzplanung der Gemeinde beschränkt werden. Das Erfordernis, die städtebauliche Sanierungsmaßnahme innerhalb eines absehbaren Zeitraums durchzuführen, bleibt unberührt.

(5) Die Gemeinde und die höhere Verwaltungsbehörde können von anderen Trägern öffentlicher Belange Auskunft über deren eigene Absichten im förmlich festgelegten Sanierungsgebiet und ihre Kosten- und Finanzierungsvorstellungen verlangen.

(6) Die höhere Verwaltungsbehörde kann von der Gemeinde Ergänzungen oder Änderungen der Kosten- und Finanzierungsübersicht verlangen. Sie hat für ein wirtschaftlich sinnvolles Zusammenwirken der Gemeinde und der anderen Träger öffentlicher Belange bei der Durchführung ihrer Maßnahmen zu sorgen und die Gemeinde bei der Beschaffung von Förderungsmitteln aus öffentlichen Haushalten zu unterstützen.

§ 150 (Ersatz für Änderungen von Einrichtungen, die der öffentlichen Versorgung dienen). (1) Stehen in einem förmlich festgelegten Sanierungsgebiet Anlagen der öffentlichen Versorgung mit Elektrizität, Gas, Wasser, Wärme, Telekommunikationsdienstleistungen oder Anlagen der Abwasserwirtschaft infolge der Durchführung der Sanierung nicht mehr zur Verfügung und sind besondere Aufwendungen erforderlich, die über das bei ordnungsgemäßer Wirtschaft erforderliche Maß hinausgehen, zum Beispiel der Ersatz oder die Verlegung dieser Anlagen, hat die Gemeinde dem Träger der Aufgabe die ihm dadurch entstehenden Kosten zu erstatten. Vorteile und Nachteile, die dem Träger der Aufgabe im Zusammenhang damit entstehen, sind auszugleichen.

(2) Kommt eine Einigung über den Erstattungsbetrag nicht zu Stande, entscheidet die höhere Verwaltungsbehörde.

§ 151 (Abgaben- und Auslagenbefreiung). (1) Frei von Gebühren und ähnlichen nichtsteuerlichen Abgaben sowie von Auslagen sind Geschäfte und Verhandlungen

1. zur Vorbereitung oder Durchführung von städtebaulichen Sanierungsmaßnahmen,

2. zur Durchführung von Erwerbsvorgängen,

3. zur Gründung oder Auflösung eines Unternehmens, dessen Geschäftszweck ausschließlich darauf gerichtet ist, als Sanierungsträger tätig zu werden.

(2) Die Abgabenbefreiung gilt nicht für die Kosten eines Rechtsstreits. Unberührt bleiben Regelungen nach landesrechtlichen Vorschriften.(3) Erwerbsvorgänge im Sinne von Abs. 1 Nr. 2 sind

1. der Erwerb eines Grundstücks durch eine Gemeinde oder durch einen Rechtsträger im Sinne der §§ 157 und 205 zur Vorbereitung oder Durchführung von städtebaulichen Sanierungsmaßnahmen. Hierzu gehört auch der Erwerb eines Grundstücks zur Verwendung als Austausch- oder Ersatzland im Rahmen von städtebaulichen Sanierungsmaßnahmen;

2. der Erwerb eines Grundstücks durch eine Person, die zur Vorbereitung oder Durchführung von städtebaulichen Sanierungsmaßnahmen oder zur Verwendung als Austausch- oder Ersatzland ein Grundstück übereignet oder verloren hat. Die Abgabenbefreiung wird nur gewährt

 a) beim Erwerb eines Grundstücks im Sanierungsgebiet, in dem das übereignete oder verlorene Grundstück liegt, bis zum Abschluss der städtebaulichen Sanierungsmaßnahme,

 b) in anderen Fällen bis zum Ablauf von zehn Jahren, gerechnet von dem Zeitpunkt ab, in dem das Grundstück übereignet oder verloren wurde;

3. der Erwerb eines im förmlich festgelegten Sanierungsgebiet gelegenen Grundstücks, so weit die Gegenleistung in der Hingabe eines in demselben Sanierungsgebiet gelegenen Grundstücks besteht;

4. der Erwerb eines Grundstücks, der durch die Begründung, das Bestehen oder die Auflösung eines Treuhandverhältnisses im Sinne des § 160 oder des § 161 bedingt ist.

Dritter Abschnitt. Besondere sanierungsrechtliche Vorschriften

§ 152 (Anwendungsbereich). Die Vorschriften dieses Abschnitts sind im förmlich festgelegten Sanierungsgebiet anzuwenden, sofern die Sanierung nicht im vereinfachten Sanierungsverfahren durchgeführt wird.

§ 153 (Bemessung von Ausgleichs- und Entschädigungsleistungen, Kaufpreise, Umlegung).
(1) Sind auf Grund von Maßnahmen, die der Vorbereitung oder Durchführung der Sanierung im förmlich festgelegten Sanierungsgebiet dienen, nach den Vorschriften dieses Gesetzbuchs Ausgleichs- oder Entschädigungsleistungen zu gewähren, werden bei deren Bemessung Werterhöhungen, die lediglich durch die Aussicht auf die Sanierung, durch ihre Vorbereitung oder ihre Durchführung eingetreten sind, nur insoweit berücksichtigt, als der Betroffene diese Werterhöhungen durch eigene Aufwendungen zulässigerweise bewirkt hat. Änderungen in den allgemeinen Wertverhältnissen auf dem Grundstücksmarkt sind zu berücksichtigen.

(2) Liegt bei der rechtsgeschäftlichen Veräußerung eines Grundstücks sowie bei der Bestellung oder Veräußerung eines Erbbaurechts der vereinbarte Gegenwert für das Grundstück oder das Recht über dem Wert, der sich in Anwendung des Absatzes 1 ergibt, liegt auch hierin eine wesentliche Erschwerung der Sanierung im Sinne des § 145 Abs. 2. Dies gilt nicht, wenn in den Fällen des § 154 Abs. 3 Satz 2 oder 3 die Verpflichtung zur Entrichtung des Ausgleichsbetrags erloschen ist.

(3) Die Gemeinde oder der Sanierungsträger darf beim Erwerb eines Grundstücks keinen höheren Kaufpreis vereinbaren, als er sich in entsprechender Anwendung des Absatzes 1 ergibt. In den Fällen des § 144 Abs. 4 Nr. 4 und 5 darf der Bedarfsträger keinen höheren Kaufpreis vereinbaren, als er sich in entsprechender Anwendung des Absatzes 1 ergibt.

(4) Bei der Veräußerung nach den §§ 89 und 159 Abs. 3 ist das Grundstück zu dem Verkehrswert zu veräußern, der sich durch die rechtliche und tatsächliche Neuordnung des förmlich festgelegten Sanierungsgebiets ergibt. § 154 Abs. 5 ist dabei auf den Teil des Kaufpreises entsprechend anzuwenden, der der durch die Sanierung bedingten Werterhöhung des Grundstücks entspricht.

(5) Im förmlich festgelegten Sanierungsgebiet sind

1. Abs. 1 auf die Ermittlung von Werten nach § 57 Satz 2 und im Falle der Geldabfindung nach § 59 Abs. 2 und 4 bis 6 sowie den §§ 60 und 61 Abs. 2 entsprechend anzuwenden;

2. Wertänderungen, die durch die rechtliche und tatsächliche Neuordnung des förmlich festgelegten Sanierungsgebiets eintreten, bei der Ermittlung von Werten nach § 57 Satz 3 und 4 und im Falle des Geldausgleichs nach § 59 Abs. 2 sowie den §§ 60 und 61 Abs. 2 zu berücksichtigen;

3. § 58 nicht anzuwenden.

§ 154 (Ausgleichsbetrag des Eigentümers). (1) Der Eigentümer eines im förmlich festgelegten Sanierungsgebiet gelegenen Grundstücks hat zur Finanzierung der Sanierung an die Gemeinde einen Ausgleichsbetrag in Geld zu entrichten, der der durch die Sanierung bedingten Erhöhung des Bodenwerts seines Grundstücks entspricht; Miteigentümer sind im Verhältnis ihrer Anteile an dem gemeinschaftlichen Eigentum heranzuziehen. Werden im förmlich festgelegten Sanierungsgebiet Erschließungsanlagen im Sinne des § 127 Abs. 2 hergestellt, erweitert oder verbessert, sind Vorschriften über die Erhebung von Beiträgen für diese Maßnahmen auf Grundstücke im förmlich festgelegten Sanierungsgebiet nicht anzuwenden. Satz 2 gilt entsprechend für die Anwendung der Vorschrift über die Erhebung von Kostenerstattungsbeträgen im Sinne des § 135a Abs. 3.

(2) Die durch die Sanierung bedingte Erhöhung des Bodenwerts des Grundstücks besteht aus dem Unterschied zwischen dem Bodenwert, der sich für das Grundstück ergeben würde, wenn eine Sanierung weder beabsichtigt noch durchgeführt worden wäre (Anfangswert), und dem Bodenwert, der sich für das Grundstück durch die rechtliche und tatsächliche Neuordnung des förmlich festgelegten Sanierungsgebiets ergibt (Endwert).

(3) Der Ausgleichsbetrag ist nach Abschluss der Sanierung (§§ 162 und 163) zu entrichten. Die Gemeinde kann die Ablösung im Ganzen vor Abschluss der Sanierung zulassen; dabei kann zur Deckung von Kosten der Sanierungsmaßnahme auch ein höherer Betrag als der Ausgleichsbetrag vereinbart werden. Die Gemeinde soll auf Antrag des Ausgleichsbetragspflichtigen den Ausgleichsbetrag vorzeitig festsetzen, wenn der Ausgleichsbetragspflichtige an der Festsetzung vor Abschluss der Sanierung ein berechtigtes Interesse hat und der Ausgleichsbetrag mit hinreichender Sicherheit ermittelt werden kann.

(4) Die Gemeinde fordert den Ausgleichsbetrag durch Bescheid an; der Betrag wird einen Monat nach der Bekanntgabe des Bescheids fällig. Vor der Festsetzung des Ausgleichsbetrags ist dem Ausgleichsbetragspflichtigen Gelegenheit zur Stellungnahme und Erörterung der für die Wertermittlung seines Grundstücks maßgeblichen Verhältnisse sowie der nach § 155 Abs. 1 anrechenbaren Beträge innerhalb angemessener Frist zu geben. Der Ausgleichsbetrag ruht nicht als öffentliche Last auf dem Grundstück.

(5) Die Gemeinde hat den Ausgleichsbetrag auf Antrag des Eigentümers in ein Tilgungsdarlehen umzuwandeln, sofern diesem nicht zugemutet werden kann, die Verpflichtung bei Fälligkeit mit eigenen oder fremden Mitteln zu erfüllen. Die Darlehensschuld ist mit höchstens 6 vom Hundert jährlich zu verzinsen und mit 5 vom Hundert zuzüglich der ersparten Zinsen jährlich zu tilgen. Der Tilgungssatz kann im Einzelfall bis auf 1 vom Hundert herabgesetzt werden und das Darlehen niedrig verzinslich oder zinsfrei gestellt werden, wenn dies im öffentlichen Interesse oder zur Vermeidung unbilliger Härten oder zur Vermeidung einer von dem Ausgleichsbetragspflichtigen nicht zu vertretenden Unwirtschaftlichkeit der Grundstücksnutzung geboten ist. Die Gemeinde soll den zur Finanzierung der Neubebauung, Modernisierung oder Instandsetzung erforderlichen Grundpfandrechten den Vorrang vor einem zur Sicherung ihres Tilgungsdarlehens bestellten Grundpfandrecht einräumen.

(6) Die Gemeinde kann von den Eigentümern auf den nach den Absätzen 1 bis 4 zu entrichtenden Ausgleichsbetrag Vorauszahlungen verlangen, sobald auf dem Grundstück eine den Zielen und Zwecken der Sanierung entsprechende Bebauung oder sonstige Nutzung zulässig ist; die Absätze 1 bis 5 sind sinngemäß anzuwenden.

§ 155 (Anrechnung auf den Ausgleichsbetrag, Absehen). (1) Auf den Ausgleichsbetrag sind anzurechnen,

1. die durch die Sanierung entstandenen Vorteile oder Bodenwerterhöhungen des Grundstücks, die bereits in einem anderen Verfahren, insbesondere in einem Enteignungsverfahren berücksichtigt worden sind; für Umlegungsverfahren bleibt Abs. 2 unberührt,

2. die Bodenwerterhöhungen des Grundstücks, die der Eigentümer zulässigerweise durch eigene Aufwendungen bewirkt hat; so weit der Eigentümer gemäß § 146 Abs. 3 Ordnungsmaßnahmen durchgeführt oder Gemeinbedarfs- und Folgeeinrichtungen im Sinne des § 148 Abs. 2 Satz 1 Nr. 3 errichtet oder geändert hat, sind jedoch die ihm entstandenen Kosten anzurechnen,

3. die Bodenwerterhöhungen des Grundstücks, die der Eigentümer beim Erwerb des Grundstücks als Teil des Kaufpreises in einem den Vorschriften der Nummern 1 und 2 sowie des § 154 entsprechenden Betrag zulässigerweise bereits entrichtet hat.

(2) Ein Ausgleichsbetrag entfällt, wenn eine Umlegung nach Maßgabe des § 153 Abs. 5 durchgeführt worden ist.

(3) Die Gemeinde kann für das förmlich festgelegte Sanierungsgebiet oder für zu bezeichnende Teile des Sanierungsgebiets von der Festsetzung des Ausgleichsbetrags absehen, wenn

1. eine geringfügige Bodenwerterhöhung gutachtlich ermittelt worden ist und

2. der Verwaltungsaufwand für die Erhebung des Ausgleichsbetrags in keinem Verhältnis zu den möglichen Einnahmen steht.

Die Entscheidung nach Satz 1 kann auch getroffen werden, bevor die Sanierung abgeschlossen ist.

(4) Die Gemeinde kann im Einzelfall von der Erhebung des Ausgleichsbetrags ganz oder teilweise absehen, wenn dies im öffentlichen Interesse oder zur Vermeidung unbilliger Härten geboten ist. Die Freistellung kann auch vor Abschluss der Sanierung erfolgen.

(5) Im Übrigen sind die landesrechtlichen Vorschriften über kommunale Beiträge einschließlich der Bestimmungen über die Stundung und den Erlass entsprechend anzuwenden.

(6) Sind dem Eigentümer Kosten der Ordnungsmaßnahmen oder Kosten für die Errichtung oder Änderung von Gemeinbedarfs- und Folgeeinrichtungen im Sinne des § 148 Abs. 2 Satz 1 Nr. 3 entstanden, hat die Gemeinde sie ihm zu erstatten, so weit sie über den nach § 154 und Abs. 1 ermittelten Ausgleichsbetrag hinausgehen und die Erstattung nicht vertraglich ausgeschlossen wurde.

§ 156 (Überleitungsvorschriften zur förmlichen Festlegung). (1) Beitragspflichten für Erschließungsanlagen im Sinne des § 127 Abs. 2, die vor der förmlichen Festlegung entstanden sind, bleiben unberührt. Entsprechendes gilt für Kostenerstattungsbeträge im Sinne des § 135a Abs. 3.

(2) Hat die Umlegungsstelle vor der förmlichen Festlegung des Sanierungsgebiets in einem Umlegungsverfahren, das sich auf Grundstücke im Gebiet bezieht, den Umlegungsplan nach § 66 Abs. 1 aufgestellt oder ist eine Vorwegentscheidung nach § 76 getroffen worden, bleibt es dabei.

(3) Hat die Enteignungsbehörde vor der förmlichen Festlegung des Sanierungsgebiets den Enteignungsbeschluss nach § 113 für ein in dem Gebiet gelegenes Grundstück erlassen oder ist eine Einigung nach § 110 beurkundet worden, sind die Vorschriften des Ersten Kapitels weiter anzuwenden.

§ 156a (Kosten und Finanzierung der Sanierungsmaßnahme). (1) Ergibt sich nach der Durchführung der städtebaulichen Sanierungsmaßnahme und der Übertragung eines Treuhandvermö-

gens des Sanierungsträgers auf die Gemeinde bei ihr ein Überschuss der bei der Vorbereitung und Durchführung der städtebaulichen Sanierungsmaßnahme erzielten Einnahmen über die hierfür getätigten Ausgaben, so ist dieser Überschuss auf die Eigentümer der im Sanierungsgebiet gelegenen Grundstücke zu verteilen. Maßgebend sind die Eigentumsverhältnisse bei der Bekanntmachung des Beschlusses über die förmliche Festlegung des Sanierungsgebiets. Ist nach diesem Zeitpunkt das Eigentum gegen Entgelt übertragen worden, so steht der auf das Grundstück entfallende Anteil dem früheren Eigentümer und dem Eigentümer, der zu einem Ausgleichsbetrag nach § 154 herangezogen worden ist, je zur Hälfte zu.

(2) Die auf die einzelnen Grundstücke entfallenden Anteile des Überschusses sind nach dem Verhältnis der Anfangswerte der Grundstücke im Sinne des § 154 Abs. 2 zu bestimmen.

(3) Die Gemeinde hat bei der Errechnung des Überschusses Zuschüsse abzuziehen, die ihr oder Eigentümern aus Mitteln eines anderen öffentlichen Haushalts zur Deckung von Kosten der Vorbereitung oder Durchführung der Sanierungsmaßnahme gewährt worden sind. Im Übrigen bestimmt sich das Verfahren zur Verteilung des Überschusses nach landesrechtlichen Regelungen.

Vierter Abschnitt. Sanierungsträger und andere Beauftragte

§ 157 (Erfüllung von Aufgaben für die Gemeinde). (1) Die Gemeinde kann sich zur Erfüllung von Aufgaben, die ihr bei der Vorbereitung oder Durchführung der Sanierung obliegen, eines geeigneten Beauftragten bedienen. Sie darf jedoch die Aufgabe,

1. städtebauliche Sanierungsmaßnahmen durchzuführen, die der Gemeinde nach den §§ 146 bis 148 obliegen,

2. Grundstücke oder Rechte an ihnen zur Vorbereitung oder Durchführung der Sanierung im Auftrag der Gemeinde zu erwerben,

3. der Sanierung dienende Mittel zu bewirtschaften,

nur einem Unternehmen (Sanierungsträger) übertragen, das die Voraussetzungen für die Übernahme der Aufgaben als Sanierungsträger nach § 158 erfüllt.

(2) Die Gemeinde soll die Ausarbeitung der Bauleitpläne und die Aufgaben eines für eigene Rechnung tätigen Sanierungsträgers nicht demselben Unternehmen oder einem rechtlich oder wirtschaftlich von ihm abhängigen Unternehmen übertragen.

§ 158 (Voraussetzung für die Beauftragung als Sanierungsträger). Dem Unternehmen können die Aufgaben als Sanierungsträger nur übertragen werden, wenn

1. das Unternehmen nicht selbst als Bauunternehmen tätig oder von einem Bauunternehmen abhängig ist,

2. das Unternehmen nach seiner Geschäftstätigkeit und seinen wirtschaftlichen Verhältnissen geeignet und in der Lage ist, die Aufgaben eines Sanierungsträgers ordnungsgemäß zu erfüllen,

3. das Unternehmen, sofern es nicht bereits kraft Gesetzes einer jährlichen Prüfung seiner Geschäftstätigkeit und seiner wirtschaftlichen Verhältnisse unterliegt, sich einer derartigen Prüfung unterworfen hat oder unterwirft,

4. die zur Vertretung berufenen Personen sowie die leitenden Angestellten die erforderliche geschäftliche Zuverlässigkeit besitzen.

§ 159 (Erfüllung der Aufgaben als Sanierungsträger). (1) Der Sanierungsträger erfüllt die ihm von der Gemeinde übertragenen Aufgaben nach § 157 Abs. 1 Satz 2 Nr. 1 oder 2 im eigenen Namen für Rechnung der Gemeinde als deren Treuhänder oder im eigenen Namen für eigene Rechnung. Die ihm von der Gemeinde übertragene Aufgabe nach § 157 Abs. 1 Satz 2 Nr. 3 erfüllt

er im eigenen Namen für Rechnung der Gemeinde als deren Treuhänder. Der Sanierungsträger hat der Gemeinde auf Verlangen Auskunft zu erteilen.

(2) Die Gemeinde und der Sanierungsträger legen mindestens die Aufgaben, die Rechtsstellung, in der sie der Sanierungsträger zu erfüllen hat, eine von der Gemeinde hierfür zu entrichtende angemessene Vergütung und die Befugnis der Gemeinde zur Erteilung von Weisungen durch schriftlichen Vertrag fest. Der Vertrag bedarf nicht der Form des § 311b Abs. 1 des Bürgerlichen Gesetzbuchs. Er kann von jeder Seite nur aus wichtigem Grund gekündigt werden.

(3) Der Sanierungsträger ist verpflichtet, die Grundstücke, die er nach Übertragung der Aufgabe zur Vorbereitung oder Durchführung der Sanierung erworben hat, nach Maßgabe des § 89 Abs. 3 und 4 und unter Beachtung der Weisungen der Gemeinde zu veräußern. Er hat die Grundstücke, die er nicht veräußert hat, der Gemeinde anzugeben und auf ihr Verlangen an Dritte oder an sie zu veräußern.

(4) Ist in dem von dem Erwerber an den Sanierungsträger entrichteten Kaufpreis ein Betrag enthalten, der nach den §§ 154 und 155 vom Eigentümer zu tragen wäre, hat der Sanierungsträger diesen Betrag an die Gemeinde abzuführen oder mit ihr zu verrechnen. In den Fällen des § 153 Abs. 4 Satz 2 hat der Sanierungsträger Ansprüche aus dem Darlehen auf Verlangen entweder an die Gemeinde abzutreten und empfangene Zinsen und Tilgungen an sie abzuführen oder sie mit ihr zu verrechnen.

(5) Der Sanierungsträger hat für die Grundstücke, deren Eigentümer er bleibt, an die Gemeinde Ausgleichsbeträge nach Maßgabe der §§ 154 und 155 zu entrichten.

(6) Kündigt die Gemeinde im Falle der Eröffnung des Insolvenzverfahrens über das Vermögen des für eigene Rechnung tätigen Sanierungsträgers den mit diesem geschlossenen Vertrag, kann sie vom Insolvenzverwalter verlangen, ihr die im förmlich festgelegten Sanierungsgebiet gelegenen Grundstücke, die der Sanierungsträger nach Übertragung der Aufgaben zur Vorbereitung oder Durchführung der Sanierung erworben hat, gegen Erstattung der vom Sanierungsträger erbrachten Aufwendungen zu übereignen. Der Insolvenzverwalter ist verpflichtet, der Gemeinde ein Verzeichnis dieser Grundstücke zu übergeben. Die Gemeinde kann ihren Anspruch nur binnen sechs Monaten nach Übergabe des Grundstücksverzeichnisses geltend machen. Im Übrigen haftet die Gemeinde den Gläubigern von Verbindlichkeiten aus der Durchführung der Ordnungsmaßnahmen wie ein Bürge, so weit sie aus dem Vermögen des Sanierungsträgers im Insolvenzverfahren keine vollständige Befriedigung erlangt haben.

(7)(weggefallen)

§ 160 (Treuhandvermögen). (1) Ist dem Sanierungsträger eine Aufgabe als Treuhänder der Gemeinde übertragen, erfüllt er sie mit einem Treuhandvermögen in eigenem Namen für Rechnung der Gemeinde. Der Sanierungsträger erhält von der Gemeinde für den Rechtsverkehr eine Bescheinigung über die Übertragung der Aufgabe als Treuhänder. Er soll bei Erfüllung der Aufgabe seinem Namen einen das Treuhandverhältnis kennzeichnenden Zusatz hinzufügen.

(2) Der als Treuhänder tätige Sanierungsträger hat das in Erfüllung der Aufgabe gebildete Treuhandvermögen getrennt von anderem Vermögen zu verwalten.

(3) Zum Treuhandvermögen gehören die Mittel, die die Gemeinde dem Sanierungsträger zur Erfüllung der Aufgabe zur Verfügung stellt. Zum Treuhandvermögen gehört auch, was der Sanierungsträger mit Mitteln des Treuhandvermögens oder durch ein Rechtsgeschäft, das sich auf das Treuhandvermögen bezieht, oder auf Grund eines zum Treuhandvermögen gehörenden Rechts oder als Ersatz für die Zerstörung, Beschädigung oder Entziehung eines zum Treuhandvermögen gehörenden Gegenstands erwirbt.

(4) Die Gemeinde gewährleistet die Erfüllung der Verbindlichkeiten, für die der Sanierungsträger mit dem Treuhandvermögen haftet. Mittel, die der Sanierungsträger darlehensweise von einem

Dritten erhält, gehören nur dann zum Treuhandvermögen, wenn die Gemeinde der Darlehensaufnahme schriftlich zugestimmt hat. Das Gleiche gilt für eigene Mittel, die der Sanierungsträger einbringt.

(5) Grundstücke im förmlich festgelegten Sanierungsgebiet, die der Sanierungsträger vor oder nach Übertragung der Aufgabe mit Mitteln, die nicht zum Treuhandvermögen gehören, oder unter Hergabe von eigenem Austauschland erworben hat, hat er auf Verlangen der Gemeinde gegen Ersatz seiner Aufwendungen in das Treuhandvermögen zu überführen. Dabei sind als Grundstückswerte die Werte zu berücksichtigen, die sich in Anwendung des § 153 Abs. 1 ergeben.

(6) Der als Treuhänder tätige Sanierungsträger hat der Gemeinde nach Beendigung seiner Tätigkeit Rechenschaft abzulegen. Er hat nach Beendigung seiner Tätigkeit das Treuhandvermögen einschließlich der Grundstücke, die er nicht veräußert hat, auf die Gemeinde zu übertragen. Von der Übertragung an haftet die Gemeinde anstelle des Sanierungsträgers für die noch bestehenden Verbindlichkeiten, für die dieser mit dem Treuhandvermögen gehaftet hat.

(7) Der Sanierungsträger darf vor der Übertragung nach Abs. 6 die Grundstücke des Treuhandvermögens, die er unter Hergabe von entsprechendem nicht zum Treuhandvermögen gehörendem eigenem Austauschland oder mindestens zwei Jahre, bevor ihm die Gemeinde einen mit der Sanierung zusammenhängenden Auftrag erteilt hat, erworben und in das Treuhandvermögen überführt hat, in sein eigenes Vermögen zurücküberführen. Sind die von ihm in das Treuhandvermögen überführten Grundstücke veräußert oder im Rahmen der Ordnungsmaßnahmen zur Bildung neuer Grundstücke verwendet oder sind ihre Grenzen verändert worden, kann der Sanierungsträger andere Grundstücke, die wertmäßig seinen in das Treuhandvermögen überführten Grundstücken entsprechen, in sein eigenes Vermögen zurücküberführen; er bedarf hierzu der Genehmigung der Gemeinde. Er hat dem Treuhandvermögen den Verkehrswert der Grundstücke zu erstatten, der sich durch die rechtliche und tatsächliche Neuordnung des förmlich festgelegten Sanierungsgebiets ergibt.

§ 161[1] (Sicherung des Treuhandvermögens). (1) Der Sanierungsträger haftet Dritten mit dem Treuhandvermögen nicht für Verbindlichkeiten, die sich nicht auf das Treuhandvermögen beziehen.

(2) Wird in das Treuhandvermögen wegen einer Verbindlichkeit, für die der Sanierungsträger nicht mit dem Treuhandvermögen haftet, die Zwangsvollstreckung betrieben, kann die Gemeinde auf Grund des Treuhandverhältnisses gegen die Zwangsvollstreckung nach Maßgabe des § 771 der Zivilprozessordnung Widerspruch, der Sanierungsträger unter entsprechender Anwendung des § 767 Abs. 1 der Zivilprozessordnung Einwendungen geltend machen.

(3) Im Falle der Eröffnung des Insolvenzverfahrens über das Vermögen des Sanierungsträgers gehört das Treuhandvermögen nicht zur Insolvenzmasse. Kündigt die Gemeinde das Treuhandverhältnis, so hat der Insolvenzverwalter das Treuhandvermögen auf die Gemeinde zu übertragen und bis zur Übertragung zu verwalten. Von der Übertragung an haftet die Gemeinde anstelle des Sanierungsträgers für die Verbindlichkeiten, für die dieser mit dem Treuhandvermögen gehaftet hat. Die mit der Eröffnung des Insolvenzverfahrens verbundenen Rechtsfolgen treten hinsichtlich der Verbindlichkeiten nicht ein. § 418 des Bürgerlichen Gesetzbuchs ist nicht anzuwenden.

1 Änderung des § 161 Abs. 3 durch Gesetz vom 5. Oktober 1994 (BGBl. I Seite 2911), welches am 1. Januar 1999 in Kraft tritt.

Fünfter Abschnitt. Abschluss der Sanierung

§ 162 (Aufhebung der Sanierungssatzung). (1) Die Sanierungssatzung ist aufzuheben, wenn

1. die Sanierung durchgeführt ist oder

2. die Sanierung sich als undurchführbar erweist oder

3. die Sanierungsabsicht aus anderen Gründen aufgegeben wird.

Sind diese Voraussetzungen nur für einen Teil des förmlich festgelegten Sanierungsgebiets gegeben, ist die Satzung für diesen Teil aufzuheben.

(2) Der Beschluss der Gemeinde, durch den die förmliche Festlegung des Sanierungsgebiets ganz oder teilweise aufgehoben wird, ergeht als Satzung. Die Satzung ist ortsüblich bekanntzumachen. Die Gemeinde kann auch ortsüblich bekanntmachen, dass eine Satzung zur Aufhebung der förmlichen Festlegung des Sanierungsgebiets beschlossen worden ist; § 10 Abs. 3 Satz 2 bis 5 ist entsprechend anzuwenden. Mit der Bekanntmachung wird die Satzung rechtsverbindlich.

(3) Die Gemeinde ersucht das Grundbuchamt, die Sanierungsvermerke zu löschen.

§ 163 (Fortfall von Rechtswirkungen für einzelne Grundstücke). (1) Die Gemeinde kann die Sanierung für ein Grundstück als abgeschlossen erklären, wenn entsprechend den Zielen und Zwecken der Sanierung

1. das Grundstück bebaut ist oder in sonstiger Weise genutzt wird oder

2. das Gebäude modernisiert oder instand gesetzt ist.

Auf Antrag des Eigentümers hat die Gemeinde die Sanierung für das Grundstück als abgeschlossen zu erklären.

(2) Die Gemeinde kann bereits vor dem in Abs. 1 bezeichneten Zeitpunkt die Durchführung der Sanierung für einzelne Grundstücke durch Bescheid an die Eigentümer für abgeschlossen erklären, wenn die den Zielen und Zwecken der Sanierung entsprechende Bebauung oder sonstige Nutzung oder die Modernisierung oder Instandsetzung auch ohne Gefährdung der Ziele und Zwecke der Sanierung zu einem späteren Zeitpunkt möglich ist. Ein Rechtsanspruch auf Abgabe der Erklärung besteht in diesem Fall nicht.

(3) Mit der Erklärung entfällt die Anwendung der §§ 144, 145 und 153 für dieses Grundstück. Die Gemeinde ersucht das Grundbuchamt, den Sanierungsvermerk zu löschen.

§ 164 (Anspruch auf Rückübertragung). (1) Wird die Sanierungssatzung aus den in § 162 Abs. 1 Satz 1 Nr. 2 oder 3 bezeichneten Gründen aufgehoben, hat der frühere Eigentümer eines Grundstücks einen Anspruch gegenüber dem jeweiligen Eigentümer auf Rückübertragung dieses Grundstücks, wenn es die Gemeinde oder der Sanierungsträger von ihm nach der förmlichen Festlegung des Sanierungsgebiets zur Durchführung der Sanierung freihändig oder nach den Vorschriften dieses Gesetzbuchs ohne Hergabe von entsprechendem Austauschland, Ersatzland oder Begründung von Rechten der in § 101 Abs. 1 Satz 1 Nr. 1 bezeichneten Art erworben hatte.

(2) Der Anspruch besteht nicht, wenn

1. das Grundstück als Baugrundstück für den Gemeinbedarf oder als Verkehrs-, Versorgungs- oder Grünfläche in einem Bebauungsplan festgesetzt ist oder für sonstige öffentliche Zwecke benötigt wird oder

2. der frühere Eigentümer selbst das Grundstück im Wege der Enteignung erworben hatte oder

3. der Eigentümer mit der zweckgerechten Verwendung des Grundstücks begonnen hat oder

4. das Grundstück auf Grund des § 89 oder des § 159 Abs. 3 an einen Dritten veräußert wurde oder

5. die Grundstücksgrenzen erheblich verändert worden sind.

(3) Die Rückübertragung kann nur binnen zwei Jahren seit der Aufhebung der Sanierungssatzung verlangt werden.

(4) Der frühere Eigentümer hat als Kaufpreis den Verkehrswert zu zahlen, den das Grundstück im Zeitpunkt der Rückübertragung hat.

(5) Ein Anspruch auf Rückenteignung nach § 102 bleibt unberührt. Die dem Eigentümer zu gewährende Entschädigung nach § 103 bemisst sich nach dem Verkehrswert des Grundstücks, der sich auf Grund des rechtlichen und tatsächlichen Zustands im Zeitpunkt der Aufhebung der förmlichen Festlegung ergibt.

Sechster Abschnitt. Städtebauförderung

§ 164a (Einsatz von Städtebauförderungsmitteln). (1) Zur Deckung der Kosten der einheitlichen Vorbereitung und zügigen Durchführung der städtebaulichen Sanierungsmaßnahme als Einheit (Gesamtmaßnahme) werden Finanzierungs- und Förderungsmittel (Städtebauförderungsmittel) eingesetzt. Für Maßnahmen im Zusammenhang mit der Sanierung, deren Finanzierung oder Förderung auf anderer gesetzlicher Grundlage beruht, sollen die in den jeweiligen Haushaltsgesetzen zur Verfügung gestellten Finanzierungs- oder Förderungsmittel so eingesetzt werden, dass die Maßnahmen im Rahmen der Sanierung durchgeführt werden können.

(2) Städtebauförderungsmittel können eingesetzt werden für

1. die Vorbereitung von Sanierungsmaßnahmen (§ 140),

2. die Durchführung von Ordnungsmaßnahmen nach § 147 einschließlich Entschädigungen, so weit durch sie kein bleibender Gegenwert erlangt wird; zu den Kosten der Ordnungsmaßnahmen gehören nicht die persönlichen oder sachlichen Kosten der Gemeindeverwaltung,

3. die Durchführung von Baumaßnahmen nach § 148,

4. die Gewährung einer angemessenen Vergütung von nach Maßgabe dieses Gesetzes beauftragten Dritten,

5. die Verwirklichung des Sozialplans nach § 180 sowie die Gewährung eines Härteausgleichs nach § 181.

(3) Städtebauförderungsmittel können für Modernisierungs- und Instandsetzungsmaßnahmen im Sinne des § 177 eingesetzt werden. So weit nichts anderes vereinbart ist, gilt dies auch für entsprechende Maßnahmen, zu deren Durchführung sich der Eigentümer gegenüber der Gemeinde vertraglich verpflichtet hat, sowie für darüber hinausgehende Maßnahmen, die der Erhaltung, Erneuerung und funktionsgerechten Verwendung eines Gebäudes dienen, das wegen seiner geschichtlichen, künstlerischen oder städtebaulichen Bedeutung erhalten bleiben soll.

§ 164b (Verwaltungsvereinbarung). (1) Der Bund kann zur Förderung städtebaulicher Sanierungsmaßnahmen nach Artikel 104a Abs. 4 des Grundgesetzes den Ländern nach Maßgabe des jeweiligen Haushaltsgesetzes Finanzhilfen für Investitionen der Gemeinden und Gemeindeverbände nach einem in gleicher Weise geltenden, allgemeinen und sachgerechten Maßstab gewähren. Der Maßstab und das Nähere für den Einsatz der Finanzhilfen werden durch Verwaltungsvereinbarung zwischen Bund und Ländern festgelegt.

(2) Schwerpunkt für den Einsatz solcher Finanzhilfen sind

1. die Stärkung von Innenstädten und Ortsteilzentren in ihrer städtebaulichen Funktion unter besonderer Berücksichtigung des Wohnungsbaus sowie der Belange des Denkmalschutzes und der Denkmalpflege,

2. die Wiedernutzung von Flächen, insbesondere der in Innenstädten brachliegenden Industrie-, Konversions- oder Eisenbahnflächen, zur Errichtung von Wohn- und Arbeitsstätten, Gemeinbedarfs- und Folgeeinrichtungen unter Berücksichtigung ihrer funktional sinnvollen Zuord-

nung (Nutzungsmischung) sowie von umweltschonenden, kosten- und flächensparenden Bauweisen,

3. städtebauliche Maßnahmen zur Behebung sozialer Missstände.

Zweiter Teil. Städtebauliche Entwicklungsmaßnahmen

§ 165 (Städtebauliche Entwicklungsmaßnahmen). (1) Städtebauliche Entwicklungsmaßnahmen in Stadt und Land, deren einheitliche Vorbereitung und zügige Durchführung im öffentlichen Interesse liegen, werden nach den Vorschriften dieses Teils vorbereitet und durchgeführt.

(2) Mit städtebaulichen Entwicklungsmaßnahmen nach Abs. 1 sollen Ortsteile und andere Teile des Gemeindegebiets entsprechend ihrer besonderen Bedeutung für die städtebauliche Entwicklung und Ordnung der Gemeinde oder entsprechend der angestrebten Entwicklung des Landesgebiets oder der Region erstmalig entwickelt oder im Rahmen einer städtebaulichen Neuordnung einer neuen Entwicklung zugeführt werden.

(3) Die Gemeinde kann einen Bereich, in dem eine städtebauliche Entwicklungsmaßnahme durchgeführt werden soll, durch Beschluss förmlich als städtebaulichen Entwicklungsbereich festlegen, wenn

1. die Maßnahme den Zielen und Zwecken nach Abs. 2 entspricht,

2. das Wohl der Allgemeinheit die Durchführung der städtebaulichen Entwicklungsmaßnahme erfordert, insbesondere zur Deckung eines erhöhten Bedarfs an Wohn- und Arbeitsstätten, zur Errichtung von Gemeinbedarfs- und Folgeeinrichtungen oder zur Wiedernutzung brachliegender Flächen,

3. die mit der städtebaulichen Entwicklungsmaßnahme angestrebten Ziele und Zwecke durch städtebauliche Verträge nicht erreicht werden können oder Eigentümer der von der Maßnahme betroffenen Grundstücke unter entsprechender Berücksichtigung des § 166 Abs. 3 nicht bereit sind, ihre Grundstücke an die Gemeinde oder den von ihr beauftragten Entwicklungsträger zu dem Wert zu veräußern, der sich in Anwendung des § 169 Abs. 1 Nr. 6 und Abs. 4 ergibt,

4. die zügige Durchführung der Maßnahme innerhalb eines absehbaren Zeitraums gewährleistet ist.

Die öffentlichen und privaten Belange sind gegeneinander und untereinander gerecht abzuwägen.

(4) Die Gemeinde hat vor der förmlichen Festlegung des städtebaulichen Entwicklungsbereichs die vorbereitenden Untersuchungen durchzuführen oder zu veranlassen, die erforderlich sind, um Beurteilungsunterlagen über die Festlegungsvoraussetzungen nach Abs. 3 zu gewinnen. Die §§ 137 bis 141 sind entsprechend anzuwenden.

(5) Der städtebauliche Entwicklungsbereich ist so zu begrenzen, dass sich die Entwicklung zweckmäßig durchführen lässt. Einzelne Grundstücke, die von der Entwicklung nicht betroffen werden, können aus dem Bereich ganz oder teilweise ausgenommen werden. Grundstücke, die den in § 26 Nr. 2 und 35 Abs. 1 Nr. 7 bezeichneten Zwecken dienen, die in § 26 Nr. 3 bezeichneten Grundstücke sowie Grundstücke, für die nach § 1 Abs. 2 des Landbeschaffungsgesetzes ein Anhörungsverfahren eingeleitet worden ist, und bundeseigene Grundstücke, bei denen die Absicht, sie für Zwecke der Landesverteidigung zu verwenden, der Gemeinde bekannt ist, dürfen nur mit Zustimmung des Bedarfsträgers in den städtebaulichen Entwicklungsbereich einbezogen werden. Der Bedarfsträger soll seine Zustimmung erteilen, wenn auch bei Berücksichtigung seiner Aufgaben ein überwiegendes öffentliches Interesse an der Durchführung der städtebaulichen Entwicklungsmaßnahme besteht.

(6) Die Gemeinde beschließt die förmliche Festlegung des städtebaulichen Entwicklungsbereichs als Satzung (Entwicklungssatzung). In der Entwicklungssatzung ist der städtebauliche Entwicklungsbereich zu bezeichnen.

(7) Der Entwicklungssatzung ist eine Begründung beizufügen. In der Begründung sind die Gründe darzulegen, die die förmliche Festlegung des entwicklungsbedürftigen Bereichs rechtfertigen.

(8) Der Beschluss der Entwicklungssatzung ist ortsüblich bekannt zu machen. § 10 Abs. 3 Satz 2 bis 5 ist entsprechend anzuwenden. In der Bekanntmachung nach Satz 1 ist auf die Genehmigungspflicht nach den §§ 144, 145 und 153 Abs. 2 hinzuweisen. Mit der Bekanntmachung wird die Entwicklungssatzung rechtsverbindlich.

(9) Die Gemeinde teilt dem Grundbuchamt die rechtsverbindliche Entwicklungssatzung mit. Sie hat hierbei die von der Entwicklungssatzung betroffenen Grundstücke einzeln aufzuführen. Das Grundbuchamt hat in die Grundbücher dieser Grundstücke einzutragen, dass eine städtebauliche Entwicklungsmaßnahme durchgeführt wird (Entwicklungsvermerk). § 54 Abs. 2 Satz 1 und Abs. 3 ist entsprechend anzuwenden.

§ 166 (Zuständigkeit und Aufgaben). (1) Die Entwicklungsmaßnahme wird von der Gemeinde vorbereitet und durchgeführt, sofern nicht nach Abs. 4 eine abweichende Regelung getroffen wird. Die Gemeinde hat für den städtebaulichen Entwicklungsbereich ohne Verzug Bebauungspläne aufzustellen und, so weit eine Aufgabe nicht nach sonstigen gesetzlichen Vorschriften einem anderen obliegt, alle erforderlichen Maßnahmen zu ergreifen, um die vorgesehene Entwicklung im städtebaulichen Entwicklungsbereich zu verwirklichen.

(2) Die Gemeinde hat die Voraussetzungen dafür zu schaffen, dass ein funktionsfähiger Bereich entsprechend der beabsichtigten städtebaulichen Entwicklung und Ordnung entsteht, der nach seinem wirtschaftlichen Gefüge und der Zusammensetzung seiner Bevölkerung den Zielen und Zwecken der städtebaulichen Entwicklungsmaßnahme entspricht und in dem eine ordnungsgemäße und zweckentsprechende Versorgung der Bevölkerung mit Gütern und Dienstleistungen sichergestellt ist.

(3) Die Gemeinde soll die Grundstücke im städtebaulichen Entwicklungsbereich erwerben. Dabei soll sie feststellen, ob und in welcher Rechtsform die bisherigen Eigentümer einen späteren Erwerb von Grundstücken oder Rechten im Rahmen des § 169 Abs. 6 anstreben. Die Gemeinde soll von dem Erwerb eines Grundstücks absehen, wenn

1. bei einem baulich genutzten Grundstück die Art und das Maß der baulichen Nutzung bei der Durchführung der Entwicklungsmaßnahme nicht geändert werden sollen oder

2. der Eigentümer eines Grundstücks, dessen Verwendung nach den Zielen und Zwecken der städtebaulichen Entwicklungsmaßnahme bestimmt oder mit ausreichender Sicherheit bestimmbar ist, in der Lage ist, das Grundstück binnen angemessener Frist dementsprechend zu nutzen, und er sich hierzu verpflichtet.

Erwirbt die Gemeinde ein Grundstück nicht, ist der Eigentümer verpflichtet, einen Ausgleichsbetrag an die Gemeinde zu entrichten, der der durch die Entwicklungsmaßnahme bedingten Erhöhung des Bodenwerts seines Grundstücks entspricht.

(4) Die Vorbereitung und Durchführung der Entwicklungsmaßnahme kann einem Planungsverband nach § 205 Abs. 4 übertragen werden.

§ 167 (Erfüllung von Aufgaben für die Gemeinde; Entwicklungsträger). (1) Die Gemeinde kann sich zur Erfüllung von Aufgaben, die ihr bei der Vorbereitung oder Durchführung der städtebaulichen Entwicklungsmaßnahme obliegen, eines geeigneten Beauftragten, insbesondere eines Entwicklungsträgers, bedienen. § 157 Abs. 1 Satz 2 und § 158 sind entsprechend anzuwenden.

(2) Der Entwicklungsträger erfüllt die ihm von der Gemeinde übertragenen Aufgaben in eigenem Namen für Rechnung der Gemeinde als deren Treuhänder. § 159 Abs. 1 Satz 3 und Abs. 2 sowie die §§ 160 und 161 sind entsprechend anzuwenden.

(3) Der Entwicklungsträger ist verpflichtet, die Grundstücke des Treuhandvermögens nach Maßgabe des § 169 Abs. 5 bis 8 zu veräußern; er ist dabei an Weisungen der Gemeinde gebunden.

§ 168 (Übernahmeverlangen). Der Eigentümer eines im städtebaulichen Entwicklungsbereich gelegenen Grundstücks kann von der Gemeinde die Übernahme des Grundstücks verlangen, wenn es ihm mit Rücksicht auf die Erklärung zum städtebaulichen Entwicklungsbereich oder den Stand der Entwicklungsmaßnahme wirtschaftlich nicht mehr zuzumuten ist, das Grundstück zu behalten oder in der bisherigen oder einer anderen zulässigen Art zu nutzen. Die Vorschrift des § 145 Abs. 5 Satz 2 bis 5 ist entsprechend anzuwenden.

§ 169 (Besondere Vorschriften für den städtebaulichen Entwicklungsbereich). (1) Im städtebaulichen Entwicklungsbereich sind entsprechend anzuwenden

1. die §§ 137,138 und 139 (Beteiligung und Mitwirkung der Betroffenen; Auskunftspflicht; Beteiligung und Mitwirkung öffentlicher Aufgabenträger),

2. § 142 Abs. 2 (Ersatz- und Ergänzungsgebiete),

3. die §§ 144 und 145 (Genehmigungspflichtige Vorhaben und Rechtsvorgänge; Genehmigung),

4. die §§ 146 bis 148(Durchführung; Ordnungsmaßnahmen; Baumaßnahmen),

5. die §§ 150 und 151 (Ersatz für Änderungen von Einrichtungen, die der öffentlichen Versorgung dienen; Abgaben- und Auslagenbefreiung),

6. § 153 Abs. 1 bis 3 (Bemessung von Ausgleichs- und Entschädigungsleistungen; Kaufpreise),

7. die §§ 154 bis 156 (Ausgleichsbetrag des Eigentümers; Anrechnung auf den Ausgleichsbetrag, Absehen; Überleitungsvorschriften zur förmlichen Festlegung),

8. die §§ 162 bis 164 (Abschluss der Maßnahme),

9. die §§ 164a und 164b (Einsatz von Städtebauförderungsmitteln; Verwaltungsvereinbarung),

10. § 191 (Vorschriften über den Verkehr mit land- und forstwirtschaftlichen Grundstücken).

(2) Die Vorschriften des Vierten Teils des Ersten Kapitels über die Bodenordnung sind im städtebaulichen Entwicklungsbereich nicht anzuwenden.

(3) Die Enteignung ist im städtebaulichen Entwicklungsbereich ohne Bebauungsplan zu Gunsten der Gemeinde oder des Entwicklungsträgers zur Erfüllung ihrer Aufgaben zulässig. Sie setzt voraus, dass der Antragsteller sich ernsthaft um den freihändigen Erwerb des Grundstücks zu angemessenen Bedingungen bemüht hat. Die §§ 85, 87, 88 und 89 Abs. 1 bis 3 sind im städtebaulichen Entwicklungsbereich nicht anzuwenden.

(4) Auf land- oder forstwirtschaftlich genutzte Grundstücke ist § 153 Abs. 1 mit der Maßgabe entsprechend anzuwenden, dass in den Gebieten, in denen sich kein von dem innerlandwirtschaftlichen Verkehrswert abweichender Verkehrswert gebildet hat, der Wert maßgebend ist, der in vergleichbaren Fällen im gewöhnlichen Geschäftsverkehr auf dem allgemeinen Grundstücksmarkt dort zu erzielen wäre, wo keine Entwicklungsmaßnahmen vorgesehen sind.

(5) Die Gemeinde ist verpflichtet, Grundstücke, die sie zur Durchführung der Entwicklungsmaßnahme freihändig oder nach den Vorschriften dieses Gesetzbuchs erworben hat, nach Maßgabe der Absätze 6 bis 8 zu veräußern mit Ausnahme der Flächen, die als Baugrundstücke für den Gemeinbedarf oder als Verkehrs-, Versorgungs- oder Grünflächen in einem Bebauungsplan festgesetzt sind oder für sonstige öffentliche Zwecke oder als Austauschland oder zur Entschädigung in Land benötigt werden.

(6) Die Grundstücke sind nach ihrer Neuordnung und Erschließung unter Berücksichtigung weiter Kreise der Bevölkerung und unter Beachtung der Ziele und Zwecke der Entwicklungsmaßnahme an Bauwillige zu veräußern, die sich verpflichten, dass sie die Grundstücke innerhalb angemessener Frist entsprechend den Festsetzungen des Bebauungsplans und den Erfordernissen der Entwicklungsmaßnahme bebauen werden. Dabei sind zunächst die früheren Eigentümer zu berücksichtigen. Auf die Veräußerungspflicht ist § 89 Abs. 4 anzuwenden. Zur land- oder forstwirtschaftlichen Nutzung festgesetzte Grundstücke sind Land- oder Forstwirten anzubieten, die zur Durchführung der Entwicklungsmaßnahme Grundstücke übereignet haben oder abgeben mussten.

(7) Die Gemeinde hat bei der Veräußerung dafür zu sorgen, dass die Bauwilligen die Bebauung in wirtschaftlich sinnvoller Aufeinanderfolge derart durchführen, dass die Ziele und Zwecke der städtebaulichen Entwicklung erreicht werden und die Vorhaben sich in den Rahmen der Gesamtmaßnahme einordnen. Sie hat weiter sicherzustellen, dass die neu geschaffenen baulichen Anlagen entsprechend den Zielen und Zwecken der städtebaulichen Entwicklungsmaßnahme dauerhaft genutzt werden.

(8) Zur Finanzierung der Entwicklung ist das Grundstück oder das Recht zu dem Verkehrswert zu veräußern, der sich durch die rechtliche und tatsächliche Neuordnung des städtebaulichen Entwicklungsbereichs ergibt. § 154 Abs. 5 ist auf den Teil des Kaufpreises entsprechend anzuwenden, der der durch die Entwicklung bedingten Werterhöhung des Grundstücks entspricht.

§ 170 (Sonderregelung für Anpassungsgebiete). Ergeben sich aus den Zielen und Zwecken der städtebaulichen Entwicklungsmaßnahme in einem im Zusammenhang bebauten Gebiet Maßnahmen zur Anpassung an die vorgesehene Entwicklung, kann die Gemeinde dieses Gebiet in der Entwicklungssatzung förmlich festlegen (Anpassungsgebiet). Das Anpassungsgebiet ist in der Entwicklungssatzung zu bezeichnen. Die förmliche Festlegung darf erst erfolgen, wenn entsprechend § 141 vorbereitende Untersuchungen durchgeführt worden sind. In dem Anpassungsgebiet sind neben den für städtebauliche Entwicklungsmaßnahmen geltenden Vorschriften mit Ausnahme des § 166 Abs. 3 und des § 169 Abs. 2 bis 8 die Vorschriften über städtebauliche Sanierungsmaßnahmen entsprechend anzuwenden, mit Ausnahme der §§ 136, 142 und 143.

§ 171 (Kosten und Finanzierung der Entwicklungsmaßnahme). (1) Einnahmen, die bei der Vorbereitung und Durchführung der Entwicklungsmaßnahme entstehen, sind zur Finanzierung der Entwicklungsmaßnahme zu verwenden. Ergibt sich nach der Durchführung der städtebaulichen Entwicklungsmaßnahme und der Übertragung eines Treuhandvermögens des Entwicklungsträgers auf die Gemeinde bei ihr ein Überschuss der bei der Vorbereitung und Durchführung der städtebaulichen Entwicklungsmaßnahme erzielten Einnahmen über die hierfür getätigten Ausgaben, so ist dieser Überschuss in entsprechender Anwendung des § 156a zu verteilen. (2) Die Gemeinde hat entsprechend § 149 nach dem Stand der Planung eine Kosten- und Finanzierungsübersicht aufzustellen. Zu berücksichtigen sind die Kosten, die nach den Zielen und Zwecken der Entwicklung erforderlich sind.

Dritter Teil. Stadtumbau

§ 171a (Stadtumbaumaßnahmen). (1) Stadtumbaumaßnahmen in Stadt- und Ortsteilen, deren einheitliche und zügige Durchführung im öffentlichen Interesse liegen, können auch anstelle von oder ergänzend zu sonstigen Maßnahmen nach diesem Gesetzbuch nach den Vorschriften dieses Teils durchgeführt werden.

(2) Stadtumbaumaßnahmen sind Maßnahmen, durch die in von erheblichen städtebaulichen Funktionsverlusten betroffenen Gebieten Anpassungen zur Herstellung nachhaltiger städtebaulicher Strukturen vorgenommen werden. Erhebliche städtebauliche Funktionsverluste liegen insbeson-

dere vor, wenn ein dauerhaftes Überangebot an baulichen Anlagen für bestimmte Nutzungen, namentlich für Wohnzwecke, besteht oder zu erwarten ist.

(3) Stadtumbaumaßnahmen dienen dem Wohl der Allgemeinheit. Sie sollen insbesondere dazu beitragen, dass

1. die Siedlungsstruktur den Erfordernissen der Entwicklung von Bevölkerung und Wirtschaft angepasst wird,

2. die Wohn- und Arbeitsverhältnisse sowie die Umwelt verbessert werden,

3. innerstädtische Bereiche gestärkt werden,

4. nicht mehr bedarfsgerechte bauliche Anlagen einer neuen Nutzung zugeführt werden,

5. einer anderen Nutzung nicht zuführbare bauliche Anlagen zurückgebaut werden,

6. freigelegte Flächen einer nachhaltigen städtebaulichen Entwicklung oder einer hiermit verträglichen Zwischennutzung zugeführt werden,

7. innerstädtische Altbaubestände erhalten werden.

§ 171b (Stadtumbaugebiet, städtebauliches Entwicklungskonzept). (1) Die Gemeinde legt das Gebiet, in dem Stadtumbaumaßnahmen durchgeführt werden sollen, durch Beschluss als Stadtumbaugebiet fest. Es ist in seinem räumlichen Umfang so festzulegen, dass sich die Maßnahmen zweckmäßig durchführen lassen.

(2) Grundlage für den Beschluss nach Abs. 1 ist ein von der Gemeinde aufzustellendes städtebauliches Entwicklungskonzept, in dem die Ziele und Maßnahmen (§ 171a Abs. 3) im Stadtumbaugebiet schriftlich darzustellen sind. Die öffentlichen und privaten Belange sind gegeneinander und untereinander gerecht abzuwägen.

(3) Die §§ 137 und 139 sind bei der Vorbereitung und Durchführung der Stadtumbaumaßnahmen entsprechend anzuwenden.

(4) Die §§ 164a und 164b sind im Stadtumbaugebiet entsprechend anzuwenden.

§ 171c (Stadtumbauvertrag). Die Gemeinde soll so weit erforderlich zur Umsetzung ihres städtebaulichen Entwicklungskonzeptes die Möglichkeit nutzen, Stadtumbaumaßnahmen auf der Grundlage von städtebaulichen Verträgen im Sinne des § 11 insbesondere mit den beteiligten Eigentümern durchzuführen. Gegenstände der Verträge können insbesondere auch sein

1. die Durchführung des Rückbaus baulicher Anlagen innerhalb einer bestimmten Frist und die Kostentragung für den Rückbau;

2. der Verzicht auf die Ausübung von Ansprüchen nach den §§ 39 bis 44;

3. der Ausgleich von Lasten zwischen den beteiligten Eigentümern.

§ 171d (Sicherung von Durchführungsmaßnahmen). (1) Die Gemeinde kann durch Satzung ein Gebiet bezeichnen, das ein festgelegtes Stadtumbaugebiet (§ 171b Abs. 1) oder Teile davon umfasst und in dem zur Sicherung und sozialverträglichen Durchführung von Stadtumbaumaßnahmen die in § 14 Abs. 1 bezeichneten Vorhaben und sonstigen Maßnahmen der Genehmigung bedürfen.

(2) Ist der Beschluss über die Aufstellung einer Satzung nach Abs. 1 gefasst und ortsüblich bekannt gemacht, ist § 15 Abs. 1 auf die Durchführung der Vorhaben und Maßnahmen im Sinne von Abs. 1 entsprechend anzuwenden.

(3) In den Fällen des Absatzes 1 darf die Genehmigung nur versagt werden, um einen den städtebaulichen und sozialen Belangen Rechnung tragenden Ablauf der Stadtumbaumaßnahmen auf der Grundlage des von der Gemeinde aufgestellten städtebaulichen Entwicklungskonzeptes (§ 171b Abs. 2) oder eines Sozialplans (§ 180) zu sichern. Die Genehmigung ist zu erteilen, wenn auch

unter Berücksichtigung des Allgemeinwohls ein Absehen von dem Vorhaben oder der Maßnahme wirtschaftlich nicht zumutbar ist.

(4) Die §§ 138, 173 und 174 sind im Gebiet der Satzung nach Abs. 1 entsprechend anzuwenden.

Vierter Teil. Soziale Stadt

§ 171e (Maßnahmen der Sozialen Stadt). (1) Städtebauliche Maßnahmen der Sozialen Stadt in Stadt- und Ortsteilen, deren einheitliche und zügige Durchführung im öffentlichen Interesse liegen, können auch anstelle oder ergänzend zu sonstigen Maßnahmen nach diesem Gesetzbuch nach den Vorschriften dieses Teils durchgeführt werden.

(2) Städtebauliche Maßnahmen der Sozialen Stadt sind Maßnahmen zur Stabilisierung und Aufwertung von durch soziale Missstände benachteiligten Ortsteilen oder anderen Teilen des Gemeindegebiets, in denen ein besonderer Entwicklungsbedarf besteht. Soziale Missstände liegen insbesondere vor, wenn ein Gebiet auf Grund der Zusammensetzung und wirtschaftlichen Situation der darin lebenden und arbeitenden Menschen erheblich benachteiligt ist. Ein besonderer Entwicklungsbedarf liegt insbesondere vor, wenn es sich um benachteiligte innerstädtische oder innenstadtnah gelegene Gebiete oder verdichtete Wohn- und Mischgebiete handelt, in denen es einer auf einander abgestimmten Bündelung von investiven und sonstigen Maßnahmen bedarf.

(3) Die Gemeinde legt das Gebiet, in dem die Maßnahmen durchgeführt werden sollen, durch Beschluss fest. Es ist in seinem räumlichen Umfang so festzulegen, dass sich die Maßnahmen zweckmäßig durchführen lassen.

(4) Grundlage für den Beschluss nach Abs. 3 ist ein von der Gemeinde unter Beteiligung der Betroffenen (§ 137) und der öffentlichen Aufgabenträger (§ 139) aufzustellendes Entwicklungskonzept, in dem die Ziele und Maßnahmen schriftlich darzustellen sind. Das Entwicklungskonzept soll insbesondere Maßnahmen enthalten, die der Verbesserung der Wohn- und Arbeitsverhältnisse sowie der Schaffung und Erhaltung sozial stabiler Bewohnerstrukturen dienen.

(5) Bei der Erstellung des Entwicklungskonzeptes und bei seiner Umsetzung sollen die Beteiligten in geeigneter Form einbezogen und zur Mitwirkung angeregt werden. Die Gemeinde soll die Beteiligten im Rahmen des Möglichen fortlaufend beraten und unterstützen. Dazu kann im Zusammenwirken von Gemeinde und Beteiligten eine Koordinierungsstelle eingerichtet werden. So weit erforderlich, soll die Gemeinde zur Verwirklichung und zur Förderung der mit dem Entwicklungskonzept verfolgten Ziele sowie zur Übernahme von Kosten mit den Eigentümern und sonstigen Maßnahmenträgern städtebauliche Verträge schließen.

(6) Die §§ 164a und 164b sind im Gebiet nach Abs. 3 entsprechend anzuwenden. Dabei ist § 164a Abs. 1 Satz 2 über den Einsatz von Finanzierungs- und Fördermitteln auf Grund anderer gesetzlicher Grundlage insbesondere auch auf sonstige Maßnahmen im Sinne des Absatzes 2 Satz 3 anzuwenden.

Fünfter Teil. Erhaltungssatzung und städtebauliche Gebote

Erster Abschnitt. Erhaltungssatzung

§ 172 (Erhaltung baulicher Anlagen und der Eigenart von Gebieten (Erhaltungssatzung). (1) Die Gemeinde kann in einem Bebauungsplan oder durch eine sonstige Satzung Gebiete bezeichnen, in denen

1. zur Erhaltung der städtebaulichen Eigenart des Gebiets auf Grund seiner städtebaulichen Gestalt (Absatz 3),

2. zur Erhaltung der Zusammensetzung der Wohnbevölkerung (Absatz 4) oder

3. bei städtebaulichen Umstrukturierungen (Absatz 5)

der Rückbau, die Änderung oder die Nutzungsänderung baulicher Anlagen der Genehmigung bedürfen. In den Fällen des Satzes 1 Nr. 1 bedarf auch die Errichtung baulicher Anlagen der Genehmigung. Auf die Satzung ist § 16 Abs. 2 entsprechend anzuwenden. Die Landesregierungen werden ermächtigt, für die Grundstücke in Gebieten einer Satzung nach Satz 1 Nr. 2 durch Rechtsverordnung mit einer Geltungsdauer von höchstens fünf Jahren zu bestimmen, dass die Begründung von Wohnungseigentum oder Teileigentum (§ 1 des Wohnungseigentumsgesetzes) an Gebäuden, die ganz oder teilweise Wohnzwecken zu dienen bestimmt sind, nicht ohne Genehmigung erfolgen darf. Ein solches Verbot gilt als Verbot im Sinne des § 135 des Bürgerlichen Gesetzbuchs. In den Fällen des Satzes 4 ist § 22 Abs. 2 Satz 3 und 4, Abs. 6 und 8 entsprechend anzuwenden.

(2) Ist der Beschluss über die Aufstellung einer Erhaltungssatzung gefasst und ortsüblich bekannt gemacht, ist § 15 Abs. 1 auf die Durchführung eines Vorhabens im Sinne des Absatzes 1 entsprechend anzuwenden.

(3) In den Fällen des Absatzes 1 Satz 1 Nr. 1 darf die Genehmigung nur versagt werden, wenn die bauliche Anlage allein oder im Zusammenhang mit anderen baulichen Anlagen das Ortsbild, die Stadtgestalt oder das Landschaftsbild prägt oder sonst von städtebaulicher, insbesondere geschichtlicher oder künstlerischer Bedeutung ist. Die Genehmigung zur Errichtung der baulichen Anlage darf nur versagt werden, wenn die städtebauliche Gestalt des Gebiets durch die beabsichtigte bauliche Anlage beeinträchtigt wird.

(4) In den Fällen des Absatzes 1 Satz 1 Nr. 2 und Satz 4 darf die Genehmigung nur versagt werden, wenn die Zusammensetzung der Wohnbevölkerung aus besonderen städtebaulichen Gründen erhalten werden soll. Sie ist zu erteilen, wenn auch unter Berücksichtigung des Allgemeinwohls die Erhaltung der baulichen Anlage oder ein Absehen von der Begründung von Wohnungseigentum oder Teileigentum wirtschaftlich nicht mehr zumutbar ist. Die Genehmigung ist ferner zu erteilen, wenn

1. die Änderung einer baulichen Anlage der Herstellung des zeitgemäßen Ausstattungszustands einer durchschnittlichen Wohnung unter Berücksichtigung der bauordnungsrechtlichen Mindestanforderungen dient,

2. das Grundstück zu einem Nachlass gehört und Wohnungseigentum oder Teileigentum zu Gunsten von Miterben oder Vermächtnisnehmern begründet werden soll,

3. das Wohnungseigentum oder Teileigentum zur eigenen Nutzung an Familienangehörige des Eigentümers veräußert werden soll,

4. ohne die Genehmigung Ansprüche Dritter auf Übertragung von Wohnungseigentum oder Teileigentum nicht erfüllt werden können, zu deren Sicherung vor dem Wirksamwerden des Genehmigungsvorbehalts eine Vormerkung im Grundbuch eingetragen ist,

5. das Gebäude im Zeitpunkt der Antragstellung zur Begründung von Wohnungseigentum oder Teileigentum nicht zu Wohnzwecken genutzt wird oder

6. sich der Eigentümer verpflichtet, innerhalb von sieben Jahren ab der Begründung von Wohnungseigentum Wohnungen nur an die Mieter zu veräußern; eine Frist nach § 577a Abs. 2 Satz 1 des Bürgerlichen Gesetzbuchs verkürzt sich um sieben Jahre. Die Frist nach § 577a Abs. 1 des Bürgerlichen Gesetzbuchs entfällt.

In den Fällen des Satzes 3 Nr. 6 kann in der Genehmigung bestimmt werden, dass auch die Veräußerung von Wohnungseigentum an dem Gebäude während der Dauer der Verpflichtung der Genehmigung der Gemeinde bedarf. Diese Genehmigungspflicht kann auf Ersuchen der Gemeinde in das Wohnungsgrundbuch eingetragen werden; sie erlischt nach Ablauf der Verpflichtung.

(5) In den Fällen des Absatzes 1 Satz 1 Nr. 3 darf die Genehmigung nur versagt werden, um einen den sozialen Belangen Rechnung tragenden Ablauf auf der Grundlage eines Sozialplans (§ 180) zu sichern. Ist ein Sozialplan nicht aufgestellt worden, hat ihn die Gemeinde in entsprechender Anwendung des § 180 aufzustellen. Abs. 4 Satz 2 ist entsprechend anzuwenden.

§ 173 (Genehmigung, Übernahmeanspruch). (1) Die Genehmigung wird durch die Gemeinde erteilt. Ist eine baurechtliche Genehmigung oder an ihrer Stelle eine baurechtliche Zustimmung erforderlich, wird die Genehmigung durch die Baugenehmigungsbehörde im Einvernehmen mit der Gemeinde erteilt; im Baugenehmigungs- oder Zustimmungsverfahren wird über die in § 172 Abs. 3 bis 5 bezeichneten Belange entschieden.

(2) Wird in den Fällen des § 172 Abs. 3 die Genehmigung versagt, kann der Eigentümer von der Gemeinde unter den Voraussetzungen des § 40 Abs. 2 die Übernahme des Grundstücks verlangen. § 43 Abs. 1, 4 und 5 sowie § 44 Abs. 3 und 4 sind entsprechend anzuwenden.

(3) Vor der Entscheidung über den Genehmigungsantrag hat die Gemeinde mit dem Eigentümer oder sonstigen zur Unterhaltung Verpflichteten die für die Entscheidung erheblichen Tatsachen zu erörtern. In den Fällen des § 172 Abs. 4 und 5 hat sie auch Mieter, Pächter und sonstige Nutzungsberechtigte zu hören.

(4) Die landesrechtlichen Vorschriften, insbesondere über den Schutz und die Erhaltung von Denkmälern, bleiben unberührt.

§ 174 (Ausnahmen). (1) § 172 ist nicht auf Grundstücke anzuwenden, die den in § 26 Nr. 2 bezeichneten Zwecken dienen, und auf die in § 26 Nr. 3 bezeichneten Grundstücke.

(2) Befindet sich ein Grundstück der in Abs. 1 bezeichneten Art im Geltungsbereich einer Erhaltungssatzung, hat die Gemeinde den Bedarfsträger hiervon zu unterrichten. Beabsichtigt der Bedarfsträger ein Vorhaben im Sinne des § 172 Abs. 1, hat er dies der Gemeinde anzuzeigen. Der Bedarfsträger soll auf Verlangen der Gemeinde von dem Vorhaben absehen, wenn die Voraussetzungen vorliegen, die die Gemeinde berechtigen würden, die Genehmigung nach § 172 zu versagen, und wenn die Erhaltung oder das Absehen von der Errichtung der baulichen Anlage dem Bedarfsträger auch unter Berücksichtigung seiner Aufgaben zuzumuten ist.

Zweiter Abschnitt. Städtebauliche Gebote

§ 175 (Allgemeines). (1) Beabsichtigt die Gemeinde, ein Baugebot (§ 176), ein Modernisierungs- oder Instandsetzungsgebot (§ 177), ein Pflanzgebot (§ 178) oder ein Rückbau- oder Entsiegelungsgebot (§ 179) zu erlassen, soll sie die Maßnahme vorher mit den Betroffenen erörtern. Die Gemeinde soll die Eigentümer, Mieter, Pächter und sonstigen Nutzungsberechtigten im Rahmen ihrer Möglichkeiten beraten, wie die Maßnahme durchgeführt werden kann und welche Finanzierungsmöglichkeiten aus öffentlichen Kassen bestehen.

(2) Die Anordnung von Maßnahmen nach den §§ 176 bis 179 setzt voraus, dass die alsbaldige Durchführung der Maßnahmen aus städtebaulichen Gründen erforderlich ist; bei Anordnung eines Baugebots nach § 176 kann dabei auch ein dringender Wohnbedarf der Bevölkerung berücksichtigt werden.

(3) Mieter, Pächter und sonstige Nutzungsberechtigte haben die Durchführung der Maßnahmen nach den §§ 176 bis 179 zu dulden.

(4) Die §§ 176 bis 179 sind nicht auf Grundstücke anzuwenden, die den in § 26 Nr. 2 bezeichneten Zwecken dienen, und auf die in § 26 Nr. 3 bezeichneten Grundstücke. Liegen für diese Grundstücke die Voraussetzungen für die Anordnung eines Gebots nach den §§ 176 bis 179 vor, soll auf Verlangen der Gemeinde der Bedarfsträger die entsprechenden Maßnahmen durchführen oder ihre Durchführung dulden, so weit dadurch nicht die Erfüllung seiner Aufgaben beeinträchtigt wird.

(5) Die landesrechtlichen Vorschriften, insbesondere über den Schutz und die Erhaltung von Denkmälern, bleiben unberührt.

§ 176 (Baugebot). (1) Im Geltungsbereich eines Bebauungsplans kann die Gemeinde den Eigentümer durch Bescheid verpflichten, innerhalb einer zu bestimmenden angemessenen Frist

1. sein Grundstück entsprechend den Festsetzungen des Bebauungsplans zu bebauen oder

2. ein vorhandenes Gebäude oder eine vorhandene sonstige bauliche Anlage den Festsetzungen des Bebauungsplans anzupassen.

(2) Das Baugebot kann außerhalb der in Abs. 1 bezeichneten Gebiete, aber innerhalb im Zusammenhang bebauter Ortsteile angeordnet werden, um unbebaute oder geringfügig bebaute Grundstücke entsprechend den baurechtlichen Vorschriften zu nutzen oder einer baulichen Nutzung zuzuführen, insbesondere zur Schließung von Baulücken.

(3) Ist die Durchführung des Vorhabens aus wirtschaftlichen Gründen einem Eigentümer nicht zuzumuten, hat die Gemeinde von dem Baugebot abzusehen.

(4) Der Eigentümer kann von der Gemeinde die Übernahme des Grundstücks verlangen, wenn er glaubhaft macht, dass ihm die Durchführung des Vorhabens aus wirtschaftlichen Gründen nicht zuzumuten ist. § 43 Abs. 1, 4 und 5 sowie § 44 Abs. 3 und 4 sind entsprechend anzuwenden.

(5) Ist die Durchführung eines Baugebots nur möglich, wenn zuvor eine bauliche Anlage oder Teile davon beseitigt werden, ist der Eigentümer mit dem Baugebot auch zur Beseitigung verpflichtet. § 179 Abs. 2 und 3 Satz 1, § 43 Abs. 2 und 5 sowie § 44 Abs. 3 und 4 sind entsprechend anzuwenden.

(6) Ist für ein Grundstück eine andere als bauliche Nutzung festgesetzt, sind die Absätze 1 und 3 bis 5 entsprechend anzuwenden.

(7) Mit dem Baugebot kann die Verpflichtung verbunden werden, innerhalb einer zu bestimmenden angemessenen Frist den für eine bauliche Nutzung des Grundstücks erforderlichen Antrag auf Erteilung einer bauaufsichtlichen Genehmigung zu stellen.

(8) Kommt der Eigentümer der Verpflichtung nach Abs. 7 auch nach Vollstreckungsmaßnahmen auf Grund landesrechtlicher Vorschriften nicht nach, kann das Enteignungsverfahren nach § 85 Abs. 1 Nr. 5 auch vor Ablauf der Frist nach Abs. 1 eingeleitet werden.

(9) In dem Enteignungsverfahren ist davon auszugehen, dass die Voraussetzungen des Baugebots vorliegen; die Vorschriften über die Zulässigkeit der Enteignung bleiben unberührt. Bei der Bemessung der Entschädigung bleiben Werterhöhungen unberücksichtigt, die nach Unanfechtbarkeit des Baugebots eingetreten sind, es sei denn, dass der Eigentümer die Werterhöhungen durch eigene Aufwendungen zulässigerweise bewirkt hat.

§ 177 (Modernisierungs- und Instandsetzungsgebot). (1) Weist eine bauliche Anlage nach ihrer inneren oder äußeren Beschaffenheit Missstände oder Mängel auf, deren Beseitigung oder Behebung durch Modernisierung oder Instandsetzung möglich ist, kann die Gemeinde die Beseitigung der Missstände durch ein Modernisierungsgebot und die Behebung der Mängel durch ein Instandsetzungsgebot anordnen. Zur Beseitigung der Missstände und zur Behebung der Mängel ist der Eigentümer der baulichen Anlage verpflichtet. In dem Bescheid, durch den die Modernisierung oder Instandsetzung angeordnet wird, sind die zu beseitigenden Missstände oder zu behebenden Mängel zu bezeichnen und eine angemessene Frist für die Durchführung der erforderlichen Maßnahmen zu bestimmen.

(2) Missstände liegen insbesondere vor, wenn die bauliche Anlage nicht den allgemeinen Anforderungen an gesunde Wohn- und Arbeitsverhältnisse entspricht.

(3) Mängel liegen insbesondere vor, wenn durch Abnutzung, Alterung, Witterungseinflüsse oder Einwirkungen Dritter

1. die bestimmungsgemäße Nutzung der baulichen Anlage nicht nur unerheblich beeinträchtigt wird,

2. die bauliche Anlage nach ihrer äußeren Beschaffenheit das Straßen- oder Ortsbild nicht nur unerheblich beeinträchtigt oder

3. die bauliche Anlage erneuerungsbedürftig ist und wegen ihrer städtebaulichen, insbesondere geschichtlichen oder künstlerischen Bedeutung erhalten bleiben soll.

Kann die Behebung der Mängel einer baulichen Anlage nach landesrechtlichen Vorschriften auch aus Gründen des Schutzes und der Erhaltung von Baudenkmälern verlangt werden, darf das Instandsetzungsgebot nur mit Zustimmung der zuständigen Landesbehörde erlassen werden. In dem Bescheid über den Erlass des Instandsetzungsgebots sind die auch aus Gründen des Denkmalschutzes gebotenen Instandsetzungsmaßnahmen besonders zu bezeichnen.

(4) Der Eigentümer hat die Kosten der von der Gemeinde angeordneten Maßnahmen insoweit zu tragen, als er sie durch eigene oder fremde Mittel decken und die sich daraus ergebenden Kapitalkosten sowie die zusätzlich entstehenden Bewirtschaftungskosten aus Erträgen der baulichen Anlage aufbringen kann. Sind dem Eigentümer Kosten entstanden, die er nicht zu tragen hat, hat die Gemeinde sie ihm zu erstatten, so weit nicht eine andere Stelle einen Zuschuss zu ihrer Deckung gewährt. Dies gilt nicht, wenn der Eigentümer auf Grund anderer Rechtsvorschriften verpflichtet ist, die Kosten selbst zu tragen, oder wenn er Instandsetzungen unterlassen hat und nicht nachweisen kann, dass ihre Vornahme wirtschaftlich unvertretbar oder ihm nicht zuzumuten war. Die Gemeinde kann mit dem Eigentümer den Kostenerstattungsbetrag unter Verzicht auf eine Berechnung im Einzelfall als Pauschale in Höhe eines bestimmten Vomhundertsatzes der Modernisierungs- oder Instandsetzungskosten vereinbaren.

(5) Der vom Eigentümer zu tragende Kostenanteil wird nach der Durchführung der Modernisierungs- oder Instandsetzungsmaßnahmen unter Berücksichtigung der Erträge ermittelt, die für die modernisierte oder instand gesetzte bauliche Anlage bei ordentlicher Bewirtschaftung nachhaltig erzielt werden können; dabei sind die mit einem Bebauungsplan, einem Sozialplan, einer städtebaulichen Sanierungsmaßnahme oder einer sonstigen städtebaulichen Maßnahme verfolgten Ziele und Zwecke zu berücksichtigen.

§ 178 (Pflanzgebot). Die Gemeinde kann den Eigentümer durch Bescheid verpflichten, sein Grundstück innerhalb einer zu bestimmenden angemessenen Frist entsprechend den nach § 9 Abs. 1 Nr. 25 getroffenen Festsetzungen des Bebauungsplans zu bepflanzen.

§ 179 (Rückbau- und Entsiegelungsgebot). (1) Die Gemeinde kann den Eigentümer verpflichten zu dulden, dass eine bauliche Anlage im Geltungsbereich eines Bebauungsplans ganz oder teilweise beseitigt wird, wenn sie

1. den Festsetzungen des Bebauungsplans nicht entspricht und ihnen nicht angepasst werden kann oder

2. Missstände oder Mängel im Sinne des § 177 Abs. 2 und 3 Satz 1 aufweist, die auch durch eine Modernisierung oder Instandsetzung nicht behoben werden können.

Satz 1 Nr. 1 gilt entsprechend für die sonstige Wiedernutzbarmachung von dauerhaft nicht mehr genutzten Flächen, bei denen der durch Bebauung oder Versiegelung beeinträchtigte Boden in seiner Leistungsfähigkeit erhalten oder wiederhergestellt werden soll; die sonstige Wiedernutzbarmachung steht der Beseitigung nach Satz 1 gleich. Diejenigen, für die ein Recht an dem Grundstück oder an einem das Grundstück belastenden Recht im Grundbuch eingetragen oder durch Eintragung gesichert ist, das nicht zur Nutzung berechtigt, sollen von dem Bescheid benachrichtigt werden, wenn sie von der Beseitigung betroffen werden. Unberührt bleibt das Recht des Eigentümers, die Beseitigung selbst vorzunehmen.

(2) Der Bescheid darf bei Wohnraum nur vollzogen werden, wenn im Zeitpunkt der Beseitigung angemessener Ersatzwohnraum für die Bewohner unter zumutbaren Bedingungen zur Verfügung steht. Strebt der Inhaber von Raum, der überwiegend gewerblichen oder beruflichen Zwecken dient (Geschäftsraum), eine anderweitige Unterbringung an, soll der Bescheid nur vollzogen werden, wenn im Zeitpunkt der Beseitigung anderer geeigneter Geschäftsraum unter zumutbaren Bedingungen zur Verfügung steht.

(3) Entstehen dem Eigentümer, Mieter, Pächter oder sonstigen Nutzungsberechtigten durch die Beseitigung Vermögensnachteile, hat die Gemeinde angemessene Entschädigung in Geld zu leisten. Der Eigentümer kann anstelle der Entschädigung nach Satz 1 von der Gemeinde die Übernahme des Grundstücks verlangen, wenn es ihm mit Rücksicht auf das Rückbau- oder Entsiegelungsgebot wirtschaftlich nicht mehr zuzumuten ist, das Grundstück zu behalten. § 43 Abs. 1, 2, 4 und 5 sowie § 44 Abs. 3 und 4 sind entsprechend anzuwenden.

Sechster Teil. Sozialplan und Härteausgleich

§ 180 (Sozialplan). (1) Wirken sich Bebauungspläne, städtebauliche Sanierungsmaßnahmen, städtebauliche Entwicklungsmaßnahmen oder Stadtumbaumaßnahmen voraussichtlich nachteilig auf die persönlichen Lebensumstände der in dem Gebiet wohnenden oder arbeitenden Menschen aus, soll die Gemeinde Vorstellungen entwickeln und mit den Betroffenen erörtern, wie nachteilige Auswirkungen möglichst vermieden oder gemildert werden können. Die Gemeinde hat den Betroffenen bei ihren eigenen Bemühungen, nachteilige Auswirkungen zu vermeiden oder zu mildern, zu helfen, insbesondere beim Wohnungs- und Arbeitsplatzwechsel sowie beim Umzug von Betrieben; so weit öffentliche Leistungen in Betracht kommen können, soll die Gemeinde hierauf hinweisen. Sind Betroffene nach ihren persönlichen Lebensumständen nicht in der Lage, Empfehlungen und anderen Hinweisen der Gemeinde zur Vermeidung von Nachteilen zu folgen oder Hilfen zu nutzen oder sind aus anderen Gründen weitere Maßnahmen der Gemeinde erforderlich, hat die Gemeinde geeignete Maßnahmen zu prüfen.

(2) Das Ergebnis der Erörterungen und Prüfungen nach Abs. 1 sowie die voraussichtlich in Betracht zu ziehenden Maßnahmen der Gemeinde und die Möglichkeiten ihrer Verwirklichung sind schriftlich darzustellen (Sozialplan).

(3) Steht die Verwirklichung einer Durchführungsmaßnahme durch einen anderen als die Gemeinde bevor, kann die Gemeinde verlangen, dass der andere im Einvernehmen mit ihr die sich aus Abs. 1 ergebenden Aufgaben übernimmt. Die Gemeinde kann diese Aufgaben ganz oder teilweise auch selbst übernehmen und dem anderen die Kosten auferlegen.

§ 181 (Härteausgleich). (1) So weit es die Billigkeit erfordert, soll die Gemeinde bei der Durchführung dieses Gesetzbuchs zur Vermeidung oder zum Ausgleich wirtschaftlicher Nachteile - auch im sozialen Bereich - auf Antrag einen Härteausgleich in Geld gewähren

1. einem Mieter oder Pächter, wenn das Miet- oder Pachtverhältnis mit Rücksicht auf die Durchführung städtebaulicher Maßnahmen aufgehoben oder enteignet worden ist;

2. einer gekündigten Vertragspartei, wenn die Kündigung zur Durchführung städtebaulicher Maßnahmen erforderlich ist; dies gilt entsprechend, wenn ein Miet- oder Pachtverhältnis vorzeitig durch Vereinbarung der Beteiligten beendigt wird; die Gemeinde hat zu bestätigen, dass die Beendigung des Rechtsverhältnisses im Hinblick auf die alsbaldige Durchführung der städtebaulichen Maßnahmen geboten ist;

3. einer Vertragspartei, wenn ohne Beendigung des Rechtsverhältnisses die vermieteten oder verpachteten Räume ganz oder teilweise vorübergehend unbenutzbar sind und die Gemeinde bestätigt hat, dass dies durch die alsbaldige Durchführung städtebaulicher Maßnahmen bedingt ist;

4. einem Mieter oder Pächter für die Umzugskosten, die dadurch entstehen, dass er nach der Räumung seiner Wohnung vorübergehend anderweitig untergebracht worden ist und später ein neues Miet- oder Pachtverhältnis in dem Gebiet begründet wird, sofern dies im Sozialplan vorgesehen ist.

Voraussetzung ist, dass der Nachteil für den Betroffenen in seinen persönlichen Lebensumständen eine besondere Härte bedeutet, eine Ausgleichs- oder Entschädigungsleistung nicht zu gewähren ist und auch ein Ausgleich durch sonstige Maßnahmen nicht erfolgt.

(2) Abs. 1 ist entsprechend anzuwenden auf andere Vertragsverhältnisse, die zum Gebrauch oder zur Nutzung eines Grundstücks, Gebäudes oder Gebäudeteils oder einer sonstigen baulichen Einrichtung berechtigen.

(3) Ein Härteausgleich wird nicht gewährt, so weit der Antragsteller es unterlassen hat und unterlässt, den wirtschaftlichen Nachteil durch zumutbare Maßnahmen, insbesondere unter Einsatz eigener oder fremder Mittel abzuwenden.

Siebter Teil. Miet- und Pachtverhältnisse

§ 182 (Aufhebung von Miet- oder Pachtverhältnissen). (1) Erfordert die Verwirklichung der Ziele und Zwecke der Sanierung im förmlich festgelegten Sanierungsgebiet, der Entwicklung im städtebaulichen Entwicklungsbereich oder eine Maßnahme nach den §§ 176 bis 179 die Aufhebung eines Miet- oder Pachtverhältnisses, kann die Gemeinde das Rechtsverhältnis auf Antrag des Eigentümers oder im Hinblick auf ein städtebauliches Gebot mit einer Frist von mindestens sechs Monaten, bei einem land- oder forstwirtschaftlich genutzten Grundstück nur zum Schluss eines Pachtjahres aufheben.

(2) Die Gemeinde darf ein Mietverhältnis über Wohnraum nur aufheben, wenn im Zeitpunkt der Beendigung des Mietverhältnisses angemessener Ersatzwohnraum für den Mieter und die zu seinem Hausstand gehörenden Personen zu zumutbaren Bedingungen zur Verfügung steht. Strebt der Mieter oder Pächter von Geschäftsraum eine anderweitige Unterbringung an, soll die Gemeinde das Miet- oder Pachtverhältnis nur aufheben, wenn im Zeitpunkt der Beendigung des Rechtsverhältnisses anderer geeigneter Geschäftsraum zu zumutbaren Bedingungen zur Verfügung steht.

(3) Wird die Erwerbsgrundlage eines Mieters oder Pächters von Geschäftsraum im förmlich festgelegten Sanierungsgebiet oder in einem städtebaulichen Entwicklungsbereich infolge der Durchführung städtebaulicher Sanierungsmaßnahmen oder städtebaulicher Entwicklungsmaßnahmen wesentlich beeinträchtigt und ist ihm deshalb die Fortsetzung des Miet- oder Pachtverhältnisses nicht mehr zuzumuten, kann die Gemeinde auf Antrag des Mieters oder Pächters das Rechtsverhältnis mit einer Frist von mindestens sechs Monaten aufheben.

§ 183 (Aufhebung von Miet- oder Pachtverhältnissen über unbebaute Grundstücke). (1) Ist nach den Festsetzungen des Bebauungsplans für ein unbebautes Grundstück eine andere Nutzung vorgesehen und ist die alsbaldige Änderung der Nutzung beabsichtigt, kann die Gemeinde auf Antrag des Eigentümers Miet- oder Pachtverhältnisse aufheben, die sich auf das Grundstück beziehen und der neuen Nutzung entgegenstehen.

(2) Auf die Aufhebung ist § 182 Abs. 1 entsprechend anzuwenden.

§ 184 (Aufhebung anderer Vertragsverhältnisse). Die §§ 182 und 183 sind entsprechend auf andere schuldrechtliche Vertragsverhältnisse anzuwenden, die zum Gebrauch oder zur Nutzung eines Grundstücks, Gebäudes oder Gebäudeteils oder einer sonstigen baulichen Anlage berechtigen.

§ 185 (Entschädigung bei Aufhebung von Miet- oder Pachtverhältnissen). (1) Ist ein Rechtsverhältnis auf Grund des § 182, des § 183 oder des § 184 aufgehoben worden, ist den Betroffenen

insoweit eine angemessene Entschädigung in Geld zu leisten, als ihnen durch die vorzeitige Beendigung des Rechtsverhältnisses Vermögensnachteile entstehen. Die Vorschriften des Zweiten Abschnitts des Fünften Teils des Ersten Kapitels sind entsprechend anzuwenden.

(2) Zur Entschädigung ist die Gemeinde verpflichtet. Kommt eine Einigung über die Entschädigung nicht zu Stande, entscheidet die höhere Verwaltungsbehörde.

(3) Wird ein Pachtvertrag über kleingärtnerisch genutztes Land nach § 182, § 183 oder § 184 aufgehoben, ist die Gemeinde außer zur Entschädigung nach Abs. 1 auch zur Bereitstellung oder Beschaffung von Ersatzland verpflichtet. Bei der Entschädigung in Geld ist die Bereitstellung oder Beschaffung des Ersatzlands angemessen zu berücksichtigen. Die höhere Verwaltungsbehörde kann die Gemeinde von der Verpflichtung zur Bereitstellung oder Beschaffung von Ersatzland befreien, wenn die Gemeinde nachweist, dass sie zur Erfüllung außer Stande ist.

§ 186 (Verlängerung von Miet- oder Pachtverhältnissen). Die Gemeinde kann auf Antrag des Mieters oder Pächters ein Miet- oder Pachtverhältnis über Wohn- oder Geschäftsraum im förmlich festgelegten Sanierungsgebiet, im städtebaulichen Entwicklungsbereich oder im Hinblick auf Maßnahmen nach den §§ 176 bis 179 verlängern, so weit dies zur Verwirklichung des Sozialplans erforderlich ist.

Achter Teil. Städtebauliche Maßnahmen im Zusammenhang mit Maßnahmen zur Verbesserung der Agrarstruktur

§ 187 (Abstimmung von Maßnahmen; Bauleitplanung und Maßnahmen zur Verbesserung der Agrarstruktur). (1) Bei der Vorbereitung und Durchführung städtebaulicher Maßnahmen sind Maßnahmen zur Verbesserung der Agrarstruktur, insbesondere auch die Ergebnisse der Vorplanung nach § 1 Abs. 2 des Gesetzes über die Gemeinschaftsaufgabe "Verbesserung der Agrarstruktur und des Küstenschutzes", zu berücksichtigen. Ist zu erwarten, dass Maßnahmen zur Verbesserung der Agrarstruktur zu Auswirkungen auf die bauliche Entwicklung des Gemeindegebiets führen, hat die Gemeinde darüber zu befinden, ob Bauleitpläne aufzustellen sind und ob sonstige städtebauliche Maßnahmen durchgeführt werden sollen.

(2) Bei der Aufstellung von Bauleitplänen hat die obere Flurbereinigungsbehörde zu prüfen, ob im Zusammenhang damit eine Flurbereinigung oder andere Maßnahmen zur Verbesserung der Agrarstruktur einzuleiten sind.

(3) Die Gemeinde hat die Flurbereinigungsbehörde und, sofern die Maßnahmen zur Verbesserung der Agrarstruktur von anderen Stellen durchgeführt werden, diese bei den Vorarbeiten zur Aufstellung der Bauleitpläne möglichst frühzeitig zu beteiligen.

§ 188 (Bauleitplanung und Flurbereinigung). (1) Ist eine Flurbereinigung auf Grund des Flurbereinigungsgesetzes in einer Gemeinde nach Mitteilung der Flurbereinigungsbehörde beabsichtigt oder ist sie bereits angeordnet, ist die Gemeinde verpflichtet, rechtzeitig Bauleitpläne aufzustellen, es sei denn, dass sich die Flurbereinigung auf die bauliche Entwicklung des Gemeindegebiets voraussichtlich nicht auswirkt.

(2) Die Flurbereinigungsbehörde und die Gemeinde sind verpflichtet, ihre das Gemeindegebiet betreffenden Absichten möglichst frühzeitig aufeinander abzustimmen. Die Planungen sollen bis zum Abschluss der Flurbereinigung nur geändert werden, wenn zwischen der Flurbereinigungsbehörde und der Gemeinde Übereinstimmung besteht oder wenn zwingende Gründe die Änderung erfordern.

§ 189 (Ersatzlandbeschaffung). (1) Wird bei einer städtebaulichen Maßnahme ein land- oder forstwirtschaftlicher Betrieb ganz oder teilweise in Anspruch genommen, soll die Gemeinde mit dem Eigentümer des Betriebs auch klären, ob er einen anderen land- oder forstwirtschaftlichen Betrieb oder land- oder forstwirtschaftliches Ersatzland anstrebt. Handelt es sich bei dem in An-

spruch genommenen Betrieb um eine Siedlerstelle im Sinne des Reichssiedlungsgesetzes, ist die zuständige Siedlungsbehörde des Landes zu beteiligen.

(2) Die Gemeinde soll sich um die Beschaffung oder Bereitstellung geeigneten Ersatzlands bemühen und ihr gehörende Grundstücke als Ersatzland zur Verfügung stellen, so weit sie diese nicht für die ihr obliegenden Aufgaben benötigt.

§ 190 (Flurbereinigung aus Anlass einer städtebaulichen Maßnahme). (1) Werden für städtebauliche Maßnahmen land- oder forstwirtschaftliche Grundstücke in Anspruch genommen, kann auf Antrag der Gemeinde mit Zustimmung der höheren Verwaltungsbehörde nach § 87 Abs. 1 des Flurbereinigungsgesetzes ein Flurbereinigungsverfahren eingeleitet werden, wenn der den Betroffenen entstehende Landverlust auf einen größeren Kreis von Eigentümern verteilt oder Nachteile für die allgemeine Landeskultur, die durch die städtebaulichen Maßnahmen entstehen, vermieden werden sollen. Das Flurbereinigungsverfahren kann bereits angeordnet werden, wenn ein Bebauungsplan noch nicht rechtsverbindlich ist. In diesem Fall muss der Bebauungsplan vor Bekanntgabe des Flurbereinigungsplans (§ 59 Abs. 1 des Flurbereinigungsgesetzes) in Kraft getreten sein. Die Gemeinde ist Träger des Unternehmens im Sinne des § 88 des Flurbereinigungsgesetzes.

(2) Die vorzeitige Ausführung des Flurbereinigungsplans nach § 63 des Flurbereinigungsgesetzes kann bereits angeordnet werden, wenn der Flurbereinigungsplan bekannt gegeben ist.

(3) Die Zulässigkeit einer Enteignung nach den Vorschriften dieses Gesetzbuchs bleibt auch nach Einleitung des Flurbereinigungsverfahrens unberührt.

§ 191 (Vorschriften über den Verkehr mit land- und forstwirtschaftlichen Grundstücken). Im räumlichen Geltungsbereich eines Bebauungsplans oder einer Sanierungssatzung sind die Vorschriften über den Verkehr mit land- und forstwirtschaftlichen Grundstücken nicht anzuwenden, es sei denn, dass es sich um die Veräußerung der Wirtschaftsstelle eines land- oder forstwirtschaftlichen Betriebs oder solcher Grundstücke handelt, die im Bebauungsplan als Flächen für die Landwirtschaft oder als Wald ausgewiesen sind.

Drittes Kapitel. Sonstige Vorschriften

Erster Teil. Wertermittlung

§ 192 (Gutachterausschuss). (1) Zur Ermittlung von Grundstückswerten und für sonstige Wertermittlungen werden selbstständige, unabhängige Gutachterausschüsse gebildet.

(2) Die Gutachterausschüsse bestehen aus einem Vorsitzenden und ehrenamtlichen weiteren Gutachtern.

(3) Der Vorsitzende und die weiteren Gutachter sollen in der Ermittlung von Grundstückswerten oder sonstigen Wertermittlungen sachkundig und erfahren sein und dürfen nicht hauptamtlich mit der Verwaltung der Grundstücke der Gebietskörperschaft, für deren Bereich der Gutachterausschuss gebildet ist, befasst sein. Für die Ermittlung der Bodenrichtwerte ist ein Bediensteter der zuständigen Finanzbehörde mit Erfahrung in der steuerlichen Bewertung von Grundstücken als Gutachter vorzusehen.

(4) Die Gutachterausschüsse bedienen sich einer Geschäftsstelle.

§ 193 (Aufgaben des Gutachterausschusses). (1) Der Gutachterausschuss erstattet Gutachten über den Verkehrswert von bebauten und unbebauten Grundstücken sowie Rechten an Grundstücken, wenn

1. die für den Vollzug dieses Gesetzbuchs zuständigen Behörden bei der Erfüllung der Aufgaben nach diesem Gesetzbuch,

2. die für die Feststellung des Werts eines Grundstücks oder der Entschädigung für ein Grundstück oder ein Recht an einem Grundstück auf Grund anderer gesetzlicher Vorschriften zuständigen Behörden,

3. die Eigentümer, ihnen gleichstehende Berechtigte, Inhaber anderer Rechte am Grundstück und Pflichtteilsberechtigte, für deren Pflichtteil der Wert des Grundstücks von Bedeutung ist, oder

4. Gerichte und Justizbehörden

es beantragen. Unberührt bleiben Antragsberechtigungen nach anderen Rechtsvorschriften.

(2) Der Gutachterausschuss kann außer über die Höhe der Entschädigung für den Rechtsverlust auch Gutachten über die Höhe der Entschädigung für andere Vermögensnachteile erstatten.

(3) Der Gutachterausschuss führt eine Kaufpreissammlung, wertet sie aus und ermittelt Bodenrichtwerte und sonstige zur Wertermittlung erforderliche Daten.

(4) Die Gutachten haben keine bindende Wirkung, so weit nichts anderes bestimmt oder vereinbart ist.

(5) Eine Abschrift des Gutachtens ist dem Eigentümer zu übersenden.

§ 194 (Verkehrswert). Der Verkehrswert (Marktwert) wird durch den Preis bestimmt, der in dem Zeitpunkt, auf den sich die Ermittlung bezieht, im gewöhnlichen Geschäftsverkehr nach den rechtlichen Gegebenheiten und tatsächlichen Eigenschaften, der sonstigen Beschaffenheit und der Lage des Grundstücks oder des sonstigen Gegenstands der Wertermittlung ohne Rücksicht auf ungewöhnliche oder persönliche Verhältnisse zu erzielen wäre.

§ 195 (Kaufpreissammlung). (1) Zur Führung der Kaufpreissammlung ist jeder Vertrag, durch den sich jemand verpflichtet, Eigentum an einem Grundstück gegen Entgelt, auch im Wege des Tausches, zu übertragen oder ein Erbbaurecht zu begründen, von der beurkundenden Stelle in Abschrift dem Gutachterausschuss zu übersenden. Dies gilt auch für das Angebot und die Annahme eines Vertrags, wenn diese getrennt beurkundet werden, sowie entsprechend für die Einigung vor einer Enteignungsbehörde, den Enteignungsbeschluss, den Beschluss über die Vorwegnahme einer Entscheidung im Umlegungsverfahren, den Beschluss über die Aufstellung eines Umlegungsplans, den Beschluss über eine vereinfachte Umlegung und für den Zuschlag in einem Zwangsversteigerungsverfahren.

(2) Die Kaufpreissammlung darf nur dem zuständigen Finanzamt für Zwecke der Besteuerung übermittelt werden. Vorschriften, nach denen Urkunden oder Akten den Gerichten oder Staatsanwaltschaften vorzulegen sind, bleiben unberührt.

(3) Auskünfte aus der Kaufpreissammlung sind bei berechtigtem Interesse nach Maßgabe landesrechtlicher Vorschriften zu erteilen (§ 199 Abs. 2 Nr. 4).

§ 196 (Bodenrichtwerte). (1) Auf Grund der Kaufpreissammlung sind für jedes Gemeindegebiet durchschnittliche Lagewerte für den Boden unter Berücksichtigung des unterschiedlichen Entwicklungszustands, mindestens jedoch für erschließungsbeitragspflichtiges oder erschließungsbeitragsfreies Bauland, zu ermitteln (Bodenrichtwerte). In bebauten Gebieten sind Bodenrichtwerte mit dem Wert zu ermitteln, der sich ergeben würde, wenn der Boden unbebaut wäre. Die Bodenrichtwerte sind, so weit nichts anderes bestimmt ist, jeweils zum Ende eines jeden Kalenderjahres zu ermitteln. Für Zwecke der steuerlichen Bewertung des Grundbesitzes sind Bodenrichtwerte nach ergänzenden Vorgaben der Finanzverwaltung zum jeweiligen Hauptfeststellungszeitpunkt und zum jeweiligen für die Wertverhältnisse bei der Bedarfsbewertung maßgebenden Zeitpunkt zu ermitteln. Auf Antrag der für den Vollzug dieses Gesetzbuchs zuständigen Behörden sind Bodenrichtwerte für einzelne Gebiete bezogen auf einen abweichenden Zeitpunkt zu ermitteln.

(2) Hat sich in einem Gebiet die Qualität des Bodens durch einen Bebauungsplan oder andere Maßnahmen geändert, sind bei der nächsten Fortschreibung der Bodenrichtwerte auf der Grundlage der geänderten Qualität auch Bodenrichtwerte bezogen auf die Wertverhältnisse zum Zeitpunkt der letzten Hauptfeststellung und der letzten Bedarfsbewertung des Grundbesitzes für steuerliche Zwecke zu ermitteln. Die Ermittlung kann unterbleiben, wenn das zuständige Finanzamt darauf verzichtet.

(3) Die Bodenrichtwerte sind zu veröffentlichen und dem zuständigen Finanzamt mitzuteilen. Jedermann kann von der Geschäftsstelle Auskunft über die Bodenrichtwerte verlangen.

§ 197 (Befugnisse des Gutachterausschusses). (1) Der Gutachterausschuss kann mündliche oder schriftliche Auskünfte von Sachverständigen und von Personen einholen, die Angaben über das Grundstück und, wenn das zur Ermittlung von Geldleistungen im Umlegungsverfahren, von Ausgleichsbeträgen und von Enteignungsentschädigungen erforderlich ist, über ein Grundstück, das zum Vergleich herangezogen werden soll, machen können. Er kann verlangen, dass Eigentümer und sonstige Inhaber von Rechten an einem Grundstück die zur Führung der Kaufpreissammlung und zur Begutachtung notwendigen Unterlagen vorlegen. Der Eigentümer und der Besitzer des Grundstücks haben zu dulden, dass Grundstücke zur Auswertung von Kaufpreisen und zur Vorbereitung von Gutachten betreten werden. Wohnungen dürfen nur mit Zustimmung der Wohnungsinhaber betreten werden.

(2) Alle Gerichte und Behörden haben dem Gutachterausschuss Rechts- und Amtshilfe zu leisten. Das Finanzamt erteilt dem Gutachterausschuss Auskünfte über Grundstücke, so weit dies zur Ermittlung von Ausgleichsbeträgen und Enteignungsentschädigungen erforderlich ist.

§ 198 (Oberer Gutachterausschuss). (1) Bei Bedarf können Obere Gutachterausschüsse für den Bereich einer oder mehrerer höherer Verwaltungsbehörden gebildet werden, auf die die Vorschriften über die Gutachterausschüsse entsprechend anzuwenden sind.

(2) Der Obere Gutachterausschuss hat auf Antrag eines Gerichts ein Obergutachten zu erstatten, wenn schon das Gutachten eines Gutachterausschusses vorliegt.

§ 199 (Ermächtigungen). (1) Die Bundesregierung wird ermächtigt, mit Zustimmung des Bundesrates durch Rechtsverordnung Vorschriften über die Anwendung gleicher Grundsätze bei der Ermittlung der Verkehrswerte und bei der Ableitung der für die Wertermittlung erforderlichen Daten zu erlassen.

(2) Die Landesregierungen werden ermächtigt, durch Rechtsverordnung

1. die Bildung und das Tätigwerden der Gutachterausschüsse und der Oberen Gutachterausschüsse, so weit in diesem Gesetzbuch nicht bereits geschehen, die Mitwirkung der Gutachter und deren Ausschluss im Einzelfall,

2. die Aufgaben des Vorsitzenden,

3. die Einrichtung und die Aufgaben der Geschäftsstelle,

4. die Führung und Auswertung der Kaufpreissammlung, die Ermittlung der Bodenrichtwerte sowie die Veröffentlichung der Bodenrichtwerte und sonstiger Daten der Wertermittlung und die Erteilung von Auskünften aus der Kaufpreissammlung,

5. die Übermittlung von Daten der Flurbereinigungsbehörden zur Führung und Auswertung der Kaufpreissammlung,

6. die Übertragung weiterer Aufgaben auf den Gutachterausschuss und den Oberen Gutachterausschuss und

7. die Entschädigung der Mitglieder des Gutachterausschusses und des Oberen Gutachterausschusses

zu regeln.

Zweiter Teil. Allgemeine Vorschriften; Zuständigkeiten; Verwaltungsverfahren; Planerhaltung

Erster Abschnitt. Allgemeine Vorschriften

§ 200 (Grundstücke; Rechte an Grundstücken; Baulandkataster). (1) Die für Grundstücke geltenden Vorschriften dieses Gesetzbuchs sind entsprechend auch auf Grundstücksteile anzuwenden.

(2) Die für das Eigentum an Grundstücken bestehenden Vorschriften sind, so weit dieses Gesetzbuch nichts anderes vorschreibt, entsprechend auch auf grundstücksgleiche Rechte anzuwenden.

(3) Die Gemeinde kann sofort oder in absehbarer Zeit bebaubare Flächen in Karten oder Listen auf der Grundlage eines Lageplans erfassen, der Flur- und Flurstücksnummern, Straßennamen und Angaben zur Grundstücksgröße enthält (Baulandkataster). Sie kann die Flächen in Karten oder Listen veröffentlichen, so weit der Grundstückseigentümer nicht widersprochen hat. Die Gemeinde hat ihre Absicht zur Veröffentlichung einen Monat vorher öffentlich bekannt zu geben und dabei auf das Widerspruchsrecht der Grundstückseigentümer hinzuweisen.

§ 200a (Ersatzmaßnahmen). Darstellungen für Flächen zum Ausgleich und Festsetzungen für Flächen oder Maßnahmen zum Ausgleich im Sinne des § 1a Abs. 3 umfassen auch Ersatzmaßnahmen. Ein unmittelbarer räumlicher Zusammenhang zwischen Eingriff und Ausgleich ist nicht erforderlich, so weit dies mit einer geordneten städtebaulichen Entwicklung und den Zielen der Raumordnung sowie des Naturschutzes und der Landschaftspflege vereinbar ist.

§ 201 (Begriff der Landwirtschaft). Landwirtschaft im Sinne dieses Gesetzbuchs ist insbesondere der Ackerbau, die Wiesen- und Weidewirtschaft einschließlich Tierhaltung, so weit das Futter überwiegend auf den zum landwirtschaftlichen Betrieb gehörenden, landwirtschaftlich genutzten Flächen erzeugt werden kann, die gartenbauliche Erzeugung, der Erwerbsobstbau, der Weinbau, die berufsmäßige Imkerei und die berufsmäßige Binnenfischerei.

§ 202 (Schutz des Mutterbodens). Mutterboden, der bei der Errichtung und Änderung baulicher Anlagen sowie bei wesentlichen anderen Veränderungen der Erdoberfläche ausgehoben wird, ist in nutzbarem Zustand zu erhalten und vor Vernichtung oder Vergeudung zu schützen.

Zweiter Abschnitt. Zuständigkeiten

§ 203 (Abweichende Zuständigkeitsregelung). (1) Die Landesregierung oder die von ihr bestimmte Behörde kann im Einvernehmen mit der Gemeinde durch Rechtsverordnung bestimmen, dass die nach diesem Gesetzbuch der Gemeinde obliegenden Aufgaben auf eine andere Gebietskörperschaft übertragen werden oder auf einen Verband, an dessen Willensbildung die Gemeinde mitwirkt.

(2) Durch Landesgesetz können Aufgaben der Gemeinden nach diesem Gesetzbuch auf Verbandsgemeinden, Verwaltungsgemeinschaften oder vergleichbare gesetzliche Zusammenschlüsse von Gemeinden, denen nach Landesrecht örtliche Selbstverwaltungsaufgaben der Gemeinde obliegen, übertragen werden. In dem Landesgesetz ist zu regeln, wie die Gemeinden an der Aufgabenerfüllung mitwirken.

(3) Die Landesregierung kann durch Rechtsverordnung die nach diesem Gesetzbuch der höheren Verwaltungsbehörde zugewiesenen Aufgaben auf andere staatliche Behörden, Landkreise oder kreisfreie Gemeinden übertragen.

(4) Unterliegen die Planungsbereiche gemeinsamer Flächennutzungspläne (§ 204) oder von Flächennutzungsplänen und Satzungen eines Planungsverbands (§ 205) der Zuständigkeit verschiedener höherer Verwaltungsbehörden, ist die Oberste Landesbehörde für die Entscheidung im Genehmigungs- und Zustimmungsverfahren zuständig. Liegen die Geltungsbereiche in verschiedenen Ländern, entscheiden die Obersten Landesbehörden im gegenseitigen Einvernehmen.

§ 204 (Gemeinsamer Flächennutzungsplan, Bauleitplanung bei Bildung von Planungsverbänden und bei Gebiets- oder Bestandsänderung). (1) Benachbarte Gemeinden sollen einen gemeinsamen Flächennutzungsplan aufstellen, wenn ihre städtebauliche Entwicklung wesentlich durch gemeinsame Voraussetzungen und Bedürfnisse bestimmt wird oder ein gemeinsamer Flächennutzungsplan einen gerechten Ausgleich der verschiedenen Belange ermöglicht. Ein gemeinsamer Flächennutzungsplan soll insbesondere aufgestellt werden, wenn die Ziele der Raumordnung oder wenn Einrichtungen und Anlagen des öffentlichen Verkehrs, sonstige Erschließungsanlagen sowie Gemeinbedarfs- oder sonstige Folgeeinrichtungen eine gemeinsame Planung erfordern. Der gemeinsame Flächennutzungsplan kann von den beteiligten Gemeinden nur gemeinsam aufgehoben, geändert oder ergänzt werden; die Gemeinden können vereinbaren, dass sich die Bindung nur auf bestimmte räumliche oder sachliche Teilbereiche erstreckt. Ist eine gemeinsame Planung nur für räumliche oder sachliche Teilbereiche erforderlich, genügt anstelle eines gemeinsamen Flächennutzungsplans eine Vereinbarung der beteiligten Gemeinden über bestimmte Darstellungen in ihren Flächennutzungsplänen. Sind die Voraussetzungen für eine gemeinsame Planung nach Satz 1 und 4 entfallen oder ist ihr Zweck erreicht, können die beteiligten Gemeinden den Flächennutzungsplan für ihr Gemeindegebiet ändern oder ergänzen; vor Einleitung des Bauleitplanverfahrens ist die Zustimmung der höheren Verwaltungsbehörde erforderlich.

(2) Werden Gemeinden in ihrem Gebiet oder Bestand geändert oder geht die Zuständigkeit zur Aufstellung von Flächennutzungsplänen auf Verbände oder sonstige kommunale Körperschaften über, gelten unbeschadet abweichender landesrechtlicher Regelungen bestehende Flächennutzungspläne fort. Dies gilt auch für räumliche und sachliche Teile der Flächennutzungspläne. Die Befugnis und die Pflicht der Gemeinde, eines Verbands oder einer sonstigen Körperschaft, fortgeltende Flächennutzungspläne aufzuheben oder für das neue Gemeindegebiet zu ergänzen oder durch einen neuen Flächennutzungsplan zu ersetzen, bleiben unberührt.

(3) Verfahren zur Aufstellung, Änderung, Ergänzung oder Aufhebung von Bebauungsplänen können nach einer Gebiets- oder Bestandsänderung in ihrem jeweiligen Stand fortgeführt werden. Satz 1 gilt entsprechend bei Bildung von Planungsverbänden und für Zusammenschlüsse nach § 205 Abs. 6. Die höhere Verwaltungsbehörde kann verlangen, dass bestimmte Verfahrensabschnitte wiederholt werden.

§ 205 (Planungsverbände). (1) Gemeinden und sonstige öffentliche Planungsträger können sich zu einem Planungsverband zusammenschließen, um durch gemeinsame zusammengefasste Bauleitplanung den Ausgleich der verschiedenen Belange zu erreichen. Der Planungsverband tritt nach Maßgabe seiner Satzung für die Bauleitplanung und ihre Durchführung an die Stelle der Gemeinden.

(2) Kommt ein Zusammenschluss nach Abs. 1 nicht zu Stande, können die Beteiligten auf Antrag eines Planungsträgers zu einem Planungsverband zusammengeschlossen werden, wenn dies zum Wohl der Allgemeinheit dringend geboten ist. Ist der Zusammenschluss aus Gründen der Raumordnung geboten, kann den Antrag auch die für die Landesplanung nach Landesrecht zuständige Stelle stellen. Über den Antrag entscheidet die Landesregierung. Sind Planungsträger verschiedener Länder beteiligt, erfolgt der Zusammenschluss nach Vereinbarung zwischen den beteiligten Landesregierungen. Sollen der Bund oder eine bundesunmittelbare Körperschaft oder Anstalt an dem Planungsverband beteiligt werden, erfolgt der Zusammenschluss nach Vereinbarung zwischen der Bundesregierung und der Landesregierung, sofern die beteiligte Behörde des Bundes

oder der bundesunmittelbaren Körperschaft oder Anstalt dem Zusammenschluss durch die Landesregierung widerspricht.

(3) Kommt eine Einigung über die Satzung oder über den Plan unter den Mitgliedern nicht zu Stande, stellt die zuständige Landesbehörde eine Satzung oder einen Plan auf und legt sie dem Planungsverband zur Beschlussfassung vor. Einigen sich die Mitglieder über diese Satzung oder diesen Plan nicht, setzt die Landesregierung die Satzung oder den Plan fest. Abs. 2 Satz 4 ist entsprechend anzuwenden. Ist der Bund oder eine bundesunmittelbare Körperschaft oder Anstalt an dem Planungsverband beteiligt, wird die Satzung oder der Plan nach Vereinbarung zwischen der Bundesregierung und der Landesregierung festgesetzt, sofern die beteiligte Behörde des Bundes oder der bundesunmittelbaren Körperschaft oder Anstalt der Festsetzung durch die Landesregierung widerspricht.

(4) Dem Planungsverband können nach Maßgabe der Satzung die Aufgaben der Gemeinde, die ihr nach diesem Gesetzbuch obliegen, übertragen werden.

(5) Der Planungsverband ist aufzulösen, wenn die Voraussetzungen für den Zusammenschluss entfallen sind oder der Zweck der gemeinsamen Planung erreicht ist. Kommt ein übereinstimmender Beschluss über die Auflösung nicht zu Stande, ist unter den in Satz 1 bezeichneten Voraussetzungen die Auflösung auf Antrag eines Mitglieds anzuordnen; im Übrigen ist Abs. 2 entsprechend anzuwenden. Nach Auflösung des Planungsverbands gelten die von ihm aufgestellten Pläne als Bauleitpläne der einzelnen Gemeinden.

(6) Ein Zusammenschluss nach dem Zweckverbandsrecht oder durch besondere Landesgesetze wird durch diese Vorschriften nicht ausgeschlossen.

(7) Wird die Befugnis zur Aufstellung von Bauleitplänen nach den Absätzen 1 bis 3 oder 6 übertragen, sind die Entwürfe der Bauleitpläne mit Begründung vor der Beschlussfassung hierüber oder der Festsetzung nach Abs. 3 Satz 2 oder 4 den Gemeinden, für deren Gebiet der Bauleitplan aufstellt werden soll, zur Stellungnahme innerhalb angemessener Frist zuzuleiten. Auf die Behandlung der von den Gemeinden fristgemäß vorgebrachten Anregungen ist § 3 Abs. 2 Satz 4 und 6 entsprechend anzuwenden.

§ 206 (Örtliche und sachliche Zuständigkeit). (1) Örtlich zuständig ist die Behörde, in deren Bereich das betroffene Grundstück liegt. Werden Grundstücke betroffen, die örtlich oder wirtschaftlich zusammenhängen und demselben Eigentümer gehören, und liegen diese Grundstücke im Bereich mehrerer nach diesem Gesetzbuch sachlich zuständiger Behörden, so wird die örtlich zuständige Behörde durch die nächsthöhere gemeinsame Behörde bestimmt.

(2) Ist eine höhere Verwaltungsbehörde nicht vorhanden, so ist die Oberste Landesbehörde zugleich höhere Verwaltungsbehörde.

Dritter Abschnitt. Verwaltungsverfahren

§ 207 (Von Amts wegen bestellter Vertreter). Ist ein Vertreter nicht vorhanden, so hat das Vormundschaftsgericht auf Ersuchen der zuständigen Behörde einen rechts- und sachkundigen Vertreter zu bestellen

1. für einen Beteiligten, dessen Person unbekannt, oder für eine Person, deren Beteiligung ungewiss ist,

2. für einen abwesenden Beteiligten, dessen Aufenthalt unbekannt oder dessen Aufenthalt zwar bekannt, der aber an der Besorgung seiner Vermögensangelegenheiten verhindert ist,

3. für einen Beteiligten, dessen Aufenthalt sich nicht innerhalb des Geltungsbereichs dieses Gesetzbuchs befindet, wenn er der Aufforderung der zuständigen Behörde, einen Vertreter zu bestellen, innerhalb der ihm gesetzten Frist nicht nachgekommen ist,

4. für Gesamthandseigentümer oder Eigentümer nach Bruchteilen sowie für mehrere Inhaber eines sonstigen Rechts an einem Grundstück oder an einem das Grundstück belastenden Recht, wenn sie der Aufforderung der zuständigen Behörden, einen gemeinsamen Vertreter zu bestellen, innerhalb der ihnen gesetzten Fristen nicht nachgekommen sind,

5. bei herrenlosen Grundstücken zur Wahrung der aus dem Eigentum sich ergebenden Rechte und Pflichten.

Für die Bestellung und für das Amt des Vertreters gelten die Vorschriften des Bürgerlichen Gesetzbuchs für die Pflegschaft entsprechend.

§ 208 (Anordnungen zur Erforschung des Sachverhalts). Die Behörden können zur Erforschung des Sachverhalts auch anordnen, dass

1. Beteiligte persönlich erscheinen,

2. Urkunden und sonstige Unterlagen vorgelegt werden, auf die sich ein Beteiligter bezogen hat,

3. Hypotheken-, Grundschuld- und Rentenschuldgläubiger die in ihrem Besitz befindlichen Hypotheken-, Grundschuld- und Rentenschuldbriefe vorlegen.

Für den Fall, dass ein Beteiligter der Anordnung nicht nachkommt, kann ein Zwangsgeld bis zu fünfhundert Euro angedroht und festgesetzt werden. Ist Beteiligter eine juristische Person oder eine nichtrechtsfähige Personenvereinigung, so ist das Zwangsgeld dem nach Gesetz oder Satzung Vertretungsberechtigten anzudrohen und gegen ihn festzusetzen. Androhung und Festsetzung können wiederholt werden.

§ 209 (Vorarbeiten auf Grundstücken). (1) Eigentümer und Besitzer haben zu dulden, dass Beauftragte der zuständigen Behörden zur Vorbereitung der von ihnen nach diesem Gesetzbuch zu treffenden Maßnahmen Grundstücke betreten und Vermessungen, Boden- und Grundwasseruntersuchungen oder ähnliche Arbeiten ausführen. Die Absicht, solche Arbeiten auszuführen, ist den Eigentümern oder Besitzern vorher bekannt zu geben. Wohnungen dürfen nur mit Zustimmung der Wohnungsinhaber betreten werden.

(2) Entstehen durch eine nach Abs. 1 zulässige Maßnahme dem Eigentümer oder Besitzer unmittelbare Vermögensnachteile, so ist dafür von der Stelle, die den Auftrag erteilt hat, eine angemessene Entschädigung in Geld zu leisten; kommt eine Einigung über die Geldentschädigung nicht zu Stande, so entscheidet die höhere Verwaltungsbehörde; vor der Entscheidung sind die Beteiligten zu hören. Hat eine Enteignungsbehörde den Auftrag erteilt, so hat der Antragsteller, in dessen Interesse die Enteignungsbehörde tätig geworden ist, dem Betroffenen die Entschädigung zu leisten; kommt eine Einigung über die Geldentschädigung nicht zu Stande, so setzt die Enteignungsbehörde die Entschädigung fest; vor der Entscheidung sind die Beteiligten zu hören.

§ 210 (Wiedereinsetzung). (1) Wenn ein Beteiligter ohne Verschulden verhindert war, eine gesetzliche oder auf Grund dieses Gesetzbuchs bestimmte Frist für eine Verfahrenshandlung einzuhalten, so ist ihm auf Antrag Wiedereinsetzung in den vorigen Stand zu gewähren.

(2) Die nach § 32 Abs. 4 des Verwaltungsverfahrensgesetzes zuständige Behörde kann nach Wiedereinsetzung in den vorigen Stand anstelle einer Entscheidung, die den durch das bisherige Verfahren herbeigeführten neuen Rechtszustand ändern würde, eine Entschädigung festsetzen.

§ 211 (Belehrung über Rechtsbehelfe). Den nach diesem Gesetzbuch ergehenden Verwaltungsakten ist eine Erklärung beizufügen, durch die der Beteiligte über den Rechtsbehelf, der gegen den Verwaltungsakt gegeben ist, über die Stelle, bei der der Rechtsbehelf einzulegen ist, und über die Frist belehrt wird.

§ 212 (Vorverfahren). (1) Die Landesregierungen können durch Rechtsverordnung bestimmen, dass ein nach dem Vierten oder Fünften Teil des Ersten Kapitels erlassener Verwaltungsakt durch Antrag auf gerichtliche Entscheidung nach § 217 erst angefochten werden kann, nachdem seine

Rechtmäßigkeit und Zweckmäßigkeit in einem Vorverfahren nachgeprüft worden ist; das Vorverfahren ist in Anlehnung an die Vorschriften der Verwaltungsgerichtsordnung zu regeln.

(2) Ist ein Vorverfahren vorgesehen, hat der Widerspruch gegen

1. den Umlegungsbeschluss nach § 47 Abs. 1,

2. die Bekanntmachung der Unanfechtbarkeit des Umlegungsplans nach § 71 Abs. 1 sowie

3. die vorzeitige Besitzeinweisung nach § 77 oder § 116

keine aufschiebende Wirkung. § 80 Abs. 4 und 5 der Verwaltungsgerichtsordnung ist entsprechend anzuwenden.

§ 212a (Entfall der aufschiebenden Wirkung). (1) Widerspruch und Anfechtungsklage eines Dritten gegen die bauaufsichtliche Zulassung eines Vorhabens haben keine aufschiebende Wirkung.

(2) Widerspruch und Anfechtungsklage gegen die Geltendmachung des Kostenerstattungsbetrags nach § 135a Abs. 3 sowie des Ausgleichsbetrags nach § 154 Abs. 1 durch die Gemeinde haben keine aufschiebende Wirkung.

§ 213 (Ordnungswidrigkeiten). (1) Ordnungswidrig handelt, wer

1. wider besseres Wissen unrichtige Angaben macht oder unrichtige Pläne oder Unterlagen vorlegt, um einen begünstigenden Verwaltungsakt zu erwirken oder einen belastenden Verwaltungsakt zu verhindern;

2. Pfähle, Pflöcke oder sonstige Markierungen, die Vorarbeiten dienen, wegnimmt, verändert, unkenntlich macht oder unrichtig setzt;

3. einer in einem Bebauungsplan nach § 9 Abs. 1 Nr. 25 Buchstabe b festgesetzten Bindung für Bepflanzungen und für die Erhaltung von Bäumen, Sträuchern und sonstigen Bepflanzungen sowie von Gewässern dadurch zuwiderhandelt, dass diese beseitigt, wesentlich beeinträchtigt oder zerstört werden;

4. eine bauliche Anlage im Geltungsbereich einer Erhaltungssatzung (§ 172 Abs. 1 Satz 1) oder einer Satzung über die Durchführung von Stadtumbaumaßnahmen (§ 171d Abs. 1) ohne Genehmigung rückbaut oder ändert.

(2) Die Ordnungswidrigkeit kann in den Fällen des Absatzes 1 Nr. 1 und 2 mit einer Geldbuße bis zu fünfhundert Euro, im Falle des Absatzes 1 Nr. 3 mit einer Geldbuße bis zu zehntausend Euro und im Falle des Absatzes 1 Nr. 4 mit einer Geldbuße bis zu fünfundzwanzigtausend Euro geahndet werden.

Vierter Abschnitt. Planerhaltung

§ 214 (Beachtlichkeit der Verletzung von Vorschriften über die Aufstellung des Flächennutzungsplans und der Satzungen; ergänzendes Verfahren). (1) Eine Verletzung von Verfahrens- und Formvorschriften dieses Gesetzbuchs ist für die Rechtswirksamkeit des Flächennutzungsplans und der Satzungen nach diesem Gesetzbuch nur beachtlich, wenn

1. entgegen § 2 Abs. 3 die von der Planung berührten Belange, die der Gemeinde bekannt waren oder hätten bekannt sein müssen, in wesentlichen Punkten nicht zutreffend ermittelt oder bewertet worden sind und wenn der Mangel offensichtlich und auf das Ergebnis des Verfahrens von Einfluss gewesen ist;

2. die Vorschriften über die Öffentlichkeits- und Behördenbeteiligung nach § 3 Abs. 2, § 4 Abs. 2, §§ 4a und 13 Abs. 2 Nr. 2 und 3, § 22 Abs. 9 Satz 2, § 34 Abs. 6 Satz 1 sowie § 35 Abs. 6 Satz 5 verletzt worden sind; dabei ist unbeachtlich, wenn bei Anwendung der Vorschriften einzelne Personen, Behörden oder sonstige Träger öffentlicher Belange nicht betei-

ligt worden sind, die entsprechenden Belange jedoch unerheblich waren oder in der Entscheidung berücksichtigt worden sind, oder einzelne Angaben dazu, welche Arten umweltbezogener Informationen verfügbar sind, gefehlt haben, oder bei Anwendung des § 13 Abs. 3 Satz 2 die Angabe darüber, dass von einer Umweltprüfung abgesehen wird, unterlassen wurde, oder bei Anwendung des § 4a Abs. 3 Satz 4 oder des § 13 die Voraussetzungen für die Durchführung der Beteiligung nach diesen Vorschriften verkannt worden sind;

3. die Vorschriften über die Begründung des Flächennutzungsplans und der Satzungen sowie ihrer Entwürfe nach §§ 2a, 3 Abs. 2, § 5 Abs. 1 Satz 2 Halbsatz 2 und Abs. 5, § 9 Abs. 8 und § 22 Abs. 10 verletzt worden sind; dabei ist unbeachtlich, wenn die Begründung des Flächennutzungsplans oder der Satzung oder ihr Entwurf unvollständig ist; abweichend von Halbsatz 2 ist eine Verletzung von Vorschriften in Bezug auf den Umweltbericht unbeachtlich, wenn die Begründung hierzu nur in unwesentlichen Punkten unvollständig ist;

4. ein Beschluss der Gemeinde über den Flächennutzungsplan oder die Satzung nicht gefasst, eine Genehmigung nicht erteilt oder der mit der Bekanntmachung des Flächennutzungsplans oder der Satzung verfolgte Hinweiszweck nicht erreicht worden ist.

So weit in den Fällen des Satzes 1 Nr. 3 die Begründung in wesentlichen Punkten unvollständig ist, hat die Gemeinde auf Verlangen Auskunft zu erteilen, wenn ein berechtigtes Interesse dargelegt wird.

(2) Für die Rechtswirksamkeit der Bauleitpläne ist auch unbeachtlich, wenn

1. die Anforderungen an die Aufstellung eines selbstständigen Bebauungsplans (§ 8 Abs. 2 Satz 2) oder an die in § 8 Abs. 4 bezeichneten dringenden Gründe für die Aufstellung eines vorzeitigen Bebauungsplans nicht richtig beurteilt worden sind;

2. § 8 Abs. 2 Satz 1 hinsichtlich des Entwickelns des Bebauungsplans aus dem Flächennutzungsplan verletzt worden ist, ohne dass hierbei die sich aus dem Flächennutzungsplan ergebende geordnete städtebauliche Entwicklung beeinträchtigt worden ist;

3. der Bebauungsplan aus einem Flächennutzungsplan entwickelt worden ist, dessen Unwirksamkeit sich wegen Verletzung von Verfahrens- oder Formvorschriften einschließlich des § 6 nach Bekanntmachung des Bebauungsplans herausstellt;

4. im Parallelverfahren gegen § 8 Abs. 3 verstoßen worden ist, ohne dass die geordnete städtebauliche Entwicklung beeinträchtigt worden ist.

(3) Für die Abwägung ist die Sach- und Rechtslage im Zeitpunkt der Beschlussfassung über den Flächennutzungsplan oder die Satzung maßgebend. Mängel, die Gegenstand der Regelung in Abs. 1 Satz 1 Nr. 1 sind, können nicht als Mängel der Abwägung geltend gemacht werden; im Übrigen sind Mängel im Abwägungsvorgang nur erheblich, wenn sie offensichtlich und auf das Abwägungsergebnis von Einfluss gewesen sind.

(4) Der Flächennutzungsplan oder die Satzung können durch ein ergänzendes Verfahren zur Behebung von Fehlern auch rückwirkend in Kraft gesetzt werden.

§ 215 (Frist für die Geltendmachung der Verletzung von Vorschriften).

(1) Unbeachtlich werden

1. eine nach § 214 Abs. 1 Satz 1 Nr. 1 bis 3 beachtliche Verletzung der dort bezeichneten Verfahrens- und Formvorschriften,

2. eine unter Berücksichtigung des § 214 Abs. 2 beachtliche Verletzung der Vorschriften über das Verhältnis des Bebauungsplans und des Flächennutzungsplans und

3. nach § 214 Abs. 3 Satz 2 beachtliche Mängel des Abwägungsvorgangs,

wenn sie nicht innerhalb von zwei Jahren seit Bekanntmachung des Flächennutzungsplans oder der Satzung schriftlich gegenüber der Gemeinde unter Darlegung des die Verletzung begründenden Sachverhalts geltend gemacht worden sind.

(2) Bei Inkraftsetzung des Flächennutzungsplans oder der Satzung ist auf die Voraussetzungen für die Geltendmachung der Verletzung von Vorschriften sowie auf die Rechtsfolgen hinzuweisen.

§ 215a (weggefallen)

§ 216 (Aufgaben im Genehmigungsverfahren). Die Verpflichtung der für das Genehmigungsverfahren zuständigen Behörde, die Einhaltung der Vorschriften zu prüfen, deren Verletzung sich nach den §§ 214 und 215 auf die Rechtswirksamkeit eines Flächennutzungsplans oder einer Satzung nicht auswirkt, bleibt unberührt.

Dritter Teil. Verfahren vor den Kammern (Senaten) für Baulandsachen

§ 217 (Antrag auf gerichtliche Entscheidung). (1) Verwaltungsakte nach dem Vierten und Fünften Teil des Ersten Kapitels sowie nach den §§ 18, 28 Abs. 3, 4 und 6, den §§ 39 bis 44, § 126 Abs. 2, § 150 Abs. 2, § 181, § 209 Abs. 2 oder § 210 Abs. 2 können nur durch Antrag auf gerichtliche Entscheidung angefochten werden. Satz 1 ist auch anzuwenden auf andere Verwaltungsakte auf Grund dieses Gesetzbuchs, für die die Anwendung des Zweiten Abschnitts des Fünften Teils des Ersten Kapitels vorgeschrieben ist oder die in einem Verfahren nach dem Vierten oder Fünften Teil des Ersten Kapitels erlassen werden, sowie auf Streitigkeiten über die Höhe der Geldentschädigung nach § 190 in Verbindung mit § 88 Nr. 7 und § 89 Abs. 2 des Flurbereinigungsgesetzes. Mit dem Antrag auf gerichtliche Entscheidung kann auch die Verurteilung zum Erlass eines Verwaltungsakts oder zu einer sonstigen Leistung sowie eine Feststellung begehrt werden. Über den Antrag entscheidet das Landgericht, Kammer für Baulandsachen.

(2) Der Antrag ist binnen eines Monats seit der Zustellung des Verwaltungsakts bei der Stelle einzureichen, die den Verwaltungsakt erlassen hat. Ist die ortsübliche Bekanntmachung des Verwaltungsakts vorgeschrieben, so ist der Antrag binnen sechs Wochen seit der Bekanntmachung einzureichen. Hat ein Vorverfahren (§ 212) stattgefunden, so beginnt die in Satz 1 bestimmte Frist mit der Zustellung des Bescheids, der das Vorverfahren beendet hat.

(3) Der Antrag muss den Verwaltungsakt bezeichnen, gegen den er sich richtet. Er soll die Erklärung, inwieweit der Verwaltungsakt angefochten wird, und einen bestimmten Antrag enthalten. Er soll die Gründe sowie die Tatsachen und Beweismittel angeben, die zur Rechtfertigung des Antrags dienen.

(4) Die Stelle, die den Verwaltungsakt erlassen hat, hat den Antrag mit ihren Akten unverzüglich dem zuständigen Landgericht vorzulegen. Ist das Verfahren vor der Stelle noch nicht abgeschlossen, so sind statt der Akten Abschriften der bedeutsamen Aktenstücke vorzulegen.

§ 218 (Wiedereinsetzung in den vorigen Stand). (1) War ein Beteiligter ohne Verschulden verhindert, die Frist nach § 217 Abs. 2 einzuhalten, so ist ihm auf Antrag vom Landgericht, Kammer für Baulandsachen, Wiedereinsetzung in den vorigen Stand zu gewähren, wenn er den Antrag auf gerichtliche Entscheidung binnen zwei Wochen nach Beseitigung des Hindernisses einreicht und die Tatsachen, die die Wiedereinsetzung begründen, glaubhaft macht. Gegen die Entscheidung über den Antrag findet die sofortige Beschwerde an das Oberlandesgericht, Senat für Baulandsachen, statt. Nach Ablauf eines Jahres, vom Ende der versäumten Frist an gerechnet, kann die Wiedereinsetzung nicht mehr beantragt werden.

(2) Ist der angefochtene Verwaltungsakt ein Enteignungsbeschluss und ist der bisherige Rechtszustand bereits durch den neuen Rechtszustand ersetzt (§ 117 Abs. 5), so kann das Gericht im Falle der Wiedereinsetzung den Enteignungsbeschluss nicht aufheben und hinsichtlich des Gegenstands der Enteignung oder der Art der Entschädigung nicht ändern.

§ 219 (Örtliche Zuständigkeit der Landgerichte). (1) Örtlich zuständig ist das Landgericht, in dessen Bezirk die Stelle, die den Verwaltungsakt erlassen hat, ihren Sitz hat.

(2) Die Landesregierungen können durch Rechtsverordnung die

Verhandlung und Entscheidung über Anträge auf gerichtliche Entscheidung einem Landgericht für die Bezirke mehrerer Landgerichte zuweisen, wenn die Zusammenfassung für eine Förderung oder schnellere Erledigung der Verfahren sachdienlich ist. Die Landesregierungen können diese Ermächtigung auf die Landesjustizverwaltungen übertragen.

§ 220 (Zusammensetzung der Kammern für Baulandsachen). (1) Bei den Landgerichten werden eine oder mehrere Kammern für Baulandsachen gebildet. Die Kammer für Baulandsachen entscheidet in der Besetzung mit zwei Richtern des Landgerichts einschließlich des Vorsitzenden sowie einem hauptamtlichen Richter eines Verwaltungsgerichts. Die Vorschriften über den Einzelrichter sind nicht anzuwenden.

(2) Die Richter der Verwaltungsgerichte und die für den Fall ihrer Verhinderung erforderlichen Vertreter werden von der für die Verwaltungsgerichtsbarkeit zuständigen Obersten Landesbehörde auf die Dauer von drei Jahren bestellt.

§ 221 (Allgemeine Verfahrensvorschriften). (1) In den Sachen, die auf Grund eines Antrags auf gerichtliche Entscheidung bei den Gerichten anhängig werden, sind die bei Klagen in bürgerlichen Rechtsstreitigkeiten geltenden Vorschriften entsprechend anzuwenden, so weit sich aus den §§ 217 bis 231 nichts anderes ergibt. § 227 Abs. 3 Satz 1 der Zivilprozessordnung ist nicht anzuwenden.

(2) Das Gericht kann auch von Amts wegen die Aufnahme von Beweisen anordnen und nach Anhörung der Beteiligten auch solche Tatsachen berücksichtigen, die von ihnen nicht vorgebracht worden sind.

(3) Sind gegen denselben Verwaltungsakt mehrere Anträge auf gerichtliche Entscheidung gestellt, so wird über sie gleichzeitig verhandelt und entschieden.

(4) Die Vorschriften über die Vorauszahlung der Gebühr für das Verfahren im Allgemeinen nach § 65 Abs. 1 Satz 1 und 3 des Gerichtskostengesetzes sind nicht anzuwenden.

§ 222 (Beteiligte). (1) Wer an dem Verfahren, in dem der Verwaltungsakt erlassen worden ist, Beteiligter war, ist auch in dem gerichtlichen Verfahren Beteiligter, wenn seine Rechte oder Pflichten durch die Entscheidung des Gerichts betroffen werden können. In dem gerichtlichen Verfahren ist auch die Stelle Beteiligte, die den Verwaltungsakt erlassen hat.

(2) Der Antrag auf gerichtliche Entscheidung ist den übrigen in Abs. 1 Satz 1 bezeichneten Beteiligten, so weit sie bekannt sind, zuzustellen.

(3) Auf die Beteiligten sind die für die Parteien geltenden Vorschriften der Zivilprozessordnung entsprechend anzuwenden. § 78 der Zivilprozessordnung gilt in dem Verfahren vor dem Landgericht und dem Oberlandesgericht nur für Beteiligte, die Anträge in der Hauptsache stellen.

(4) (weggefallen).

§ 223 (Anfechtung von Ermessensentscheidungen). So weit die Stelle, die den Verwaltungsakt erlassen hat, ermächtigt ist, nach ihrem Ermessen zu handeln, kann der Antrag nur darauf gestützt werden, dass die Entscheidung rechtswidrig ist, weil die gesetzlichen Grenzen des Ermessens überschritten sind oder von dem Ermessen in einer dem Zweck der Ermächtigung nicht entsprechenden Weise Gebrauch gemacht worden ist. Dies gilt nicht, so weit in dem Verwaltungsakt über einen Anspruch auf eine Geldleistung entschieden worden ist.

§ 224 (Entfallen der aufschiebenden Wirkung im Umlegungsverfahren und bei vorzeitiger Besitzeinweisung). Der Antrag auf gerichtliche Entscheidung gegen

1. den Umlegungsbeschluss nach § 47 Abs. 1,

2. die Bekanntmachung der Unanfechtbarkeit des Umlegungsplans nach § 71 Abs. 1 sowie

3. die vorzeitige Besitzeinweisung nach § 77 oder § 116

hat keine aufschiebende Wirkung. § 80 Abs. 5 der Verwaltungsgerichtsordnung ist entsprechend anzuwenden.

§ 225 (Vorzeitige Ausführungsanordnung). Ist nur noch die Höhe einer Geldentschädigung streitig, so kann das Gericht auf Antrag des Enteignungsbegünstigten beschließen, dass die Enteignungsbehörde die Ausführung des Enteignungsbeschlusses anzuordnen hat. In dem Beschluss kann bestimmt werden, dass der Enteignungsbegünstigte für den im Streit befindlichen Betrag Sicherheit zu leisten hat. Die Ausführungsanordnung darf erst ergehen, wenn der Enteignungsbegünstigte die festgesetzte Geldentschädigung gezahlt oder zulässigerweise unter Verzicht auf das Recht der Rücknahme hinterlegt hat.

§ 226 (Urteil). (1) Über den Antrag auf gerichtliche Entscheidung wird durch Urteil entschieden.

(2) Wird ein Antrag auf gerichtliche Entscheidung, der einen Anspruch auf eine Geldleistung betrifft, für begründet erachtet, so hat das Gericht den Verwaltungsakt zu ändern. Wird in anderen Fällen ein Antrag auf gerichtliche Entscheidung für begründet erachtet, so hat das Gericht den Verwaltungsakt aufzuheben und erforderlichenfalls auszusprechen, dass die Stelle, die den Verwaltungsakt erlassen hat, verpflichtet ist, in der Sache unter Beachtung der Rechtsauffassung des Gerichts anderweit zu entscheiden.

(3) Einen Enteignungsbeschluss kann das Gericht auch ändern, wenn der Antrag auf gerichtliche Entscheidung nicht einen Anspruch auf Geldleistung betrifft. Es darf in diesem Fall über den Antrag des Beteiligten hinaus, der den Antrag auf gerichtliche Entscheidung gestellt hat, den Enteignungsbeschluss auch ändern, so weit ein anderer Beteiligter es beantragt hat; dabei ist eine Änderung des Enteignungsbeschlusses zum Nachteil dessen, der den Antrag auf gerichtliche Entscheidung gestellt hat, nicht statthaft. Wird ein Enteignungsbeschluss geändert, so ist § 113 Abs. 2 entsprechend anzuwenden. Wird ein Enteignungsbeschluss aufgehoben oder hinsichtlich des Gegenstands der Enteignung geändert, so gibt das Gericht im Falle des § 113 Abs. 5 dem Vollstreckungsgericht von seinem Urteil Kenntnis.

(4) Ist von mehreren Anträgen nur der eine oder ist nur ein Teil eines Antrags zur Endentscheidung reif, so soll das Gericht hierüber ein Teilurteil nur erlassen, wenn es zur Beschleunigung des Verfahrens notwendig erscheint.

§ 227 (Säumnis eines Beteiligten). (1) Erscheint der Beteiligte, der den Antrag auf gerichtliche Entscheidung gestellt hat, in einem Termin zur mündlichen Verhandlung, so kann auch dann mündlich verhandelt werden, wenn einer der anderen Beteiligten nicht erscheint. Über einen Antrag, den ein nicht erschienener Beteiligter in einer früheren mündlichen Verhandlung gestellt hat, kann nach Lage der Akten entschieden werden.

(2) Erscheint der Beteiligte, der den Antrag auf gerichtliche Entscheidung gestellt hat, in einem Termin zur mündlichen Verhandlung nicht, so kann jeder andere Beteiligte eine Entscheidung nach Lage der Akten beantragen.

(3) Die §§ 332 bis 335, 336 Abs. 2 und § 337 der Zivilprozessordnung gelten entsprechend. Im Übrigen sind die Vorschriften über die Versäumnisurteile nicht anzuwenden.

§ 228 (Kosten des Verfahrens). (1) So weit der Beteiligte obsiegt, der den Antrag auf gerichtliche Entscheidung gestellt hat, gilt, wenn keiner der Beteiligten dazu im Widerspruch stehende Anträge in der Hauptsache gestellt hat, bei Anwendung der Kostenbestimmungen der Zivilprozessordnung die Stelle, die den Verwaltungsakt erlassen hat, als unterliegende Partei.

(2) Über die Erstattung der Kosten eines Beteiligten, der zur Hauptsache keinen Antrag gestellt hat, entscheidet das Gericht auf Antrag des Beteiligten nach billigem Ermessen.

§ 229 (Berufung, Beschwerde). (1) Über die Berufung und die Beschwerde entscheidet das Oberlandesgericht, Senat für Baulandsachen, in der Besetzung mit zwei Richtern des Oberlandesgerichts einschließlich des Vorsitzenden und einem hauptamtlichen Richter eines Oberverwaltungsgerichts. § 220 Abs. 1 Satz 3 und Abs. 2 gilt entsprechend.

(2) Die Landesregierungen können durch Rechtsverordnung die Verhandlung und Entscheidung über die Berufungen und Beschwerden gegen die Entscheidungen der Kammern für Baulandsachen einem Oberlandesgericht oder dem obersten Landesgericht für die Bezirke mehrerer Oberlandesgerichte zuweisen, wenn die Zusammenfassung für eine Förderung oder schnellere Erledigung der Verfahren sachdienlich ist. Die Landesregierungen können diese Ermächtigung durch Rechtsverordnung auf die Landesjustizverwaltungen übertragen.

(3) (weggefallen)

§ 230 (Revision). Über die Revision entscheidet der Bundesgerichtshof.

§ 231 (Einigung). Einigen sich die Beteiligten während eines gerichtlichen Verfahrens, das eine Enteignung betrifft, so gelten die §§ 110 und 111 entsprechend. Das Gericht tritt an die Stelle der Enteignungsbehörde.

§ 232 (Weitere Zuständigkeit der Kammern (Senate) für Baulandsachen). Die Länder können durch Gesetz den Kammern und Senaten für Baulandsachen die Verhandlung und Entscheidung über Maßnahmen der Enteignung und enteignungsgleiche Eingriffe, die die in § 86 genannten Gegenstände betreffen und auf Landesrecht beruhen oder nach Landesrecht vorgenommen werden, und über Entschädigungsansprüche übertragen sowie die Vorschriften dieses Teils für anwendbar erklären.

Viertes Kapitel. Überleitungs- und Schlussvorschriften

Erster Teil. Überleitungsvorschriften

§ 233 (Allgemeine Überleitungsvorschriften). (1) Verfahren nach diesem Gesetz, die vor dem Inkrafttreten einer Gesetzesänderung förmlich eingeleitet worden sind, werden nach den bisher geltenden Rechtsvorschriften abgeschlossen, so weit nachfolgend nichts anderes bestimmt ist. Ist mit gesetzlich vorgeschriebenen einzelnen Schritten des Verfahrens noch nicht begonnen worden, können diese auch nach den Vorschriften dieses Gesetzes durchgeführt werden.

(2) Die Vorschriften des Dritten Kapitels Zweiter Teil Vierter Abschnitt zur Planerhaltung sind auch auf Flächennutzungspläne und Satzungen entsprechend anzuwenden, die auf der Grundlage bisheriger Fassungen dieses Gesetzes in Kraft getreten sind. Unbeschadet des Satzes 1 sind auf der Grundlage bisheriger Fassungen dieses Gesetzes unbeachtliche oder durch Fristablauf unbeachtliche Fehler bei der Aufstellung von Flächennutzungsplänen und Satzungen auch weiterhin für die Rechtswirksamkeit dieser Flächennutzungspläne und Satzungen unbeachtlich. Abweichend von Satz 1 sind für vor dem Inkrafttreten einer Gesetzesänderung in Kraft getretene Flächennutzungspläne und Satzungen die vor dem Inkrafttreten der Gesetzesänderung geltenden Vorschriften über die Geltendmachung der Verletzung von Verfahrens- und Formvorschriften, von Mängeln der Abwägung und von sonstigen Vorschriften einschließlich ihrer Fristen weiterhin anzuwenden.

(3) Auf der Grundlage bisheriger Fassungen dieses Gesetzes wirksame oder übergeleitete Pläne, Satzungen und Entscheidungen gelten fort.

§ 234 (Überleitungsvorschriften für das Vorkaufsrecht). (1) Für das Vorkaufsrecht sind die jeweils zurzeit des Verkaufsfalls geltenden städtebaurechtlichen Vorschriften anzuwenden.

(2) Satzungen, die auf Grund von § 25 des Bundesbaugesetzes erlassen worden sind, gelten als Satzungen nach § 25 Abs. 1 Satz 1 Nr. 2 weiter.

§ 235 (Überleitungsvorschriften für städtebauliche Sanierungs- und Entwicklungsmaßnahmen). (1) Auf städtebauliche Sanierungs- und Entwicklungsmaßnahmen, für die vor dem Inkrafttreten einer Gesetzesänderung nach den bisher geltenden Rechtsvorschriften der Beginn der vorbereitenden Untersuchungen oder der Voruntersuchungen beschlossen worden ist, sind abweichend von § 233 Abs. 1 die Vorschriften dieses Gesetzes anzuwenden; abgeschlossene Verfahrensschritte bleiben unberührt. Ist eine städtebauliche Entwicklungsmaßnahme jedoch vor dem 1. Juli 1987 förmlich festgelegt worden, sind die §§ 165 bis 171 in der bis zum 30. April 1993 geltenden Fassung weiter anzuwenden; wird zur zweckmäßigen Durchführung entsprechend den Zielen und Zwecken einer solchen Entwicklungsmaßnahme eine Änderung des Geltungsbereichs der Entwicklungsmaßnahmeverordnung erforderlich, ist § 53 in Verbindung mit § 1 des Städtebauförderungsgesetzes weiter anzuwenden.

(2) Ist eine städtebauliche Sanierungsmaßnahme vor dem 1. Januar 1998 förmlich festgelegt worden und ist nach der Sanierungssatzung nur die Genehmigungspflicht nach § 144 Abs. 2 in der bis zum 31. Dezember 1997 geltenden Fassung ausgeschlossen, bedarf eine Teilung auch weiterhin der schriftlichen Genehmigung der Gemeinde. Die Gemeinde hat dem Grundbuchamt Sanierungssatzungen im Sinne des Satzes 1 in entsprechender Anwendung des ab dem 1. Januar 1998 geltenden § 143 Abs. 2 Satz 1 bis 3 unverzüglich nachträglich mitzuteilen.

(3) In dem Gebiet, in dem das Grundgesetz schon vor dem 3. Oktober 1990 galt, ist § 141 Abs. 4 auf Beschlüsse über den Beginn der vorbereitenden Untersuchungen, die vor dem 1. Mai 1993 bekannt gemacht worden sind, nicht anzuwenden.

§ 236 (Überleitungsvorschriften für das Baugebot und die Erhaltung baulicher Anlagen). (1) § 176 Abs. 9 ist auf Enteignungsverfahren nach § 85 Abs. 1 Nr. 5 anzuwenden, wenn der Eigentümer die Verpflichtung aus einem Baugebot nicht erfüllt, das nach dem 31. Mai 1990 angeordnet worden ist.

(2) § 172 Abs. 1 Satz 4 bis 6 gilt nicht für die Bildung von Teil- und Wohnungseigentum, dessen Eintragung vor dem 26. Juni 1997 beantragt worden ist. Dies gilt auch, wenn ein Anspruch auf Bildung oder Übertragung von Teil- und Wohnungseigentum vor dem 26. Juni 1997 durch eine Vormerkung gesichert wurde. § 172 in der ab dem 1. Januar 1998 geltenden Fassung ist auch auf Satzungen, die vor dem 1. Januar 1998 ortsüblich bekannt gemacht worden sind, anzuwenden.

§ 237 (weggefallen)

§ 238 (Überleitungsvorschrift für Entschädigungen). Wurde durch die Änderung des § 34 des Bundesbaugesetzes durch das Gesetz zur Änderung des Bundesbaugesetzes vom 18. August 1976 die bis dahin zulässige Nutzung eines Grundstücks aufgehoben oder wesentlich geändert, ist eine Entschädigung in entsprechender Anwendung der §§ 42, 43 Abs. 1, 2, 4 und 5 und des § 44 Abs. 1 Satz 2, Abs. 3 und 4 zu gewähren; dies gilt nicht, so weit in dem Zeitpunkt, in dem nach § 44 Abs. 3 bis 5 Entschädigung verlangt werden kann, eine entsprechende Aufhebung oder Änderung der zulässigen Nutzung auch nach § 34 des Bundesbaugesetzes in der bis zum 31. Dezember 1976 geltenden Fassung hätte eintreten können, ohne dass die Aufhebung oder Änderung nach § 44 des Bundesbaugesetzes in der bis zum 31. Dezember 1976 geltenden Fassung zu entschädigen gewesen wäre. Wird durch die Änderung des § 34 durch das Europarechtsanpassungsgesetz Bau vom 24.6.2004 die bis dahin zulässige Nutzung eines Grundstücks aufgehoben oder wesentlich geändert, ist Satz 1 entsprechend anzuwenden.

§ 239 (Überleitungsvorschrift für die Grenzregelung). Hat die Gemeinde den Beschluss über die Grenzregelung (§ 82 in der vor dem 20. Juli 2004 geltenden Fassung) vor dem 20. Juli 2004 gefasst, sind die Vorschriften des Zweiten Abschnitts des Vierten Teils des Ersten Kapitels in der vor dem 20. Juli 2004 geltenden Fassung weiterhin anzuwenden.

§ 240 (weggefallen)

§ 241 (weggefallen)

§ 242 (Überleitungsvorschriften für die Erschließung). (1) Für vorhandene Erschließungsanlagen, für die eine Beitragspflicht auf Grund der bis zum 29. Juni 1961 geltenden Vorschriften nicht entstehen konnte, kann auch nach diesem Gesetzbuch kein Beitrag erhoben werden.

(2) So weit am 29. Juni 1961 zur Erfüllung von Anliegerbeitragspflichten langfristige Verträge oder sonstige Vereinbarungen, insbesondere über das Ansammeln von Mitteln für den Straßenbau in Straßenbaukassen oder auf Sonderkonten bestanden, können die Länder ihre Abwicklung durch Gesetz regeln.

(3) § 125 Abs. 3 ist auch auf Bebauungspläne anzuwenden, die vor dem 1. Juli 1987 in Kraft getreten sind.

(4) § 127 Abs. 2 Nr. 2 ist auch auf Verkehrsanlagen anzuwenden, die vor dem 1. Juli 1987 endgültig hergestellt worden sind. Ist vor dem 1. Juli 1987 eine Beitragspflicht nach Landesrecht entstanden, so verbleibt es dabei.

(5) Ist für einen Kinderspielplatz eine Beitragspflicht bereits auf Grund der vor dem 1. Juli 1987 geltenden Vorschriften (§ 127 Abs. 2 Nr. 3 und 4 des Bundesbaugesetzes) entstanden, so verbleibt es dabei. Die Gemeinde soll von der Erhebung des Erschließungsbeitrags ganz oder teilweise absehen, wenn dies auf Grund der örtlichen Verhältnisse, insbesondere unter Berücksichtigung des Nutzens des Kinderspielplatzes für die Allgemeinheit, geboten ist. Satz 2 ist auch auf vor dem 1. Juli 1987 entstandene Beiträge anzuwenden, wenn

1. der Beitrag noch nicht entrichtet ist oder

2. er entrichtet worden, aber der Beitragsbescheid noch nicht unanfechtbar geworden ist.

(6) § 128 Abs. 1 ist auch anzuwenden, wenn der Umlegungsplan (§ 66 des Bundesbaugesetzes) oder die Vorwegregelung (§ 76 des Bundesbaugesetzes) vor dem 1. Juli 1987 ortsüblich bekannt gemacht worden ist (§ 71 des Bundesbaugesetzes).

(7) Ist vor dem 1. Juli 1987 über die Stundung des Beitrags für landwirtschaftlich genutzte Grundstücke (§ 135 Abs. 4 des Bundesbaugesetzes) entschieden und ist die Entscheidung noch nicht unanfechtbar geworden, ist § 135 Abs. 4 dieses Gesetzbuchs anzuwenden.

(8) § 124 Abs. 2 Satz 2 ist auch auf Kostenvereinbarungen in Erschließungsverträgen anzuwenden, die vor dem 1. Mai 1993 geschlossen worden sind. Auf diese Verträge ist § 129 Abs. 1 Satz 3 weiterhin anzuwenden.

(9) Für Erschließungsanlagen oder Teile von Erschließungsanlagen in dem in Artikel 3 des Einigungsvertrages genannten Gebiet, die vor dem Wirksamwerden des Beitritts bereits hergestellt worden sind, kann nach diesem Gesetz ein Erschließungsbeitrag nicht erhoben werden. Bereits hergestellte Erschließungsanlagen oder Teile von Erschließungsanlagen sind die einem technischen Ausbauprogramm oder den örtlichen Ausbaugepflogenheiten entsprechend fertig gestellten Erschließungsanlagen oder Teile von Erschließungsanlagen. Leistungen, die Beitragspflichtige für die Herstellung von Erschließungsanlagen oder Teilen von Erschließungsanlagen erbracht haben, sind auf den Erschließungsbeitrag anzurechnen. Die Landesregierungen werden ermächtigt, bei Bedarf Überleitungsregelungen durch Rechtsverordnung zu treffen.

§ 243 (Überleitungsvorschriften für das Maßnahmengesetz zum Baugesetzbuch und das Bundesnaturschutzgesetz). (1) § 233 ist auf Verfahren, Pläne, Satzungen und Entscheidungen,

die auf der Grundlage des Maßnahmengesetzes zum Baugesetzbuch eingeleitet, in Kraft getreten oder wirksam geworden sind, entsprechend anzuwenden.

(2) Bei Bauleitplanverfahren, die vor dem 1. Januar 1998 förmlich eingeleitet worden sind, kann die Eingriffsregelung nach dem Bundesnaturschutzgesetz in der bis zum 31. Dezember 1997 geltenden Fassung weiter angewendet werden.

§ 244 (Überleitungsvorschriften für das Europarechtsanpassungsgesetz Bau). (1) Abweichend von § 233 Abs. 1 werden Verfahren für Bauleitpläne und Satzungen nach § 34 Abs. 4 Satz 1 und § 35 Abs. 6, die nach dem 20. Juli 2004 förmlich eingeleitet worden sind oder die nach dem 20. Juli 2006 abgeschlossen werden, nach den Vorschriften dieses Gesetzes zu Ende geführt.

(2) Abweichend von Abs. 1 finden auf Bebauungsplanverfahren, die in der Zeit vom 14. März 1999 bis zum 20. Juli 2004 förmlich eingeleitet worden sind und die vor dem 20. Juli 2006 abgeschlossen werden, die Vorschriften des Baugesetzbuchs in der vor dem 20. Juli 2004 geltenden Fassung weiterhin Anwendung. Ist mit gesetzlich vorgeschriebenen einzelnen Verfahrensschritten noch nicht begonnen worden, können diese auch nach den Vorschriften dieses Gesetzes durchgeführt werden.

(3) § 4 Abs. 3 und § 4c gelten nur für Bauleitpläne, die nach Abs. 1 oder 2 nach den Vorschriften dieses Gesetzes zu Ende geführt werden.

(4) § 5 Abs. 1 Satz 3 ist auf Flächennutzungspläne, die vor dem 20. Juli 2004 aufgestellt worden sind, erstmals ab 1. Januar 2010 anzuwenden.

(5) Die Gemeinden können Satzungen, die auf der Grundlage des § 19 in der vor dem 20. Juli 2004 geltenden Fassung erlassen worden sind, durch Satzung aufheben. Die Gemeinde hat diese Satzung ortsüblich bekannt zu machen; sie kann die Bekanntmachung auch in entsprechender Anwendung des § 10 Abs. 3 Satz 2 bis 5 vornehmen. Unbeschadet der Sätze 1 und 2 sind Satzungen auf der Grundlage des § 19 in der vor dem 20. Juli 2004 geltenden Fassung nicht mehr anzuwenden. Die Gemeinde hat auf die Nichtanwendbarkeit dieser Satzungen bis zum 31. Dezember 2004 durch ortsübliche Bekanntmachung hinzuweisen. Die Gemeinde hat das Grundbuchamt um Löschung eines von ihr nach § 20 Abs. 3 in der vor dem 20. Juli 2004 geltenden Fassung veranlassten Widerspruchs zu ersuchen.

(6) Für eine auf der Grundlage des § 22 in der vor dem 20. Juli 2004 geltenden Fassung wirksam erlassene Satzung bleibt § 22 in der vor dem 20. Juli 2004 geltenden Fassung bis zum 30. Juni 2005 weiterhin anwendbar. Auf die Satzung ist § 22 in der geltenden Fassung anzuwenden, wenn beim Grundbuchamt vor Ablauf des 30. Juni 2005 eine den Anforderungen des § 22 Abs. 2 Satz 3 und 4 entsprechende Mitteilung der Gemeinde eingegangen ist. Ist die Mitteilung hinsichtlich der Satzung nicht fristgerecht erfolgt, ist die Satzung auf die von ihr erfassten Vorgänge nicht mehr anzuwenden. Eine Aussetzung der Zeugniserteilung nach § 22 Abs. 6 Satz 3 in der vor dem 20. Juli 2004 geltenden Fassung ist längstens bis zum 30. Juni 2005 wirksam. Die Baugenehmigungsbehörde hat das Grundbuchamt um Löschung eines von ihr nach § 20 Abs. 3 in der vor dem 20. Juli 2004 geltenden Fassung oder auf Grundlage von Satz 1 oder 4 in Verbindung mit § 20 Abs. 3 in der vor dem 20. Juli 2004 geltenden Fassung veranlassten Widerspruchs im Grundbuch zu ersuchen, wenn die Satzung nicht mehr anwendbar ist oder die Aussetzung der Zeugniserteilung unwirksam wird.

(7) § 35 Abs. 5 Satz 2 gilt nicht für die Zulässigkeit eines Vorhabens, das die Nutzungsänderung einer baulichen Anlage zum Inhalt hat, deren bisherige Nutzung vor dem 20. Juli 2004 zulässigerweise aufgenommen worden ist.

§ 245 (Überleitungsvorschriften für den Stadtumbau und die Soziale Stadt). (1) Ein von einer Gemeinde bis zum 20. Juli 2004 im Hinblick auf die Verwaltungsvereinbarungen über die Gewährung von Finanzhilfen des Bundes an die Länder nach Artikel 104a Abs. 4 des Grundgesetzes

zur Förderung städtebaulicher Maßnahmen beschlossenes Gebiet für Stadtumbaumaßnahmen sowie ein hierfür aufgestelltes städtebauliches Entwicklungskonzept der Gemeinde gilt als Stadtumbaugebiet und städtebauliches Entwicklungskonzept im Sinne des § 171b.

(2) Ein von der Gemeinde bis zum 20. Juli 2004 im Hinblick auf die Verwaltungsvereinbarungen über die Gewährung von Finanzhilfen des Bundes an die Länder nach Artikel 104a Abs. 4 des Grundgesetzes zur Förderung städtebaulicher Maßnahmen beschlossenes Gebiet für Maßnahmen der Sozialen Stadt sowie ein hierfür aufgestelltes Konzept der Gemeinde gilt als Gebiet und Entwicklungskonzept im Sinne des § 171e.

§ 245a (weggefallen)

§ 245b (Überleitungsvorschriften für Vorhaben im Außenbereich). (1) (weggefallen)

(2) Die Länder können bestimmen, dass die Frist nach § 35 Abs. 4 Satz 1 Nr. 1 Buchstabe c bis zum 31. Dezember 2008 nicht anzuwenden ist.

§ 245c (weggefallen)

Zweiter Teil. Schlussvorschriften

§ 246 (Sonderregelungen für einzelne Länder). (1) In den Ländern Berlin und Hamburg entfallen die in § 6 Abs. 1, § 10 Abs. 2 und § 190 Abs. 1 vorgesehenen Genehmigungen oder Zustimmungen; das Land Bremen kann bestimmen, dass diese Genehmigungen oder Zustimmungen entfallen.

(1a) Die Länder können bestimmen, dass Bebauungspläne, die nicht der Genehmigung bedürfen, und Satzungen nach § 34 Abs. 4 Satz 1, § 35 Abs. 6 und § 165 Abs. 6 vor ihrem Inkrafttreten der höheren Verwaltungsbehörde anzuzeigen sind; dies gilt nicht für Bebauungspläne nach § 13. Die höhere Verwaltungsbehörde hat die Verletzung von Rechtsvorschriften, die eine Versagung der Genehmigung nach § 6 Abs. 2 rechtfertigen würde, innerhalb eines Monats nach Eingang der Anzeige geltend zu machen. Der Bebauungsplan und die Satzungen dürfen nur in Kraft gesetzt werden, wenn die höhere Verwaltungsbehörde die Verletzung von Rechtsvorschriften nicht innerhalb der in Satz 2 bezeichneten Frist geltend gemacht hat.

(2) Die Länder Berlin und Hamburg bestimmen, welche Form der Rechtsetzung an die Stelle der in diesem Gesetzbuch vorgesehenen Satzungen tritt. Das Land Bremen kann eine solche Bestimmung treffen. Die Länder Berlin, Bremen und Hamburg können eine von § 10 Abs. 3, § 16 Abs. 2, § 22 Abs. 2, § 143 Abs. 1, § 162 Abs. 2 Satz 2 bis 4 und § 165 Abs. 8 abweichende Regelung treffen.

§ 246a (weggefallen)

§ 247 (Sonderregelungen für Berlin als Hauptstadt der Bundesrepublik Deutschland). (1) Bei der Aufstellung von Bauleitplänen und sonstigen Satzungen nach diesem Gesetzbuch soll in der Abwägung den Belangen, die sich aus der Entwicklung Berlins als Hauptstadt Deutschlands ergeben, und den Erfordernissen der Verfassungsorgane des Bundes für die Wahrnehmung ihrer Aufgabe besonders Rechnung getragen werden.

(2) Die Belange und Erfordernisse nach Abs. 1 werden zwischen Bund und Berlin in einem Gemeinsamen Ausschuss erörtert.

(3) Kommt es in dem Ausschuss zu keiner Übereinstimmung, können die Verfassungsorgane des Bundes ihre Erfordernisse eigenständig feststellen; sie haben dabei eine geordnete städtebauliche Entwicklung Berlins zu berücksichtigen. Die Bauleitpläne und sonstigen Satzungen nach diesem Gesetzbuch sind so anzupassen, dass den festgestellten Erfordernissen in geeigneter Weise Rechnung getragen wird.

(4) Haben die Verfassungsorgane des Bundes Erfordernisse nach Abs. 3 Satz 1 festgestellt und ist zu deren Verwirklichung die Aufstellung eines Bauleitplans oder einer sonstigen Satzung nach diesem Gesetzbuch geboten, soll der Bauleitplan oder die Satzung aufgestellt werden.

(5) (weggefallen)

(6) (weggefallen)

(7) Die Entwicklung der Parlaments- und Regierungsbereiche in Berlin entspricht den Zielen und Zwecken einer städtebaulichen Entwicklungsmaßnahme nach § 165 Abs. 2.

(8) Ist im Rahmen von Genehmigungs-, Zustimmungs- oder sonstigen Verfahren für Vorhaben der Verfassungsorgane des Bundes Ermessen auszuüben oder sind Abwägungen oder Beurteilungen vorzunehmen, sind die von den Verfassungsorganen des Bundes entsprechend Abs. 3 festgestellten Erfordernisse mit dem ihnen nach dem Grundgesetz zukommenden Gewicht zu berücksichtigen. Abs. 2 ist entsprechend anzuwenden.

(9) (weggefallen)

Anlage zu § 2 Abs. 4 und § 2a

Der Umweltbericht nach § 2 Abs. 4 und § 2a Satz 2 Nr. 2 besteht aus

1. einer Einleitung mit folgenden Angaben:

a) Kurzdarstellung des Inhalts und der wichtigsten Ziele des Bauleitplans, einschließlich der Beschreibung der Festsetzungen des Plans mit Angaben über Standorte, Art und Umfang sowie Bedarf an Grund und Boden der geplanten Vorhaben und

b) Darstellung der in einschlägigen Fachgesetzen und Fachplänen festgelegten Ziele des Umweltschutzes, die für den Bauleitplan von Bedeutung sind, und der Art, wie diese Ziele und die Umweltbelange bei der Aufstellung berücksichtigt wurden,

2. einer Beschreibung und Bewertung der Umweltauswirkungen, die in der Umweltprüfung nach § 2 Abs. 4 Satz 1 ermittelt wurden, mit Angaben der:

a) Bestandsaufnahme der einschlägigen Aspekte des derzeitigen Umweltzustands, einschließlich der Umweltmerkmale der Gebiete, die voraussichtlich erheblich beeinflusst werden,

b) Prognose über die Entwicklung des Umweltzustands bei Durchführung der Planung und bei Nichtdurchführung der Planung,

c) geplanten Maßnahmen zur Vermeidung, Verringerung und zum Ausgleich der nachteiligen Auswirkungen und

d) in Betracht kommenden anderweitigen Planungsmöglichkeiten, wobei die Ziele und der räumliche Geltungsbereich des Bauleitplans zu berücksichtigen sind,

3. folgenden zusätzlichen Angaben:

a) Beschreibung der wichtigsten Merkmale der verwendeten technischen Verfahren bei der Umweltprüfung sowie Hinweise auf Schwierigkeiten, die bei der Zusammenstellung der Angaben aufgetreten sind, zum Beispiel technische Lücken oder fehlende Kenntnisse,

b) Beschreibung der geplanten Maßnahmen zur Überwachung der erheblichen Auswirkungen der Durchführung des Bauleitplans auf die Umwelt und

c) allgemein verständliche Zusammenfassung der erforderlichen Angaben nach dieser Anlage.

F. Baunutzungsverordnung (BauNVO)

Ester Abschnitt. Art der baulichen Nutzung

§ 1 (Allgemeine Vorschriften für Bauflächen und Baugebiete). (1) Im Flächennutzungsplan können die für die Bebauung vorgesehenen Flächen nach der allgemeinen Art ihrer baulichen Nutzung (Bauflächen) (dargestellt werden) als

1. Wohnbauflächen (W)

2. gemischte Bauflächen (M)

2. gewerbliche Bauflächen (G)

4. Sonderbauflächen (S).

(2) Die für die Bebauung vorgesehene Flächen können nach der besonderen Art ihrer baulichen Nutzung (Baugebiete) dargestellt werden als

1. Kleinsiedlungsgebiete (WS)

2. reine Wohngebiete (WR)

3. allgemeine Wohngebiete (WA)

4. besondere Wohngebiete (WB)

5. Dorfgebiete (MD)

6. Mischgebiete (MI)

7. Kerngebiete (MK)

8. Gewerbegebiete (GE)

9. Industriegebiete (GI)

10. Sondergebiete (S0).

(3) Im Bebauungsplan können die in Abs. 2 bezeichneten Baugebiete festsetzen. Durch die Festsetzung werden die Vorschriften der §§ 2 bis 14 Bestandteil des Bebauungsplans, so weit nicht auf Grund der Absätze 4 bis 10 etwas anderes bestimmt wird. Bei Festsetzung von Sondergebieten finden die Vorschriften über besondere Festsetzungen nach den Absätzen 4 bis 10 keine Anwendung; besondere Festsetzungen über die Art der Nutzung können nach den §§ 10 bis 11 getroffen werden.

(4) Für die in den §§ 4 bis 9 bezeichneten Baugebiete können im Bebauungsplan für das jeweilige Baugebiet Festsetzungen getroffen werden, die das Baugebiet

1. nach der Art der zulässigen Nutzung

2. nach der Art der Betriebe und Anlagen und deren besonderen Bedürfnissen und Eigenschaften

gliedern. Die Festsetzungen nach Satz 1 können auch für mehrere Gewerbegebiete einer Gemeinde im Verhältnis zueinander getroffen werden; dies gilt auch für Industriegebiete. Abs. 5 bleibt unberührt.

(5) Im Bebauungsplan kann festgesetzt werden, dass bestimmte Arten von Nutzungen, die nach den §§ 2, 4 bis 9 und 13 allgemein zulässig sind, nicht zulässig sind oder nur ausnahmsweise

zugelassen werden können, sofern die allgemeine Zweckbestimmung des Baugebiets gewahrt bleibt.

(6) Im Bebauungsplan kann festgesetzt werden, dass alle oder einzelne Ausnahmen, die in den Baugebieten nach den §§ 2 bis 9 vorgesehen sind,

1. nicht Bestandteil des Bebauungsplans werden oder

2. in dem Baugebiet allgemein zulässig sind, sofern die allgemeine Zweckbestimmung des Baugebiets gewahrt bleibt.

(7) In Bebauungsplänen für Baugebiete nach den §§ 4 bis 9 kann, wenn besondere städtebauliche Gründe dies rechtfertigen (§ 9 Abs. 3 des Baugesetzbuchs), festgesetzt werden, dass in bestimmten Geschossen, Ebenen oder sonstigen Teilen baulicher Anlagen

1. nur einzelne oder mehrere der in dem Baugebiet allgemein zulässigen Nutzungen zulässig sind,

2. einzelne oder mehrere der in dem Baugebiet allgemein zulässigen Nutzungen unzulässig sind oder als Ausnahme zugelassen werden können oder

3. alle oder einzelne Ausnahmen, die in den Baugebieten nach den §§ 4 bis 9 vorgesehen sind, nicht zulässig oder, sofern die allgemeine Zweckbestimmung des Baugebiets gewahrt bleibt, allgemein zulässig sind.

(8) Die Festsetzungen nach den Absätzen 4 bis7 können sich auch auf Teile des Baugebiets beschränken.

(9) Wenn besondere städtebauliche Gründe dies rechtfertigen, kann im Bebauungsplan bei Anwendung der Absätze 5 bis 8 festgesetzt werden, dass nur bestimmte Arten der in den Baugebieten allgemein oder ausnahmsweise zulässigen baulichen oder sonstigen Anlagen zulässig oder nicht zulässig sind oder nur ausnahmsweise zugelassen werden können.

(10) Wären bei Festsetzung eines Baugebiets nach den §§ 2 bis 9 in überwiegend bebauten Gebieten bestimmte vorhandene bauliche und sonstige Anlagen unzulässig, kann im Bebauungsplan festgesetzt werden, dass Erweiterungen, Änderungen, Nutzungsänderungen und Erneuerungen dieser Anlagen allgemein zulässig sind oder ausnahmsweise zugelassen werden können. Im Bebauungsplan können nähere Bestimmungen über die Zulässigkeit getroffen werden. Die allgemeine Zweckbestimmung des Baugebiets muss in seinen übrigen Teilen gewahrt bleiben. Die Sätze 1 bis 3 gelten auch für die Änderung und Ergänzung von Bebauungsplänen.

§ 2 Kleinsiedlungsgebiete. (1) Kleinsiedlungsgebiete dienen vorwiegend der Unterbringung von Kleinsiedlungen einschließlich Wohngebäuden mit entsprechenden Nutzgärten und landwirtschaftlichen Nebenerwerbsstellen.

(2) Zulässig sind

1. Kleinsiedlungen einschließlich Wohngebäude mit entsprechenden Nutzgärten, landwirtschaftliche Nebenerwerbsstellen und Gartenbaubetriebe

2. die der Versorgung des Gebiets dienenden Läden, Schank- und Speisewirtschaften sowie nicht störenden Handwerksbetriebe.

(3) Ausnahmsweise können zugelassen werden

1. sonstige Wohngebäude mit nicht mehr als zwei Wohnungen

2. Anlagen für kirchliche, kulturelle, soziale, gesundheitliche und sportliche Zwecke,

3. Tankstellen

4. nicht störende Gewerbebetriebe.

§ 3 Reine Wohngebiete. (1) Reine Wohngebiete dienen dem Wohnen.

(2) Zulässig sind Wohngebäude.

(3) Ausnahmsweise können zugelassen werden

1. Läden und nicht störende Handwerksbetriebe, die zur Deckung des täglichen Bedarfs für die Bewohner des Gebiets dienen sowie kleine Betriebe des Beherbergungsgewerbes,

2. Anlagen für soziale Zwecke sowie den Bedürfnissen der Bewohner des Gebiets dienende Anlagen für kirchliche, kulturelle, gesundheitliche und sportliche Zwecke.

(4) Zu den nach Abs. 2 sowie den §§ 2, 4 bis 7 zulässigen Wohngebäuden gehören auch solche, die ganz oder teilweise der Betreuung und Pflege ihrer Bewohner dienen.

§ 4 Allgemeine Wohngebiete. (1) Allgemeine Wohngebiete dienen vorwiegend dem Wohnen.

(2) Zulässig sind

1. Wohngebäude,

2. die der Versorgung des Gebiets dienenden Läden, Schank- und Speisewirtschaften sowie nicht störende Handwerksbetriebe,

3. Anlagen für kirchliche, kulturelle, soziale, gesundheitliche und sportliche Zwecke.

(3) Ausnahmsweise können zugelassen werden

1. Betriebe des Beherbergungsgewerbes

2. sonstige nicht störende Gewerbebetriebe,

3. Anlagen für Verwaltungen,

4. Gartenbaubetriebe

5. Tankstellen.

§ 4a Gebiete zur Erhaltung und Entwicklung der Wohnnutzung (besondere Wohngebiete). (1) Besondere Wohngebiete sind überwiegend bebaute Gebiete, die auf Grund ausgeübter Wohnnutzung und vorhandener sonstiger in Abs. 2 genannter Anlagen eine besondere Eigenart aufweisen und in denen unter Berücksichtigung dieser Eigenart die Wohnnutzung erhalten und fortentwickelt werden soll. Besondere Wohngebiete dienen vorwiegend dem Wohnen; sie dienen auch der Unterbringung von Gewerbetrieben und sonstigen Anlagen im Sinne der Absätze 2 und 3, so weit diese Betriebe und Anlagen nach der besonderen Eigenart des Gebiets mit der Wohnnutzung vereinbar sind.

(2) Zulässig sind

1. Wohngebäude,

2. Läden, Betriebe des, Beherbergungsgewerbes, Schank- und Speisewirtschaften,

3. sonstige Gewerbebetriebe,

4. Geschäfts- und Bürogebäude,

5. Anlagen für kirchliche, kulturelle, soziale, gesundheitliche und sportliche Zwecke.

(3) Ausnahmsweise können zugelassen werden

1. Anlagen für zentrale Einrichtungen der Verwaltung,

2. Vergnügungsstätten, so weit sie nicht wegen ihrer Zweckbestimmung oder ihres Umfangs nur in Kerngebieten allgemein zulässig sind,

3. Tankstellen.

(4) Für besondere Wohngebiete oder Teile solcher Gebiete kann, wenn besondere städtebauliche Gründe dies rechtfertigen (§ 9 Abs. 3 des Baugesetzbuchs), festgesetzt werden, dass

1. oberhalb eines im Bebauungsplan bestimmten Geschosses nur Wohnungen zulässig sind oder

2. in Gebäuden ein im Bebauungsplan bestimmter Anteil der zulässigen Geschossfläche oder eine bestimmte Größe der Geschossfläche für Wohnungen zu verwenden ist.

§ 5 Dorfgebiete. (1) Dorfgebiete dienen vorwiegend der Unterbringung der Wirtschaftsstellen land- und forstwirtschaftlicher Betriebe, dem Wohnen und der Unterbringung von nicht wesentlich störenden Gewerbebetrieben sowie der Versorgung der Bewohner des Gebiets dienenden Handwerksbetriebe. Auf die Belange der land- und forstwirtschaftlichen Betriebe einschließlich ihrer Entwicklungsmöglichkeiten ist vorrangig Rücksicht zu nehmen.

(2) Zulässig sind

1. Wirtschaftsstellen land- und forstwirtschaftlicher Betriebe und die dazugehörigen Wohnungen und Wohngebäude,

2. Kleinsiedlungen einschließlich Wohngebäude mit entsprechenden Nutzgärten und landwirtschaftliche Nebenerwerbsstellen,

3. sonstige Wohngebäude,

4. Betriebe zur Be- und Verarbeitung und Sammlung land- und forstwirtschaftlicher Erzeugnisse,

5. Einzelhandelsbetriebe, Schank- und Speisewirtschaften sowie Betriebe des Beherbergungsgewerbes,

6. sonstige Gewerbebetriebe,

7. Anlagen für örtliche Verwaltungen sowie für kirchliche, kulturelle, soziale, gesundheitliche und sportliche Zwecke,

8. Gartenbaubetriebe,

9. Tankstellen.

(3) Ausnahmsweise können Vergnügungsstätten im Sinne des §4a Abs.3 Nr.2 zugelassen werden

§ 6 Mischgebiete. (1) Mischgebiete dienen dem Wohnen und der Unterbringung von Gewerbebetrieben, die das Wohnen nicht wesentlich stören.

(2) Zulässig sind

1. Wohngebäude

2. Geschäfts- und Bürogebäude,

3. Einzelhandelsbetriebe, Schank- und Speisewirtschaften sowie Betriebe des Beherbergungsgewerbes,

4. sonstige Gewerbebetriebe,

5. Anlagen für Verwaltungen sowie für kirchliche, kulturelle, soziale, gesundheitliche und sportliche Zwecke,

6. Gartenbaubetriebe,

7. Tankstellen

8. Vergnügungsstätten im Sinne des § 4a Abs. 3 Nr. 2 in den Teilen des Gebiets, die überwiegend durch gewerbliche Nutzungen geprägt sind.

(3) Ausnahmsweise können Vergnügungsstätten im Sinne des § 4a Abs. 3 Nr. 2 außerhalb der in Abs. 2 Nr. 8 bezeichneten Teile des Gebiets zugelassen werden.

§ 7 Kerngebiete. (1) Kerngebiete dienen vorwiegend der Unterbringung von Handelsbetrieben sowie der zentralen Einrichtungen der Wirtschaft, der Verwaltung und der Kultur.

(2) Zulässig sind

1. Geschäfts-, Büro- und Verwaltungsgebäude,

2. Einzelhandelsbetriebe, Schank- und Speisewirtschaften, Betriebe des Beherbergungsgewerbes und Vergnügungsstätten,

3. sonstige nicht störende Gewerbebetriebe,

4. Anlagen für kirchliche, kulturelle, soziale, gesundheitliche und sportliche Zwecke,

5. Tankstellen im Zusammenhang mit Parkhäusern und Großgaragen,

6. Wohnungen für Aufsichts- und Bereitschaftspersonen sowie für Betriebsinhaber und Betriebsleiter,

7. sonstige Wohnungen nach Maßgabe von Festsetzungen des Bebauungsplans.

(3) Ausnahmsweise können zugelassen werden

1. Tankstellen, die nicht unter Abs. 2 Nr. 5 fallen,

2. Wohnungen, die nicht unter Abs. 2 Nr. 6 und 7 fallen.

(4) Für Teile eines Kerngebietes kann, wenn besondere städtebauliche Gründe dies rechtfertigen (§ 9 Abs. 3 des Baugesetzbuchs), festgesetzt werden, dass

1. oberhalb eines im Bebauungsplan bestimmten Geschosses nur Wohnungen zulässig sind oder

2. in Gebäuden ein im Bebauungsplan bestimmter Anteil der zulässigen Geschossfläche oder eine bestimmte Größe der Geschossfläche für Wohnungen zu verwenden ist.

Dies gilt auch, wenn durch solche Festsetzungen dieser Teil des Kerngebiets nicht vorwiegend der Unterbringung von Handelsbetrieben sowie der zentralen Einrichtungen der Wirtschaft, Verwaltung und der Kultur dient.

§ 8 Gewerbegebiete. (1) Gewerbegebiete dienen vorwiegend der Unterbringung von nicht erheblich belästigenden Gewerbebetrieben.

(2) Zulässig sind

1. Gewerbebetriebe aller Art, Lagerhäuser, Lagerplätze und öffentliche Betriebe,

2. Geschäfts-, Büro- und Verwaltungsgebäude,

3. Tankstellen,

4. Anlagen für sportliche Zwecke.

(3) Ausnahmsweise können zugelassen werden

1. Wohnungen für Aufsichts- und Bereitschaftspersonen sowie für Betriebsinhaber und Betriebsleiter, die dem Gewerbebetrieb zugeordnet und ihm gegenüber in Grundfläche und Baumasse untergeordnet sind,

2. Anlagen für kirchliche, kulturelle, soziale und gesundheitliche Zwecke,

3. Vergnügungsstätten.

§ 9 Industriegebiete. (1) Industriegebiete dienen ausschließlich der Unterbringung von Gewerbebetrieben, und zwar vorwiegend solcher Betriebe, die in anderen Baugebieten unzulässig sind.

(2) Zulässig sind

1. Gewerbebetriebe aller Art, Lagerhäuser, Lagerplätze und öffentliche Betriebe,

2. Tankstellen.

(3) Ausnahmsweise können zugelassen werden

1. Wohnungen für Aufsichts- und Bereitschaftspersonen sowie für Betriebsinhaber und Betriebsleiter, die dem Gewerbebetrieb zugeordnet und ihm gegenüber in Grundfläche und Baumasse untergeordnet sind,

2. Anlagen für kirchliche, kulturelle, soziale, gesundheitliche und sportliche Zwecke.

§ 10 Sondergebiete, die der Erholung dienen. (1) Als Sondergebiete, die der Erholung dienen, kommen insbesondere in Betracht

Wochenendhausgebiete,

Ferienhausgebiete,

Campingplatzgebiete.

(2) Für Sondergebiete, die der Erholung dienen, sind die Zweckbestimmung und die Art der Nutzung darzustellen und festzusetzen. Im Bebauungsplan kann festgesetzt werden, dass bestimmte, der Eigenart des Gebiets entsprechende Anlagen und Einrichtungen zur Versorgung des Gebiets und für sportliche Zwecke allgemein zulässig sind oder ausnahmsweise zugelassen werden können.

(3) In Wochenendhausgebieten sind Wochenendhäuser als Einzelhäuser zulässig. Im Bebauungsplan kann festgesetzt werden, dass Wochenendhäuser nur als Hausgruppen zulässig sind oder ausnahmsweise als Hausgruppen zugelassen werden können. Die zulässige Grundfläche der Wochenendhäuser ist im Bebauungsplan, begrenzt nach der besonderen Eigenart des Gebiets, unter Berücksichtigung der landschaftlichen Gegebenheiten festzusetzen.

(4) In Ferienhausgebieten sind Ferienhäuser zulässig, die auf Grund ihrer Lage, Größe, Ausstattung, Erschließung und Versorgung für den Erholungsaufenthalt geeignet und dazu bestimmt sind, überwiegend und auf Dauer einem wechselnden Personenkreis zur Erholung zu dienen. Im Bebauungsplan kann die Grundfläche der Ferienhäuser, begrenzt nach der besonderen Eigenart des Gebiets, unter Berücksichtigung der landschaftlichen Gegebenheiten festgesetzt werden.

(5) In Campingplatzgebieten sind Campingplätze und Zeltplätze zulässig.

§ 11 Sonstige Sondergebiete. (1) Als sonstige Sondergebiete sind solche Gebiete darzustellen und festzusetzen, die sich von den Baugebieten nach den §§ 2 bis 10 wesentlich unterscheiden.

(2) Für sonstige Sondergebiete sind die Zweckbestimmung und die Art der Nutzung darzustellen und festzusetzen. Als sonstige Sondergebiete kommen insbesondere in Betracht

Gebiete für den Fremdenverkehr, wie Kurgebiete und Gebiete für die Fremdenbeherbergung,

Ladengebiete,

Gebiete für Einkaufszentren und großflächige Handelsbetriebe,

Gebiete für Messen, Ausstellungen und Kongresse,

Hochschulgebiete,

Klinikgebiete,

Hafengebiete,

Gebiete für Anlagen, die der Erforschung, Entwicklung oder Nutzung erneuerbarer Energien, wie Wind- und Sonnenenergie, dienen.

(3)

1. Einkaufszentren,

2. großflächige Einzelhandelsbetriebe, die sich nach Art, Lage oder Umfang auf die Verwirklichung der Ziele der Raumordnung und Landesplanung oder auf die städtebauliche Entwicklung und Ordnung nicht nur unwesentlich auswirken können,

3. sonstige großflächige Handelsbetriebe, die im Hinblick auf den Verkauf an letzte Verbraucher und auf die Auswirkungen den in Nummer 2 bezeichneten Einzelhandelsbetrieben vergleichbar sind, sind außer in Kerngebieten nur in für sie festgesetzten Sondergebieten zulässig. Auswirkungen im Sinne des Satzes 1 Nr. 2 und 3 sind insbesondere schädliche Umweltein-

wirkungen im Sinne des § 3 des Bundes-Immissionsschutzgesetzes sowie Auswirkungen auf die infrastrukturelle Ausstattung, auf den Verkehr, auf die Versorgung der Bevölkerung im Einzugsbereich der in Satz 1 bezeichneten Betriebe, auf die Entwicklung zentraler Versorgungsbereiche in der Gemeinde oder in anderen Gemeinden, auf das Orts- und Landschaftsbild und auf den Naturhaushalt. Auswirkungen im Sinne des Satzes 2 sind bei Betrieben nach Satz 1 Nr. 2 und 3 in der Regel anzunehmen, wenn die Geschossfläche 1200 m2 überschreitet. Die Regel des Satzes 3 gilt nicht, wenn Anhaltspunkte dafür bestehen, dass Auswirkungen bereits bei weniger als 1200 m2 Geschossfläche vorliegen oder bei mehr als 1200 m2 Geschossfläche nicht vorliegen; dabei sind in Bezug auf die in Satz 2 bezeichneten Auswirkungen insbesondere die Gliederung und Größe der Gemeinde und ihrer Ortsteile, die Sicherung der verbrauchernahen Versorgung der Bevölkerung und das Warenangebot des Betriebs zu berücksichtigen.

§ 12 Stellplätze und Garagen. (1) Stellplätze und Garagen sind in allen Baugebieten zulässig, so weit sich aus den Absätzen 2 bis 6 nichts anderes ergibt.

(2) In Kleinsiedlungsgebieten, reinen Wohngebieten und allgemeinen Wohngebieten sowie Sondergebieten, die der Erholung dienen, sind Stellplätze und Garagen nur für den durch die zugelassene Nutzung verursachten Bedarf zulässig.

(3) Unzulässig sind

1. Stellplätze und Garagen für Lastkraftwagen und Kraftomnibusse sowie für Anhänger dieser Kraftfahrzeuge in reinen Wohngebieten,

2. Stellplätze und Garagen für Kraftfahrzeuge mit einem Eigengewicht über, 3,5 Tonnen sowie für Anhänger dieser Kraftfahrzeuge in Kleinsiedlungsgebieten und allgemeinen Wohngebieten.

(4) Im Bebauungsplan kann, wenn besondere städtebauliche Gründe dies rechtfertigen (§ 9 Abs. 3 des Baugesetzbuchs), festgesetzt werden, dass in bestimmten Geschossen nur Stellplätze oder Garagen und zugehörige Nebeneinrichtungen (Garagengeschosse) zulässig sind. Eine Festsetzung nach Satz 1 kann auch für Geschosse unterhalb der Geländeoberfläche getroffen werden, Bei Festsetzungen nach den Sätzen 1 und 2 sind Stellplätze und Garagen auf dem Grundstück nur in den festgesetzten Geschossen zulässig, so weit der Bebauungsplan nichts anderes bestimmt.

(5) Im Bebauungsplan kann, wenn besondere städtebauliche Gründe dies rechtfertigen (§ 9 Abs. 3 des Baugesetzbuchs), festgesetzt werden, dass in Teilen von Geschossen nur Stellplätze und Garagen zulässig sind. Abs. 4 Satz 2 und 3 gilt entsprechend.

(6) Im Bebauungsplan kann festgesetzt werden, dass in Baugebieten oder bestimmten Teilen von Baugebieten Stellplätze und Garagen unzulässig sind, so weit landesrechtliche Vorschriften nicht entgegenstehen oder nur in beschränktem Umfang zulässig.

(7) Die landesrechtlichen Vorschriften über die Ablösung der Verpflichtung zur Herstellung von Stellplätzen und Garagen sowie die Verpflichtung zur Herstellung von Stellplätzen und Garagen außerhalb der im Bebauungsplan festgesetzten Bereiche bleiben bei Festsetzungen nach den Absätzen 4 bis 6 unberührt.

§ 13 Gebäude und Räume für freie Berufe. Für die Berufsausübung freiberuflich Tätiger und solcher Gewerbetreibender, die ihren Beruf in ähnlicher Art ausüben, sind in den Baugebieten nach den §§ 2 bis 4 Räume, in den Baugebieten nach den §§ 4a bis 9 auch Gebäude zulässig.

§ 14 Nebenanlagen. (1) Außer den in den §§ 2 bis 13 genannten Anlagen sind auch untergeordnete Nebenanlagen und Einrichtungen zulässig, die dem Nutzungszweck der in dem Baugebiet gelegenen Grundstücke oder des Baugebiets selbst dienen und die seiner Eigenart nicht widersprechen. So weit nicht bereits in den Baugebieten nach dieser Verordnung Einrichtungen und Anlagen für die Tierhaltung zulässig sind, gehören zu den untergeordneten Nebenanlagen und

Einrichtungen im Sinne des Satzes 1 auch solche für die Kleintierhaltung. Im Bebauungsplan kann die Zulässigkeit der Nebenanlagen und Einrichtungen eingeschränkt oder ausgeschlossen werden.

(2) Die der Versorgung der Baugebiete mit Elektrizität, Gas, Wärme und Wasser sowie zur Ableitung von Abwasser dienenden Nebenanlagen können in den Baugebieten als Ausnahme zugelassen werden, auch so weit für sie im Bebauungsplan keine besonderen Flächen festgesetzt sind. Dies gilt auch für fernmeldetechnische Nebenanlagen sowie für Anlagen für erneuerbare Energien, so weit nicht Abs. 1 Satz 1 Anwendung findet.

§ 15 Allgemeine Voraussetzungen für die Zulässigkeit baulicher und sonstiger Anlagen. (1) Die in den §§ 2 bis 14 aufgeführten baulichen und sonstigen Anlagen sind im Einzelfall unzulässig, wenn sie nach Anzahl, Lage, Umfang oder Zweckbestimmung der Eigenart des Baugebiets widersprechen. Sie sind auch unzulässig, wenn von ihnen Belästigungen oder Störungen ausgehen können, die nach der Eigenart des Baugebiets, im Baugebiet selbst oder in dessen Umgebung unzumutbar sind, oder wenn sie solchen Belästigungen oder Störungen ausgesetzt werden.

(2) Die Anwendung des Absatzes 1 hat nach den städtebaulichen Zielen und Grundsätzen des § 1 Abs. 5 des Baugesetzbuchs zu erfolgen.

(3) Die Zulässigkeit der Anlagen in den Baugebieten ist nicht allein nach den verfahrensrechlichen Einordnungen des Bundes-Immissionsschutzgesetzes und der auf seiner Grundlage erlassenen Verordnungen zu beurteilen.

Zweiter Abschnitt. Maß der baulichen Nutzung

§ 16 Bestimmung des Maßes der baulichen Nutzung. (1) Wird im Flächennutzungsplan das allgemeine Maß der baulichen Nutzung dargestellt, genügt die Angabe der Geschossflächenzahl, der Baumassenzahl oder der Höhe baulicher Anlagen.

(2) Im Bebauungsplan kann das Maß der baulichen Nutzung bestimmt werden durch Festsetzung

1. der Grundflächenzahl oder der Größe der Grundflächen der baulichen Anlagen,

2. der Geschossflächenzahl oder der Größe der Geschossfläche, der Baumassenzahl oder der Baumasse,

3. der Zahl der Vollgeschosse,

4. der Höhe baulicher Anlagen.

(3) Bei Festsetzung des Maßes der baulichen Nutzung im Bebauungsplan ist festzusetzen

1. stets die Grundflächenzahl oder die Größe der Grundflächen der baulichen Anlagen,

2. die Zahl der Vollgeschosse oder die Höhe baulicher Anlagen, wenn ohne ihre Festsetzung öffentliche Belange, insbesondere das Orts- und Landschaftsbild, beeinträchtigt werden können,

(4) Bei Festsetzung des Höchstmaßes für die Geschossflächenzahl oder die Größe der Geschossfläche, für die Zahl der Vollgeschosse und die Höhe baulicher Anlagen im Bebauungsplan kann zugleich ein Mindestmaß festgesetzt werden. Die Zahl der Vollgeschosse und die Höhe baulicher Anlagen können auch als zwingend festgesetzt werden.

(5) Im Bebauungsplan kann das Maß der baulichen Nutzung für Teile des Baugebiets, für einzelne Grundstücke oder Grundstücksteile und für Teile baulicher Anlagen unterschiedlich festgesetzt werden; die Festsetzungen können oberhalb und unterhalb der Geländeoberfläche getroffen werden.

(6) Im Bebauungsplan können nach Art und Umfang bestimmte Ausnahmen von dem festgesetzten Maß der baulichen Nutzung vorgesehen werden.

§ 17 Obergrenzen für die Bestimmung des Maßes der baulichen Nutzung. (1) Bei der Bestimmung des Maßes der baulichen Nutzung nach § 16 dürfen, auch wenn eine Geschossflächenzahl oder eine Baumassenzahl nicht dargestellt oder festgesetzt wird, folgende Obergrenzen nicht überschritten werden:

Baugebiet	Grundflächen-zahl (GRZ)	Geschossflächen-zahl (GFZ)	Baumassen-zahl (BHZ)
in Kleinsiedlungsgebieten (WS)	0,2	0,4	-
in reinen Wohngebieten (WR) allgemeinen Wohngebieten (WA) Ferienhausgebieten	0,4	1,2	-
in besonderen Wohngebieten (WB)	0,6	1,6	-
in Dorfgebieten (MD) Mischgebieten (MI)	0,6	1,2	-
in Kerngebieten (MK)	1,0	3,0	-
in Gewerbegebieten (GE) Industriegebieten (GI) sonstigen Sondergebieten	0,8	2,4	10,0
in Wochenendhausgebieten	0,2	0,2	-

(2) Die Obergrenzen des Absatzes 1 können überschritten werden, wenn

1. besondere städtebauliche Gründe dies erfordern,

2. die Überschreitungen durch Umstände ausgeglichen sind oder durch Maßnahmen ausgeglichen werden, durch die sichergestellt ist, dass die allgemeinen Anforderungen an gesunde Wohn- und Arbeitsverhältnisse nicht beeinträchtigt, nachteilige Auswirkungen auf die Umwelt vermieden und die Bedürfnisse des Verkehrs befriedigt werden, und

3. sonstige öffentliche Belange nicht entgegenstehen.

Dies gilt nicht für Wochenendhausgebiete und Ferienhausgebiete.

(3) In Gebieten, die am 1. August 1962 überwiegend bebaut waren, können die Obergrenzen des Absatzes 1 überschritten werden, wenn städtebauliche Gründe dies erfordern und sonstige öffentliche Belange nicht entgegenstehen. Abs. 2 Satz 1 Nr. 2 ist entsprechend anzuwenden,

§ 18 Höhe baulicher Anlagen. (1) Bei Festsetzung der Höhe baulicher Anlagen sind die erforderlichen Bezugspunkte zu bestimmen.

(2) Ist die Höhe baulicher Anlagen als zwingend festgesetzt (§ 16 Abs. 4 Satz 2), können geringfügige Abweichungen zugelassen werden.

§ 19 Grundflächenzahl, zulässige Grundfläche. (1) Die Grundflächenzahl gibt an, wie viel Quadratmeter Grundfläche je Quadratmeter Grundstücksfläche im Sinne des Absatzes 3 zulässig sind.

(2) Zulässige Grundfläche ist der nach Abs. 1 errechnete Anteil des Baugrundstücks, der von baulichen Anlagen überdeckt werden darf.

(3) Für die Ermittlung der zulässigen Grundfläche ist die Fläche des Baugrundstücks maßgebend, die im Bauland und hinter der im Bebauungsplan festgesetzten Straßenbegrenzungslinie liegt. Ist eine Straßenbegrenzungslinie nicht festgesetzt, so ist die Fläche des Baugrundstücks maßgebend, die hinter der tatsächlichen Straßengrenze liegt oder die im Bebauungsplan als maßgebend für die Ermittlung der zulässigen Grundfläche festgesetzt ist.

(4) Bei der Ermittlung der Grundfläche sind die Grundflächen von

1. Garagen und Stellplätzen mit ihren Zufahrten,

2. Nebenanlagen im Sinne des § 14,

3. bauliche Anlagen unterhalb der Geländeoberfläche,

durch die das Baugrundstück lediglich unterbaut wird, mitzurechnen. Die zulässige Grundfläche darf durch die Grundflächen der in Satz 1 bezeichneten Anlagen bis zu 50 vom Hundert überschritten werden, höchstens jedoch bis zu einer Grundflächenzahl von 0,8; weitere Überschreitungen in geringfügigem Ausmaß können zugelassen werden. Im Bebauungsplan können von Satz 2 abweichende Bestimmungen getroffen werden. So weit der Bebauungsplan nichts anderes festsetzt, kann im Einzelfall von der Einhaltung der sich aus Satz 2 ergebenden Grenzen abgesehen werden

1. bei Überschreitungen mit geringfügigen Auswirkungen auf die natürlichen Funktionen des Bodens oder

2. wenn die Einhaltung der Grenzen zu einer wesentlichen Erschwerung der zweckentsprechenden Grundstücksnutzung führen würde.

§ 20 Vollgeschosse, Geschossflächenzahl, Geschossfläche. (1) Als Vollgeschosse gelten Geschosse, die nach landesrechtlichen Vorschriften Vollgeschosse sind oder auf ihre Zahl angerechnet werden.

(2) Die Geschossflächenzahl gibt an, wie viel Quadratmeter Geschossfläche je Quadratmeter Grundstücksfläche im Sinne des § 19 Abs. 3 zulässig sind.

(3) Die Geschossfläche ist nach den Außenmaßen der Gebäude in allen Vollgeschossen zu ermitteln. Im Bebauungsplan kann festgesetzt werden, dass die Flächen von Aufenthaltsräumen in anderen Geschossen einschließlich der zu ihnen gehörenden Treppenräume und einschließlich ihrer Umfassungswände ganz oder teilweise mitzurechnen oder ausnahmsweise nicht mitzurechnen sind.

(4) Bei der Ermittlung der Geschossfläche bleiben Nebenanlagen im Sinne des § 14, Balkone, Loggien, Terrassen sowie bauliche Anlagen, so weit sie nach Landesrecht in den Abstandsflächen (seitlicher Grenzabstand und sonstige Abstandsflächen) zulässig sind oder zugelassen werden können, unberücksichtigt.

§ 21 Baumassenzahl, Baumasse. (1) Die Baumassenzahl gibt an, wie viel Kubikmeter Baumasse je Quadratmeter Grundstücksfläche im Sinne des § 19 Abs. 3 zulässig sind.

(2) Die Baumasse ist nach den Außenmaßen der Gebäude vom Fußboden des untersten Vollgeschosses bis zur Decke des obersten Vollgeschosses zu ermitteln. Die Baumassen von Aufenthaltsräumen in anderen Geschossen einschließlich der zu ihnen, gehörenden Treppenräume und einschließlich ihrer Umfassungswände und Decken sind mitzurechnen. Bei baulichen Anlagen,

bei denen eine Berechnung der Baumasse nach Satz 1 nicht möglich ist, ist die tatsächliche Baumasse zu ermitteln.

(3) Bauliche Anlagen und Gebäudeteile im Sinne des § 20 Abs. 4 bleiben bei der Ermittlung der Baumasse unberücksichtigt.

(4) Ist im Bebauungsplan die Höhe baulicher Anlagen oder die Baumassenzahl nicht festgesetzt, darf bei Gebäuden, die Geschosse von mehr als 3,50 m haben, eine Baumassenzahl, die das Dreieinhalbfache der zulässigen Geschossflächenzahl beträgt, nicht überschritten werden.

§ 21a Stellplätze, Garagen und Gemeinschaftsanlagen. (1) Garagengeschosse oder ihre Baumasse sind in sonst anders genutzten Gebäuden, auf die Zahl der zulässigen Vollgeschosse oder auf die zulässige Baumasse nicht anzurechnen, wenn der Bebauungsplan dies festsetzt oder als Ausnahme vorsieht.

(2) Der Grundstücksfläche im Sinne des § 19 Abs. 3 sind Flächenanteile an außerhalb des Baugrundstücks festgesetzten Gemeinschaftsanlagen im Sinne des § 9 Abs. 1 Nr. 22 des Baugesetzbuchs hinzuzurechnen, wenn der Bebauungsplan dies festsetzt oder als Ausnahme vorsieht.

(3) So weit § 19 Abs. 4 nicht entgegensteht, ist eine Überschreitung der zulässigen Grundfläche durch überdachte Stellplätze und Garagen bis zu 0,1 der Fläche des Baugrundstücks zulässig; eine weitergehende Überschreitung kann ausnahmsweise zugelassen werden

1. in Kerngebieten, Gewerbegebieten und Industriegebieten

2. in anderen Baugebieten, so weit solche Anlagen nach § 9 Abs. 1 Nr. 4 des Baugesetzbuchs im Bebauungsplan festgesetzt sind.

(4) Bei der Ermittlung der Geschossfläche oder der Baumasse bleiben unberücksichtigt die Flächen oder Baumassen von

1. Garagengeschossen, die nach Abs. 1 nicht angerechnet werden,

2. Stellplätzen und Garagen, deren Grundflächen die zulässige Grundfläche unter den Voraussetzungen des Absatzes 3 überschreiten,

3. Stellplätzen und Garagen in Vollgeschossen, wenn der Bebauungsplan dies festsetzt oder als Ausnahme vorsieht.

(5) Die zulässige Geschossfläche oder die zulässige Baumasse ist in die Flächen oder Baumassen notwendiger Garagen, die unter der Geländeoberfläche hergestellt werden, insoweit zu erhöhen, als der Bebauungsplan dies festsetzt oder als Ausnahme vorsieht.

Dritter Abschnitt. Bauweise, überbaubare Grundstücksfläche

§ 22 Bauweise. (1) Im Bebauungsplan kann die Bauweise als offene oder geschlossene Bauweise festgesetzt werden.

(2) In der offenen Bauweise werden die Gebäude mit seitlichem Grenzabstand als Einzelhäuser, Doppelhäuser oder als Hausgruppen errichtet. Die Länge der in Satz 1 bezeichneten Hausformen darf höchstens 50 m betragen. Im Bebauungsplan können Flächen festgesetzt werden, auf denen nur Einzelhäuser, nur Doppelhäuser, nur Hausgruppen oder nur zwei dieser Hausformen zulässig sind.

(3) In der geschlossenen Bauweise werden die Gebäude ohne seitlichen Grenzabstand errichtet, es sei denn, dass die vorhandene Bebauung eine Abweichung erfordert.

(4) Im Bebauungsplan kann eine von Abs. 1 abweichende Bauweise festgesetzt werden. Dabei kann auch festgesetzt werden, inwieweit an die vorderen, rückwärtigen und seitlichen Grundstücksgrenzen herangebaut werden darf oder muss.

§ 23 Überbaubare Grundstücksfläche. (1) Die überbaubaren Grundstücksflächen können durch Festsetzung von Baulinien, Baugrenzen oder Bebauungstiefen bestimmt werden. § 16 Abs. 5 ist entsprechend anzuwenden.

(2) Ist eine Baulinie festgesetzt, so muss auf dieser Linie gebaut werden. Ein Vor- oder Zurücktreten von Gebäudeteilen in geringfügigem Ausmaß kann zugelassen werden. Im Bebauungsplan können weitere nach Art und Umfang bestimmte Ausnahmen vorgesehen werden.

(3) Ist eine Baugrenze festgesetzt, so dürfen Gebäude und Gebäudeteile diese nicht überschreiten. Ein Vortreten von Gebäudeteilen in geringfügigem Ausmaß kann zugelassen werden. Abs. 2 Satz 3 gilt entsprechend.

(4) Ist eine Bebauungstiefe festgesetzt, so gilt Abs. 3 entsprechend. Die Bebauungstiefe ist von der tatsächlichen Straßengrenze ab zu ermitteln, sofern im Bebauungsplan nichts anderes festgesetzt ist.

(5) Wenn im Bebauungsplan nichts anderes festgesetzt ist, können auf den nicht überschaubaren Grundstücksflächen Nebenanlagen im Sinne des § 14 zugelassen werden. Das Gleiche gilt für bauliche Anlagen, so weit sie nach Landesrecht in den Abstandsflächen zulässig sind oder zugelassen werden können.

Vierter Abschnitt

§ 24 (weggefallen)

Fünfter Abschnitt. Überleitungs- und Schlussvorschriften

§ 25 Fortführung eingeleiteter Verfahren.[1] Für Bauleitpläne, deren Aufstellung oder Änderung bereits eingeleitet ist, sind die dieser Verordnung entsprechenden bisherigen Vorschriften weiterhin anzuwenden, wenn die Pläne bei dem Inkrafttreten dieser Verordnung bereits ausgelegt sind.

§ 25a Überleitungsvorschriften aus Anlass der zweiten Änderungsverordnung. (1) Für Bauleitpläne, deren Aufstellung oder Änderung bereits eingeleitet ist, gilt diese Verordnung in ihrer bis zum Inkrafttreten der Zweiten Verordnung zur Änderung dieser Verordnung vom 15. September 1977 (BGBl. 1 Satz 1757) gültigen Fassung, wenn die Pläne bei Inkrafttreten der zweiten Änderungsverordnung nach § 2a Abs. 6 des Bundesbaugesetzes oder § 2 Abs. 6 des Bundesbaugesetzes in der bis zum 1. Januar 1977 geltenden Fassung ausgelegt sind.

(2) Von der Geltung der Vorschriften der zweiten Änderungsverordnung über gesonderte Festsetzungen für übereinanderliegende Geschosse und Ebenen sowie sonstige Teile baulicher Anlagen sind solche Bebauungspläne ausgenommen, auf die § 9 Abs. 3 des Bundesbaugesetzes in der ab 1. Januar 1977 geltenden Fassung nach Maßgabe des Artikels 3 § 1 Abs. 3 des Gesetzes zur Änderung des Bundesbaugesetzes vom 18. August 1976 (BGBl. 1 Satz 2221) keine Anwendung findet. Auf diese Bebauungspläne finden die Vorschriften dieser Verordnung über besondere Festsetzungen für übereinänderliegende Geschosse und Ebenen und sonstige Teile baulicher Anlagen in der bis zum Inkrafttreten der zweiten Änderungsverordnung gültigen Fassung weiterhin Anwendung.

1 Diese Vorschrift betrifft die Fortführung eingeleiteter Verfahren bei Inkrafttreten der Baunutzungsverordnung (1. August 1962) in der ursprünglichen Fassung vom 26. Juni 1962 (BGBl. 1 Seite 429). Für die Fortführung eingeleiteter Verfahren bei Inkrafttreten der Änderungsverordnung (1. Januar 1969) bestimmt Artikel 2 der Verordnung zur Änderung der Baunutzungsverordnung vom 26. November 1968 (BGBl. I Seite 1233): "Für Bauleitpläne, deren Aufstellung oder Änderung bereits eingeleitet ist, gilt die Verordnung in der bisherigen Fassung, wenn die Pläne bei Inkrafttreten dieser Verordnung bereits nach § 2 Abs. 6 des Bundesbaugesetzes ausgelegt sind.

§ 25b Überleitungsvorschrift aus Anlass der dritten Änderungsverordnung. (1) Ist der Entwurf eines Bebauungsplans vor dem Inkrafttreten der dritten Änderungsverordnung nach § 2a Abs. 6 des Bundesbaugesetzes öffentlich ausgelegt worden, ist auf ihn § 11 Abs. 3 Satz 3 in der bis zum Inkrafttreten der dritten Änderungsverordnung geltenden Fassung anzuwenden. Das Recht der Gemeinde, das Verfahren zur Aufstellung des Bebauungsplans erneut einzuleiten, bleibt unberührt.

(2) Auf Bebauungspläne, auf die § 11 Abs. 3 in der Fassung der Bekanntmachung vom 15. September 1977 Anwendung findet, ist § 11 Abs. 3 Satz 4 entsprechend anzuwenden,

§ 25c Überleitungsvorschrift aus Anlass der vierten Änderungsverordnung. (1) Ist der Entwurf eines Bauleitplans vor dem 27. Januar 1990 nach § 3 Abs. 2 des Baugesetzbuchs öffentlich ausgelegt worden, ist auf ihn diese Verordnung in der bis zum 26. Januar 1990 geltenden Fassung anzuwenden. Das Recht der Gemeinde, das Verfahren zur Aufstellung des Bauleitplans erneut einzuleiten, bleibt unberührt.

§ 26 Berlin-Klausel. Diese Verordnung gilt nach § 14 des Dritten Überleitungsgesetzes in Verbindung mit § 247 des Baugesetzbuchs auch im Land Berlin.

§ 26a Überleitungsregelungen aus Anlass der Herstellung der Einheit Deutschlands. (1) In dem in Artikel 3 des Einigungsvertrages genannten Gebiet ist in § 17 Abs. 3 auf Gebiete anzuwenden, die am 1. Juli 1990 überwiegend bebaut werden.

(2) So weit in dieser Verordnung auf Vorschriften verwiesen wird, die in dem in Artikel 3 des Einigungsvertrages genannten Gebiet keine Anwendung finden, sind die entsprechenden Vorschriften der Deutschen Demokratischen Republik anzuwenden. Bestehen solche Vorschriften nicht oder würde ihre Anwendung dem Sinn der Verweisung widersprechen, gelten die Vorschriften, auf die verwiesen wird, entsprechend.

§ 27. (Inkrafttreten)

G. Gesetz über die Umweltverträglichkeitsprüfung (UVPG)

vom 12. Februar 1990 (BGBl. I Satz 205), zuletzt geändert durch Art. 3 des Europarechtsanpassungsgesetzes Bau

Teil 1. Umweltverträglichkeitsprüfung in verwaltungsbehördlichen Verfahren

Abschnitt 1: Allgemeine Vorschriften

§ 1 (Zweck des Gesetzes). Zweck dieses Gesetzes ist es sicherzustellen, dass bei bestimmten öffentlichen und privaten Vorhaben zur wirksamen Umweltvorsorge nach einheitlichen Grundsätzen

1. die Auswirkungen auf die Umwelt frühzeitig und umfassend ermittelt, beschrieben und bewertet werden,

2. das Ergebnis der Umweltverträglichkeitsprüfung so früh wie möglich bei allen behördlichen Entscheidungen über die Zulässigkeit berücksichtigt wird.

§ 2 (Begriffsbestimmungen). (1) Die Umweltverträglichkeitsprüfung ist ein unselbstständiger Teil verwaltungsbehördlicher Verfahren, die der Entscheidung über die Zulässigkeit von Vorhaben dienen. Die Umweltverträglichkeitsprüfung umfasst die Ermittlung, Beschreibung und Bewertung der unmittelbaren und mittelbaren Auswirkungen eines Vorhabens auf

1. Menschen, Tiere und Pflanzen,

2. Boden, Wasser, Luft, Klima und Landschaft,

3. Kulturgüter und sonstige Sachgüter sowie

4. die Wechselwirkung zwischen den vorgenannten Schutzgütern.

Sie wird unter Einbeziehung der Öffentlichkeit durchgeführt. Wird über die Zulässigkeit eines Vorhabens im Rahmen mehrerer Verfahren entschieden, werden die in diesen Verfahren durchgeführten Teilprüfungen zu einer Gesamtbewertung aller Umweltauswirkungen zusammengefasst.

(2) Ein Vorhaben ist nach Maßgabe der Anlage 1

1. die Errichtung und der Betrieb einer technischen Anlage,

2. der Bau einer sonstigen Anlage,

3. die Durchführung einer sonstigen in Natur und Landschaft eingreifenden Maßnahme,

4. die Änderung, einschließlich der Erweiterung,

5. der Lage, der Beschaffenheit oder des Betriebs einer technischen Anlage,

6. der Lage oder der Beschaffenheit einer sonstigen Anlage,

7. der Durchführung einer sonstigen in Natur und Landschaft eingreifenden Maßnahme.

(3) Entscheidungen im Sinne des Absatzes 1 Satz 1 sind

1. Bewilligung, Erlaubnis, Genehmigung, Planfeststellungsbeschluss und sonstige behördliche Entscheidungen über die Zulässigkeit von Vorhaben, die in einem Verwaltungsverfahren getroffen werden, mit Ausnahme von Anzeigeverfahren,

2. Linienbestimmungen und Entscheidungen in vorgelagerten Verfahren, die für anschließende Verfahren beachtlich sind,

3. Beschlüsse nach § 10 des Baugesetzbuchs über die Aufstellung, Änderung oder Ergänzung von Bebauungsplänen, durch die die Zulässigkeit von bestimmten Vorhaben im Sinne der Anlage 1 begründet werden soll, sowie Beschlüsse nach § 10 des Baugesetzbuchs über Bebauungspläne, die Planfeststellungsbeschlüsse für Vorhaben im Sinne der Anlage 1 ersetzen.

§ 3 (Anwendungsbereich). (1) Dieses Gesetz gilt für die in der Anlage 1 aufgeführten Vorhaben. Die Bundesregierung wird ermächtigt, durch Rechtsverordnung mit Zustimmung des Bundesrates

1. Vorhaben in die Anlage 1 aufzunehmen, die auf Grund ihrer Art, ihrer Größe oder ihres Standortes erhebliche Auswirkungen auf die Umwelt haben können,

2. Vorhaben unter Beachtung der Rechtsakte des Rates oder der Kommission der Europäischen Gemeinschaften aus der Anlage 1 herauszunehmen, die nach den vorliegenden Erkenntnissen keine erheblichen Auswirkungen auf die Umwelt besorgen lassen.

So weit von der Ermächtigung Gebrauch gemacht wird, ist die Bundesregierung auch ermächtigt, notwendige Folgeänderungen in Bezugnahmen, die in den Vorschriften dieses Gesetzes enthalten sind, auf bestimmte, in der Anlage 1 aufgeführte Vorhaben vorzunehmen. Rechtsverordnungen auf Grund dieser Ermächtigung bedürfen der Zustimmung des Bundestages. Die Zustimmung gilt als erteilt, wenn der Bundestag nicht innerhalb von drei Sitzungswochen nach Eingang der Vorlage der Bundesregierung die Zustimmung verweigert hat.

(2) So weit zwingende Gründe der Verteidigung oder die Erfüllung zwischenstaatlicher Verpflichtungen es erfordern, kann der Bundesminister der Verteidigung nach Richtlinien, die im Einvernehmen mit dem Bundesminister für Umwelt, Naturschutz und Reaktorsicherheit festzulegen sind, für Vorhaben, die der Landesverteidigung dienen, die Anwendung dieses Gesetzes ausschließen oder Ausnahmen von den Anforderungen dieses Gesetzes zulassen. Dabei ist der Schutz vor erheblichen nachteiligen Umweltauswirkungen zu berücksichtigen. Sonstige Rechtsvorschriften, die das Zulassungsverfahren betreffen, bleiben unberührt. Der Bundesminister der Verteidigung unterrichtet den Bundesminister für Umwelt, Naturschutz und Reaktorsicherheit jährlich über die Anwendung dieses Absatzes.

§ 3a (Feststellung der UVP-Pflicht). Die zuständige Behörde stellt auf Antrag des Trägers eines Vorhabens oder anlässlich eines Ersuchens nach § 5, andernfalls nach Beginn des Verfahrens, das der Entscheidung über die Zulässigkeit des Vorhabens dient, auf der Grundlage geeigneter Angaben zum Vorhaben sowie eigener Informationen unverzüglich fest, ob nach den §§ 3b bis 3f für das Vorhaben eine Verpflichtung zur Durchführung einer Umweltverträglichkeitsprüfung besteht. Diese Feststellung ist, sofern eine Vorprüfung des Einzelfalles nach § 3c vorgenommen worden ist, der Öffentlichkeit nach den Bestimmungen des Umweltinformationsgesetzes zugänglich zu machen; soll eine Umweltverträglichkeitsprüfung unterbleiben, ist dies bekannt zu geben. Die Feststellung ist nicht selbstständig anfechtbar.

§ 3b (UVP-Pflicht auf Grund Art, Größe und Leistung der Vorhaben). (1) Die Verpflichtung zur Durchführung einer Umweltverträglichkeitsprüfung besteht für ein in der Anlage 1 aufgeführtes Vorhaben, wenn die zur Bestimmung seiner Art genannten Merkmale vorliegen. Sofern Größen- oder Leistungswerte angegeben sind, ist eine Umweltverträglichkeitsprüfung durchzuführen, wenn die Werte erreicht oder überschritten werden.

(2) Die Verpflichtung zur Durchführung einer Umweltverträglichkeitsprüfung besteht auch, wenn mehrere Vorhaben derselben Art, die gleichzeitig von demselben oder mehreren Trägern verwirklicht werden sollen und in einem engen Zusammenhang stehen (kumulierende Vorhaben), zusammen die maßgeblichen Größen- oder Leistungswerte erreichen oder überschreiten. Ein enger Zusammenhang ist gegeben, wenn diese Vorhaben

1. als technische oder sonstige Anlagen auf demselben Betriebs- oder Baugelände liegen und mit gemeinsamen betrieblichen oder baulichen Einrichtungen verbunden sind oder

2. als sonstige in Natur und Landschaft eingreifende Maßnahmen in einem engen räumlichen Zusammenhang stehen

und wenn sie einem vergleichbaren Zweck dienen. Satz 1 und 2 gilt nur für Vorhaben, die für sich jeweils die Werte für die standortbezogene Vorprüfung oder, so weit eine solche nicht vorgesehen ist, die Werte für die allgemeine Vorprüfung nach Anlage 1 Spalte 2 erreichen oder überschreiten.

(3) Wird der maßgebende Größen- oder Leistungswert durch die Änderung oder Erweiterung eines bestehenden bisher nicht UVP-pflichtigen Vorhabens erstmals erreicht oder überschritten, ist für die Änderung oder Erweiterung eine Umweltverträglichkeitsprüfung unter Berücksichtigung der Umweltauswirkungen des bestehenden bisher nicht UVP-pflichtigen Vorhabens durchzuführen. Bestehende Vorhaben sind auch kumulierende Vorhaben im Sinne des Absatzes 2 Satz 1. Der in den jeweiligen Anwendungsbereich der Richtlinien 85/337 /EWG und 97/11 /EG fallende, aber vor Ablauf der jeweiligen Umsetzungsfristen erreichte Bestand bleibt hinsichtlich des Erreichens oder Überschreitens der Größen- oder Leistungswerte unberücksichtigt. Sätze 1 bis 3 gelten nicht für die in der Anlage 1 Nr. 18.5, 18.7 und 18.8 aufgeführten Industriezonen und Städtebauprojekte. Satz 1 gilt für die in der Anlage 1 Nr. 14.4 und 14.5 aufgeführten Vorhaben mit der Maßgabe, dass neben einem engen räumlichen Zusammenhang auch ein enger zeitlicher Zusammenhang besteht.

§ 3c (UVP-Pflicht im Einzelfall). (1) Sofern in der Anlage 1 für ein Vorhaben eine allgemeine Vorprüfung des Einzelfalls vorgesehen ist, ist eine Umweltverträglichkeitsprüfung durchzuführen, wenn das Vorhaben nach Einschätzung der zuständigen Behörde auf Grund überschlägiger Prüfung unter Berücksichtigung der in der Anlage 2 aufgeführten Kriterien erhebliche nachteilige Umweltauswirkungen haben kann, die nach § 12 zu berücksichtigen wären. Sofern für ein Vorhaben mit geringer Größe oder Leistung eine standortbezogene Vorprüfung des Einzelfalls vorgesehen ist, gilt gleiches, wenn trotz der geringen Größe oder Leistung des Vorhabens nur auf Grund besonderer örtlicher Gegebenheiten gemäß den in der Anlage 2 Nr. 2 aufgeführten Schutzkriterien erhebliche nachteilige Umweltauswirkungen zu erwarten sind. Bei den Vorprüfungen ist zu berücksichtigen, inwieweit Umweltauswirkungen durch die vom Träger des Vorhabens vorgesehenen Vermeidungs- und Verminderungsmaßnahmen offensichtlich ausgeschlossen werden. Bei der allgemeinen Vorprüfung ist auch zu berücksichtigen, inwieweit Prüfwerte für Größe oder Leistung, die die Vorprüfung eröffnen, überschritten werden. Für das Erreichen oder Überschreiten der Prüfwerte für Größe oder Leistung gilt § 3b Abs. 2 und 3 entsprechend.

(2) a) Die in der Anlage 2 (Kriterien für die Vorprüfung des Einzelfalls) aufgeführten Kriterien sollen durch Rechtsverordnung der Bundesregierung mit Zustimmung des Bundesrates umgehend näher bestimmt werden.

b) Grundsätze und Verfahren zur Einzelfallprüfung sollen in der Allgemeinen Verwaltungsvorschrift zur Ausführung des Gesetzes über die Umweltverträglichkeitsprüfung (UVPVwV) näher bestimmt werden.

§ 3d (UVP-Pflicht nach Maßgabe des Landesrechts). Die Länder regeln durch Größen- oder Leistungswerte, durch eine allgemeine oder standortbezogene Vorprüfung des Einzelfalls oder durch eine Kombination dieser Verfahren, unter welchen Voraussetzungen eine Umweltverträglichkeitsprüfung durchzuführen ist, so weit in der Anlage 1 für bestimmte Vorhaben eine Verpflichtung zur Durchführung einer Umweltverträglichkeitsprüfung nach Maßgabe des Landesrechts vorgesehen ist.

§ 3e (Änderungen und Erweiterungen UVP-pflichtiger Vorhaben). (1) Die Verpflichtung zur Durchführung einer Umweltverträglichkeitsprüfung besteht auch für die Änderung oder Erweiterung eines Vorhabens, für das als solches bereits eine UVP-Pflicht besteht, wenn

1. in der Anlage 1 für Vorhaben der Spalte 1 angegebene Größen- oder Leistungswerte durch die Änderung oder Erweiterung selbst erreicht oder überschritten werden oder

2. eine Vorprüfung des Einzelfalls im Sinne des § 3c Abs. 1 Satz 1 und 3 ergibt, dass die Änderung oder Erweiterung erhebliche nachteilige Umweltauswirkungen haben kann; in die Vorprüfung sind auch frühere Änderungen oder Erweiterungen des UVP-pflichtigen Vorhabens einzubeziehen, für die nach der jeweils geltenden Fassung dieses Gesetzes keine Umweltverträglichkeitsprüfung durchgeführt worden ist.

(2) Für eine Erweiterung der in der Anlage 1 Nr. 18.1 bis 18.8 sowie für eine Änderung der in der Anlage 1 Nr. 18.8 aufgeführten Vorhaben gilt Abs. 1 Nr. 2 mit der Maßgabe, dass der dort jeweils für den Bau des entsprechenden Vorhabens einschlägige Prüfwert erreicht oder überschritten wird.

§ 3f (UVP-pflichtige Entwicklungs- und Erprobungsvorhaben). (1) Sofern ein in der Anlage 1 Spalte 1 aufgeführtes Vorhaben ausschließlich oder überwiegend der Entwicklung und Erprobung neuer Verfahren oder Erzeugnisse dient (Entwicklungs- und Erprobungsvorhaben) und nicht länger als zwei Jahre durchgeführt wird, kann von einer Umweltverträglichkeitsprüfung abgesehen werden, wenn eine Vorprüfung des Einzelfalls nach § 3c Abs. 1 Satz 1 unter besonderer Berücksichtigung der Durchführungsdauer ergibt, dass erhebliche nachteilige Umweltauswirkungen des Vorhabens nicht zu besorgen sind.

(2) Für ein in der Anlage 1 Spalte 2 aufgeführtes Vorhaben, das ein Entwicklungs- und Erprobungsvorhaben ist, gilt die allgemeine Regelung des § 3c Abs. 1.

§ 4 (Vorrang anderer Rechtsvorschriften). Dieses Gesetz findet Anwendung, so weit Rechtsvorschriften des Bundes oder der Länder die Prüfung der Umweltverträglichkeit nicht näher bestimmen oder in ihren Anforderungen diesem Gesetz nicht entsprechen. Rechtsvorschriften mit weitergehenden Anforderungen bleiben unberührt.

Abschnitt 2. Verfahrensschritte der Umweltverträglichkeitsprüfung

§ 5 (Unterrichtung über voraussichtlich beizubringende Unterlagen). Sofern der Träger eines Vorhabens die zuständige Behörde vor Beginn des Verfahrens, das der Entscheidung über die Zulässigkeit des Vorhabens dient, darum ersucht oder sofern die zuständige Behörde es nach Beginn des Verfahrens für erforderlich hält, unterrichtet diese ihn entsprechend dem Planungsstand des Vorhabens und auf der Grundlage geeigneter Angaben zum Vorhaben frühzeitig über Inhalt und Umfang der voraussichtlich nach § 6 beizubringenden Unterlagen über die Umweltauswirkungen des Vorhabens. Vor der Unterrichtung gibt die zuständige Behörde dem Träger des Vorhabens sowie den nach § 7 zu beteiligenden Behörden Gelegenheit zu einer Besprechung über Inhalt und Umfang der Unterlagen. Die Besprechung soll sich auch auf Gegenstand, Umfang und Methoden der Umweltverträglichkeitsprüfung sowie sonstige für die Durchführung der Umweltverträglichkeitsprüfung erhebliche Fragen erstrecken. Sachverständige und Dritte können hinzugezogen werden. Verfügen die zuständige Behörde oder die zu beteiligenden Behörden über Informationen, die für die Beibringung der Unterlagen nach § 6 zweckdienlich sind, sollen sie diese Informationen dem Träger des Vorhabens zur Verfügung stellen.

§ 6 (Unterlagen des Trägers des Vorhabens). (1) Der Träger des Vorhabens hat die entscheidungserheblichen Unterlagen über die Umweltauswirkungen des Vorhabens der zuständigen Behörde zu Beginn des Verfahrens vorzulegen, in dem die Umweltverträglichkeit geprüft wird. Setzt der Beginn des Verfahrens einen schriftlichen Antrag, die Einreichung eines Plans oder eine sonstige Handlung des Trägers des Vorhabens voraus, sind die nach Satz 1 erforderlichen Unterlagen so rechtzeitig vorzulegen, dass sie mit den übrigen Unterlagen ausgelegt werden können.

(2) Inhalt und Umfang der Unterlagen nach Abs. 1 bestimmen sich nach den Rechtsvorschriften, die für die Entscheidung über die Zulässigkeit des Vorhabens maßgebend sind. Die Absätze 3 und 4 sind anzuwenden, so weit die in diesen Absätzen genannten Unterlagen durch Rechtsvorschrift nicht im Einzelnen festgelegt sind.

(3) Die Unterlagen nach Abs. 1 müssen zumindest folgende Angaben enthalten:

Beschreibung des Vorhabens mit Angaben über Standort, Art und Umfang sowie Bedarf an Grund und Boden,

1. Beschreibung der Maßnahmen, mit denen erhebliche nachteilige Umweltauswirkungen des Vorhabens vermieden, vermindert oder, so weit möglich, ausgeglichen werden, sowie der Ersatzmaßnahmen bei nicht ausgleichbaren, aber vorrangigen Eingriffen in Natur und Landschaft,

2. Beschreibung der zu erwartenden erheblichen nachteiligen Umweltauswirkungen des Vorhabens unter Berücksichtigung des allgemeinen Kenntnisstandes und der allgemein anerkannten Prüfungsmethoden,

3. Beschreibung der Umwelt und ihrer Bestandteile im Einwirkungsbereich des Vorhabens unter Berücksichtigung des allgemeinen Kenntnisstandes und der allgemein anerkannten Prüfungsmethoden sowie Angaben zur Bevölkerung in diesem Bereich, so weit die Beschreibung und die Angaben zur Feststellung und Bewertung erheblicher nachteiliger Umweltauswirkungen des Vorhabens erforderlich sind und ihre Beibringung für den Träger des Vorhabens zumutbar ist,

4. Übersicht über die wichtigsten, vom Träger des Vorhabens geprüften anderweitigen Lösungsmöglichkeiten und Angabe der wesentlichen Auswahlgründe im Hinblick auf die Umweltauswirkungen des Vorhabens.

5. Eine allgemein verständliche, nichttechnische Zusammenfassung der Angaben nach Satz 1 ist beizufügen. Die Angaben nach Satz 1 müssen Dritten die Beurteilung ermöglichen, ob und in welchem Umfang sie von den Umweltauswirkungen des Vorhabens betroffen werden können.

(4) Die Unterlagen müssen auch die folgenden Angaben enthalten, so weit sie für die Umweltverträglichkeitsprüfung nach der Art des Vorhabens erforderlich sind:

1. Beschreibung der wichtigsten Merkmale der verwendeten technischen Verfahren,

2. Beschreibung von Art und Umfang der zu erwartenden Emissionen, der Abfälle, des Anfalls von Abwasser, der Nutzung und Gestaltung von Wasser, Boden, Natur und Landschaft sowie Angaben zu sonstigen Folgen des Vorhabens, die zu erheblichen nachteiligen Umweltauswirkungen führen können,

3. Hinweise auf Schwierigkeiten, die bei der Zusammenstellung der Angaben aufgetreten sind, z.B. technische Lücken oder fehlende Kenntnisse.

Die Zusammenfassung nach Abs. 3 Satz 2 muss sich auch auf die in den Nummern 1 und 2 genannten Angaben erstrecken.

(5) Die Absätze 1 bis 4 finden entsprechende Anwendung, wenn die zuständige Behörde für diejenige öffentlich-rechtliche Körperschaft tätig wird, die Träger des Vorhabens ist.

§ 7 (Beteiligung anderer Behörden). Die zuständige Behörde unterrichtet die Behörden, deren umweltbezogener Aufgabenbereich durch das Vorhaben berührt wird, über das Vorhaben, übermittelt ihnen die Unterlagen nach § 6 und holt ihre Stellungnahmen ein. § 73 Abs. 3a des Verwaltungsverfahrensgesetzes findet entsprechende Anwendung.

§ 8 (Grenzüberschreitende Behördenbeteiligung). (1) Wenn ein Vorhaben erhebliche Auswirkungen auf die in § 2 Abs. 1 Satz 2 genannten Schutzgüter in einem anderen Staat haben kann

oder ein solcher anderer Staat darum ersucht, unterrichtet die zuständige Behörde frühzeitig die vom anderen Staat benannte zuständige Behörde anhand von geeigneten Unterlagen über das Vorhaben und bittet innerhalb einer angemessenen Frist um Mitteilung, ob eine Beteiligung erwünscht wird. Wenn der andere Staat keine Behörde benannt hat, ist die oberste für Umweltangelegenheiten zuständige Behörde des anderen Staates zu unterrichten. Wird eine Beteiligung für erforderlich gehalten, gibt die zuständige Behörde der benannten zuständigen Behörde des anderen Staates sowie weiteren von dieser angegebenen Behörden des anderen Staates zum gleichen Zeitpunkt und im gleichen Umfang wie den nach § 7 zu beteiligenden Behörden auf Grund der Unterlagen nach § 6 Gelegenheit zur Stellungnahme. § 73 Abs. 3a des Verwaltungsverfahrensgesetzes findet entsprechende Anwendung.

(2) So weit erforderlich oder so weit der andere Staat darum ersucht, führen die zuständigen obersten Bundes- und Landesbehörden innerhalb eines vereinbarten, angemessenen Zeitrahmens mit dem anderen Staat Konsultationen insbesondere über die grenzüberschreitenden Umweltauswirkungen des Vorhabens und über die Maßnahmen zu deren Vermeidung oder Verminderung durch.

(3) Die zuständige Behörde übermittelt den beteiligten Behörden des anderen Staates die Zulässigkeitsentscheidung für das Vorhaben oder den ablehnenden Bescheid, jeweils einschließlich der Begründung. Sofern die Voraussetzungen der Grundsätze von Gegenseitigkeit und Gleichwertigkeit erfüllt sind, kann sie eine Übersetzung der Zulässigkeitsentscheidung beifügen.

(4) Weiter gehende Regelungen zur Umsetzung völkerrechtlicher Verpflichtungen von Bund und Ländern bleiben unberührt.

§ 9 (Einbeziehung der Öffentlichkeit). (1) Die zuständige Behörde hat die Öffentlichkeit zu den Umweltauswirkungen des Vorhabens auf der Grundlage der ausgelegten Unterlagen nach § 6 anzuhören. Das Anhörungsverfahren muss den Anforderungen des § 73 Abs. 3, 4 bis 7 des Verwaltungsverfahrensgesetzes entsprechen. Ändert der Träger des Vorhabens die nach § 6 erforderlichen Unterlagen im Laufe des Verfahrens, so kann von einer erneuten Anhörung der Öffentlichkeit abgesehen werden, so weit keine zusätzlichen oder anderen erheblichen Umweltauswirkungen zu besorgen sind.

(2) Die zuständige Behörde hat in entsprechender Anwendung des § 74 Abs. 5 Satz 2 des Verwaltungsverfahrensgesetzes die Zulässigkeitsentscheidung oder die Ablehnung des Vorhabens öffentlich bekannt zu machen sowie in entsprechender Anwendung des § 74 Abs. 4 Satz 2 des Verwaltungsverfahrensgesetzes den Bescheid mit Begründung zur Einsicht auszulegen.

(3) Abweichend von den Absätzen 1 und 2 wird die Öffentlichkeit im vorgelagerten Verfahren dadurch einbezogen, dass

1. das Vorhaben öffentlich bekannt gemacht wird,

2. die nach § 6 erforderlichen Unterlagen während eines angemessenen Zeitraums eingesehen werden können,

3. Gelegenheit zur Äußerung gegeben wird,

4. die Öffentlichkeit über die Entscheidung unterrichtet und der Inhalt der Entscheidung mit Begründung der Öffentlichkeit zugänglich gemacht wird.

Rechtsansprüche werden durch die Einbeziehung der Öffentlichkeit nicht begründet; die Verfolgung von Rechten im nachfolgenden Zulassungsverfahren bleibt unberührt.

§ 9a (Grenzüberschreitende Öffentlichkeitsbeteiligung). (1) Wenn ein Vorhaben erhebliche Umweltauswirkungen in einem anderen Staat haben kann, können sich dort ansässige Personen am Anhörungsverfahren nach § 9 Abs. 1 und 3 beteiligen. Die zuständige Behörde hat darauf hinzuwirken, dass

1. das Vorhaben in dem anderen Staat auf geeignete Weise bekannt gemacht wird,

2. dabei angegeben wird, bei welcher Behörde im Verfahren nach § 9 Abs. 1 Einwendungen erhoben oder im Verfahren nach § 9 Abs. 3 Gegenäußerungen vorgebracht werden können und

3. dabei darauf hingewiesen wird, dass im Verfahren nach § 9 Abs. 1 mit Ablauf der Einwendungsfrist alle Einwendungen ausgeschlossen sind, die nicht auf besonderen privatrechtlichen Titeln beruhen.

(2) Die zuständige Behörde kann verlangen, dass ihr der Träger des Vorhabens eine Übersetzung der Zusammenfassung nach § 6 Abs. 3 Satz 2 sowie, so weit erforderlich, weiterer für die grenzüberschreitende Öffentlichkeitsbeteiligung bedeutsamer Angaben zum Vorhaben, insbesondere zu grenzüberschreitenden Umweltauswirkungen, zur Verfügung stellt, sofern im Verhältnis zu dem anderen Staat die Voraussetzungen der Grundsätze von Gegenseitigkeit und Gleichwertigkeit erfüllt sind.

(3) Weiter gehende Regelungen zur Umsetzung völkerrechtlicher Verpflichtungen von Bund und Ländern bleiben unberührt.

§ 9b (Grenzüberschreitende Behörden- und Öffentlichkeitsbeteiligung bei ausländischen Vorhaben). (1) Wenn ein in einem anderen Staat geplantes Vorhaben erhebliche Umweltauswirkungen in der Bundesrepublik Deutschland haben kann, ersucht die deutsche Behörde, die für ein gleichartiges Vorhaben in Deutschland zuständig wäre, die zuständige Behörde des anderen Staates um Unterlagen über das Vorhaben, insbesondere um eine Beschreibung des Vorhabens und um Angaben über dessen grenzüberschreitende Umweltauswirkungen. Hält sie eine Beteiligung am Zulassungsverfahren für erforderlich, teilt sie dies der zuständigen Behörde des anderen Staates mit und ersucht, so weit erforderlich, um weitere Angaben im Sinne des § 6 Abs. 3 und 4, unterrichtet die Behörden im Sinne des § 7 über die Angaben und weist darauf hin, welcher Behörde des anderen Staates gegebenenfalls innerhalb welcher Frist eine Stellungnahme zugeleitet werden kann, sofern sie nicht die Angabe einer einheitlichen Stellungnahme für angezeigt hält. Die zuständige deutsche Behörde soll die zuständige Behörde des anderen Staates um eine Übersetzung geeigneter Angaben zum Vorhaben, insbesondere zu grenzüberschreitenden Umweltauswirkungen, ersuchen.

(2) Auf der Grundlage der von dem anderen Staat übermittelten Unterlagen macht die zuständige deutsche Behörde das Vorhaben in geeigneter Weise in den voraussichtlich betroffenen Gebieten der Öffentlichkeit bekannt, so weit eine Öffentlichkeitsbeteiligung nach den Vorschriften des übermittelnden Staates erfolgt oder nach diesem Gesetz durchzuführen wäre. Sie weist dabei darauf hin, welcher Behörde des anderen Staates gegebenenfalls innerhalb welcher Frist eine Stellungnahme zugeleitet werden kann, und gibt Gelegenheit, innerhalb angemessener Frist die Unterlagen einzusehen.

(3) § 8 Abs. 2 und 4 sowie § 9a Abs. 3 gelten entsprechend.

§ 10 (Geheimhaltung und Datenschutz). Die Rechtsvorschriften über Geheimhaltung und Datenschutz bleiben unberührt.

§ 11 (Zusammenfassende Darstellung der Umweltauswirkungen). Die zuständige Behörde erarbeitet auf der Grundlage der Unterlagen nach § 6, der behördlichen Stellungnahmen nach den §§ 7 und 8 sowie der Äußerungen der Öffentlichkeit nach den §§ 9 und 9a eine zusammenfassende Darstellung der Umweltauswirkungen des Vorhabens sowie der Maßnahmen, mit denen erhebliche nachteilige Umweltauswirkungen vermieden, vermindert oder ausgeglichen werden, einschließlich der Ersatzmaßnahmen bei nicht ausgleichbaren aber vorrangigen Eingriffen in Natur und Landschaft. Die Ergebnisse eigener Ermittlungen sind einzubeziehen. Die zusammenfassende Darstellung ist möglichst innerhalb eines Monats nach Abschluss der Erörterung im Anhörungs-

verfahren nach § 9 Abs. 1 Satz 2 zu erarbeiten. Die zusammenfassende Darstellung kann in der Begründung der Entscheidung über die Zulässigkeit des Vorhabens erfolgen. Die Begründung enthält erforderlichenfalls die Darstellung der Vermeidungs-, Verminderungs-, Ausgleichs- und Ersatzmaßnahmen.

§ 12 (Bewertung der Umweltauswirkungen und Berücksichtigung des Ergebnisses bei der Entscheidung). Die zuständige Behörde bewertet die Umweltauswirkungen des Vorhabens auf der Grundlage der zusammenfassenden Darstellung nach § 11 und berücksichtigt diese Bewertung bei der Entscheidung über die Zulässigkeit des Vorhabens im Hinblick auf eine wirksame Umweltvorsorge im Sinne der §§ 1, 2 Abs. 1 Satz 2 und 4 nach Maßgabe der geltenden Gesetze.

§ 13 (Vorbescheid und Teilzulassungen). (1) Vorbescheid und erste Teilgenehmigung oder entsprechende erste Teilzulassungen dürfen nur nach Durchführung einer Umweltverträglichkeitsprüfung erteilt werden. Die Umweltverträglichkeitsprüfung hat sich in diesen Fällen vorläufig auf die nach dem jeweiligen Planungsstand erkennbaren Umweltauswirkungen des Gesamtvorhabens und abschließend auf die Umweltauswirkungen zu erstrecken, die Gegenstand von Vorbescheid oder Teilzulassung sind. Diesem Umfang der Umweltverträglichkeitsprüfung ist bei der Unterrichtung über voraussichtlich beizubringende Unterlagen nach § 5 und bei den Unterlagen nach § 6 Rechnung zu tragen.

(2) Bei weiteren Teilgenehmigungen oder entsprechenden Teilzulassungen soll die Prüfung der Umweltverträglichkeit auf zusätzliche oder andere erhebliche Umweltauswirkungen des Vorhabens beschränkt werden. Abs. 1 gilt entsprechend.

§ 14 (Zulassung eines Vorhabens durch mehrere Behörden). (1) Bedarf ein Vorhaben der Zulassung durch mehrere Landesbehörden, so bestimmen die Länder eine federführende Behörde, die zumindest für die Aufgaben nach den §§ 3a, 5 und 8 Abs. 1 und 3 sowie den §§ 9a und 11 zuständig ist. Die Länder können der federführenden Behörde weitere Zuständigkeiten nach den §§ 6, 7 und 9 übertragen. Die federführende Behörde hat ihre Aufgaben im Zusammenwirken zumindest mit den Zulassungsbehörden und der Naturschutzbehörde wahrzunehmen, deren Aufgabenbereich durch das Vorhaben berührt wird. Bedarf ein Vorhaben einer Genehmigung nach dem Atomgesetz sowie einer Zulassung durch eine oder mehrere weitere Behörden und ist eine der zuständigen Behörden eine Bundesbehörde, ist die atomrechtliche Genehmigungsbehörde federführende Behörde. Sie ist für die Aufgaben nach den §§ 3a, 5 bis 8 Abs. 1 und 3 sowie den §§ 9, 9a und 11 zuständig.

(2) Die Zulassungsbehörden haben auf der Grundlage der zusammenfassenden Darstellung nach § 11 eine Gesamtbewertung der Umweltauswirkungen des Vorhabens vorzunehmen und diese nach § 12 bei den Entscheidungen zu berücksichtigen. Die federführende Behörde hat das Zusammenwirken der Zulassungsbehörden sicherzustellen.

Abschnitt 3. Besondere Verfahrensvorschriften

§ 15 (Linienbestimmung und Genehmigung von Flugplätzen). (1) Für die Linienbestimmung nach § 16 Abs. 1 des Bundesfernstraßengesetzes und nach § 13 Abs. 1 des Bundeswasserstraßengesetzes sowie im vorgelagerten Verfahren nach § 6 Abs. 1 des Luftverkehrsgesetzes bei in der Anlage 1 aufgeführten Vorhaben wird die Umweltverträglichkeit nach dem jeweiligen Planungsstand des Vorhabens geprüft. Diese Regelung gilt nicht, wenn in einem Raumordnungsverfahren bereits die Umweltverträglichkeit geprüft wurde und dabei zur Einbeziehung der Öffentlichkeit die Anforderungen der Absätze 2 und 3 erfüllt sind.

(2) Zur Einbeziehung der Öffentlichkeit bei der Linienbestimmung sind die Unterlagen nach § 6 auf Veranlassung der zuständigen Behörde in den Gemeinden, in denen sich das Vorhaben voraussichtlich auswirkt, einen Monat zur Einsicht auszulegen; die Gemeinden haben die Auslegung

vorher ortsüblich bekannt zu geben. Jeder kann sich bis zwei Wochen nach Ablauf der Auslegungsfrist äußern. Die Öffentlichkeit ist über die Entscheidung durch ortsübliche Bekanntmachung zu unterrichten. § 9 Abs. 3 Satz 2 gilt entsprechend.

(3) Zur Einbeziehung der Öffentlichkeit im vorgelagerten Verfahren nach § 6 Abs. 1 des Luftverkehrsgesetzes ist Abs. 2 Satz 1 und 2 entsprechend anzuwenden. Im Übrigen bleibt § 9 Abs. 3 unberührt.

(4) Im nachfolgenden Zulassungsverfahren kann die Prüfung der Umweltverträglichkeit auf zusätzliche oder andere erhebliche Umweltauswirkungen des Vorhabens beschränkt werden.

§ 16 (Raumordnungspläne, Raumordnungsverfahren und Zulassungsverfahren). (1) Bei der Aufstellung und Änderung von Raumordnungsplänen ist eine Prüfung der voraussichtlich erheblichen Umweltauswirkungen im Sinne der Richtlinie 2001/42/EG des Europäischen Parlaments und des Rates vom 27. Juni 2001 über die Prüfung der Umweltauswirkungen bestimmter Pläne und Programme (ABl. EG Nr. L 197 Satz 30) durchzuführen (Umweltprüfung).

(2) Im Raumordnungsverfahren sollen die raumbedeutsamen Umweltauswirkungen eines Vorhabens entsprechend dem Planungsstand des Vorhabens ermittelt, beschrieben und bewertet werden.

(3) Werden eine Umweltprüfung in einem Verfahren nach Abs. 1 und eine Umweltverträglichkeitsprüfung in einem nachfolgenden Zulassungsverfahren für ein Vorhaben durchgeführt, kann die Umweltverträglichkeitsprüfung im nachfolgenden Zulassungsverfahren auf zusätzliche oder andere erhebliche Umweltauswirkungen des Vorhabens beschränkt werden.

(4) Im nachfolgenden Zulassungsverfahren für ein Vorhaben hat die zuständige Behörde die im Verfahren nach Abs. 2 ermittelten, beschriebenen und bewerteten Umweltauswirkungen des Vorhabens nach Maßgabe des § 12 bei der Entscheidung über die Zulässigkeit des Vorhabens zu berücksichtigen.

(5) lm nachfolgenden Zulassungsverfahren für ein Vorhaben soll hinsichtlich der im Verfahren nach Abs. 2 ermittelten und beschriebenen Umweltauswirkungen von den Anforderungen der §§ 5 bis 8 und 11 insoweit abgesehen werden, als diese Verfahrensschritte bereits im Verfahren nach Abs. 2 erfolgt sind. Die Anhörung der Öffentlichkeit nach § 9 Abs. 1 und § 9a sowie die Bewertung der Umweltauswirkungen nach § 12 sollen auf zusätzliche oder andere erhebliche Umweltauswirkungen beschränkt werden, sofern die Öffentlichkeit im Verfahren nach Abs. 2 entsprechend den Bestimmungen des § 9 Abs. 3 einbezogen wurde.

§ 17 (Aufstellung von Bebauungsplänen). (1) Werden Bebauungspläne im Sinne des § 2 Abs. 3 Nr. 3, insbesondere bei Vorhaben nach den Nummern 18.1 bis 18.9 der Anlage 1, aufgestellt, geändert oder ergänzt, wird die Umweltverträglichkeitsprüfung einschließlich der Vorprüfung des Einzelfalls nach § 2 Abs. 1 Satz 1 bis 3 sowie den §§ 3 bis 3f im Aufstellungsverfahren als Umweltprüfung nach den Vorschriften des Baugesetzbuchs durchgeführt. Abweichend von Satz 1 entfällt eine nach diesem Gesetz vorgeschriebene Vorprüfung des Einzelfalls, wenn für den aufzustellenden Bebauungsplan eine Umweltprüfung nach den Vorschriften des Baugesetzbuchs, die zugleich den Anforderungen einer Umweltverträglichkeitsprüfung entspricht, durchgeführt wird.

(2) Besteht für die Aufstellung, Änderung oder Ergänzung eines Bauleitplans nach diesem Gesetz eine Verpflichtung zur Durchführung einer Strategischen Umweltprüfung, wird hierfür eine Umweltprüfung einschließlich der Überwachung nach den Vorschriften des Baugesetzbuchs durchgeführt.

(3) Wird die Umweltverträglichkeitsprüfung in einem Aufstellungsverfahren für einen Bebauungsplan und in einem nachfolgenden Zulassungsverfahren durchgeführt, soll die Umweltverträglichkeitsprüfung im nachfolgenden Zulassungsverfahren auf zusätzliche oder andere erhebliche Umweltauswirkungen des Vorhabens beschränkt werden.

§ 18 (Bergrechtliche Verfahren). Bei bergbaulichen Vorhaben, die in der Anlage 1 aufgeführt sind, wird die Umweltverträglichkeitsprüfung nach § 2 Abs. 1 Satz 1 bis 3 im Planfeststellungsverfahren nach dem Bundesberggesetz durchgeführt. Die §§ 5 bis 14 finden keine Anwendung.

§ 19 (Flurbereinigungsverfahren). Im Planfeststellungsverfahren über einen Wege- und Gewässerplan mit landschaftspflegerischem Begleitplan nach § 41 des Flurbereinigungsgesetzes ist die Öffentlichkeit entsprechend den Bestimmungen des § 9 Abs. 3 einzubeziehen.

Teil 2. Vorschriften für bestimmte Leitungsanlagen und andere Anlagen (Anlage 1 Nr.19)

§ 20 (Planfeststellung, Plangenehmigung). (1) Vorhaben, die in der Anlage 1 unter den Nummern 19.3 bis 19.9 aufgeführt sind, sowie die Änderung solcher Vorhaben bedürfen der Planfeststellung durch die zuständige Behörde, sofern dafür nach den §§ 3b bis 3f eine Verpflichtung zur Durchführung einer Umweltverträglichkeitsprüfung besteht.

(2) Sofern keine Verpflichtung zur Durchführung einer Umweltverträglichkeitsprüfung besteht, bedarf das Vorhaben der Plangenehmigung. Die Plangenehmigung entfällt in Fällen von unwesentlicher Bedeutung. Diese liegen vor, wenn die Prüfwerte nach § 3c Abs. 1 für Größe und Leistung, die die Vorprüfung eröffnen, nicht erreicht werden oder die Voraussetzungen des § 74 Abs. 7 Satz 2 des Verwaltungsverfahrensgesetzes erfüllt sind; § 3b Abs. 2 und 3 gilt entsprechend. Sätze 2 und 3 gelten nicht für Errichtung, Betrieb und Änderung von Rohrleitungsanlagen zum Befördern wassergefährdender Stoffe sowie für die Änderung ihres Betriebs, ausgenommen Änderungen von unwesentlicher Bedeutung.

§ 21 (Entscheidung, Nebenbestimmungen). (1) Der Planfeststellungsbeschluss darf nur ergehen, wenn

1. sichergestellt ist, dass das Wohl der Allgemeinheit nicht beeinträchtigt wird, insbesondere

2. Gefahren für die in § 2 Abs. 1 Satz 2 genannten Schutzgüter nicht hervorgerufen werden können und

3. Vorsorge gegen die Beeinträchtigung der Schutzgüter, insbesondere durch bauliche, betriebliche oder organisatorische Maßnahmen entsprechend dem Stand der Technik getroffen wird,

4. umweltrechtliche Vorschriften und andere öffentlich-rechtliche Vorschriften dem Vorhaben nicht entgegenstehen,

5. Ziele der Raumordnung beachtet und Grundsätze und sonstige Erfordernisse der Raumordnung berücksichtigt sind,

6. Belange des Arbeitsschutzes gewahrt sind.

(2) Der Planfeststellungsbeschluss kann mit Bedingungen versehen, mit Auflagen verbunden und befristet werden, so weit dies zur Wahrung des Wohls der Allgemeinheit oder zur Erfüllung von öffentlich-rechtlichen Vorschriften, die dem Vorhaben entgegenstehen können, erforderlich ist. Die Aufnahme, Änderung oder Ergänzung von Auflagen über Anforderungen an das Vorhaben ist auch nach dem Ergehen des Planfeststellungsbeschlusses zulässig.

(3) Absätze 1 und 2 gelten für die Plangenehmigung entsprechend.

(4) Die Bundesregierung wird ermächtigt, nach Anhörung der beteiligten Kreise durch Rechtsverordnung mit Zustimmung des Bundesrates Vorschriften zur Erfüllung der Voraussetzungen des Absatzes 1 Nr. 1 zu erlassen über

1. die dem Stand der Technik entsprechenden baulichen, betrieblichen oder organisatorischen Maßnahmen zur Vorsorge gegen die Beeinträchtigung der Schutzgüter,

2. Informationspflichten des Trägers eines Vorhabens gegenüber Behörden und Öffentlichkeit,

3. die Überprüfung von Vorhaben durch Sachverständige, Sachverständigenorganisationen und zugelassene Überwachungsstellen sowie über die Anforderungen, die diese Sachverständigen, Sachverständigenorganisationen und zugelassene Überwachungsstellen erfüllen müssen,

4. die Anpassung bestehender Vorhaben an die Anforderungen der geltenden Vorschriften.

§ 22 (Verfahren). Für die Durchführung des Planfeststellungsverfahrens und des Plangenehmigungsverfahrens gelten die §§ 72 bis 78 des Verwaltungsverfahrensgesetzes. Die Bundesregierung wird ermächtigt, durch Rechtsverordnung mit Zustimmung des Bundesrates weitere Einzelheiten des Planfeststellungsverfahrens, insbesondere zu Art und Umfang der Antragsunterlagen, zu regeln.

§ 23 (Bußgeldvorschriften). (1) Ordnungswidrig handelt, wer vorsätzlich oder fahrlässig ohne Planfeststellungsbeschluss nach § 20 Abs. 1 oder ohne Plangenehmigung nach § 20 Abs. 2 Satz 1 ein Vorhaben durchführt oder einer vollziehbaren Auflage nach § 21 Abs. 2 zuwiderhandelt.

(2) Die Ordnungswidrigkeit kann mit einer Geldbuße bis zu hunderttausend Deutsche Mark geahndet werden.

Teil 3. Gemeinsame Vorschriften

§ 24 (Verwaltungsvorschriften). Die Bundesregierung erlässt mit Zustimmung des Bundesrates allgemeine Verwaltungsvorschriften über

Kriterien und Verfahren, die zu dem in den §§ 1 und 12 genannten Zweck bei der Ermittlung, Beschreibung und Bewertung von Umweltauswirkungen (§ 2 Abs. 1 Satz 2) zu Grunde zu legen sind,

1. Kriterien und Verfahren die zu dem in den §§ 1 und 22 genannten Zweck bei der Ermittlung, Beschreibung und Bewertung von Umweltauswirkungen (§ 2 Abs. 1 Satz 2) zugrunde gelegt werden,

2. Grundsätze für die Unterrichtung über voraussichtlich beizubringende Unterlagen nach § 5,

3. Grundsätze für die zusammenfassende Darstellung der Umweltauswirkungen nach § 11 und für die Bewertung nach § 12,

§ 25 (Übergangsvorschrift). (1) Verfahren nach § 2 Abs. 1 Satz 1 und Abs. 3, die der Entscheidung über die Zulässigkeit von Vorhaben dienen und die vor dem 20. Juli 2004 begonnen worden sind, sind nach den Vorschriften dieses Gesetzes zu Ende zu führen. Sofern für ein Vorhaben, das Gegenstand eines solchen Verfahrens ist, die Bestimmungen des Gesetzes zur Umsetzung der UVP-Änderungsrichtlinie, der IVU-Richtlinie und weiterer EG-Richtlinien zum Umweltschutz die Einrichtung von solchen Verfahren neu oder anders als bislang regeln, sind diese Bestimmungen anzuwenden und ist in diesem Rahmen die Umweltverträglichkeitsprüfung durchzuführen. Wenn im Ausgangsverfahren das Vorhaben vor dem 20. Juli 2004 bereits öffentlich bekannt gemacht worden ist, findet nur Satz 1 Anwendung.

(2) Abweichend von Abs. 1 finden die Vorschriften dieses Gesetzes in der vor dem 20. Juli 2004 geltenden Fassung weiterhin Anwendung, wenn

1. der Träger eines Vorhabens einen Antrag auf Zulassung des Vorhabens, der mindestens die Angaben zu Standort, Art und Umfang des Vorhabens enthalten muss, vor dem 14. März 1999 bei der zuständigen Behörde eingereicht hat; weiter gehende Vorschriften über die Voraussetzungen für eine wirksame Antragstellung bleiben unberührt; oder

2. in sonstiger Weise ein Verfahren nach § 2 Abs. 1 Satz 1 und Abs. 3 vor dem 14. März 1999 förmlich eingeleitet worden ist; ist mit gesetzlich vorgeschriebenen einzelnen Schritten des Verfahrens noch nicht begonnen worden, können diese auch nach den Vorschriften dieses Gesetzes durchgeführt werden.

Satz 1 gilt auch für ein Vorhaben, das nicht in der Anlage zu § 3 dieses Gesetzes in der in Satz 1 bezeichneten Fassung, aber in dem Anhang II der Richtlinie 85/337/EWG des Rates vom 27. Juni 1985 über die Umweltverträglichkeitsprüfung bei bestimmten öffentlichen und privaten Projekten (ABI. EG Nr. L 175, Satz 40) aufgelistet ist, wenn sich auf Grund überschlägiger Prüfung der zuständigen Behörde ergibt, dass das Vorhaben insbesondere auf Grund seiner Art, seiner Größe oder seines Standortes erhebliche nachteilige Umweltauswirkungen haben kann. Abs. 1 Satz 2 und 3 gilt entsprechend.

(3) Abweichend von Abs. 1 und 2 sind dieses Gesetz sowie seine bis zum 20. Juli 2004 geltende Fassung nicht auf Verfahren nach § 2 Abs. 1 Satz 1 und Abs. 3 anwendbar, die vor dem 03. Juli 1988 begonnen worden sind.

(4) Besteht nach den Absätzen 1 bis 2 eine Verpflichtung zur Durchführung einer Umweltverträglichkeitsprüfung und ist diese gemäß § 17 im Bebauungsplanverfahren nach den Vorschriften des Baugesetzbuchs durchzuführen, gilt insoweit § 245c des Baugesetzbuchs.

(5) Die Länder haben unverzüglich, spätestens innerhalb von zwei Jahren nach Inkrafttreten dieses Gesetzes die dem § 3d entsprechenden Vorschriften zu erlassen oder bestehende Vorschriften anzupassen. Bis zu diesem Zeitpunkt gilt § 3d in den Ländern mit der Maßgabe, dass in den Fällen, in denen in der Anlage 1 für bestimmte Vorhaben eine Verpflichtung zur Durchführung einer Umweltverträglichkeitsprüfung nach Maßgabe des Landesrechts vorgesehen ist, die Umweltverträglichkeitsprüfung nach Vorprüfung des Einzelfalls durchzuführen ist. So weit die Länder vor Ablauf der in Satz 1 genannten Frist Regelungen hinsichtlich der in § 3d genannten Verfahren erlassen, tritt Satz 2 mit dem Inkrafttreten der jeweiligen landesrechtlichen Regelung außer Kraft.

Anlage 1

Liste „UVP-pflichtige Vorhaben"

Nachstehende Vorhaben fallen nach § 3 Abs. 1 Satz 1 in den Anwendungsbereich dieses Gesetzes. So weit nachstehend eine allgemeine Vorprüfung oder eine standortbezogene Vorprüfung des Einzelfalls vorgesehen ist, nimmt dies Bezug auf die Regelungen des § 3c Abs. 1 Satz 1 und 2. So weit nachstehend auf eine Maßgabe des Landesrechts verwiesen wird, nimmt dies Bezug auf die Regelung des § 3d.

Legende:

Nr. = Nummer des Vorhabens

Vorhaben = Art des Vorhabens mit ggf. Größen- oder Leistungswerten nach § 3b Abs. 1 Satz 2 sowie Prüfwerten für Größe oder Leistung nach § 3c Abs. 1 Satz 5

X in Spalte 1 = Vorhaben ist UVP-pflichtig

A in Spalte 2 = allgemeine Vorprüfung des Einzelfalls: siehe § 3c Abs. 1 Satz 1

S in Spalte 2 = standortbezogene Vorprüfung des Einzelfalls: siehe § 3c Abs. 1 Satz 2

L in Spalte 2 = UVP-Pflicht nach Maßgabe des Landesrechts: siehe § 3d

Nr.	Vorhaben	Sp. 1	Sp. 2
1.	Wärmeerzeugung, Bergbau und Energie:		
1.1.	Errichtung und Betrieb einer Anlage zur Erzeugung von Strom, Dampf, Warmwasser, Prozesswärme oder erhitztem Abgas durch den Einsatz von Brennstoffen in einer Verbrennungseinrichtung (wie Kraftwerk, Heizkraftwerk, Heizwerk, Gasturbine, Verbrennungsmotoranlage, sonstige Feuerungsanlage), einschließlich des jeweils zugehörigen Dampfkessels, mit einer Feuerungswärmeleistung von		
1.1.1	mehr als 200 MW,	X	
1.1.2	50 MW bis 200 MW,		A
1.1.3	20 MW bis weniger als 50 MW beim Einsatz von Heizöl EL, Methanol, Ethanol, naturbelassenen Pflanzenölen oder Pflanzenölmethylestern, naturbelassenem Erdgas, Flüssiggas, Gasen der öffentlichen Gasversorgung oder Wasserstoff, ausgenommen Verbrennungsmotoranlagen für Bohranlagen und Notstromaggregate,		S
1.1.4	10 MW bis weniger als 50 MW beim Einsatz von gasförmigen Brennstoffen (insbesondere Koksofengas, Grubengas, Stahlgas, Raffineriegas, Synthesegas, Erdölgas aus der Tertiärförderung von Erdöl, Klärgas, Biogas), ausgenommen die in Nummer 1.1.3 genannten Gase, ausgenommen Verbrennungsmotoranlagen für Bohranlagen und Notstromaggregate,		S
1.1.5	1 MW bis weniger als 50 MW beim Einsatz von Kohle, Koks einschließlich Petrolkoks, Kohlebriketts, Torfbriketts, Brenntorf, naturbelassenem Holz, emulgiertem Naturbitumen, Heizölen, ausgenommen Heizöl EL, ausgenommen Verbrennungsmotoranlagen für Bohranlagen und Notstromaggregate,		S

Nr.	Vorhaben	Sp. 1	Sp. 2
1.1.6	1 MW bis weniger als 50 MW beim Einsatz anderer als in den Nummern 1.1.3 bis 1.1.5 genannter fester oder flüssiger Brennstoffe,		A
1.1.7	100 KW bis weniger als 1 MW beim Einsatz anderer als in den Nummern 1.1.3 bis 1.1.5 genannter fester oder flüssiger Brennstoffe;		S
1.2	Errichtung und Betrieb einer Verbrennungsmotoranlage zum Antrieb von Arbeitsmaschinen mit einer Feuerungswärmeleistung von		
1.2.1	mehr als 200 MW,	X	
1.2.2	50 MW bis 200 MW beim Einsatz von Heizöl EL, Dieselkraftstoff, Methanol, Ethanol, naturbelassenen Pflanzenölen, Pflanzenölmethylestern oder gasförmigen Brennstoffen (insbesondere Koksofengas, Grubengas, Stahlgas, Raffineriegas, Synthesegas, Erdölgas aus der Tertiärförderung von Erdöl, Klärgas, Biogas, naturbelassenem Erdgas, Flüssiggas, Gasen der öffentlichen Gasversorgung, Wasserstoff),		A
1.2.3	1 MW bis weniger als 50 MW beim Einsatz der in Nummer 1.2.2 genannten Brennstoffe, ausgenommen Verbrennungsmotoranlagen für Bohranlagen;		S
1.3	Errichtung und Betrieb einer Verbrennungsmotoranlage zur Erzeugung von Strom, Dampf, Warmwasser, Prozesswärme oder erhitztem Dampf, ausgenommen Verbrennungsmotoranlagen für Bohranlagen und Notstromaggregate, mit einer Feuerungswärmeleistung von		
1.3.1	1 MW bis weniger als 20 MW beim Einsatz von Heizöl EL, Dieselkraftstoff, Methanol, Ethanol, naturbelassenen Pflanzenölen oder Pflanzenölmethylestern, naturbelassenem Erdgas, Flüssiggas, Gasen der öffentlichen Gasversorgung, Wasserstoff,		S
1.3.2	1 MW bis weniger als 10 MW beim Einsatz von gasförmigen Brennstoffen (insbesondere Koksofengas, Grubengas, Stahlgas, Raffineriegas, Synthesegas, Erdölgas aus der Tertiärförderung von Erdöl, Klärgas, Biogas), ausgenommen die in Nummer 1.3.1 genannten Gase,		S
1.4	Errichtung und Betrieb einer Gasturbinenanlage zum Antrieb von Arbeitsmaschinen mit einer Feuerungswärmeleistung von		
1.4.1	mehr als 200 MW,	X	
1.4.2	50 MW bis 200 MW beim Einsatz von Heizöl EL, Dieselkraftstoff, Methanol, Ethanol, naturbelassenen Pflanzenölen, Pflanzenölmethylestern oder gasförmigen Brennstoffen (insbesondere Koksofengas, Grubengas, Stahlgas, Raffineriegas, Synthesegas, Erdölgas aus der Tertiärförderung von Erdöl, Klärgas, Biogas, naturbelassenem Erdgas, Flüssiggas, Gasen der öffentlichen Gasversorgung, Wasserstoff),		A

Nr.	Vorhaben	Sp. 1	Sp. 2
1.4.3	1 MW bis weniger als 50 MW beim Einsatz der in Nummer 1.4.2 genannten Brennstoffe, ausgenommen Anlagen mit geschlossenem Kreislauf;		S
1.5	Errichtung und Betrieb einer Gasturbinenanlage zur Erzeugung von Strom, Dampf, Warmwasser, Prozesswärme oder erhitztem Abgas, ausgenommen Anlagen mit geschlossenem Kreislauf, mit einer Feuerungswärmeleistung von		
1.5.1	1 MW bis weniger als 20 MW beim Einsatz von Heizöl EL, Dieselkraftstoff, Methanol, Ethanol, naturbelassenen Pflanzenölen oder Pflanzenölmethylestern, naturbelassenem Erdgas, Flüssiggas, Gasen der öffentlichen Gasversorgung, Wasserstoff,		S
1.5.2	1 MW bis weniger als 10 MW beim Einsatz von gasförmigen Brennstoffen (insbesondere Koksofengas, Grubengas, Stahlgas, Raffineriegas, Synthesegas, Erdölgas aus der Tertiärförderung von Erdöl, Klärgas, Biogas), ausgenommen die in Nummer 1.5.1 genannten Gase;		S
1.6	Errichtung und Betrieb einer Windfarm mit Anlagen in einer Höhe von jeweils mehr als 35 Metern oder einer Leistung von jeweils mehr als 10 kW sowie mit		
1.6.1	20 oder mehr Windkraftanlagen,	X	
1.6.2	6 bis weniger als 20 Windkraftanlagen,		A
1.6.3	3 bis weniger als 6 Windkraftanlagen;		S
1.7	Errichtung und Betrieb einer Anlage zum Brikettieren von Braun- oder Steinkohle;	X	
1.8	Errichtung und Betrieb einer Anlage zur Trockendestillation von Steinkohle oder Braunkohle (z.B. Kokerei, Gaswerk, Schwelerei) mit einem Durchsatz von		
1.8.1	500 t oder mehr je Tag,	X	
1.8.2	weniger als 500 t je Tag, ausgenommen Holzkohlenmeiler;		A
1.9	Errichtung und Betrieb einer Anlage zur Vergasung oder Verflüssigung von Kohle oder bituminösem Schiefer mit einem Durchsatz von		
1.9.1	500 t oder mehr je Tag,	X	
1.9.2	weniger als 500 t je Tag;		A
2.	Steine und Erden, Glas, Keramik, Baustoffe:		
2.1	Errichtung und Betrieb eines Steinbruchs mit einer Abbaufläche von		
2.1.1	25 ha oder mehr,	X	
2.1.2	10 ha bis weniger als 25 ha,		A
2.1.3	weniger als 10 ha, so weit Sprengstoffe verwendet werden;		S
2.2	Errichtung und Betrieb einer Anlage zur Herstellung von Zementklinkern oder Zementen mit einer Produktionskapazität von		

Nr.	Vorhaben	Sp. 1	Sp. 2
2.2.1	1 000 t oder mehr je Tag,	X	
2.2.2	weniger als 1 000 t je Tag;		A
2.3	Errichtung und Betrieb einer Anlage zur Gewinnung von Asbest;	X	
2.4	Errichtung und Betrieb einer Anlage zur Bearbeitung oder Verarbeitung von Asbest oder Asbesterzeugnissen mit		
2.4.1	einer Jahresproduktion von		
2.4.1.1	20 000 t oder mehr Fertigerzeugnissen bei Asbestzementerzeugnissen,	X	
2.4.1.2	50 t oder mehr Fertigerzeugnissen bei Reibungsbelägen,	X	
2.4.2	einem Einsatz von 200 t oder mehr Asbest bei anderen Verwendungszwecken,	X	
2.4.3	einer geringeren Jahresproduktion oder einem geringeren Einsatz als in den vorstehenden Nummern angegeben;		A
2.5	Errichtung und Betrieb einer Anlage zur Herstellung von Glas, auch so weit es aus Altglas hergestellt wird, einschließlich Anlagen zur Herstellung von Glasfasern mit einer Schmelzleistung von		
2.5.1	200 000 t oder mehr je Jahr oder bei Flachglasanlagen, die nach dem Floatglasverfahren betrieben werden, 100 000 t oder mehr je Jahr,	X	
2.5.2	20 t je Tag bis weniger als in der vorstehenden Nummer angegeben,		A
2.5.3	100 kg bis weniger als 20 t je Tag, ausgenommen Anlagen zur Herstellung von Glasfasern, die für medizinische oder fernmeldetechnische Zwecke bestimmt sind;		S
2.6	Errichtung und Betrieb einer Anlage zum Brennen keramischer Erzeugnisse, so weit der Rauminhalt der Brennanlage		
2.6.1	4 m^3 oder mehr und die Besatzdichte 300 kg oder mehr je Kubikmeter Rauminhalt der Brennanlage beträgt,		A
2.6.2	4 m^3 oder mehr oder die Besatzdichte mehr als 100 kg und weniger als 300 kg je Kubikmeter Rauminhalt der Brennanlage beträgt, ausgenommen elektrisch beheizte Brennöfen, die diskontinuierlich und ohne Abluftführung betrieben werden;		S
2.7	Errichtung und Betrieb einer Anlage zum Schmelzen mineralischer Stoffe, einschließlich Anlagen zur Herstellung von Mineralfasern;		A
3.	Stahl, Eisen und sonstige Metalle einschließlich Verarbeitung:		
3.1	Errichtung und Betrieb einer Anlage zum Rösten (Erhitzen unter Luftzufuhr zur Überführung in Oxide) oder Sintern (Stückigmachen von feinkörnigen Stoffen durch Erhitzen) von Erzen;	X	
3.2	Errichtung und Betrieb eines integrierten Hüttenwerkes (Anlage zur Gewinnung von Roheisen und zur Weiterverarbeitung zu Rohstahl, bei der sich Gewinnungs- und Weiterverarbeitungseinheiten nebeneinander befinden und in funktioneller Hinsicht miteinander verbunden sind);	X	

Nr.	Vorhaben	Sp. 1	Sp. 2
3.3	Errichtung und Betrieb einer Anlage zur Herstellung von Roheisen oder Stahl einschließlich Stranggießen, auch so weit Konzentrate oder sekundäre Rohstoffe eingesetzt werden, mit einer Schmelzleistung von		
3.3.1	2,5 t Roheisen oder Stahl je Stunde oder mehr,		A
3.3.2	weniger als 2,5 t Stahl je Stunde		S
3.4	Errichtung und Betrieb einer Anlage zur Herstellung von Nichteisenrohmetallen aus Erzen, Konzentraten oder sekundären Rohstoffen durch metallurgische, chemische oder elektrolytische Verfahren;	X	
3.5	Errichtung und Betrieb einer Anlage zum Schmelzen, zum Legieren oder zur Raffination von Nichteisenmetallen mit einer Schmelzleistung von		
3.5.1	100 000 t oder mehr je Jahr,	X	
3.5.2	4 t oder mehr je Tag bei Blei und Cadmium oder von 20 t oder mehr je Tag bei sonstigen Nichteisenmetallen, jeweils bis weniger als 100 000 t je Jahr;		A
3.5.3	0,5 t bis weniger als 4 t je Tag bei Blei und Cadmium oder von 2 t bis weniger als 20 t je Tag bei sonstigen Nichteisenmetallen, ausgenommen Vakuum-Schmelzanlagen, Schmelzanlagen für Gusslegierungen aus Zinn und Wismut oder aus Feinzink und Aluminium in Verbindung mit Kupfer oder Magnesium, Schmelzanlagen, die Bestandteil von Druck- oder Kokillengießmaschinen sind oder die ausschließlich im Zusammenhang mit einzelnen Druck- oder Kokillengießmaschinen gießfertige Nichteisenmetalle oder gießfertige Legierungen niederschmelzen, Schmelzanlagen für Edelmetalle oder für Legierungen, die nur aus Edelmetallen oder aus Edelmetallen und Kupfer bestehen, Schwalllötbäder und - Heißluftverzinnungsanlagen;		S
3.6	Errichtung und Betrieb einer Anlage zum Warmwalzen von Stahl;		A
3.7	Errichtung und Betrieb einer Eisen-, Temper- oder Stahlgießerei mit einer Produktionsleistung von		
3.7.1	200 000 t Gusseisen oder mehr je Jahr,	X	
3.7.2	20 t Gussteilen oder mehr je Tag,		A
3.7.3	2 t bis weniger als 20 t Gussteilen je Tag;		S
3.8	Errichtung und Betrieb einer Anlage zum Aufbringen von metallischen Schutzschichten auf Metalloberflächen mit Hilfe von schmelzflüssigen Bädern mit einer Verarbeitungsleistung von		
3.8.1	100 000 t Rohgut oder mehr je Jahr,	X	

Nr.	Vorhaben	Sp. 1	Sp. 2
3.8.2	2 t Rohgut je Stunde bis weniger als 100 000 t Rohgut je Jahr,		A
3.8.3	500 kg bis weniger als 2 t Rohgut je Stunde, ausgenommen Anlagen zum kontinuierlichen Verzinken nach dem Sendzimirverfahren;		S
3.9	Errichtung und Betrieb einer Anlage zur Oberflächenbehandlung von Metallen durch ein elektrolytisches oder chemisches Verfahren mit einem Volumen der Wirkbäder von		
3.9.1	30 m^3 oder mehr,		A
3.9.2	1 m^3 bis weniger als 30m^3 bei Anlagen durch Beizen oder Brennen unter Verwendung von Fluss- oder Salpetersäure;		S
3.10	Errichtung und Betrieb einer Anlage, die aus einem oder mehreren maschinell angetriebenen Hämmern oder Fallwerken besteht, wenn die Schlagenergie eines Hammers oder Fallwerkes		
3.10.1	20 Kilojoule oder mehr beträgt,		A
3.10.2	1 Kilojoule bis weniger als 20 Kilojoule beträgt;		S
3.11	Errichtung und Betrieb einer Anlage zur Sprengverformung oder zum Plattieren mit Sprengstoffen bei einem Einsatz von 10 kg Sprengstoff oder mehr je Schuss;		A
3.12	Errichtung und Betrieb einer Schiffswerft		
3.12.1	zum Bau von Seeschiffen mit einer Größe von 100 000 Bruttoregistertonnen,	X	
3.12.2	zur Herstellung oder Reparatur von Schiffskörpern oder Schiffssektionen aus Metall mit einer Länge von 20 m oder mehr, so weit nicht ein Fall der vorstehenden Nummer vorliegt;		A
3.13	Errichtung und Betrieb einer Anlage zum Bau von Schienenfahrzeugen mit einer Produktionsleistung von 600 oder mehr Schienenfahrzeugeinheiten je Jahr (1 Schienenfahrzeugeinheit entspricht 0,5 Lokomotive, 1 Straßenbahn, 1 Wagen eines Triebzuges, 1 Triebkopf, 1 Personenwagen oder 3 Güterwagen);		A
3.14	Errichtung und Betrieb einer Anlage für den Bau und die Montage von Kraftfahrzeugen oder einer Anlage für den Bau von Kraftfahrzeugmotoren mit einer Leistung von 100 000 Stück oder mehr je Jahr;		A
3.15	Errichtung und Betrieb einer Anlage für den Bau und die Instandsetzung von Luftfahrzeugen, so weit je Jahr mehr als 50 Luftfahrzeuge hergestellt oder mehr als 100 Luftfahrzeuge repariert werden können, ausgenommen Wartungsarbeiten;		A
4.	Chemische Erzeugnisse, Arzneimittel, Mineralölraffination und Weiterverarbeitung:		
4.1	Errichtung und Betrieb einer integrierten chemischen Anlage (Verbund zur Herstellung von Stoffen oder Stoffgruppen durch chemische Umwandlung im industriellen Umfang, bei dem sich mehrere Einheiten nebeneinander befinden und in funktioneller Hinsicht	X	

Nr.	Vorhaben	Sp. 1	Sp. 2
	miteinander verbunden sind und die		
	zur Herstellung von organischen Grundchemikalien,		
	zur Herstellung von anorganischen Grundchemikalien,		
	zur Herstellung von phosphor-, stickstoff- oder kaliumhaltigen Düngemitteln (Einnährstoff oder Mehrnährstoff),		
	zur Herstellung von Ausgangsstoffen für Pflanzenschutzmittel und von Bioziden,		
	zur Herstellung von Grundarzneimitteln unter Verwendung eines chemischen oder biologischen Verfahrens oder		
	zur Herstellung von Explosivstoffen		
	dienen), ausgenommen Anlagen zur Erzeugung oder Spaltung von Kernbrennstoffen oder zur Aufarbeitung bestrahlter Kernbrennstoffe nach Nummer 11.1;		
4.2	Errichtung und Betrieb einer Anlage zur Herstellung von Stoffen oder Stoffgruppen durch chemische Umwandlung im industriellen Umfang, ausgenommen integrierte chemische Anlagen nach Nummer 4.1, Anlagen nach Nummer 10.1 und Anlagen zur Erzeugung oder Spaltung von Kernbrennstoffen oder zur Aufarbeitung bestrahlter Kernbrennstoffe nach Nummer 11.1;		A
4.3	Errichtung und Betrieb einer Anlage zur Destillation oder Raffination oder sonstigen Weiterverarbeitung von Erdöl in Mineralölraffinerien;	X	
4.4	Errichtung und Betrieb einer Anlage zur Herstellung von Anstrich- oder Beschichtungsstoffen (Lasuren, Firnisse, Lacke, Dispersionsfarben) oder Druckfarben unter Einsatz von 25 t flüchtiger organischer Verbindungen oder mehr je Tag, die bei einer Temperatur von 293,15 Kelvin einen Dampfdruck von mindestens 0,01 Kilopascal haben;		A
5.	Oberflächenbehandlung von Kunststoffen:		
5.1	Errichtung und Betrieb einer Anlage zur Oberflächenbehandlung von Kunststoffen durch ein elektrolytisches oder chemisches Verfahren mit einem Volumen der Wirkbäder von 30 m³ oder mehr;		A
6.	Holz, Zellstoff:		
6.1	Errichtung und Betrieb einer Anlage zur Gewinnung von Zellstoff aus Holz, Stroh oder ähnlichen Faserstoffen;	X	
6.2	Errichtung und Betrieb einer Anlage zur Herstellung von Papier oder Pappe mit einer Produktionsleistung von		
6.2.1	200 t oder mehr je Tag,	X	
6.2.2	20 t bis weniger als 200 t je Tag;		A
7.	Nahrungs-, Genuss- und Futtermittel, landwirtschaftliche Erzeugnisse:		

Nr.	Vorhaben	Sp. 1	Sp. 2
7.1	Errichtung und Betrieb einer Anlage zur Intensivhaltung von Hennen mit		
7.1.1	42 000 oder mehr Plätzen,	X	
7.1.2	15 000 bis weniger als 42 000 Plätzen, so weit sie nicht unter Nr. 7.12 fällt;		S
7.2	Errichtung und Betrieb einer Anlage zur Intensivhaltung oder -aufzucht von Junghennen mit		
7.2.1	84 000 oder mehr Plätzen,	X	
7.2.2	30 000 bis weniger als 84 000 Plätzen, so weit sie nicht unter Nr. 7.12 fällt;		S
7.3	Errichtung und Betrieb einer Anlage zur Intensivhaltung oder -aufzucht von Mastgeflügel mit		
7.3.1	84 000 oder mehr Plätzen,	X	
7.3.2	30 000 bis weniger als 84 000 Plätzen, so weit sie nicht unter Nr. 7.12 fällt;		S
7.4	Errichtung und Betrieb einer Anlage zur Intensivhaltung oder -aufzucht von Truthühnern mit		
7.4.1	42 000 oder mehr Plätzen,	X	
7.4.2	15 000 bis weniger als 42 000 Plätzen, so weit sie nicht unter Nr. 7.12 fällt;		S
7.5	Errichtung und Betrieb einer Anlage zur Intensivhaltung oder -aufzucht von Rindern mit		
7.5.1	350 oder mehr Plätzen,	X	
7.5.2	250 bis weniger als 350 Plätzen, so weit sie nicht unter Nr. 7.12 fällt;		S
7.6	Errichtung und Betrieb einer Anlage zur Intensivhaltung oder -aufzucht von Kälbern mit		
7.6.1	1 000 oder mehr Plätzen,	X	
7.6.2	300 bis weniger als 1 000 Plätzen, so weit sie nicht unter Nr. 7.12 fällt;		S
7.7	Errichtung und Betrieb einer Anlage zur Intensivhaltung oder -aufzucht von Mastschweinen (Schweine von 30 kg Lebendgewicht oder mehr) mit		
7.7.1	2 000 oder mehr Plätzen,	X	
7.7.2	1 500 bis weniger als 2 000 Plätzen, so weit sie nicht unter Nr. 7.12 fällt;		S
7.8	Errichtung und Betrieb einer Anlage zur Intensivhaltung oder -aufzucht von Sauen einschließlich dazugehörender Ferkel (Ferkel bis weniger als 30 kg Lebendgewicht) mit		

Nr.	Vorhaben	Sp. 1	Sp. 2
7.8.1	750 oder mehr Plätzen,	X	
7.8.2	560 bis weniger als 750 Plätzen, so weit sie nicht unter Nr. 7.12 fällt;		S
7.9	Errichtung und Betrieb einer Anlage zur getrennten Intensivaufzucht von Ferkeln (Ferkel von 10 bis weniger als 30 kg Lebendgewicht) mit		
7.9.1	6 000 oder mehr Plätzen,	X	
7.9.2	4 500 bis weniger als 6 000 Plätzen, so weit sie nicht unter Nr. 7.12 fällt;		S
7.10	Errichtung und Betrieb einer Anlage zur Intensivhaltung oder – aufzucht von Pelztieren mit		
7.10.1	1 000 oder mehr Plätzen,	X	
7.10.2	750 bis weniger als 1 000 Plätzen, so weit sie nicht unter Nr. 7.12 fällt;		S
7.11	Errichtung und Betrieb einer Anlage zur Intensivhaltung oder – aufzucht von Tieren in gemischten Beständen, wenn		
7.11.1	die jeweils unter den Nummern 7.1.1, 7.2.1, 7.3.1, 7.4.1, 7.5.1, 7.6.1, 7.7.1, 7.8.1, 7.9.1 und 7.10.1 genannten Platzzahlen nicht erreicht werden, die Summe der Vom-Hundert-Anteile, bis zu denen die Platzzahlen ausgeschöpft werden, aber den Wert 100 erreicht oder überschreitet,	X	
7.11.2	die jeweils unter den Nummern 7.1.2, 7.2.2, 7.3.2, 7.4.2, 7.5.2, 7.6.2, 7.7.2, 7.8.2, 7.9.2 und 7.10.2 genannten Platzzahlen nicht erreicht werden, die Summe der Vom-Hundert-Anteile, bis zu denen die Platzzahlen ausgeschöpft werden, aber den Wert von 100 erreicht oder überschreitet;		S
7.12	Anlagen zum Halten oder zur Aufzucht von Nutztieren mit Plätzen für 50 Großvieheinheiten oder mehr und mehr als 2 Großvieheinheiten je Hektar der vom Inhaber der Anlage regelmäßig landwirtschaftlich genutzten Fläche oder ohne landwirtschaftlich genutzte Fläche, so weit diese Anlagen nicht unter Nr. 7.1.1, 7.2.1, 7.3.1, 7.4.1, 7.5.1, 7.6.1, 7.7.1, 7.8.1, 7.9.1 oder 7.10.1 fallen. Eine Großvieheinheit entspricht einem Lebendgewicht von 500 Kilogramm je Haltungsperiode.		
7.13	Errichtung und Betrieb einer Anlage zum Schlachten von Tieren mit einer Leistung von		
7.13.1	50 t Lebendgewicht oder mehr je Tag;		A
7.13.2	0,5 t bis weniger als 50 t Lebendgewicht je Tag bei Geflügel oder 4 t bis weniger als 50 t Lebendgewicht je Tag bei sonstigen Tieren;		S

Nr.	Vorhaben	Sp. 1	Sp. 2
7.14	Errichtung und Betrieb einer Anlage zur Erzeugung von Speisefetten aus tierischen Rohstoffen, ausgenommen Milch, mit einer Produktionsleistung von		
7.14.1	75 t Fertigerzeugnissen oder mehr je Tag,		A
7.14.2	weniger als 75 t Fertigerzeugnissen je Tag, ausgenommen Anlagen zur Erzeugung von Speisefetten aus selbstgewonnenen tierischen Fetten in Fleischereien mit einer Leistung von bis zu 200 kg Speisefett je Woche;		S
7.15	Errichtung und Betrieb einer Anlage zum Schmelzen von tierischen Fetten mit einer Produktionsleistung von		
7.15.1	75 t Fertigerzeugnissen oder mehr je Tag,		A
7.15.2	weniger als 75 t Fertigerzeugnissen je Tag, ausgenommen Anlagen zur Verarbeitung von selbstgewonnenen tierischen Fetten zu Speisefetten in Fleischereien mit einer Leistung von bis zu 200 kg Speisefett je Woche;		S
7.16	Errichtung und Betrieb einer Anlage zur Herstellung von Fleischkonserven mit einer Produktionsleistung von		
7.16.1	75 t Konserven oder mehr je Tag,		A
7.16.2	1 t bis weniger als 75 t Konserven je Tag;		S
7.17	Errichtung und Betrieb einer Anlage zur Herstellung von Gemüsekonserven mit einer Produktionsleistung von		
7.17.1	300 t Konserven oder mehr je Tag als Vierteljahresdurchschnittswert,		A
7.17.2	10 t bis weniger als 300 t Konserven je Tag als Vierteljahresdurchschnittswert, ausgenommen Anlagen zum Sterilisieren oder Pasteurisieren dieser Nahrungsmittel in geschlossenen Behältnissen;		S
7.18	Errichtung und Betrieb einer Anlage zur fabrikmäßigen Herstellung von Tierfutter durch Erwärmen der Bestandteile tierischer Herkunft;		A
7.19	Errichtung und Betrieb einer Anlage zur Beseitigung oder Verwertung von Tierkörpern oder tierischen Abfällen mit einer Verarbeitungsleistung von		
7.19.1	10 t oder mehr je Tag,		A
7.19.2	weniger als 10 t je Tag;		S
7.20	Errichtung und Betrieb einer Anlage zum Gerben einschließlich Nachgerben von Tierhäuten oder Tierfellen mit einer Verarbeitungsleistung von		
7.20.1	12 t Fertigerzeugnissen oder mehr je Tag,		A
7.20.2	weniger als 12 t Fertigerzeugnissen je Tag, ausgenommen Anlagen, in denen weniger Tierhäute oder Tierfelle behandelt werden als beim Schlachten von weniger als 4 t sonstigen Tieren nach Nummer 7.10.2 anfallen;		S

Nr.	Vorhaben	Sp. 1	Sp. 2
7.21	Errichtung und Betrieb einer Anlage zur Herstellung von Fischmehl oder Fischöl;	X	
7.22	Errichtung und Betrieb einer Anlage zur Herstellung von Braumalz (Mälzerei) mit einer Produktionsleistung von		
7.22.1	300 t Darrmalz oder mehr je Tag als Vierteljahresdurchschnittswert,		A
7.22.2	weniger als 300 t Darrmalz je Tag als Vierteljahresdurchschnittswert;		S
7.23	Errichtung und Betrieb einer Anlage zur Herstellung von Stärkemehlen mit einer Produktionsleistung von		
7.23.1	300 t Stärkemehlen oder mehr je Tag als Vierteljahresdurchschnittswert,		A
7.23.2	1 t bis weniger als 300 t Stärkemehlen je Tag als Vierteljahresdurchschnittswert;		S
7.24	Errichtung und Betrieb einer Anlage zur Erzeugung von Ölen oder Fetten aus pflanzlichen Rohstoffen mit einer Produktionsleistung von		
7.24.1	300 t Fertigerzeugnissen oder mehr je Tag als Vierteljahresdurchschnittswert,		A
7.24.2	weniger als 300 t Fertigerzeugnissen je Tag als Vierteljahresdurchschnittswert, mit Hilfe von Extraktionsmitteln, so weit die Menge des eingesetzten Extraktionsmittels 1 t oder mehr je Tag als Vierteljahresdurchschnittswert beträgt;		S
7.25	Errichtung und Betrieb einer Anlage zur Herstellung oder Raffination von Zucker unter Verwendung von Zuckerrüben oder Rohzucker;		A
7.26	Errichtung und Betrieb einer Brauerei mit einem Ausstoß von		
7.26.1	3 000 hl Bier oder mehr je Tag als Vierteljahresdurchschnittswert,		A
7.26.2	200 hl bis weniger als 3 000 hl Bier je Tag als Vierteljahresdurchschnittswert;		S
7.27	Errichtung und Betrieb einer Anlage zur Herstellung von Süßwaren oder Sirup aus tierischen Rohstoffen, ausgenommen Milch, mit einer Produktionsleistung von		
7.27.1	75 t Süßwaren oder Sirup oder mehr je Tag,		A
7.27.2	50 Kilogramm bis weniger als 75 t Süßwaren oder Sirup je Tag bei Herstellung von Lakritz;		S
7.28	Errichtung und Betrieb einer Anlage zur Herstellung von Süßwaren oder Sirup aus pflanzlichen Rohstoffen mit einer Produktionsleistung von		
7.28.1	300 t oder mehr Süßwaren oder Sirup je Tag als Vierteljahresdurchschnittswert,		A
7.28.2	50 Kilogramm bis weniger als 300 t Süßwaren je Tag bei Herstellung von Kakaomasse aus Rohkakao oder bei thermischer Verede-		S

Nr.	Vorhaben	Sp. 1	Sp. 2
	lung von Kakao- oder Schokoladenmasse;		
7.29	Errichtung und Betrieb einer Anlage zur Behandlung oder Verarbeitung von Milch mit einem Einsatz von		
7.29.1	200 t Milch oder mehr je Tag als Jahresdurchschnittswert,		A
7.29.2	5 t bis weniger als 200 t Milch je Tag als Jahresdurchschnittswert bei Sprühtrocknern zum Trocknen von Milch, von Erzeugnissen aus Milch oder von Milchbestandteilen;		S
8.	Verwertung und Beseitigung von Abfällen und sonstigen Stoffen:		
8.1	Errichtung und Betrieb einer Anlage zur Beseitigung oder Verwertung von festen, flüssigen oder in Behältern gefassten gasförmigen Abfällen oder Deponiegas mit brennbaren Bestandteilen durch		
8.1.1	thermische Verfahren, insbesondere Entgasung, Plasmaverfahren, Pyrolyse, Vergasung, Verbrennung oder eine Kombination dieser Verfahren, ausgenommen Fälle der Nummern 8.1.2 und 8.1.4,	X	
8.1.2	Verbrennen von Altöl oder Deponiegas in einer Verbrennungsmotoranlage mit einer Feuerungswärmeleistung von 1 Megawatt oder mehr,		A
8.1.3	Abfackeln von Deponiegas oder anderen gasförmigen Stoffen,		S
8.1.4	Verbrennen von Altöl oder Deponiegas in einer Verbrennungsmotoranlage mit einer Feuerungswärmeleistung von weniger als 1 MW;		S
8.2	Errichtung und Betrieb einer Anlage zur Erzeugung von Strom, Dampf, Warmwasser, Prozesswärme oder erhitztem Abgas durch den Einsatz von gestrichenem, lackiertem oder beschichtetem Holz oder von Sperrholz, Spanplatten, Faserplatten oder sonst verleimtem Holz oder daraus angefallenen Resten, so weit keine Holzschutzmittel aufgetragen oder infolge einer Behandlung enthalten sind oder Beschichtungen nicht aus halogenorganischen Verbindungen bestehen, in einer Verbrennungseinrichtung (wie Kraftwerk, Heizkraftwerk, Heizwerk, sonstige Feuerungsanlage) einschließlich des jeweils zugehörigen Dampfkessels, mit einer Feuerungswärmeleistung von		
8.2.1	50 MW oder mehr,	X	
8.2.2	1 MW bis weniger als 50 MW;		S
8.3	Errichtung und Betrieb einer Anlage zur biologischen Behandlung von besonders überwachungsbedürftigen Abfällen, auf die die Vorschriften des Kreislaufwirtschafts- und Abfallgesetzes Anwendung finden, mit einer Durchsatzleistung von		
8.3.1	10 t Einsatzstoffen oder mehr je Tag,	X	
8.3.2	1 t bis weniger als 10 t Einsatzstoffen je Tag;		S

Nr.	Vorhaben	Sp. 1	Sp. 2
8.4	Errichtung und Betrieb einer Anlage zur biologischen Behandlung von nicht besonders überwachungsbedürftigen Abfällen, auf die die Vorschriften des Kreislaufwirtschafts- und Abfallgesetzes Anwendung finden, mit einer Durchsatzleistung von		
8.4.1	50 t Einsatzstoffen oder mehr je Tag,		A
8.4.2	10 t bis weniger als 50 t Einsatzstoffen je Tag;		S
8.5	Errichtung und Betrieb einer Anlage zur chemischen Behandlung, insbesondere zur chemischen Emulsionsspaltung, Fällung, Flockung, Neutralisation oder Oxidation, von besonders überwachungsbedürftigen Abfällen, auf die die Vorschriften des Kreislaufwirtschafts- und Abfallgesetzes Anwendung finden;	X	
8.6	Errichtung und Betrieb einer Anlage zur chemischen Behandlung, insbesondere zur chemischen Emulsionsspaltung, Fällung, Flockung, Neutralisation oder Oxidation, von nicht besonders überwachungsbedürftigen Abfällen, auf die die Vorschriften des Kreislaufwirtschafts- und Abfallgesetzes Anwendung finden, mit einer Durchsatzleistung von		
8.6.1	100 t Einsatzstoffen oder mehr je Tag,	X	
8.6.2	50 t bis weniger als 100 t Einsatzstoffen je Tag,		A
8.6.3	10 t bis weniger als 50 t Einsatzstoffen je Tag;		S
8.7	Errichtung und Betrieb einer Anlage zur zeitweiligen Lagerung von Eisen- oder Nichteisenschrotten, einschließlich Autowracks, ausgenommen die zeitweilige Lagerung bis zum Einsammeln auf dem Gelände der Entstehung der Abfälle und Anlagen nach Nummer 8.8, mit		
8.7.1	einer Gesamtlagerfläche von 15 000 m^2 oder mehr oder einer Gesamtlagerkapazität von 1 500 t Eisen- oder Nichteisenschrotten oder mehr,		A
8.7.2	einer Gesamtlagerfläche von 1 000 m^2 bis weniger als 15 000 m^2 oder einer Gesamtlagerkapazität von 100 t bis weniger als 1 500 t Eisen- oder Nichteisenschrotten;		S
8.8	Errichtung und Betrieb einer Anlage zur zeitweiligen Lagerung von besonders überwachungsbedürftigen Schlämmen, auf die die Vorschriften des Kreislaufwirtschafts- und Abfallgesetzes Anwendung finden, mit einer Aufnahmekapazität von 10 t oder mehr je Tag oder einer Gesamtlagerkapazität von 150 t oder mehr;		A
8.9	Errichtung und Betrieb einer Anlage zur Lagerung von Abfällen, auf die die Vorschriften des Kreislaufwirtschafts- und Abfallgesetzes Anwendung finden, so weit in diesen Anlagen Abfälle vor deren Beseitigung oder Verwertung jeweils über einen Zeitraum von mehr als einem Jahr gelagert werden (langfristige Lagerung), bei		
8.9.1	besonders überwachungsbedürftigen Abfällen mit		
8.9.1.1	einer Aufnahmekapazität von 10 t je Tag oder mehr oder einer	X	

Nr.	Vorhaben	Sp. 1	Sp. 2
	Gesamtlagerkapazität von 150 t oder mehr,		
8.9.1.2	geringeren Kapazitäten als in Nummer 8.9.1.1 angegeben,		A
8.9.2	nicht besonders überwachungsbedürftigen Abfällen mit		
8.9.2.1	einer Aufnahmekapazität von 10 t je Tag oder mehr oder einer Gesamtlagerkapazität von 150 t oder mehr,		A
8.9.2.2	geringeren Kapazitäten als in Nummer 8.9.2.1 angegeben;		S
9.	Lagerung von Stoffen und Zubereitungen:		
9.1	Errichtung und Betrieb einer Anlage, die der Lagerung von brennbaren Gasen in Behältern oder von Erzeugnissen, die brennbare Gase z.B. als Treibmittel oder Brenngas in Behältern enthalten, dient, mit einem Fassungsvermögen von		
9.1.1	200 000 t oder mehr,	X	
9.1.2	30 t bis weniger als 200 000 t, so weit es sich nicht um Einzelbehältnisse mit einem Volumen von jeweils nicht mehr als 1 000 cm^3 handelt,		A
9.1.3	30 t bis weniger als 200 000 t, so weit es sich um Einzelbehältnisse mit einem Volumen von jeweils nicht mehr als 1 000 cm^3 handelt,		S
9.1.4	3 t bis weniger als 30 t, so weit es sich um Behältnisse mit einem Volumen von jeweils mehr als 1 000 cm^3 handelt;		S
9.2	Errichtung und Betrieb einer Anlage, die der Lagerung von brennbaren Flüssigkeiten in Behältern dient, mit einem Fassungsvermögen von		
9.2.1	200 000 t oder mehr,	X	
9.2.2	50 000 t bis weniger als 200 000 t,		A
9.2.3	5 000 t bis weniger als 50 000 t bei brennbaren Flüssigkeiten, die einen Flammpunkt unter 21° C haben und deren Siedepunkt bei Normaldruck (1.013 mbar) über 20° C liegt,		S
9.2.4	10 000 t bis weniger als 50 000 t bei sonstigen brennbaren Flüssigkeiten;		S
9.3	Errichtung und Betrieb einer Anlage, die der Lagerung von Chlor dient, mit einem Fassungsvermögen von		
9.3.1	200 000 t oder mehr,	X	
9.3.2	75 t bis weniger als 200 000 t,		A
9.3.3	10 t bis weniger als 75 t;		S
9.4	Errichtung und Betrieb einer Anlage, die der Lagerung von Schwefeldioxid dient, mit einem Fassungsvermögen von		
9.4.1	200 000 t oder mehr,	X	
9.4.2	250 t bis weniger als 200 000 t,		A
9.4.3	20 t bis weniger als 250 t;		S
9.5	Errichtung und Betrieb einer Anlage, die der Lagerung von Ammo-		

Nr.	Vorhaben	Sp. 1	Sp. 2
	niumnitrat oder ammoniumnitrathaltigen Zubereitungen der Gruppe A nach Anhang V Nr. 2 der Gefahrstoffverordnung dient, mit einem Fassungsvermögen von		
9.5.1	200 000 t oder mehr,	X	
9.5.2	500 t bis weniger als 200 000 t,		A
9.5.3	25 t bis weniger als 500 t;		S
9.6	Errichtung und Betrieb einer Anlage, die der Lagerung von ammoniumnitrathaltigen Zubereitungen der Gruppe B nach Anhang V Nr. 2 der Gefahrstoffverordnung dient, mit einem Fassungsvermögen von		
9.6.1	200 000 t oder mehr,	X	
9.6.2	2 500 t bis weniger als 200 000 t,		A
9.6.3	100 t bis weniger als 2 500 t;		S
9.7	Errichtung und Betrieb einer Anlage, die der Lagerung von Ammoniak dient, mit einem Fassungsvermögen von		
9.7.1	200 000 t oder mehr,	X	
9.7.2	30 t bis weniger als 200 000 t,		A
9.7.3	3 t bis weniger als 30 t;		S
9.8	Errichtung und Betrieb einer Anlage, die der Lagerung von anderen als den in den Nummern 9.1 bis 9.7 genannten chemischen Erzeugnissen dient, mit einem Fassungsvermögen von		
9.8.1	200 000 t oder mehr,	X	
9.8.2	25 000 t bis weniger als 200 000 t;		A
10.	Sonstige Industrieanlagen:		
10.1	Errichtung und Betrieb einer Anlage zur Herstellung, Bearbeitung oder Verarbeitung von explosionsgefährlichen Stoffen im Sinne des Sprengstoffgesetzes, die zur Verwendung als Sprengstoffe, Zündstoffe, Treibstoffe, pyrotechnische Sätze oder zur Herstellung dieser Stoffe bestimmt sind; hierzu gehört auch eine Anlage zum Laden, Entladen oder Delaborieren von Munition oder sonstigen Sprengkörpern, ausgenommen Anlagen im handwerklichen Umfang oder zur Herstellung von Zündhölzern sowie ortsbewegliche Mischladegeräte;	X	
10.2	Errichtung und Betrieb einer Anlage zur Wiedergewinnung oder Vernichtung von explosionsgefährlichen Stoffen im Sinne des Sprengstoffgesetzes;	X	
10.3	Errichtung und Betrieb einer Anlage zum Vulkanisieren von Natur- oder Synthesekautschuk unter Verwendung von Schwefel oder Schwefelverbindungen mit einem Einsatz von		
10.3.1	25 t Kautschuk oder mehr je Stunde,		A
10.3.2	weniger als 25 t Kautschuk je Stunde, ausgenommen Anlagen, in		S

Nr.	Vorhaben	Sp. 1	Sp. 2
	denen weniger als 50 kg Kautschuk je Stunde verarbeitet wird oder ausschließlich vorvulkanisierter Kautschuk eingesetzt wird;		
10.4	Errichtung und Betrieb einer Anlage zur Vorbehandlung (Waschen, Bleichen, Mercerisieren) oder zum Färben von Fasern oder Textilien mit		
10.4.1	einer Verarbeitungsleistung von 10 t Fasern oder Textilien oder mehr je Tag,		A
10.4.2	einer Färbeleistung von 2 t bis weniger als 10 t Fasern oder Textilien je Tag bei Anlagen zum Färben von Fasern oder Textilien unter Verwendung von Färbebeschleunigern einschließlich Spannrahmenanlagen, ausgenommen Anlagen, die unter erhöhtem Druck betrieben werden,		S
10.4.3	einer Bleichleistung von weniger als 10 t Fasern oder Textilien je Tag bei Anlagen zum Bleichen von Fasern oder Textilien unter Verwendung von Chlor oder Chlorverbindungen;		S
10.5	Errichtung und Betrieb eines Prüfstandes für oder mit Verbrennungsmotoren mit einer Feuerungswärmeleistung von insgesamt		
10.5.1	10 MW oder mehr, ausgenommen Rollenprüfstände,		A
10.5.2	300 KW bis weniger als 10 MW, ausgenommen Rollenprüfstände, die in geschlossenen Räumen betrieben werden, und Anlagen, in denen mit Katalysator oder Dieselrußfilter ausgerüstete Serienmotoren geprüft werden;		S
10.6	Errichtung und Betrieb eines Prüfstandes für oder mit Gasturbinen oder Triebwerken mit einer Feuerungswärmeleistung von insgesamt		
10.6.1	mehr als 200 MW,	X	
10.6.2	100 MW bis 200 MW,		A
10.6.3	weniger als 100 MW;		S
10.7	Errichtung und Betrieb einer ständigen Renn- oder Teststrecke für Kraftfahrzeuge;		A
11.	Kernenergie:		
11.1.	Errichtung und Betrieb einer ortsfesten Anlage zur Erzeugung oder zur Bearbeitung oder Verarbeitung oder zur Spaltung von Kernbrennstoffen oder zur Aufarbeitung bestrahlter Kernbrennstoffe sowie bei ortsfesten Anlagen zur Spaltung von Kernbrennstoffen die insgesamt geplanten Maßnahmen zur Stilllegung, zum sicheren Einschluss oder zum Abbau der Anlage oder von Anlagenteilen; ausgenommen sind ortsfeste Anlagen zur Spaltung von Kernbrennstoffen, deren Höchstleistung 1 kW thermische Dauerleistung nicht überschreitet; einzelne Maßnahmen zur Stilllegung, zum sicheren Einschluss oder zum Abbau der in Halbsatz 1 bezeichneten Anlagen oder von Anlagenteilen gelten als Änderung im Sinne von § 3e Abs. 1 Nr. 2;	X	
11.2.	Errichtung und Betrieb einer Anlage zur Sicherstellung oder zur	X	

Nr.	Vorhaben	Sp. 1	Sp. 2
	Endlagerung radioaktiver Abfälle;		
11.3.	außerhalb der in den Nummern 11.1 und 11.2 bezeichneten Anlagen Errichtung und Betrieb einer Anlage oder Einrichtung zur Bearbeitung oder Verarbeitung bestrahlter Kernbrennstoffe oder hochradioaktiver Abfälle oder zu dem ausschließlichen Zweck der für mehr als zehn Jahre geplanten Lagerung bestrahlter Kernbrennstoffe oder radioaktiver Abfälle an einem anderen Ort als dem Ort, an dem diese Stoffe angefallen sind;	X	
11.4.	außerhalb der in den Nummern 11.1 und 11.2 bezeichneten Anlagen, so weit nicht Nummer 11.3 Anwendung findet, Errichtung und Betrieb einer Anlage oder Einrichtung zur Lagerung, Bearbeitung oder Verarbeitung radioaktiver Abfälle, deren Aktivitäten die Werte erreichen oder überschreiten, bei deren Unterschreiten es für den beantragten Umgang nach einer auf Grund des Atomgesetzes erlassenen Rechtsverordnung keiner Vorbereitung der Schadensbekämpfung bei Abweichungen vom bestimmungsgemäßen Betrieb bedarf;		A
12.	Abfalldeponien:		
12.1	Errichtung und Betrieb einer Deponie zur Ablagerung von besonders überwachungsbedürftigen Abfällen im Sinne des Kreislaufwirtschafts- und Abfallgesetzes;	X	
12.2	Errichtung und Betrieb einer Deponie zur Ablagerung von nicht besonders überwachungsbedürftigen Abfällen im Sinne des Kreislaufwirtschafts- und Abfallgesetzes, mit Ausnahme der Deponien für Inertabfälle nach Nummer 12.3, mit einer Aufnahmekapazität von		
12.2.1	10 t oder mehr je Tag oder mit einer Gesamtkapazität von 25 000 t oder mehr,	X	
12.2.2	weniger als 10 t je Tag oder mit einer Gesamtkapazität von weniger als 25 000 t,		S
12.3	Errichtung und Betrieb einer Deponie zur Ablagerung von Inertabfällen im Sinne des Kreislaufwirtschafts- und Abfallgesetzes;		A
13.	Wasserwirtschaftliche Vorhaben mit Benutzung oder Ausbau eines Gewässers:		
13.1	Errichtung und Betrieb einer Abwasserbehandlungsanlage, die		
13.1.1	für organisch belastetes Abwasser von 9 000 kg/d oder mehr biochemischen Sauerstoffbedarfs in fünf Tagen (roh) oder für anorganisch belastetes Abwasser von 4 500 m^3 oder mehr Abwasser in zwei Stunden (ausgenommen Kühlwasser) ausgelegt ist,	X	
13.1.2	für organisch belastetes Abwasser von weniger als 9 000 kg/d biochemischen Sauerstoffbedarfs in fünf Tagen (roh) oder für anorganisch belastetes Abwasser von weniger als 4 500 m^3 Abwasser in zwei Stunden (ausgenommen Kühlwasser) ausgelegt ist,		L
13.2	Intensive Fischzucht mit Einbringen oder Einleiten von Stoffen in		L

Nr.	Vorhaben	Sp. 1	Sp. 2
	oberirdische Gewässer oder Küstengewässer;		
13.3	Entnehmen, Zutagefördern oder Zutageleiten von Grundwasser oder Einleiten von Oberflächenwasser zum Zwecke der Grundwasseranreicherung, jeweils mit einem jährlichen Volumen von		
13.3.1	10 Mio. m^3 oder mehr Wasser,	X	
13.3.2	weniger als 10 Mio. m^3 Wasser;		L
13.4	Tiefbohrung zum Zwecke der Wasserversorgung;		L
13.5	Wasserwirtschaftliches Projekt in der Landwirtschaft, einschließlich Bodenbewässerung oder Bodenentwässerung;		L
13.6	Bau eines Stauwerkes oder einer sonstigen Anlage zur Zurückhaltung oder dauerhaften Speicherung von Wasser, wobei		
13.6.1	10 Mio. m^3 oder mehr Wasser zurückgehalten oder gespeichert werden,	X	
13.6.2	weniger als 10 Mio. m^3 Wasser zurückgehalten oder gespeichert werden;		L
13.7	Umleitung von Wasser von einem Flusseinzugsgebiet in ein anderes, ausgenommen Transport von Trinkwasser in Rohrleitungsanlagen, mit einem Volumen von		
13.7.1	100 Mio. oder mehr m^3 Wasser pro Jahr, wenn durch die Umleitung Wassermangel verhindert werden soll, oder 5 % oder mehr des Durchflusses, wenn der langjährige durchschnittliche Wasserdurchfluss des Flusseinzugsgebiets, dem Wasser entnommen wird, 2 000 Mio. m^3 übersteigt,	X	
13.7.2	weniger als den in der vorstehenden Nummer angegebenen Werten;		L
13.8	Flusskanalisierungs- und Stromkorrekturarbeiten;		L
13.9	Bau eines Hafens für die Binnenschifffahrt, wenn der Hafen für Schiffe mit		
13.9.1	mehr als 1 350 t zugänglich ist,	X	
13.9.2	1 350 t oder weniger zugänglich ist;		L
13.10	Bau eines Binnenhafens für die Seeschifffahrt;	X	
13.11	Bau eines mit einem Binnenhafen für die Seeschifffahrt verbundenen Landungssteges zum Laden und Löschen von Schiffen (ausgenommen Fährschiffe), der		
13.11.1	Schiffe mit mehr als 1 350 t aufnehmen kann,	X	
13.11.2	Schiffe mit 1 350 t oder weniger aufnehmen kann;		L
13.12	Bau eines sonstigen Hafens, einschließlich Fischereihafens oder Jachthafens, oder einer infrastrukturellen Hafenanlage;		L
13.13	Bau eines Deiches- oder Dammes, der den Hochwasserabfluss beeinflusst;		L
13.14	Bau einer Wasserkraftanlage;		L

Nr.	Vorhaben	Sp. 1	Sp. 2
13.15	Baggerung in Flüssen oder Seen zur Gewinnung von Mineralien;		L
13.16	sonstige Ausbaumaßnahmen;		L
14.	Verkehrsvorhaben:		
14.1	Bau einer Bundeswasserstraße durch		
14.1.1	Vorhaben im Sinne der Nummern 13.6.1 und 13.7.1	X	
14.1.2	Vorhaben im Sinne der Nummern 13.6.2, 13.7.2, 13.8, 13.12 und 13.13 (unabhängig von einer Beeinflussung des Hochwasserabflusses);		A
14.2	Bau einer Bundeswasserstraße, die für Schiffe mit		
14.2.1	mehr als 1 350 t zugänglich ist,	X	
14.2.2	1 350 t oder weniger zugänglich ist;		A
14.3	Bau einer Bundesautobahn oder einer sonstigen Bundesstraße, wenn diese eine Schnellstraße im Sinne der Begriffsbestimmung des europäischen Übereinkommens über die Hauptstraßen des internationalen Verkehrs vom 15. November 1975 ist;	X	
14.4	Bau einer neuen vier- oder mehrstreifigen Bundesstraße, wenn diese neue Straße eine durchgehende Länge von 5 km oder mehr aufweist;	X	
14.5	Bau einer vier- oder mehrstreifigen Bundesstraße durch Verlegung und/oder Ausbau einer bestehenden Bundesstraße, wenn dieser geänderte Bundesstraßenabschnitt eine durchgehende Länge von 10 km oder mehr aufweist;	X	
14.6	Bau einer sonstigen Bundesstraße;		A
14.7	Bau eines Schienenweges von Eisenbahnen mit den dazu gehörenden Betriebsanlagen einschließlich Bahnstromfernleitungen;	X	
14.8	Bau einer sonstigen Betriebsanlage von Eisenbahnen, insbesondere einer intermodalen Umschlagsanlage oder eines Terminals für Eisenbahnen, so weit der Bau nicht Teil des Baues eines Schienenweges nach Nummer 14.7 ist;		A
14.9	Bau einer Magnetschwebebahnstrecke mit den dazu gehörenden Betriebsanlagen;	X	
14.10	Bau einer anderen Bahnstrecke für den öffentlichen spurgeführten Verkehr mit den dazu gehörenden Betriebsanlagen;		A
14.11	Bau einer Bahnstrecke für Straßenbahnen, Stadtschnellbahnen in Hochlage, Untergrundbahnen oder Hängebahnen im Sinne des Personenbeförderungsgesetzes, jeweils mit den dazu gehörenden Betriebsanlagen;		A

Nr.	Vorhaben	Sp. 1	Sp. 2
14.12	Bau eines Flugplatzes im Sinne der Begriffsbestimmungen des Abkommens von Chicago von 1944 zur Errichtung der Internationalen Zivilluftfahrt-Organisation (Anhang 14) mit einer Start- und Landebahngrundlänge von		
14.12.1	1 500 m oder mehr,	X	
14.12.2	weniger als 1500 m;		A
15.	Bergbau:		
15.1	Bergbauliche Vorhaben einschließlich der zu deren Durchführung erforderlichen betriebsplanpflichtigen Maßnahmen dieser Anlage nur nach Maßgabe der auf Grund des § 57c Nr. 1 des Bundesberggesetzes erlassenen Rechtsverordnung;		
16.	Flurbereinigung:		
16.1	Bau der gemeinschaftlichen und öffentlichen Anlagen im Sinne des Flurbereinigungsgesetzes;		A
17.	Forstliche Vorhaben:		
17.1	Erstaufforstung im Sinne des Bundeswaldgesetzes mit		
17.1.1	50 ha oder mehr Wald,	X	
17.1.2	weniger als 50 ha Wald;		L
17.2	Rodung von Wald im Sinne des Bundeswaldgesetzes zum Zwecke der Umwandlung in eine andere Nutzungsart mit		
17.2.1	10 ha oder mehr Wald,	X	
17.2.2	weniger als 10 ha Wald;		L
18.	Bauvorhaben:		
18.1	Bau eines Feriendorfes, eines Hotelkomplexes oder einer sonstigen großen Einrichtung für die Ferien- und Fremdenbeherbergung, für den im bisherigen Außenbereich im Sinne des § 35 des Baugesetzbuchs ein Bebauungsplan aufgestellt wird, nur im Aufstellungsverfahren, mit		
18.1.1	einer Bettenzahl von jeweils insgesamt 300 oder mehr oder mit einer Gästezimmerzahl von jeweils insgesamt 200 oder mehr,	X	
18.1.2	einer Bettenzahl von jeweils insgesamt 100 bis weniger als 300 oder mit einer Gästezimmerzahl von jeweils insgesamt 80 bis weniger als 200;		A
18.2	Bau eines ganzjährig betriebenen Campingplatzes, für den im bisherigen Außenbereich im Sinne des § 35 des Baugesetzbuchs ein Bebauungsplan aufgestellt wird, nur im Aufstellungsverfahren, mit einer Stellplatzzahl von		
18.2.1	200 oder mehr,	X	
18.2.2	50 bis weniger als 200;		A

Nr.	Vorhaben	Sp. 1	Sp. 2
18.3	Bau eines Freizeitparks, für den im bisherigen Außenbereich im Sinne des § 35 des Baugesetzbuchs ein Bebauungsplan aufgestellt wird, nur im Aufstellungsverfahren, mit einer Größe des Plangebiets von		
18.3.1	10 ha oder mehr,	X	
18.3.2	4 ha bis weniger als 10 ha;		A
18.4	Bau eines Parkplatzes, für den im bisherigen Außenbereich im Sinne des § 35 des Baugesetzbuchs ein Bebauungsplan aufgestellt wird, nur im Aufstellungsverfahren, mit einer Größe von		
18.4.1	1 ha oder mehr,	X	
18.4.2	0,5 ha bis weniger als 1 ha;		A
18.5	Bau einer Industriezone für Industrieanlagen, für den im bisherigen Außenbereich im Sinne des § 35 des Baugesetzbuchs ein Bebauungsplan aufgestellt wird, nur im Aufstellungsverfahren, mit einer zulässigen Grundfläche im Sinne des § 19 Abs. 2 der Baunutzungsverordnung oder einer festgesetzten Größe der Grundfläche von insgesamt		
18.5.1	100 000 m^2 oder mehr,	X	
18.5.2	20 000 m^2 bis weniger als 100 000 m^2;		A
18.6	Bau eines Einkaufszentrums, eines großflächigen Einzelhandelsbetriebes oder eines sonstigen großflächigen Handelbetriebes im Sinne des § 11 Abs. 3 Satz 1 der Baunutzungsverordnung, für den im bisherigen Außenbereich im Sinne des § 35 des Baugesetzbuchs ein Bebauungsplan aufgestellt wird, nur im Aufstellungsverfahren, mit einer zulässigen Geschossfläche von		
18.6.1	5 000 m^2 oder mehr,	X	
18.6.2	1 200 m^2 bis weniger als 5 000 m^2;		A
18.7	Bau eines Städtebauprojektes für sonstige bauliche Anlagen, für den im bisherigen Außenbereich im Sinne des § 35 des Baugesetzbuchs ein Bebauungsplan aufgestellt wird, nur im Aufstellungsverfahren, mit einer zulässigen Grundfläche im Sinne des § 19 Abs. 2 der Baunutzungsverordnung oder einer festgesetzten Größe der Grundfläche von insgesamt		
18.7.1	100 000 m^2 oder mehr,	X	
18.7.2	20 000 m^2 bis weniger als 100 000 m^2;		A
18.8	Bau eines Vorhabens der in den Nummern 18.1 bis 18.7 genannten Art, so weit der jeweilige Prüfwert für die Vorprüfung erreicht oder überschritten wird und für den in sonstigen Gebieten ein Bebauungsplan aufgestellt, geändert oder ergänzt wird, nur im Aufstellungsverfahren;		A

Nr.	Vorhaben	Sp. 1	Sp. 2
18.9	Vorhaben, für das nach Landesrecht zur Umsetzung der Richtlinie 85/337/EWG des Rates über die Umweltverträglichkeitsprüfung bei bestimmten öffentlichen und privaten Projekten (ABl. EG Nr. L 175, Satz 40) in der durch die Änderungsrichtlinie 97/11/EG des Rates (ABl. EG Nr. L 73, Satz 5) geänderten Fassung eine Umweltverträglichkeitsprüfung vorgesehen ist, sofern dessen Zulässigkeit durch einen Bebauungsplan begründet wird oder ein Bebauungsplan einen Planfeststellungsbeschluss ersetzt;		
19.	Leitungsanlagen und andere Anlagen:		
19.1	Errichtung und Betrieb einer Hochspannungsfreileitung im Sinne des Energiewirtschaftsgesetzes mit		
19.1.1	einer Länge von mehr als 15 km und mit einer Nennspannung von 220 kV oder mehr,	X	
19.1.2	einer Länge von mehr als 15 km und mit einer Nennspannung von 110 kV bis zu 220 kV,		A
19.1.3	einer Länge von 5 km bis 15 km und mit einer Nennspannung von 110 kV oder mehr		A
19.1.4	einer Länge von weniger als 5 km und einer Nennspannung von 110 kV oder mehr		S
19.2	Errichtung und Betrieb einer Gasversorgungsleitung im Sinne des Energiewirtschaftsgesetzes, ausgenommen Anlagen, die den Bereich eines Werksgeländes nicht überschreiten, mit		
19.2.1	einer Länge von mehr als 40 km und einem Durchmesser von mehr als 800 mm,	X	
19.2.2	einer Länge von mehr als 40 km und einem Durchmesser von 300 mm bis zu 800 mm,		A
19.2.3	einer Länge von 5 km bis 40 km und einem Durchmesser von mehr als 300 mm,		A
19.2.4	einer Länge von weniger als 5 km und einem Durchmesser von mehr als 300 mm;		S
19.3	Errichtung und Betrieb einer Rohrleitungsanlage zum Befördern wassergefährdender Stoffe im Sinne von § 19a Abs. 2 des Wasserhaushaltsgesetzes, ausgenommen Anlagen, die den Bereich eines Werksgeländes nicht überschreiten oder Zubehör einer Anlage zum Lagern solcher Stoffe sind, mit		
19.3.1	einer Länge von mehr als 40 km,	X	
19.3.2	einer Länge von 2 km bis 40 km und einem Durchmesser der Rohrleitung von mehr als 150 mm,		A
19.3.3	einer Länge von weniger als 2 km und einem Durchmesser der Rohrleitung von mehr als 150 mm;		S

Nr.	Vorhaben	Sp. 1	Sp. 2
19.4	Errichtung und Betrieb einer Rohrleitungsanlage, so weit sie nicht unter Nummer 19.3 fällt, zum Befördern von verflüssigten Gasen, ausgenommen Anlagen, die den Bereich eines Werksgeländes nicht überschreiten, mit		
19.4.1	einer Länge von mehr als 40 km und einem Durchmesser der Rohrleitung von mehr als 800 mm,	X	
19.4.2	einer Länge von mehr als 40 km und einem Durchmesser der Rohrleitung von 150 mm bis zu 800 mm,		A
19.4.3	einer Länge von 2 km bis 40 km und einem Durchmesser der Rohrleitung von mehr als 150 mm,		A
19.4.4	einer Länge von weniger als 2 km und einem Durchmesser der Rohrleitung von mehr als 150 mm;		S
19.5	Errichtung und Betrieb einer Rohrleitungsanlage, so weit sie nicht unter Nummer 19.3 oder als Energieanlage im Sinne des Energiewirtschaftsgesetzes unter Nummer 19.2 fällt, zum Befördern von nichtverflüssigten Gasen, ausgenommen Anlagen, die den Bereich eines Werksgeländes nicht überschreiten, mit		
19.5.1	einer Länge von mehr als 40 km und einem Durchmesser der Rohrleitung von mehr als 800 mm,	X	
19.5.2	einer Länge von mehr als 40 km und einem Durchmesser der Rohrleitung von 300 mm bis zu 800 mm,		A
19.5.3	einer Länge von 5 km bis 40 km und einem Durchmesser der Rohrleitung von mehr als 300 mm,		A
19.5.4	einer Länge von weniger als 5 km und einem Durchmesser der Rohrleitung von mehr als 300 mm;		S
19.6	Errichtung und Betrieb einer Rohrleitungsanlage zum Befördern von Stoffen im Sinne von § 3a des Chemikaliengesetzes, so weit sie nicht unter eine der Nummern 19.2 bis 19.5 fällt und ausgenommen Abwasserleitungen sowie Anlagen, die den Bereich eines Werksgeländes nicht überschreiten oder Zubehör einer Anlage zum Lagern solcher Stoffe sind, mit		
19.6.1	einer Länge von mehr als 40 km und einem Durchmesser der Rohrleitung von mehr als 800 mm,	X	
19.6.2	einer Länge von mehr als 40 km und einem Durchmesser der Rohrleitung von 300 mm bis 800 mm,		A
19.6.3	einer Länge von 5 km bis 40 km und einem Durchmesser der Rohrleitung von mehr als 300 mm,		A
19.6.4	einer Länge von weniger als 5 km und einem Durchmesser der Rohrleitung von mehr als 300 mm;		S

Nr.	Vorhaben	Sp. 1	Sp. 2
19.7	Errichtung und Betrieb einer Rohrleitungsanlage zum Befördern von Dampf oder Warmwasser aus einer Anlage nach den Nummern 1 bis 10, die den Bereich des Werksgeländes überschreitet (Dampf- oder Warmwasserpipeline), mit		
19.7.1	einer Länge von 5 km oder mehr außerhalb des Werksgeländes,		A
19.7.2	einer Länge von weniger als 5 km im Außenbereich;		S
19.8	Errichtung und Betrieb einer Rohrleitungsanlage, so weit sie nicht unter Nummer 19.6 fällt, zum Befördern von Wasser, die das Gebiet einer Gemeinde überschreitet (Wasserfernleitung), mit		
19.8.1	einer Länge von 10 km oder mehr,		A
19.8.2	einer Länge von 2 km bis weniger als 10 km;		S
19.9	Errichtung und Betrieb eines künstlichen Wasserspeichers mit		
19.9.1	10 Mio. m^3 oder mehr Wasser,	X	
19.9.2	2 Mio. m^3 bis weniger als 10 Mio. m^3 Wasser,		A
19.9.3	5 000 m^3 bis weniger als 2 Mio. m^3 Wasser.		S

Anlage 2

Kriterien für die Vorprüfung des Einzelfalls

Nachstehende Kriterien sind anzuwenden, so weit in § 3c Abs. 1 Satz 1 und 2, auch in Verbindung mit § 3e und § 3f, auf Anlage 2 Bezug genommen wird.

1.	Merkmale der Vorhaben Die Merkmale eines Vorhabens sind insbesondere hinsichtlich folgender Kriterien zu beurteilen:
1.1	Größe des Vorhabens,
1.2	Nutzung und Gestaltung von Wasser, Boden, Natur und Landschaft,
1.3	Abfallerzeugung,
1.4	Umweltverschmutzung und Belästigungen,
1.5	Unfallrisiko, insbesondere mit Blick auf verwendete Stoffe und Technologien.
2.	Standort der Vorhaben Die ökologische Empfindlichkeit eines Gebiets, das durch ein Vorhaben möglicherweise beeinträchtigt wird, ist insbesondere hinsichtlich folgender Nutzungs- und Schutzkriterien unter Berücksichtigung der Kumulierung mit anderen Vorhaben in ihrem gemeinsamen Einwirkungsbereich zu beurteilen:
2.1	bestehende Nutzung des Gebietes, insbesondere als Fläche für Siedlung und Erholung, für land-, forst- und fischereiwirtschaftliche Nutzungen, für sonstige wirtschaftliche und öffentliche Nutzungen, Verkehr, Ver- und Entsorgung (Nutzungskriterien),
2.2	Reichtum, Qualität und Regenerationsfähigkeit von Wasser, Boden, Natur und Landschaft des Gebietes (Qualitätskriterien),
2.3	Belastbarkeit der Schutzgüter unter besonderer Berücksichtigung folgender Gebiete und von Art und Umfang des ihnen jeweils zugewiesenen Schutzes (Schutzkriterien):
2.3.1	im Bundesanzeiger gemäß § 10 Abs. 5 des Bundesnaturschutzgesetzes bekannt gemachte Gebiete von gemeinschaftlicher Bedeutung oder europäische Vogelschutzgebiete,
2.3.2	Naturschutzgebiete gemäß § 23 des Bundesnaturschutzgesetzes, so weit nicht bereits von dem Buchstaben a erfasst,
2.3.3	Nationalparke gemäß § 24 des Bundesnaturschutzgesetzes, so weit nicht bereits von dem Buchstaben a erfasst,
2.3.4	Biosphärenreservate und Landschaftsschutzgebiete gemäß den §§ 25 und 26 des Bundesnaturschutzgesetzes,
2.3.5	gesetzlich geschützte Biotope gemäß § 30 des Bundesnaturschutzgesetzes,
2.3.6	Wasserschutzgebiete gemäß § 19 des Wasserhaushaltsgesetzes oder nach Landeswasserrecht festgesetzte Heilquellenschutzgebiete sowie Überschwemmungsgebiete gemäß § 32 des Wasserhaushaltsgesetzes,
2.3.7	Gebiete, in denen die in den Gemeinschaftsvorschriften festgelegten Umweltqualitätsnormen bereits überschritten sind,
2.3.8	Gebiete mit hoher Bevölkerungsdichte, insbesondere Zentrale Orte und Siedlungsschwerpunkte in verdichteten Räumen im Sinne des § 2 Abs. 2 Nr.2 und 5 des Raumordnungsgesetzes,

2.3.9	in amtlichen Listen oder Karten verzeichnete Denkmale, Denkmalensembles, Bodendenkmale oder Gebiete, die von der durch die Länder bestimmten Denkmalschutzbehörde als archäologisch bedeutende Landschaften eingestuft worden sind.
3.	Merkmale der möglichen Auswirkungen Die möglichen erheblichen Auswirkungen eines Vorhabens sind anhand der unter den Nummern 1 und 2 aufgeführten Kriterien zu beurteilen; insbesondere ist folgendem Rechnung zu tragen:
3.1	dem Ausmaß der Auswirkungen (geografisches Gebiet und betroffene Bevölkerung),
3.2	dem etwaigen grenzüberschreitenden Charakter der Auswirkungen,
3.3	der Schwere und der Komplexität der Auswirkungen,
3.4	der Wahrscheinlichkeit von Auswirkungen,
3.5	der Dauer, Häufigkeit und Reversibilität der Auswirkungen."

H. Raumordnungsgesetz (ROG)

Artikel 2 des Gesetzes zur Änderung des Baugesetzbuchs und zur Neuregelung des Rechts der Raumordnung (Bau- und Raumordnungsgesetz 1998 - BauROG) - vom 18. August 1997 (BGBl. I Satz 2081), zuletzt geändert durch Art. 2 des Europarechtsanpassungsgesetzes Bau

Abschnitt 1. Allgemeine Vorschriften

§ 1 Aufgabe und Leitvorstellung der Raumordnung

§ 2 Grundsätze der Raumordnung

§ 3 Begriffsbestimmungen

§ 4 Bindungswirkungen der Erfordernisse der Raumordnung

§ 5 Bindungswirkungen bei besonderen Bundesmaßnahmen

Abschnitt 2. Raumordnung in den Ländern, Ermächtigung zum Erlass von Rechtsverordnungen

§ 6 Rechtsgrundlagen der Länder

§ 7 Allgemeine Vorschriften über Raumordnungspläne

§ 8 Raumordnungsplan für das Landesgebiet

§ 9 Regionalpläne

§ 10 Planerhaltung

§ 11 Zielabweichungsverfahren

§ 12 Untersagung raumordnungswidriger Planungen und Maßnahmen

§ 13 Verwirklichung der Raumordnungspläne

§ 14 Abstimmung raumbedeutsamer Planungen und Maßnahmen

§ 15 Raumordnungsverfahren

§ 16 Grenzüberschreitende Abstimmung von raumbedeutsamen Planungen und Maßnahmen

§ 17 Ermächtigung zum Erlass von Rechtsverordnungen

Abschnitt 3. Raumordnung im Bund

§ 18 Raumordnung im Bund

§ 18a Raumordnung in der deutschen ausschließlichen Wirtschaftszone

§ 19 Gegenseitige Unterrichtung und gemeinsame Beratung

§ 20 Beirat für Raumordnung

§ 21 Raumordnungsberichte

Abschnitt 4. Überleitungs- und Schlussvorschriften

§ 22 Anpassung des Landesrechts

§ 23 Überleitungsvorschriften

Abschnitt 1. Allgemeine Vorschriften

§ 1 (Aufgabe und Leitvorstellung der Raumordnung). (1) Der Gesamtraum der Bundesrepublik Deutschland und seine Teilräume sind durch zusammenfassende, übergeordnete Raumordnungspläne und durch Abstimmung raumbedeutsamer Planungen und Maßnahmen zu entwickeln, zu ordnen und zu sichern. Dabei sind

1. unterschiedliche Anforderungen an den Raum aufeinander abzustimmen und die auf der jeweiligen Planungsebene auftretenden Konflikte auszugleichen,

2. Vorsorge für einzelne Raumfunktionen und Raumnutzungen zu treffen.

In der deutschen ausschließlichen Wirtschaftszone können einzelne Funktionen im Rahmen der Vorgaben des Seerechtsübereinkommens der Vereinten Nationen vom 10. Dezember 1982 (BGBl. 1994 II Satz 1798) durch die Raumordnung entwickelt, geordnet und gesichert werden. (2) Leitvorstellung bei der Erfüllung der Aufgabe nach Abs. 1 ist eine nachhaltige Raumentwicklung, die die sozialen und wirtschaftlichen Ansprüche an den Raum mit seinen ökologischen Funktionen in Einklang bringt und zu einer dauerhaften, großräumig ausgewogenen Ordnung führt. Dabei sind

1. die freie Entfaltung der Persönlichkeit in der Gemeinschaft und in der Verantwortung gegenüber künftigen Generationen zu gewährleisten,

2. die natürlichen Lebensgrundlagen zu schützen und zu entwickeln,

3. die Standortvoraussetzungen für wirtschaftliche Entwicklungen zu schaffen,

4. Gestaltungsmöglichkeiten der Raumnutzung langfristig offen zu halten,

5. die prägende Vielfalt der Teilräume zu stärken,

6. gleichwertige Lebensverhältnisse in allen Teilräumen herzustellen,

7. die räumlichen und strukturellen Ungleichgewichte zwischen den bis zur Herstellung der Einheit Deutschlands getrennten Gebieten auszugleichen,

8. die räumlichen Voraussetzungen für den Zusammenhalt in der Europäischen Gemeinschaft und im größeren europäischen Raum zu schaffen.

(3) Die Entwicklung, Ordnung und Sicherung der Teilräume soll sich in die Gegebenheiten und Erfordernisse des Gesamtraums einfügen; die Entwicklung, Ordnung und Sicherung des Gesamtraums soll die Gegebenheiten und Erfordernisse seiner Teilräume berücksichtigen (Gegenstromprinzip).

§ 2 (Grundsätze der Raumordnung). (1) Die Grundsätze der Raumordnung sind im Sinne der Leitvorstellung einer nachhaltigen Raumentwicklung nach § 1 Abs. 2 anzuwenden.

(2) Grundsätze der Raumordnung sind:

1. Im Gesamtraum der Bundesrepublik Deutschland ist eine ausgewogene Siedlungs- und Freiraumstruktur zu entwickeln. Die Funktionsfähigkeit des Naturhaushalts im besiedelten und unbesiedelten Bereich ist zu sichern. In den jeweiligen Teilräumen sind ausgeglichene wirtschaftliche, infrastrukturelle, soziale, ökologische und kulturelle Verhältnisse anzustreben.

2. Die dezentrale Siedlungsstruktur des Gesamtraums mit ihrer Vielzahl leistungsfähiger Zentren und Stadtregionen ist zu erhalten. Die Siedlungstätigkeit ist räumlich zu konzentrieren und auf ein System leistungsfähiger Zentraler Orte auszurichten. Der Wiedernutzung brachgefallener Siedlungsflächen ist der Vorrang vor der Inanspruchnahme von Freiflächen zu geben.

3. Die großräumige und übergreifende Freiraumstruktur ist zu erhalten und zu entwickeln. Die Freiräume sind in ihrer Bedeutung für funktionsfähige Böden, für den Wasserhaushalt, die Tier- und Pflanzenwelt sowie das Klima zu sichern oder in ihrer Funktion wiederherzustellen.

Wirtschaftliche und soziale Nutzungen des Freiraums sind unter Beachtung seiner ökologischen Funktionen zu gewährleisten.

4. Die Infrastruktur ist mit der Siedlungs- und Freiraumstruktur in Übereinstimmung zu bringen. Eine Grundversorgung der Bevölkerung mit technischen Infrastrukturleistungen der Ver- und Entsorgung ist flächendeckend sicherzustellen. Die soziale Infrastruktur ist vorrangig in Zentralen Orten zu bündeln.

5. Verdichtete Räume sind als Wohn-, Produktions- und Dienstleistungsschwerpunkte zu sichern. Die Siedlungsentwicklung ist durch Ausrichtung auf ein integriertes Verkehrssystem und die Sicherung von Freiräumen zu steuern. Die Attraktivität des öffentlichen Personennahverkehrs ist durch Ausgestaltung von Verkehrsverbünden und die Schaffung leistungsfähiger Schnittstellen zu erhöhen. Grünbereiche sind als Elemente eines Freiraumverbundes zu sichern und zusammenzuführen. Umweltbelastungen sind abzubauen.

6. Ländliche Räume sind als Lebens- und Wirtschaftsräume mit eigenständiger Bedeutung zu entwickeln. Eine ausgewogene Bevölkerungsstruktur ist zu fördern. Die Zentralen Orte der ländlichen Räume sind als Träger der teilräumlichen Entwicklung zu unterstützen. Die ökologischen Funktionen der ländlichen Räume sind auch in ihrer Bedeutung für den Gesamtraum zu erhalten.

7. In Räumen, in denen die Lebensbedingungen in ihrer Gesamtheit im Verhältnis zum Bundesdurchschnitt wesentlich zurückgeblieben sind oder ein solches Zurückbleiben zu befürchten ist (strukturschwache Räume), sind die Entwicklungsvoraussetzungen bevorzugt zu verbessern. Dazu gehören insbesondere ausreichende und qualifizierte Ausbildungs- und Erwerbsmöglichkeiten sowie eine Verbesserung der Umweltbedingungen und der Infrastrukturausstattung.

8. Natur und Landschaft einschließlich Gewässer, Wald und Meeresgebiete sind dauerhaft zu schützen, zu pflegen, zu entwickeln und, soweit erforderlich, möglich und angemessen, wiederherzustellen. Dabei ist den Erfordernissen des Biotopverbundes Rechnung zu tragen. Die Naturgüter, insbesondere Wasser und Boden, sind sparsam und schonend in Anspruch zu nehmen; Grundwasservorkommen sind zu schützen. Beeinträchtigungen des Naturhaushalts sind auszugleichen. Bei dauerhaft nicht mehr genutzten Flächen soll der Boden in seiner Leistungsfähigkeit erhalten oder wiederhergestellt werden. Bei der Sicherung und Entwicklung der ökologischen Funktionen und landschaftsbezogenen Nutzungen sind auch die jeweiligen Wechselwirkungen zu berücksichtigen. Für den vorbeugenden Hochwasserschutz ist an der Küste und im Binnenland zu sorgen, im Binnenland vor allem durch Sicherung oder Rückgewinnung von Auen, Rückhalteflächen und überschwemmungsgefährdeten Bereichen. Der Schutz der Allgemeinheit vor Lärm und die Reinhaltung der Luft sind sicherzustellen.

9. Zu einer räumlich ausgewogenen, langfristig wettbewerbsfähigen Wirtschaftsstruktur sowie zu einem ausreichenden und vielfältigen Angebot an Arbeits- und Ausbildungsplätzen ist beizutragen. Zur Verbesserung der Standortbedingungen für die Wirtschaft sind in erforderlichem Umfang Flächen vorzuhalten, die wirtschaftsnahe Infrastruktur auszubauen sowie die Attraktivität der Standorte zu erhöhen. Für die vorsorgende Sicherung sowie die geordnete Aufsuchung und Gewinnung von standortgebundenen Rohstoffen sind die räumlichen Voraussetzungen zu schaffen.

10. Es sind die räumlichen Voraussetzungen dafür zu schaffen oder zu sichern, dass die Landwirtschaft als bäuerlich strukturierter, leistungsfähiger Wirtschaftszweig sich dem Wettbewerb entsprechend entwickeln kann und gemeinsam mit einer leistungsfähigen, nachhaltigen Forstwirtschaft dazu beiträgt, die natürlichen Lebensgrundlagen zu schützen sowie Natur und Landschaft zu pflegen und zu gestalten. Flächengebundene Landwirtschaft ist zu schützen; landwirtschaftlich und als Wald genutzte Flächen sind in ausreichendem Umfang zu erhalten.

In den Teilräumen ist ein ausgewogenes Verhältnis landwirtschaftlich und als Wald genutzter Flächen anzustreben.

11. Dem Wohnbedarf der Bevölkerung ist Rechnung zu tragen. Die Eigenentwicklung der Gemeinden bei der Wohnraumversorgung ihrer Bevölkerung ist zu gewährleisten. Bei der Festlegung von Gebieten, in denen Arbeitsplätze geschaffen werden sollen, ist der dadurch voraussichtlich ausgelöste Wohnbedarf zu berücksichtigen; dabei ist auf eine funktional sinnvolle Zuordnung dieser Gebiete zu den Wohngebieten hinzuwirken.

12. Eine gute Erreichbarkeit aller Teilräume untereinander durch Personen- und Güterverkehr ist sicherzustellen. Vor allem in verkehrlich hoch belasteten Räumen und Korridoren sind die Voraussetzungen zur Verlagerung von Verkehr auf umweltverträglichere Verkehrsträger wie Schiene und Wasserstraße zu verbessern. Die Siedlungsentwicklung ist durch Zuordnung und Mischung der unterschiedlichen Raumnutzungen so zu gestalten, dass die Verkehrsbelastung verringert und zusätzlicher Verkehr vermieden wird.

13. Die geschichtlichen und kulturellen Zusammenhänge sowie die regionale Zusammengehörigkeit sind zu wahren. Die gewachsenen Kulturlandschaften sind in ihren prägenden Merkmalen sowie mit ihren Kultur- und Naturdenkmälern zu erhalten.

14. Für Erholung in Natur und Landschaft sowie für Freizeit und Sport sind geeignete Gebiete und Standorte zu sichern.

15. Den räumlichen Erfordernissen der zivilen und militärischen Verteidigung ist Rechnung zu tragen.

(3) Die Länder können weitere Grundsätze der Raumordnung aufstellen, so weit diese dem Abs. 2 und dem § 1 nicht widersprechen; hierzu gehören auch Grundsätze in Raumordnungsplänen.

§ 3 Begriffsbestimmungen. Im Sinne dieses Gesetzes sind

1. Erfordernisse der Raumordnung: Ziele der Raumordnung, Grundsätze der Raumordnung und sonstige Erfordernisse der Raumordnung,

2. Ziele der Raumordnung: verbindliche Vorgaben in Form von räumlich und sachlich bestimmten oder bestimmbaren, vom Träger der Landes- oder Regionalplanung abschließend abgewogenen textlichen oder zeichnerischen Festlegungen in Raumordnungsplänen zur Entwicklung, Ordnung und Sicherung des Raums,

3. Grundsätze der Raumordnung: allgemeine Aussagen zur Entwicklung, Ordnung und Sicherung des Raums in oder auf Grund von § 2 als Vorgaben für nachfolgende Abwägungs- oder Ermessensentscheidungen,

4. sonstige Erfordernisse der Raumordnung: in Aufstellung befindliche Ziele der Raumordnung, Ergebnisse förmlicher landesplanerischer Verfahren wie des Raumordnungsverfahrens und landesplanerische Stellungnahmen,

5. öffentliche Stellen: Behörden des Bundes und der Länder, kommunale Gebietskörperschaften, bundesunmittelbare und die der Aufsicht eines Landes unterstehenden Körperschaften, Anstalten und Stiftungen des öffentlichen Rechts,

6. raumbedeutsame Planungen und Maßnahmen: Planungen einschließlich der Raumordnungspläne, Vorhaben und sonstige Maßnahmen, durch die Raum in Anspruch genommen oder die räumliche Entwicklung oder Funktion eines Gebietes beeinflusst wird, einschließlich des Einsatzes der hierfür vorgesehenen öffentlichen Finanzmittel,

7. Raumordnungspläne: der Raumordnungsplan für das Landesgebiet nach § 8 und die Pläne für Teilräume der Länder (Regionalpläne) nach § 9

§ 4 Bindungswirkungen der Erfordernisse der Raumordnung. (1) Ziele der Raumordnung sind von öffentlichen Stellen bei ihren raumbedeutsamen Planungen und Maßnahmen zu beachten. Dies gilt auch bei

1. Genehmigungen, Planfeststellungen und sonstigen behördlichen Entscheidungen über die Zulässigkeit raumbedeutsamer Maßnahmen öffentlicher Stellen,

2. Planfeststellungen und Genehmigungen mit der Rechtswirkung der Planfeststellung über die Zulässigkeit raumbedeutsamer Maßnahmen von Personen des Privatrechts.

(2) Die Grundsätze und sonstigen Erfordernisse der Raumordnung sind von öffentlichen Stellen bei raumbedeutsamen Planungen und Maßnahmen nach Abs. 1 in der Abwägung oder bei der Ermessensausübung nach Maßgabe der dafür geltenden Vorschriften zu berücksichtigen.

(3) Bei raumbedeutsamen Planungen und Maßnahmen, die Personen des Privatrechts in Wahrnehmung öffentlicher Aufgaben durchführen, gelten Abs. 1 Satz 1 und 2 Nr. 1 und Abs. 2 entsprechend, wenn

1. öffentliche Stellen an den Personen mehrheitlich beteiligt sind oder

2. die Planungen und Maßnahmen überwiegend mit öffentlichen Mitteln finanziert werden.

(4) Bei Genehmigungen, Planfeststellungen und sonstigen behördlichen Entscheidungen über die Zulässigkeit raumbedeutsamer Maßnahmen von Personen des Privatrechts sind die Erfordernisse der Raumordnung nach Maßgabe der für diese Entscheidungen geltenden Vorschriften zu berücksichtigen. Abs. 1 Satz 2 Nr. 2 bleibt unberührt. Bei Genehmigungen über die Errichtung und den Betrieb von öffentlich zugänglichen Abfallbeseitigungsanlagen von Personen des Privatrechts nach den Vorschriften des Bundes-Immissionsschutzgesetzes sind die Erfordernisse der Raumordnung zu berücksichtigen.

(5) Weitergehende Bindungswirkungen der Erfordernisse der Raumordnung auf Grund von Fachgesetzen bleiben unberührt.

§ 5 Bindungswirkungen bei besonderen Bundesmaßnahmen. (1) Bei raumbedeutsamen Planungen und Maßnahmen von öffentlichen Stellen des Bundes, von anderen öffentlichen Stellen, die im Auftrag des Bundes tätig sind, sowie von Personen des Privatrechts nach § 4 Abs. 3, die für den Bund öffentliche Aufgaben durchführen,

1. deren besondere öffentliche Zweckbestimmung einen bestimmten Standort oder eine bestimmte Linienführung erfordert oder

2. die auf Grundstücken durchgeführt werden sollen, die nach dem Landbeschaffungsgesetz oder nach dem Schutzbereichsgesetz in Anspruch genommen sind, oder

3. über die in einem Verfahren nach dem Bundesfernstraßengesetz, dem Allgemeinen Eisenbahngesetz, dem Magnetschwebebahnplanungsgesetz, dem Bundeswasserstraßengesetz, dem Luftverkehrsgesetz oder dem Atomgesetz zu entscheiden ist, gilt die Bindungswirkung der Ziele der Raumordnung nach § 4 Abs. 1 oder 3 nur, wenn

 a) die zuständige Stelle oder Person nach § 7 Abs. 5 beteiligt worden ist,

 b) das Verfahren nach Abs. 2 zu keiner Einigung geführt hat und

 c) die Stelle oder Person innerhalb einer Frist von zwei Monaten nach Mitteilung des rechtsverbindlichen Ziels nicht widersprochen hat.

(2) Macht eine Stelle oder Person nach Abs. 1 öffentliche Belange gegen ein in Aufstellung befindliches Ziel der Raumordnung geltend, die unter den Voraussetzungen des Absatzes 3 zum Widerspruch berechtigen würden, sollen sich der Träger der Planung und die Stelle oder Person unter Beteiligung der obersten Landesplanungsbehörde, des für Raumordnung zuständigen Bun-

desministeriums und des zuständigen Fachministeriums des Bundes innerhalb einer Frist von drei Monaten um eine einvernehmliche Lösung bemühen.

(3) Der Widerspruch nach Abs. 1 lässt die Bindungswirkung des Ziels der Raumordnung gegenüber der widersprechenden Stelle oder Person nicht entstehen, wenn dieses

1. auf einer fehlerhaften Abwägung beruht oder

2. mit der Zweckbestimmung des Vorhabens nicht in Einklang steht und das Vorhaben nicht auf einer anderen geeigneten Fläche durchgeführt werden kann.

(4) Macht eine Veränderung der Sachlage ein Abweichen von den Zielen der Raumordnung erforderlich, so kann die zuständige öffentliche Stelle oder Person nach Abs. 1 mit Zustimmung der nächst höheren Behörde innerhalb angemessener Frist, spätestens sechs Monate ab Kenntnis der veränderten Sachlage, unter den Voraussetzungen von Abs. 3 nachträglich widersprechen. Muss infolge des nachträglichen Widerspruchs der Raumordnungsplan geändert, ergänzt oder aufgehoben werden, hat die widersprechende öffentliche Stelle oder Person die dadurch entstehenden Kosten zu ersetzen.

Abschnitt 2. Raumordnung in den Ländern, Ermächtigung zum Erlass von Rechtsverordnungen

§ 6 Rechtsgrundlagen der Länder. Die Länder schaffen Rechtsgrundlagen für eine Raumordnung in ihrem Gebiet (Landesplanung) im Rahmen der §§ 7 bis 16. Weitergehende und ins Einzelne gehende landesrechtliche Vorschriften sind zulässig, so weit diese den §§ 7 bis 16 nicht widersprechen.

§ 7 Allgemeine Vorschriften über Raumordnungspläne. (1) Die Grundsätze der Raumordnung sind nach Maßgabe der Leitvorstellung und des Gegenstromprinzips des § 1 Abs. 2 und 3 für den jeweiligen Planungsraum und einen regelmäßig mittelfristigen Zeitraum durch Raumordnungspläne zu konkretisieren. Die Aufstellung räumlicher und sachlicher Teilpläne ist zulässig. In den Raumordnungsplänen sind Ziele der Raumordnung als solche zu kennzeichnen.

(2) Die Raumordnungspläne sollen Festlegungen zur Raumstruktur enthalten, insbesondere zu:

1. der anzustrebenden Siedlungsstruktur; hierzu können gehören

a) Raumkategorien,

b) Zentrale Orte,

c) besondere Gemeindefunktionen, wie Entwicklungsschwerpunkte und Entlastungsorte,

d) Siedlungsentwicklungen,

e) Achsen,

2. der anzustrebenden Freiraumstruktur; hierzu können gehören

a) großräumig übergreifende Freiräume und Freiraumschutz,

b) Nutzungen im Freiraum, wie Standorte für die vorsorgende Sicherung sowie die geordnete Aufsuchung und Gewinnung von standortgebundenen Rohstoffen,

c) Sanierung und Entwicklung von Raumfunktionen,

3. den zu sichernden Standorten und Trassen für Infrastruktur; hierzu können gehören

a) Verkehrsinfrastruktur und Umschlaganlagen von Gütern,

b) Ver- und Entsorgungsinfrastruktur.

Bei Festlegungen nach Satz 1 Nr. 2 kann zugleich bestimmt werden, dass in diesem Gebiet unvermeidbare Beeinträchtigungen der Leistungsfähigkeit des Naturhaushalts oder des Landschaftsbildes an anderer Stelle ausgeglichen, ersetzt oder gemindert werden können.

(3) Die Raumordnungspläne sollen auch diejenigen Festlegungen zu raumbedeutsamen Planungen und Maßnahmen von öffentlichen Stellen und Personen des Privatrechts nach § 4 Abs. 3 enthalten, die zur Aufnahme in Raumordnungspläne geeignet und nach Maßgabe von Abs. 7 zur Koordinierung von Raumansprüchen erforderlich sind und die durch Ziele oder Grundsätze der Raumordnung gesichert werden können. Neben den Darstellungen in Fachplänen des Verkehrsrechts sowie des Wasser- und Immissionsschutzrechts gehören hierzu insbesondere:

1. die raumbedeutsamen Erfordernisse und Maßnahmen des Naturschutzes und der Landschaftspflege in Landschaftsprogrammen und Landschaftsrahmenplänen auf Grund der Vorschriften des Bundesnaturschutzgesetzes; die Raumordnungspläne können auch die Funktion von Landschaftsprogrammen und Landschaftsrahmenplänen übernehmen,

2. die raumbedeutsamen Erfordernisse und Maßnahmen der forstlichen Rahmenpläne auf Grund der Vorschriften des Bundeswaldgesetzes,

3. die raumbedeutsamen Erfordernisse und Maßnahmen der Abfallwirtschaftsplanung nach den Vorschriften des Kreislaufwirtschafts- und Abfallgesetzes,

4. die raumbedeutsamen Erfordernisse und Maßnahmen der Vorplanung nach den Vorschriften des Gesetzes über die Gemeinschaftsaufgabe "Verbesserung der Agrarstruktur und des Küstenschutzes".

(4) Die Festlegungen nach den Absätzen 2 und 3 können auch Gebiete bezeichnen,

1. die für bestimmte, raumbedeutsame Funktionen oder Nutzungen vorgesehen sind und andere raumbedeutsame Nutzungen in diesem Gebiet ausschließen, so weit diese mit den vorrangigen Funktionen, Nutzungen oder Zielen der Raumordnung nicht vereinbar sind (Vorranggebiete),

2. in denen bestimmten, raumbedeutsamen Funktionen oder Nutzungen bei der Abwägung mit konkurrierenden raumbedeutsamen Nutzungen besonderes Gewicht beigemessen werden soll (Vorbehaltsgebiete),

3. die für bestimmte, raumbedeutsame Maßnahmen geeignet sind, die städtebaulich nach § 35 des Baugesetzbuchs zu beurteilen sind und an anderer Stelle im Planungsraum ausgeschlossen werden (Eignungsgebiete). Es kann vorgesehen werden, dass Vorranggebiete für raumbedeutsame Nutzungen zugleich die Wirkung von Eignungsgebieten für raumbedeutsame Maßnahmen nach Satz 1 Nr. 3 haben können.

(5) Es ist vorzusehen, dass bei der Aufstellung und Änderung von Raumordnungsplänen eine Umweltprüfung im Sinne der Richtlinie 2001/42/EG des Europäischen Parlaments und des Rates vom 27. Juni über die Prüfung der Umweltauswirkungen bestimmter Pläne und Programme (ABl. EG Nr. L 197 Satz 30) durchgeführt wird. In dem dabei gemäß den Kriterien des Anhangs I der Richtlinie 2001/42/EG zu erstellenden Umweltbericht sind die voraussichtlichen erheblichen Auswirkungen, die die Durchführung des Raumordnungsplans auf die Umwelt hat, sowie anderweitige Planungsmöglichkeiten unter Berücksichtigung der wesentlichen Zwecke des Raumordnungsplans zu ermitteln, zu beschreiben und zu bewerten. Der Umweltbericht kann als gesonderter Teil in die Begründung des Raumordnungsplans nach Abs. 8 aufgenommen werden. Die öffentlichen Stellen, deren Aufgabenbereich von den Umweltauswirkungen berührt werden kann, sind bei der Festlegung des Umfangs und Detaillierungsgrads des Umweltberichts zu beteiligen. Es kann vorgesehen werden, dass geringfügige Änderungen von Raumordnungsplänen nur dann einer Umweltprüfung bedürfen, wenn gemäß Artikel 3 der Richtlinie 2001/42/EG nach den Kriterien ihres Anhangs II festgestellt wurde, dass sie voraussichtlich erhebliche Umweltauswirkungen haben. Diese Feststellung ist unter Beteiligung der öffentlichen Stellen, deren Aufgabenbereich von den Umweltauswirkungen berührt werden kann, zu treffen. Sofern festgestellt wurde, dass keine erheblichen Umweltauswirkungen zu erwarten sind, sind die zu diesem Ergebnis führenden

Erwägungen im Entwurf der Begründung der Planänderung aufzunehmen. Es kann vorgesehen werden, dass bei Regionalplänen die Umweltprüfung auf zusätzliche oder andere erhebliche Umweltauswirkungen zu beschränken ist, wenn der Raumordnungsplan für das Landesgebiet, aus dem die Regionalpläne entwickelt werden, bereits eine Umweltprüfung im Sinne der Richtlinie 2001/42/EG enthält. Ebenso kann vorgesehen werden, dass die Umweltprüfung sowie andere, auf Grund von Rechtsvorschriften der Europäischen Gemeinschaft erforderliche Verfahren zur Prüfung von Umweltauswirkungen gemeinsam durchgeführt werden.

(6) Es ist vorzusehen, dass den öffentlichen Stellen und der Öffentlichkeit frühzeitig und effektiv Gelegenheit zur Stellungnahme zum Entwurf des Raumordnungsplans und seiner Begründung sowie zum Umweltbericht zu geben ist. Wird die Durchführung eines Plans voraussichtlich erhebliche Auswirkungen auf die Umwelt eines anderen Staates haben, so ist dessen Beteiligung entsprechend den Grundsätzen des Gesetzes über die Umweltverträglichkeitsprüfung durchzuführen.

(7) Für die Aufstellung der Raumordnungspläne ist vorzusehen, dass die Grundsätze der Raumordnung gegeneinander und untereinander abzuwägen sind. Sonstige öffentliche Belange sowie private Belange sind in der Abwägung zu berücksichtigen, so weit sie auf der jeweiligen Planungsebene erkennbar und von Bedeutung sind. In der Abwägung sind auch die Erhaltungsziele oder der Schutzzweck der Gebiete von gemeinschaftlicher Bedeutung und der Europäischen Vogelschutzgebiete im Sinne des Bundesnaturschutzgesetzes zu berücksichtigen; so weit diese erheblich beeinträchtigt werden können, sind die Vorschriften des Bundesnaturschutzgesetzes über die Zulässigkeit oder Durchführung von derartigen Eingriffen sowie die Einholung der Stellungnahme der Kommission anzuwenden (Prüfung nach der Fauna-Flora-Habitat-Richtlinie). Der Umweltbericht nach Abs. 5 sowie die Stellungnahmen nach Abs. 6 sind in der Abwägung zu berücksichtigen.

(8) Es ist vorzusehen, dass den Raumordnungsplänen eine Begründung beizufügen ist. Die Begründung hat hinsichtlich der Umweltprüfung Angaben darüber zu enthalten, wie Umwelterwägungen, der Umweltbericht sowie die abgegebenen Stellungnahmen im Plan berücksichtigt wurden und welche Gründe nach Abwägung mit den geprüften anderweitigen Planungsmöglichkeiten für die Festlegungen des Plans entscheidungserheblich waren. Ferner sind die vorgesehenen Maßnahmen zur Überwachung der erheblichen Auswirkungen der Durchführung des Plans auf die Umwelt zu benennen.

(9) Es ist vorzusehen, dass der Raumordnungsplan mit seiner die Umweltprüfung betreffenden Begründung öffentlich bekannt zu machen ist.

(10) Es ist vorzusehen, dass die erheblichen Auswirkungen der Durchführung der Raumordnungspläne auf die Umwelt zu überwachen sind.

§ 8 Raumordnungsplan für das Landesgebiet. (1) Für das Gebiet eines jeden Landes ist ein zusammenfassender und übergeordneter Plan aufzustellen. In den Ländern Berlin, Bremen und Hamburg kann ein Flächennutzungsplan nach § 5 des Baugesetzbuchs die Funktion eines Plans nach Satz 1 übernehmen; § 7 gilt entsprechend.

(2) Die Raumordnungspläne benachbarter Länder sind aufeinander abzustimmen.

§ 9 Regionalpläne. (1) In den Ländern, deren Gebiet die Verflechtungsbereiche mehrerer Zentraler Orte oberster Stufe umfasst, sind Regionalpläne aufzustellen. Ist eine Planung angesichts bestehender Verflechtungen, insbesondere in einem verdichteten Raum, über die Grenzen eines Landes erforderlich, so sind im gegenseitigen Einvernehmen die notwendigen Maßnahmen, wie eine gemeinsame Regionalplanung oder eine gemeinsame informelle Planung, zu treffen.

(2) Die Regionalpläne sind aus dem Raumordnungsplan für das Landesgebiet nach § 8 zu entwickeln; § 4 Abs. 1 bleibt unberührt. Die Flächennutzungspläne und die Ergebnisse der von Ge-

meinden beschlossenen sonstigen städtebaulichen Planungen sind entsprechend § 1 Abs. 3 in der Abwägung nach § 7 Abs. 7 zu berücksichtigen.

(3) Die Regionalpläne benachbarter Planungsräume sind aufeinander abzustimmen.

(4) So weit die Regionalplanung nicht durch Zusammenschlüsse von Gemeinden und Gemeindeverbänden zu regionalen Planungsgemeinschaften erfolgt, ist vorzusehen, dass die Gemeinden und Gemeindeverbände oder deren Zusammenschlüsse in einem förmlichen Verfahren beteiligt werden.

(5) Den Trägern der Regionalplanung können weitere Aufgaben übertragen werden.

(6) Erfolgt die Regionalplanung durch Zusammenschlüsse von Gemeinden und Gemeindeverbänden zu regionalen Planungsgemeinschaften, kann in verdichteten Räumen oder bei sonstigen raumstrukturellen Verflechtungen zugelassen werden, dass ein Plan zugleich die Funktion eines Regionalplans und eines gemeinsamen Flächennutzungsplans nach § 204 des Baugesetzbuchs übernimmt, wenn er den auf Grund des Abschnitts 2 dieses Gesetzes erlassenen Vorschriften und den Vorschriften des Baugesetzbuchs entspricht (regionaler Flächennutzungsplan). In den Plänen sind sowohl die Festlegungen im Sinne des § 7 Abs. 1 bis 4 als auch die Darstellungen im Sinne des § 5 des Baugesetzbuchs zu kennzeichnen. § 7 Abs. 1 Satz 2 ist hinsichtlich räumlicher Teilpläne nicht anzuwenden.

§ 10 Planerhaltung. (1) Zur Planerhaltung ist vorzusehen, dass die Beachtlichkeit einer Verletzung der für Raumordnungspläne geltenden Verfahrens- und Formvorschriften von der Einhaltung einer Rügefrist von längstens einem Jahr nach Bekanntmachung des Raumordnungsplanes abhängig gemacht wird.

(2) Die Beachtlichkeit einer Verletzung von Verfahrens- und Formvorschriften sowie von Abwägungsmängeln kann insbesondere ausgeschlossen werden bei

1. Unvollständigkeit der Begründung des Raumordnungsplanes, außer bei Unvollständigkeit der die Umweltprüfung betreffenden Begründung nach § 7 Abs. 8 Satz 2 und 3, sofern hier abwägungserhebliche Angaben fehlen,

2. Abwägungsmängeln, die weder offensichtlich noch auf das Abwägungsergebnis von Einfluss gewesen sind.

(3) Bei Abwägungsmängeln, die nicht nach Abs. 2 Nr. 2 unbeachtlich sind und die durch ein ergänzendes Verfahren behoben werden können, kann ausgeschlossen werden, dass sie zur Nichtigkeit des Plans führen, mit der Folge, dass der Plan bis zur Behebung der Mängel keine Bindungswirkungen entfaltet.

§ 11 Zielabweichungsverfahren. Von einem Ziel der Raumordnung kann in einem besonderen Verfahren abgewichen werden, wenn die Abweichung unter raumordnerischen Gesichtspunkten vertretbar ist und die Grundzüge der Planung nicht berührt werden. Es ist vorzusehen, dass antragsbefugt insbesondere die öffentlichen Stellen und Personen nach § 5 Abs. 1 sowie die kommunalen Gebietskörperschaften sind, die das Ziel der Raumordnung zu beachten haben.

§ 12 Untersagung raumordnungswidriger Planungen und Maßnahmen. (1) Es ist vorzusehen, dass raumbedeutsame Planungen und Maßnahmen, die von den Bindungswirkungen der Ziele der Raumordnung nach § 4 Abs. 1 und 3 erfasst werden, untersagt werden können:

1. zeitlich unbefristet, wenn Ziele der Raumordnung entgegenstehen,

2. zeitlich befristet, wenn zu befürchten ist, dass die Verwirklichung in Aufstellung, Änderung, Ergänzung oder Aufhebung befindlicher Ziele der Raumordnung unmöglich gemacht oder wesentlich erschwert werden würde.

(2) Die befristete Untersagung kann in den Fällen des Absatzes 1 Satz 1 Nr. 2 auch bei behördlichen Entscheidungen über die Zulässigkeit raumbedeutsamer Maßnahmen von Personen des

Privatrechts erfolgen, wenn die Ziele der Raumordnung bei der Genehmigung der Maßnahme nach § 4 Abs. 4 und 5 rechtserheblich sind.

(3) Widerspruch und Anfechtungsklage gegen eine Untersagung haben keine aufschiebende Wirkung.

(4) Die Höchstdauer der befristeten Untersagung darf zwei Jahre nicht überschreiten.

§ 13 Verwirklichung der Raumordnungspläne. Die Träger der Landes- und Regionalplanung wirken auf die Verwirklichung der Raumordnungspläne hin. Sie sollen die Zusammenarbeit der für die Verwirklichung maßgeblichen öffentlichen Stellen und Personen des Privatrechts fördern. Dies kann insbesondere im Rahmen von Entwicklungskonzepten für Teilräume erfolgen, durch die raumbedeutsame Planungen und Maßnahmen vorgeschlagen und aufeinander abgestimmt werden (regionale Entwicklungskonzepte). Die Zusammenarbeit von Gemeinden zur Stärkung teilräumlicher Entwicklungen (Städtenetze) ist zu unterstützen. Vertragliche Vereinbarungen zur Vorbereitung und Verwirklichung der Raumordnungspläne können geschlossen werden.

§ 14 Abstimmung raumbedeutsamer Planungen und Maßnahmen. Es ist vorzusehen, dass die öffentlichen Stellen und Personen des Privatrechts nach § 4 Abs. 3 ihre raumbedeutsamen Planungen und Maßnahmen aufeinander und untereinander abzustimmen haben. Inhalt und Umfang der Mitteilungs- und Auskunftspflicht über beabsichtigte raumbedeutsame Planungen und Maßnahmen und die Mitwirkung der für die Raumordnung zuständigen Behörden bei der Abstimmung sind zu regeln.

§ 15 Raumordnungsverfahren. (1) Raumbedeutsame Planungen und Maßnahmen sind in einem besonderen Verfahren untereinander und mit den Erfordernissen der Raumordnung abzustimmen (Raumordnungsverfahren). Durch das Raumordnungsverfahren wird festgestellt,

1. ob raumbedeutsame Planungen oder Maßnahmen mit den Erfordernissen der Raumordnung übereinstimmen und

2. wie raumbedeutsame Planungen und Maßnahmen unter den Gesichtspunkten der Raumordnung aufeinander abgestimmt oder durchgeführt werden können

(Raumverträglichkeitsprüfung). Im Raumordnungsverfahren sind die raumbedeutsamen Auswirkungen der Planung oder Maßnahme auf die in den Grundsätzen des § 2 Abs. 2 genannten Belange unter überörtlichen Gesichtspunkten zu prüfen. Die Feststellung nach Satz 2 schließt die Prüfung vom Träger der Planung oder Maßnahme eingeführter Standort- oder Trassenalternativen ein.

(2) Von einem Raumordnungsverfahren kann abgesehen werden, wenn die Beurteilung der Raumverträglichkeit der Planung oder Maßnahme bereits auf anderer raumordnerischer Grundlage hinreichend gewährleistet ist; dies gilt insbesondere, wenn die Planung oder Maßnahme

1. Zielen der Raumordnung entspricht oder widerspricht oder

2. den Darstellungen oder Festsetzungen eines den Zielen der Raumordnung angepassten Flächennutzungsplans oder Bebauungsplans nach den Vorschriften des Baugesetzbuchs entspricht oder widerspricht und sich die Zulässigkeit dieser Planung oder Maßnahme nicht nach einem Planfeststellungsverfahren oder einem sonstigen Verfahren mit den Rechtswirkungen der Planfeststellung für raumbedeutsame Vorhaben bestimmt oder

3. in einem anderen gesetzlichen Abstimmungsverfahren unter Beteiligung der Landesplanungsbehörde festgelegt worden ist.

(3) Es sind Regelungen zur Einholung der erforderlichen Angaben für die Planung oder Maßnahme vorzusehen. Dabei sollen sich die Verfahrensunterlagen auf die Angaben beschränken, die notwendig sind, um eine Bewertung der raumbedeutsamen Auswirkungen des Vorhabens zu ermöglichen.

(4) Es ist vorzusehen, dass die öffentlichen Stellen zu unterrichten und zu beteiligen sind. Bei raumbedeutsamen Planungen und Maßnahmen von öffentlichen Stellen des Bundes, von anderen öffentlichen Stellen, die im Auftrag des Bundes tätig sind, sowie von Personen des Privatrechts nach § 5 Abs. 1 ist vorzusehen, dass im Benehmen mit der zuständigen Stelle oder Person über die Einleitung eines Raumordnungsverfahrens zu entscheiden ist.

(5) Bei raumbedeutsamen Planungen und Maßnahmen der militärischen Verteidigung entscheidet das zuständige Bundesministerium oder die von ihm bestimmte Stelle, bei raumbedeutsamen Planungen und Maßnahmen der zivilen Verteidigung die zuständige Stelle über Art und Umfang der Angaben für die Planung oder Maßnahme.

(6) Es kann vorgesehen werden, dass die Öffentlichkeit in die Durchführung eines Raumordnungsverfahrens einbezogen wird. Bei raumbedeutsamen Planungen und Maßnahmen nach Abs. 5 entscheiden darüber, ob und in welchem Umfang die Öffentlichkeit einbezogen wird, die dort genannten Stellen.

(7) Über die Notwendigkeit, ein Raumordnungsverfahren durchzuführen, ist innerhalb einer Frist von höchstens vier Wochen nach Einreichung der hierfür erforderlichen Unterlagen zu entscheiden. Das Raumordnungsverfahren ist nach Vorliegen der vollständigen Unterlagen innerhalb einer Frist von höchstens sechs Monaten abzuschließen.

(8) Für die Länder Berlin, Bremen und Hamburg gilt die Verpflichtung, Raumordnungsverfahren durchzuführen, nicht. Schaffen diese Länder allein oder gemeinsam mit anderen Ländern Rechtsgrundlagen für Raumordnungsverfahren, finden die Absätze 1 bis 7 Anwendung.

§ 16 Grenzüberschreitende Abstimmung von raumbedeutsamen Planungen und Maßnahmen. Raumbedeutsame Planungen und Maßnahmen, die erhebliche Auswirkungen auf Nachbarstaaten haben können, sind mit den betroffenen Nachbarstaaten nach den Grundsätzen der Gegenseitigkeit und Gleichwertigkeit abzustimmen.

§ 17 Ermächtigung zum Erlass von Rechtsverordnungen. (1) Die Länder sehen vor, dass

1. in § 7 Abs. 2 aufgeführte Festlegungen in Raumordnungsplänen,

2. die dazu notwendigen Planzeichen

mit einer von dem für Raumordnung zuständigen Bundesministerium durch Rechtsverordnung mit Zustimmung des Bundesrates bestimmten Bedeutung und Form verwendet werden.

(2) Die Bundesregierung bestimmt durch Rechtsverordnung mit Zustimmung des Bundesrates Planungen und Maßnahmen, für die ein Raumordnungsverfahren durchgeführt werden soll, wenn sie im Einzelfall raumbedeutsam sind und überörtliche Bedeutung haben.

Abschnitt 3. Raumordnung im Bund

§ 18 Raumordnung im Bund. (1) Das für Raumordnung zuständige Bundesministerium wirkt unbeschadet der Aufgaben und Zuständigkeiten der Länder auf die Verwirklichung der Grundsätze der Raumordnung des § 2 Abs. 2 nach Maßgabe der Leitvorstellung und des Gegenstromprinzips nach § 1 Abs. 2 und 3 hin. Es entwickelt auf der Grundlage der Raumordnungspläne und in Zusammenarbeit mit den für Raumordnung zuständigen obersten Landesbehörden insbesondere Leitbilder der räumlichen Entwicklung des Bundesgebietes oder von über die Länder hinausgreifenden Zusammenhängen als Grundlage für die Abstimmung raumbedeutsamer Planungen und Maßnahmen des Bundes und der Europäischen Gemeinschaft nach Maßgabe der dafür geltenden Vorschriften.

(2) Der Bund beteiligt sich in Zusammenarbeit mit den Ländern an einer Raumordnung in der Europäischen Gemeinschaft und im größeren europäischen Raum.

(3) Bund und Länder wirken bei der grenzüberschreitenden Zusammenarbeit mit den Nachbarstaaten im Bereich der Raumordnung eng zusammen.

(4) Der Bund hat darauf hinzuwirken, dass die Personen des Privatrechts, an denen der Bund beteiligt ist, im Rahmen der ihnen obliegenden Aufgaben bei raumbedeutsamen Planungen und Maßnahmen die Leitvorstellung des § 1 Abs. 2 und die Grundsätze des § 2 Abs. 2 berücksichtigen sowie Ziele der Raumordnung beachten.

(5) Das Bundesamt für Bauwesen und Raumordnung führt ein Informationssystem zur räumlichen Entwicklung im Bundesgebiet. Es ermittelt fortlaufend den allgemeinen Stand der räumlichen Entwicklung und seine Veränderungen sowie die Folgen solcher Veränderungen, wertet sie aus und bewertet sie. Das für Raumordnung zuständige Bundesministerium stellt den Ländern die Ergebnisse des Informationssystems zur Verfügung.

§ 18a (Raumordnung in der deutschen ausschließlichen Wirtschaftszone. (1) Das Bundesministerium für Verkehr, Bau- und Wohnungswesen stellt in der deutschen ausschließlichen Wirtschaftszone Ziele und Grundsätze der Raumordnung im Sinne des § 3 Nr. 2 und 3 hinsichtlich der wirtschaftlichen und wissenschaftlichen Nutzung, hinsichtlich der Gewährleistung der Sicherheit und Leichtigkeit der Seeschifffahrt sowie zum Schutz der Meeresumwelt auf. Die Vorschriften des § 7 Abs. 1 und 4 bis 10 gelten entsprechend. Die Aufstellung der Ziele und Grundsätze der Raumordnung erfolgt unter Beteiligung der fachlich betroffenen Bundesministerien durch Rechtsverordnung, die nicht der Zustimmung des Bundesrates bedarf.

(2) Das Bundesamt für Seeschifffahrt und Hydrographie führt mit Zustimmung des Bundesministeriums für Verkehr, Bau- und Wohnungswesen die vorbereitenden Verfahrensschritte zur Aufstellung der Ziele und Grundsätze der Raumordnung einschließlich der Festlegungen nach § 7 Abs. 4, insbesondere die Umweltprüfung und die Öffentlichkeitsbeteiligung, durch. Das Bundesministerium für Verkehr, Bau- und Wohnungswesen beteiligt die fachlich betroffenen Bundesministerien und stellt das Benehmen mit den angrenzenden Ländern her.

(3) Werden nach Abs. 1 Satz 1 als Ziele der Raumordnung Vorranggebiete für Windkraftanlagen festgelegt, haben diese im Verfahren zur Genehmigung einer Anlage nach der Seeanlagenverordnung im Hinblick auf die Wahl des Standortes die Wirkung eines Sachverständigengutachtens; die Anforderungen über die Umweltverträglichkeitsprüfung von Vorhaben gemäß § 2a der Seeanlagenverordnung bleiben unberührt. Bis zum 31. Dezember 2005 festgelegte besondere Eignungsgebiete nach § 3a Abs. 1 der Seeanlagenverordnung sind als Ziele der Raumordnung nach Abs. 1 Satz 1 zu übernehmen und als Vorranggebiete nach § 7 Abs. 4 Nr. 1 festzulegen.

§ 19 Gegenseitige Unterrichtung und gemeinsame Beratung. (1) Die öffentlichen Stellen des Bundes und die Personen des Privatrechts nach § 5 Abs. 1 sind verpflichtet, dem für Raumordnung zuständigen Bundesministerium die erforderlichen Auskünfte über raumbedeutsame Planungen und Maßnahmen zu geben. Das für Raumordnung zuständige Bundesministerium unterrichtet die für Raumordnung zuständigen obersten Landesbehörden sowie die Personen des Privatrechts nach § 5 Abs. 1 über raumbedeutsame Planungen und Maßnahmen der öffentlichen Stellen des Bundes von wesentlicher Bedeutung.

(2) Die für Raumordnung zuständigen obersten Landesbehörden informieren das für Raumordnung zuständige Bundesministerium über

1. die in ihren Ländern aufzustellenden und aufgestellten Raumordnungspläne,

2. die beabsichtigten oder getroffenen sonstigen raumordnerischen Maßnahmen und Entscheidungen von wesentlicher Bedeutung.

(3) Bund und Länder sind verpflichtet, sich gegenseitig alle Auskünfte zu erteilen, die zur Durchführung der Aufgaben der Raumordnung notwendig sind.

(4) Grundsätzliche Fragen der Raumordnung und Zweifelsfragen sollen von dem für Raumordnung zuständigen Bundesministerium und den für Raumordnung zuständigen obersten Landesbehörden gemeinsam beraten werden. Hierzu gehören insbesondere:

1. Leitbilder der räumlichen Entwicklung nach § 18 Abs. 1,

2. Fragen einer Raumordnung in der Europäischen Gemeinschaft und im größeren europäischen Raum nach § 18 Abs. 2,

3. Grundsatzfragen der grenzüberschreitenden Zusammenarbeit in Fragen der Raumordnung nach § 18 Abs. 3,

4. Zweifelsfragen bei der Abstimmung von raumbedeutsamen Planungen und Maßnahmen nach § 14,

5. Zweifelsfragen über die Folgen der Verwirklichung von Erfordernissen der Raumordnung in benachbarten Ländern und im Bundesgebiet in seiner Gesamtheit.

§ 20 Beirat für Raumordnung. (1) Bei dem für Raumordnung zuständigen Bundesministerium ist ein Beirat zu bilden. Er hat die Aufgabe, das Bundesministerium in Grundsatzfragen der Raumordnung zu beraten.

(2) Das Bundesministerium beruft im Benehmen mit den zuständigen Spitzenverbänden in den Beirat neben Vertretern der kommunalen Selbstverwaltung Sachverständige insbesondere aus den Bereichen der Wissenschaft, der Landesplanung, des Städtebaus, der Wirtschaft, der Land- und Forstwirtschaft, des Naturschutzes und der Landschaftspflege, der Arbeitgeber, der Arbeitnehmer und des Sports.

§ 21 Raumordnungsberichte. Das Bundesamt für Bauwesen und Raumordnung erstattet in regelmäßigen Abständen gegenüber dem für Raumordnung zuständigen Bundesministerium zur Vorlage an den Deutschen Bundestag Berichte über

1. die bei der räumlichen Entwicklung des Bundesgebietes zu Grunde zu legenden Tatsachen (Bestandsaufnahme, Entwicklungstendenzen),

2. die im Rahmen der angestrebten räumlichen Entwicklung durchgeführten und beabsichtigten raumbedeutsamen Planungen und Maßnahmen,

3. die räumliche Verteilung der raumbedeutsamen Planungen und Maßnahmen des Bundes und der Europäischen Gemeinschaft im Bundesgebiet,

4. die Auswirkungen der Politik der Europäischen Gemeinschaft auf die räumliche Entwicklung des Bundesgebietes.

Abschnitt 4. Überleitungs- und Schlussvorschriften

§ 22 Anpassung des Landesrechts. Die Verpflichtung der Länder gemäß Artikel 75 Abs. 3 des Grundgesetzes ist innerhalb von vier Jahren nach dem Inkrafttreten dieses Gesetzes zu erfüllen. Hinsichtlich § 7 Abs. 5 bis 10 ist die Verpflichtung der Länder bis zum 31. Dezember 2006 zu erfüllen. Bis zu einer Umsetzung der Richtlinie 2001/42/EG durch die Länder sind § 7 Abs. 5 bis 10 und § 10 Abs. 2 Nr. 1 unmittelbar anzuwenden.

§ 23 Überleitungsvorschriften. (1) Ist mit der Einleitung, Aufstellung, Änderung, Ergänzung oder Aufhebung einer raumbedeutsamen Planung oder Maßnahme vor dem 1. Januar 1998 begonnen worden, sind die Vorschriften des Raumordnungsgesetzes in der vor dem 18. August 1997 geltenden Fassung weiter anzuwenden.

(2) Bis zur Schaffung von Rechtsgrundlagen kann die für Raumordnung zuständige Landesbehörde im Einvernehmen mit den fachlich berührten Stellen und im Benehmen mit den betroffenen Gemeinden im Einzelfall Abweichungen von Zielen der Raumordnung nach Maßgabe des § 11

zulassen. Das Gesetz zur Änderung des Baugesetzbuchs und zur Neuregelung des Rechts der Raumordnung (Bau- und Raumordnungsgesetz 1998 - BauROG) vom 18. August 1997 (BGBl. I Satz 2081) enthält die folgende Inkraft- und Außerkrafttretensregelung:

(3) § 7 Abs. 5 bis 10 und § 10 Abs. 2 Nr. 1 finden Anwendung auf Raumordnungspläne, deren Aufstellung nach dem 20. Juli 2004 förmlich eingeleitet wird. Auf Raumordnungspläne, deren Aufstellung bis zum 20. Juli 2004 förmlich eingeleitet und nach dem 20. Juli 2006 abgeschlossen wird, finden § 7 Abs. 5 bis 9 und § 10 Abs. 2 Nr. 1 Anwendung, es sei denn, die Länder entscheiden im Einzelfall, dass dies nicht durchführbar ist, und unterrichten die Öffentlichkeit über ihre Entscheidung. Auf Raumordnungspläne, deren Aufstellung bis zum 20. Juli 2004 eingeleitet und bis zum 20. Juli 2006 abgeschlossen wird, finden die §§ 7 und 10 in der vor dem 20. Juli 2004 geltenden Fassung Anwendung.

Artikel 11 Inkrafttreten; Außerkrafttreten. (1) Dieses Gesetz tritt am 1. Januar 1998 in Kraft.

(2) Das Raumordnungsgesetz in der Fassung der Bekanntmachung vom 28. April 1993 (BGBl. I Satz 630), zuletzt geändert durch Artikel 2 Abs. 3 des Gesetzes vom 23. November 1994 (BGBl. I Satz 3486), und das Maßnahmengesetz zum Baugesetzbuch in der Fassung der Bekanntmachung vom 28. April 1993 (BGBl. I Satz 622), geändert durch Artikel 6 des Gesetzes vom 1. November 1996 (BGBl. I Satz 1626), treten mit dem Inkrafttreten dieses Gesetzes außer Kraft.

(3) Artikel 2 § 23 Abs. 2 dieses Gesetzes tritt am 31. Dezember 2001 außer Kraft.

I. Plan-UP-Richtlinie

(Amtsblatt der Europäischen Gemeinschaften 21.7.2001 L 197/30)

DAS EUROPÄISCHE PARLAMENT UND DER RAT DER EUROPÄISCHEN UNION — gestützt auf den Vertrag zur Gründung der Europäischen Gemeinschaft, insbesondere auf Artikel 175 Absatz 1, auf Vorschlag der Kommission[1], nach Stellungnahme des Wirtschafts- und Sozialausschusses [2], nach Stellungnahme des Ausschusses der Regionen 3, gemäß dem Verfahren des Artikels 251 des Vertrags 4, aufgrund des vom Vermittlungsausschuss am 21. März 2001 gebilligten gemeinsamen Entwurfs, in Erwägung nachstehender Gründe:(1) Gemäß Artikel 174 des Vertrags trägt die Umweltpolitik der Gemeinschaft auf der Grundlage des Vorsorgeprinzips unter anderem zur Verwirklichung der nachstehenden Ziele bei: Erhaltung und Schutz der Umwelt sowie Verbesserung ihrer Qualität, Schutz der menschlichen Gesundheit, umsichtige und rationelle Verwendung der natürlichen Ressourcen. Gemäß Artikel 6 des Vertrags müssen die Erfordernisse des Umweltschutzes bei der Festlegung der Gemeinschaftspolitiken und -maßnahmen insbesondere zur Förderung einer nachhaltigen Entwicklung einbezogen werden.

(2) Im Fünften umweltpolitischen Aktionsprogramm („Programm der Europäischen Gemeinschaft für Umweltpolitik und Maßnahmen im Hinblick auf eine dauerhafte und umweltgerechte Entwicklung")[5], das durch den Beschluss Nr. 2179/98/EG des Rates [6] über die Überprüfung des Programms ergänzt wurde, wird bekräftigt, wie wichtig eine Bewertung möglicher Auswirkungen von Plänen und Programmen auf die Umwelt ist.

(3) Das Übereinkommen über die biologische Vielfalt verlangt von den Vertragsparteien, soweit möglich und sofern angebracht die Erhaltung und nachhaltige Nutzung der biologischen Vielfalt in einschlägige sektorale oder sektorübergreifende Pläne und Programme einzubeziehen.

(4) Die Umweltprüfung ist ein wichtiges Werkzeug zur Einbeziehung von Umwelterwägungen bei der Ausarbeitung und Annahme bestimmter Pläne und Programme, die erhebliche Auswirkungen auf die Umwelt in den Mitgliedstaaten haben können. Denn sie gewährleistet, dass derartige Auswirkungen aus der Durchführung von Plänen und Programmen bei der Ausarbeitung und vor der Annahme berücksichtigt werden.

(5) Die Festlegung von Verfahren für die Umweltprüfung auf der Ebene von Plänen und Programmen sollte den Unternehmen zugute kommen, da damit ein konsistenterer Handlungsrahmen durch Einbeziehung der relevanten Umweltinformationen bei der Entscheidungsfindung geboten

1 ABl. C 129 vom 25.4.1997, S. 14, und ABl. C 83 vom 25.3.1999, S. 13.

2 ABl. C 287 vom 22.9.1997, S. 101.

3 ABl. C 64 vom 27.2.1998, S. 63, und ABl. C 374 vom 23.12.1999, S. 9.

4 Stellungnahme des Europäischen Parlaments vom 20. Oktober 1998 (ABl. C 341 vom 9.11.1998, S. 18), bestätigt am 16. September 1999 (ABl. C 54 vom 25.2.2000, S. 76), Gemeinsamer Standpunkt des Rates vom 30. März 2000 (ABl. C 137 vom 16.5.2000, S. 11) und Beschluss des Europäischen Parlaments vom 6. September 2000 (ABl. C 135 vom 7.5.2001, S. 155). Beschluss des Europäischen Parlaments vom 31. Mai 2001 und Beschluss des Rates vom 5. Juni 2001.

5 ABl. C 138 vom 17.5.1993, S. 5.

6 ABl. L 275 vom 10.10.1998, S. 1.

wird. Die Einbeziehung eines breiteren Spektrums von Faktoren bei der Entscheidungsfindung sollte zu nachhaltigeren und wirksameren Lösungen beitragen.

(6) Die in den Mitgliedstaaten angewandten Systeme zur Umweltprüfung sollten eine Reihe gemeinsamer Verfahrensanforderungen enthalten, die erforderlich sind, um zu einem hohen Umweltschutzniveau beizutragen.

(7) In dem Übereinkommen der UN-Wirtschaftskommission für Europa über die Umweltverträglichkeitsprüfung im grenzüberschreitenden Rahmen vom 25. Februar 1991, das sowohl für die Mitgliedstaaten als auch für andere Staaten gilt, werden die Vertragsparteien des Übereinkommens aufgefordert, dessen Grundsätze auch auf Pläne und Programme anzuwenden. Bei dem zweiten Treffen der Vertragsparteien in Sofia am 26. und 27. Februar 2001 wurde beschlossen, ein rechtlich bindendes Protokoll über die strategische Umweltprüfung auszuarbeiten, das die bestehenden Vorschriften über die Umweltverträglichkeitsprüfung im grenzüberschreitenden Rahmen ergänzen würde und das bei einem außerordentlichen Treffen der Vertragsparteien anlässlich der fünften Ministerkonferenz „Umwelt für Europa", die für Mai 2003 in Kiew (Ukraine) geplant ist, nach Möglichkeit verabschiedet werden soll. Die in der Gemeinschaft angewandten Systeme zur Umweltprüfung von Plänen und Programmen sollten gewährleisten, dass ausreichende grenzübergreifende Konsultationen stattfinden, wenn die Durchführung eines in einem Mitgliedstaat ausgearbeiteten Plans oder Programms voraussichtlich erhebliche Umweltauswirkungen in einem anderen Mitgliedstaat haben wird. Die Informationen über Pläne und Programme, die erhebliche Auswirkungen auf die Umwelt in anderen Staaten haben, sollten auf der Grundlage der Gegenseitigkeit und Gleichwertigkeit innerhalb eines angemessenen Rechtsrahmens zwischen den Mitgliedstaaten und diesen anderen Staaten übermittelt werden.

(8) Aus diesem Grund sind Maßnahmen auf Gemeinschaftsebene notwendig, um einen Mindestrahmen für die Umweltprüfung festzulegen, mit dem die allgemeinen Grundsätze für das System der Umweltprüfung vorgegeben werden und die Einzelheiten unter Berücksichtigung des Subsidiaritätsprinzips den Mitgliedstaaten überlassen bleiben. Die Maßnahmen der Gemeinschaft sollten nicht über das für die Erreichung der Ziele des Vertrags erforderliche Maß hinausgehen.

(9) Diese Richtlinie betrifft den Verfahrensaspekt, und ihre Anforderungen sollten entweder in die in den Mitgliedstaaten bereits bestehenden Verfahren oder aber in eigens für diese Zwecke geschaffene Verfahren einbezogen werden. Zur Vermeidung von Mehrfachprüfungen sollten die Mitgliedstaaten, falls angebracht, die Tatsache berücksichtigen, dass die Prüfungen bei Plänen und Programmen, die Teil eines hierarchisch aufgebauten Gesamtgefüges sind, auf verschiedenen Ebenen durchgeführt werden.

(10) Alle Pläne und Programme, die für eine Reihe von Bereichen ausgearbeitet werden und einen Rahmen für die künftige Genehmigung von Projekten setzen, die in den Anhängen I und II der Richtlinie 85/337/EWG des Rates vom 27. Juni 1985 über die Umweltverträglichkeitsprüfung bei bestimmten öffentlichen und privaten Projekten[7] aufgeführt sind, sowie alle Pläne und Programme, die gemäß der Richtlinie 92/43/EWG des Rates vom 21. Mai 1992 zur Erhaltung der natürlichen Lebensräume sowie der wildlebenden Tiere und Pflanzen[8] zu prüfen sind, können erhebliche Auswirkungen auf die Umwelt haben und sollten grundsätzlich systematischen Umweltprüfungen unterzogen werden. Wenn sie die Nutzung kleiner Gebiete auf lokaler Ebene festlegen oder nur geringfügige Änderungen der vorgenannten Pläne oder Programme vorsehen, sollten sie nur dann

7 ABl. L 175 vom 5.7.1985, S. 40. Richtlinie geändert durch die Richtlinie 97/11/EG (ABl. L 73 vom 14.3.1997, S. 5).

8 ABl. L 206 vom 22.7.1992, S. 7. Richtlinie zuletzt geändert durch die Richtlinie 97/62/EG (ABl. L 305 vom 8.11.1997, S. 42).

geprüft werden, wenn die Mitgliedstaaten bestimmen, dass sie voraussichtlich erhebliche Auswirkungen auf die Umwelt haben.

(11) Andere Pläne und Programme, die den Rahmen für die künftige Genehmigung von Projekten setzen, haben möglicherweise nicht in allen Fällen erhebliche Auswirkungen auf die Umwelt und sollten nur dann geprüft werden, wenn die Mitgliedstaaten bestimmen, dass sie voraussichtlich derartige Auswirkungen haben.

(12) Bei derartigen Entscheidungen sollten die Mitgliedstaaten die in dieser Richtlinie enthaltenen einschlägigen Kriterien berücksichtigen.

(13) Bestimmte Pläne oder Programme werden in Anbetracht ihrer besonderen Merkmale nicht von dieser Richtlinie erfasst.

(14) Wenn nach dieser Richtlinie eine Umweltprüfung durchzuführen ist, sollte ein Umweltbericht erstellt werden, der die in dieser Richtlinie vorgesehenen einschlägigen Angaben enthält und in dem die voraussichtlichen erheblichen Umweltauswirkungen aus der Durchführung des Plans oder Programms und vernünftige Alternativen, die die Ziele und den geographischen Anwendungsbereich des Plans oder Programms berücksichtigen, ermittelt, beschrieben und bewertet werden. Die Mitgliedstaaten sollten die Kommission über alle Maßnahmen unterrichten, die sie im Hinblick auf die Qualität der Umweltberichte ergreifen.

(15) Um zu einer transparenteren Entscheidungsfindung beizutragen und die Vollständigkeit und Zuverlässigkeit der für die Prüfung bereitgestellten Informationen zu gewährleisten, ist es notwendig, die in ihrem umweltbezogenen Aufgabenbereich betroffenen Behörden und die Öffentlichkeit während der Prüfung von Plänen oder Programmen zu konsultieren und angemessene Fristen festzulegen, die genügend Zeit für Konsultationen, einschließlich der Abgabe von Stellungnahmen, lassen.

(16) Hat die Durchführung eines in einem Mitgliedstaat ausgearbeiteten Plans oder Programms voraussichtlich erhebliche Auswirkungen auf die Umwelt anderer Mitgliedstaaten, so sollte dafür gesorgt werden, dass die betreffenden Mitgliedstaaten Konsultationen aufnehmen und dass die betroffenen Behörden und die Öffentlichkeit informiert werden und die Möglichkeit erhalten, Stellung zu nehmen.

(17) Der Umweltbericht und die Stellungnahmen der betroffenen Behörden und der Öffentlichkeit sowie die Ergebnisse einer grenzüberschreitenden Konsultation sollten bei der Ausarbeitung des Plans oder Programms und vor dessen Annahme oder vor dessen Einbringung in das Gesetzgebungsverfahren Berücksichtigung finden.

(18) Die Mitgliedstaaten sollten sicherstellen, dass die betroffenen Behörden und die Öffentlichkeit von der Annahme eines Plans oder Programms in Kenntnis gesetzt und ihnen relevante Informationen zugänglich gemacht werden.

(19) Ergibt sich die Verpflichtung, eine Prüfung der Auswirkungen auf die Umwelt durchzuführen, sowohl aus dieser Richtlinie als auch aus anderen Rechtsvorschriften der Gemeinschaft, wie etwa der Richtlinie 79/409/EWG des Rates vom 2. April 1979 über die Erhaltung der wildlebenden Vogelarten[9], der Richtlinie 92/43/EWG oder der Richtlinie 2000/60/EG des Europäischen Parlaments und des Rates vom 23. Oktober 2000 zur Schaffung eines Ordnungsrahmens für Maßnahmen der Gemeinschaft im Bereich der Wasserpolitik[10], so können die Mitgliedstaaten zur

9 ABl. L 103 vom 25.4.1979, S. 1. Richtlinie zuletzt geändert durch die Richtlinie 97/49/EG (ABl. L 223 vom 13.8.1997, S. 9).

10 ABl. L 327 vom 22.12.2000, S. 1..

Vermeidung von Mehrfachprüfungen koordinierte oder gemeinsame Verfahren vorsehen, die die Anforderungen der einschlägigen Rechtsvorschriften der Gemeinschaft erfüllen.

(20) Die Kommission sollte einen Bericht über die Anwendung und Wirksamkeit dieser Richtlinie erstmals fünf Jahre nach ihrem Inkrafttreten und anschließend alle sieben Jahre erstellen. Damit Anforderungen des Umweltschutzes stärker einbezogen werden, sollten, falls angebracht, dem ersten Bericht unter Berücksichtigung der gesammelten Erfahrungen gegebenenfalls Vorschläge zur Änderung dieser Richtlinie beigefügt werden, insbesondere in bezug auf eine etwaige Ausdehnung ihres Geltungsbereichs auf andere Bereiche/Sektoren sowieandere Arten von Plänen und Programmen

haben folgende Richtlinie erlassen:

Artikel 1: **Ziele.** Ziel dieser Richtlinie ist es, im Hinblick auf die Förderung einer nachhaltigen Entwicklung ein hohes Umweltschutzniveau sicherzustellen und dazu beizutragen, dass Umwelterwägungen bei der Ausarbeitung und Annahme von Plänen und Programmen einbezogen werden, indem dafür gesorgt wird, dass bestimmte Pläne und Programme, die voraussichtlich erhebliche Umweltauswirkungen haben, entsprechend dieser Richtlinie einer Umweltprüfung unterzogen werden.

Artikel 2: Begriffsbestimmungen. Im Sinne dieser Richtlinie bezeichnet der Ausdruck

a) „Pläne und Programme" Pläne und Programme, einschließlich der von der Europäischen Gemeinschaft mitfinanzierten, sowie deren Änderungen,

– die von einer Behörde auf nationaler, regionaler oder lokaler Ebene ausgearbeitet und/oder angenommen werden oder die von einer Behörde für die Annahme durch das Parlament oder die Regierung im Wege eines Gesetzgebungsverfahrens ausgearbeitet werden und

– die aufgrund von Rechts- oder Verwaltungsvorschriften erstellt werden müssen;

b) „Umweltprüfung" die Ausarbeitung eines Umweltberichts, die Durchführung von Konsultationen, die Berücksichtigung des Umweltberichts und der Ergebnisse der Konsultationen bei der Entscheidungsfindung und die Unterrichtung über die Entscheidung gemäß den Artikeln 4 bis 9;

c) „Umweltbericht" den Teil der Plan- oder Programmdokumentation, der die in Artikel 5 und in Anhang I vorgesehenen Informationen enthält;

d) „Öffentlichkeit" eine oder mehrere natürliche oder juristische Personen und, in Übereinstimmung mit den innerstaatlichen Rechtsvorschriften oder der innerstaatlichen Praxis, deren Vereinigungen, Organisationen oder Gruppen.

Artikel 3: Geltungsbereich. (1) Die unter die Absätze 2 bis 4 fallenden Pläne und Programme, die voraussichtlich erhebliche Umweltauswirkungen haben, werden einer Umweltprüfung nach den Artikeln 4 bis 9 unterzogen.

(2) Vorbehaltlich des Absatzes 3 wird eine Umweltprüfung bei allen Plänen und Programmen vorgenommen,

a) die in den Bereichen Landwirtschaft, Forstwirtschaft, Fischerei, Energie, Industrie, Verkehr, Abfallwirtschaft, Wasserwirtschaft, Telekommunikation, Fremdenverkehr, Raumordnung oder Bodennutzung ausgearbeitet werden und durch die der Rahmen für die künftige Genehmigung der in den Anhängen I und II der Richtlinie 85/337/EWG aufgeführten Projekte gesetzt wird oder

b) bei denen angesichts ihrer voraussichtlichen Auswirkungen auf Gebiete eine Prüfung nach Artikel 6 oder 7 der Richtlinie 92/43/EWG für erforderlich erachtet wird.

(3) Die unter Abs. 2 fallenden Pläne und Programme, die die Nutzung kleiner Gebiete auf lokaler Ebene festlegen, sowie geringfügige Änderungen der unter Abs. 2 fallenden Pläne und Program-

me bedürfen nur dann einer Umweltprüfung, wenn die Mitgliedstaaten bestimmen, dass sie voraussichtlich erhebliche Umweltauswirkungen haben.

(4) Die Mitgliedstaaten befinden darüber, ob nicht unter Abs. 2 fallende Pläne und Programme, durch die der Rahmen für die künftige Genehmigung von Projekten gesetzt wird, voraussichtlich erhebliche Umweltauswirkungen haben.

(5) Die Mitgliedstaaten bestimmen entweder durch Einzelfallprüfung oder durch Festlegung von Arten von Plänen und Programmen oder durch eine Kombination dieser beiden Ansätze, ob die in den Absätzen 3 und 4 genannten Pläne oder Programme voraussichtlich erhebliche Umweltauswirkungen haben. Zu diesem Zweck berücksichtigen die Mitgliedstaaten in jedem Fall die einschlägigen Kriterien des Anhangs II, um sicherzustellen, dass Pläne und Programme, die voraussichtlich erhebliche Umweltauswirkungen haben, von dieser Richtlinie erfasst werden.

(6) Im Rahmen einer Einzelfallprüfung und im Falle der Festlegung von Arten von Plänen und Programmen nach Abs. 5 sind die in Artikel 6 Abs. 3 genannten Behörden zu konsultieren.

(7) Die Mitgliedstaaten sorgen dafür, dass die nach Abs. 5 getroffenen Schlussfolgerungen, einschließlich der Gründe für die Entscheidung, keine Umweltprüfung gemäß den Artikeln 4 bis 9 vorzuschreiben, der Öffentlichkeit zugänglich gemacht werden.

(8) Die folgenden Pläne und Programme unterliegen dieser Richtlinie nicht:

– Pläne und Programme, die ausschließlich Zielen der Landesverteidigung oder des Katastrophenschutzes dienen;

– Finanz- oder Haushaltspläne und -programme.

(9) Diese Richtlinie gilt nicht für Pläne und Programme, die in den laufenden jeweiligen Programmplanungszeiträumen (1) für die Verordnungen (EG) Nr. 1260/1999 (2) und (EG) Nr. 1257/1999 (3) des Rates mitfinanziert werden.[11]

Artikel 4: Allgemeine Verpflichtungen. (1) Die Umweltprüfung nach Artikel 3 wird während der Ausarbeitung und vor der Annahme eines Plans oder Programms oder dessen Einbringung in das Gesetzgebungsverfahren durchgeführt.

(2) Die Mitgliedstaaten übernehmen die Anforderungen dieser Richtlinie entweder in bestehende Verfahren zur Annahme von Plänen und Programmen oder in neue Verfahren, die festgelegt werden, um dieser Richtlinie nachzukommen.

(3) Gehören Pläne und Programme zu einer Plan- oder Programmhierarchie, so berücksichtigen die Mitgliedstaaten zur Vermeidung von Mehrfachprüfungen die Tatsache, dass die Prüfung gemäß der vorliegenden Richtlinie auf verschiedenen Stufen dieser Hierarchie durchgeführt wird. Die Mitgliedstaaten wenden, unter anderem zur Vermeidung von Mehrfachprüfungen, Artikel 5 Absätze 2 und 3 an.

Artikel 5 Umweltbericht. (1) Ist eine Umweltprüfung nach Artikel 3 Abs. 1 durchzuführen, so ist ein Umweltbericht zu erstellen; darin werden die voraussichtlichen erheblichen Auswirkungen,

11 (1) Der Programmplanungszeitraum 2000-2006 für die Verordnung (EG) Nr. 1260/1999 des Rates und die Programmplanungszeiträume 2000-2006 und 2000-2007 für die Verordnung (EG) Nr. 1257/ 1999 des Rates.

(2) Verordnung (EG) Nr. 1260/1999 des Rates vom 21. Juni 1999 mit allgemeinen Bestimmungen über die Strukturfonds (ABl. L 161 vom 26.6.1999, S. 1).

(3) Verordnung (EG) Nr. 1257/1999 des Rates vom 17. Mai 1999 über die Förderung der Entwicklung des ländlichen Raums durch den Europäischen Ausrichtungs- und Garantiefonds für die Landwirtschaft (E-AGFL) und zur Änderung bzw. Aufhebung bestimmter Verordnungen (ABl. L 160 vom 26.6.1999, S. 80).

die die Durchführung des Plans oder Programms auf die Umwelt hat, sowie vernünftige Alternativen, die die Ziele und den geographischen Anwendungsbereich des Plans oder Programms berücksichtigen, ermittelt, beschrieben und bewertet. Welche Informationen zu diesem Zweck vorzulegen sind, ist in Anhang I angegeben.

(2) Der Umweltbericht nach Abs. 1 enthält die Angaben, die vernünftigerweise verlangt werden können, und berücksichtigt dabei den gegenwärtigen Wissensstand und aktuelle Prüfmethoden, Inhalt und Detaillierungsgrad des Plans oder Programms, dessen Stellung im Entscheidungsprozess sowie das Ausmaß, in dem bestimmte Aspekte zur Vermeidung von Mehrfachprüfungen auf den unterschiedlichen Ebenen dieses Prozesses am besten geprüft werden können.

(3) Zur Gewinnung der in Anhang I genannten Informationen können alle verfügbaren relevanten Informationen über die Umweltauswirkungen der Pläne und Programme herangezogen werden, die auf anderen Ebenen des Entscheidungsprozesses oder aufgrund anderer Rechtsvorschriften der Gemeinschaft gesammelt wurden.

(4) Die in Artikel 6 Abs. 3 genannten Behörden werden bei der Festlegung des Umfangs und Detaillierungsgrads der in den Umweltbericht aufzunehmenden Informationen konsultiert.

Artikel 6 Konsultationen. (1) Der Entwurf des Plans oder Programms und der nach Artikel 5 erstellte Umweltbericht werden den in Abs. 3 genannten Behörden sowie der Öffentlichkeit zugänglich gemacht.

(2) Den Behörden nach Abs. 3 und der Öffentlichkeit nach Abs. 4 wird innerhalb ausreichend bemessener Fristen frühzeitig und effektiv Gelegenheit gegeben, vor der Annahme des Plans oder Programms oder seiner Einbringung in das Gesetzgebungsverfahren zum Entwurf des Plans oder Programms sowie zum begleitenden Umweltbericht Stellung zu nehmen.

(3) Die Mitgliedstaaten bestimmen die zu konsultierenden Behörden, die in ihrem umweltbezogenen Aufgabenbereich von den durch die Durchführung des Plans oder Programms verursachten Umweltauswirkungen betroffen sein könnten.

(4) Die Mitgliedstaaten bestimmen, was unter „Öffentlichkeit" im Sinne des Absatzes 2 zu verstehen ist; dieser Begriff schließt die Teile der Öffentlichkeit ein, die vom Entscheidungsprozess gemäß dieser Richtlinie betroffen sind oder voraussichtlich betroffen sein werden oder ein Interesse daran haben, darunter auch relevante Nichtregierungsorganisationen, z. B. Organisationen zur Förderung des Umweltschutzes und andere betroffene Organisationen.

(5) Die Einzelheiten der Information und Konsultation der Behörden und der Öffentlichkeit werden von den Mitgliedstaaten festgelegt.

Artikel 7 Grenzüberschreitende Konsultationen. (1) Ist ein Mitgliedstaat der Auffassung, dass die Durchführung eines Plans oder Programms, der bzw. das für sein Hoheitsgebiet ausgearbeitet wird, voraussichtlich erhebliche Auswirkungen auf die Umwelt eines anderen Mitgliedstaats haben wird, oder stellt ein Mitgliedstaat, der voraussichtlich erheblich betroffen sein wird, einen entsprechenden Antrag, so übermittelt der Mitgliedstaat, in dessen Hoheitsgebiet der Plan oder das Programm ausgearbeitet wird, vor der Annahme des Plans oder Programms oder vor dessen Einbringung in das Gesetzgebungsverfahren eine Kopie des Plan- oder Programmentwurfs und des entsprechenden Umweltberichts an den anderen Mitgliedstaat.

(2) Wenn ein Mitgliedstaat gemäß Abs. 1 eine Kopie des Plan- oder Programmentwurfs und des Umweltberichts erhält, teilt er dem anderen Mitgliedstaat mit, ob er vor der Annahme des Plans oder Programms oder vor dessen Einbringung in das Gesetzgebungsverfahren Konsultationen wünscht; ist dies der Fall, so führen die betreffenden Mitgliedstaaten Konsultationen über die voraussichtlichen grenzüberschreitenden Auswirkungen, die die Durchführung des Plans oder Programms auf die Umwelt hat, und über die geplanten Maßnahmen, die der Verminderung oder Vermeidung solcher Auswirkungen dienen sollen. Finden solche Konsultationen statt, so verstän-

digen sich die betreffenden Mitgliedstaaten auf Einzelheiten, um sicherzustellen, dass die Behörden nach Artikel 6 Abs. 3 und die Öffentlichkeit nach Artikel 6 Abs. 4 in dem Mitgliedstaat, der voraussichtlich erheblich betroffen sein wird, unterrichtet werden und Gelegenheit erhalten, innerhalb einer angemessenen Frist Stellung zu nehmen.

(3) Sind nach diesem Artikel Konsultationen zwischen Mitgliedstaaten erforderlich, so vereinbaren diese zu Beginn dieser Konsultationen einen angemessenen Zeitrahmen für deren Dauer.

Artikel 8 Entscheidungsfindung. Der nach Artikel 5 erstellte Umweltbericht, die nach Artikel 6 abgegebenen Stellungnahmen und die Ergebnisse von nach Artikel 7 geführten grenzüberschreitenden Konsultationen werden bei der Ausarbeitung und vor der Annahme des Plans oder Programms oder vor dessen Einbringung in das Gesetzgebungsverfahren berücksichtigt.

Artikel 9 Bekanntgabe der Entscheidung. (1) Die Mitgliedstaaten stellen sicher, dass nach der Annahme eines Plans oder eines Programms dies den Behörden nach Artikel 6 Abs. 3, der Öffentlichkeit und jedem gemäß Artikel 7 konsultierten Mitgliedstaat bekanntgegeben wird und dass diesen Folgendes zugänglich gemacht wird:

a) der angenommene Plan oder das angenommene Programm;

b) eine zusammenfassende Erklärung, wie Umwelterwägungen in den Plan oder das Programm einbezogen wurden, wie der nach Artikel 5 erstellte Umweltbericht, die nach Artikel 6 abgegebenen Stellungnahmen und die Ergebnisse von nach Artikel 7 geführten Konsultationen gemäß Artikel 8 berücksichtigt wurden und aus welchen Gründen der angenommene Plan oder das angenommene Programm, nach Abwägung mit den geprüften vernünftigen Alternativen, gewählt wurde; und

c) die Maßnahmen, die zur Überwachung gemäß Artikel 10 beschlossen wurden.

(2) Die Einzelheiten der Unterrichtung nach Abs. 1 werden von den Mitgliedstaaten festgelegt.

Artikel 10 Überwachung. (1) Die Mitgliedstaaten überwachen die erheblichen Auswirkungen der Durchführung der Pläne und Programme auf die Umwelt, um unter anderem frühzeitig unvorhergesehene negative Auswirkungen zu ermitteln und um in der Lage zu sein, geeignete Abhilfemaßnahmen zu ergreifen.

(2) Zur Erfüllung der Anforderungen nach Abs. 1 können, soweit angebracht, bestehende Überwachungsmechanismen angewandt werden, um Doppelarbeit bei der Überwachung zu vermeiden.

Artikel 11 Verhältnis zu anderen Gemeinschaftsvorschriften. (1) Die Umweltprüfungen gemäß dieser Richtlinie lassen die Anforderungen der Richtlinie 85/337/EWG sowie anderer Rechtsvorschriften der Gemeinschaft unberührt.

(2) Bei Plänen und Programmen, bei denen sich die Verpflichtung, eine Prüfung der Umweltauswirkungen durchzuführen, sowohl aus dieser Richtlinie als auch aus anderen Rechtsvorschriften der Gemeinschaft ergibt, können die Mitgliedstaaten koordinierte oder gemeinsame Verfahren, die die Anforderungen der einschlägigen Rechtsvorschriften der Gemeinschaft erfüllen, vorsehen, unter anderem, um Mehrfachprüfungen zu vermeiden.

(3) Für Pläne und Programme, die von der Europäischen Gemeinschaft mitfinanziert werden, wird die Umweltprüfung gemäß dieser Richtlinie im Einklang mit den in den einschlägigen Gemeinschaftsvorschriften festgelegten besonderen Bestimmungen durchgeführt.

Artikel 12 Informationen, Berichte und Überprüfung. (1) Die Mitgliedstaaten und die Kommission tauschen Informationen über die bei der Anwendung dieser Richtlinie gesammelten Erfahrungen aus.

(2) Die Mitgliedstaaten stellen sicher, dass die Umweltberichte von ausreichender Qualität sind, um die Anforderungen dieser Richtlinie zu erfüllen, und unterrichten die Kommission über alle Maßnahmen, die sie bezüglich der Qualität dieser Berichte ergreifen.

(3) Die Kommission legt dem Europäischen Parlament und dem Rat vor dem 21. Juli 2006 einen ersten Bericht über die Anwendung und Wirksamkeit dieser Richtlinie vor.

Damit Erfordernisse des Umweltschutzes stärker gemäß Artikel 6 des Vertrags einbezogen werden, werden, falls angebracht, diesem Bericht unter Berücksichtigung der bei der Anwendung dieser Richtlinie in den Mitgliedstaaten gesammelten Erfahrungen Vorschläge zur Änderung dieser Richtlinie beigefügt.Die Kommission wird insbesondere die Möglichkeit in Erwägung ziehen, den Geltungsbereich dieser Richtlinie auszudehnen, um andere Bereiche/Sektoren und andere Arten von Plänen und Programmen abzudecken. Alle sieben Jahre wird ein neuer Evaluierungsbericht erstellt.

(4) Die Kommission berichtet über den Zusammenhang zwischen dieser Richtlinie und den Verordnungen (EG) Nr. 1260/1999 und (EG) Nr. 1257/1999 frühzeitig vor Ablauf der Programmplanungszeiträume, die in diesen Verordnungen festgelegt sind, um eine kohärente Vorgehensweise in Bezug auf diese Richtlinie und spätere Gemeinschaftsverordnungen zu gewährleisten.

Artikel 13 Umsetzung der Richtlinie. (1) Die Mitgliedstaaten erlassen die erforderlichen Rechtsund Verwaltungsvorschriften, um dieser Richtlinie vor dem 21. Juli 2004 nachzukommen. Sie setzen die Kommission unverzüglich davon in Kenntnis.

(2) Wenn die Mitgliedstaaten derartige Vorschriften erlassen, nehmen sie in den Vorschriften selbst oder durch einen Hinweis bei der amtlichen Veröffentlichung auf diese Richtlinie Bezug. Die Mitgliedstaaten regeln die Form dieser Bezugnahme.

(3) Die Verpflichtung nach Artikel 4 Abs. 1 gilt für die Pläne und Programme, deren erster förmlicher Vorbereitungsakt nach dem in Abs. 1 des vorliegenden Artikels genannten Zeitpunkt erstellt wird. Pläne und Programme, deren erster förmlicher Vorbereitungsakt vor diesem Zeitpunkt liegt und die mehr als 24 Monate danach angenommen oder in das Gesetzgebungsverfahren eingebracht werden, unterliegen der Verpflichtung von Artikel 4 Abs. 1, es sei denn, die Mitgliedstaaten entscheiden im Einzelfall, dass dies nicht durchführbar ist, und unterrichten die Öffentlichkeit über ihre Entscheidung.

(4) Die Mitgliedstaaten übermitteln der Kommission vor dem 21. Juli 2004 neben Angaben zu den in Abs. 1 genannten Vorschriften auch gesonderte Angaben über die Arten von Plänen und Programmen, die nach Artikel 3 einer Umweltprüfung gemäß dieser Richtlinie unterliegen würden. Die Kommission stellt diese Angaben den Mitgliedstaaten zur Verfügung. Die Angaben werden regelmäßig auf den neuesten Stand gebracht.

Artikel 14 Inkrafttreten. Diese Richtlinie tritt am Tag ihrer Veröffentlichung im *Amtsblatt der Europäischen Gemeinschaften* in Kraft.

Artikel 15 Adressaten. Diese Richtlinie ist an alle Mitgliedstaaten gerichtet.

J. Stichwortverzeichnis

Zahlen verweisen auf Seiten

V&R unipress

Planungsrecht
Herausgegeben von Professor Dr. Bernhard Stüer

Folgende Bände sind bereits erschienen:

Band 1
Stüer, B. (Hg.): Verfahrensbeschleunigung
1997, 311 S., pb, ISBN 3-932147-14-6

Band 2
Stüer, B. (Hg.): Planung von Großvorhaben
1999, 346 S., pb, ISBN 3-932147-15-4

Band 3
Rude, S.: Planreparatur – Zur Behebung der Fehler städtebaulicher Pläne
2000, 200 S., pb, ISBN 3-934005-43-8

Band 4
Plogmann, C.: Naturschutzrechtliche Konfliktbewältigung
2000, 273 S., pb, ISBN 3-934005-51-9

Band 5
Stüer, B. (Hg.): Städtebaurecht 2004. BauGB – BauNVO – UVPG – ROG – Plan-UP-RL
Textausgabe – Einführung – Grundbegriffe
3., veränderte Auflage, 2005, 327 S., pb, ISBN 3-89971-176-9

Band 6
Hönig, D.: Fachplanung und Enteignung
Anforderungen der Eigentumsgarantie an die projektbezogene Fachplanung
2001, 267 S., pb, ISBN 3-935326-34-3

Band 7
Hermanns, C.D.: Einheit der Verwaltungsgerichtsbarkeit
Empfiehlt sich eine einheitliche Prozessordnung der öffentlich-rechtlichen Gerichtsbarkeiten?
2002, 168 S., pb, ISBN 3-935326-43-2

Band 8
Spreen, H.: Bundeskompetenzen bei fehlender Umsetzung des Europarechts durch die Bundesländer – das Beispiel der FFH-Richtlinie
2004, 326 S., pb, ISBN 3-89971-158-0

Band 9
Rieder, M..: Fachplanung und materielle Präklusion
2004, 336 S., pb, ISBN 3-89971-182-3

Alle Bände sind zu beziehen über unsere Auslieferung
Vandenhoeck & Ruprecht, Robert-Bosch-Breite 6, 37079 Göttingen
Tel.: 0551-5084-444; Fax: 0551-5084-454; E-Mail: order@v-r.de